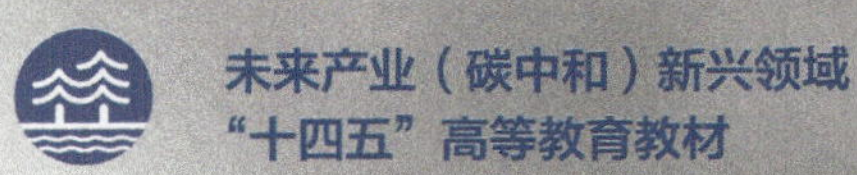

减污降碳原理与方法

代忠德　蒋文举　主编

中国教育出版传媒集团
高等教育出版社·北京

内容提要

本书是未来产业（碳中和）新兴领域“十四五”高等教育教材，是为适应我国碳中和及相关专业学科发展和人才培养需求而编写的应用型教材，适合32~51学时的教学。

本书比较系统、简明扼要地介绍了减污降碳的基本理论和理念、原则和方法，重点介绍了我国重点减污降碳领域（能源工业、冶金工业、化学工业、建材工业、城乡建设、交通运输、农业、生态建设、工业园区）的碳污排放源和排放特征，以及减污降碳协同增效技术，同时针对当前我国减污降碳协同环境质量改善的现实需求，介绍了区域减污降碳协同环境质量改善的调控体系，突出应用性的特点。同时，为加深读者对本书知识的理解，还编写了习题与思考题。

本书可作为高等学校碳中和、环境、能源、化工、建筑、交通、农业类专业本科生与研究生的教学用书，也可供从事碳中和、环境保护领域的管理和技术人员参考。

图书在版编目（CIP）数据

减污降碳原理与方法 / 代忠德，蒋文举主编. 北京 : 高等教育出版社，2025. 8. -- ISBN 978-7-04-064806-5

Ⅰ. X-012

中国国家版本馆CIP数据核字第2025MK3573号

Jianwu Jiangtan Yuanli yu Fangfa

策划编辑 宋明玥 陈正雄　责任编辑 宋明玥　封面设计 赵 阳　版式设计 李彩丽
责任绘图 邓 超　责任校对 吕红颖　责任印制 赵义民

出版发行 高等教育出版社
社 址 北京市西城区德外大街4号
邮政编码 100120
印 刷 北京印刷集团有限责任公司
开 本 787 mm×1092 mm 1/16
印 张 33.5
字 数 740千字
购书热线 010-58581118
咨询电话 400-810-0598
网 址 http://www.hep.edu.cn
http://www.hep.com.cn
网上订购 http://www.hepmall.com.cn
http://www.hepmall.com
http://www.hepmall.cn
版 次 2025年8月第1版
印 次 2025年8月第1次印刷
定 价 71.00元

物 料 号 64806-00

前言

当前我国生态文明建设同时面临全面推进美丽中国建设和实现“双碳”目标两大战略任务，生态环境多目标治理要求进一步凸显，协同推进减污降碳已成为我国新发展阶段经济社会发展全面绿色转型的必然选择。为了适应碳中和新兴领域的需要，我们组织编写了《减污降碳原理与方法》，本书入选了未来产业（碳中和）新兴领域“十四五”高等教育教材。

《减污降碳原理与方法》全书分为五篇13章。第一篇——减污降碳协同增效策略，包括绪论、减污降碳协同增效的科学基础、减污降碳协同增效设计方法及评价。第二篇——工业领域减污降碳，包括能源工业、冶金工业、化学工业、建材工业等重点领域减污降碳协同增效。第三篇——城乡减污降碳，包括城乡建设和交通运输减污降碳协同增效。第四篇——农业与生态减污降碳，包括农业和生态建设减污降碳协同增效。第五篇——区域减污降碳，包括工业园区减污降碳协同增效和区域减污降碳协同环境空气质量调控。

全书由四川大学代忠德、蒋文举主编。参加编写的有四川大学代忠德、蒋文举、郑峻峰（第一章、第二章、第三章），杨林（第四章、第九章），赵炜（第八章），姚露（第十一章、第十三章）；湖南大学李彩亭、刘璇（第六章、第七章）；四川农业大学张小洪（第十章）；昆明理工大学李凯（第五章），赵劼（第十二章）。

2024年6月11日在成都召开了《减污降碳原理与方法》教材审稿会（线上线下结合），华东理工大学汪华林院士、昆明理工大学宁平教授、华南理工大学叶代启教授、上海交通大学晏乃强教授、天津工商大学陈冠益教授、北京科技大学邢奕教授、华北电力大学汪黎东教授、高等教育出版社理科事业部陈正雄编审等十余位专家出席指导，专家组肯定和赞许本书的编写思想与体系架构，为本书的修改提出了许多宝贵的意见。同时，清华大学郝吉明院士对本书的写作大纲也提出了许多宝贵的意见和建议。本书还参考和引用了一些从事教学、科研和生产工作的同志撰写的教材、著作、论文等有关文献资料。高等教育出版社陈正雄编审为本书的出版付出了大量辛勤的劳动。在此，编者一并表示衷心的感谢！

减污降碳协同增效技术涉及学科领域和行业众多，限于编者学识水平，书中不足之处，敬请读者批评指正。

编者

2024年11月05日

目录

第一篇　减污降碳协同增效策略

第二篇　工业领域减污降碳

第四篇 农业与生态减污降碳

第五篇 区域减污降碳

第一篇

减污降碳协同增效策略

01

第一章 绪论

第一节 全球气候变化与温室气体减排

一、全球气候变化及其影响

（一）全球气候变化

气候实际上是包括光照、温度、湿度和降水等在内的综合信息。在地球长期的演化中，气候扮演了一个非常重要的角色，与人们的工作和生活密切相关。气候变化（climate change）指气候平均状态统计学意义上的巨大改变或者持续较长一段时间（典型的为30年或更长）的气候变动。20世纪中叶以来，全球平均气温以0.15 ℃/(10年）的速率增加，根据世界气象组织发布的《2022年全球气候状况》，2022年的全球平均气温比1850—1900年的平均气温高出了1.15 ℃。全球升温影响几乎所有的陆地和海洋区域，其中陆地区域的升温幅度通常是海洋的两倍多。我国气温上升明显，2022年全国平均气温为10.51 ℃，1951—2021年平均气温升温速率达0.26 ℃/(10年)，高于同期全球平均水平，因此我国是全球气候变化的敏感区。预计到21世纪中叶，气候系统的变暖仍将持续，气候变化不利影响和风险将不断加剧。

（二）气候变化的影响与危害

1. **海平面上升**

全球气候变暖使海洋热膨胀和冰川融化，导致海平面上升，预计在2100年海平面将上升50 cm，威胁沿海海拔较低的岛屿国家或经济较发达的沿海地区。这些地区将会被淹没或海水入侵，海滩和海岸侵蚀加剧，土地恶化，海水倒灌和洪水加剧，港口受损，并影响沿海养殖业，破坏供排水系统等。

2. 影响农业和生态

气候变暖和空气中二氧化碳（CO_2）浓度增加，将会增加植物的光合作用，使某些地区更加适合农业耕作，但由于气温和降水形态的迅速变化，也可能使其他一些地区农业遭受很大的破坏性影响。同时，气候变暖可能使病虫害加剧，季节变化使多世代害虫繁殖代数增加，农药施用量将增大。气候变暖也会使南北极和高山冰雪融化，冰川和冻土减少，雪线上升，气候的分布地带发生变化，自然植被、生物群落、生物多样性也会发生改变，对区域生态系统产生影响。

3. 加剧气候灾害

全球气候变暖导致的气候灾害增多可能是一个更为突出的问题。全球气温每上升0.5 ℃，极端高温、强降雨和区域干旱就会愈加频发、程度更加严重，造成大规模的灾害损失。气候变暖更易造成飓风和海啸等问题，将会给附近的生命带来毁灭性的伤害。

4. 影响人类健康

全球气候变暖对人类健康最直接的影响是极端高温产生的热效应，热浪冲击频繁加重可导致死亡率及某些疾病，特别是心脏、呼吸系统疾病发病率增加。气候变暖还可能使对气候变化敏感的传染性疾病如疟疾和登革热的传播范围增加，某些目前主要发生在热带地区的疾病可能随着气候变暖向中纬度地区传播，增加传染病的危害。

二、温室气体与气候变化的关系

（一）温室气体

温室气体是地球大气中起温室作用的气体。它们不能吸收来自太阳的短波辐射，而对地表长波辐射具有强烈的选择吸收，大气吸收了长波辐射，同时又发射长波辐射，其中一部分逸向太空，另一部分又返回地表和低层大气，从而使大气下层和地表温度升高，形成所谓的“温室效应”。

温室气体主要有二氧化碳（CO_2）、甲烷（CH_4）、臭氧（O_3）、一氧化二氮（N_2O）、氟利昂及水汽等。根据2005年2月16日生效的《京都议定书》，温室气体的构成为CO_2、CH_4、N_2O、氢氟碳化物（HFCs）、全氟碳化物（PFCs）和六氟化硫（SF_6）六种。

根据世界资源研究所的数据，目前全球排放的温室气体构成大致为：CO_2占比约为74%，CH_4占比约为17%，N_2O占比约为6%，包括PFCs、HFCs和SF_6在内的其他温室气体占比约为3%。

（二）温室气体排放与气候变化的关系

1. 温室气体的排放状况

近几十年来，全球人为温室气体排放量显著增加，特别是21世纪以来，温室气体排放量增幅约为2.2%。根据国际能源署（IEA）的报告，2021年，全球人为温室气体排放量约为408亿t（以CO_2当量计），其中CO_2排放量高达363亿t，创历史最高水平。图1-1反映了全球能源燃烧和工业生产CO_2的排放情况。

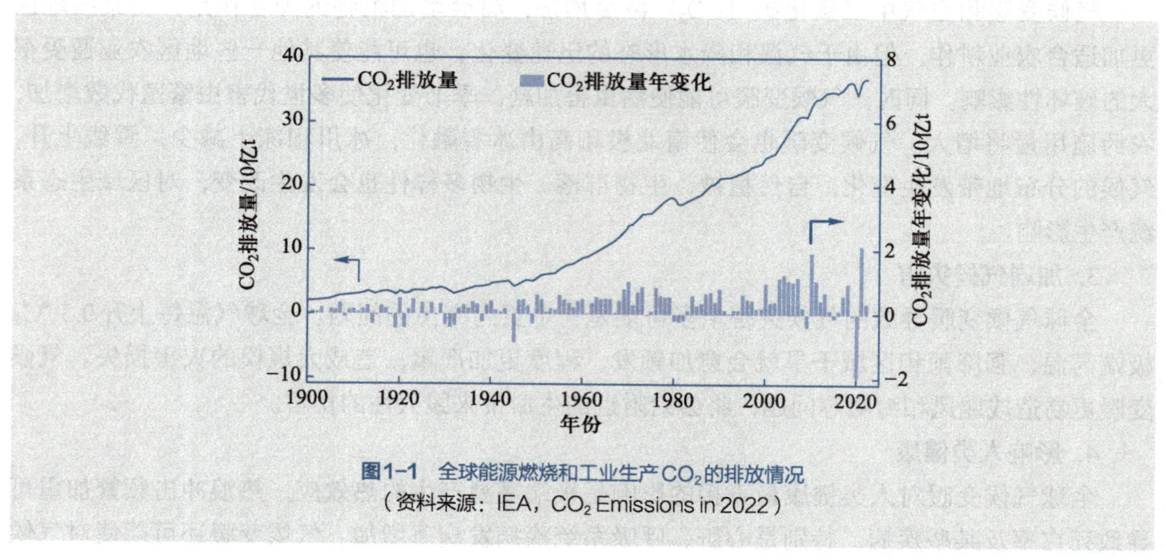

图1-1 全球能源燃烧和工业生产CO_2的排放情况

（资料来源：IEA，CO_2 Emissions in 2022）

2. 温室气体排放与气候变化的关系

图1-2反映了全球平均温度变化与温室气体排放的关系。随着全球温室气体排放量增加，全球平均温度也显著增加。与过去80万年相比，当前全球大气中CO_2、CH_4、N_2O浓度为历史新高。工业革命以来，大气中温室气体浓度大幅增加，CO_2、CH_4、N_2O浓度分别增加了约

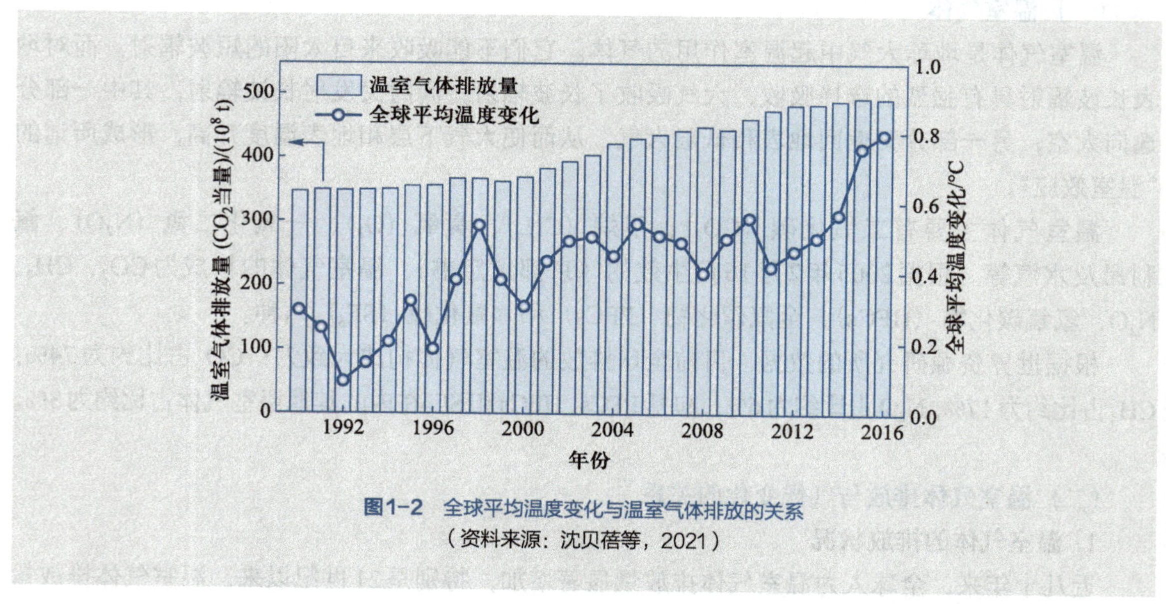

图1-2 全球平均温度变化与温室气体排放的关系

（资料来源：沈贝蓓等，2021）

46%、100%和18%。在过去100多年里（1900—2020年），气温与CO_2浓度在整体上也具有高度的相关性。2021年，诺贝尔物理学奖获得者证明了CO_2是导致全球变暖的主要因素。如果不加以控制，到21世纪末，升温幅度可能会达到3～4 ℃，这将对全球的气候、生态系统和人类健康产生巨大的影响。

三、温室气体减排行动

（一）国际行动

为了全面控制CO_2等温室气体排放，联合国大会于1992年5月通过了《联合国气候变化框架公约》（*United Nations Framework Convention on Climate Change*），提出了在全球气候变化问题上国际社会开展合作的基本框架，终极目标是将大气中的温室气体含量稳定在一定水平，防止人为活动对气候系统造成危险。随后于1997年12月，通过《京都议定书》（*Kyoto Protocol*），规定发达国家要在1990年的基础上于2020年和2050年分别减排20%和80%～85%。发展中国家则在得到发达国家一定援助的前提下，实行自愿减排，其目标是将地球的温升控制在与工业化初期相比不超过2 ℃，对应的是大气中温室气体的浓度不超过450 mL/m^3，CO_2浓度不超过400 mL/m^3。2015年12月12日，联合国气候大会通过了《巴黎协定》（*The Paris Agreement*），提出了与工业化初期相比，到21世纪末将大气温升控制在2 ℃以内，并为控制在1.5 ℃而努力的目标，把21世纪下半叶实现人为温室气体排放量与自然系统吸收量相平衡（即碳中和）作为实现该目标的具体措施。

（二）国内行动

我国是《联合国气候变化框架公约》缔约方，也是《京都议定书》的签约国，并签署了《巴黎协定》，十分重视履行缔约方的国际义务，采取了针对性强的实际行动。2020年9月22日，我国在第七十五届联合国大会一般性辩论上郑重宣布：中国将提高国家自主贡献力度，采取更加有力的政策和措施，CO_2排放力争于2030年前达到峰值，努力争取2060年前实现碳中和。

2021年9月22日，中共中央、国务院印发的《关于完整准确全面贯彻新发展理念做好碳达峰碳中和工作的意见》中进一步明确提出碳达峰、碳中和主要目标：

① 到2025年，绿色低碳循环发展的经济体系初步形成，重点行业能源利用效率大幅提升。单位国内生产总值能耗比2020年下降13.5%；单位国内生产总值二氧化碳排放比2020年下降18%；非化石能源消费比重达到20%左右；森林覆盖率达到24.1%，森林蓄积量达到180亿m^3，为实现碳达峰、碳中和奠定坚实基础。

② 到2030年，经济社会发展全面绿色转型取得显著成效，重点耗能行业能源利用效率达到国际先进水平。单位国内生产总值能耗大幅下降；单位国内生产总值二氧化碳排放比2005年下降65%以上；非化石能源消费比重达到25%左右，风电、太阳能发电总装机容量达到12亿kW以上；森林覆盖率达到25%左右，森林蓄积量达到190亿m^3，CO_2排放量达到峰值并

实现稳中有降。

③ 到2060年，绿色低碳循环发展的经济体系和清洁低碳安全高效的能源体系全面建立，能源利用效率达到国际先进水平，非化石能源消费比重达到80%以上，碳中和目标顺利实现，生态文明建设取得丰硕成果，开创人与自然和谐共生新境界。

第二节 碳中和与减污降碳

一、碳循环

碳循环是碳元素在地球上的生物圈、水圈、岩石圈及大气圈中交换过程。自然界碳循环的基本过程如下：大气中的CO_2被陆地和海洋中的植物吸收，然后通过生物或地质过程及人类活动，又以CO_2的形式返回大气（图1-3）。

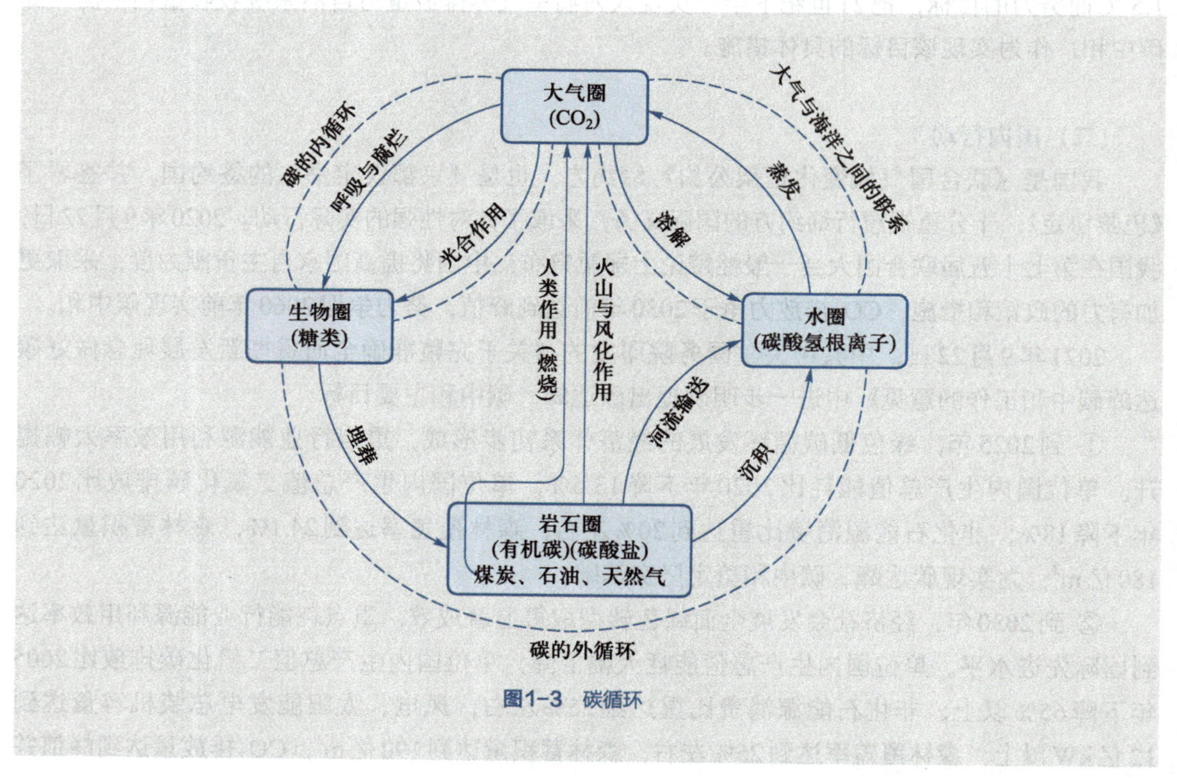

图1-3 碳循环

（一）生物和大气之间的循环

绿色植物从空气中获得CO_2，经过光合作用转化为葡萄糖，完成碳的固定，然后成为植物体的碳化合物，经过食物链的传递，成为动物体的碳化合物。植物和动物的呼吸作用把摄入体内的一部分碳转化为CO_2释放入大气，另一部分则构成生物的机体或在机体内贮存。动物、植物死后残体中的碳通过微生物的分解，生成CO_2而最终又排入大气。大气中CO_2这样循环一次约需20年。

一部分（约千分之一）动物、植物残体在被分解之前即被沉积物掩埋，成为有机沉积物。这些有机沉积物经过悠长的年代，在热能和压力作用下转变成矿物燃料——煤炭、石油和天然气等。当它们在风化过程中或作为燃料燃烧时，其中的碳氧化为CO_2排入大气。

自然界中绝大多数的碳储存于地壳岩石中，岩石中的碳因自然和人为的各种化学作用分解后进入大气和海洋，同时死亡生物体及其他各种含碳物质又不停地以沉积物的形式返回地壳中，由此构成了全球碳循环的一部分。

（二）大气与海洋之间的循环

CO_2可从大气进入海水，也可从海水进入大气，这种交换发生在气和水的界面处。在一定程度范围内，大气中CO_2含量增多或减少，海洋吸收的CO_2含量也随之增多或减少。但是，如果大气中的CO_2含量超过其在海水中的溶解度，就会有剩余CO_2存在于大气中。

（三）含碳盐的形成和分解

大气中的CO_2溶解在雨水和地下水中生成碳酸，碳酸再把石灰岩变为可溶态的碳酸氢盐，通过河流输送到海洋中，海水中接纳的碳酸盐和碳酸氢盐含量是会饱和的。新输入多少碳酸盐，便有等量的碳酸盐沉积下来。通过不同的成岩过程，形成石灰岩、白云石和碳质页岩。在物理和化学作用下，这些岩石又被破坏，所含的碳又以CO_2的形式进入大气中。火山喷发也可使一部分有机碳和碳酸盐中的碳再次进入碳的循环。

二、碳中和

人类活动对碳循环有重大影响。每年有50亿~60亿t的化石碳燃烧，形成的CO_2约有1/3留在大气中，2/3溶于海水中，其结果是大气中CO_2浓度升高，这样就破坏了自然界原有的碳循环平衡，可能引起全球温度上升、降水重新分配和气候变迁。因此，实现全球CO_2的相对“零排放”、实现碳中和对减缓和控制全球气候变化具有十分重要的意义。

（一）碳中和的基本概念

碳中和指国家、企业、产品、活动或个人在一定时间内直接或间接产生的CO_2或温室气体排放总量，通过利用新能源，减少碳排放，碳捕集、利用与封存（CCUS），植树造林等等人为的碳移除和碳汇补偿手段，以抵消自身产生的CO_2或温室气体排放量，实现CO_2排放—吸收的平衡（图1–4），达到相对“净零排放”。

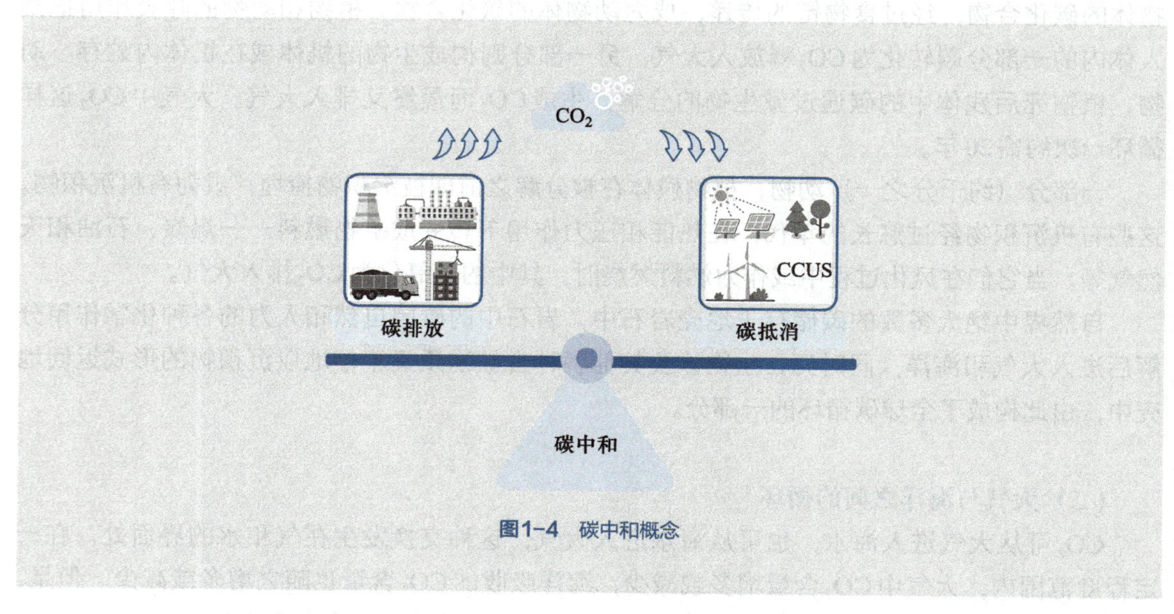

图1–4　碳中和概念

（二）碳中和的基本路径

实现碳中和的路径可以分为四种：碳替代、碳减排、碳封存、碳循环。

1. 碳替代

碳替代主要指用清洁能源来替代传统的化石能源。替代的能源形式包括用电替代、用热替代和用氢替代等。用电替代指利用水电、光电、风电等“绿电”替代火电；用热替代指利用光热、地热等替代化石燃料供热；用氢替代指使用再生能源（如太阳能、风能、核能等）制造的“绿氢”替代使用化石燃料（煤炭、石油、天然气等）作为原料产生的“灰氢”。

2. 碳减排

碳减排主要包括节约能源、提高能效和资源利用效率。在工业部门通过开发新材料、工艺流程再造、废物循环利用、节能设备和能源梯级利用等措施，减少碳排放。在建筑行业将绿色建筑与低碳建筑有机结合，提高电器和设备能效、房屋外加太阳能光伏等，开发新型的建材和钢材等材料、减少建材和钢材的隐含碳排放量等；在交通行业大力发展绿色交通，使用绿色能源、更高效的动力系统及绿色材料等。

3. 碳封存

碳封存指以捕集碳并安全存储的方式来取代直接向大气中排放CO_2的技术。针对定点源的人类碳排放，如大型火力发电厂、钢铁厂、化工厂，在CO_2集中收集后，利用技术手段将其注入海洋或深地质结构层中，使碳与大气隔绝并封存，彻底将这部分碳隔绝在大气碳循环之外。

4. 碳循环

碳循环是利用化学和生物手段实现大气中的CO_2吸收，并让这部分CO_2产生作用，主要包括人工碳转化和森林碳汇。人工碳转化指利用化学或生物手段将CO_2转化为有用的化学品或燃料。森林碳汇指植物通过光合作用将大气中的CO_2吸收并固定在植物与土壤中，减少大气中CO_2浓度。

三、碳与环境污染物的协同减排

（一）碳与环境污染物排放的相关关系

人类活动是导致环境污染物与温室气体排放的根源。工农业生产、能源消费、交通物流、居民生活等人类活动，既会产生大气污染物、水污染物、固体废物等环境污染物，也会排放CO_2、CH_4等温室气体。表1-1列出了我国重点工业行业典型污染物与碳排放情况。

表1-1　我国重点工业行业典型污染物与碳排放情况

类别		挥发酚/t	氰化物/t	化学需氧量/t	石油类/t	氨氮/t	重金属/t	SO_2/（万t）	NO_x/（万t）	危险废物/（万t）	CO_2/（万t）
重点行业	冶金	51.9	38.8	19 967	2 114	1 836	230.3	117.3	139.4	2 264.8	21.5
	化工	93.3	88.5	133 510	1 796	9 048	58.0	47.4	68.4	2 773.6	10.0
	制药	23.3	0.1	29 712	182	1 621	0.08	1.0	1.4	176.0	0.5
	轻工	47.7	9.1	316 634	643	11 775	8.4	11.6	13.3	295.1	3.9
	纺织	4.0	0	96 511	143	2 768	0.9	1.9	2.8	10.4	1.8
重点行业总排放		220.2	136.5	596 334	4 878	27 048	297.7	179.2	225.3	5 519.9	37.7
工业总排放		1 134.8	241.8	771 611	10 139	34 911	344.9	395.4	548.1	8 125.9	67.3
重点行业占工业总排放比例		19%	56%	77%	48%	77%	86%	45%	41%	68%	56%

资料来源：曹宏斌，2023。

冶金、化工、制药、轻工、纺织等重点行业的化学需氧量（COD）与氨氮排放占工业总排放的比值均达到77%。汞、镉、铬（六价）、铅、砷等重金属污染物占比约为86%。二氧化硫（SO_2）、氮氧化物（NO_x）等大气污染物占比约为86%。我国工业碳排放约占我国总碳排放的68%（包括间接排放），而冶金、化工、制药、轻工、纺织等重点行业碳排放总量已占工业碳排放总量的56%左右，显示出环境污染物排放与碳排放的密切相关性。

（二）碳与环境污染物排放同源特征

环境污染物与碳排放具有高度同根、同源、同过程特性和排放时空一致性特征。温室气体（如CO_2、CH_4、N_2O等）与常规大气污染物（如$PM_{2.5}$、NO_x、SO_2、汞、酸雨、O_3等）是同根、同源、同步的，二者大多是由矿物燃料燃烧排放造成的，其排放源高度一致。在城镇污水处理过程中，不但需要消耗电能，而且也会产生CO_2、CH_4和N_2O等温室气体。各类工业过程带来的土壤污染将改变土壤的结构，林木、草地减少，迫使地面裸露，光合作用停止，土壤固碳效应显著降低。固体废物量大面广，一方面，在固体废物产生过程中将由于能耗增加和资源利用效率降低等，增加CO_2等温室气体排放；另一方面，许多固体废物（如城镇生活垃圾等）在收集、转运和填埋等过程中也会产生CH_4等温室气体。面对环境质量改善与温室气体减排的双重压力与迫切需求，减污和降碳具有一致的控制对象，两项工作在很大程度上可以协同推进。

（三）碳与环境污染物的协同减排措施

碳排放与大气污染物排放在驱动机制上具有同根、同源、同步的特征，减少碳排放对大气污染控制具有显著的正协同效应，而强化区域大气污染防治，对减缓全球气候变化也具有明显的促进作用。因此，碳减排与大气污染控制具有更好的正效应作用（图1-5）。

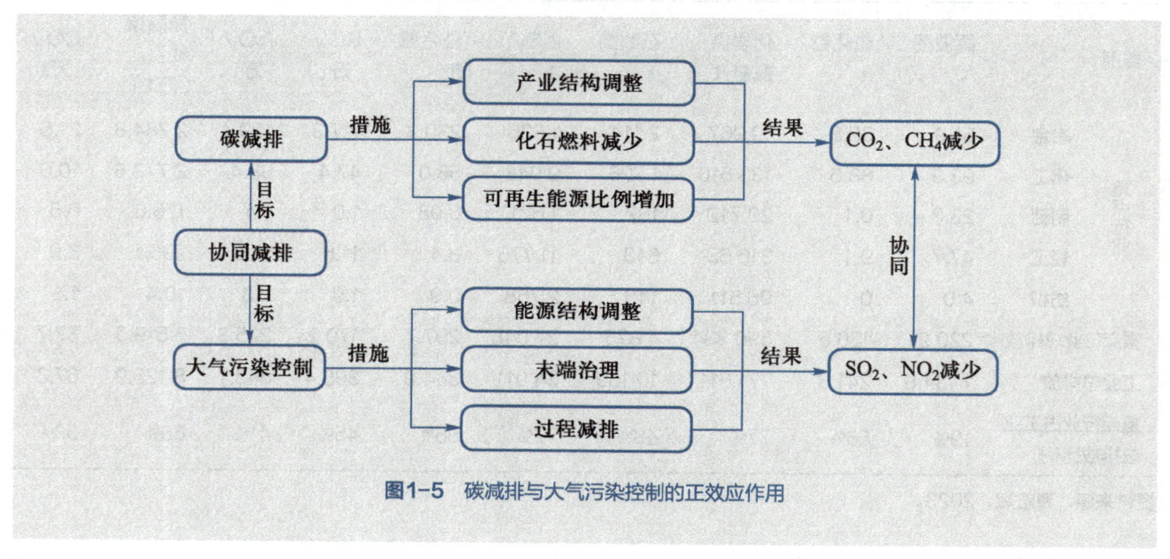

图1-5　碳减排与大气污染控制的正效应作用

在我国《大气污染防治行动计划》中，实施的能源结构调整和产业结构调整等减排污染物的措施均对CO_2减排有正的协同效应。例如，减少煤炭消费总量，一方面实现了SO_2减排，同时也实现了CO_2最大协同效应；淘汰小型燃煤锅炉可以同时实现NO_2和CO_2减排；淘汰落后产能和化解过剩产能等也具有较好的协同效应。初步估算，2013—2017年《大气污染防治行动计划》能源结构调整和产业结构调整部分措施的实施，实现了SO_2减排2 264.78万t，NO_2减排656.1万t，烟尘减排469.18万t，同时实现了CO_2减排14.62亿t。研究表明，在现有技术水平下，水泥行业每减排1 t CO_2，将同时带来约1.17 kg SO_2和4.44 kg NO_x减排量。

第三节
减污降碳协同增效策略与途径

一、减污降碳协同增效策略

（一）减污降碳协同效应

减污降碳协同指一方面在控制温室气体排放的过程中，减少其他污染物的排放（即降碳政策和措施的减污效应），另一方面在污染物排放控制和生态建设中，减少或吸收二氧化碳和其他温室气体的排放（即减污政策和措施的降碳效应）。

并非所有的碳减排措施都有利于污染物的减排，亦非所有的污染物减排措施都有利于碳减排（表1–2）。例如，碳捕集、利用与封存（CCUS）技术因增加电力等能源消耗，从而增加污染物的间接排放；末端脱硫、脱硝、除尘技术，因增加能耗和脱硫剂的使用，从而增加直接和间接碳排放。末端控制措施在减少温室气体与污染物排放时存在“跷跷板”效应。鉴于此，只有选择适当的减排措施，制定有效的规划，才能“一石二鸟”地减少全球和局地两类污染物排放，提高综合减排效应。

表1–2　大气污染物与CO_2的控制策略

部门	策略	具体措施	是否具有协同效应
电力	末端控制	电厂超低排放改造	仅空气质量效应
		CCUS技术	仅碳减排效应
	总量控制	禁止审批新建燃煤发电项目	√
	提高能效	“上大压小”，淘汰落后产能	√
	能源结构调整	大力发展可再生电力资源	√
供热	末端控制	燃煤锅炉超低排放改造	仅空气质量效应
	提高能效	改造供热管网，推进锅炉节能改造	√
	能源结构调整	工业余热、可再生热源等供热技术	√
工业	末端控制	重点行业超低排放，挥发性有机物综合治理	仅空气质量效应
	错峰生产	重污染天气下企业减少或者暂停排放大气污染物的生产、作业	仅空气质量效应
	提高能效	工艺革新和清洁生产，推广节能设备	√
	能源结构调整	清洁能源替代，淘汰燃煤小锅炉	√
	产业结构调整	对于水泥、钢铁等重点行业，压减过剩产能、淘汰落后产能，发展低能耗、高附加值的高新技术工业	√
民用	需求控制	低碳生活方式	√
	提高能效	推广新型清洁高效燃煤炉具，使用低灰、低硫的洁净煤，推行绿色建筑标准，实施住宅节能改造	√
	能源结构调整	“煤改电”“煤改气”或集中供热	√

续表

部门	策略	具体措施	是否具有协同效应
交通	需求控制	控制机动车保有量	√
	末端控制	提高机动车排放标准，淘汰老旧车辆	√
		油品升级	仅空气质量效应
	提高能效	提高燃油经济性	√
	能源结构调整	推广新能源和清洁能源车辆、作业机械和船舶	√
	运输结构调整	提倡公共交通出行，优化调整货物运输结构	√
土地利用	用地结构调整	扬尘综合治理，禁止秸秆焚烧，农业源氨排放治理	仅空气质量效应

（二）碳达峰碳中和与减污降碳协同增效策略

减污直接响应环境质量的改善，降碳对应我国可持续发展和构建人类命运共同体，从而实现美丽中国目标和碳达峰碳中和目标。环境污染物与碳排放是同根同源同过程的，治理是同频同效同路径的，管理是同时同步同目标的，因此减污和降碳不是两个孤立问题，而是一个问题的两个方面，二者联系密切。在减污降碳协同治理新阶段，减污与降碳两者的关系不是简单相加，不是降碳+，或者+降碳，而是完全融为一体的。

减污降碳协同增效策略：锚定美丽中国建设和碳达峰碳中和目标，科学把握污染防治和气候治理的整体性，以结构调整、布局优化为关键，以优化治理路径为重点，以政策协同、机制创新为手段，完善法规标准，强化科技支撑，全面提高环境治理综合效能，实现环境效益、气候效益、经济效益多赢（图1-6），具体体现在：

① 目标协同：坚持系统观念，将减污和降碳的目标指标有机统一，以碳达峰行动进一步深化环境治理，以环境治理助推高质量达峰，突出协同增效。一方面，污染物减排措施要与温室气体减排措施相互协调，不能彼此冲突；另一方面要通过温室气体减排措施与污染物减排措施的优化组合，以最小成本实现应对气候变化（温室气体减排）与控制环境污染的双赢。

② 区域协同：减污降碳是一个涉及面广的系统工程，以区域作为一个整体，优化布局，增强生态环境政策与能源产业政策协同性，调整产业、能源结构，优化控制政策和措施，全面提升减污降碳效果。

③ 对象协同：强化源头防控。紧盯环境污染物和碳排放主要源头，突出主要领域、重点行业和关键环节，强化资源能源节约和高效利用，在产业结构、生产方式和生活方式等方面构建针对性强的减污降碳措施，提升碳减排和环境质量改善的双重效果。

④ 措施协同：在能源消费、工业生产、居民生活、交通运输等不同领域，优化技术路径，强化科技攻关，在产业结构调整、能源结构调整、提高能效、工艺再造和改造等方面强化多污染物与温室气体协同控制，增强污染防治与碳排放治理的协调性。

⑤ 政策协同：注重机制创新，统筹融合污染治理与碳减排政策体系和治理机制，完善减污降碳法规标准，加强减污降碳协同管理，强化减污降碳经济政策，一体推进减污降碳，形

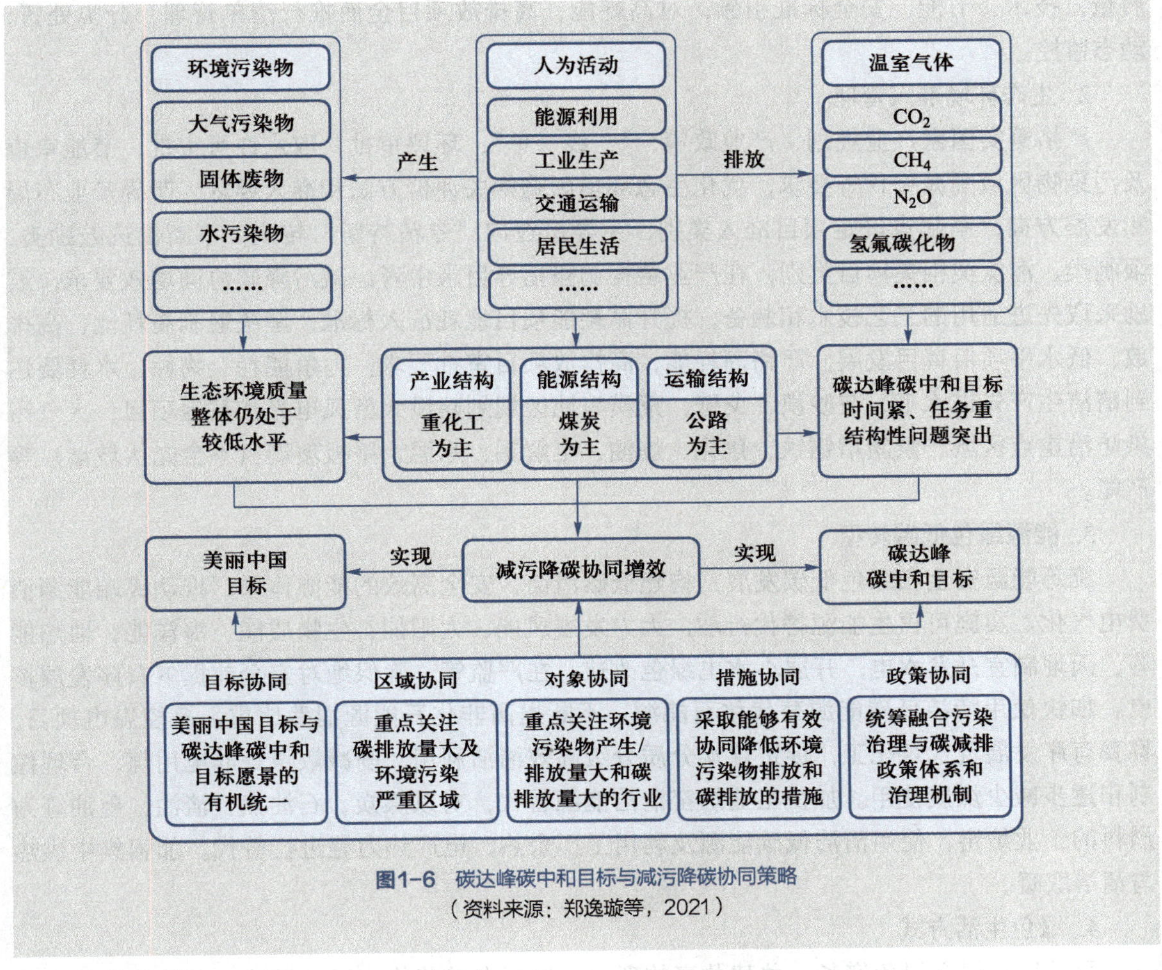

图1-6　碳达峰碳中和目标与减污降碳协同策略

（资料来源：郑逸璇等，2021）

成有效激励约束，有力支撑减污降碳目标任务落地实施。

二、减污降碳协同增效主要途径

（一）源头防控措施

1. 生态环境分区管控

坚持底线思维、分类管控、统筹实施的原则，构建城市化地区、农产品主产区、重点生态功能区分类指导的减污降碳政策体系。衔接国土空间规划分区和用途管制要求，将碳达峰碳中和要求纳入“三线一单”（生态保护红线、环境质量底线、资源利用上线和生态环境准入清单）分区管控体系，加强区域环境质量改善目标对能源和产业布局的引导作用，建立以区域环境质量改善和碳达峰碳中和目标为导向的产业准入及退出清单制度。开展地区产业结构调整和布局优化，依法依规淘汰落后产能和化解过剩产能，聚焦重点耗能行业，强化环保、质量、技术、节能、安全标准引领，对高耗能、高排放项目全面推行清单管理、分类处置、动态监控。

2. 生态环境准入管理

严格落实国家产业规划、产业政策、“三线一单”、环评审批、取水许可审批、节能审查及污染物区域削减替代等要求，优化生态环境影响相关评价方法和准入要求，明确产业布局和发展方向，高起点设定项目准入类别，引导产业向“专精特新”转型，不断优选鼓励类、限制类、淘汰类相关项目类别，在产业结构调整指导目录中考虑减污降碳协同增效要求，鼓励采取先进适用的工艺技术和装备，提升高耗能项目能耗准入标准，坚决遏制高耗能、高排放、低水平项目盲目发展，严格高耗能、高排放项目审批要求，力争能耗、物耗、水耗要达到清洁生产先进水平。在沙漠、戈壁、荒漠等地区规划建设大型风电光伏基地项目，大气污染防治重点区域严禁新增钢铁、焦化、炼油、电解铝、水泥、平板玻璃（不含光伏玻璃）等产能。

3. 能源绿色低碳转型

统筹能源安全和绿色低碳发展，构建低碳清洁、安全高效的能源体系，推动终端能源消费电气化。实施可再生能源替代行动，大力发展风能、太阳能、生物质能、海洋能、地热能等，因地制宜开发水电，开展小水电绿色改造，在严监管、确保绝对安全前提下有序发展核电。加快使用清洁低碳能源替代化石能源，不断提高非化石能源消费比重。严控煤电项目，稳妥有序发展现代煤化工，促进煤炭分质分级高效清洁利用，削减散煤等非电用煤，合理控制和逐步减少煤炭使用。加快工业炉窑清洁能源替代，对以煤炭、石油焦、渣油、重油等为燃料的工业炉窑，使用清洁低碳能源及利用工厂余热、电厂热力等进行替代。加强集中供热与清洁取暖。

4. 绿色生活方式

引导民众树立绿色增长、共建共享的理念，推行自然节俭、绿色低碳、文明健康的生活方式，从源头上减少污染物和碳排放。构建统一的绿色产品认证与标识体系，倡导居民绿色消费、绿色出行、绿色居住，扩大绿色低碳产品供给和消费，推进完善绿色产品推广机制。开展绿色社区等建设，推广绿色包装，推动包装印刷减量化，减少印刷面积和颜色种类。通过宣传和经济等措施引导公众优先选择公共交通、自行车和步行等绿色低碳出行，建立“碳普惠”等公众参与机制，让人们在充分享受绿色发展所带来的便利和舒适的同时，履行好应尽的可持续发展责任，实现广大人民按健康的方式生活。

（二）重点行业减污降碳措施

1. 工业领域协同增效

贯彻源头预防、过程控制和末端治理的工业全过程减污降碳理念，实施绿色低碳制造工程，推广绿色设计，从产品设计、生产工艺、产品分销及回收处置利用全产业链实现绿色化，引导企业通过节能技改、新技术利用等措施，促进废物综合利用、能量梯级利用、水资源循环利用，提升工业节能和能效水平，促进工业领域全流程绿色发展。清洁生产作为落实节约资源和保护环境基本国策的重要举措，有效推动了污染防治从末端治理向全过程控制转变，是实现减污降碳协同增效的有效途径。依法实施企业清洁生产审核，开展重点行业清洁生产改造，推动一批企业生产技术水平的不断提升。大力推动企业技术进步，开展工业短流程再造。通过电炉短流程工艺开发、水泥行业原燃料替代、石化行业减油增化、铝行业提高再生铝比例等高效低碳技术应用，减少碳排放。推动冶炼副产能源资源与建材、石化、化工行业深度耦合发展，采用多污染物和温室气体协同控制技术工艺，开展协同创新。推动碳捕集、利用与封存技术在工业领域应用。

2. 交通运输协同增效

优化交通运输结构，加快推进“公转铁”“公转水”，提高铁路、水运在综合运输中的承运比例。发展城市绿色配送体系，优化城市交通系统建设。推广公共领域新能源汽车使用，加快公共领域用车电动化，推动老旧车辆替换为新能源车辆和非道路移动机械使用新能源清洁能源动力，探索开展中重型电动、燃料电池货车示范应用和商业化运营。推进码头岸电设施建设和船舶受电设施改造，促进新能源、清洁能源动力船舶应用，推动船舶靠港期间岸电使用常态化。

3. 城乡建设协同增效

优化城镇布局，合理控制城镇建筑总规模，提高绿色建筑比例。加快提升建筑能效水平，大力推广超低能耗、近零能耗建筑，推动建筑节能改造与清洁取暖同步实施。稳步发展装配式建筑，推进建筑废物再生利用，推广使用绿色建材。因地制宜推进“煤改气”“煤改电”，统筹开展热力管网建设，依托电厂、大型工业企业开展远距离供热示范，充分释放热电联产、工业余热等供热能力，淘汰管网覆盖范围内的燃煤锅炉和散煤。大力推进可再生能源在道路交通和建筑中的应用，充分利用太阳能、地热、生物质能等可再生能源满足道路交通和建筑供热、制冷及生活热水等用能需求。在农村人居环境整治提升中统筹考虑减污降碳要求。

4. 农业领域协同增效

推行农业绿色生产方式，协同推进种植业、畜牧业、渔业和农产品加工业等节能减排与污染治理。深入实施化肥农药减量增效行动，减少农药化肥污染和N_2O排放。加强种植业面源污染防治，优化稻田水分灌溉管理，推广优良品种和绿色高效栽培技术，提高氮肥利用效率。提升秸秆综合利用水平，强化秸秆焚烧管控。提高畜禽粪污资源化利用水平，适度发展稻渔综合种养、渔光一体、鱼菜共生等多层次综合水产养殖模式，推进渔船渔机节能减排。加快老旧农机报废更新力度，推广先进适用的低碳节能农机装备。大力推广生物质能、太阳能等绿色用能模式，加快农村取暖炊事、农业及农产品加工设施等可再生能源替代。

5. 生态建设协同增效

坚持山水林田湖草沙一体化保护和修复，提升生态系统功能和碳汇能力。因地制宜，开展人工造林、森林质量精准提升等林业建设，实施荒山绿化、低效林修复和森林抚育经营等一批林业工程，科学开展国土绿化行动，持续增加森林面积和蓄积量，不断增加森林碳汇和空气净化能力。全面加强河流、湖泊、湿地、海洋等水生态系统保护，完善自然保护地、生态保护红线监管制度，落实不同生态功能区分级分区保护、修复、监管要求，科学推进荒漠化、石漠化、水土流失综合治理，科学实施重点区域生态保护和修复综合治理项目，建设生态清洁小流域，不断提升生态系统固碳能力和水质净化能力。加强城市生态建设，完善城市绿色生态网络，科学规划、合理布局城市生态廊道和生态缓冲带。优化城市绿化树种，降低花粉污染和自然源挥发性有机物排放，优先选择乡土树种，提升城市水体自然岸线保有率。开展生态改善、环境扩容、碳汇提升等方面效果综合评估，不断提升生态系统碳汇与净化功能。

（三）环境末端治理

1. 大气污染防治协同控制

开发废气多污染物与温室气体协同减排和资源化利用相结合的创新技术，实施低挥发性有机物（VOCs）含量工业涂料、油墨、胶黏剂、清洗剂等原辅材料使用替代，加大NO_x、VOCs及温室气体协同减排力度。一体推进重点行业大气污染深度治理与节能降碳行动，推动钢铁、水泥、焦化行业及锅炉超低排放改造，实施大气污染物与温室气体排放协同控制改造提升工程。推进大气污染治理设备节能降耗，提高设备自动化智能化运行水平，减少控制过程能耗和资源消耗。加强消耗臭氧层物质和氢氟碳化物管理，加快使用含氢氯氟烃生产线改造，逐步淘汰氢氯氟烃使用，减少温室气体排放。推进移动源大气污染物排放和碳排放协同治理，鼓励将旧非道路移动机械替换为新能源和技术进步升级。

2. 水环境治理协同控制

大力开展注重污水、废水源头减排和污水资源化利用，提高工业用水效率。通过园区用水系统集成优化，实现废水分质用水、串联用水、一水多用、梯级利用和再生利用等方式，构建区域再生水循环利用体系，减轻企业废水处理过程的减污降碳压力。建设资源能源标杆再生水厂。推进城乡污水处理厂节能降耗，优化工艺流程，提高处理效率；建设太阳能发电设施，采用高效水力输送、混合搅拌和鼓风曝气装置等高效低能耗设备，以及污泥沼气热电联产及水源热泵等热能利用技术，提高污泥处置和综合利用水平，提高污水处理厂能源利用效率，减少污水处理过程温室气体排放。开展城镇污水处理和资源化利用碳排放测算，优化污水处理设施能耗和碳排放管理。以资源化、生态化和可持续化为导向，因地制宜推进农村生活污水集中或分散式治理及就近回用。

3. 土壤污染治理协同控制

坚持节约优先、保护优先、自然恢复为主的方针，推行土壤污染风险管控和绿色低碳修复理念，强化降碳、减污、扩绿、增长的目标协同、机制协同、任务协同，推进风险管控和修复全过程减污降碳协同增效。合理规划污染地块土地用途，鼓励农药、化工等行业中重度污染地块优先规划用于拓展生态空间，降低修复能耗。对暂不开发利用的关闭搬迁企业地块及时采取制度控制、工程控制、土地复绿等措施，强化污染管控与土壤固碳增汇协同增效。在注重经济可行基础上突出资源能源节约高效利用导向，优化工艺设计，优先选择以原位修复、生物修复、自然恢复为主的管控修复技术，注重节能降耗。推动严格管控类受污染耕地植树造林增汇，因地制宜利用废弃矿山、采煤沉陷区受损土地、已封场垃圾填埋场、污染地块等建设光伏发电、风力发电等新能源项目。

4. 固体废物污染防治协同控制

加强工业和城乡固体废物的回收和综合利用，全面推进“无废城市”建设，提高固体废物减量化、资源化、无害化管理水平。推动煤矸石、粉煤灰、尾矿、冶炼渣等工业固体废物资源利用或替代建材生产原料，加强退役动力电池、光伏组件、风电机组叶片等新型废物回收利用，存量大宗固废有序减少。大力推进生活垃圾分类，优化生活垃圾处理处置方式，加强可回收物和厨余垃圾资源化利用，推进生活垃圾焚烧处理等设施建设和改造提升。减少有机垃圾填埋，加强生活垃圾填埋场垃圾渗滤液、恶臭和温室气体协同控制，推动垃圾填埋场填埋气收集和利用设施建设。因地制宜稳步推进生物质能多元化开发利用。禁止持久性有机污染物和添汞产品的非法生产，从源头减少含有毒有害化学物质的固体废物产生。

三、减污降碳协同增效模式

（一）企业减污降碳协同增效模式

企业是经济发展的主体，也是实施减污降碳的主体。从环境保护、法律法规的要求、社会责任的履行等多个角度来看，减少污染和降低碳排放已经成为企业必须面对的现实挑战。作为社会的一员，企业通过减少污染物排放和降低碳排放，可以树立良好的社会形象，增强公众对企业的认同感和信任度，不仅有利于改善生态环境，也能够促进企业的可持续发展。

通过政策激励、提升标准、鼓励先进等手段，鼓励企业采取工艺改进、能源替代、节能提效、资源节约、综合治理等措施，实现生产过程中大气、水和固体废物等多种污染物及温室气体大幅减排。推动一批企业开展减污降碳协同创新行动，支持企业进一步探索深度减污降碳路径，打造“双近零”排放标杆企业。

（二）工业园区减污降碳协同增效模式

我国制造业在全球产业链中的占比接近30%，数量庞大的工业园区已成为我国工业发展的重要载体和中坚力量。工业园区工业生产集中，能源需求量大，污染物排放强度高，温室气体排放量大，是我国经济绿色低碳转型的重要承载平台。

以规划环评、项目环评把关为抓手，将碳排放纳入环评的评价范围，充分发挥其对污染物和温室气体的源头防控作用，严格规划园区项目不同层面环境准入，优化园区产业布局等，建立优化的产业结构体系，从源头管控污染源的污染物和碳排放。以排污许可证制度为核心通过物联网、互联网和云计算等技术，实时获取大气环境、水耗、物耗、能耗等数据，实现工业园区减污降碳管理业务的信息化、现代化、专业化，以更加精细、动态的方式实现工业园区生态环境空间管控的智慧化。

推动工业园区减污降碳协同治理，以园区清洁生产审核为契机，发挥园区规划刚性约束、产业链集约化发展、共享能源和污染治理基础设施等独特优势，推广使用新能源和再生能源替换化石能源，大幅降低因能源消耗而产生的温室气体排放。通过企业间多级串联循环使用、副产品交换、废料循环利用、生产工业链、物质循环产业链、蒸汽-热水多级利用等合作，促进园区能源系统优化和梯级利用、水资源节约集约高效循环利用，构建企业间的产业共生网络和绿色供应链，实现废物减量化、资源化和循环化。

完善园区公共基础配套服务，推广集中供热，集中收集处理工业废物，升级改造污水和固体废物集中处理设施，通过专业化、规模化处理实现污染物处理能耗、排放量双降低，提升基础设施绿色低碳发展水平。

（三）城市减污降碳协同增效模式

城市是人类社会政治、经济、文化、科技、教育的中心。随着经济的快速增长和人口的高度密集，城市面临巨大的资源和环境压力，带来了污染物的高排放。城市是我国环境污染的重灾区，又是碳排放的主要源头，因此减污降碳的主要抓手也就必然在于城市。城市发展的核心在于集聚效应的发挥，减污降碳与经济增长也主要受到集聚效应的影响。

优化城市规划和产业布局，统筹污染治理、生态保护及温室气体减排要求，在国家环境保护模范城市、“无废城市”等建设中强化减污降碳协同增效要求，推动能源清洁化利用，推进煤改气工程，减少煤炭使用量。加强城市道路和公共交通建设，优化交通管理，推广使用新能源汽车，实施清洁柴油机行动，加快油品质量升级，全面推进移动源排放控制。提高新机动车船和非道路移动机械环保标准，加速淘汰黄标车、老旧机动车、船舶及高排放工程机械。在城市建设、生产生活各领域加强减污降碳协同增效，推动城市加快实现绿色低碳发展。

（四）区域减污降碳协同增效模式

随着我国城市化、工业化水平的快速推进，经济区域一体化发展迅速，使我国的环境污染特别是大气污染呈现局地与区域污染叠加、多污染物相互耦合的区域性污染特征，这与我国区域污染物和温室气体排放特征相吻合。国家重大战略区域、大气污染防治重点区域、重点海湾和重点城市群，往往是我国环境污染防治和CO_2减排的重点区域，也是我国协同推进碳达峰与环境质量改善的重点区域，加快探索减污降碳协同增效的有效模式，对实现区域绿色低碳发展目标具有十分重要的意义。

减污降碳是一个涉及多个领域的复杂问题，涉及众多环节和不同企业，需要不同领域的企业和组织进行跨界合作，优化区域产业结构、能源结构、交通运输结构，培育绿色低碳生活方式。通过各个产业制造商、零部件供应商、能源供应商等产业链协同创新模式，提升整个产业链的减排效果。通过建立联盟或合作机构，充分发挥各方的优势，促进企业之间的区域协同和跨界协同，促进知识和技术的交叉融合，实现技术创新和体制机制创新，共同解决减污降碳的问题。

习题与思考题

1. 描述你所在城市近年来的气温变化，简述气候变化带来的危害。
2. 简述温室气体和温室效应。
3. 简述人类排放CO_2对全球碳循环的影响。
4. 简述碳中和及其主要途径。
5. 分析环境污染物与温室气体排放的同源特征。
6. 举例说明我国不同大气污染防治控制措施的减污降碳协同效应。
7. 分析减污降碳对我国实现“双碳”目标的作用和意义。
8. 简述碳污协同减排的策略。
9. 简述绿色生活方式对减污降碳协同增效的作用。
10. 分析比较我国不同层次（区域、城市、工业园区和企业）减污降碳模式的差异。

参考文献

[1] 江霞，汪华林．碳中和技术概论［M］．北京：高等教育出版社，2022.

[2] 杨静，刘会娟，吉庆华，等．降碳减污多维协同的基础科学问题［J］．中国科学基金，2023，37（6）：1021–1026.

[3] 曹宏斌，赵赫，赵月红，等．工业生产全过程减污降碳：方法策略与科学基础［J］．中国科学院院刊，2023，38（2）：342–350.

[4] 生态环境部，国家发展和改革委员会，工业和信息化部．关于印发《减污降碳协同增效实施方案》的通知［EB/OL］．［2023-02-25］.

[5] 潘家华．中国碳中和的目标内涵与转型路径［M］．北京：经济管理出版社，2023.

[6] Roser M. Why did renewables become so cheap so fast? And what can we do to use this global opportunity for green

growth? [R]. Our World in Data, 2020.

[7] IEA. CO, Emissions from fossil fuel combustion [R]. 2021.

[8] 沈贝蓓，宋帅峰，张丽娟，等. 1981—2019 年全球气温变化特征 [J]. 地理学报，2021，76（11）：2660-2672.

[9] 中华人民共和国国家统计局，中华人民共和国环境保护部. 2016年中国环境统计年鉴 [M]. 北京：中国统计出版社，2016.

[10] 国家统计局. 中国统计年鉴2020 [M]. 北京：中国统计出版社，2021.

[11] 郑逸璇，宋晓晖，周佳，等. 减污降碳协同增效的关键路径与政策研究 [J]. 中国环境管理，2021，(05)：45-51.

[12] IPCC. Climate change and land: an IPCC special report on climate change, desertification, land degradation, sustainable land management, food security, and greenhouse gas fluxes in terrestrial ecosystems [R]. Cambridge: Cambridge University Press. IPCC, 2019.

[13] Gallagher K S, Zhang F, Orvis R, et al. Assessing the policy gaps for achieving China's climate targets in the Paris Agreement [J]. Nature communications, 2019, 10(1): 1256.

[14] 生态环境部环境规划院. 中国碳情速报研究 [R]. 北京：生态环境部环境规划院，2020.

02

第二章 减污降碳协同增效的科学基础

我国生态文明建设进入了以降碳为重点战略方向，推动减污降碳协同增效、促进经济社会发展全面绿色转型、实现生态环境质量改善由量变到质变的关键时期。减污降碳协同增效作为促进经济社会发展全面绿色转型的总抓手，已成为我国新发展阶段经济社会发展全面绿色转型的必然选择。减污降碳协同增效涉及面广、复杂，必须在可持续、循环经济、系统工程、绿色化学、清洁生产等理论指导下，从社会生活和生产活动的全过程开展系统研究，通过技术创新、机制创新和管理创新，实现美丽中国和“双碳”目标。

本章主要介绍减污降碳协同增效涉及的科学基础，包括可持续发展、循环经济、系统工程、绿色化学和清洁生产的基本、概念原则和方法。

第一节 可持续发展

一、可持续发展的概念

1987年世界环境与发展委员会对可持续发展给出了定义：“可持续发展是指既满足当代人的需要，又不损害后代人满足需要的能力的发展”。该定义包含了三个重要的概念：一是“需求”，尤其是世界各国人民的基本需要，应将此放在特别优先的地位来考虑；二是“限制”，指技术状况和社会组织对环境满足眼前和将来需要的能力施加的限制。三是“平等”，即各代之间的平等及当代不同地区、不同人群之间的平等。

二、可持续发展的内涵

可持续发展的内涵有两个最基本的方面，即发展与持续性，发展是前提，是基础，持续性是关键。没有发展，也就没有必要去讨论是否可持续了；没有持续性，发展就行将终止。在具体内容方面，可持续发展涉及可持续经济、可持续生态和可持续社会三方面的协调统一，要求人类在发展中讲究经济效率、关注生态和谐和追求社会公平，最终达到人类经济、社会和环境的全面发展。

（一）经济可持续性

经济发展是国家实力和社会财富的基础，可持续发展鼓励经济增长，不仅重视经济增长的数量，更追求经济发展的质量，既要求经济体能够连续地提供产品和服务，使内外债控制在可以管理的范围内，又要避免对工业和农业生产带来不利的极端和结构性失衡。可持续发展要求改变传统的以“高投入、高消耗、高污染”为特征的生产模式和消费模式，实施清洁生产和文明消费，以提高经济活动中的效益、节约资源和减少废物。从某种角度上，可以说集约型的经济增长方式就是可持续发展在经济方面的体现。

（二）生态可持续性

可持续发展要求经济建设和社会发展要与自然承载能力相协调，保证以可持续的方式使用自然资源和环境成本，使人类的发展控制在地球承载能力之内，即要求保持稳定的资源基础，避免过度地对资源系统加以利用，维护环境吸收功能和健康的生态系统，并且使不可再生资源的开发程度控制在使投资能产生足够的替代作用的范围之内。因此，可持续发展强调了发展是有限制的，没有限制就没有发展的持续。生态可持续发展同样强调环境保护，但不同于以往将环境保护与社会发展对立的做法，可持续发展要求通过转变发展模式，从人类发展的源头、从根本上解决环境问题。

（三）社会可持续性

可持续发展指出世界各国的发展阶段可以不同，发展的具体目标也各不相同，但发展的本质应包括改善人类生活质量，提高人类健康水平，创造一个保障人们平等、自由，享有受教育权、人权和免受暴力的社会环境。通过分配和机遇的平等、建立医疗和教育保障体系、实现性别的平等、推进政治上的公开性和公众参与这类机制来保证社会的可持续发展。

在人类可持续发展系统中，经济可持续性是基础，生态可持续性是条件，社会可持续性才是目的。人类应该共同追求的是以人为本位的自然–经济–社会复合系统的持续、稳定、健康发展。

三、可持续发展的基本原则

（一）公平性原则

所谓公平是指机会选择的平等性。可持续发展的公平性原则包括两个方面：一方面是同代人之间的横向公平；另一方面是代际公平性，即各代人之间的纵向公平性。

可持续发展要满足全球当代所有人的基本需求，给他们平等性的机会以满足他们过美好生活的愿望。贫富悬殊、两极分化的世界难以实现真正的“可持续发展”，世界各国的发展阶段不同，需要给予各国以公平的发展权。可持续发展不仅要实现当代人之间的公平，而且也要实现当代人与未来各代人之间的公平。人类赖以生存与发展的自然资源是有限的，与后代人相比，当代人在资源开发和利用方面处于一种无竞争的主宰地位。因此，为了满足未来各代人对资源与环境的需求，可持续发展要求当代人在考虑自己的需求与消费的同时，也要对未来各代人的需求与消费负起历史的责任，要给后代人利用自然资源以满足需求的权利。

（二）持续性原则

持续性是生态系统受到某种干扰时能保持其生产力的能力。资源环境是人类生存与发展的基础和条件，资源的持续利用和生态系统的可持续性是保持人类社会可持续发展的首要条件。这就要求人类的社会经济发展不应损害支持地球生命的自然系统，合理开发和合理利用自然资源，不能超过自然和环境的承载能力。

社会对环境资源的消耗体现在两方面：耗用资源和排放废物。人们根据可持续性的条件调整自己的生产生活方式，对再生性资源的使用强度应限制在其再生产能力之内，对不可再生性资源不至过度消耗并寻求得到替代资源的补充，对环境排放的废物不应超出环境自净能力。

（三）共同性原则

共同性原则体现在两个方面：一是发展目标的共同性，二是行动的共同性。

保护地球生态系统的安全，以最合理的利用方式为全人类谋福利，是人类发展的共同目标。可持续发展关系到全球的发展，要实现可持续发展的总目标，必须争取全球共同的配合行动，这是由地球整体性和相互依存性决定的。不同国家、地区由于地域、文化等方面的差异和现阶段发展水平的制约，执行可持续发展的政策与实施步骤并不统一，但是实现可持续发展的总目标及应遵循的公平性及持续性两个原则是相同的，最终目的是促进人类之间及人类与自然之间的和谐发展。生态环境领域的许多问题实际上是没有国界的，因此，致力于达成既尊重各方的利益，又保护全球环境与发展体系的国际协定至关重要。实现可持续发展就是人类要共同促进自身之间、自身与自然之间的协调，这是人类共同的道义和责任。

四、可持续发展的基本理论

（一）可持续发展的基础理论

1. 经济学理论

经济学理论包括增长的极限理论和知识经济理论。增长的极限理论运用系统动力学的方法，将支配世界系统的物质关系、经济关系和社会关系进行综合，提出了人口不断增长、消费日益提高，而资源不断减少、污染日益严重，制约了生产的增长，认为一个国家要实现平衡发展只是一种理想，在现实中是不可能的，经济增长通常是从一个或数个“增长中心”逐渐向其他部门或地区传导。知识经济理论认为经济发展的主要驱动力是知识和信息技术，知识可以提高投资回报率，而这又可反过来增进知识的积累，人们可以通过创造更有效的生产组织方法，以及产生新的改进的产品和服务而实现经济发展的目的。知识经济将是未来人类可持续发展的基础。

2. 生态学理论

生态学理论运用生态学原理和方法解决自然与社会经济协调发展问题。可持续发展必须遵循发展的公平性、区域分异规律、物质循环利用原则，以及资源再生与共生原则，通过能源的高效利用和废物的循环再生产，系统中各个组成部分之间的和睦共生、协同进化，内部各组织的自我调节功能的完善和持续性等方式，实现调节好生命系统及其支持环境之间的相互关系，使有限的环境在现在和未来都能支撑起生命系统的良好运行的最终目标。

3. 人口承载力理论

人口承载力理论从生态学角度定量人口承载问题。一个给定的生态系统如全球生态系统或一个流域或一个地区的资源与环境，由于自身组织与自我恢复能力存在一个阈值，在特定技术水平和发展阶段下，对人口的承载能力存在最大供养人口数量限制。在一定的时期内，人口数量及特定数量人口的社会经济活动对这个生态系统的影响必须控制在这个限度之内，否则就会影响或危及该系统内人类的持续生存与发展。

4. 人地系统理论

人地系统理论认为人地系统是人类社会与其赖以生存的地理环境之间通过物质、能量、信息的流动联结起来的不断变化的整体，它们之间存在相互联系、相互制约、相互影响的密切关系。地球系统是人类赖以生存和社会经济可持续发展的物质基础和必要条件，人类社会的一切活动，包括经济活动，都受到地球系统的气候（大气圈）、水文与海洋（水圈）、土地与矿产资源（岩石圈）及生物资源（生物圈）的影响；而人类的社会活动和经济活动，又直接或间接影响了大气圈（大气污染、温室效应、臭氧洞）、岩石圈（矿产资源枯竭、沙漠化、土壤退化）及生物圈（森林减少、物种灭绝）的状态。

（二）可持续发展的核心理论

1. 资源永续利用理论

资源永续利用理论流派基于人类社会能否可持续发展取决于人类社会赖以生存发展的自然资源是否可以被永远地使用下去的认识，致力于探讨使自然资源得到永续利用的理论和方法。

2. 外部性理论

外部性理论流派认为：把自然（资源和环境）看作可以免费享用的“公共物品”，不承认自然资源具有经济学意义上的价值，并把自然的投入排除在经济核算体系之外，是环境日益恶化和人类社会出现不可持续发展现象的根源。因此，该流派致力于从经济学的角度探讨把自然资源纳入经济核算体系的理论与方法。

3. 财富代际公平分配理论

财富代际公平分配理论流派认为：人类社会出现不可持续发展现象和趋势的根源是当代人过多地占有和使用了本应属于后代人的财富，特别是自然财富。该流派致力于探讨财富（包括自然财富）在代与代之间能够得到公平分配的理论和方法。

4. 三种生产理论

三种生产理论流派认为：以人为主体的经济活动与作为客体的环境系统组成的环境经济系统实际运行，是通过环境生产、物资生产和人的生产相互适应地结合发展的。不合理的消费与生产方式是人类社会不可持续发展的根源。该流派致力于探讨三大生产活动之间和谐运行的理论与方法。

第二节 循环经济

一、循环经济的概念

我国政府颁布的《中华人民共和国循环经济促进法》规定：循环经济是在生产、流通和消费等过程中进行的减量化、再利用、资源化活动的总称。减量化指在生产、流通和消费等过程中减少资源消耗和废物产生。再利用指将废物直接作为产品或者经修复、翻新、再制造后继续作为产品使用，或者将废物的全部或者部分作为其他产品的部件予以使用。资源化指将废物直接作为原料进行利用或者对废物进行再生利用。

循环经济把经济活动组织成为“自然资源－产品和用品－再生资源”的闭环式流程图

（图2-1），运用生态学规律来指导人类社会的经济活动，以资源的高效利用和循环利用为核心，以低消耗、低排放、高效率为基本特征，以尽可能少的资源消耗和尽可能小的环境代价实现最大的发展效益。

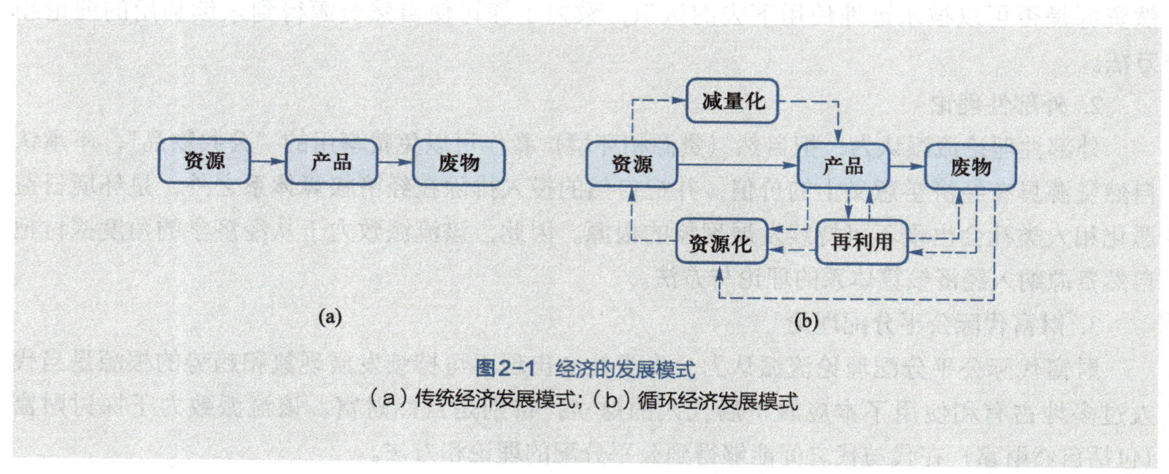

图2-1 经济的发展模式
（a）传统经济发展模式；（b）循环经济发展模式

循环经济与传统经济和末端治理不同，是以物质能量梯次和闭路循环使用为特征，运用生态学规律来指导社会的经济活动，因此其本质上是一种生态经济。它实现了由只追求发展速度向重视发展质量和效益的转变，实现了人类生产方式和消费方式的根本性转变，能够达到经济发展与自然生态的有机统一。

二、循环经济的基本原则

循环经济遵循减量化（reduce）、再利用（reuse）、再循环（recycle）的“3R”原则（图2-2）。

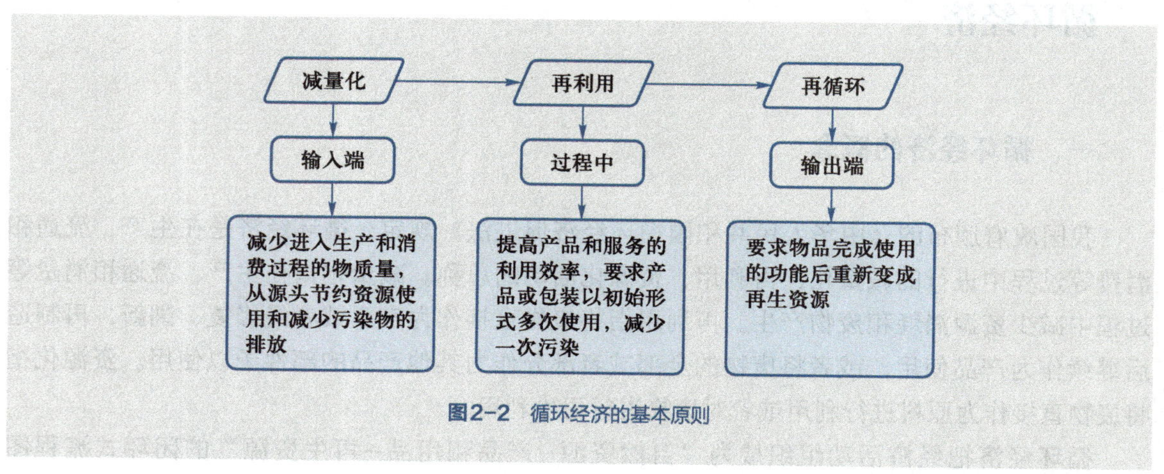

图2-2 循环经济的基本原则

（一）减量化原则

减量化原则是循环经济的第一个原则。它要求在生产、流通和消费等全生命周期过程中用尽可能少的原料和能源来完成既定的生产目标和消费目的。减量化原则要求在经济增长的过程中为使这种增长具有持续的和环境相容的特性，人们必须在生产源头的输入端就充分考虑节约资源、提高单位生产产品对资源的利用率、预防废物的产生，而不是把眼光放在产生废物后的治理上。

对生产过程而言，企业可以通过技术改造，采用先进的生产工艺，或实施清洁生产减少单位产品生产的原料使用量和污染物的排放量。在流通和消费过程，则要求产品的包装应该追求简单朴实，而不是豪华浪费，从而达到减少废物排放的目的。

（二）再利用原则

循环经济的第二个原则是尽可能多次以及尽可能多种方式地使用人们所买的东西。生产者在产品设计和生产中，应摒弃一次性使用而追求利润的思维，尽可能使产品经久耐用和反复使用，通过再利用，可以防止物品过早成为垃圾。

在生产中，要求设计者和制造商在设计、制造产品的时候，更多地考虑制造产品和包装容器等能够以初始的形式被反复利用，延长产品的使用期，而不是非常快地更新换代；鼓励再制造工业的发展，以便拆卸、修理和组装用过的和破碎的东西生产新的产品或作为各种工业生产的原料。在生活中，鼓励人们使用可重复使用的产品，减少使用一次性用品，将可用的或可维修的物品返回市场体系供别人使用或捐献自己不再需要的物品。

（三）再循环（资源化）原则

循环经济的第三个原则是尽可能多地再生利用或循环利用。它要求尽可能地通过对“废物”的再加工处理（再生）使其重新变成资源，并制成使用资源、能源较少的新产品而再次进入市场或生产过程，以减少废物的产生。

再循环主要有两种模式：第一种是原级再循环，也称为原级资源化。将生产过程中所产生的边角料、中间物料和其他一些物料重新返回生产过程，或者将消费产生的废物循环用来生产与原来相同的新产品，如利用废纸再造纸，利用废钢炼钢。第二种是次级再循环或称为次级资源化，是将废物用作其他工业过程生产其他产品的原料的再循环过程，如将制糖厂所产生的蔗渣作为造纸厂的生产原料，将电厂的粉煤灰工业固体废物作为水泥厂的生产原料等。原级再循环在减少原料消耗上达到的效果要比次级再循环好得多，是循环经济追求的理想境界。

三、循环经济的主要运行模式

自从循环经济提出以来，世界各国着眼自己的资源禀赋和经济发展状况，开展了各具特色的循环经济运行模式探索，形成了较为成熟的三个层面的模式：企业层面、区域层面和社会层面。三个层面相互衔接、相互促进，形成一个有机整体。

（一）企业层面

企业是发展循环经济的主体，构建企业内部“小循环”体系建设，是发展循环经济的基础。企业层面发展循环经济主要是开展清洁生产（图2-3），要将全过程控制思想贯穿于生产过程、产品和服务中，通过技术创新和现有技术改造，优化工艺流程，从源头削减污染，提高资源利用效率，减少或者避免生产、服务和产品使用过程中污染物的产生和排放。企业清洁生产的研究对象为单个企业，尤其是工业企业中的资源能源消耗大户。

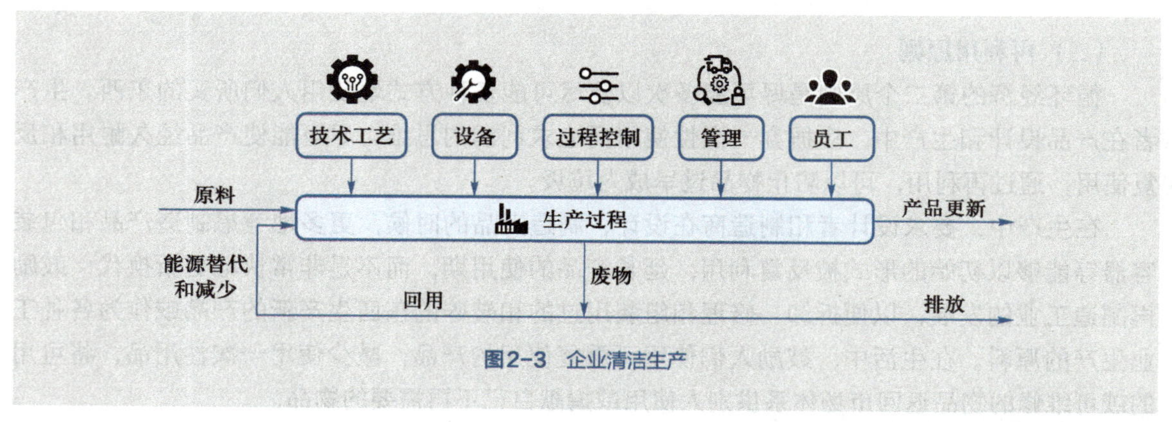

图2-3　企业清洁生产

（二）区域层面

在区域层面上循环经济要求企业之间建立工业生态系统或生态工业园，按照工业生态学的原理，通过企业间的物质集成、能量集成和信息集成，形成企业间的工业代谢和共生关系，实现企业间的废物相互交换。生态工业园区是在区域层面实施循环经济的典型模式，它是依据循环经济理念和工业生态学原理而设计建立的一种新型工业组织形态，也是通过模拟自然系统建立产业系统中“生产者－消费者－分解者”的循环途径，实现物质闭环循环和能量多级利用。生态工业园区的目标是尽量减少废物产生，将园区内一个工厂生产的副产品作为另一个工厂的投入或原料，通过废物交换、循环利用和清洁生产等手段，最终实现园区内污染的“零排放”。丹麦卡伦堡生态工业园是循环经济的经典范例，通过工业共生模式实现资源的高效利用。园区内的企业通过交换废物和副产品，将一家企业的废物转化为另一家企业的原料，从而形成闭环资源流动，降低了资源消耗和环境影响，图2-4是卡伦堡生态工业园的物质能量交换网络。

（三）社会层面

在社会层面实行循环经济的大循环，建设循环型社会（图2-5）。在推动企业内部、园区内部、产业内部实行清洁生产和资源循环利用的基础上，遵循生态循环规律，实施大循环战略，推动产业之间、生产与生活系统之间的循环式布局、循环式组合、循环式流通，通过发展静脉产业，加大垃圾处理与资源回收力度，大力倡导绿色消费，在全社会范围内形成“资源－产品－再生资源”的物质与能量闭合回路，加快构建循环型社会，全面推进循环发展，实现资源利用可循环、环境容量可承载、经济发展可持续、污染排放最小化的目标。

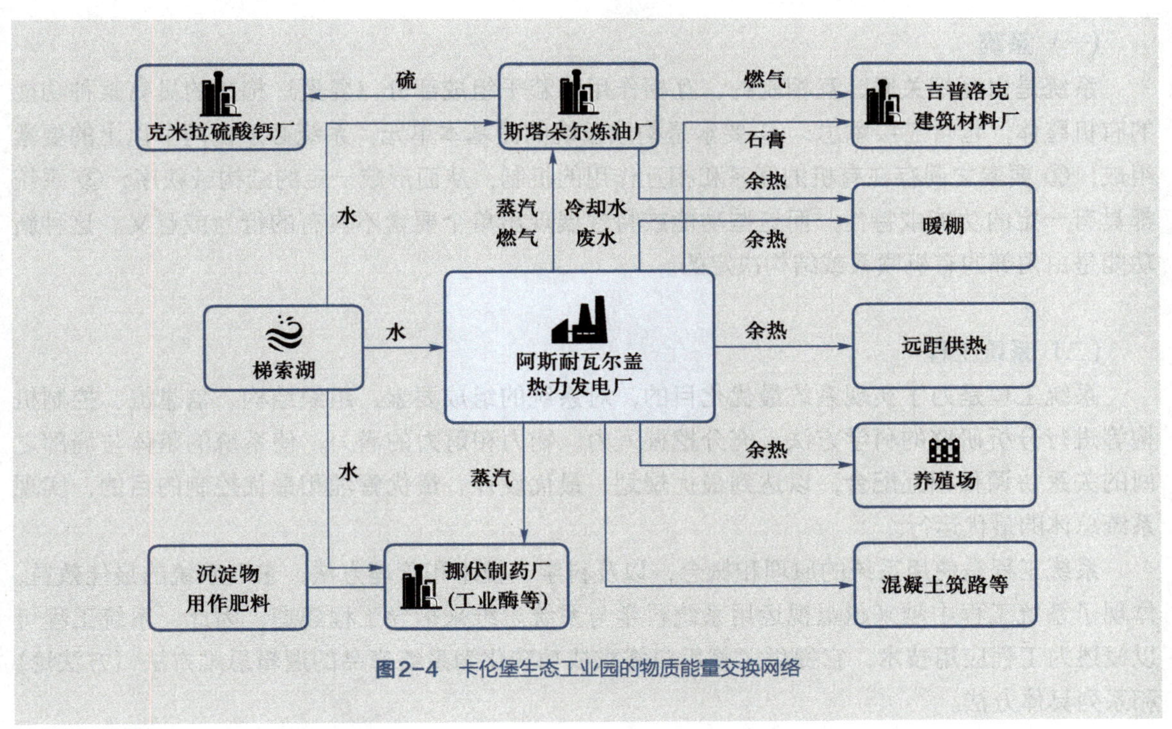

图2-4　卡伦堡生态工业园的物质能量交换网络

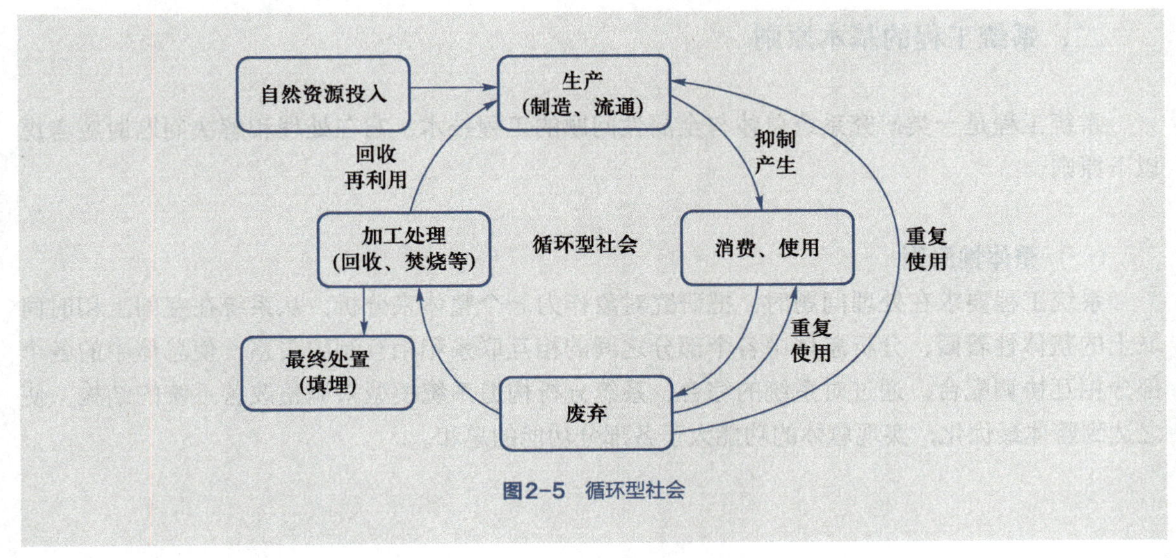

图2-5　循环型社会

第三节
系统工程

一、系统与系统工程

（一）系统

系统是由互相关联、互相制约、互相作用的若干组成部分（要素）构成的具有某种功能的有机整体，包含三层意思：① 要素是构成系统的最基本单元，系统必须由两个以上的要素组成；② 要素之间存在有机的联系和相互作用的机制，从而形成一定的结构或秩序；③ 系统都具有一定的功能或特性，而这些功能或特性展现出单个要素不具有的行为或意义。这种新功能是由内部的有机联系或结构决定的。

（二）系统工程

系统工程是为了实现系统最优化目的，对系统的组成要素、组织结构、信息流、控制机构等进行分析研究的科学方法，充分挖掘人力、物力和财力的潜力，使系统的整体与局部之间的关系协调和相互配合，以达到最优规划、最优设计、最优管理和最优控制的目的，实现系统总体的最优运行。

系统工程是使用系统的原理和概念，以及科学、技术和管理方法，求取系统的最佳效益，体现了系统工程中越来越重视运用系统科学与系统思维来指导工程建造，因此，系统工程可以概述为工程应用技术，它提供了将用户需求成功转化为系统产品的逻辑思维方法（方法论）和系列具体方法。

二、系统工程的基本原则

系统工程是一类研究系统总体与全局性问题的工程技术，它在处理和解决问题时应考虑以下原则。

（一）整体性原则

系统工程要求在处理问题时，把研究对象作为一个整体来分析，从系统在空间上和时间域上的整体性着眼，分析总体中各个部分之间的相互联系和相互制约关系，使总体中的各个部分相互协调配合，通过对系统的综合、系统分析构造系统模型来调整改善系统的结构，使之达到整体最优化，实现总体的功能大于各部分功能的总和。

（二）综合性原则

以系统思想为指导，采取的理论和方法是综合集成各学科、各领域的理论和方法，强调多学科协作，综合考虑系统目标的多样性或者多宗旨性，某项决策在付诸实施后会引起的多方面的后果，在达到同样的目标时采取不同的途径的方法，定性分析和定量分析相结合，进行多方案设计与评价，选择最优方案。

（三）优化性原则

运用系统工程的概念和数学工具，对要素内部和整体进行优化分析，以期实现最佳的目标。也就是说该系统在实现其最佳目标时，要求内部各子系统之间的分工协作和控制方式应该在结构和环境许可的条件下，保证系统对空间、时间、物质、能量和信息等的利用率最高。

（四）模型化原则

通过不同手段建立一个与所研究的真实系统相似的系统模型，在该模型上进行各种实验，认识真实系统的情况。模型可以是物理模型、图形模型，也可以是数学模型等。系统模型化能够使人们在较短时间内，以较少的消耗、最高的效率和最大的可能去较全面地研究系统间的内部条件和外部环境，以及当前和未来之间的各种复杂关系，认识整个系统的各种特性和运行规律，为实现系统的最优化制订合适的实施方案。

（五）交互性原则

决策者在系统的优化分析中有重要作用。因此在分析研究过程中必须及时向决策者反映系统研究和评价的结果，同时也适时将决策者的反馈信息反映在分析研究过程中，以对下一步的进程做出判断和修改。

三、系统工程的方法论

系统工程的代表性方法论有霍尔方法论、切克兰德方法论和兰德方法论。

（一）霍尔方法论

霍尔方法论是美国系统工程专家霍尔（Hall A. D.）等人在大量工程实践的基础上，于1969年提出的一种系统工程方法论。霍尔三维结构可以直观展示系统工程各项工作内容，集中体现了系统工程方法的系统化、综合化、最优化、程序化和标准化等特点，是系统工程方法论的重要基础内容，又称为硬系统方法论。

霍尔三维结构将系统工程整个活动过程分为前后紧密衔接的七个阶段和七个步骤，同时还考虑了为完成这些阶段和步骤所需要的各种专业知识和技能，形成了由时间维、逻辑维和知识维组成的三维空间结构（图2-6）。

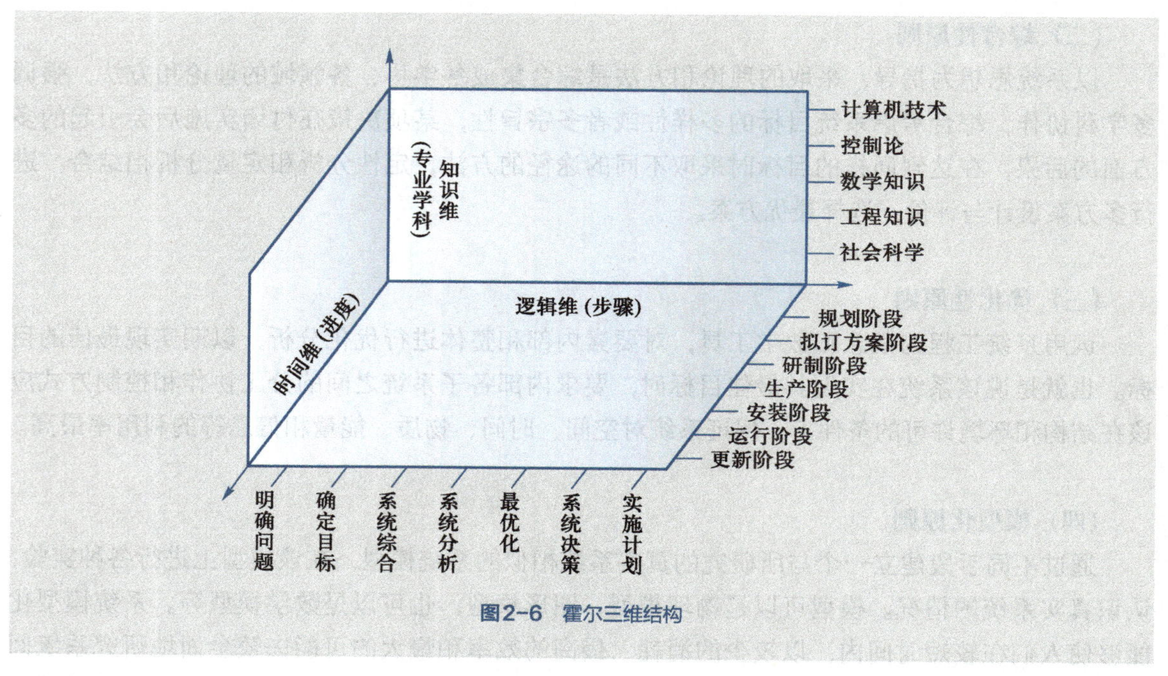

图2-6　霍尔三维结构

时间维表示系统工程活动从开始到结束按时间顺序排列的全过程，分为规划、拟订方案、研制、生产、安装、运行、更新七个时间阶段。

逻辑维是指时间维的每一个阶段内所要进行的工作内容和应该遵循的思维程序，包括明确问题、确定目标、系统综合、系统分析、最优化、系统决策、实施计划七个逻辑步骤。在时间维上的各个阶段都必须履行这些步骤，并且可以反复使用这些步骤来达到阶段目标。

知识维列举了需要运用的各种知识和技能，包括计算机技术、控制论、数学知识、工程知识、社会科学等。

（二）切克兰德方法论

切克兰德（Checkland P.）在霍尔方法论基础上提出了比较系统且具有代表性软系统工程方法论，具体内容和工作过程如图2-7所示。

1. 认识问题

收集与问题有关的信息，表达问题现状，寻找构成或影响因素及其关系，以便明确系统问题结构、现存过程及其相互之间的不适应之处，确定有关的行为主体和利益主体。

2. 根底定义

初步弄清、改善与现状有关的各种因素及其相互关系，根底定义的目的是弄清系统问题的关键要素及关联因素，为系统的发展及其研究确立各种基本的看法，并尽可能选择最合适的基本观点。

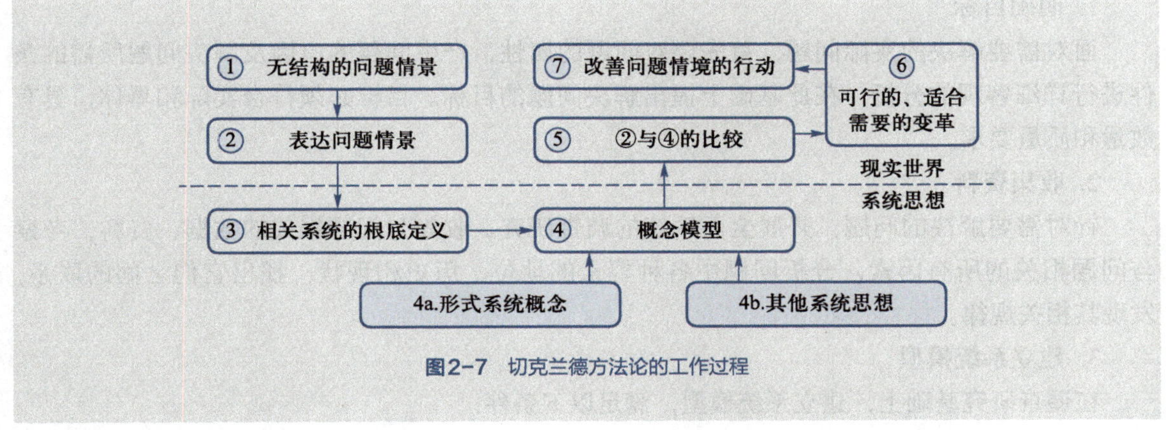

图2-7 切克兰德方法论的工作过程

3. **建立概念模型**

在不能建立精确数学模型的情况下，用结构模型或语言模型来描述系统的现状。

概念模型来自根底定义，是通过系统化语言对问题抽象描述的结果，其结构及要素必须符合根底定义的思想，并能实现其要求。

4. **比较及探寻**

将现实问题和概念模型进行对比，找出符合决策者意图且可行的方案或途径。有时通过比较，需要对根底定义的结果进行适当修正。

5. **选择**

针对比较的结果，考虑有关人员的态度及其他社会、行为等因素，选出现实可行的改善方案。

6. **设计与实施**

通过详尽和有针对性的设计，形成具有可操作性的方案，并使有关人员乐于接受和愿意为方案的实现竭尽全力。

7. **评估与反馈**

根据在实施过程中获得的新的认识，修正问题描述、根底定义及概念模型等。

（三）兰德方法论

美国著名的咨询公司兰德公司提出了系统分析的方法论。它能在不确定的情况下，确定问题的本质和起因，明确咨询目标，找出各种可行方案，并通过一定标准对这些方案进行比较，帮助决策者在复杂的问题和环境中作出科学抉择。兰德方法论的程序包括（图2-8）：

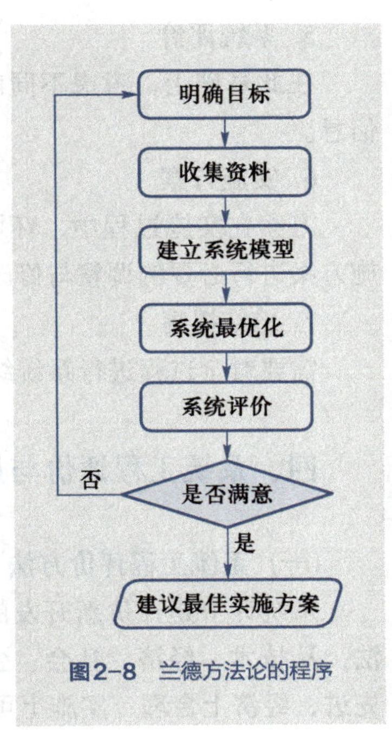

图2-8 兰德方法论的程序

1. **明确目标**

面对需要解决的实际问题，首先要对问题的属性、产生问题的原因及解决问题所需的条件进行详细客观的分析，在此基础上提出解决问题的目标。目标必须符合实际和具体，具有数量和质量要求。

2. **收集资料**

针对需要解决的问题，开展全面系统的调查研究。收集与问题相关的数据、资料，考察与问题相关的所有因素，分析问题中各种要素的地位、历史和现状，找出它们之间的联系，发现其相关规律。

3. **建立系统模型**

在调查研究基础上，建立系统模型，满足以下条件：

① 正确描述问题事实和状况；

② 即使主要参量变化，所分析的结果仍然有代表性；

③ 能够说明已知结果的原因；

④ 能够分析不确定性带来的影响；

⑤ 能够明确表达时间的变化；

⑥ 能够进行多方面充分预测。

4. **系统最优化**

综合运用最优化的理论和方法，对各种备选方案的模型进行模拟和优化计算，获得相应的求解结果。

5. **系统评价**

在此基础上，考虑不同前提和约束条件，对不同方案进行评价，得出最优方案及相应的信息。

6. **实施方案**

方案在实施过程中，环境等条件可能发生改变，可能会对系统产生一些影响，需要对实施方案进行必要的调整与修改，以修正这些改变带来的影响。

7. **总结提高**

需要对全过程进行系统综合分析与控制，进行再优化提高。

四、系统工程评价与最优化

（一）系统工程评价方法

系统评价是评价新开发的或改建的系统的价值。根据预定的系统目标，用系统分析的方法，从技术、经济、社会、生态等方面对系统设计的各种方案进行评审和选择，选择技术上先进、经济上合理、实施上可行的最优或满意的系统方案。

1. **费用－效益分析法**

费用－效益分析法是通过权衡效益与费用来评价项目可行性的一种分析方法，属于经典的评价方法之一。费用－效益分析法着重于费用与效益两方面的分别计量与相互比较。

具体来说，一个方案或项目的费用包括基本费用（投资费用和经营费用）、辅助费用（为充分发挥效益而产生的有关费用）、无形费用（生态破坏、环境污染等引起的经济损失和社会代价）；一个方案或项目的效益相应地也包括基本效益（能直接提供的产品或服务的价值）、派生效益（有关派生活动所增加的收入）、无形效益（增进国家安全、减少生命死亡、美化风景等社会效益）。在计量中为了使不同时期的费用与效益能在同一基础上加总和比较，还需把未来时期的费用与效益通过贴现、回扣换算成为基年现值。在计量的基础上比较费用与效益，可以计算它们的现值之间的差额，根据其净效益（总效益减总费用）现值的大小就可以判断方案或项目的优劣。

2. **优序法**

为了比较某几个事物或方案的优劣，在选定各项评价指标后，将待评价的对象或方案就各项评价指标以相应的评分值大小分别排列即优序数，然后综合诸评价指标，分别计算评价对象的总优序数，并按优序大小评定其优劣顺序的方法即优序法。通过对多目标决策问题进行两两相对比较，最后给出全部方案的优劣排序。

优序法应用简单，在具体操作上聘请多个专家，针对一个系统的多个方案，依据其目标和评分规则，对各方案做两两对比。优序法既能处理定量问题，也能处理定性问题。

3. **评分法**

评分法是专家按照一定的规则对不同方案打分，然后再采取适当的方法统计得分，对方案进行选择的方法。

评分法可分为加法评分法、加权加法评分法和乘积评分法。加法评分法是把各种评价属性加起来，要求所评价属性的标值必须同量、同级量纲。加权加法评分法指把人的主观因素加入评价过程中，用权重值来反映评价者的偏好，这种偏好与专家本人对属性重要程度的看法有关。乘积评分法指将评分值连乘起来，按乘值结果大小评判优劣。

4. **关联矩阵法**

关联矩阵法是常用的系统综合评价法，它是对多目标系统方案从多个因素出发综合评定优劣程度的方法，是一种定量与定性相结合的评价方法，它用矩阵形式来表示各替代方案有关评价指标的评价值，然后计算各方案评价值的加权和。

关联矩阵法的关键在于确定各个评价指标的相对重要度（即权重），以及根据评价主体给定的评价指标的评价尺度，确定方案关于评价指标的价值评定量。需要根据不同类型人员，确定不同的指标模块（又称为一级指标），然后将指标模块分解获得二级指标（有些复杂的量表还包括三级指标），建立起具有层次结构的评估。同时赋予各层级指标不同的权重，即对其各评估要素依据其对被评估者的重要程度的差异进行区别对待，从而使定性指标的量化更加科学可靠。

5. **层次分析法**

层次分析法是将决策问题按总目标、各层子目标、评价准则直至具体的备选方案的顺序分解为不同的层次结构，然后用求解判断矩阵特征向量的办法，求得每一层次的各元素对上一层次某元素的优先权重，最后采用加权和的方法对各备选方案进行递阶归并以确定各备选方案对总目标的最终权重，此最终权重最大者即为最优方案（图2-9）。

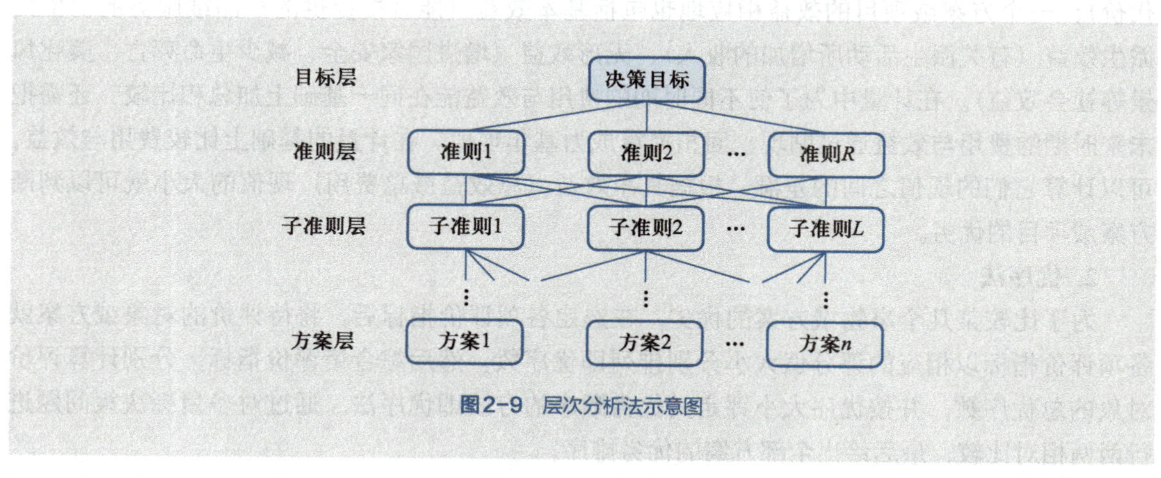

图2-9　层次分析法示意图

层次分析法的主要特征是合理地将定性问题转化为定量问题，按照思维、心理的规律将决策过程层次化、数量化，并逐层比较关联因素，为分析和预测事物的发展提供可靠的定量依据，从而为多目标、多准则或无结构特性的复杂决策问题提供简便的决策方法，尤其适合于对决策结果难以直接准确计量的场合。

6. **模糊综合评价法**

模糊综合评价法是以模糊数学为基础，应用模糊关系合成的原理，将一些边界不清、不易定量的因素定量化，进行综合评价的一种方法。首先将影响总目标的多个因素列出，构成一个因素集（评价指标），同时建立评价集（评价等级）。然后进行单因素评判，根据评价集对因素集中的每个因素进行模糊判断，确定每个因素在评价集中对各个评价等级的隶属度的大小，构成模糊矩阵。对因素集中的每个因素赋予不同的权重，构成权重向量，从而得出最后的评判结果。

模糊综合评价法通过精确的数字手段处理模糊的评价对象，能对蕴藏信息呈现模糊性的资料作出比较科学、合理、贴近实际的量化评价，能较好地解决模糊的、难以量化的问题，适合各种非确定性问题的解决。

（二）系统工程最优化

最优化主要运用数学方法研究各种系统的优化途径及方案，就是在一定的约束条件下，从众多可能的选择中作出最优选择，使系统具有所期待的最优功能的组织过程，为决策者提供科学决策的依据。

1. **线性规划**

线性规划是研究线性约束条件下线性目标函数的极值问题的数学理论和方法，也就是求线性目标函数在线性约束条件下的最大值或最小值的问题，线性约束条件的解叫作可行解，由所有可行解组成的集合叫作可行域。

线性规划所研究的问题有两类：一类是给定可用资源的数量，研究如何利用这些资源来完成最大量的任务；另一类是已经给定一定的任务，研究如何统筹安排才能以最少的资源去完成这项任务。线性规划从理论上需要求解线性方程组，主要有单纯形法、对偶单纯形法、原始对偶法等解法。

2. **非线性规划**

非线性规划是一种求解目标函数或约束条件中有一个或几个非线性函数的最优化问题的方法。对实际非线性规划问题，必须建立数学模型。建立数学模型首先要选定适当的目标变量和决策变量，并建立目标变量与决策变量之间的函数关系，称为目标函数。然后将各种限制条件加以抽象，得出决策变量应满足的一些等式或不等式，称为约束条件。然后再求解，满足约束条件的点称为问题的可行解。全体可行解构成的集合称为问题的可行集。

虽然实用规划问题大多是有约束的，但求解约束极值问题比求解无约束极值问题困难得多，许多约束最优化方法可将有约束问题转化为若干无约束问题，将非线性规划问题转化为线性规划问题，将复杂问题转化为简单问题来求解。常采用二次规划方法来解决非线性规划问题。

3. **动态规划**

动态规划是一种将复杂问题转化为比较简单问题的最优化方法，即把多阶段问题转化为一系列单阶段问题，利用各阶段之间的关系，逐个求解。虽然动态规划主要用于求解以时间划分阶段的动态过程的优化问题，但是对于一些与时间无关的静态规划（如线性规划、非线性规划），只要人为地引进时间因素，把它视为多阶段决策过程，也可以用动态规划方法方便地求解。

根据决策过程的演变是确定性的还是随机性的，动态规划可分为确定性决策过程和随机性决策过程；也可按时间参量是离散的还是连续的，分为离散决策过程和连续决策过程。组合起来就有离散确定性、离散随机性、连续确定性、连续随机性四种决策机制。

动态规划程序设计是解决最优化问题的一种途径、一种方法，而不是一种特殊算法。动态规划程序设计往往针对一种最优化问题，由于各种问题的性质不同，确定最优解的条件也互不相同，因而动态规划的设计方法对不同的问题，有各具特色的解题方法，而不存在一个标准的数学表达式和明确清晰的解题方法。因此，这要求分析者除了要对基本概念和方法正确理解外，还必须具体问题具体分析处理，以丰富的想象力建立模型，用创造性的技巧求解。

第四节
绿色化学

一、绿色化学的概念

绿色化学（green chemistry）又称环境无害化学（environmentally benign chemistry）、环境友好化学（environmentally friendly chemistry）、清洁化学（clean chemistry），即减少或消除危险物质的使用和产生的化学品和过程的设计。绿色化学利用化学原理从源头上减少和消除工业生产对环境的污染，反应物的原子全部转化为期望的最终产物。它是在分子水平上预防污染，适用于所有化学领域而不是单一的化学学科，将创新的科学方案应用于解决实际环境问题，实现了源头削减，在生产过程和终端均为零排放或零污染，减少了化学产品和工艺对人类健康和环境的负面影响（图2-10）。

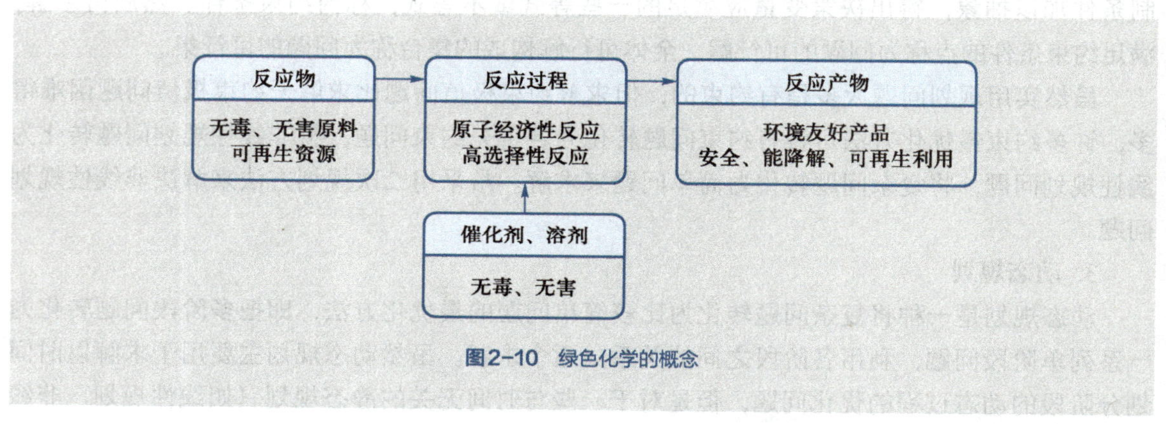

图2-10　绿色化学的概念

绿色化学倡导用化学的技术和方法减少或停止那些对人类健康、社区安全、生态环境有害的原料、催化剂、溶剂、试剂、产物、副产物等的使用与产生。它是在始端就采用实现污染预防的科学手段，过程和终端均为零排放和零污染，因而具有以下特点：充分利用资源，采用无毒、无害原料，进行工业生产；在无毒、无害的条件下进行反应，以减少废物向环境排放；提高原子利用率，使所有原料原子被产品消纳，实现零排放；生产有利于环境保护、社区安全和人体健康的环境友好产品。

绿色化学与污染控制化学不同。污染控制化学运用化学技术和原理对已被污染的环境进行治理，使之恢复到被污染前的面目，涉及处理废物流（末端处理）或者清理净化环境泄漏物和其他排放物，可能还包括将危险化学品与其他物料分离然后进行处理，使其不再具有危害性或者浓缩后进行安全处置。绿色化学的理念是在源头削减污染，最大限度减少或消除化学原料、试剂、溶剂和产品的危害，使整个合成过程和生产过程对环境友好，不再使用有毒、有害的物质，不再产生、处理废物，这是从根本上消除污染的对策。由于在始端就采用预防污染的科学手段，过程和终端均为零排放或零污染。世界上很多国家已把“化学的绿色化”作为21世纪化学进展的主要方向之一。

二、绿色化学的基本原则

绿色化学的具体原则体现在“5R”上：

① 减量化（reduce）：减少原料的使用，减少实验废物的产生和排放；

② 再利用（reuse）：循环使用、重复使用；

③ 再循环（recycle）：实现资源的回收利用，从而实现“省资源、少污染、减成本”；

④ 再生处理（regeneration）：变废为宝，资源和能源再利用，这是减少污染的有效途径；

⑤ 拒用（rejection）：拒用有毒有害品，对一些无法替代又无法回收、再生和重复使用，有毒副作用及会造成污染的原料，拒绝使用，这是杜绝污染的最根本的办法。

三、绿色化学的应用

（一）原料绿色化

在化学设计中应充分考虑原料的危害性，尽量使用无毒、无害的工业原料或可再生的生物质原料制造绿色产品。

1. 无毒、无害的工业原料

在工业生产特别是化工生产过程中，仍使用一些有毒、有害的工业原料，如光气、氢氰酸、甲醛等。因此人们通过对绿色化学原料的研究以减少或避免使用这些有毒、有害物质，实现绿色化学。例如，采用低毒的双（三氯甲基）碳酸酯（BTC）替代光气、氯化亚砜等有毒、有害物质合成氯甲酰胺等产品；以水为原料，通过电解制取氢气和氧气。

2. 生物质原料

生物质是通过光合作用而形成的各种有机体，包括所有的动物、植物和微生物，如各种植物、农副产品、海产物等。生物质具有可再生性，碳排放少并且环境友好。生物质原料现在已经有很多用途，包括农作物秸秆制乙醇，以大豆为原料制备无醛胶粘剂等。

（二）生产绿色化

工业生产的绿色化要求以“与环境友好”为出发点，提出新的化学理念，改进“传统”的工艺路线，提高化学合成效率，节约资源和减少污染。因此，化学合成效率成为绿色化学研究关注的焦点。化学合成效率包括两个方面：选择性（化学、区域、非对映异构体和对映异构体选择性）；原子经济性，即原料分子中究竟有百分之几的原子转化成了产物。理想的原子经济反应是原料分子中的原子百分之百地转变成产物，不但充分利用资源，而且不产生副产物或废物，实现废物的“零排放”。

1. **催化剂**

在化学合成中使用催化剂，可以改变化学反应的途径，降低反应的活化能，从而提高产率，降低能耗。催化剂在考虑和选择原子利用率高、对环境友好的合成方法时具有重要的作用。

高选择性、高效的催化剂：使用高选择性、高效的催化剂，可实现“零排放”，从而达到“原子经济性”。例如，对于合成单一的手性分子，传统方法是采取外消旋体的拆分，但是产率只能达到50%，另一半异构体只能废弃，原子经济性很差，且对环境造成污染。现在对于合成单一的手性分子，使用手性催化剂可以直接获得所要的分子。另外，选择高效催化剂，还可减少能源消耗。

催化剂绿色化：很多传统催化剂都会产生毒性气体或有害废物，而绿色催化剂则采用天然材料或设计新的催化剂，以替代这些有毒、有害的物质。绿色催化剂种类很多，如光催化剂、电催化剂、酶催化剂、稀土催化剂、手性催化剂等。

2. **溶剂绿色化**

绿色溶剂一般是化学性质不稳定，可以被土壤生物或其他物质降解，半衰期短，很容易衰变成低毒、无毒的物质，也称为环境友好型溶剂。

① 水：水是地球上一切生命的起源，也被誉为工业的血液，参与了工矿企业生产的一系列重要环节，在制造、加工、冷却、净化、洗涤等方面发挥重要的作用。水是一种十分安全的绿色溶剂。

② 近临界水：指温度为200～370 ℃的压缩液态水。由于具有电离常数大和介电常数小的性能，近临界水具有自身酸碱催化功能和能溶解有机物及无机物的特性，是最好的清洁溶剂，可减少生产过程中的污染物产生，去除产品中的微量污染物，提高产品纯度。

③ 超临界流体：指温度、压力都在临界点之上的流体，介于气体和液体之间，兼有气体和液体的双重性质及优点，如黏度小、密度大、扩散性能好、溶剂化能力强等。超临界流体应用广泛，如超临界流体萃取、超临界水氧化、超临界流体干燥、超临界流体染色、超临界流体制备超细微粒、超临界流体色谱和超临界流体中的化学反应等。

④ 离子液体：指全部由离子组成的液体，所有可熔融而不分解或汽化的盐类都可作为离子液体。离子液体作为一种新型的极性溶剂，几乎没有蒸气压，具有不可燃性、非挥发性、良好的化学稳定性和热稳定性，可循环利用，对环境友好，故称为“绿色”化学溶剂，可以用来代替传统的易挥发有毒溶剂。此外，离子液体的高极性、疏水性及溶解性等均可以通过选用不同的阴、阳离子和侧链取代基而改变，被认为是21世纪最有希望的绿色溶剂和催化剂之一，已应用于生物催化、分离科学及电化学等诸多领域。

3. **不使用溶剂**

为了减少使用溶剂带来的污染排放，从生产过程入手开发免溶剂的生产工艺，如高能球磨技术在固体状态下发生化学反应生成新的化合物；使用引发剂促使单体在聚合过程中发生聚合反应等。

（三）绿色工艺

绿色工艺主要还应从技术入手，尽量研究和采用物料及能源消耗少、废物少、对环境污染小的工艺方案，主要体现在以下方面：

① 采用无污染或少污染的新工艺，以消除或控制污染物的产生和排放。

② 改革落后的旧工艺，使用新的生产技术和设备，尽可能消除或减少产生污染的环节。

③ 建立“闭合循环”新工艺，综合利用资源和能源，将两个或多个流程合并，组成一个闭合体系，把原来单一或分段流程的废料或副产品变成连续的下一流程的原料，以达到不再排污或者减少排污的作用。

④ 改变或者更新产品性质、消除污染源。利用当代先进的科学技术、新型材料来生产无污染的新型产品。

⑤ 回收副产品中的有用原料，尽量对流失在“三废”（废气、废水、废渣）中的副产品（原料或成品）加以分离，就地回收，既可降低生产成本、增加经济效益，又可大大降低污染物排放浓度和数量，减轻后端污染治理负担。

（四）产品绿色化

绿色产品是采用环境友好的原料，运用绿色生产技术，获得的环境友好的工业产品。产品具有合理的使用功能及使用寿命，在使用过程中和使用后不会危害生态环境和人体健康，易于回收、利用和再生，报废后易于处置，容易降解。例如，用再生纸、布制作的购物袋可重复使用，不但可节约宝贵的资源，还可以减少固体废物的排放。

（五）消费绿色化

绿色消费是以节约资源和保护环境为特征的消费行为，主要表现为崇尚勤俭节约，减少损失浪费，选择高效、环保的产品和服务，减少消费过程中的资源消耗和污染排放。绿色消费的重点是“绿色生活，环保选购”。

国家发展和改革委员会等十部门于2016年2月出台了《关于促进绿色消费的指导意见》，2022年1月国家发展和改革委员会等7部委发布了《促进绿色消费实施方案》，方案中提出，要加快推动消费向绿色转型，鼓励绿色产品消费，引导居民践行绿色生活方式和消费模式，全面推进公共机构带头绿色消费，提高政府绿色采购，深入开展全社会反对浪费行动，建立健全绿色消费长效机制。

（六）处置绿色化

环境污染物排放末端处理有不同的方法，需要大力开发绿色处理技术。在污染物末端治理工艺中，采用吸附技术、膜分离技术、高级氧化技术、生物技术等无污染或少污染的工艺，实现废水、废气、固体废物等有价物质的回收，废水循环利用或达标排放，减少或不产生二次污染。例如，利用生物发酵处理酒糟、粪便、果皮等，进行沼气发电、有机饲料养牛、有机肥农用，实现资源的循环利用，而不产生新的污染物。

四、绿色化学的评估方法

绿色化学以绿色意识为指导，以最终杜绝化学污染源，实现绿色化学为最终目标。因此，必须有一定的评价体系和评价指标来评价和描述生产过程及结果的绿色程度。评价指标应该反映：资源的利用效率；生态环境的影响；经济与社会的发展等因素的综合效果；可持续发展的要求。

（一）原子经济性

原子经济性考虑的是在化学反应中有多少原料的分子进入产品中，这个标准既要求最大限度地利用反应原料，节约资源，又要求尽可能减少废物排放，减少环境污染，或者说从源头上消除由化学反应副产物引起的污染。

原子经济性可以用原子利用率来表示，定义为目标产物的分子量占全部产物的分子量总和的百分比。即

$$原子利用率=\frac{目标产物的分子量}{全部产物的分子量总和}\times 100\%$$

原子利用率可以衡量在一个化学反应中，生产一定量目标产物到底会生成多少废物。在化学反应中，一旦要利用的化学反应计量式被确定下来，其最大原子利用率也就确定了。

（二）质量强度

为了全面评价生产过程的“绿色性”，提出了反应质量强度的概念，即获得单位质量产物消耗的所有原料、助剂、溶剂等物质的量：

$$质量强度=\frac{工艺过程或工艺步骤中所用物质的总质量}{产物质量}$$

所用（或所消耗）物质包括工艺过程或工艺步骤中用到的除水之外的所有物质，也就是反应物、试剂、溶剂、催化剂等。

质量强度考虑了产率、化学计量法、溶剂和反应混合物中用到的试剂，同时也包括反应物过量的问题。质量强度越小，生产成本越低，能耗越少，排放的污染物量也越低。在理想情况下，质量强度应接近1。

（三）环境因子和环境系数

环境因子定义为生产单位质量产品所产生的废物量。即

$$环境因子=\frac{废物总质量}{产物质量}$$

这里，废物指目标产物以外的所有任何副产物。环境因子越大，表示废物产生越多，对环境的负面影响也越大。

环境因子考虑的是废物的量，而没有考虑废物中不同成分对环境的危害程度，于是提出了环境系数的概念，定义为环境因子乘以一个对环境不友好的因子而得到的一个参数：

$$环境系数=环境因子\times环境不友好的因子$$

环境不友好的因子的大小根据废物的毒性LD_{50}决定。对于低毒无机物，如氯化钠，环境不友好的因子为1；而对于金属盐、一些有机中间体和含氟化合物等，环境不友好的因子则为100~1 000。

第五节 清洁生产

一、清洁生产的概念

清洁生产指将综合预防的环境保护策略持续应用于生产过程和产品中，以期减少对人类和环境的风险。清洁生产从本质上来说，就是对生产过程与产品采取整体预防的环境策略，减少或者消除它们对人类及环境的可能危害，同时充分满足人类需要，使社会经济效益最大化的一种生产模式（图2-11）。

清洁生产的核心是“节能、降耗、减污、增效”，要求不断采取改进设计、使用清洁的能源和原料、采用先进的工艺技术与设备、改善管理、综合利用等措施，从源头削减污染，提高资源利用效率，减少或者避免生产、服务和产品使用过程中污染物的产生和排放，以减轻或者消除对人类健康和环境的危害。清洁生产作为一种全新的发展战略改变了过去被动、滞后的污染控制手段，强调在污染发生之前就进行削减，不仅可以减轻末端治理的负担，而且有效避免了末端治理的弊端，是控制环境污染的有效手段。

二、清洁生产的主要途径

清洁生产是将整体预防的环境战略持续应用于生产过程、产品和服务中，以提高生态效率和减少人类及环境的风险；对于生产过程，要求节约原料与能源，淘汰有毒原料，减少和

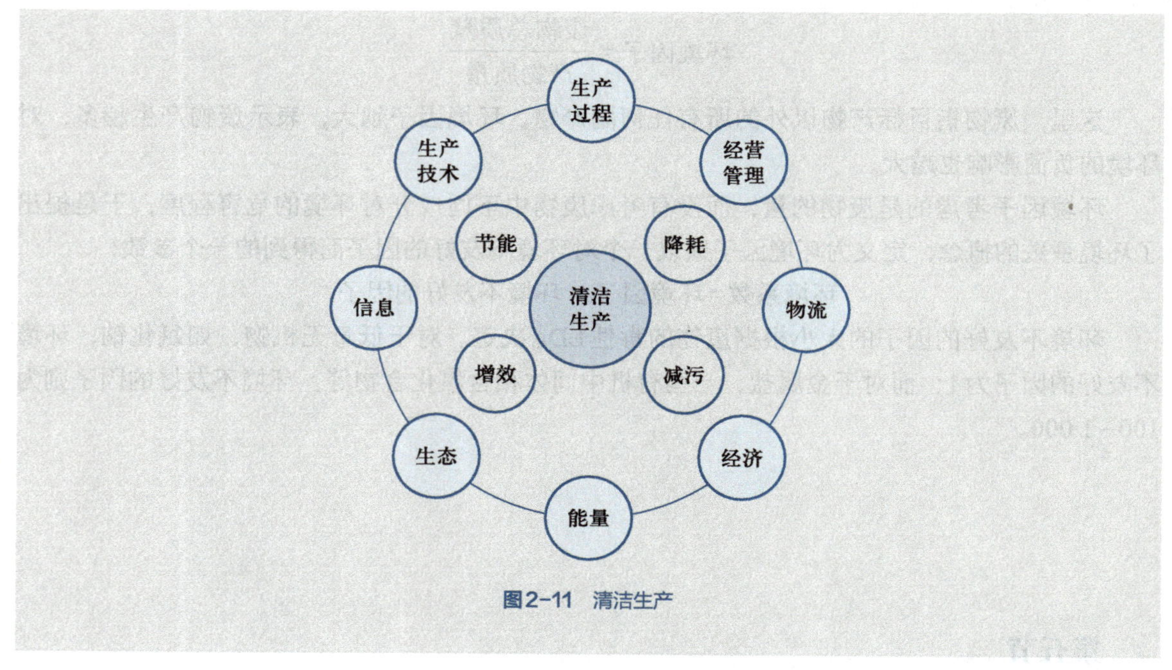

图2-11 清洁生产

降低所有废物的数量与毒性；对于产品，要求减少从原料提炼到产品最终处置的全生命周期的不利影响；对于服务，要求将环境因素纳入设计与所提供的服务中。具体体现在以下七个方向：

（一）资源综合利用

资源的综合利用是推行清洁生产的首要方向。通常，一种资源通常都包含多种组分，同一种资源可以有不同的利用方式，生产不同的产品，找到不同的用途。如果原料中的所有组分通过工业加工过程的转化都能变成产品，这就实现了清洁生产的主要目标，既增加了产品生产，同时减少了原料费用，减少了工业污染及其处置费用，降低了成本，提高了工业生产的经济效益。

资源综合利用包括三个方面：① 在矿产资源勘查和开采中，对共生矿、伴生矿进行综合开发与合理利用，提高资源利用效率。② 对生产过程中产生的废渣、废水（液）、废气、余热、余压等进行回收和合理利用，强调循环利用、梯级利用，减少污染物排放，提高资源回收与能源利用效率。③ 对社会生产和消费过程中产生的各种废物进行回收和再生利用，减少污染物排放。

（二）改进产品设计

产品的绿色设计、生态设计等设计理念的贯彻实施，是清洁生产实施的重要手段。在产品设计过程中，需要将环境保护与商业利益结合，降低成本，减少潜在的责任风险，提高竞争力。目前，这种以“在不影响产品的性能和寿命的前提下尽可能体现环境目标”为核心的产品设计，主要涉及以下几方面：

1. 消费方式替代设计

采用无污染或少污染的消费方式替代现有的消费型的生产生活方式，如利用电子办公系统替代以前的纸质办公系统，减少纸张和油墨等消耗。

2. 产品原料环境友好型设计

在设计产品时，考虑在生产中使用更少的材料或更多的节能成分，优先选择无毒、低毒、少污染的原辅材料替代原有毒性较大的原辅材料，优先选择丰富易得的天然材料替代合成材料，优先选择可再生原料等，防止原料及产品对人类和环境产生危害。

3. 延长产品生命周期设计

产品和人的生命一样，也会经历形成、成长、成熟、衰退这样的周期。因此，延长产品的生命周期，无疑会减少资源、能源消耗，减少环境污染物的排放。这就要求在产品设计中需要加强产品的耐用性、适用性、可靠性等，以利于长期使用以及易于维修和维护等。

4. 可拆卸设计

产品可拆卸设计是绿色产品设计的主要内容之一。它要求在产品设计的开始阶段就将拆卸性作为结构设计的一个目标，使产品的连接结构易于拆卸，在使用过程中方便维修，在产品寿命完结时，零部件可翻新和重新使用，或者可安全地把这些零部件处理掉，达到节约资源和能源、保护环境的目的。

5. 可回收性设计

可回收性设计就是在设计产品时，充分考虑这种产品的未来回收及再利用问题，包括零部件材料的回收可能性、回收价值大小、回收处理方法、回收处理结构工艺性等与回收性有关的一系列问题，以达到产品和零部件材料资源和能源的充分利用，并将对环境的危害降至最小。

产品可回收性设计主要包括可回收材料机器标志、可回收工艺及方法、可回收的经济性、可回收产品的结构等内容，这些又与可拆卸设计息息相关。

（三）革新产品体系

革新产品体系指在原有产品体系的基础上采用新技术或新材料，使产品性能有较大提升，或将原本单一性能的产品发展成为多种性能及用途的产品，同时体现低耗环保的消费理念。

在当前科学技术迅猛发展的形势下，各类创新产品不断涌现，产品更新换代周期越来越短，新产品也不断问世。同时，人们也认识到，环境污染物的排放不仅发生在生产产品的过程中，在产品的使用过程中有时也会发生，有些产品在使用后被废弃、遗留在环境中，也会造成始料未及的危害。因此，在更新产品的时候，不但需要关注产品的功能，而且要关注在产品生产、使用和废弃的全生命周期减少对环境的危害。

（四）改革工艺和设备

工艺是从原料到产品实现物质转化的基本软件，设备是实现物质转化的基本硬件，它的选择是由工艺决定的。改革工艺和设备是预防废物产生、提高生产效率和效益、实现清洁生产最有效的方法之一，主要体现在以下4个方面：

1. 改革生产工艺

生产工艺是影响生产效率的重要因素，开发并采用低废或无废生产工艺来替代落后的老工艺，提高产品质量，尽可能减少生产过程中的损耗和浪费，提高资源利用率，以达到提高生产效率和降低生产成本的目的。例如，采用高效催化剂提高选择性和产品收率，也是提高产量、减少副产品和污染物的有效途径。

2. 改进工艺设备

生产设备的更新和升级对提高生产效率和产品质量都有非常重要的作用。通过更新设备和管线或重新设计生产设备来提高生产效率，减少废物量。例如，优选设备材料，提高可靠性、耐用性；提高设备的密闭性，减少污染物泄漏；采用节能的泵、风机、搅拌装置等，实现节能降耗。合理选择设备，不仅可以提高产品质量，还能够降低企业的生产成本。

3. 优化工艺控制过程

工艺操作参数的控制对产品生产质量和效率有重要的影响。在不改变生产工艺或设备的条件下进行操作参数的调整，优化操作条件常常是最容易而且最便宜的减废方法。产品生产过程中工艺设备保持在最佳工艺参数（如温度、压力和加料量）下运行，可以避免生产控制条件波动和非正常停车，可大大减少废物量。

4. 加强自动化控制

自动化控制是一种将机器或系统的运行和控制过程自动化的技术。在现代工业生产中，自动化控制已经成为一种非常重要的技术，极大地提高了生产效率和产品质量。通过计算机控制系统监测和自动调节工艺操作参数，维持最佳反应条件，加强工艺控制，可提高生产量、减少废物和副产品的产生。自动化生产可以减少生产环节中的人工介入，避免人为失误带来的问题，降低产生废物及泄漏的可能性。

（五）生产过程的科学管理

生产过程管理是制造企业核心竞争力的重要来源。加强生产过程的科学管理，可以降低生产成本、提高物质利用率，并显著减少废物和污染物排放。随着企业规模的扩大和生产工艺的复杂化，生产管理的难度也越来越大。为此，企业需要加强生产一体化管理，完善生产流程，建立高效的管理体系。通过技术手段和信息化管理，实现生产管理流程透明化、数字化、可视化转型，对生产流程进行全面的掌控，提高生产效率和产品质量。

（六）物质再循环和综合利用

带有循环物流的工业生产是一种注重资源循环利用和环境保护的生产方式。通过废物回收、副产品利用和节能减排等措施，实现资源的循环利用和环境的可持续发展。

1. **废物回收**

工业生产过程中产生的废物，如废水、废气、废渣等，如果不加以处理，就会对环境造成污染。带有循环物流的工业生产过程通过采用专业的处理工艺和设备，将废物进行回收和处理，不仅减少了对环境的污染，还可以再次利用资源，提高资源的利用率。例如，工业废水可以通过生物处理、膜分离等技术进行处理，将其转化为可再利用的水源，不但减少了外排废水，而且实现了水资源的重复利用。

2. **副产品利用**

工业生产过程中会产生一些副产品，这些副产品如果不加以利用，就会成为废物。带有循环物流的工业生产会尽可能地利用这些副产品，将其转化为其他有用的物质或者作为原料进行再利用。例如，煤炭工业产生的煤矸石可以用于建筑材料、道路铺设等领域。副产品的利用，不仅减少了废物的产生，还可以提高资源的利用率，降低生产成本。

3. **节能减排**

带有循环物流的工业生产注重节能减排，通过采用先进的工艺技术和设备，减少能源消耗和废物的排放。例如，采用高效的反应器和新型催化剂设备，可以降低反应温度，提高生产效率，降低能源消耗，减少废物的产生和环境污染。

（七）必要的末端治理

末端治理（end-of-pipe treatment）指在生产过程的末端，针对产生的污染物开发并实施有效的治理技术，实现污染物达标排放。在目前的技术水平和经济发展水平条件下，实行完全彻底的无废生产是很困难的，废物的产生和排放有时还难以避免，因此，需要对它们进行必要的处理和处置，使其对环境的危害降至最低。

末端治理是清洁生产不得已而采取的最终污染控制手段，它有利于消除污染事件，也在一定程度上减缓了生产活动对环境的污染和破坏趋势。目前，我国大部分企业已经进入工业园区，因此园区内的末端治理可作为送往园区外集中处理的预处理，只需要处理到集中处理设施可以接纳的程度。同时末端治理不排斥继续开展推行清洁生产的活动，以期逐步缩小末端治理的规模，乃至最终以全过程控制措施完全替代末端治理。但是，末端治理设施往往投资大、运行费用高，治理不彻底，仅仅是污染物的转移，不能根除污染。由于末端治理未涉及资源的有效利用，不能制止自然资源的浪费，因此真正解决环境污染问题需要实施过程控制，减少污染的产生，从根本上解决环境问题。

三、清洁生产的工具

清洁生产的工具主要包括清洁生产审核、生命周期评价、ISO14000环境管理体系、产品生态设计、环境标志等。

（一）清洁生产审核

1. 清洁生产审核的定义

清洁生产审核是按照一定程序，对生产和服务过程进行调查和诊断，找出能耗高、物耗高、污染重的原因，提出减少有毒、有害物料的使用、产生，降低能耗、物耗及废物产生的方案，进而选定技术经济及环境可行的清洁生产方案的过程。

清洁生产审核是实施清洁生产的前提和基础，也是评价各项环保措施实施效果的工具。我国的清洁生产审核分为自愿性清洁生产审核和强制性清洁生产审核。国家鼓励企业自愿开展清洁生产审核，对于有下列情形之一的企业，应当实施强制性清洁生产审核：① 污染物排放超过国家或者地方规定的排放标准，或者虽未超过国家或者地方规定的排放标准，但超过重点污染物排放总量控制指标的；② 超过单位产品能源消耗限额标准构成高耗能的；③ 使用有毒、有害原料进行生产或者在生产中排放有毒、有害物质的。

2. 清洁生产审核的程序

清洁生产审核的程序原则上包括审核准备、预审核、审核、方案的产生和筛选、可行性分析、方案实施、持续清洁生产（图2–12）。

（1）审核准备

开展培训和宣传，成立由企业管理人员和技术人员组成的清洁生产审核工作小组，制订工作计划。

（2）预审核

在对企业基本情况进行全面调查的基础上，通过定性和定量分析，确定清洁生产审核重点和清洁生产目标。

（3）审核

通过对生产和服务过程的投入产出进行分析，建立物料平衡、水平衡、资源平衡及污染因子平衡，找出物料流失、资源浪费环节和污染物产生的原因。

（4）方案的产生和筛选

对物料流失、资源浪费、污染物产生和排放进行分析，提出清洁生产实施方案，并进行方案的初步筛选。

（5）可行性分析

对初步筛选的清洁生产方案进行技术、经济和环境可行性分析，确定企业拟实施的清洁生产方案。

（6）方案实施

组织实施技术、经济、环境可行的方案，分析已实施方案的成果。

（7）持续清洁生产

建立和完善清洁生产组织和管理制度、制订清洁生产计划，编制清洁生产审核报告。清洁生产审核报告应当包括企业基本情况、清洁生产审核过程和结果、清洁生产方案汇总和效益预测分析、清洁生产方案实施计划等。

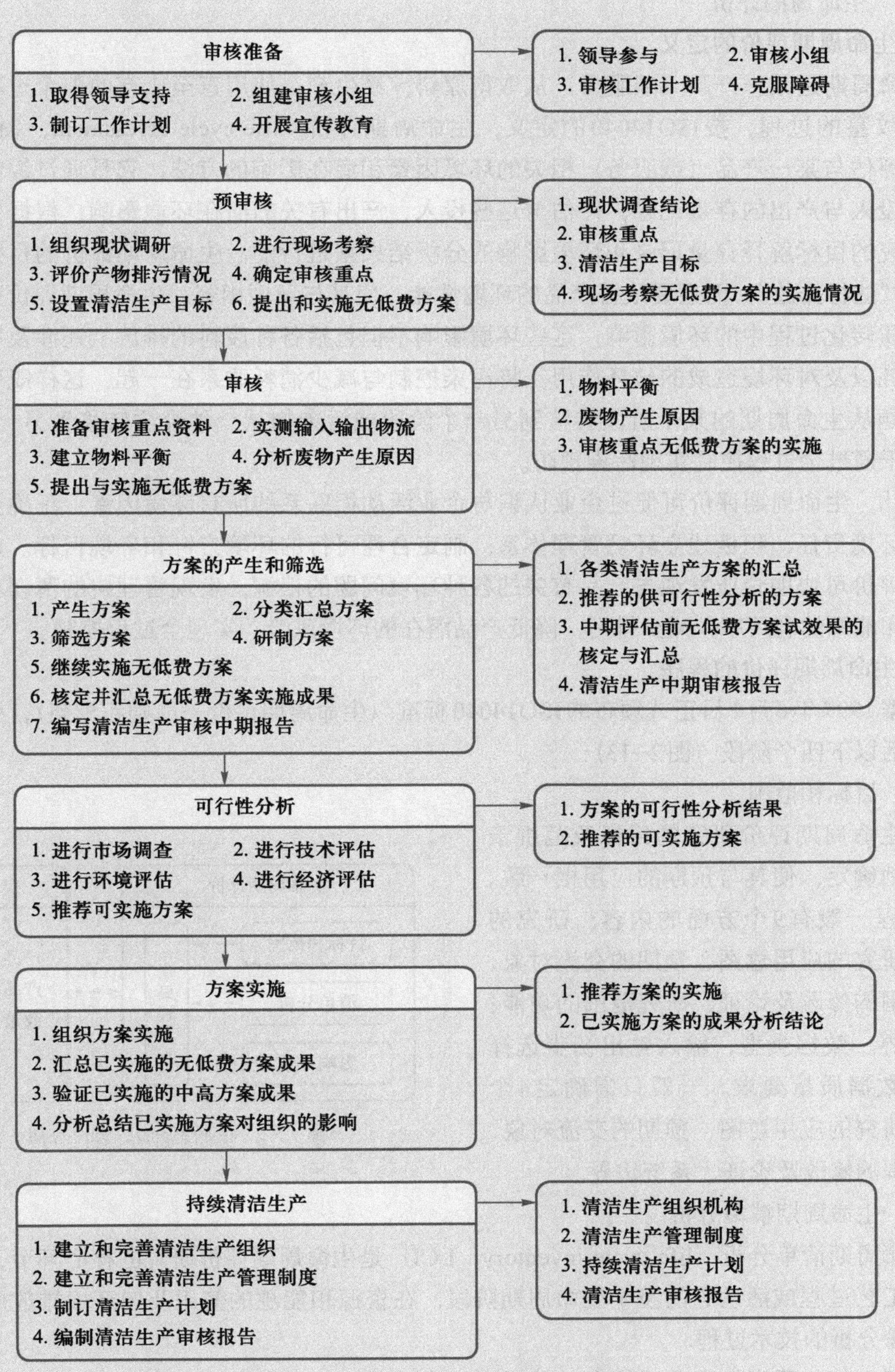

图2-12　清洁生产审核的程序

（二）生命周期评价

1. 生命周期评价的定义

生命周期是某一产品（或服务）从取得原料，经生产、使用直至废弃的整个过程，即从摇篮到坟墓的过程。按ISO14040的定义，生命周期评价（life cycle assessment，简称LCA）是用于评估与某一产品（或服务）相关的环境因素和潜在影响的方法，它是通过编制某一系统相关投入与产出的存量记录，评估与这些投入、产出有关的潜在环境影响，根据生命周期评价研究的目标解释存量记录和环境影响的分析结果来进行的。生命周期评价的目标不仅仅是实现"达标排放"，而且要改善产品的环境性能，使其与环境相容。生命周期评价强调全面认识物质转化过程中的环境影响，这些环境影响不但包括各种废料的排放，还涉及物料和能源的消耗以及对环境造成的破坏作用。将污染控制与减少消耗联系在一起，这样既可以防止环境问题从生命周期的某个阶段转移到另一个阶段或污染物从一种介质转移到另一种介质，也有利于通过全过程控制实现污染预防。

因此，生命周期评价可促进企业认识与企业活动相联系的所有环境因素，正确全面理解自己的环境责任，积极建立环境管理体系，制定合理可行的环境方针和环境目标。此外，生命周期评价可协助企业发现与产品有关的各种环境问题的根源，发现管理中的薄弱环节，提高物料和能源的利用率，减少排污，降低产品潜在的环境风险，实现全过程控制。

2. 生命周期评价的程序

依据1997年6月1日正式颁布的ISO14040标准（生命周期评价—原则和框架），生命周期评价包括以下四个阶段（图2–13）：

（1）目标和范围

将生命周期评价研究的目标及范围予以清楚地确定，使其与预期的应用相一致。整个过程一般有9个方面的内容：研究的理由、研究的应用意图、预期的交流对象、研究范围的修改及论证、研究范围的功能、系统边界、数据类型、输入输出初步选择准则及数据质量要求。一般只需确定4个方面：研究的应用意图、预期的交流对象、研究范围的修改及论证、系统边界。

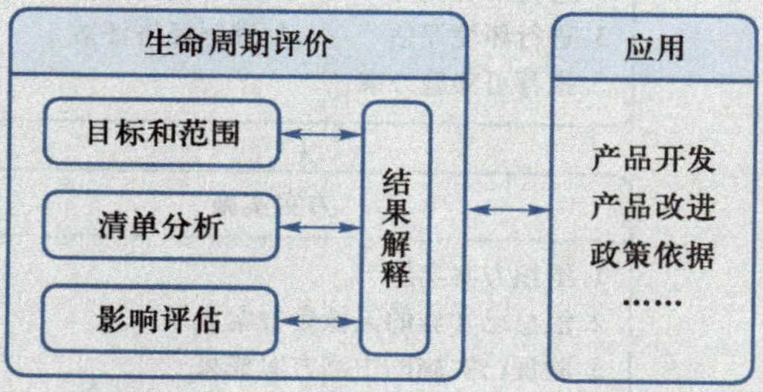

图2–13 生命周期评价的四个阶段

（2）生命周期清单分析

生命周期清单分析（life cycle inventory，LCI）是生命周期评价研究的核心环节，它是对产品、工艺过程或活动等的整个生命周期阶段，在资源和能源的使用及向环境排放废物方面进行定量分析的技术过程。

编制一份与研究的产品系统有关的投入产出清单，包含资料搜集及运算，以便量化一个产品系统的相关投入与产出，这些投入与产出包括资源的使用和对空气、水体及土地的污染排放等。

(3) 影响评估

影响评估是在完成目标界定及清单分析后开展的又一部分工作，通常采用一定的计算模型将清单分析过程得到的产品生命周期中的各种环境数据分类、指标化后再评估。根据清单分析后提供的物料、能源消耗数据，以及各种排放数据对产品所造成的环境影响，来评估与这些投入产出相关的潜在影响大小。

(4) 结果解释

根据生命周期评价的前几个阶段或清单分析的研究发现，以透明的方式来分析结果、形成讨论、解释局限性、提出建议并报告生命周期解释的结果。生命周期解释具有系统性、重复性的特点，根据研究目标和范围提供对生命周期评价或清单分析研究结果易于理解的、完整的和一致的说明。

(三) ISO14000环境管理体系

环境管理体系是一个组织内全面管理体系的组成部分，它包括为制定、实施、实现、评审和保持环境方针所需的组织机构、规划活动、机构职责、惯例、程序、过程和资源，还包括组织的环境方针、目标和指标等管理方面的内容。

ISO14000系列标准是国际标准化组织（ISO）为促进全球环境质量的改善而制定的一套环境管理的框架文件，目的是加强组织（公司、企业）的环境意识、管理能力和保障措施，从而改善环境质量。它是组织（公司、企业）自愿采用的标准。它包括了环境管理体系（EMS）、环境审核（EA）、环境标志（EL）、生命周期评价（LCA）、环境绩效评价（EPE）、术语和定义（T&D）等国际环境管理领域的许多焦点问题，近年又增设了温室气体的管理等相关内容。国际标准化组织给ISO14000系列标准预留了100个标准号，编号为ISO14001~ISO14100。其中，ISO14001是这一系列标准的核心，它不仅是建立环境管理体系和对环境管理体系进行审核或评审的依据，也是制定ISO14000系列其他标准的依据。

推行ISO14001环境管理体系认证能够提升企业营运的可靠性，促进企业不断改进环境管理工作，推动资源和能源的节约，提高经济效益，有利于实现各国间环境的双边和多边认证，消除技术性贸易壁垒。

(四) 产品生态设计

产品生态设计是将环境因素纳入产品设计之中，在设计阶段就考虑产品生命周期全过程的环境影响，从而帮助确定设计的决策方向，通过改进设计把产品的环境影响降低到最低程度的设计理念。

产品生态设计活动主要包含两方面的含义，一是从保护环境角度考虑，减少资源消耗、实现可持续发展战略；二是从商业角度考虑，降低成本、减少潜在的责任风险，以提高竞争能力。产品生态设计过程分为四个阶段：产品生态识别、产品生态诊断、产品生态定义、产品生态评价。在每一个阶段都会对产品的总体潜在环境影响进行综合与评估，优化调整改进产品设计。因此，从产品生态识别到产品生态评价是一个多次重复、优化调整的过程，其目的在于能真正开发和设计对生态系统友好的生态产品。

（五）环境标志

环境标志又称为绿色标志或生态标志，它是依照一定的环保标准，向申请者颁发并印在产品和包装上的特定标志，用以向消费者证明该产品从研制、开发到生产、运输、销售、使用直到回收利用的整个过程都符合环境保护要求，对环境无害或危害极小，有利于资源的再生利用。

环境标志一般由产品的生产者自愿提出申请，由国家指定的机构或民间组织依据环境产品标准（也称为技术要求）及有关规定，对产品的环境性能及生产过程进行确认并授予环境标志。环境标志受法律保护，但申请与否并不作强制规定，因此它具有指导性而非强制性。环境标志不是一种奖惩措施，而是一种“软性”的市场手段，有助于产品生产者构筑其在市场上的竞争优势。此外，环境标志是授予产品本身，而非授予该产品的厂家。

习题与思考题

1. 举例分析我国开展可持续发展的意义。
2. 简述可持续发展概念中环境、经济和社会三者的关系。
3. 比较清洁生产和循环经济在废物管理模式上的差异。
4. 举例说明系统的功能与结构、环境的关系。
5. 简述系统工程解决问题的一般步骤。
6. 简要分析清洁生产审核在清洁生产中的作用。
7. 举例说明生命周期评价对我国制造业产品的影响。
8. 分析绿色化学与环境污染治理的异同。
9. 举例说明原子经济性反应是不产生污染的必要条件。
10. 举例说明符合可持续发展思想的生态工业实例。
11. 简要说明ISO14001环境管理体系认证的作用和意义。

参考文献

[1] 方精云. 中国及全球碳排放——兼论碳排放与社会发展的关系 [M]. 北京: 科学出版社, 2018.

[2] 孙继荣. 可持续发展战略方法论 [M]. 北京: 中国经济出版社, 2023.

[3] Robert B. 可持续发展概论 [M]. 2版. 刘国强, 译. 天津: 天津人民出版社, 2022.

[4] Giddings B, hopwood B, O'Brien G. Environment, economy and society: Fitting them together into sustainable development [J]. Sustainable Development, 2002, 10(4): 187−196.

[5] Wilbanks T. Scale and sustainability [J]. Climate Policy, 2007, 7(4): 278−287.

[6] 刘明光, 李高扬. 系统工程理论与方法 [M]. 武汉: 华中科技大学出版社, 2022.

[7] 张南南, 曹永柱. 系统工程理论与方法技术及其在管理实践中的应用研究 [J]. 低碳世界, 2018, (03): 332−333.

[8] Lin K S, Zhu J X, Chen Y X. A non-Hermitian quan-tum approach to reliability of a two-state system [J]. Physics Leters A, 2020, 384(10): 126207.
[9] 陆昊. 绿色低碳转型 [M]. 北京: 中国发展出版社, 2023.
[10] 李博洋. 工业产品绿色设计发展现状及展望 [J]. 中国国情国力, 2020 (2): 36-38.
[11] 赵英民. 以减污降碳协同增效促进绿色低碳高质量发展 [J]. 中国党政干部论坛, 2022 (10): 53-55.
[12] 韩布兴, 刘会贞, 吴天斌. 绿色化学与可持续发展 [M]. 北京: 科学出版社, 2021.
[13] 陈振翔. 绿色发展与清洁生产 [M]. 北京: 中国环境出版集团, 2022.

03

第三章 减污降碳协同增效设计方法及评价

我国生态环境问题，本质上是高碳能源结构和高能耗、高碳产业结构问题，污染物与CO_2排放呈现显著的同根同源性，即“碳污同源”，因此，我国生态文明建设面临协同推进生态环境根本好转和碳达峰碳中和的战略任务，需发挥后发优势，实施减污降碳协同治理，统筹推动生态环境保护和应对气候变化工作，实现环境效益、气候效益、经济效益多赢。

减污降碳协同增效需要将资源、能源及环境保护放入社会经济可持续发展全局进行统筹考虑，依据可持续发展、循环经济、系统工程、绿色化学、清洁生产等理论和方法，发展清洁能源，提升资源、能源的利用效率，强化资源回收过程，实现全社会废物的减量化、资源化、无害化，使用最优化方法寻求最佳资源高效分层多级利用技术路径，实现生产和社会的低碳化、绿色化、智能化，达到人与自然和谐相处永续发展的目标。

本章主要介绍减污降碳协同增效设计与原则、设计方法、基本分析方法和评价。

第一节 减污降碳协同增效设计与原则

一、减污降碳协同增效设计理念

减污降碳协同增效设计理念为针对生产过程和社会活动的“三协同、两协调”，即源头－

过程－末端全过程减污降碳协同增效、气－液－固多介质减污降碳协同增效、单元－系统－区域多尺度减污降碳协同增效、资源－能源－环境多要素协调、技术－管理－经济系统化协调（图3-1）。

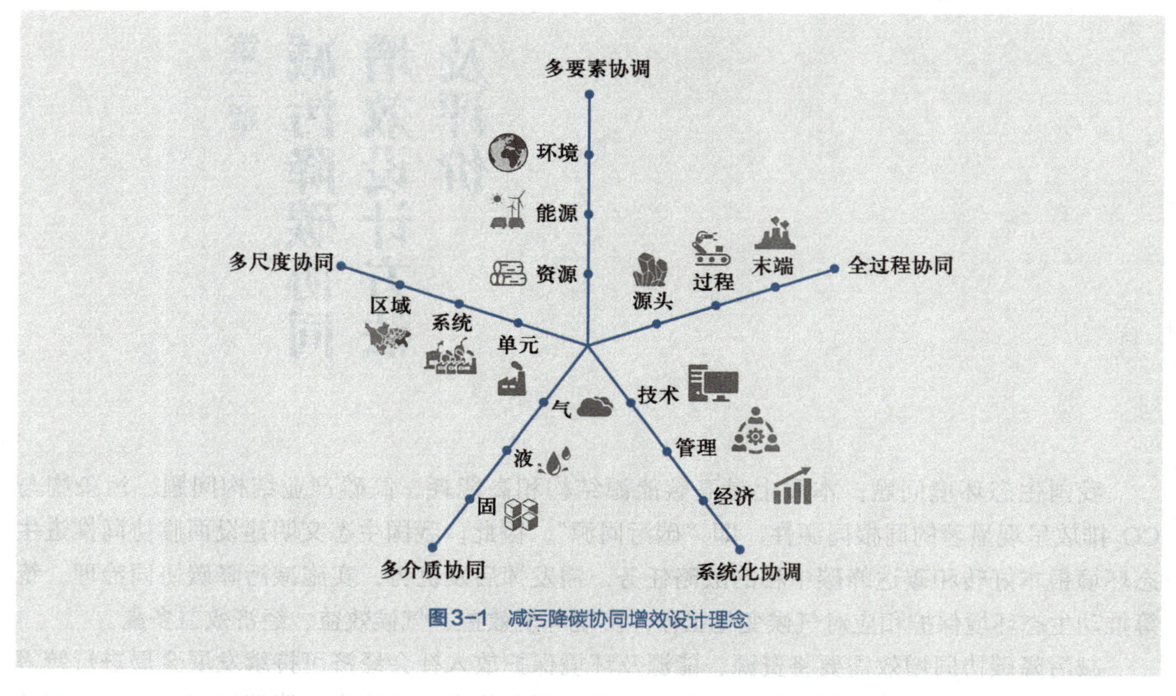

图3-1　减污降碳协同增效设计理念

（一）源头－过程－末端全过程减污降碳协同增效

环境污染物及能耗主要来源于原料（介质）、消费产品或生产过程，现有环境污染控制体系与生产、消费过程脱节，缺乏协同考虑生产工艺和消费过程中的物质、资源循环，资源和能源不能在生产、消费过程中得到充分利用，导致原料消耗、能耗、水耗较大，碳排放和污染物排放后处理成本高，亟待通过在生产和消费源头、生产消费过程进行减污降碳，实现碳污资源的高效回收。

工业和社会经济生活全过程减污降碳就是要通过原料、产品的生命周期分析，全面解析污染物及碳素流，基于清洁原料替代、物质转化原子经济性、清洁生产、循环经济等理念进行流程设计和替代，在源头预防及减少碳及污染物的产生。在生产和消费过程中结合系统工程、最优化方法设计理论，通过技术进步、工艺革新，实现资源和能源高效分层多级利用，提升物料和废物的循环利用率，尽可能利用可再生资源，强化资源、能源回收。在末端治理方面，通过低成本无害化和资源化等处理消除污染，降低综合毒性风险，最终建立源头减污降碳、过程节能降耗及资源循环、废物资源化与末端治理一体化的减污降碳全过程控制系统。

同时，建立源头－过程－末端全过程减污降碳的制度体系（图3-2），在源头防控方面，加强环境影响评价制度、节能评估和审查制度与降碳工作的统筹衔接，在过程控制方面，加

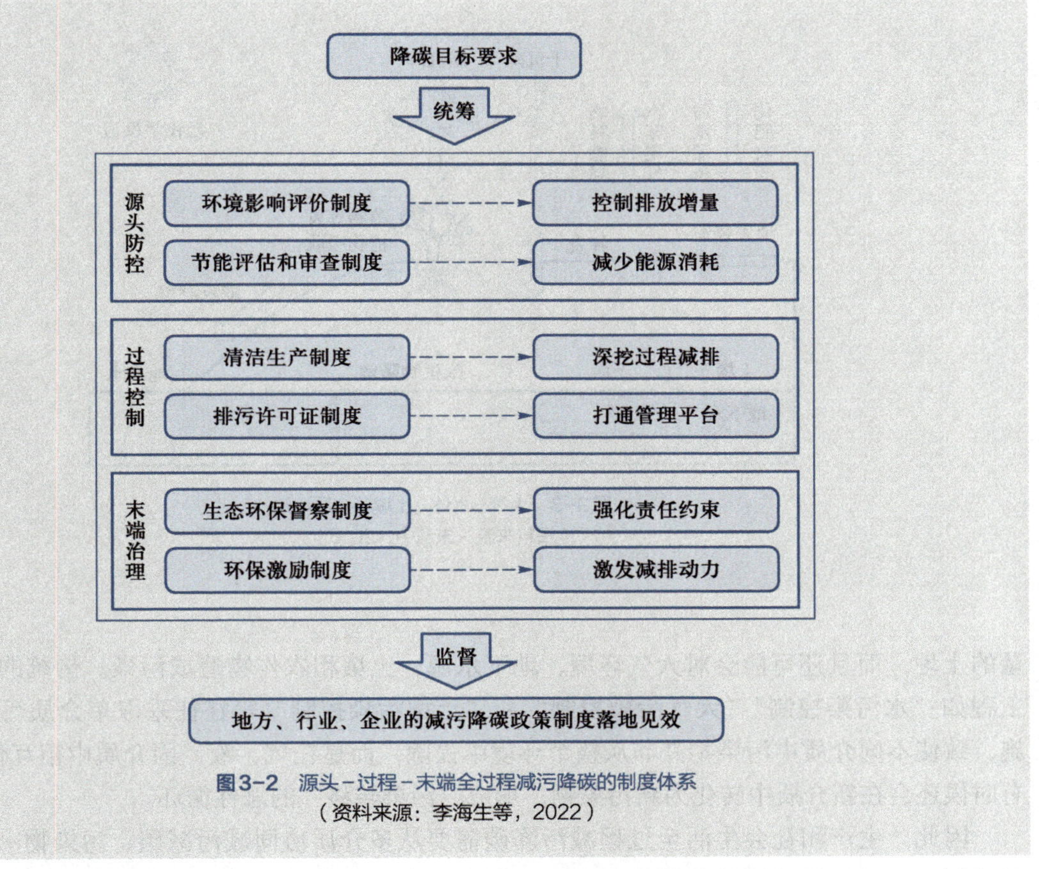

图3-2 源头－过程－末端全过程减污降碳的制度体系

（资料来源：李海生等，2022）

强清洁生产制度、排污许可证制度与降碳工作的统筹衔接，在末端治理方面，加强生态环保督察制度、环保激励制度与降碳工作的统筹衔接，从而有效地推动地方、行业、企业的减污降碳政策制度落地见效。

（二）气－液－固多介质减污降碳协同增效

随着人类活动范围的扩大和工业化的发展，污染跨介质迁移转化问题凸显。大气、水体、土壤是生态环境中的重要介质，生产和社会活动过程排放的污染物经常同时存在于两种甚至三种介质中，并通过输送、扩散、沉降、径流、渗透、吸附－解吸等多个物理化学过程迁移转化，发生污染跨介质转移（图3-3）。工业生产和人们生活排放的大气污染物进入大气后，在大气中发生传输、扩散、化学反应等一系列的物理化学过程，不但可能造成严重的大气污染，而且通过大气沉降降落到地面、水体，导致河流、湖泊和土壤的跨介质污染。工业和生活废水中的污染物可以直接排放进入土壤，或者经由承纳的河流、湖泊水体通过灌溉进入土壤，土壤受到污染后，又会通过渗透、挥发等过程，进入地下水和大气，形成循环跨介质污染。许多地方的城市生活垃圾和工业固体废物采用卫生填埋等无害化处理措施，布局占用大

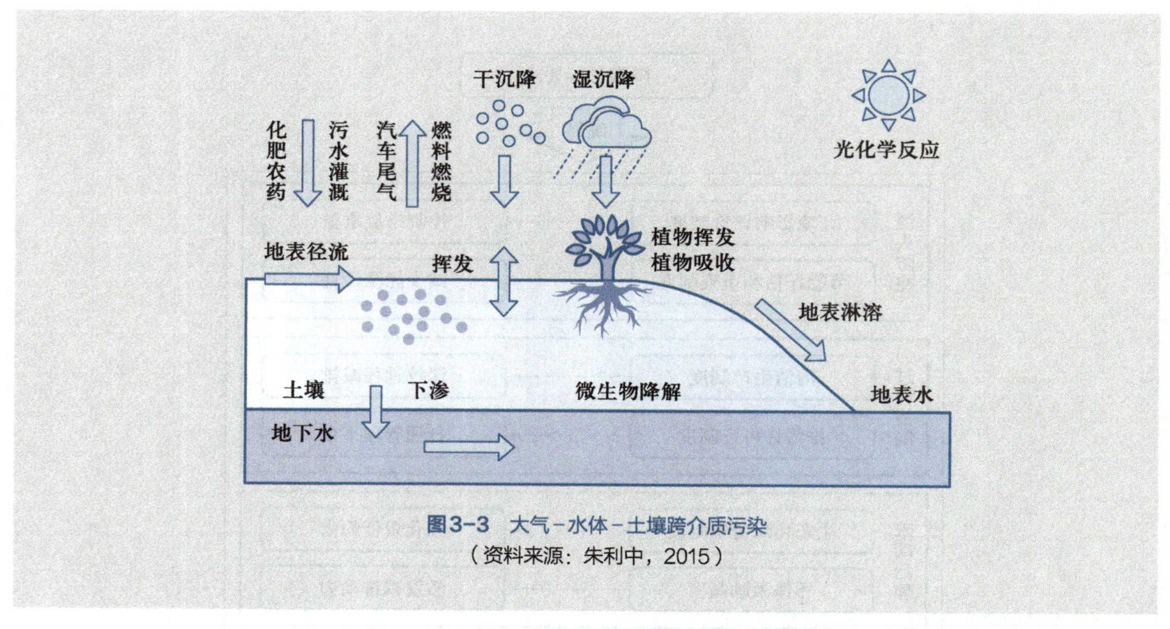

图3-3 大气－水体－土壤跨介质污染
（资料来源：朱利中，2015）

量的土地，而且还可能会对大气环境、地下水源、土壤和农作物造成污染。传统的污染控制工程如“水污染控制”“大气污染控制”和“土壤污染控制”等往往采取单介质污染控制措施，致使不同介质中污染物并非从整个环境中去除，而是在气、液、固介质中相互传递转圈，有时候还会在新介质中转化为新污染物，形成“污染转移”的恶性循环。

因此，生产和社会生活全过程减污降碳需要从多介质协同减污减碳、污染物－碳排放协同控制、区域统筹减污减碳等方面入手，向多要素、多介质、多目标协同防治转变，加强重点行业、重点领域、重点区域污染成因和碳排放相关的基础性和系统性研究，弄清主要污染物和碳的跨介质传输、转化和循环过程及其生态环境效应，研究废气－废水－固体废物污染物与碳排放多介质调控与治理机理，建立高效、经济、安全、低碳的污染物多介质组合控制技术优化协同机制，为跨介质污染物－碳排放协同控制技术提供基础理论支撑。

（三）单元－系统－区域多尺度减污降碳协同增效

减污降碳是一个综合的系统工程，涉及工业、农业、交通运输、城乡建设等不同的生产和消费过程，也与生态建设、人类社会活动密切相关。因此，需要从减污降碳的生产和消费单元，到产业、行业、工业园区的系统尺度，再到城市等更大的区域尺度进行系统分析，协同开展减污降碳工作。

在工业领域，推动工业领域源头减排、过程控制、末端治理、综合利用全流程绿色发展，提高资源和能源的利用效率，减少碳和污染物排放，采用多污染物和温室气体协同控制技术工艺，推动碳捕集、利用与封存技术的工业应用。在农业领域，推行农业绿色生产方式，协同推进种植业、畜牧业、渔业节能减排与污染治理。在交通运输领域，推动新能源、清洁能源替代和清洁交通工具的使用，提高铁路、水运在综合运输中的承运比例。在城乡建设领域，推动超低能耗建筑、近零碳建筑规模化发展和推广使用绿色建材。同时，人类的社会行为也对减污降碳发挥重要的作用。人们的环境意识、生活方式、消费行为，一方面直接影响人们在社会活动过程中的碳排放，另一方面这些方式又会影响减污降碳的决策和管理，对减污降碳效果产生较大的影响。

因此，要使减污降碳取得较好的成效，必须采取生产–生态–社会系统多层次协同污降碳政策和措施，从工业生产、农业生产、城乡建设、生态建设、交通运输等多个重点领域开展协同，减少生产过程的碳排放，通过生态系统净化环境污染物，增加固碳能力，减少进入大气中的CO_2。

（四）资源–能源–环境多要素协调

我国自然资源在总量上是丰富的，但是人均资源占有量相对不足，削弱对经济可持续发展的“供给支撑”。我国是世界上单位产值能耗最高的国家之一，从总体能源效率来看，我国能源消耗量占世界11%，产出只占世界的3%，单位产值能耗是世界平均水平的2.3倍，能源瓶颈减少了对经济可持续发展的“动力支持”。由于经济增长方式粗放和环保意识不强，经济的高速增长常常伴随严重的环境污染，并由此造成较大的经济损失。环境污染不断压缩我国经济可持续发展的“环境空间”。如果不能突破资源、能源、环境所构成的“瓶颈”，那么我国经济和社会全面协调可持续发展无疑是十分困难的。

面对我国资源、能源、环境的全面危机状况，必须依据我国经济现阶段的特点，以科学的态度，选择符合我国国情的可持续发展战略，从而使资源、能源、环境与可持续发展之间真正实现良性互动。传统的发展模式消耗资源多、产生污染多、碳排放量高，经济增长与资源、能源和环境保护的矛盾十分尖锐。正是在此背景下，我国提出“双碳”目标，推动社会向绿色发展转型，将资源、能源及环境保护放入国家经济和社会发展的全局进行统筹考虑，建立资源–能源–环境复合系统下的综合集成优化技术系统，实现生产和社会全过程污染物和碳减排，以及资源利用最大化。

（五）技术–管理–经济系统化协调

经济是人们生产、流通、分配、消费一切物质精神资料的总称。经济是价值的创造、转化与实现。人类经济活动就是创造、转化、实现价值，满足人类物质文化生活需要的活动。技术是能带来经济效益的科学知识，在生产的全部过程（即从产品的生产到产品的销售）中所应用的知识，能够形成制造产品、实施工艺流程、提供服务的系统知识。管理是在特定的环境下，对组织所拥有的资源进行有效的计划、组织、领导和控制，以便达成既定的组织目标的过程。技术–管理–经济就是将技术经济学与管理学相结合，从经济学角度进行研究，定性研究和定量研究相结合，对在一定社会条件下的社会再生产过程中即将采用的各种“技术性”措施和“技术性”方案的经济效果进行论证分析，并结合现实管理的需要，分析比较后选择经济效果较佳而且可实施的系统最佳方案。

目前，我国普遍存在技术对管理的支撑力度不够，对涉及减污降碳的工业系统和社会系统相关的技术和措施缺乏有效的技术经济评估，同时也缺乏完备的减污降碳技术支持体系和管理机制。同时，在管理体制上缺乏有效的行政手段和经济措施促使企业和社会主动开展减污降碳的治理行为，亟须加速环境污染防治和碳减排的能力建设，促进减污降碳技术的创新与发展。

工业生产和社会活动全过程减污降碳需要统筹技术、管理、经济三个层面，对各个减污降碳控制过程提供技术支持，推进低碳技术创新，同时也为环境管理和碳排放目标的设定，以及环境和碳管理制度的实施提供数据支持，确保“双碳”目标的实现和污染物排放稳定达标。通过各级政府制定环境和减碳协同的相关法律法规，建立与之相适应的减污降碳技术政策、可行技术指南和工程规范等行业和社会活动技术指导文件体系，以及建立“双碳”目标管理的环境技术示范推广平台，实现工业生产和减污降碳的综合成本最小化。

二、多尺度减污降碳协同增效设计

工业、农业生产和社会生活全过程减污降碳是一个大型的复杂过程系统综合问题，核心思想是在可持续发展、循环经济、绿色化学、清洁生产的基础上，利用系统工程的原理、方法和思路，进行过程综合，将污染物和碳排放全过程作为整体考虑，在分子、单元、系统、区域等多个尺度上构建不同的减污降碳协同增效体系，突出系统思维，挖掘协同效应，实现污染控制和碳减排协同（图3-4）。

（一）分子尺度

它包含从微观尺度上资源高效清洁转化的原子经济性反应与分离过程的绿色设计与过程强化。通过精准识别污染物与含碳物质，尤其是含碳污染复合物的形态结构、性质及其相互作用关系和调控方法，建立构效关系预测模型，以绿色化学为基础，开发新的工艺路线和反应技术，实现反应的高原子经济性，并应用于替代传统的工业生产过程，最大限度地利用反应原料、节约资源、减少废物的生成与排放，减少环境污染，从源头上消除由化学反应副产物引起的污染。

（二）单元尺度

针对生产和消费的单元过程，系统梳理不同技术创新的减污降碳机理，分析研究典型操作单元设备结构和操作条件对污染物与含碳物质转移转化的影响规律、碳污耦合特征，提出反应—传递协同调控策略，建立过程单元构效关系预测模型；基于对工业生产过程中产生的常规污染物、特征污染物和有毒有害污染物的产生过程进行生命周期分析和清洁生产评估，从资源（原料和水）、能源、生产过程以及产生“三废”入手，以环境效益最大化、综合成本

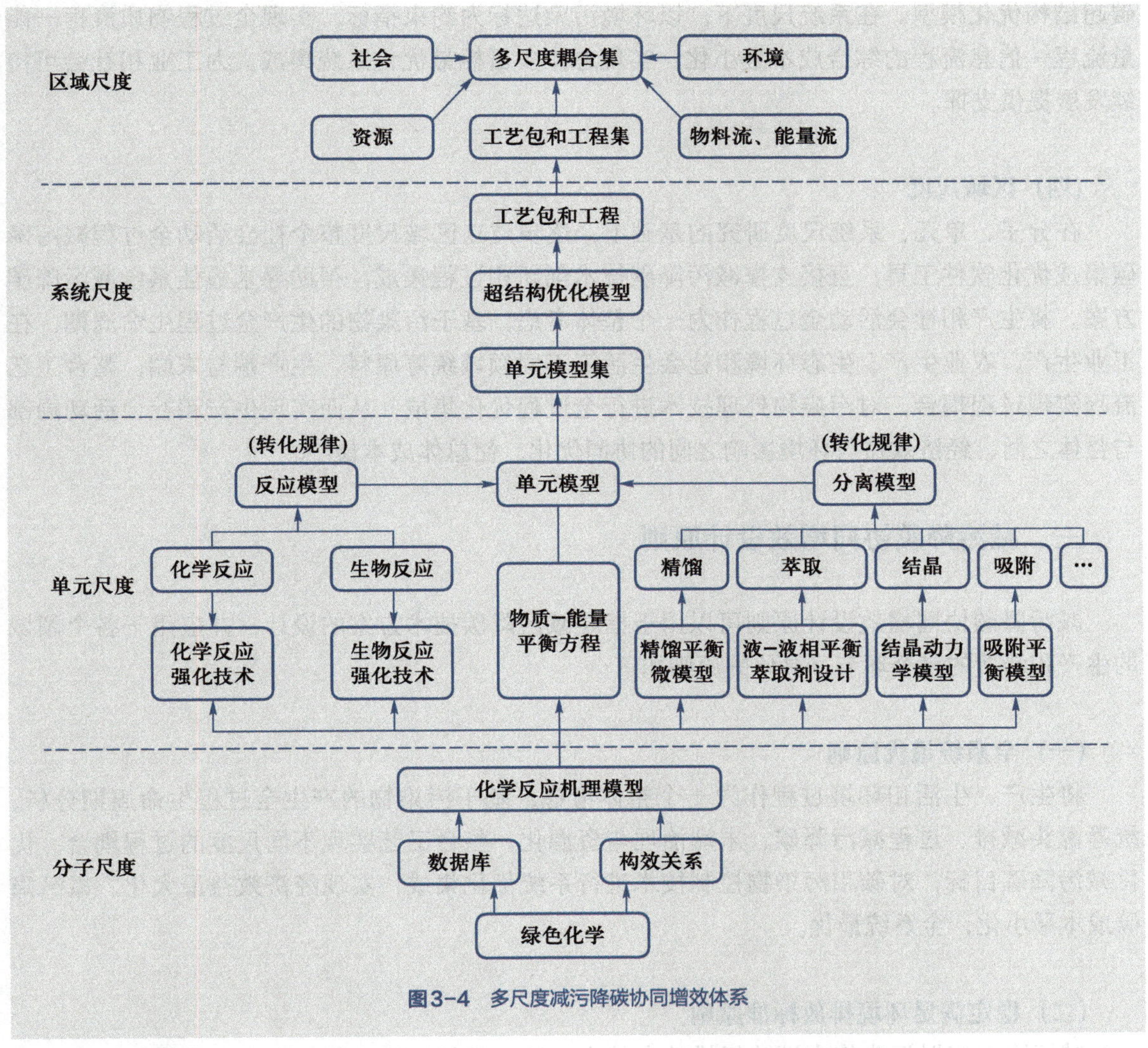

图3-4 多尺度减污降碳协同增效体系

最小化为多方案决策优化目标，设计包括原料减量或无毒无害原料、介质替代，原子经济性反应最佳的绿色工艺，生产工艺协同优化，生产工艺过程产生污染物的无害化、资源化和废物短流程循环利用，工艺段“三废”的减量和单元处理，末端废物进入集中污水处理前的预处理和资源化，末端废物直接排放进入环境介质的深度处理等技术方法的综合集成。

（三）系统尺度

针对不同的生产和消费过程，在生产企业、园区和社会层面进行短流程循环，尽可能多重复使用或再循环反应介质或含污染物的废物/排放物，降低流通成本，降低进入社会循环后可能产生的环境风险。通过全过程技术组合，研究生产和消费过程、控污过程与碳排放之间的相互作用关系和多单元过程组合机制，建立流程系统尺度的构效关系，发展全过程减污降碳超结构优化模型。在系统尺度下，以环境污染达标为约束指标，实现全过程物质流程—能量流程—信息流程的综合成本最小化，实现总体多目标最优化系统集成。为工业和社会可持续发展提供支撑。

（四）区域尺度

在分子、单元、系统尺度研究的基础上，逐步建立区域尺度整个社会活动全过程减污降碳集成优化软件工具，直接支撑减污降碳技术创新和过程集成，帮助寻求最佳系统减污降碳方案。将生产和社会活动全过程作为一个整体考虑，基于污染物的生产全过程生命周期，在工业生产、农业生产、生态环境和社会生活等不同领域统筹原料、生产端与末端，整合工艺流程实现过程耦合，对污染物处理技术进行全过程优化集成，从而实现生产和社会活动局部与整体之间、经济效益与环境影响之间的协同优化，使总体成本最小。

三、减污降碳协同增效设计原则

减污降碳协同增效设计原则可以用于指导减污降碳技术方案的设计，并应用于各个领域的生产和消费的整个环节。具体的原则如下：

（一）全系统最优原则

将生产、生活和环境过程作为一个整体考虑，基于污染物的产生全过程生命周期分析，统筹源头减排、过程减污降碳、末端治理与资源化，整合工艺实现不同尺度的过程耦合，优化减污降碳目标，对碳和污染物控制技术进行系统优化集成，实现经济效益最大化、减污降碳成本最小化，全系统最优。

（二）稳定满足环境排放标准原则

减污降碳应以污染物末端达标排放为基本保障，不仅满足废气、废水、固体废物中常规和特征污染物的稳定达标排放，而且能够支持区域环境质量的不断改善。

（三）绿色低碳化原则

采用绿色低碳技术，提升生产和社会活动过程工艺与设备的资源与能源效率，耦合调控能源、水、污染物等要素，实现减污降碳协同。推动零碳建筑、绿色低碳交通、绿色农业、绿色低碳生活等工作，减少污染物排放和节约能源。

（四）多介质污染物与碳排放协同控制原则

统筹水、气、土、固体废物、温室气体等的减排要求，基于多介质物料流和能量流的系统分析，推动废水－废气－固体废物污染物多介质调控与治理，采用高效分离和转化技术，强化多污染物与温室气体协同控制，增强污染防治与碳排放治理的协调性。

（五）源头减排优先原则

紧盯环境污染物和碳排放源头，调整产业结构、生产方式和生活方式，强化资源能源节约和高效利用，优先采用以毒性原料替代、原子经济性反应与高效分离措施，实现污染物和碳排放源头减量，降低末端治理负荷。

（六）资源循环优先原则

在生产单元、企业、园区和区域内进行不同尺度的资源循环，尽可能多地重复使用或再循环反应介质或含有污染物的废物/排放物，延长产业链，降低生产成本，减少进入社会循环后可能产生的环境风险。

（七）碳和污染物等废物资源化/能源化利用优先原则

采用资源高效分层多级利用技术，强化生产过程中碳和污染物等废物的资源化和能源化利用，提升资源和能源利用效率，降低污染排放。

（八）减污降碳与生态环境质量改善协同原则

面对环境质量改善与温室气体减排的双重压力与迫切需求，通过产业结构、生产体系和消费模式的调整和空间协同、技术优化及政策创新，增强污染防治与气候治理的协调性，更好发挥降碳行动对生态环境质量改善的综合效益。

第二节 减污降碳协同增效设计方法

一、减污降碳源头控制

（一）分子尺度的绿色设计

减污降碳源头控制方法需要在分子尺度上进行化学反应设计。分子尺度设计的理论基础是绿色化学。绿色化学的理想是使污染消除在产生的源头，在实验和流程设计过程中遵循绿色化学的“5R”原则：减量使用原料，减少废物的产生和排放；循环使用，重复使用；回收利用实现“省资源、少污染，减成本”；再生变废为宝，资源和能源再利用，减少污染；拒用有毒有害物质，杜绝污染。

分子尺度上的化学反应设计需要在微观尺度上辨识关键分子/离子赋存形态，包括分子、离子、自由基、官能团等，它们之间的相互作用关系包括化学键、氢键、静电作用、配位键、范德瓦耳斯力相互作用等，建立的模型方程主要有热力学、动力学等模型，深入认识其形态结构特征、相互作用关系和迁移转化规律，构建构效关系预测模型，以指导相关介质（催化剂、药剂、溶剂等）的设计筛选及其在宏观单元操作过程中的转移转化定向调控，从而实现源头减污降碳。

分子尺度上的设计往往还需要从系统整体上进行优化，通过建立的物化性质、热力学/动力学和互作参数预测模型，开展微观－宏观尺度模型的耦合，从而实现二者的协同优化，从而可以最大限度地利用原料中的每个原子，使之结合到目标产物中，既能充分利用资源又能防止污染。原子利用率越高，反应产生的废物就越少，对环境造成的污染就越小。

（二）生产和社会低碳转型

加强资源、能源节约高效利用，推动生产和社会生活低碳转型，加快形成有利于减污降碳的产业和能源结构、生产和生活方式，增强生态环境改善目标对能源和产业布局的引导约束，加大环境污染严重、生态环境敏感地区的结构调整和布局优化力度。

（三）健全减污降碳管控机制

建立健全统一推进减污降碳的管理制度、基础能力和市场机制，加强环境影响评价制度、节能评估和审查制度建设，严把新上项目碳排放关等，减少碳排放量大的项目立项，在源头加强减污与降碳工作的统筹衔接。

（四）能源的清洁化和低碳化

大力推进能源的清洁化、低碳化，优化能源结构，构建以新能源为主体的新型电力系统、以清洁电力为主的能源互联网，提高清洁能源消费的比例，逐步减少煤炭消费。

二、生产和社会活动过程的减污降碳协同增效

生产和社会活动过程的减污降碳协同增效是在分子尺度设计基础上，通过对单元操作污染、碳排行为及其相互作用规律的研究，构建其构效关系预测模型，以指导设计和操作参数的优化，从而实现生产和社会活动过程减污降碳。

（一）单元优化

工业、农业生产包含复杂的物理化学过程，存在大量的物质和能量转换、输送和储存的单元过程，从原料到产品的整个流程主要包括转化、浓缩/分离/纯化、产品加工、污染处理

几大单元（图3-5）。在化学转化过程中，产品从相应的原料中提取出来，以便后续进行浓缩/分离/纯化；浓缩/分离/纯化过程是为了去除目标产品中的杂质成分，提升最终目标产品的纯度。产品加工过程是利用浓缩/分离/纯化后的物质制备最终产品。在这些生产过程中所产生的气体、液体、固体废物都需要进入污染处理单元进行回收利用或无害化处理，同时也会产生大量碳排放。

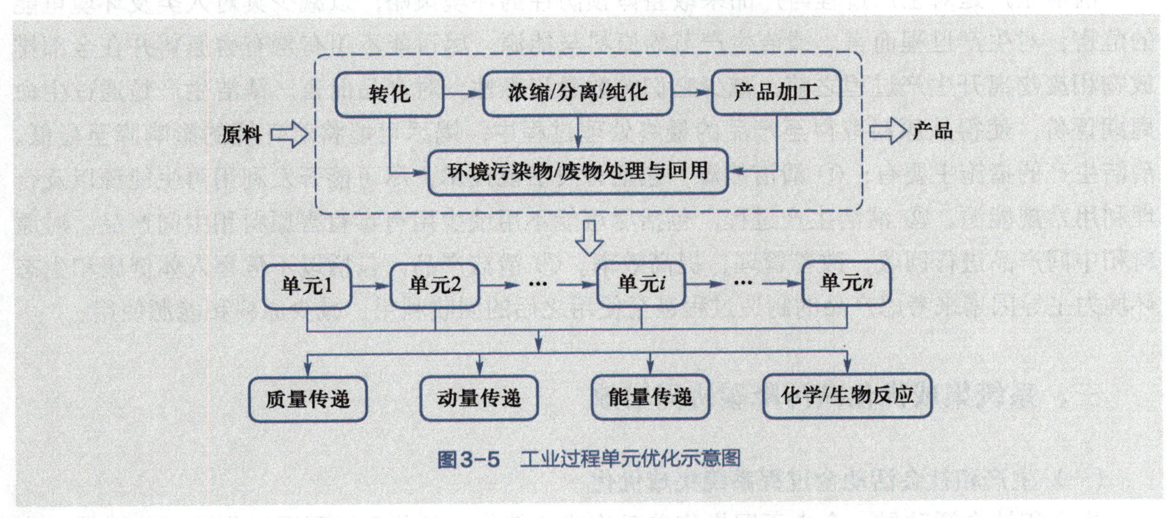

图3-5　工业过程单元优化示意图

减污降碳单元优化是在单元模型构建的基础上，通过持续的单元技术创新，如通过优化反应条件（温度、压力、pH）、反应介质（催化剂、药剂、溶剂、氧气等）、反应装备（设备、材料、控制等）、增加外场（电、超重力、光、等离子等）等强化方法，提升单元能源、资源利用效率，尽可能减少有害原料的使用及有害物质的产生和排放，以实现过程减污降碳。同时，强调在单元技术创新阶段就要考虑与其他单元的集成，获得最佳的单元间的衔接关系和协同调控方法，通过单元间的协同优化来预防或减少污染物的产生与碳排放，突出系统思维。在工艺过程中，重复使用原料、中间产品和产品，对物料和产品进行再循环，尽可能利用可再生资源。生产中产生的废物作为再生资源充分回收利用，让废物最大限度地转化为原料或者产品。

（二）工艺流程再造

工艺流程再造是一种通过对生产工艺流程进行全面优化和改进，提高生产效率和产品质量的管理方法。通过对企业生产流程中的各个环节进行全面分析，找出冗余和不必要的环节，对其进行简化或省略，从而提高生产效率。通过对生产流程中的各个节点进行分析，找出其中的瓶颈，对其进行优化和改进，使生产流程更加顺畅、高效、灵活和可靠，从而提高生产效率。对生产流程中的各个环节进行集成管理，对管理方式、组织结构、技术措施、采购制度、设施规划布局的重新安排使各个环节之间的衔接更加顺畅，从而提高生产效率。通过引入信息化技术，生产流程的各个环节能够实现实时监控和控制，从而更好地掌握生产情况和管理生产过程，使企业能够根据市场的需求，以市场能够接受的价格，在最短的时间内向市场提供高质量的产品。

（三）清洁生产

清洁生产是对生产过程与产品采取整体预防性的环境策略，以减少其对人类及环境可能的危害；对生产过程而言，清洁生产节约原料与能源，尽可能不用有毒有害原料并在全部排放物和废物离开生产过程之前，减少它们的数量和毒性；对产品而言，清洁生产是通过生命周期评价，使得从原料取得至产品的最终处理过程中，竭尽可能将对环境的影响降至最低。清洁生产的措施主要有：① 清洁能源，包括开发节能技术，尽可能开发利用再生能源以及合理利用常规能源。② 清洁生产过程，包括尽可能不用或少用有毒有害原料和中间产品。对原料和中间产品进行回收，改善管理、提高效率。③ 清洁产品，包括以不危害人体健康和生态环境为主导因素来考虑产品的制造过程甚至使用之后的回收利用，减少原料和能源使用。

三、系统集成优化减污降碳协同增效

（一）生产和社会活动全过程系统集成优化

生产和社会活动是一个由不同操作单元构成的整体，各单元过程通过物质—能量的交换建立联系。因此，生产和社会活动的各个单元是相互联系和相互制约的，各单元的性能除单独影响系统整体功能外，单元之间也相互影响，并协同影响系统功能。例如，原料的纯度和添加量会影响反应过程；反应单元操作条件改变将改变反应产物的产量和组成，进而影响分离操作，最终影响产品的产量和品质。这一系列过程也将影响整个过程的污染物排放和碳排放。因此，过程单元层次的优化措施并不一定能带来整个生产过程的优化效果。因此，必须从社会活动全过程整体出发，进行过程系统集成优化，才能合理经济地利用资源、能源，降低生产成本，实现生产过程的最优减污降碳效果。

全过程减污降碳系统优化建立在深入认识各单元技术优化和耦合关系的基础上，将生产全过程作为一个整体考虑，利用过程系统工程理论和方法，构建系统的物质流动、能量流动模型，整合工艺流程实现过程耦合，量化分析所有可行工业生产工艺及碳减排激励和管理政策等不确定性因素的影响，以生产成本与废物处理成本组成的综合成本最小为目标，对单元处理技术进行全过程优化集成（图3–6），从而获得全过程物质–能量优化配置，获得污染物稳定达标排放、碳排放量最小及综合生产成本最低的减污降碳技术路径。

（二）产业生态系统优化

在生态系统中，各种生物及生物群落与其无机环境之间，在一定的时间与空间范围内，通过能量转换和物质循环而相互作用，构成一个统一的整体。产业生态系统正是基于这一生

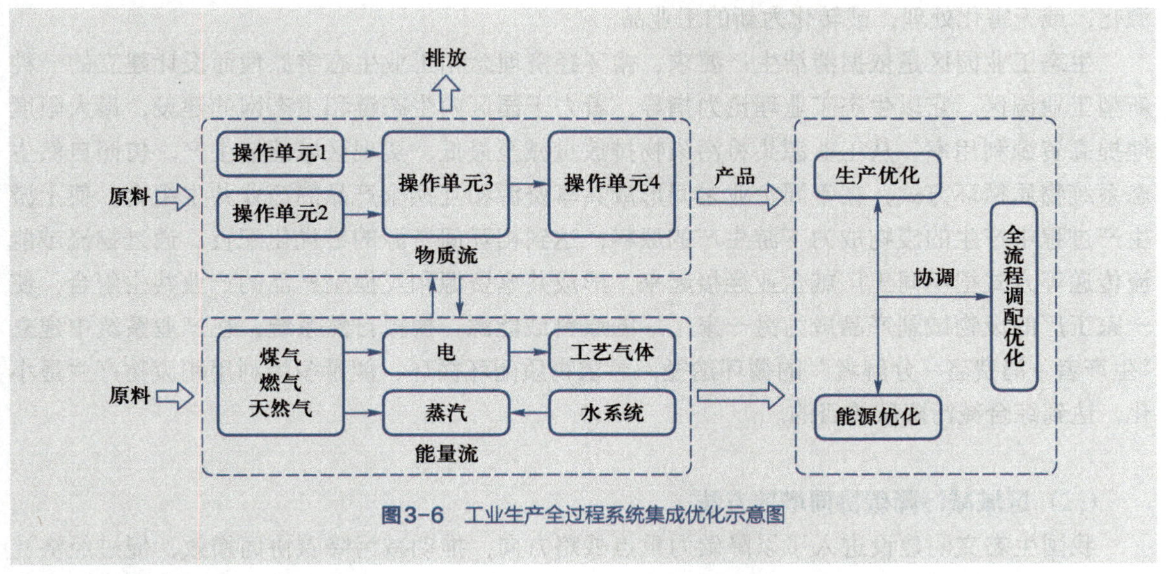

图3-6　工业生产全过程系统集成优化示意图

态学原理，构建一个由制造业企业和服务业企业等组成的具有高效的经济过程及和谐生态功能的网络化生态经济群落，以系统解决产业活动与资源、能源、环境之间的问题，在协同环境质量和经济效益的基础上，利用产业结构功能优化实现产业整体效益的最大化。

在产业生态系统中，企业之间围绕主导产业开展分工合作，在产业链中分享价值，达到共生共存的状态。企业对外分享自身价值，给其他企业提供机会。同时，企业可以通过资源转移，优化净化产业质量，并催生新的产业形态，为其他企业创造新的空间。因此，通过产业生态系统的优化，能够淘汰那些陈旧设备、高物耗、高能耗、污染严重、碳排放强度大的产业部门和环境负效应严重的产品，采用高效、低耗、低碳、环境污染少、经济效益高的技术，资源、能源多级利用，提高经济效益，减少碳和污染物的排放。

四、区域系统的减污降碳协同增效

（一）生态工业与工业生态园区

生态工业是模拟生态系统的功能，建立起相当于生态系统的“生产者、消费者、还原者”的工业生态链，以低消耗、低（或无）污染、工业发展与生态环境协调为目标的工业。工业结构生态化，就是通过法律、行政、经济等手段，把工业系统的结构规划成由“资源生产”“加工生产”“还原生产”三大工业部分构成的工业生态链。资源生产部门相当于生态系统的初级生产者，主要承担不可更新资源、可更新资源的生产和永续资源的开发利用等任务，并以可更新的永续资源逐渐取代不可更新资源为目标，为工业生产提供初级原料和能源；加工生产部门相当于生态系统的消费者，以生产过程无浪费、无污染为目标，将资源生产部门提供的初级资源加工转换成满足人类生产生活需要的工业品；还原生产部门将各副产品再资源化，或无害化处理，或转化为新的工业品。

生态工业园区是依据清洁生产要求、循环经济理念和工业生态学原理而设计建立的一种新型工业园区。它以生态工业理论为指导，着力于园区内生态链和生态网的建设，最大限度地提高资源利用率，从工业源头将污染物排放量减至最低，实现区域清洁生产。仿照自然生态系统物质循环方式，在不同企业之间形成共享资源和互换副产品的产业共生组合，使上游生产过程中产生的废物成为下游生产的原料，达到相互间资源的最优化配置。通过物流或能流传递等方式把不同工厂或企业连接起来，形成共享资源和互换副产品的产业共生组合，使一家工厂的废物或副产品成为另一家工厂的原料或能源，模拟自然系统，在产业系统中建立“生产者－消费者－分解者”的循环途径，寻求物质闭环循环、能量多级利用和废物产生最小化，达到综合减污降碳的目的。

（二）区域减污降碳协同增效方法

我国生态文明建设进入了以降碳为重点战略方向，推动减污降碳协同增效、促进经济社会发展全面绿色转型、实现生态环境质量改善由量变到质变的关键时期。但是，减污与降碳工作各自为战，碳污分治产生了拮抗作用和锁定效应（图3-7）。

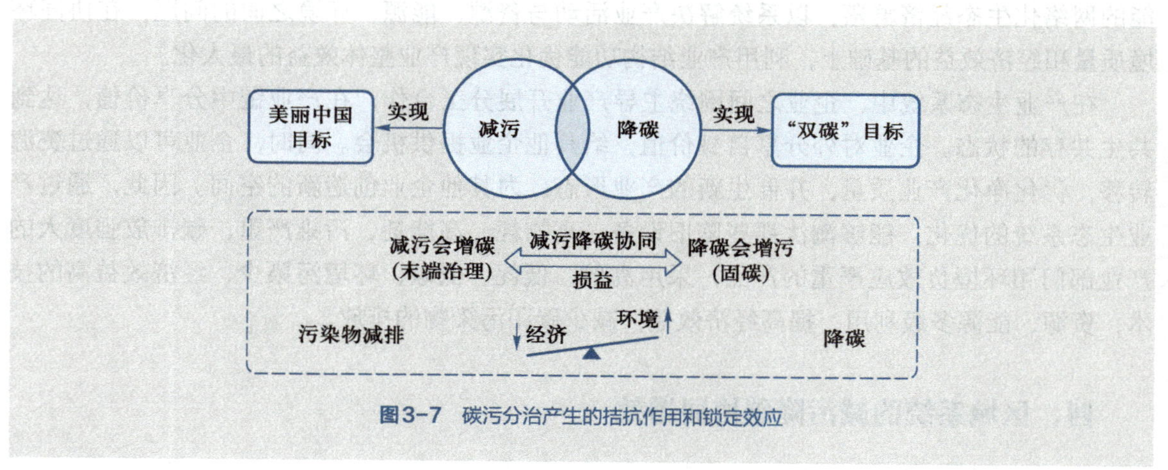

图3-7　碳污分治产生的拮抗作用和锁定效应

因此，在区域减污降碳协同增效方面，需要更好地发挥降碳行动对环境质量改善的综合效益。任何地方排放的CO_2，总体上对全球的气候变化影响是相同的，但不同地区排放的污染物则主要对当地和区域的环境空气质量产生影响。在这种背景下，需要在改善环境质量的基础上采取降碳行动。

目前，我国大气污染物清单更为细致，但碳清单相对粗放，未来还需将碳清单分类映射到污染物清单体系中，构建减污降碳融合的清单，识别影响污染排放和碳排放的主要领域，明确区域减污降碳治理工作的重点领域。同时在揭示碳污阻控增效机制的基础上，以碳污排放特征、环境影响、减排措施、管理模式等异质性或拮抗性特征为突破口，研发协同治理技术，优化实施路径等关键支撑技术，重构有利于协同治理的技术措施、最优路径、配套政策等，实现“减污低碳化、降碳低污化、协同增效益、扩绿增容量”，精准推进碳污一体治理并实现协同增效，全面支撑经济社会高质量发展。

第三节 减污降碳协同增效设计基本分析方法

社会生产和生活活动系统一般由原料经过一系列物理化学变化从天然资源转化为产品或废弃品的过程组成。物质流动是生产和社会活动的主体，能量流动推动物质的流动和转变，含碳等能源经过一系列加工、转换环节转化为能源产品或排放物构成能源转换过程。各种物质沿着产品生命周期的轨迹流动形成物质流动；各种能源沿着转换、使用、排放的路径流动形成能量流动。物质流动、能量流动既相互独立又相互联系、彼此制约。物质流在某生产工序处于能量流汇集，在能量流的作用下完成该工序的生产，同时进行废物、余热、余能的回收利用或排放。两者的协调作用是通过工序实物产量的大小和工序能源消耗的高低来体现的。由此可见，在生产中物质流动、能量流动和碳足迹将资源、能源和环境关联在一起。通过物质、能量流动和碳足迹分析，追踪系统中特定物质、碳的输入、输出、贮存等过程，找出物质、碳及能量流动与环境问题之间的量化关系，从而为解决这些问题提供依据。因此，物质、能量流动和碳足迹分析是减污降碳协同增效设计中的三个基本分析方法。

一、物质流动分析

（一）定义

物质流动分析（substance flow analysis，SFA）是一种理解和刻画特定物质（通常为元素、化合物或一类物质等）在某一特定系统内的流动状况的分析方法。它通过量化某一种物质或某一类物质流入、流出特定系统和在该系统内部的流动和贮存状况，建立该系统内经济与环境之间的定量关系。

物质流动分析是研究经济系统与生态系统之间物质流动规律的方法，反映了输入、输出经济系统的物质流量和存量。通过物质流动分析可调控经济系统与生态环境之间的物质流动方向和流量，从而达到减少资源开采与投入、提高资源利用效率、减少污染物排放的目的。

（二）基本程序

物质流动分析的一般性研究框架见图3-8，基本程序概括为：

① 目标和系统界定：明确所要解决的问题，然后根据问题确定研究目标。系统界定主要包括3个方面，即物质、时间、空间。

② 物质流动分析框架确定：确定物质流动分析所涉及的系统的拓扑关系，也就是对所界定的系统进行细化，识别需要分析的过程单元和流股，根据拓扑关系建立空间数据的组合方式。

③ 数据获取与计算：数据采集对象系统边界内的生产和消费单元及为其提供物理性服务的基础设施。数据采集内容包括单元基本信息、主要原辅材料消耗、产品产出和废物排放情况等四方面数据。根据采集的数据对生产和消费单元进行数据计算，建立物质流动分析账户并形成联系。

④ 物质流动分析结果的解释：根据物质流动的数据结果，识别问题及其原因。通过对社会生产和消费领域的物质流动进行定量和定性分析，了解和掌握整个系统中物质的流向、流量，评价和量化经济社会活动的资源投入、产出和资源利用效率，找出降低资源投入量、减少废物排放量的方法，提高资源利用率。

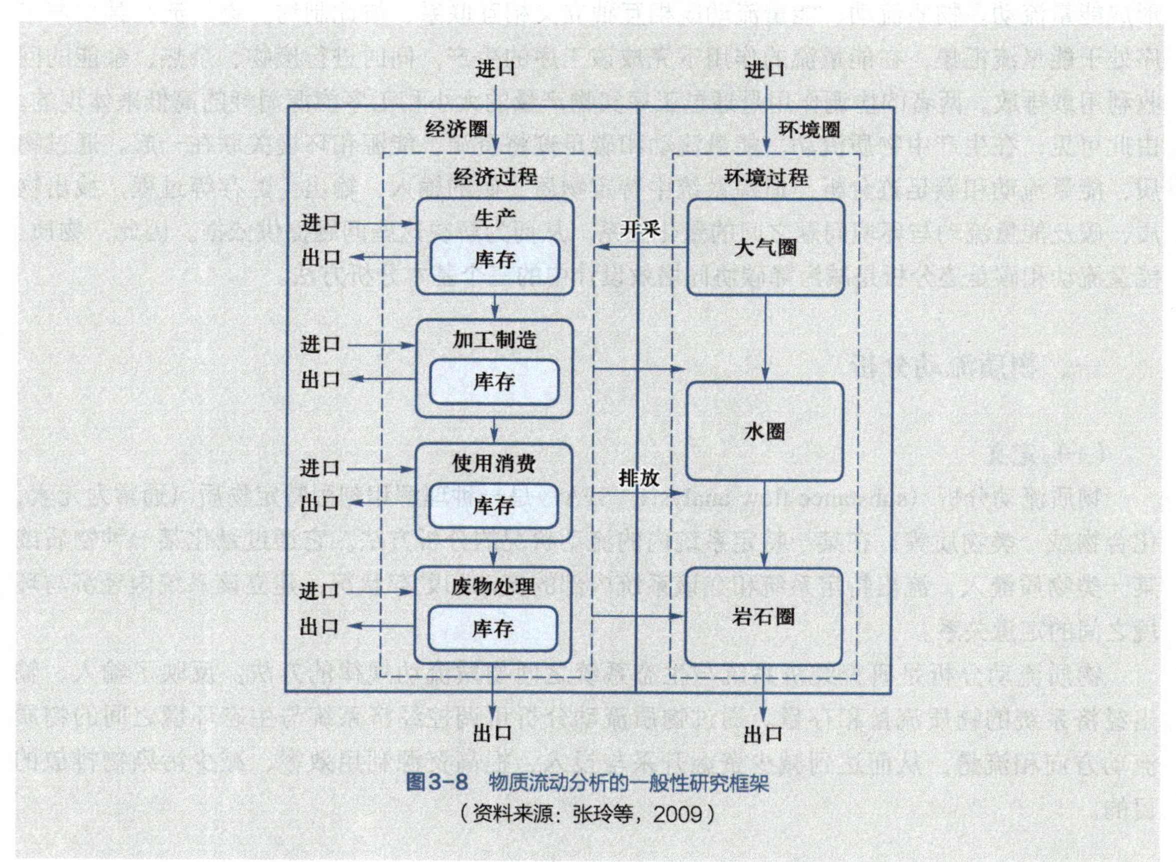

图3-8 物质流动分析的一般性研究框架

（资料来源：张玲等，2009）

（三）物质流动分析的主要方法

1. **质量平衡方法**

质量平衡（mass balance）方法是物质流动研究的方法之一，通过叙述某种特殊要素在不同时间与地点的流动，包括向环境的散失，并估计物质流动系统每一阶段的输入和输出，提出全部路径的分析结果（图3-9）。

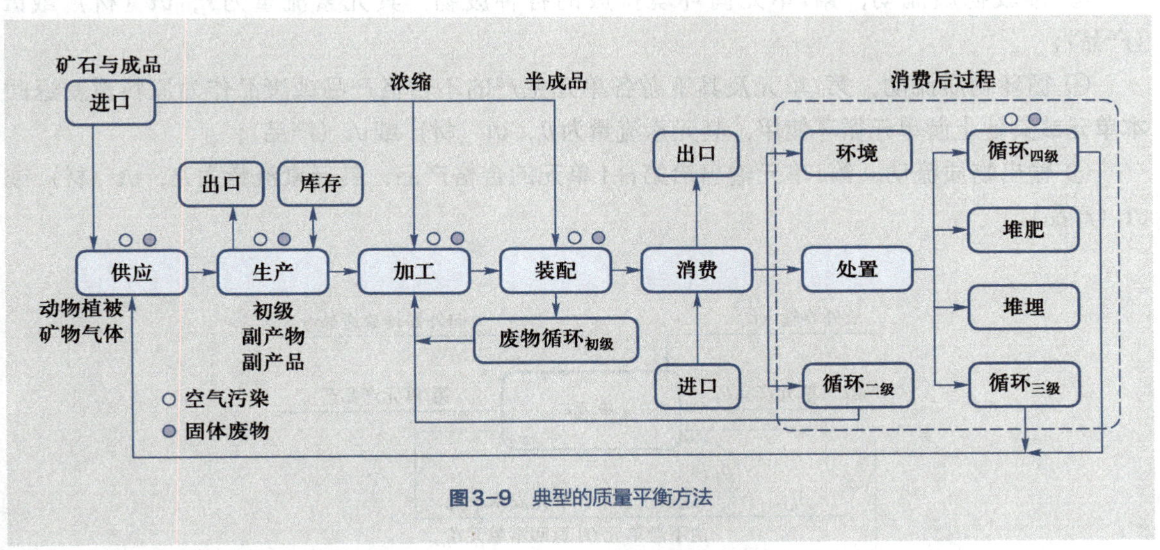

图3-9　典型的质量平衡方法

质量守恒定律（law of conservation of mass）是物质流动分析的基础，因此材料的输入和输出，以及任何损失或库存，都必须保持平衡（即积累），物质流动分析可以涵盖材料的生命周期，包括采矿、制造、使用和废物管理。通过对输入与输出系统的两个或数个质量流中各种物质的质量平衡计算，能够对反应过程中未知或难以计量的物质质量进行定量计算。

2. **输入输出分析方法**

输入输出分析方法是一种用于评估生产过程中输入和输出之间关系的方法。通过对生产过程中所输入的资源和最终输出的产品或服务进行分析，可以帮助企业更好地了解生产效率、资源利用情况以及产品质量。当使用输入输出分析表的数据时，可以为跟踪生产的污染物排放和原料耗费提供完整和统一的信息。

（四）物质流动模型

物质流动分析系统的研究对象是由人类活动的各个单元构成的如国家或城市、园区、行业、企业、家庭和某个生产工序等。

1. **生产和活动过程的物质流动图**

物质流动指生产和活动过程中的元素流动。生产和活动过程中任何一个单元都有可能出现图3-10所示的5个物质流动或部分物质流动过程。

① 输入物质流动，第i-1单元的产品作为原料输入第i单元，其元素流量为P_{i-1}，t/t（材）或t/t（产品）；

② 外加物质流动，作为原料从流程外加入第i单元的原料，其元素流量为α_i，t/t（材）或t/t（产品）；

③ 排放物质流动，第i单元向环境排放的各种废物，其元素流量为γ_i，t/t（材）或t/t（产品）；

④ 循环物质流动，第i单元及其下游各单元生产的不合格产品或废品作为原料重新返回本单元或其他上游单元循环使用，其元素流量为β_i，t/t（材）或t/t（产品）；

⑤ 输出物质流动，第i单元输出给第i+1单元的合格产品，其元素流量为P_i，t/t（材）或t/t（产品）。

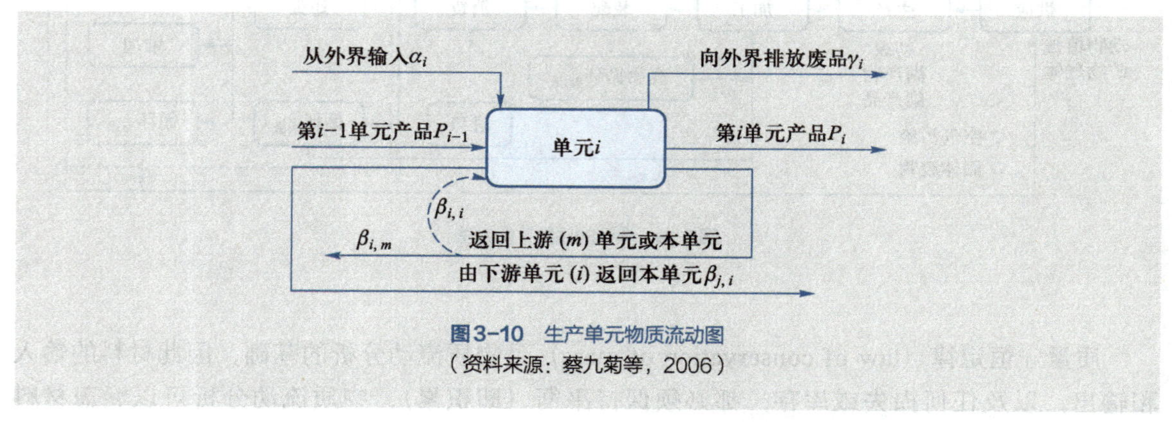

图3-10 生产单元物质流动图
（资料来源：蔡九菊等，2006）

假设生产和活动过程由n个单元组成，则该过程的元素流动图如图3-11所示，将图中的各物质流量均除以最终产品量P_n，即得单位产品元素流动图。

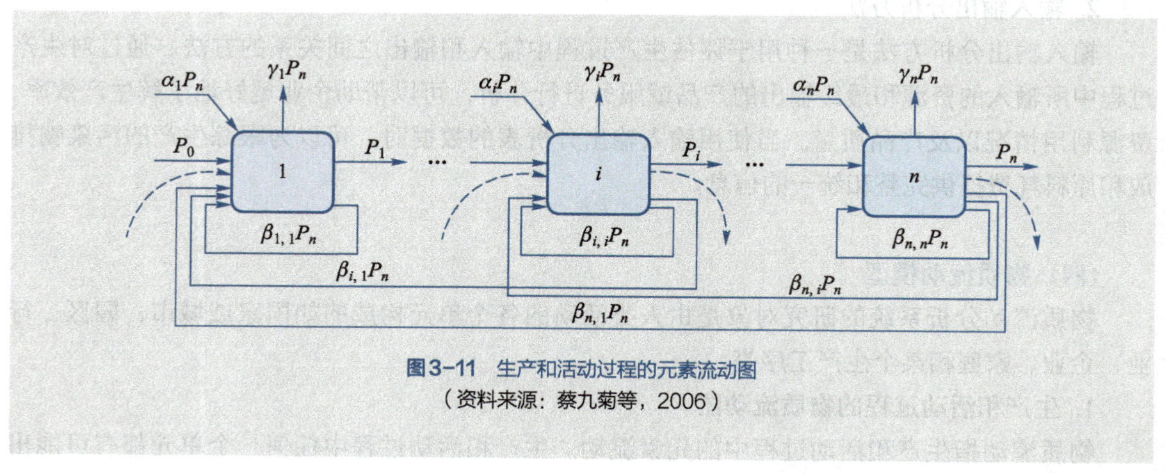

图3-11 生产和活动过程的元素流动图
（资料来源：蔡九菊等，2006）

第i单元的实物产量与产品产量之比，称为第i单元物流比，其值由下式确定：

$$P_i=\frac{M_{en}}{M_{ei}}\left(1.0+\sum_{j=i+1}^{n}\gamma_j+\sum_{j=i+1}^{n}\sum_{m=1}^{i}\beta_{j,m}-\sum_{j=i+1}^{n}\alpha_j\right) \tag{3-1}$$

式中，M_{ei}为第i单元合格产品的含元素率，%；等式右侧第一项为第i单元的基准物流比（即没有α、β、γ物流存在时的P_i值）；第二项为下游各单元的排放物流对P_i的影响量；第三项为下游各单元返回上游各单元的循环物流对P_i的影响量；第四项为供给下游各单元的外加物流对P_i的影响量。

生产单位产品输入的天然资源量：

$$R=1-\alpha n+\gamma \tag{3-2}$$

式中，n为产品产量变化率，$n=\frac{p_n^0}{p_n}$。若产品产量保持不变，则n=1；若产品产量持续增长，则n<1；若产品产量持续下降，则n>1；$\gamma=\gamma_1+\gamma_2+\gamma_3+\gamma_4$。

生产单位产品排放的污染物量：

$$Q=1-\alpha+\gamma \tag{3-3}$$

生产单位产品加入的废物量：

$$S=\alpha n \tag{3-4}$$

资源效率是使用单位天然资源所能生产出来的产品量：

$$r=\frac{1}{R}=\frac{1}{1+\gamma-\alpha n} \tag{3-5}$$

环境效率是在生产过程中与单位污染物排放量相对应的产品产量：

$$q=\frac{1}{Q}=\frac{1}{1-\alpha+\gamma} \tag{3-6}$$

2. 区域物质流动分析

区域物质流动分析通常涉及自然界、人类的生产领域、生活领域和消费领域（图3-12）。

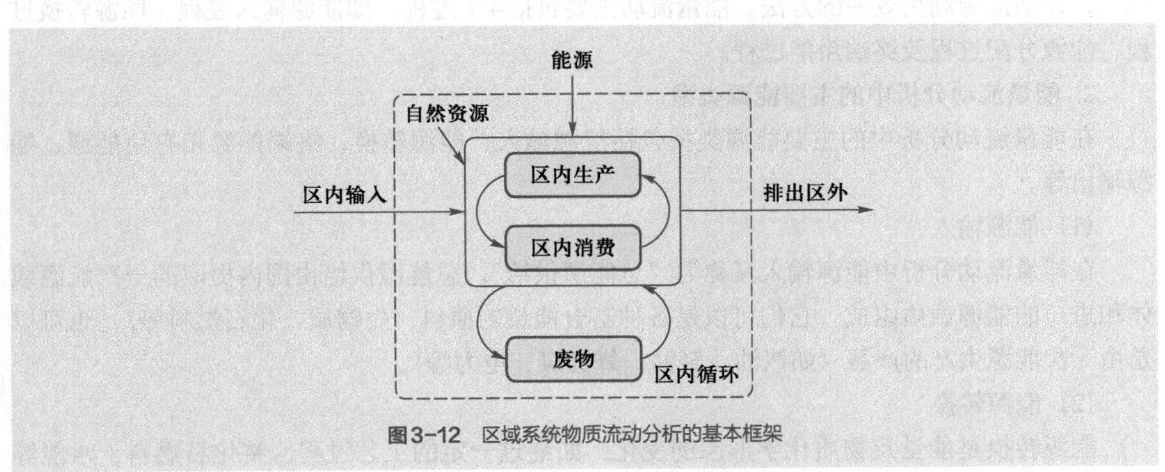

图3-12　区域系统物质流动分析的基本框架

首先确定系统边界，包括时间边界和空间边界。时间边界通常界定为一个自然年，与统计年鉴的起止时间一致。在空间边界上一般界定为行政划定、认可或实际管辖的四至边界，以此边界区分出区内社会经济系统和区外社会经济系统。然后进行过程的界定与选择，确定分析的元素和相关的生产及社会活动过程。在此基础上，对各个单元过程建立物质流动清单，依据物质平衡建立相应的联系，明确输入输出的关系，最后建立物质流动图，并对结果进行分析。物质流动分析包括与物质输入、输出和循环相关的系列规模、结构、水平或效率指标，如资源产出率、污染排放强度、直接物质输入量、直接环境排放量和物质存量变化等（表3-1）。这些指标可以揭示区域经济产出与资源投入或污染产出的关联关系。

表3-1　物质流动分析的指标体系

类别	具体指标	计算方法
投入指标	直接物质投入量（DMI）	DMI=国内资源使用量+进口资源量
	物质总需求量（TMR）	TMR=DMI+国内隐藏流（DHF）+国外隐藏流（FHF）
消耗指标	国内物质消耗（DMC）	DMC=DMI−出口量
	物质总消耗量（TMC）	TMC=TMR−出口量−FHF
	库存净增加（NAS）	NAS=DMI−国内制造产出（DPO）−出口量=DMC−DPO
产出指标	国内制造产出（DPO）	DPO=国内排放的空气污染物+其他形式的废物
	国内物质总产出量（TDO）	TDO=DPO+DHF

二、能量流动分析

（一）基本概念

1. 定义

能量流动分析（energy flow analysis，EFA）就是分析某一特定系统内能源输入、使用和损失，评估能源利用效率的方法。能量流动主要包括4个过程，即能源输入过程、能源转换过程、能源分配过程及终端用能过程。

2. 能量流动分析中的主要能源类型

在能量流动分析中的主要能源类型包括能源输入、能源转换、终端能源和有用能源、能源输出等。

（1）能源输入

在能量流动分析中能源输入又称为“总能源供给”。总能源供给由国内提取的一次能源载体和进口的能源载体组成，它们可以是各种富含能量的原料（生物质、化石燃料等），也可以是由一次能源生产的产品（如汽油、轻油、蜂窝煤、电力等）。

（2）能源转换

能源转换是能量及物质化学形态的变化，如经过一定的工艺过程，将化石燃料、水能等一次能源直接或间接转变为电能、热能、汽油、煤油、柴油、煤气等二次能源。转换后的二次能源比一次能源具有更高的终端利用效率，使用时更方便、更清洁。

(3) 终端能源和有用能源

终端能源是用于生产有用能源和最终能源服务的能源。有用能源是在提供能源服务过程中实际做功的能源，主要包括动力、热能、光、数据处理等。能源服务是通过使用能源而获得的非物质服务如供暖等。终端能源利用可以分为以下几类：驱动力、运输、生产用热、供暖/烧水，以及光和电子数据处理等。

(4) 能源输出

能源输出主要包括能源在转换、使用过程中产生的环境污染物（主要指大气污染物、固体废物等）、热耗散、输出/出口到区域外部的能源，以及本地获取所产生的隐藏流和出口能源相关的隐藏流。

(二) 基本程序

① 系统边界的确定：系统边界主要包括时间边界和空间边界等。

② 数据的获取：按照分析的能源类型从政府统计年鉴、能源报告、行业能源统计报告、企业能源审计报告或统计报告中获取。

③ 数据的处理：根据收集到的能源统计数据进行分类和统计处理，形成不同单元的能量流动账户，并建立能量流动图。

④ 结果分析：根据能量流动图和相关数据，通过能源的输入、内部能源的转换及能源的利用，识别能源利用过程如何影响社会、经济和环境，以及如何减少这些影响等问题，从而为能量流动的优化管理、优化能源消费结构、区域污染物总量控制、节能减排等政策提供科学依据。

(三) 能量流动分析方法

能量衡算方法的基本理论是能量守恒定律，指各种能量形式互相转换是有方向和条件限制的，能量互相转换时其量值不变，表明能量是不能被创造或消灭的，只能从一个物体传递给另一个物体，而且能量的形式也可以互相转换。一个系统的总能量的改变只能等于传入或者传出该系统的能量的多少。在一个系统内，系统的总输入 = 总输出 + 净累量。

(四) 能量流动模型

1. 生产和活动过程能量流动图

以生产单位产品（1 t、1 m^3 或 1 kW · h 等）为基础的能源转换工序的能量流动如图 3-13 所示。图中能量流动按来源、去向和作用的不同，划分为以下 6 个能量流动过程：① 输入能量流动，来自上一单元作为原料带入本单元的能量 G_{i-1}；② 输出能量流动，本单元产品带走的能量 G_i；③ 加入能量流动，从本单元外部供给本单元的燃料、电力等能量 $G_{\alpha,i}$；④ 损失能

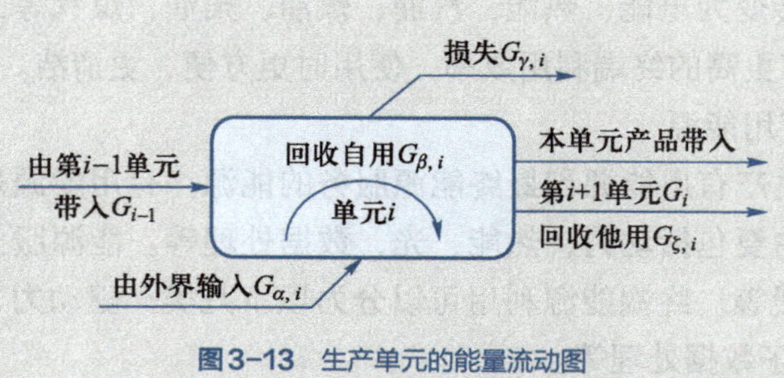

图3-13 生产单元的能量流动图

量流动，本单元散失的及物料在单元间输送过程中损失的能量$G_{\gamma,i}$；⑤ 回收自用能量流动，本单元回收自用的燃料、热能等能量$G_{\beta,i}$；⑥ 回收他用能量流动，本单元回收并用于其他单元的燃料、热能等能量$G_{\zeta,i}$。

由图可知，进出单元的能量平衡公式可表示为

$$G_{i-1}+G_\alpha+G_\beta=G_i+G_\zeta+G_\beta+G_\gamma \tag{3-7}$$

根据式（3-7），可以得出工序中有关能量流动的主要指标：

单元i总能量回收率，指回收的能量占供给的总能量的百分比，即

$$a_i=\frac{G_\beta+G_\zeta}{G_{i-1}+G_\alpha+G_\beta} \tag{3-8}$$

单元i总能量排放率，指排放的能量占供给的总能量的百分比，即

$$b_i=\frac{G_\gamma}{G_{i-1}+G_\alpha+G_\beta} \tag{3-9}$$

单元i能源转换效率，指投入单位能量所能生产的能源产品带来的能量，即

$$\eta_i=\frac{G_i}{(G_{i-1}+G_\alpha+G_\beta)(1-a_i)} \tag{3-10}$$

单元i环境效率，指生产的能源产品所带来的能量与排放能量的比值，即

$$q_i=\frac{G_i}{(G_{i-1}+G_\alpha+G_\beta)\,b_i} \tag{3-11}$$

设生产和活动过程有n个单元，则过程总的能量投入（包括回收能量）：

$$G_{in}=\left[1+\sum_{i=1}^{n}(\gamma_j+\beta_i+\zeta_i)\right]G_n \tag{3-12}$$

过程总的净能量投入（不包括回收能量）：

$$G'_{in}=\left[1+\sum_{i=1}^{n}\gamma_i\right]G_n \tag{3-13}$$

过程中总的能量回收率：

$$a = \frac{\sum_{i=1}^{n}(\beta_i + \zeta_i)}{1 + \sum_{i=1}^{n}(\gamma_j + \beta_i + \zeta_i)} \tag{3-14}$$

过程总的能量排放率：

$$b = \frac{\sum_{i=1}^{n}\gamma_i}{1 + \sum_{i=1}^{n}(\gamma_j + \beta_i + \zeta_i)} \tag{3-15}$$

整个过程的能源转换效率：

$$\eta_n = \frac{G_n}{G'_{ln}} = \frac{1}{\left[1 + \sum_{i=1}^{n}(\gamma_i + \beta_i + \zeta_i)\right](1-a)} \tag{3-16}$$

整个过程的环境效率：

$$q_n = \frac{1}{\left[1 + \sum_{i=1}^{n}(\gamma_i + \beta_i + \zeta_i)\right]b} \tag{3-17}$$

2. 区域能量流动分析

区域能量流动包括能源生产、传输、消费和储存多种过程（图3–14）。

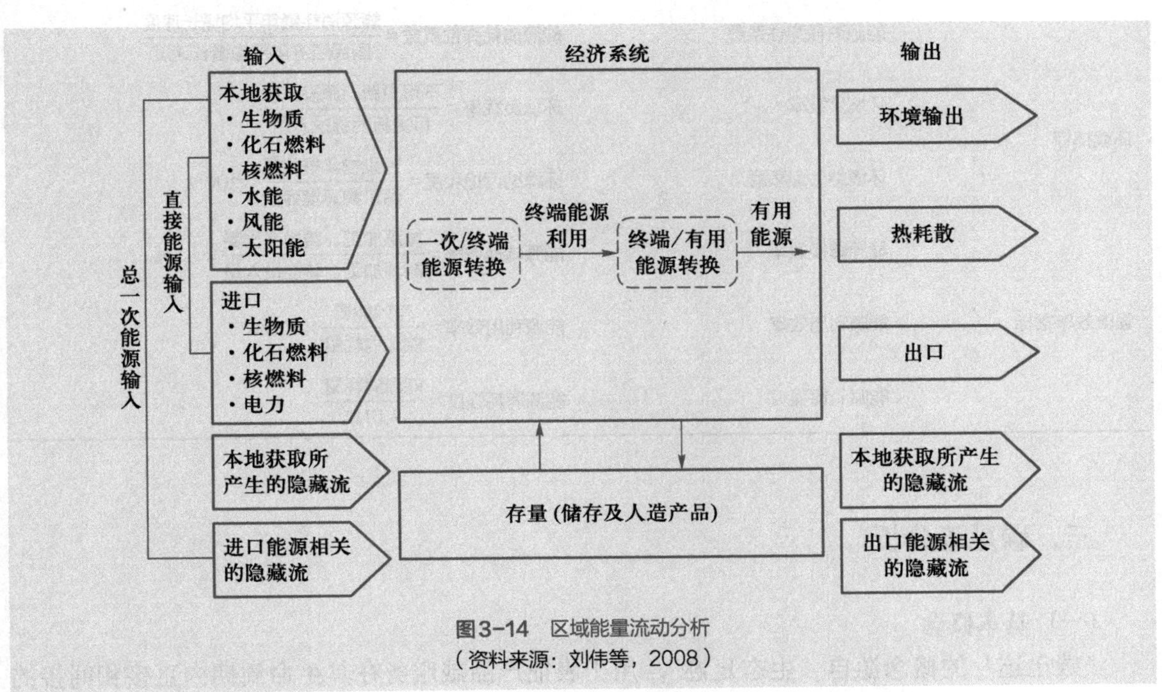

图3–14　区域能量流动分析
（资料来源：刘伟等，2008）

首先明确研究边界和内容，弄清系统内的能量流动类型并进行定量分析，然后建立系统内能量流动账户，分析不同用户能量流动之间的供给和平衡关系，在此基础上画出能量流动图，区域能量流动分析常用指标见表3-2。通过分析区域内能源总投入量、能源总消耗量和能源回收利用量，并对能源消费模式下的利用效率、消耗强度和回收利用强度进行分析，明确能源利用中存在的问题和改进。

表3-2　区域能量流动分析常用指标

指标分类	主要指标	计算公式
经济指标	直接能源输入	直接能源输入＝进口＋国内开采
	总一次能源输入	总一次能源输入＝直接能源输入＋隐藏流
	能源消耗量	能源消耗量＝直接能源输入－出口能源
	能源自给率	$能源自给率=\frac{本地能源产生量}{能源消耗量}\times100\%$
	能流密度	$能流密度=\frac{能源消耗量}{区域标准生态面积}$
	净能量产出率	$净能量产出率=\frac{产出能量}{反馈能量}$
	单位产值能耗	$单位产值能耗=\frac{能源消耗量}{GDP}$
	能源生产弹性系数	$能源生产弹性系数=\frac{能源生产总量年平均增长速度}{国民经济年平均增长速度}$
	能源消耗弹性系数	$能源消耗弹性系数=\frac{能源消耗量年平均增长速度}{国民经济年平均增长速度}$
环境指标	环境负载率	$环境负载率=\frac{不可更新能源投入量}{可更新能源投入量}$
	环境纳污饱和度	$环境纳污饱和度=\frac{污染物年排放量}{污染物环境容量}\times100\%$
强度效率指标	能源转换效率	$能源转换效率=\frac{能源加工、转换产出量}{能源加工、转换投入量}\times100\%$
	能源利用效率	$能源利用效率=\frac{有效能量}{能源消耗量}\times100\%$
	能源消耗强度	$能源消耗强度=\frac{能源消耗量}{人口数}$

三、碳足迹分析

（一）基本概念

“碳足迹”的概念源自“生态足迹”，用于表征产品或服务在其生命周期内直接和间接的温室气体排放，其结果用二氧化碳（CO_2）当量（CO_2-eq）表示。

碳足迹分析是对温室气体排放过程的测量，包括温室气体的来源、构成和数量。因此“碳足迹分析”和“温室气体清单”密切相关，二者可视为同义。通常，碳足迹的计算包括直接排放和间接排放两个方面，直接排放指直接由个人或组织排放的二氧化碳和其他温室气体，如驾车或燃烧化石燃料，而间接排放则指在生产和生活过程中通过外部系统（如电力生产或物流等环节）产生温室气体的排放。

准确评估温室气体排放是科学制定减排策略的前提与基础。碳足迹分析通过量化产品生命周期或选定过程的所有显著的温室气体排放量和清除量，计算产品对全球变暖的潜在贡献。通过产品碳足迹研究，可以提高公众对环境影响的认知，并有效促进环境保护，帮助实现全球气候变化的减缓目标。

（二）碳足迹核算方法

核算碳足迹是评价温室气体排放的重要而有效的途径之一，目前碳足迹研究中的主要方法有三类：一是“自下而上”模型，以生命周期评价分析为基础；二是“自上而下”模型，以投入产出分析为基础；三是使用联合国政府间气候变化专门委员会（IPCC）编制的国家温室气体清单及对应排放因子来计算各种温室气体的排放量。

1. 基于生命周期评价的核算法

生命周期评价是“自下而上”基于过程的分析方法，考虑了从原料获取、生产加工、使用、废物处理等从“摇篮”到“坟墓”的温室气体排放。自“碳足迹”概念被提出以来，生命周期评价已成为微观层面特别是产品尺度最主要的碳足迹核算方法，如图3-15所示。

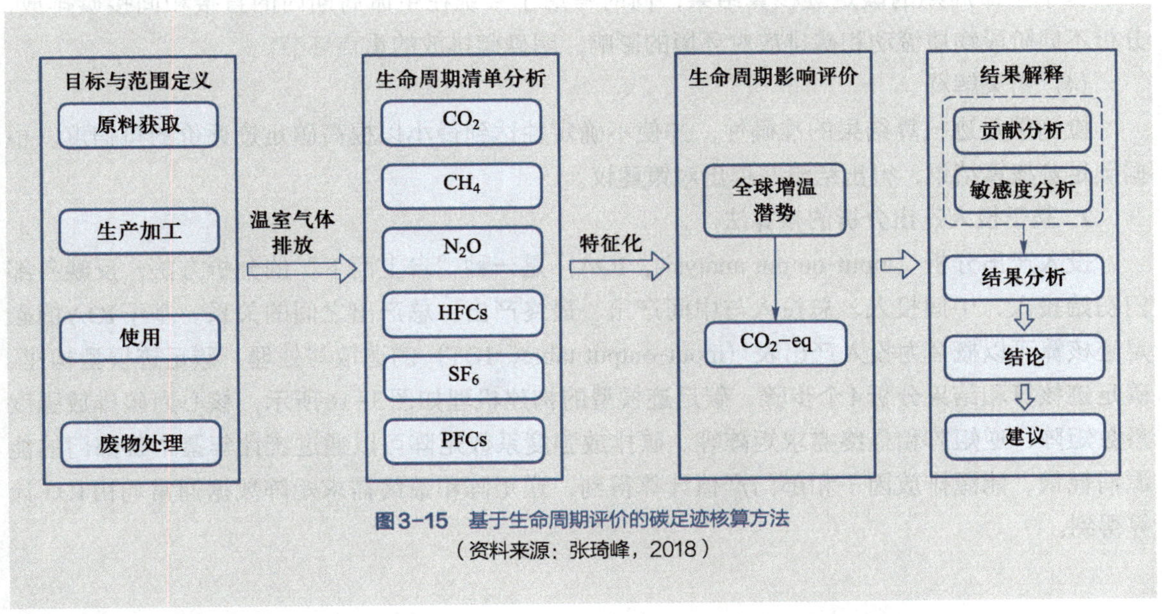

图3-15 基于生命周期评价的碳足迹核算方法

（资料来源：张琦峰，2018）

生命周期评价分为目标与范围定义、生命周期清单分析、生命周期影响评价和结果解释4个步骤。

(1) 目标与范围定义

明确碳足迹核算目标，以及需要达到的目的和分析系统的边界及标准。对于特定的产品，首先建立产品的制造流程图，尽可能地将产品在整个生命周期中所涉及的原料、活动和过程全部列出，形成两类主要流程图：一类是“企业－消费者”流程图（原料制造－分配－消费－处理/再循环）；另一类是“企业－企业”流程图（原料－制造－分配），不涉及消费环节。在此基础上，严格界定产品碳足迹的核算边界。系统界定的关键原则是：要包括生产、使用及最终处理该产品过程中直接和间接产生的碳排放。

(2) 生命周期清单分析

在确定的边界内收集计算碳足迹的两类数据：一是产品生命周期涵盖的所有物质和活动，二是碳排放因子，即单位物质或能量所排放的CO_2等价物。然后进行物质流动和能量流动的平衡分析，以确保物质的输入、累积和输出达到平衡。根据质量平衡后的物质流动结果，计算产品生命周期各阶段的碳排放：

$$E=\sum_{i=1} Q_i C_i \tag{3-18}$$

其中E为产品的碳足迹，Q_i为i物质或活动的数量或强度数据（质量/体积/千米/千瓦时），C_i为单位碳排因子（CO_2−eq/单位）。

由碳排放计算结果建立生命周期碳排放清单，明确生命周期内物质输入及相应温室气体输出。

(3) 生命周期影响评价

基于生命周期的碳足迹核算结果，同时考虑了系统在生命周期内的直接和间接碳排放，分析不同阶段物质流动和碳排放对环境的影响，明确碳排放的重点环节。

(4) 结果解释

检测碳足迹核算结果的准确性，并使不确定性达到最小以提高碳足迹评价的可信度。根据碳足迹核算结果，得出结论并提出对策建议。

2. 基于投入产出分析的核算法

投入产出分析（input-output analysis，IOA）是一种“自上而下”的分析方法，反映各部门初始投入、中间投入、总投入与中间产出、最终产出、总产出之间的关系。基于IOA的碳足迹核算可以概括为投入产出表（input-output table，IOT）的选取与处理、碳足迹模型构建、碳足迹核算和结果分析4个步骤。碳足迹模型的构建机理如图3-16所示，核心为碳排放强度系数矩阵、逆矩阵和最终需求矩阵等。碳排放强度系数矩阵可以通过统计年鉴中各部门的能源消耗量、能源排放因子和部门产值计算得到，逆矩阵和最终需求矩阵数据通常均由IOT计算得到。

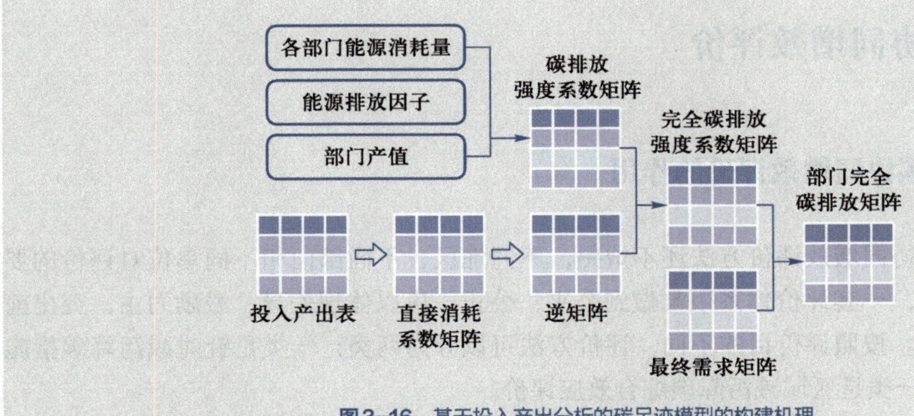

图3-16 基于投入产出分析的碳足迹模型的构建机理

（资料来源：张琦峰，2018）

3. 基于IPCC清单法的核算法

2024年9月，国家市场监督管理总局（国家标准化管理委员会）批准发布《温室气体 产品碳足迹 量化要求和指南》（GB/T 24067—2024）。该标准是用于核算产品碳足迹的通则，明确了研究范围、应用、基本原则及量化方法等核心内容。该标准主要参考了国际标准化组织（ISO）发布的ISO 14067国际标准，增加了编制具体产品碳足迹标准的参考框架，以及关于数据地理边界信息的建议，从而弥补了国内在产品碳足迹核算通用标准方面的空白，为后续制定和编制具体产品碳足迹核算标准提供了重要依据。

标准中规定的产品碳足迹核算方法见式（3-19）。

$$CFP_{\mathrm{GHG}}=\sum_{j}\left[\sum_{i}(AD_i\times EF_{\mathrm{LCA},i,j})\times GWP_j\right] \tag{3-19}$$

式中：CFP_{GHG}——产品碳足迹或产品部分碳足迹，以千克二氧化碳当量每功能单位或声明单位（$kgCO_2$-eq/功能单位或声明单位）计；

AD_i——系统边界内，各功能单位（声明单位）中第i种活动的温室气体排放和清除相关数据（包括初级数据和次级数据），单位根据具体排放源确定；

$EF_{\mathrm{LCA},i,j}$——第i种活动对应的温室气体j的排放系数，单位与温室气体活动数据相匹配；

GWP_j——温室气体j的全球增温潜势（GWP）值，按照IPCC规定进行取值，详细说明见国家标准《温室气体 产品碳足迹 量化要求和指南》（GB/T 24067—2024）。

第四节
减污降碳协同增效评价

一、减污降碳协同增效评价的作用

目前减污降碳协同增效评价方法还不成熟，不同地区、不同部门和不同单位对评价的要求和目的也不一样，一套评价体系很难做到公平、公正，应以体现差异、激励为主，突出前瞻性和引领性作用。按照评价目的不同，评价方法可以分为两类：一类是针对减污降碳措施的协同性评价，另一类是区域减污降碳综合效应评价。

减污降碳措施是各地政府和企业等制定协同控制方案的基础。减污降碳措施的协同性评价目的就是在众多的减排措施中，通过评价比较不同政策措施减污降碳的差异，筛选出减污降碳协同效果好的政策措施，通过技术–经济–环境效应分析，推动减污降碳协同增效措施的落地实施。

区域减污降碳综合效应评价则通过系统整合并量化环境质量、碳排放、治理路径，以及生态环境管理的协同增效程度，综合考虑了环境、低碳、绿色、协同发展等多方面因素，主要用于评价与推动绿色低碳发展水平，适合区域层面的减污降碳协同增效评价。评价目的主要有三方面：一是通过横向排名综合反映各地区减污降碳工作成效，同时也可分领域反映工作进展的相对优劣；二是通过纵向比较反映各年度各项减污降碳目标、指标、任务措施的进展情况，在时间尺度上体现减污降碳工作的持续性进展；三是及时发现薄弱领域和突出问题，为相关部门持续完善减污降碳工作提供决策指引，优化调整推进策略，推动和引导经济高质量发展与生态环境高水平保护。

二、减污降碳措施的协同效应评价

在二维坐标系中，可以利用不同的坐标来表达某项减污降碳措施对不同污染物和温室气体的减排效果。如图3–17所示，横坐标表示该措施对某种污染物的减排效果，纵坐标表示对温室气体的减排效果。根据该措施的污染物减排量和温室气体减排量，就可以归一化地在坐标系中找到某个点，直观表达该措施的污染物和温室气体的减排效果。

如果该措施的减排量位于第一象限，那么表示该措施可同时减排两类污染物；如果位于第二象限，那么表示该措施减排温室气体但增排污染物；如果位于第四象限，那么表示该措施减排污染物但增排温室气体；如果位于第三象限，那么表示该措施同时增排两类污染物。

特别是在第一象限中，还可以比较不同措施的协同减排效果。某措施所在减排量位置到原点的连线与横坐标的夹角越大，表明该点所代表的措施在减排等量污染物的同时，对温室

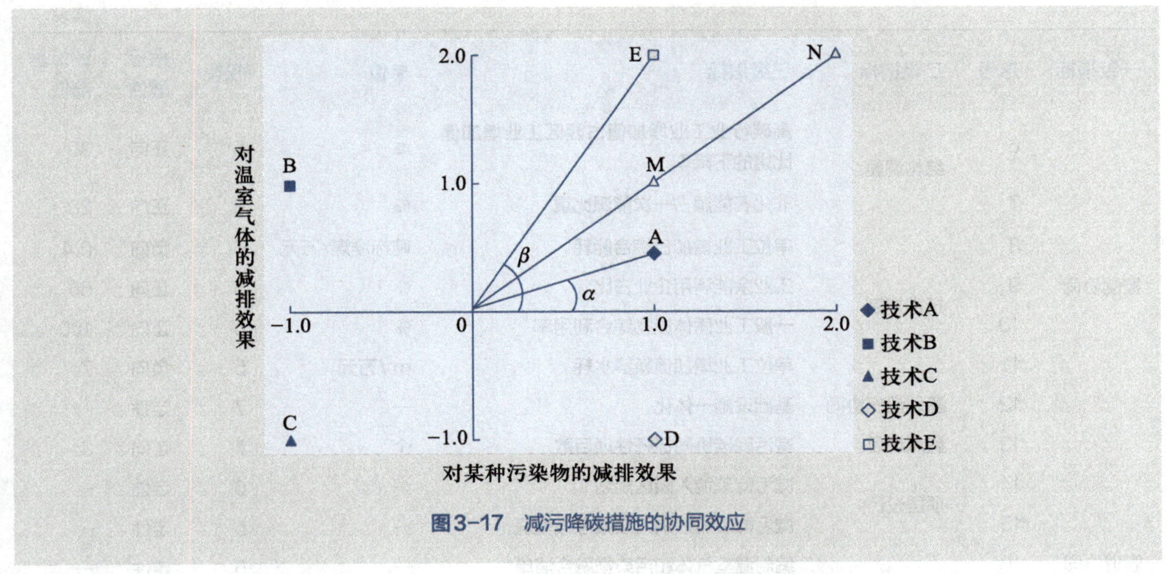

图3-17 减污降碳措施的协同效应

气体的减排效果越好（如图中点E所代表的措施优于点A所代表的措施）。

三、产业园区减污降碳协同增效评价

中国环境科学研究院等单位提出了产业园区减污降碳协同增效评价指标体系。

（一）评价指标体系

产业园区减污降碳协同增效评价指标体系由目标协同、控制协同、管理协同、加分项四类一级指标，10项二级指标，19项三级指标组成；指标类型分为定性指标和定量指标，其中定量指标根据评价指标属性分为正向指标和负向指标。评价指标体系见表3-3。

表3-3 产业园区减污降碳协同增效评价指标体系

一级指标	序号	二级指标	三级指标	单位	权重	指标属性	评价基准值
目标协同	1	环境目标	生态环境各项考核指标完成情况	—	5	定性	—
	2		碳排放脱钩指数	—	6	定性	—
	3	经济指标	单位园区用地工业增加值	亿元/km^2	5	正向	15
	4		碳生产率	万元/t	5	正向	2.5
	5	协同目标	减污降碳协同度	—	6	正向	1

续表

一级指标	序号	二级指标	三级指标	单位	权重	指标属性	评价基准值
控制协同	6	结构调整	高碳行业工业增加值占园区工业增加值比重的下降率	%	5	正向	30
	7		非化石能源占一次能源比重	%	6	正向	20
	8	技术控制	单位工业增加值综合能耗	吨标准煤/万元	6	负向	0.4
	9		工业余能利用企业占比	%	5	正向	60
	10		一般工业固体废物综合利用率	%	5	正向	100
	11		单位工业增加值新鲜水耗	m^3/万元	5	负向	7
	12	基础设施协同	基础设施一体化	—	7	定性	—
	13	重点项目	减污降碳协同标杆性项目数	个	7	正向	3
管理协同	14	顶层设计	减污降碳纳入园区规划	—	6	定性	—
	15		减污降碳成效纳入绩效考核情况	—	5	定性	—
	16	管理体系	编制温室气体和污染物融合清单	—	5	定性	—
	17		减污降碳协同纳入环境管理制度数量	个	6	正向	2
	18		减污降碳金融激励措施	—	5	定性	—
加分项	19	特色指标	减污降碳协同“一园一特色”	自我举证，专家打分			

评价指标体系中定量指标给出评价基准值，定性指标无基准值。评价基准值主要为园区现阶段的先进值，主要参考国家有关产业园区减污降碳、绿色、低碳、生态化发展的相关政策，并结合国家对各类产业园区的考核及评价要求进行确定；针对无评价要求参考的指标，取20%产业园区可以达到的水平为评价基准值。

指标权重采用主观与客观相结合的方法进行赋值。主观赋值采取管理或行业专家评分、问卷调研的方法确定；客观赋值根据管理部门相关文件中不同指标的主次关系，采取层次分析法确定。

（二）计算方法

指标综合评价方法见式（3–20）：

$$Y=\frac{\sum_{i=1}^{n} n_i Y_i}{10}+Y_e \tag{3-20}$$

式中：Y——评价总分值；

i——评价指标数，从1到18；

n_i——指标权重值；

Y_i——指标分值；

Y_e——指标加分项。

评价分值满分为110分，其中指标评价部分分值为100分，加分项为10分。

每项指标满分为10分，指标计算方法按照标准中相关规定执行，其中定量指标分值计算规则如下：

正向指标分值计算方法见式（3–21）、式（3–22）：

$$Y_{cs} \geqslant Y_{bs},\quad Y_i = 10 \tag{3-21}$$

$$Y_{cs} < Y_{bs},\quad Y_i = \frac{10Y_{cs}}{Y_{bs}} \tag{3-22}$$

负向指标分值计算方法见式（3–23）、式（3–24）：

$$Y_{cs} \geqslant Y_{bs},\quad Y_i = 0 \tag{3-23}$$

$$Y_{cs} < Y_{bs},\quad Y_i = 10 - \frac{10Y_{cs}}{Y_{bs}} \tag{3-24}$$

式中：Y_{cs}——指标现状值；

Y_{bs}——指标基准值。

四、减污降碳协同指数评价

生态环境部环境规划院采用减污降碳协同指数（ISEC）建立了行政区层面的减污降碳协同增效评价指标体系，用于定量评价不同行政单元（省、市）的减污降碳协同增效工作成效，以及各项重点任务措施的年度实施进展，实现对减污降碳协同效果和措施进展的定量化跟踪、评估和反馈，发现减污降碳工作推进过程中各地工作的薄弱领域和存在的主要问题，找到潜在的不够协同的领域，为及时调整工作重点提供依据；通过统一基线的评价工作，实现各地工作的横向比较，为梳理总结特色工作，推广先进工作经验奠定基础；在综合评价的基础上，提高对减污降碳协同增效成果的系统认识，推动减污降碳工作策略及时优化调整，为实现碳达峰碳中和以及美丽中国建设目标提供支撑。

（一）指标体系

减污降碳协同增效评价指标体系，包括协同效果、协同路径、协同管理三个方面，涵盖环境质量、碳排放水平、协同耦合度、结构调整措施协同度、治理路径协同度、生态环境管理协同度6个一级指标。各项指标和计算参数的权重依据其重要程度进行确定。评价指标体系具体指标值和权重见表3–4。其中，①~⑫、⑳、㉑为共性指标，⑬~⑲可以根据当地工作特色，选择适合的评价指标。

表3-4　减污降碳协同指数评价指标

评价内容	一级指标		二级指标		三级指标		数据来源
	名称	权重	名称	权重	名称	权重	
（一）协同效果	1. 环境质量	0.15	（1）大气环境	1	① $PM_{2.5}$浓度	0.2	生态环境部
					② $PM_{2.5}$浓度改善率	0.3	生态环境部
					③ O_3浓度	0.2	生态环境部
					④ O_3浓度改善率	0.3	生态环境部
	2. 碳排放水平	0.15	（2）碳排放强度	1	⑤ 单位GDP碳排放	0.4	生态环境部
					⑥ 单位GDP碳排放下降率	0.6	生态环境部
	3. 协同耦合度	0.1	（3）大气环境与碳减排协同改善水平	0.5	⑦ $PM_{2.5}$浓度与单位GDP碳排放改善协调度	1	生态环境部
			（4）脱钩指数	0.5	⑧ 污染物/碳排放-经济脱钩状态	1	生态环境部
（二）协同路径	4. 结构调整措施协同度	0.2	（5）能源结构优化	0.4	⑨ 非化石能源占一次能源消费比重	1	省电力公司
			（6）产业结构优化	0.3	⑩ 战略性新兴产业增加值占GDP比重	1	统计局
			（7）交通运输结构优化	0.3	⑪ 铁路和水路货运量占比	0.5	统计局
					⑫ 新能源车占销售车辆比例	0.5	商务部
	5. 治理路径协同度	0.2	（8）大气协同治理	0.4	⑬ 单位工业增加值煤炭消费量	0.7	发展和改革委员会
					⑭ 低VOCs原辅材料使用比例	0.3	生态环境部
			（9）水协同治理	0.2	⑮ 再生水利用率	0.5	水利部
					⑯ 城镇污水处理厂单位处理水量能耗	0.5	住房和城乡建设部
			（10）固体废物协同治理	0.2	⑰ 一般工业固体废物综合利用率	0.5	生态环境部
					⑱ 生活垃圾回收利用率	0.5	住房和城乡建设部
			（11）生态系统扩容增汇	0.1	⑲ 森林覆盖率	1	林业和草原局
（三）协同管理	6. 生态环境管理协同度	0.2	（12）减污降碳资金投入	0.3	⑳ 资源节约和生态环保投入占财政支出比例	1	财政部
			（13）协同管理创新	0.3	㉑ 协同政策创新与能力建设	1	生态环境部

（二）评价指数计算

1. 综合指数

逐一计算评价指标表（表3-4）中每个单项指标值，然后与该指标的权重相乘后加和，即为减污降碳协同指数综合评价结果。各省减污降碳协同指数计算公式如下：

$$\mathrm{ISEC}=\sum_{i=1}^{n}w_i\sum_{j=1}^{l_i}w_{ij}\left(\sum_{k=1}^{m_{ij}}w_{ijk}P_{ijk}\right) \tag{3-25}$$

式中：ISEC——减污降碳协同指数；

n——一级指标的个数；

w_i——第 i 个一级指标的权重；

l_i——第 i 个一级指标下二级指标的个数；

w_{ij}——第 i 个一级指标下第 j 个二级指标的权重；

m_{ij}——第 i 个一级指标下第 j 个二级指标下计算参数的个数；

w_{ijk}——第 i 个一级指标下第 j 个二级指标下第 k 个计算参数的权重；

P_{ijk}——第 i 个一级指标下第 j 个二级指标下第 k 个计算参数的评价值。

2. 分项指数

针对减污降碳协同效果、协同措施、协同管理三个方面建立分项指数，分别为协同效果分指数、协同路径分指数、协同管理分指数。每项一级指标中计算每个单项指标值，然后与该指标的权重相乘后加和，即为减污降碳协同分项指数（ISEC_i）评价结果。各城市减污降碳协同分项指数计算公式如下：

$$\mathrm{ISEC}_i=w_i\sum_{j=1}^{l_i}w_{ij}\left(\sum_{k=1}^{m_{ij}}w_{ijk}P_{ijk}\right) \tag{3-26}$$

式中：ISEC_i——减污降碳协同分项指数；

w_i——第 i 个一级指标的权重；

l_i——第 i 个一级指标下二级指标的个数；

w_{ij}——第 i 个一级指标下第 j 个二级指标的权重；

m_{ij}——第 i 个一级指标下第 j 个二级指标下计算参数的个数；

w_{ijk}——第 i 个一级指标下第 j 个二级指标下第 k 个计算参数的权重；

P_{ijk}——第 i 个一级指标下第 j 个二级指标下第 k 个计算参数的评价值。

各个指标的解释和具体计算方法可以查阅相关标准。

习题与思考题

1. 举例说明减污降碳协同增效的作用和意义。
2. 举例说明不同尺度减污降碳协同增效体系的差异。
3. 分析源头减污降碳的重要性。
4. 简述资源循环利用对减污降碳协同增效的作用。
5. 举例分析源头－过程－末端全过程减污降碳的优点。
6. 举例分析气－液－固多介质污染和碳排放过程。
7. 比较工艺流程再造与单元优化在减污降碳协同增效机制方面的差异。
8. 比较工业生态园区和区域层次在减污降碳协同增效方面的差异。
9. 简述减污降碳拮抗作用和锁定效应。
10. 举例说明碳足迹在减污降碳中的作用。
11. 分析比较减污降碳协同增效评价和产业园区减污降碳协同增效评价有什么不同?

参考文献

[1] 李海生，谢明辉，李小敏，等．全过程一体化构建减污降碳协同制度体系［J］．环境保护，2022，50（Z1）：24–29.
[2] 朱利中．土壤有机污染物界面行为与调控原理［M］．北京：科学出版社，2015.
[3] 张玲，袁增伟，毕军．物质流分析（SFA）方法及研究进展［J］．生态学报，2009，29（11）：6189–6198.
[4] 蔡九菊，王建军，陆钟武，等．钢铁企业物质流与能量流及其相互关系［J］.东北大学学报（自然科学版），2006，27（9）：979–982.
[5] 蔡九菊，王建军，徐杰．钢铁企业物流能流分析及对能耗的影响［J］．全国能源与热工学术年会，2004.
[6] 刘伟，鞠美庭，李智，等．区域（城市）环境－经济系

统能流分析研究［J］.中国人口·资源与环境，2008，18（5）：59–63.

[7] 曹宏斌，赵赫，孙峙，等.工业污染全过程控制与应用［M］.北京：科学技术文献出版社，2022.

[8] 杨静，刘会娟，吉庆华，等.降碳减污多维协同的基础科学问题［J］.中国科学基金，2023，37（6）：1021–1026.

[9] 曹宏斌，赵赫，赵月红，等.工业生产全过程减污降碳：方法策略与科学基础［J］.中国科学院院刊，2023，38（2）：342–350.

[10] 毛显强，曾桉，胡涛，等.技术减排措施协同控制效应评价研究［J］.中国人口·资源与环境，2011，21（12）：1–7.

[11] 张琦峰，方恺，徐明，等.基于投入产出分析的碳足迹研究进展［J］.自然资源学报，2018，33（4）：696–708.

[12] 国家市场监督管理总局，国家标准化管理委员会.温室气体产品碳足迹量化要求和指南：GB/T 24067—2024［S］.北京：中国标准出版社，2024.

第二篇

工业领域减污降碳

04

第四章 能源工业减污降碳协同增效

能源工业是国民经济发展的先行工业部门之一，是采掘、采集和开发自然界能源或将自然资源加工转换为燃料、动力的工业。能源工业一般分成两大类：一类是能源开采工业，其产品为“一次能源”，如煤炭工业、石油工业、天然气工业、制氧工业等；另一类是能源加工转换，其产品为“二次能源”，如炼焦工业、石油冶炼工业、电力工业和蒸汽动力工业等。随着科技进步和社会生产的发展，许多新能源或过去难以大规模利用的低热值能源被逐步开发利用，成为能源工业新的组成部分，如太阳能发电、地热能发电、垃圾发电、沼气生产和核电站等。

在我国能源结构中，化石能源占一次能源消费量的比重达85%，其中煤炭占比为58%，能源结构严重依赖化石能源，尤其是碳排放强度最大的煤炭。因此，能源生产和消费相关活动也是我国最主要的大气污染物和CO_2排放源，能源行业的减污降碳协同增效是实现“双碳”目标的内在要求和必由之路。

本章围绕煤炭、石油天然气、燃煤电厂发电等能源生产过程及其碳污排放特征，重点介绍不同能源生产过程的减污降碳协同增效技术，最后介绍新能源和可再生能源及其多能互补体系。

第一节
能源工业碳污排放特征

煤炭、石油天然气和火力发电是我国主要的能源生产行业，构建清洁低碳安全高效的能源供应体系，是我国实现“双碳”目标的根本保证。

一、煤炭工业碳污排放特征

煤炭工业是从事资源勘探、煤田开发、煤矿生产、煤炭贮运、加工转换和环境保护的产业部门，在其开采、生产和运输过程中都存在碳污排放。

（一）生产工艺

煤炭生产包括煤炭开采、煤炭加工和煤炭运输三个过程。

1. 煤炭开采

煤炭开采是从煤矿中取出煤炭的过程。常见的煤炭开采方法有露天采矿和井下采矿两种。露天采矿指在地表直接开采煤炭，适用于煤矿埋藏较浅且倾斜度较小的情况。井下采矿指通过井洞进入井下开采煤炭，适用于煤矿埋藏较深且倾斜度较大的情况。

2. 煤炭加工

（1）煤炭洗选

煤炭洗选主要是将煤矿中开采出来的原煤通过物理、化学、生物等方法，将煤炭在开采、生成及运输过程中混入的杂质加以清除，以提高煤炭质量的过程。根据洗选原理的不同，煤炭洗选工艺可分为物理选煤、化学选煤、物理化学选煤和微生物选煤。典型的煤炭洗选工艺流程如图4–1所示。

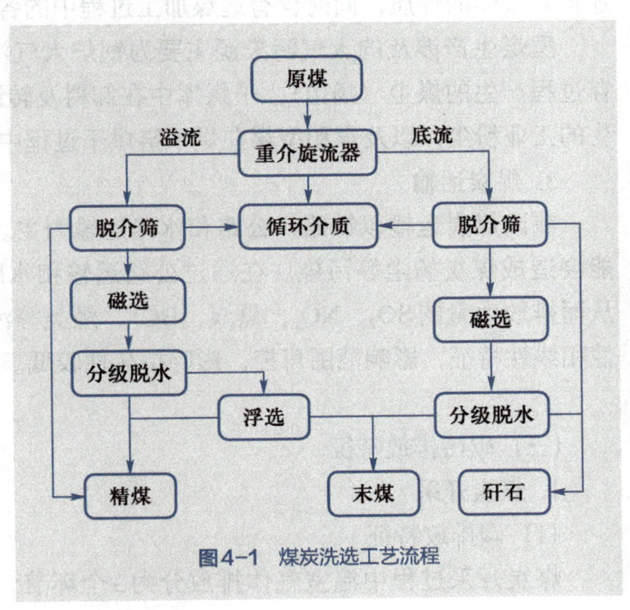

图4–1　煤炭洗选工艺流程

（2）型煤

型煤是以粉煤为主要原料，添加黏结剂、助燃剂、固硫剂后，按具体用途所要求的配比、机械强度和形状大小经机械加工压制成型的，具有一定强度和尺寸及形状各异的煤成品。型煤主要生产工艺流程如图4–2所示。

3. 煤炭运输

煤炭运输是将煤炭从开采区运送到

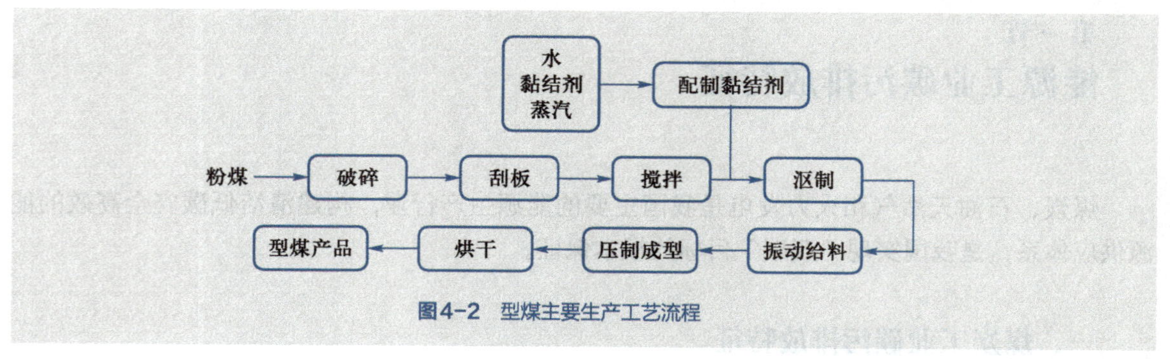

图4-2 型煤主要生产工艺流程

使用地点的过程。煤炭运输通常采用铁路、公路、水路运输等多种方式进行。

（二）碳污排放源

1. 煤炭开采

煤炭开采产生的废气主要指矿井瓦斯和地面矸石山自燃释放的气体。矿井瓦斯的主要成分是甲烷，矿区地面矸石山自燃也会释放大量含SO_2、CO_2、CO等有毒有害气体。露天采矿所用到的各类机械设备，如推土机、挖掘机、平路机等运载工具，以及重型自卸车和其他交通工具也会排放废气，废气成分包括CO、SO_2、烃类（HC）、NO_x等。

井下煤炭开采也会产生大量的矿井废水。煤炭开采及分选加工过程产生的固体废物主要是煤矸石。

2. 煤炭加工

煤炭洗选过程主要排放洗煤废水。洗煤废水的性质相当复杂，不仅具有悬浮液的性质，还具有胶体的性质，同时含有选煤加工过程中的各种添加剂和重金属等有害物质。

型煤生产涉及的大气污染源主要为锅炉大气污染物、型煤生产车间粉尘、原煤卸载和堆存过程产生的煤尘（扬尘），干煤库中在卸料及转运过程中产生的粉尘，破碎和型煤出料时产生的工业粉尘，以及煤和型煤在烘干窑烘干过程中产生的废气和运输汽车尾气。

3. 煤炭运输

我国煤炭运输以铁路、公路和水路运输为主。运输过程中，由于风力和风向的作用，可能会造成煤炭扬尘等污染。在通过公路运输和水路运输时，汽车和轮船还会消耗大量燃油，从而排放大量的SO_2、NO_x、黑炭（BC）、烃类等污染物。煤炭运输过程中的污染排放呈间歇性和线性特征，影响范围可控，影响持久性较低。

（三）碳污排放特征

1. 煤炭开采

（1）碳排放特征

煤炭开采过程中温室气体排放分为3个环节：生产用能碳排放、瓦斯排放（碳排放）及矿后活动碳排放。2020年煤炭开采过程碳排放总量为151.1 kg/t，其中，生产用能碳排放量为65.4 kg/t，瓦斯排放（碳排放）量为67.6 kg/t，矿后活动碳排放量为18.0 kg/t。

（2）污染物排放特征

煤炭开采产生的主要污染物为煤层瓦斯、废气、矿井水、煤矸石。

① 煤层瓦斯：煤层气又称为煤层瓦斯，它是从煤矿和围岩中逸出的甲烷（CH_4）、CO_2和氮气（N_2）等组成的混合气体。图4-3是煤炭开采和矿后活动温室气体排放示意图。研究表明井工煤矿的开采和矿后活动两个环节的瓦斯排放因子分别约为10 m^3/t和1.6 m^3/t。

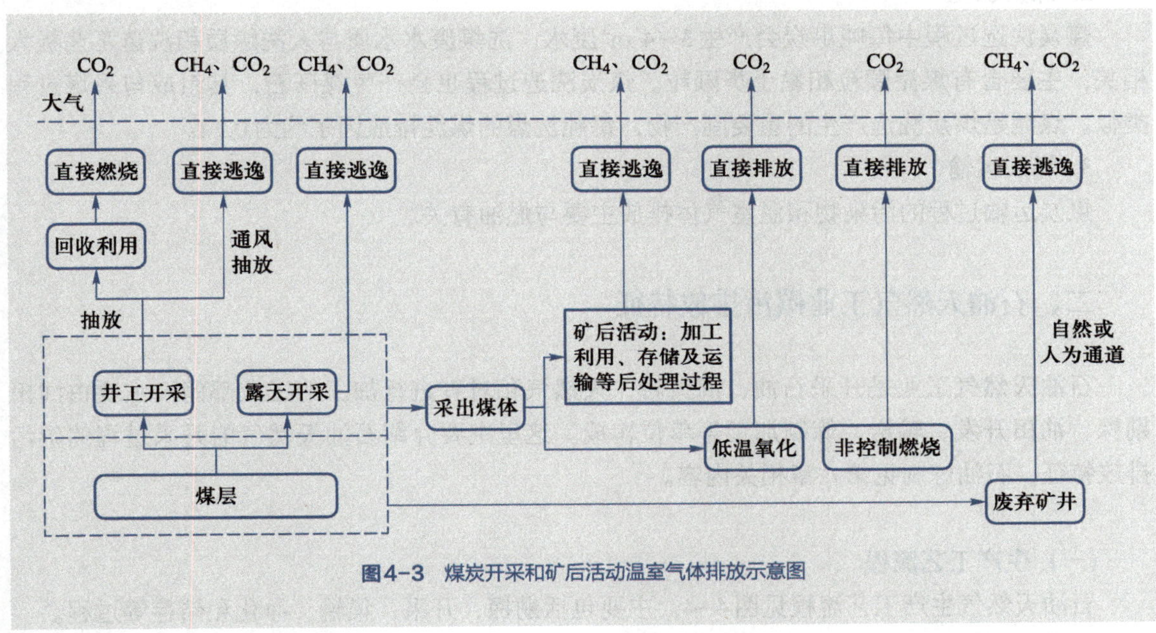

图4-3 煤炭开采和矿后活动温室气体排放示意图

② 废气：露天采矿所用到的各类机械设备，如推土机、挖掘机、平路机等运载工具，以及重型自卸车及其他交通工具排放的废气见表4-1。

表4-1 露天采矿机械设备排放废气

序号	废气名称	排放量/($t\cdot a^{-1}$)	序号	废气名称	排放量/($t\cdot a^{-1}$)
1	CO	745.21	3	烃类	121.47
2	SO_2	89.32	4	NO_x	1 217.46

③ 矿井水：井下生产1 t煤炭会排出2 m^3废水，生产产生的废水由中央水泵房水泵集中排出至地面。矿井废水水质与井下开采有密切关系，水质在一般情况下具有色度较高、浑浊的特点，直观表现为矿井废水颜色发黑。典型的矿井废水水质特征如表4-2所示。

表4-2 典矿的矿井废水水质特征

COD_{Cr}/(mg·L^{-1})	$\rho_{(SS)}$/(mg·L^{-1})	pH	$\rho_{(总铁)}$/(mg·L^{-1})	$\rho_{(总锰)}$/(mg·L^{-1})	$\rho_{(石油类)}$/(mg·L^{-1})
90	124	4.5	14.2	8.7	4.1

④ 煤矸石：煤炭开采过程中煤矸石的排放量一般占原煤产量的10%～15%，不同地区、不同煤矿的煤矸石成分差异较大，主要成分包括SiO_2（40%～60%）和Al_2O_3（15%～40%），此外，还含有Fe_2O_3、CaO、MgO、Na_2O、K_2O、P_2O_5、SO_3等多种成分。

2. 煤炭加工

煤炭洗选过程中每吨煤炭会产生3～4 m^3废水，洗煤废水水质与入洗煤质和洗选工艺极大相关，主要含有煤泥颗粒和黏土类颗粒。煤炭洗选过程也会产生煤矸石，其组成与采煤过程类似。煤泥是煤炭洗选产生的重要副产物，每吨洗煤的煤泥排放因子约为0.2 t。

3. 煤炭运输

煤炭运输过程的污染物和温室气体排放主要与燃油有关。

二、石油天然气工业碳污排放特征

石油天然气工业是开采石油、油页岩、天然气和对其进行加工的工业部门，主要由油田勘探、油田开发、输送、炼制加工等单位构成。这里主要介绍石油天然气的开采过程的碳污排放特征，石油炼制见第六章相关内容。

（一）生产工艺流程

石油天然气生产工艺流程见图4-4，主要包括勘探、开采、集输、净化和储存等过程。

1. 勘探钻井

勘探是通过地质勘探和测井技术来确定潜在石油天然气储量和地下石油天然气的分布情况，以及储层的产出能力和适宜的开采方式。油井钻探工艺包括钻前、钻井、试油三个阶段。

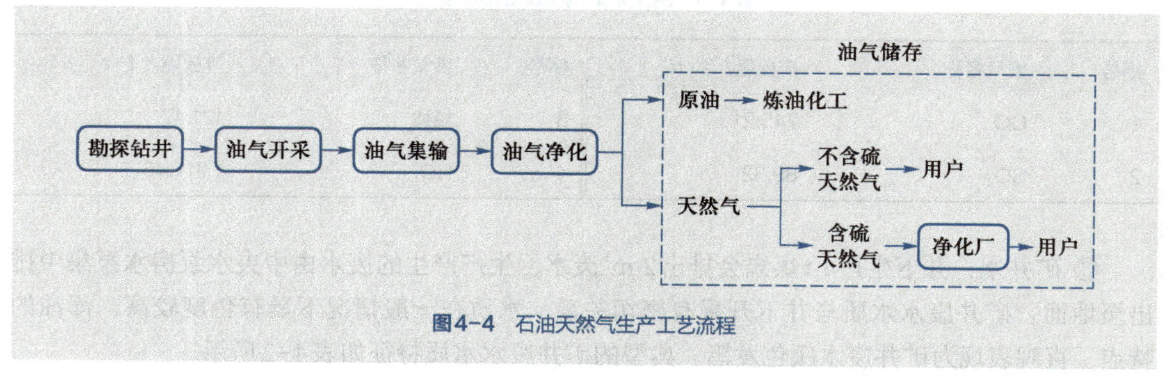

图4-4 石油天然气生产工艺流程

2. 油气开采

开采是将地下石油天然气从地下开采到地面的过程。测试完成后，需要进行建井、完井，随后进入生产阶段，即通过提高井口压力和减小储层压力差，使石油天然气从地下井中喷出，经管道输送至加油气站或工厂。

3. 油气集输

油气集输指在石油开采过程中，将油气从油田中采集出来，通过管道输送到加工厂、储罐或炼油厂等地点进行加工，最终生产出石油制品。石油天然气的输送通常采用管道输送。其中，天然气经过降压并进行分离除尘除液处理后，再由集气支线、集气干线输送至天然气处理厂或长输管道首站。

4. 油气净化

(1) 石油净化

油田油气集输矿场生产过程中，从油井生产的出矿物质不仅含有原油、天然气，还含有水、砂粒、泥浆及各种盐类等杂质。为了分类储存、输送、计量和使用，需要对出矿物质进行油、气、水的进一步分离和净化，包括含油污水的处理、原油稳定、气体脱水、酸性气体的脱除、轻烃回收等，以达到管输标准和商品用气的质量要求。

(2) 天然气净化

在油气田开采过程中，往往会有H_2S、CO_2、水及其他杂质（如有机硫等）等组分而引起的硫沉积、腐蚀和一系列不安全的现象，因此有必要对开采过程中几种组分较高的酸性气体进行处理，以达到使用标准（图4–5）。

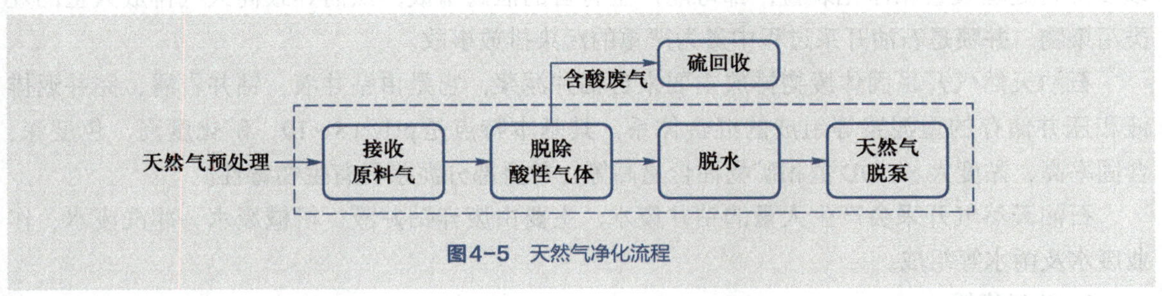

图4–5 天然气净化流程

5. 油气储存

石油天然气工业通常建有石油油库来进行油气储存，它是通过由各个设施的管路和阀门组成的工艺流程的切换来完成的，主要设施有储油罐、油泵房、装卸油栈桥、码头、加热炉及各类辅助生产设施等。

（二）碳污排放源

1. 勘探钻井

勘探钻井过程中各环节及相应环境影响因素构成如图4–6所示。废水排放主要来自钻井

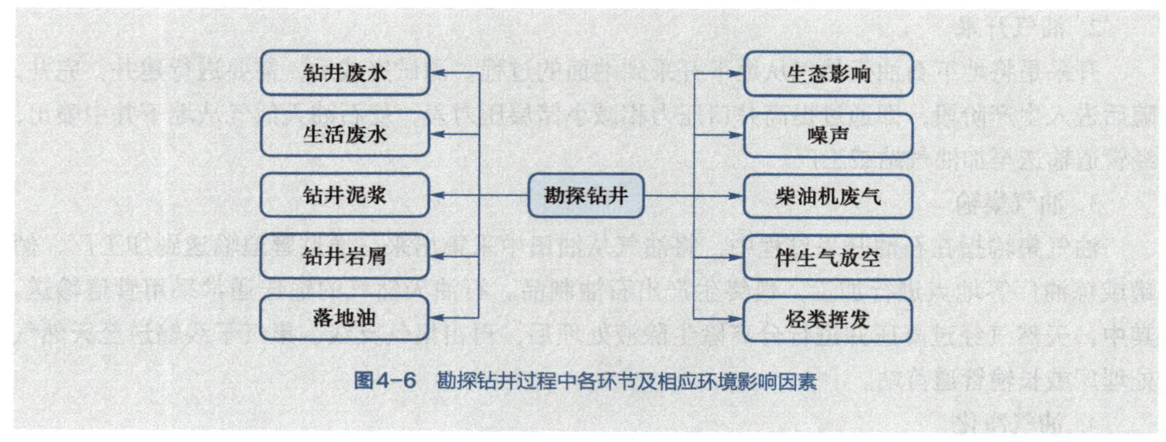

图4-6　勘探钻井过程中各环节及相应环境影响因素

废水及工程人员的生活废水。固体废物包括勘探钻井产生的钻井岩屑和钻井泥浆，此外勘探钻井产生的落地油也会污染土壤形成固体废物。废气主要来自柴油机废气、伴生气放空及烃类挥发。勘探过程的碳排放主要来自工程机械燃油消耗CO_2排放和采出气含碳排放。

2. 油气开采

石油天然气开采过程是挥发性有机物（VOCs）与CH_4的主要释放源，它们主要来自工艺有组织排放、火炬排放、设备动静密封点排放等。石油天然气开采过程中大部分VOCs和CH_4释放源具有同根同源性，其中工艺有组织排放和火炬排放分别为最大的VOCs释放源和CH_4释放源。此外，在开采时，计量器和油罐中原油蒸发、输油管道的断裂、工业油罐清洗作业，以及综合处理装置和净化装置，都可能产生有害的泄漏事故，从而导致向大气排放大量的烃类污染物。井喷是石油开采过程中最为严重的污染排放事故。

石油天然气开采固体废物排放主要来自钻井泥浆，它是由钻井液、钻井岩屑、完井返排液和压井储存的重泥浆等组成的混合体系，其基本特点是pH为8～10、矿化度高、色度深、含固率高、黏度大、COD值和矿物油含量高等，并且部分泥浆具有生物毒性。

石油天然气开采会产生大量的钻井废水，主要由废弃钻井液、机械废水、冲洗废水、作业废水及雨水等组成。

3. 油气集输

在油气集输过程中，可能会发生泄漏或导致大量的油气流失到环境中。

4. 油气净化

油气净化过程的大气污染主要来自天然气净化厂尾气、稠油热采燃煤锅炉烟气、油气处理与集输系统无组织逸散烃类废气。净化过程也会产生酸性废水。天然气净化厂的产污单元见图4-7，主要涉及的工艺为天然气脱硫、天然气脱水、硫黄回收、吸附剂再生和尾气处理等。

5. 油气储存

油气储存的碳污排放可以分为正常工况和异常工况两类。正常工况下，储存过程涉及的碳污排放主要是由容器挥发、呼吸阀等产生的VOCs排放。异常工况主要指发生容器泄漏，产

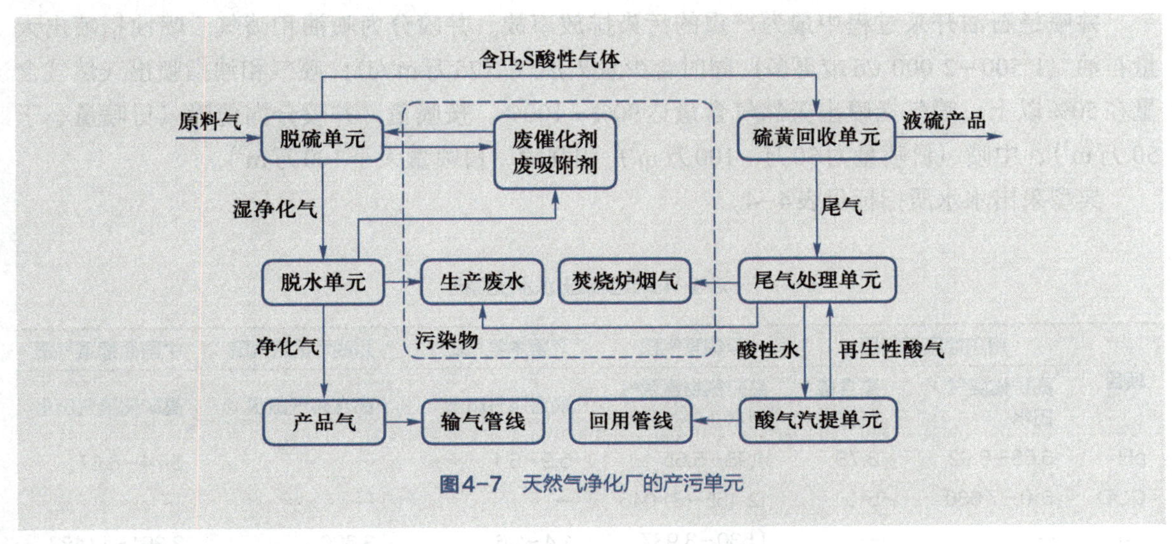

图4-7　天然气净化厂的产污单元

生大量的VOCs排放，有时还可能会产生油污染土地的情况。

（三）碳污排放特征

1. 勘探钻井

油气勘探过程中的环境污染具有分散性、流动性和涉及面广的特点。油气勘探过程中，钻井工艺附带废水和废弃泥浆，典型钻井过程排放的大气污染物排放因子为NO_x1.6 kg/井，硫化物10.4 kg/井，烃类4.5 kg/井，车辆废气排放烃类污染物0.024 kg/(d·车)，钻井固体废物单井产生量为250~1 000 m^3，pH一般为8.0~10.0，含水率为35%~90%，COD可达20 000~60 000 mg/L。钻井废水为100 m^3/(d·井)，生活污水为30 m^3/d。

天然气井在放喷试气过程也会排放大量的天然气，排放量随着气藏类型不同而有所差异。典型试气排放天然气量约为20×10^4 m^3/井。

2. 油气开采

油气开采过程的废气排放主要来自有组织排放、火炬排放、设备动静密封点排放等。开采过程油气系统的CH_4排放因子见表4-3。

表4-3　开采过程油气系统的CH_4排放因子　　单位：t/(个·a)

油气系统	设施/设备	设施逃逸	工艺放空	油气系统	设施/设备	设施逃逸	工艺放空
天然气系统	井口装置	2.50	—	石油系统	井口装置	0.23	—
	集气站	27.9	23.6		单井储油装置	0.38	0.22
	计量/配气站	8.47	—		接转站	0.18	0.11
	储气站	58.37	10.0		联合站	1.40	0.45

资料来源：2005年中国温室气体清单研究。

井喷是石油开采过程中最为严重的污染排放事故。井喷分为喷油和喷气。喷油指喷出大量石油（1 500~2 000 t/d或更多）同时含少量天然气（75万m^3/d）；喷气和油指喷出天然气含量在50%以上；喷气指喷出天然气含量达90%~100%。按喷量，井喷分为弱喷（日喷量小于50万m^3）、中喷（日喷量为50万~100万m^3）和强喷（日喷量大于100万m^3）。

典型采出水水质指标见表4-4。

表4-4 典型采出水水质指标

项目	川东地区某气田		新疆某气田	塔里木某气田	川西地区某气田	中国西部某气田
	高矿化度气田水	高含硫气田水	高有机物含汞气田水	高含汞气田水	高含卤气田水	高矿化度气田水
pH	5.68~6.92	3.73	4.98~5.65	5.9~6.1	—	5.74~6.67
COD	610~7 680	510	12 456~31 045	—	—	—
Ca	—	—	1 530~3 937	1.4~1.6	3 630	2 891~13 182
Cl	1 510~14 400	106	—	22 125~27 532	210 084	9 775~58 433
Na	—	—	—	8~22	96 789	—
Hg	—	—	0.26~4.12	0.29~0.65	—	—
Br	—	—	—	—	2 533	—
硫酸盐	0.4~26.3	900	—	184~270	1 394	12.7~19.8
含油量	3.5~374	0.35	285~389	94~180	—	295~80 631
悬浮物	4 700~28 600	247	232~487	99~260	—	72.2~524
矿化度	4 300~25 100	230	39 970~85 500	42 680~49 120	—	15 992~68 797

3. **油气集输**

油气集输过程中的碳污排放主要来自天然气在集输管道的泄漏排放，主要有烃类、苯系物（BTEX）、硫化氢（H_2S）等，有时还存在三甲胺、甲硫醇和甲硫醚等恶臭气体。例如，在正常情况下，一台油泵工作1 h，释放出1 kg气体和蒸汽。

油气集输过程CH_4排放因子见表4-5。

表4-5 油气集输过程CH_4排放因子

油气系统	设施/设备	设施逃逸	工艺放空
天然气系统	压气站/增压站	85.05 t/(个·a)	10.05 t/(个·a)
	计量/配气站	31.50 t/(个·a)	13.52 t/(个·a)
	管线（逆止阀）	0.85 t/(个·a)	5.49 t/(个·a)
	清管站	0	0.001 t/(个·a)
石油系统	原油储运管道	753.29 t/(亿t)	—

资料来源：2005年中国温室气体清单研究。

4. **油气净化**

油气净化过程设施逃逸CH_4排放因子为40.34 t/(亿Nm^3)，工艺放空CH_4排放因子为13.83 t/(亿Nm^3)。典型天然气净化厂污染物排放因子见表4-6。

表4-6 典型天然气净化厂污染物排放因子　　单位：kg/(10^4 m^3天然气)

污染物名称	排放因子	污染物名称	排放因子
SO_2	1.05	粉尘	8.03×10^{-6}
CO_2	1 442.28	SF_6	6.17×10^{-7}
CO	2.43	R22	1.34×10^{-4}
NO_x	0.14	R407c	1.29×10^{-4}
N_2O	9.63×10^{-4}	R410a	3.26×10^{-5}
CH_4	1.61×10^{-2}	氨氮	5.05×10^{-5}
VOCs	2.50×10^{-2}	COD	4.50×10^{-3}
PM_{10}	3.37×10^{-2}	总磷	6.21×10^{-5}

资料来源：吴鹏斌，2022。

石油天然气工业碳排放主要来源钻井、压裂、试气、采气、管道集输、天然气加工处理、用能消耗等活动产生的大量的CO_2和CH_4。2019年23家企业公布了上游油气业务温室气体排放数据，温室气体加权平均排放强度为21.2 kg CO_2/桶油当量，其中中国石油天然气集团有限公司（中石油）为43.3 kg CO_2/桶油当量，中国石油化工集团有限公司（中石化）为50.8 kg CO_2/桶油当量，表明中国油气开发与世界先进水平存在较大的差距。

三、燃煤电厂碳污排放特征

电力的产生方式主要有：火力发电（煤炭等可燃烧物）、太阳能发电、大容量风力发电、核能发电、氢能发电、水力发电等。我国电力工业以火力发电为主，占比为67.6%，而火力发电以燃煤为主，是电力行业最大的污染物和碳排放源。

（一）燃煤电厂发电工艺流程

燃煤电厂的生产工艺流程见图4-8。煤炭运至电厂后碾磨成粉，经气力输送方式以一定风煤比和温度将煤炭送进锅炉炉膛，经化学处理后的水在锅炉内被加热成高湿高压蒸汽推动汽轮机高速运转，汽轮机带动发电机旋转发电。其生产流程如下：

1. **燃料供应**

燃煤电厂使用的主要燃料为煤炭，煤炭通过运输系统从矿山或储存设施输送到燃煤电厂。然后，煤炭进入储存区，经过称量和筛选等处理后，将煤炭输送到燃烧系统的输送系统等。

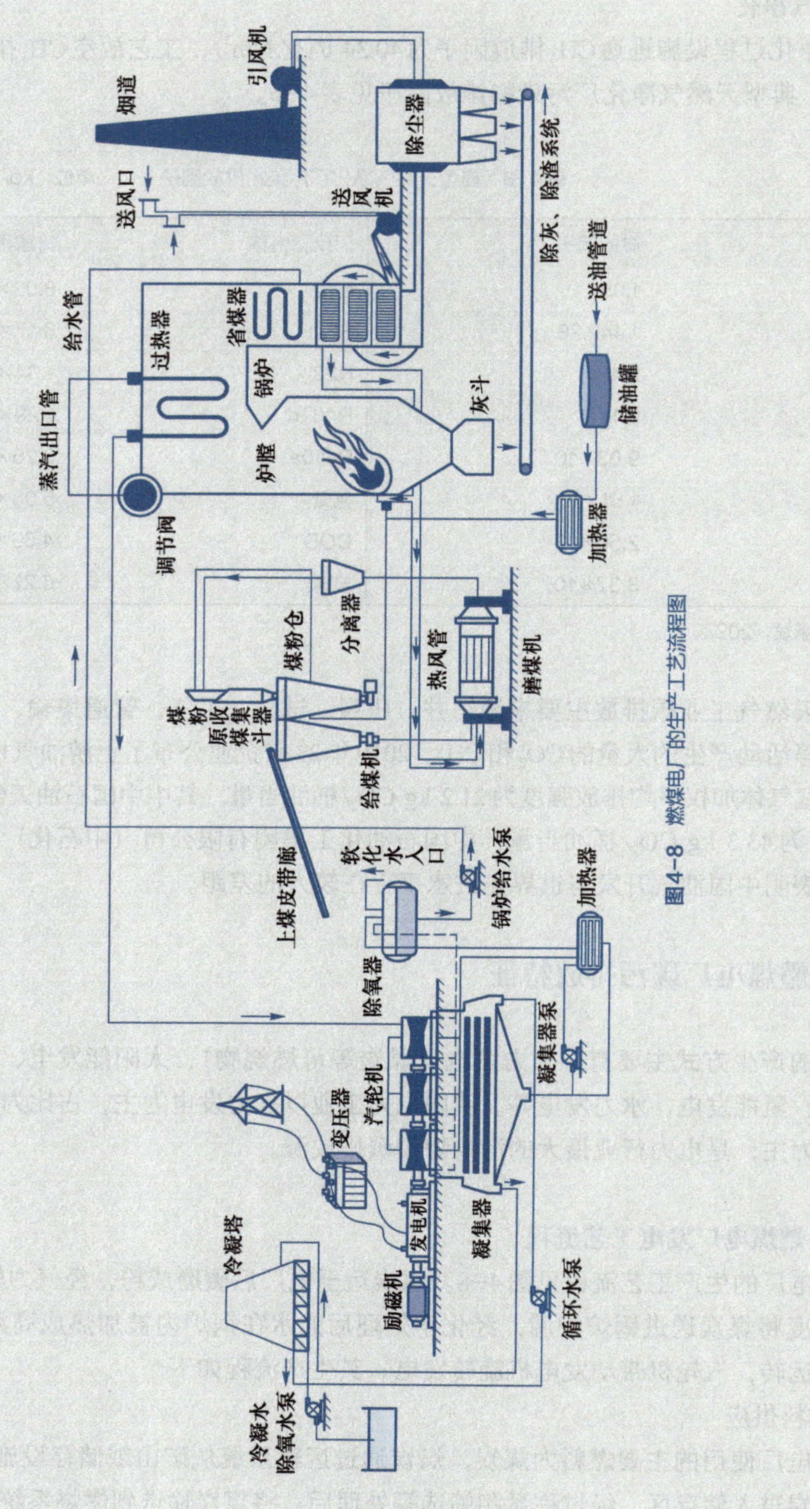

图4-8 燃煤电厂的生产工艺流程图

2. **燃烧过程**

在燃煤电厂的锅炉中，煤炭与空气混合并燃烧，煤炭中的碳、氢等元素与氧气反应生成CO_2和水蒸气等燃烧产物，并产生高温高压的燃烧气体。燃烧过程产生大量的热能，用于蒸汽的产生。

3. **蒸汽产生**

燃烧产生的高温燃烧气体通过锅炉中的换热器，与锅炉内的水进行热交换。水被加热并转化为高温高压的蒸汽。蒸汽在锅炉中产生，并通过管道输送到汽轮机系统。

4. **涡轮机转动**

高温高压的蒸汽进入涡轮机，通过喷嘴将蒸汽喷射到涡轮叶片上，使涡轮叶片转动。涡轮机通过转动轴连接发电机，使发电机也一同转动。

5. **发电**

发电机内的转子和定子之间的磁场相互作用产生电磁感应，将机械能转换为电能。产生的电能经过变压器升压后，通过输电系统输送给用户。

6. **废气排放**

煤炭在燃烧过程中产生的废气含有大量的污染物，如SO_2、NO_x和$PM_{2.5}$等。为了减少对环境的污染，需要对这些废气进行除尘、脱硫、脱硝处理以达到国家和地方的环保标准，然后由烟囱排放。

（二）碳污排放源

1. **燃料供应**

碳污排放源为煤场产生的含尘废气，以及原煤破碎和煤炭输送所产生的含有粉尘的废气。废水主要为煤场及输煤系统产生的含煤废水。

2. **燃烧及蒸汽产生**

锅炉燃烧将产生含SO_2、NO_x的烟气。固体废物为粉煤灰。废水包括循环水、灰渣废水、工业冷却水、锅炉化学清洗废水等。

3. **涡轮转动与发电**

发电过程排放的废水包括机组杂排水、工业冷却水等。

4. **废气排放**

废气排放产生的废水包括脱硫废水、脱硝废水，以及脱硫、脱硝过程产生的固体废物，如脱硫石膏等。

（三）碳污排放特征

某燃煤电厂排放的燃煤烟气量约为3.3 Nm^3/h，主要污染物包括SO_2、NO_x和$PM_{2.5}$，通常与所用的煤质和锅炉有关。我国燃煤电厂SO_2平均排放因子为0.20 g/(kW·h)，NO_x平均排放因子为0.61 g/(kW·h)，颗粒物平均排放因子为0.033 g/(kW·h)。

废水排放强度为0.054 m^3/(kW·h)，其中，工艺废水排放量占50%左右，脱硫废水占10%左右。工业废水包括机组排水槽来水、化学再生废水、含煤废水等，通常处理达标的工业废水排至复用水池。燃煤电厂$CaCO_3$–$CaSO_4$湿法烟气脱硫废水中主要含有悬浮物（SS）、硫酸盐（SO_4^{2-}）、亚硫酸盐（SO_3^{2-}）、氯化物（Cl^-）及重金属等污染物，主要表现为钙镁离子浓度高、悬浮物含量大、氯离子浓度高、腐蚀性强等特点。

粉煤灰平均排放因子为0.14 kg/(kW·h)，粉煤灰的化学组成在很大程度上受原煤的性质及处理技术的影响，主要成分均为SiO_2、Al_2O_3、Fe_2O_3和CaO等，此外还有少量残余炭。同时，采用$CaCO_3$–$CaSO_4$脱除烟气中的SO_2还会产生大量的石膏固体废物。以煤炭平均含硫量为1.5%，每发1 kW·h电消耗标准煤350 g，全硫转化为SO_2的转化率一般为85%计算，即每发1 kW·h电的SO_2排放量约为9.26 g，折合产生脱硫石膏约为24.99 g。

燃煤电厂是我国CO_2排放大户，2024年4月，生态环境部、国家统计局发布的2021年电力CO_2排放因子中全国电力平均值为0.556 8 kgCO_2/(kW·h)。

第二节 煤炭工业减污降碳协同增效

煤炭工业工艺流程长，其污染物和碳排放既与煤矿地质结构有关，也与开采的方式有关。因此，煤炭工业的减污降碳协同增效需要从源头开始，全过程统筹考虑。

一、源头减污降碳协同增效

（一）煤层气高效利用

煤层气开发具有“一举三得”的多维价值，不仅有利于煤矿安全生产、遏制矿井瓦斯灾害，也可以直接减少煤炭瓦斯的排放量，以有效缓解温室效应，更有利于优化能源结构、补充清洁能源，助力推进碳达峰碳中和目标。煤矿瓦斯利用的技术主要包括高浓度瓦斯净化直接利用技术、低浓度瓦斯发电技术、低浓度瓦斯浓缩技术、低浓度瓦斯燃烧技术、乏风瓦斯利用技术等。煤矿瓦斯浓度范围不同，相应的瓦斯利用方式也不同，如表4–7所示。这里主要介绍低浓度瓦斯制氢、制合成氨和蓄热氧化发电技术。

表4-7　不同特征浓度瓦斯的利用方式

类别	浓度/%	利用方式
高浓度瓦斯	>90	净化后直接通入天然气管网
较高浓度瓦斯	60~90	提纯后送至天然气管网；燃气内燃机发电热电联产；化工原料（甲醇、甲醛、黑炭）；车用燃料
中等浓度瓦斯	30~60	民用燃气、工业燃气锅炉；高浓度瓦斯发电机组发电和煤炭混合燃烧发电等；直接燃烧；热电联产
低浓度瓦斯	1~30	浓缩提纯；制氢；制液氨；与高浓度瓦斯掺混；辅助燃料；瓦斯爆炸发电；燃气内燃机发电
超低浓度瓦斯	<1	辅助燃料或主要燃料以制取高温热风、热水、蒸汽或发电

1. 低浓度瓦斯制氢技术

天然气制氢主要有蒸汽转化法和部分氧化法两种。其中蒸汽转化法较为成熟，也是国内外主流制氢方式，其反应原理如下：

$$CH_4 + H_2O \longrightarrow 3H_2 + CO \tag{4-1}$$

$$CO + H_2O \longrightarrow H_2 + CO_2 \tag{4-2}$$

部分氧化法反应原理：

$$2CH_4 + O_2 \longrightarrow 2CO + 4H_2 \tag{4-3}$$

天然气制氢主要由天然气蒸汽转化制转化气和变压吸附（PSA）提纯氢气（H_2）两部分组成。天然气原料被压缩并脱硫后与蒸汽混合，在镍催化剂的作用下转化为H_2、CO和CO_2的转化气；转化气通过变换将CO和水蒸气变换为CO_2和H_2，成为变换气；然后，转化气或者变换气通过PSA过程，得到高纯度的H_2，如图4-9所示。

以国内某10 000 m^3/h的天然气蒸汽转化制氢装置为例，计算在典型工业运行条件下的碳排放。该装置的总CO_2排放为9 028.33 kg/h，折算成1 m^3氢气的CO_2排放量为0.902 8 kg，即1 kg氢气的CO_2排放量为10.112 kg，与相关报道的排放量范围（8.9~12.9 kg）一致。整套装置因天然气消耗导致的碳排放占比达95.09%，其中原料天然气对CO_2排放影响最大。

2. 低浓度瓦斯制合成氨技术

天然气制合成氨工艺以两段天然气蒸汽转化为基础，包括如下几个工艺单元：合成气制备、合成气净化（高温变换和低温变换+湿法脱碳）、合成气精制（甲烷化或甲烷化+深冷分离）、氨合成（合成气压缩+氨合成+冷冻分离）。天然气制合成氨典型流程见图4-10。天然气先进行脱硫工艺，然后通过二段转化，再分别经过CO变换、CO_2脱除等，得到氮氢混合气，其中还含有0.1%~0.3%（体积）的CO和CO_2，经过甲烷作用后，CO和CO_2可以被除去，最终制得摩尔比为3∶1的H_2和N_2混合纯净气体，通过压缩机压缩，然后进入反应器合成氨，最终得到所需的成品。

（1）废气

天然氨气合成连续废气包括合成气制备一段转化烟气、合成气处理段CO_2利用废气、合成循环氢气再生氨。处理后的废气为CO_2、H_2和NH_3，用作初级炉的燃料。二段除氧器排出的气体，其成分是水蒸气，因此它对环境没有任何影响。废气间断排放主要是安全阀排放和间断运行的设备尾气排放。

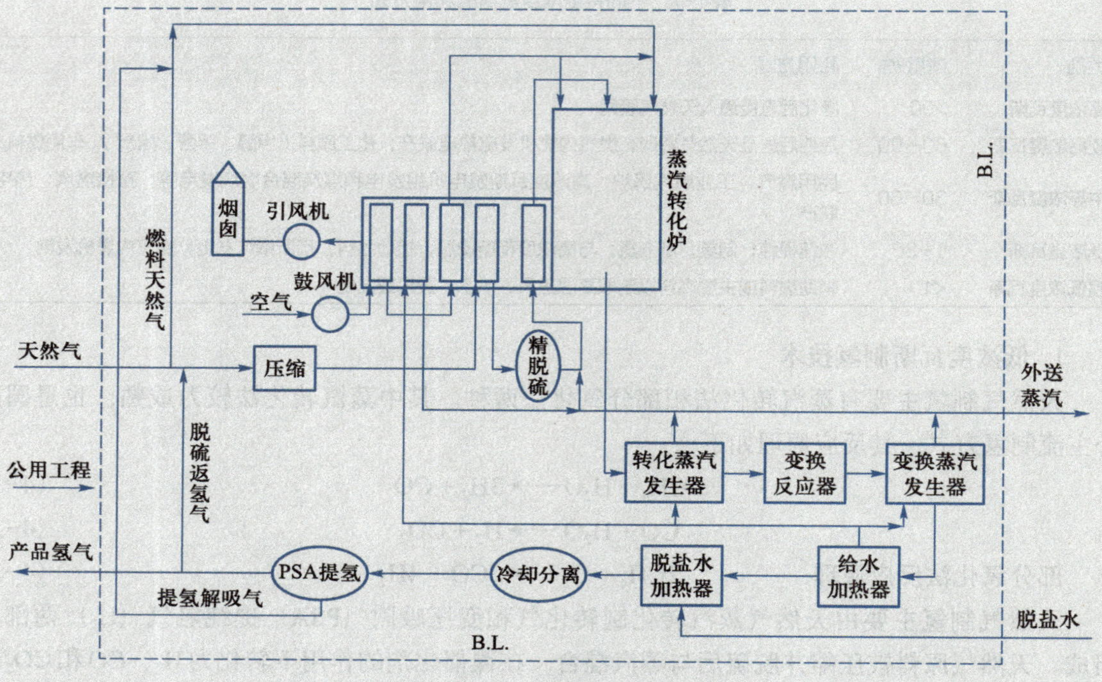

图4-9 天然气制氢工艺流程图

（资料来源：姬存民，2022）

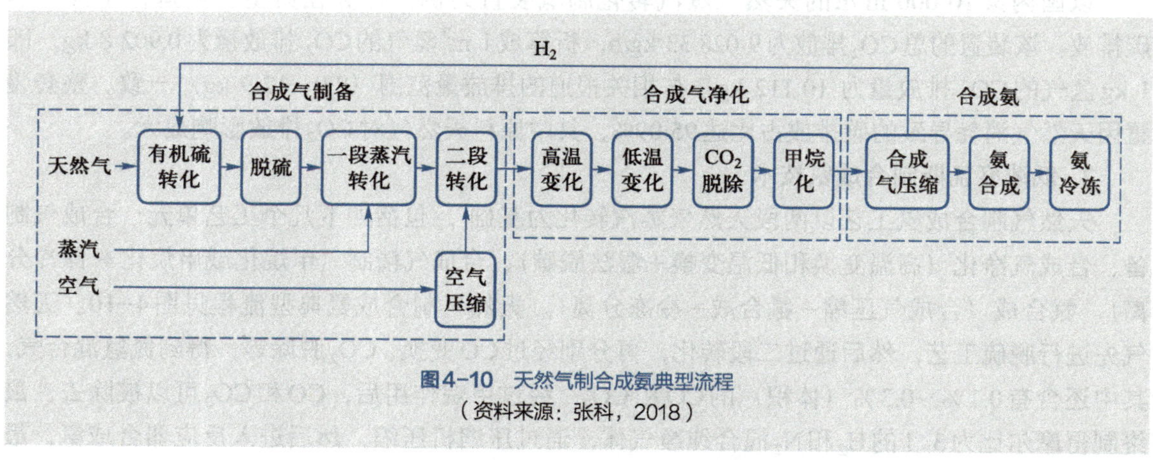

图4-10 天然气制合成氨典型流程

（资料来源：张科，2018）

（2）废水

天然气制合成氨流程废水排放主要有工艺冷凝液、二段炉夹套排污和汽包排污。正常操作时，这三部分废水均经处理回用，不对外排放。

工艺冷凝液包括两部分，一部分来自脱碳工序，另一部分来自甲烷化工序。这两部分冷凝液送至工艺冷凝液气提塔，除去溶解的杂质后送除盐水站进一步处理回用。

二段炉夹套排污可直接排入地沟，在缺水地区也可以收集后送除盐水站精制回用。

（3）固体废物

合成氨工厂固体废物主要是废催化剂、瓷球，以及废弃的分子筛和活性炭等吸附剂，由专业厂家回收，不造成环境污染。

3. 低浓度瓦斯蓄热氧化发电技术

瓦斯掺混系统将来自瓦斯抽采泵站的甲烷浓度低于30%的低浓度瓦斯与乏风收集系统采集的浓度低于0.75%的乏风瓦斯安全均匀混合到1.2%左右后送入蓄热氧化炉（RTO），随后在RTO炉体内将甲烷氧化放热，引风机把部分高温热风输送至余热锅炉进行热交换制高温过热蒸汽，随后推动汽轮机组发电，经升压变压器送入变电站上网。若电站停止发电，蓄热氧化系统产生的高温热风则直接从烟囱排入大气。

通过高温蓄热式氧化装置把煤矿乏风导入RTO反应腔，使煤矿乏风瞬间氧化为水和CO_2，并释放出大量氧化热。其中，大部分热量被导入换热器或余热锅炉，用于生产饱和或过热蒸汽供矿井用热或热电联供；小部分则用于维持设备的反应。一般情况下，当煤矿乏风中的CH_4浓度达到0.25%时，氧化装置所释放出的热量就可以维持其自身的氧化反应；当CH_4浓度达到0.8%时，则可提供过热蒸汽来用于推动蒸汽轮机组发电。氧化发电各工况状态工艺流程见图4-11。

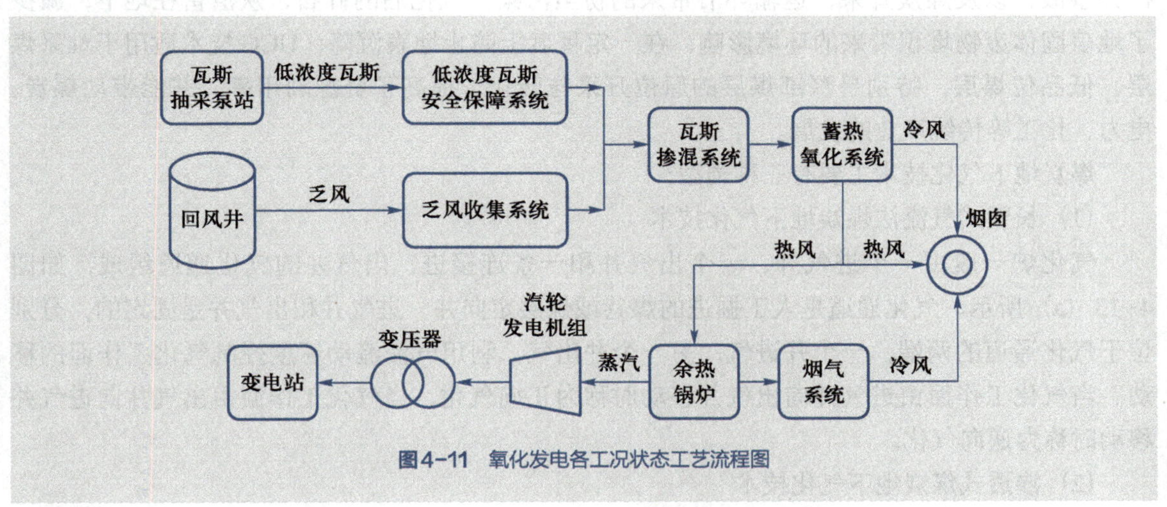

图4-11　氧化发电各工况状态工艺流程图

（二）CO_2驱煤层气

CO_2驱煤层气（CO_2-ECBM）是通过往煤层中注入CO_2以提高煤层气采收率，主要是通过提高甲烷解吸和扩散速度来实现的。其主要作用机理有：注气后增加了煤层总的割理压力，局部降低了割理中CH_4的分压，从而使解吸速度和扩散速度提高：CO_2分子的结构特征决定了CO_2分子对煤基质的吸附作用大于CH_4分子，二者对煤基质的吸附存在竞争作用，通过这种竞争吸附，更多的甲烷从煤基质中解吸出来。图4-12为CO_2-ECBM过程示意图。

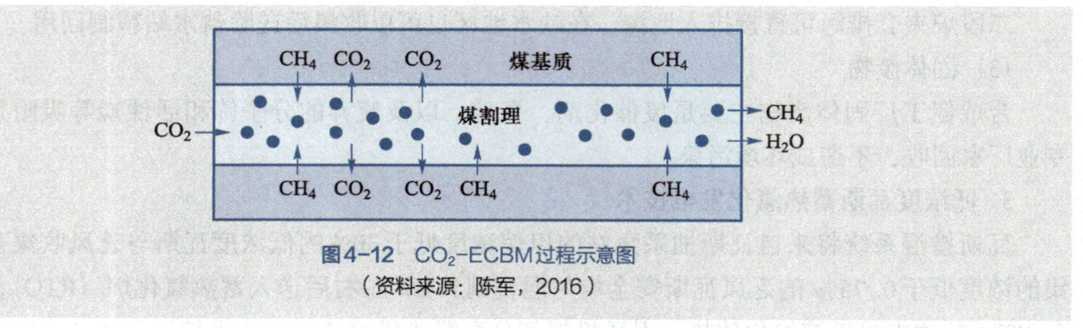

图4-12 CO_2-ECBM过程示意图
（资料来源：陈军，2016）

CO_2-ECBM技术可以同时实现将CO_2封存和提高煤层气采收率，具有促进天然气开发和降低温室气体排放的经济、资源和环境多重效益。

（三）煤炭地下气化

煤炭地下气化（underground coal gasification，UCG）就是将煤炭在原位进行有控制的燃烧，通过煤炭的热解，以及煤炭与氧气、水蒸气发生的一系列化学反应，产生H_2、CO和CH_4等可燃气体的过程。UCG也被称作“气化采煤”或“化学采煤”。UCG集建井、采煤、转化工艺于一体，是对传统物理采煤技术的重要补充，实现了地下无人生产，避免了人身伤害和矿井事故，以及煤炭开采、运输环节带来的粉尘污染，气化后的矸石、灰渣留在地下，减少了地表固体废物堆积带来的环境影响，在一定程度上防止地表沉降；UCG技术适用于难采煤层、低品位煤层，特别是深部煤层的原位开采与转化，提高了资源利用率，并能带动煤炭、电力、化工等传统产业的发展。

煤炭地下气化技术主要有三种类型：

（1）长壁式气流法煤炭地下气化技术

气化炉一般由一个进气井、一个出气井和一条连接进、出气井的气化通道组成，如图4-13（a）所示。气化通道是人工掘进的煤巷或煤层定向井。进气井和出气井是固定的，分别位于气化通道的两端，一个井进气，另一个井出气，利用气流流动速度控制气化工作面的移动。当气化工作面由进气井向出气井移动时称为正向气化，当气化工作面由出气井向进气井移动时称为逆向气化。

（2）渗透式煤炭地下气化技术

渗透式煤炭地下气化技术是利用煤层自然裂隙或人造裂隙作为气化通道实现煤炭地下气化过程的技术，如图4-13(b）所示。渗透式煤炭地下气化技术采用高压火力渗透、电力贯通、水力压裂方式开拓气化通道。

（3）控制后退注气点煤炭地下气化技术

在长壁式和渗透式煤炭地下气化技术中气化工作面的移动依靠气流流动自然推进，可控性差。控制后退注气点煤炭地下气化技术利用注气点的后退移动注气可人为控制气化工作面的移动，从而实现对气化工作面的有效控制。在气化通道中设置注气管，利用注气管连续或

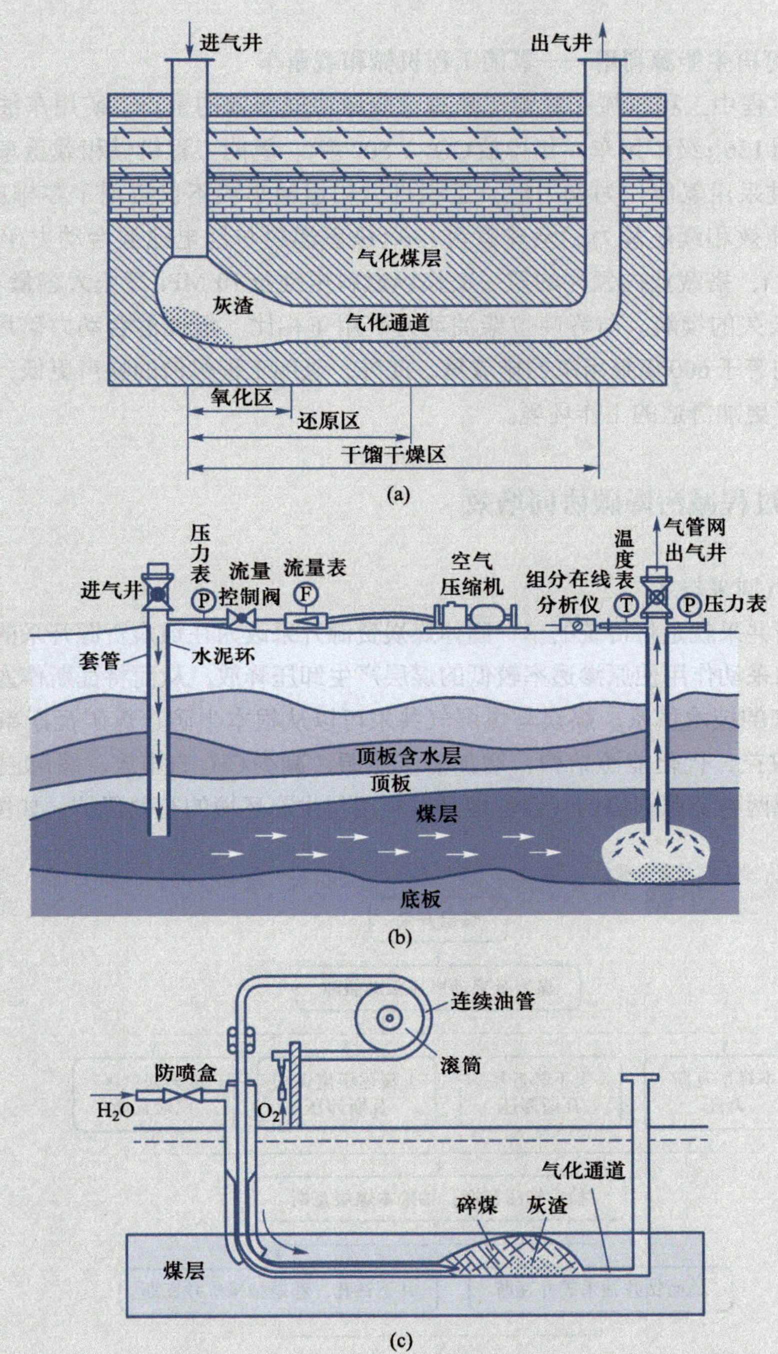

图4-13 （a）长壁式气流法煤炭地下气化技术，（b）渗透式煤炭地下气化技术和（c）控制后退注气点煤炭地下气化技术

间断后撤，实现注气点连续或间断后退移动，如图4-13（c）所示。

（四）煤矿可再生能源利用——氢能工程机械和载重车

煤矿开采过程中工程机械和载重车是减污降碳协同增效的重点。矿用车油耗高、排放密度大，一台载重136 t级矿用车，年排放CO_2 1 800余t。氢能工程机械和载重车是一个全新的解决方案。通过采用氢能作为动力源，工程机械和运输车辆不仅实现了零排放或超低排放，还显著提升了能效和续航能力。全球首台136 t级氢燃料与锂电池混合动力矿用自卸车自重115 t，载重136 t，搭载业内领先的质子交换膜燃料电池及70 MPa高压大容量车载储氢系统，保证车辆拥有长久的续航。与等吨位柴油动力矿用车相比，氢锂混合动力矿用车年减少CO_2排放1 815 t，约等于600辆乘用车的排放量。此外，氢能工程机械的噪声更低，更加环保，为施工现场创造了更加舒适的工作环境。

二、生产过程减污降碳协同增效

（一）煤—气同采技术

煤炭与瓦斯共采就是将传统的单一固体煤炭资源开采改为在煤炭资源开采的同时，利用采煤过程中产生的采动作用使原渗透率较低的煤层产生卸压释放，从而将瓦斯作为另一种资源从煤层中开采出来的技术体系。煤炭与煤层气共采可以从根本上防止煤矿瓦斯事故、提高煤矿安全性和经济效益；优化能源结构、增加清洁能源、减少CH_4的排放、缓解温室效应；保护大气环境，实现两种资源的协调、合理地开发利用与生态环境的有效保护，如图4-14所示。

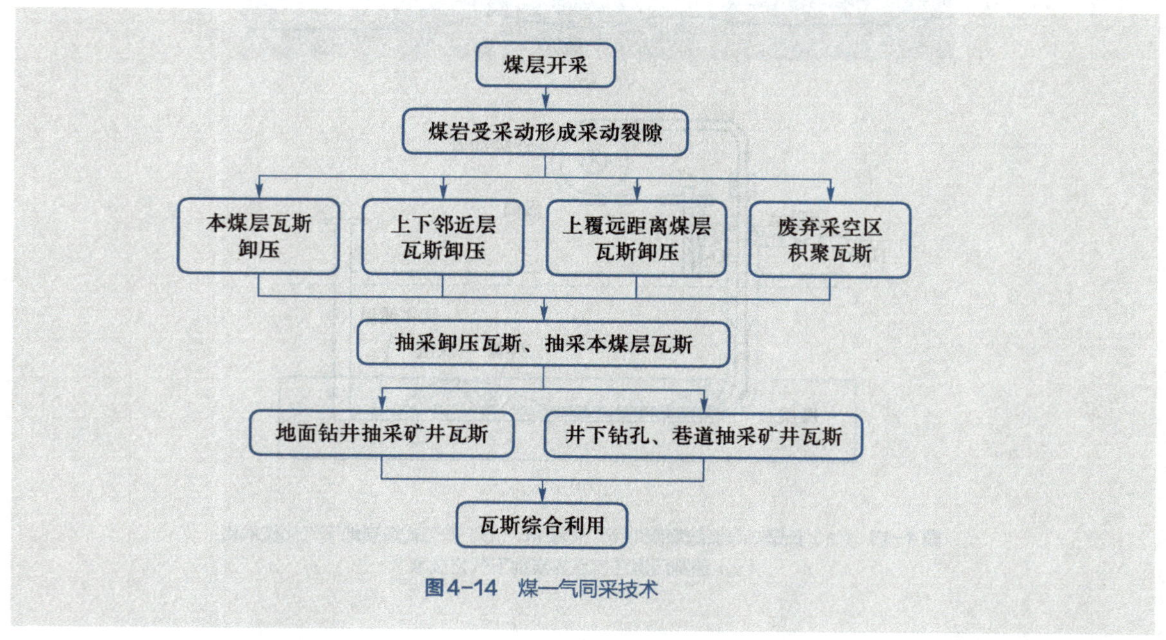

图4-14 煤—气同采技术

煤炭与瓦斯共采根据2种资源开采顺序主要有3种方式:

① 先采瓦斯后采煤炭。通过预先抽采部分瓦斯，消除突出危险，提高开采安全性。包括：顶底板穿层钻孔预抽瓦斯；保护层开采，预抽主采煤层卸压瓦斯；顺层钻孔预抽瓦斯。

② 煤炭与瓦斯同采。在掘进工作面掘进和采煤工作面回采的同时，利用工作面前方应力变化使煤层透气性增加的有利条件，抽采煤矿内瓦斯。同时采用顶板走向钻孔或巷道抽采工作面采空区积聚的大量瓦斯，既避免了采空区瓦斯涌入工作面造成上隅角瓦斯积聚和回风流瓦斯超限，又将采空区高浓度瓦斯抽至地面得以利用。

③ 先采煤炭后采瓦斯。多开气源，确保利用，在采煤工作面或采区结束后，对密闭的采空区进行抽采。主要方法是在密闭墙内接管抽采或从地面钻孔抽采。

（二）煤矿机电设备变频技术

煤炭开采过程中，提升机、采煤机、空压机、通风机、排水泵、皮带机等机电设备消耗大量的能源，因此，煤矿机电设备节能降耗是煤炭企业减污降碳的一个主要措施。

机电设备变频技术主要是通过不同电流、电压之间的相互转化，经过一定的变频器、整流桥等调节，让其与机电设备的频率呈一定规律，从而达到控制设备转速的目的，实现不同程度的能源消耗降低，提升其器械的工作效率。

因此在煤矿企业引入变频技术，可以在很大程度上降低设备的电能消耗，提升井下机电设备的运行效率，延长机电设备的使用寿命，减少因设备老化而带来的安全问题。例如，井下通风机是特别重要的一类设备，其直接关系着施工人员的生命安全及企业的投入成本。矿井通风系统在煤矿生产过程中消耗的电能占矿井消耗电能总量的50%以上。如果通风机运行的工况较差，通风机运行的效率就较差，大量的电能被白白浪费。变频器的引入一方面使得设备本身的电耗及使用情况得到了很好的改善，降低了生产成本；另一方面也可以进一步保障安全生产。

（三）余热利用技术

矿井在生产过程中产生的空压机余热、矿井水余热、矿井回风余热等低品位余热资源，虽然能量品位低，但体量巨大。利用这些余热在生产消费过程中派生的清洁能源为矿区提供非生产性服务，可以直接减少煤炭的使用，实现减污降碳协同增效。

1. 矿井水余热利用

近年来矿井水热泵机组在矿区发展迅速，并取得了良好的实际应用效果。如图4–15所示，矿井水热泵工作时，首先压缩机产生的高温高压制冷剂气体，气体进入冷凝器释放热量变成高压液体，释放的热量对热水供水进行加热。其次，冷凝后的制冷剂又被膨胀阀处理成低温低压液体后进入蒸发器。进入蒸发器的低温低压液体制冷剂吸收水源中的热量形成低压蒸汽。最后，低压制冷剂蒸汽又被压缩机压缩成高温高压气体，继续进入冷凝器液化释放热量，用于加热热水供水。

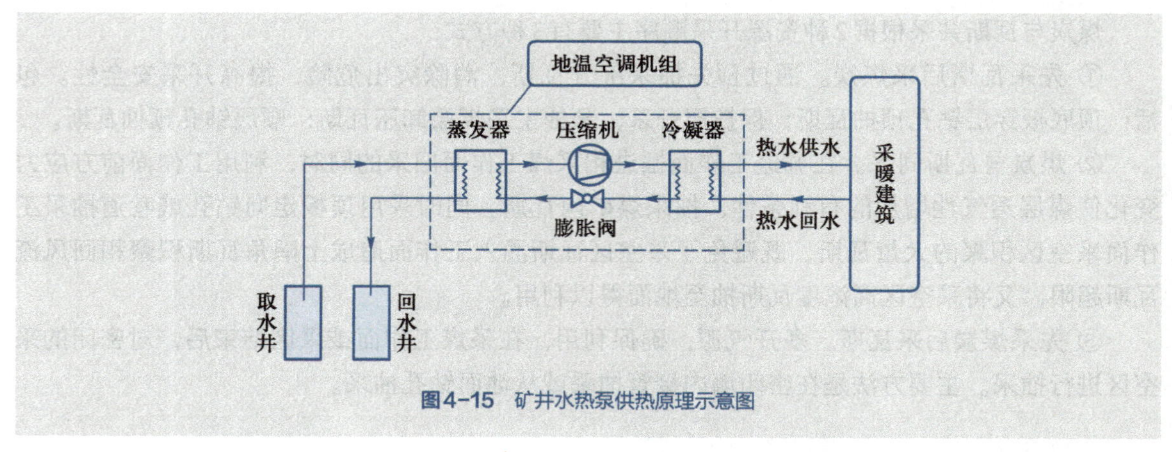

图4-15 矿井水热泵供热原理示意图

2. 矿井回风余热利用

为保证煤矿生产时井下工作人员及设备安全，通常向矿井通入大量新鲜空气，稀释开采过程中产生的CH_4。矿井回风是一种潜力巨大且清洁的余热资源，温度全年维持在18 ℃左右，矿井回风排风量大，可结合热泵技术充分利用其余热。矿井回风余热可以采用喷淋换热器和间壁式换热器等方法，将热量回收利用。

三、末端治理减污降碳协同增效

（一）煤矸石井下分选协同原位填充

煤矸石井下分选协同原位充填开采就是将采煤、分选和充填系统有机结合起来，以井下分选为核心，围绕充填开采方法而建立的一种煤炭开发模式，实现了煤炭开采、井下分选和矸石处理全过程高度集约化的井下生产，如图4-16所示。将煤矸石作为充填材料用于地下采空区回填，可防止地面沉降塌陷与开裂，减少地质灾害的发生。

煤矸石充填开采技术主要分为3种类型：固体充填、膏体充填、浆体充填。固体充填技术是将井下岩巷掘进产生的矸石，直接利用矸石抛矸机充填巷道，巷道充填系统简单，减轻副井提升压力。膏体充填和浆体充填技术是将煤矸石破碎研磨处理后，用煤矸石粉等细粒材料进行胶结制备成充填膏体或料浆填充采空区。

煤矸石井下固体充填技术通常利用综合机械化固体充填技术，如图4-17所示。综合机械化固体充填技术又称为刮板式输送机卸矸式充填技术，也是一种综合机械化充填采煤技术。其中采煤与运煤系统布置与普通综合机械化充填采煤技术完全相同，可实现采煤与充填并行作业，在同一液压支架的掩护下，进行综合机械化开采和充填作业。不同的是，综合机械化固体充填技术是在普通综合机械化充填采煤技术的基础上，增加了一套通过向工作面采空区输送充填材料的运输系统和在支座后方进行充填材料夯实的夯实系统，将地面充填材料安全高效地输送到井下，通过运矸系统输送到挂在充填支架后的顶梁上的刮板式充填输送

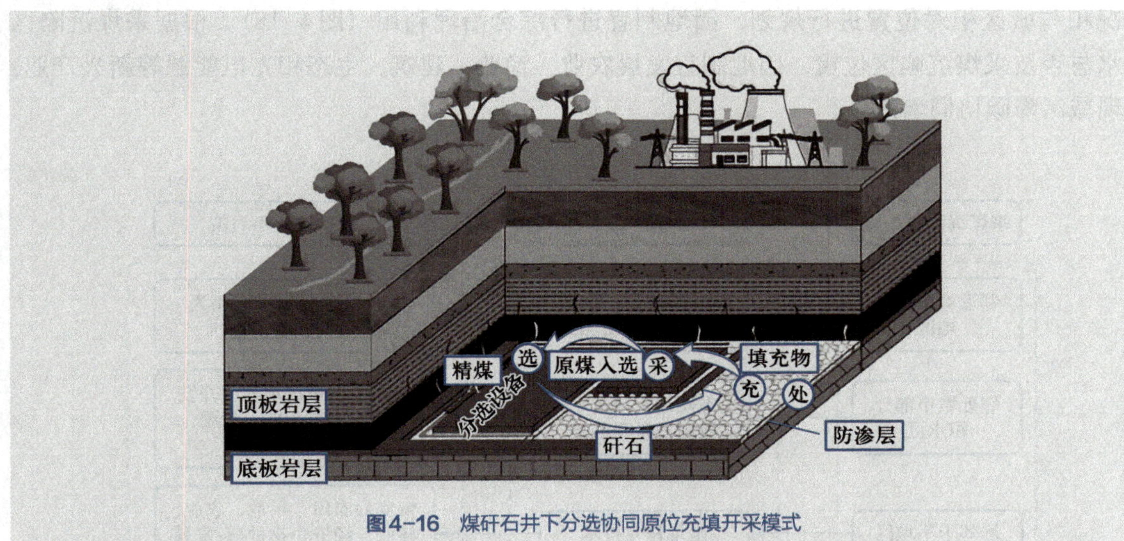

图4-16　煤矸石井下分选协同原位充填开采模式

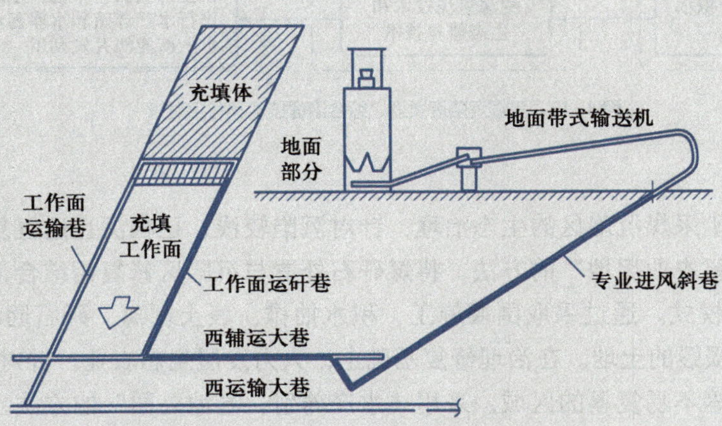

图4-17　综合机械化固体充填技术

机上，再由刮板式充填输送机的卸料孔将矸石填入采空区，最后由充填支架后的夯实机进行夯实。

(二) 矿区绿色生态修复

1. 采煤沉陷区生态修复

地下煤炭资源经过长期高强度开采形成了大面积采煤沉陷区。采煤沉陷区综合治理利用，可采用边采边修复，统筹减沉技术、地面沉陷控制技术与生态修复技术相辅相成，实现煤炭资源开采、环境保护和土地利用效益最大化。基于城镇空间开发规划，根据采煤沉陷区积水状况和与城区相对位置进行规划，因地制宜进行综合治理利用（图4-18）。根据采煤沉陷区积水与否及采煤沉陷区位置，因地制宜发展农业、渔业、建筑、生态和光电能源等新兴产业，实现减污降碳协同增效。

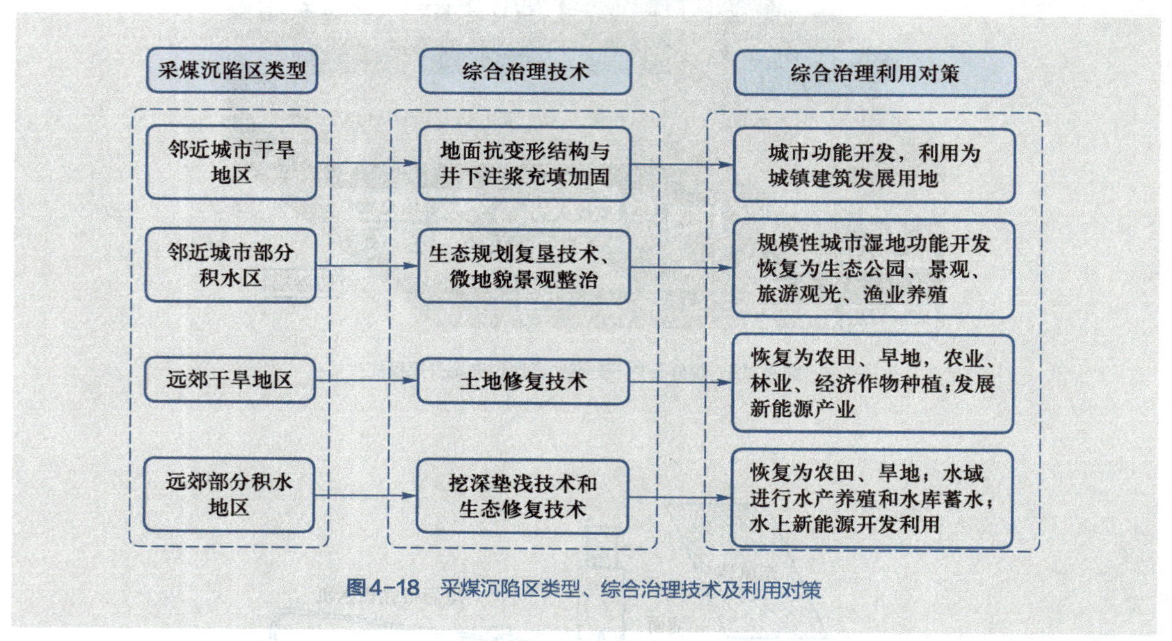

图4-18　采煤沉陷区类型、综合治理技术及利用对策

例如，淮南某矿采煤沉陷区的生态治理，针对沉陷较浅、已稳沉且适宜复垦的区域，采用“以废治废，恢复农业用地”的方法，将煤矸石处置与沉陷区修复相结合，开展采煤沉陷区的生态农业治理模式。通过采取围堰施工、积水抽排、表土剥离、矸石回填、覆土造地5个步骤，恢复沉陷损毁的土地。在治理修复基础上，大力发展生态农业。针对现场地形复杂、起伏较大、积水深等不易复垦的区域，采用“水产养殖、湿地公园”的方法，开展采煤沉陷区的生态湿地治理模式。按照保护湿地生态系统完整性、加强湿地合理利用的要求，因地制宜地对沉陷区进行岸线治理，实施地形改造。例如，通过绿化美化的方法，将其改造为生态景观，增加矿区森林覆盖率。

2. 露天煤矿开采生态修复

针对煤炭资源开发过程中形成的采煤沉陷、露天采场、固体废物堆积等问题，以及由此产生的耕地损失、环境恶化、空气污染、矿－地冲突等生态环境问题，改变原有的“末端治理”理念，基于“源头和过程控制”理念进行矿区的“边开采边修复”。其核心目的是及时恢复治理损伤的生态环境，缓解煤炭资源开发利用与环境保护之间的矛盾，确保矿业活动朝着可持续、循环与绿色的方向发展。

露天煤矿修复不仅要绿化土地，还要确保景观多样性和生物多样性持续提升，促进矿区的生物群落逐渐与周边环境融合，最终形成和谐一致的生态系统。露天煤矿生态修复中，实行混合土地复垦—景观重构模式，即先对矿区进行景观规划，以农林复垦为主，使生活休闲娱乐区与生态保护区协调统一，兼顾景观修复与物种保护，通过土壤结构改良与土壤提质增容技术、内排土场地层立体重构技术、粉尘阻控技术、植物优选保育与联合修复技术，以及景观生态功能提升技术等，有效提升生态系统修复和综合整治效果。

（三）矿井水资源利用

1. 分质供水、梯级利用

该工艺适用于以去除悬浮物为主要对象的矿井水。井下水仓中矿井水经加压泵送至地面，经各种构筑物处理，达到复用水质要求后，部分地面利用，部分再返回井下利用（图4-19）。其中，澄清池出水可以作为选煤厂选煤用水；滤池出水井上利用可作为地面降尘、农业用水、生态用水、锅炉补水，井下利用可作为乳液、防尘与冷却用水。

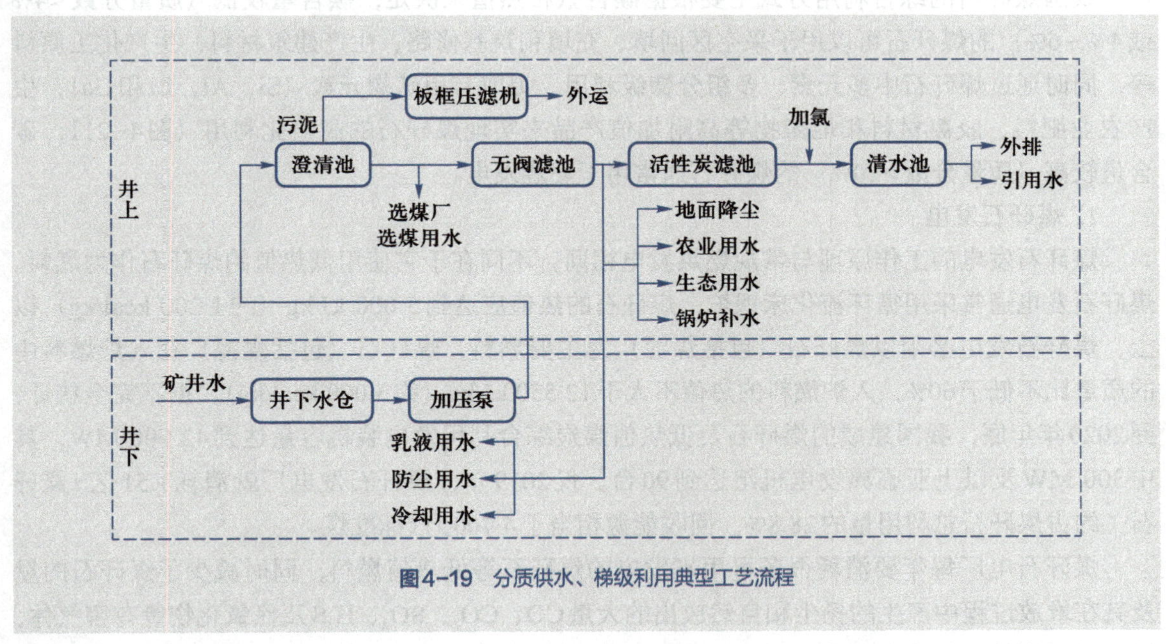

图4-19　分质供水、梯级利用典型工艺流程

2. 井下处理、就地复用

矿井水经废弃巷道预沉淀后，混凝沉淀去除悬浮物，最后经过滤后进入清水池（图4-20）。处理后的水可用作井下的乳液、防尘与冷却用水。混凝沉淀所产生的泥浆经板框压滤机脱水后可与煤炭一起抬升至地面外运。井下巷道空间有限，处理工艺的高效与高集成度就极为重要。同时，井下对机械设备有极高的防爆要求，因此井下水处理设备亦要具有安全等级高、智能化水平强、鲁棒性好等特点。

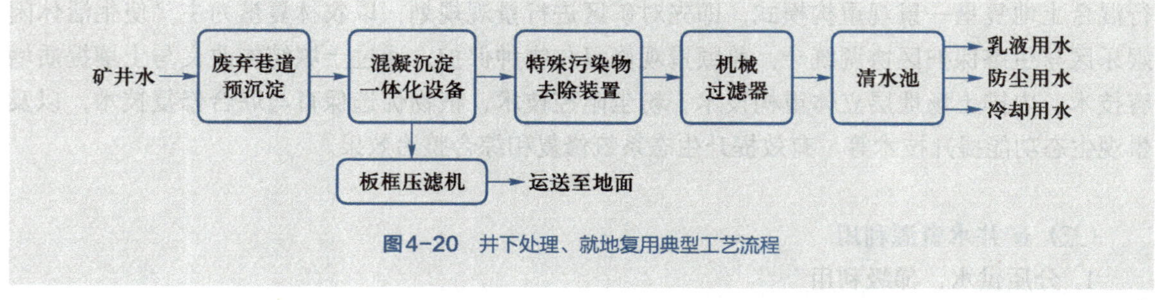

图4-20　井下处理、就地复用典型工艺流程

四、资源循环利用减污降碳协同增效

（一）煤矸石综合利用

我国煤矸石的综合利用方式主要根据碳含量和热值来决定，碳含量较低（质量分数<4%或4%~6%）的煤矸石可以用于采空区回填、充填和筑基修路、生产建筑材料、生产化工原料等，同时通过煤矸石中多元素、多组分梯级利用，提取有用矿物元素（Si、Al、Li和Ga），生产农业肥料、胶凝材料和地聚物等高附加值产品来实现煤矸石的高值化利用（图4-21）；碳含量较高（质量分数>20%）的煤矸石通常用于燃烧发电。

1. 煤矸石发电

煤矸石发电的工作原理与常规燃煤发电相同，不同在于它使用低热值的煤矸石作为燃料。煤矸石发电通常采用循环流化床锅炉，煤矸石的热值应达到5 000 kJ/kg（约1 200 kcal/kg）以上，煤矸石发电必须以煤矸石（包括煤泥）为主要燃料，煤矸石（包括煤泥）在入炉燃料中的质量比不低于60%，入炉燃料的热值不大于12 550 kJ/kg（约3 000 kcal/kg）。据不完全统计，到2020年年底，我国建成的煤矸石及低热值煤炭综合利用发电装机容量达到42 000 MW，其中300 MW及以上亚临界发电机组达到90台。仅2019年，煤矸石发电厂就消耗1.51亿 t煤矸石，约占煤矸石总利用量的28.8%，回收能源相当于4 700万t标准煤。

煤矸石电厂每年要消耗很多可用来发电的煤矸石等低热值燃料，同时减少了煤矸石的量及其在堆放过程中产生的扬尘和自然放出的大量CO、CO_2、SO_2、H_2S及氮氧化物等有害气体，提高了周围的环境空气质量；减少了存在于煤矸石中的微量重金属元素对土壤环境和水环境的影响：能有效利用煤炭生产过程中排出的大量矿井水，可以节约大量的水资源；由于使用了循环流化床锅炉，煤矸石电厂排出的灰渣的物化性能好，可以得到有效的利用，从而减少了灰渣造成的二次污染。

2. 建筑材料利用

煤矸石富含SiO_2和Al_2O_3，将其应用于水泥生产，在充分利用其自身热值、节约燃料的同时，可有效节省黏土资源。煤矸石粉碎后，与石膏、熟料按不同比例混合，可制成快硬、早强、膨胀、无熟料或少熟料及硫铝酸盐等特种水泥。

煤矸石含有丰富的黏土矿物，经过原料选择、均化、粉碎筛分、净化、搅拌成型、码坯、

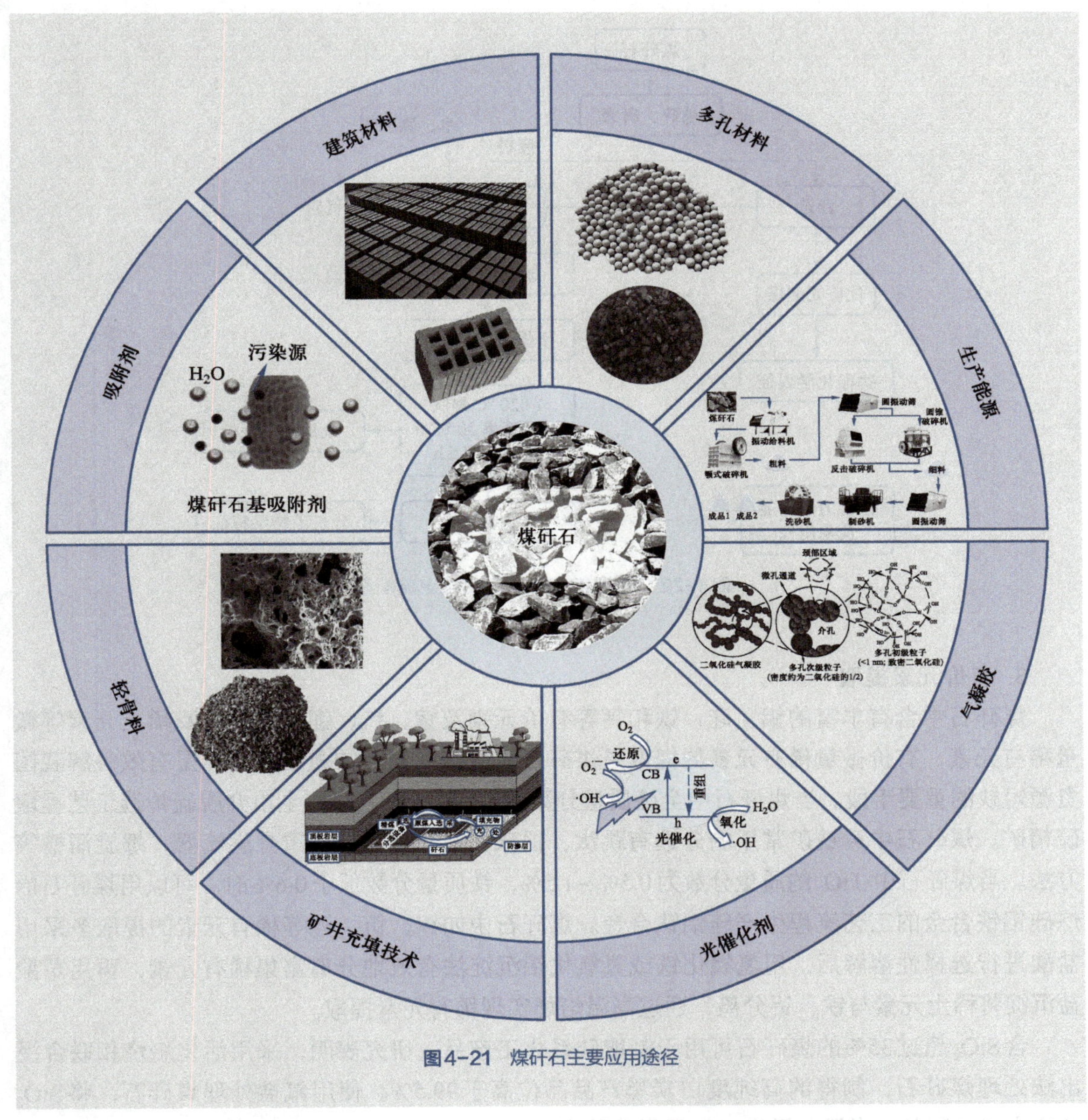

图4-21　煤矸石主要应用途径

干燥、焙烧、冷却等工序，可加工成各种性能优良的新型墙体材料，如透水砖、多孔砖、免烧砖、釉面瓷砖、微晶玻璃、高档陶瓷等。对于发热量为2 095～4 190 kJ/kg的煤矸石，制砖是其最常用的利用方式。图4–22是我国煤矸石制环保砖的工艺流程图。近年来在烧结砖和空心砖常规生产工艺的基础上，陆续开发了煤矸石无机纤维防火保温材料、自保温砌块、高孔洞率空心砌块、地砖、煤矸石闭孔发泡陶瓷、煤矸石轻质保温砌砖、透水砖、清水装饰墙砖等多种类型不同规格的产品，不断加强民族区域特色、文化装饰、建筑承载和节能等综合功能产品研发。

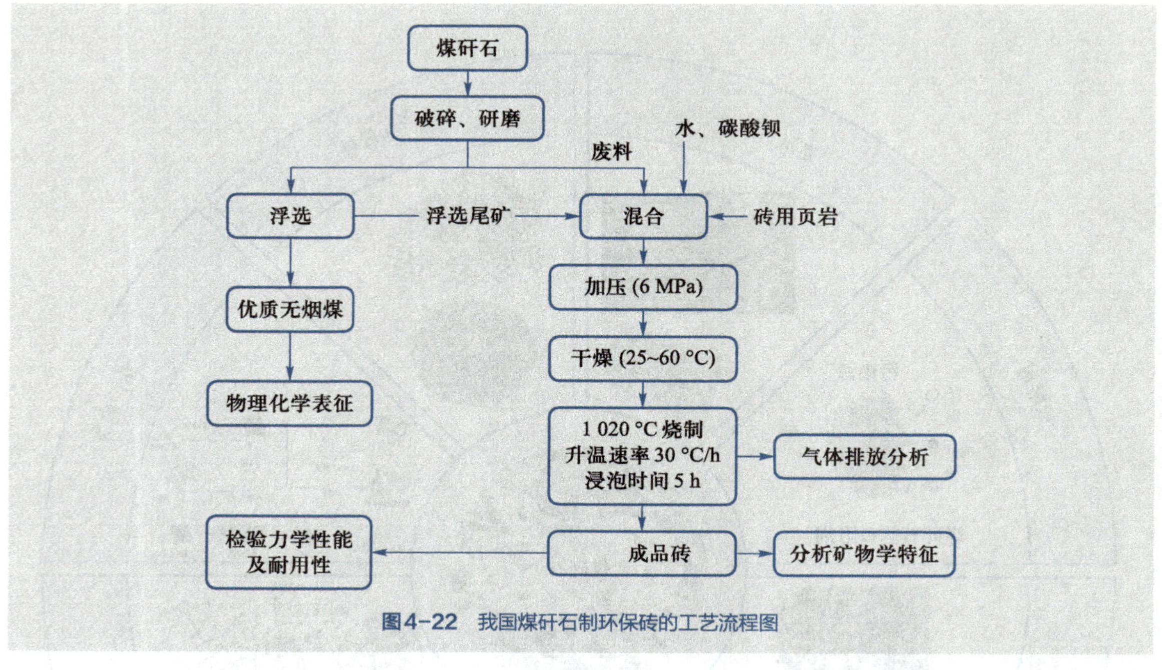

图4-22 我国煤矸石制环保砖的工艺流程图

3. 有价元素提取

煤矸石中含有丰富的铝、硅、铁和钙等有价元素及镓、钪、锂、钒、钛及稀土元素等微量稀有元素。有价微量稀有元素的提取是煤矸石深度开发利用的重要方向，是有效缓解我国资源短缺的重要手段。当煤矸石中全硫质量分数达6%时，可以使用全重介脱硫精选工艺提取硫精矿。煤矸石中黄铁矿常用的分选有跳汰、摇床、水介旋流器、重介旋流器、螺旋溜槽等方法。当煤矸石中 TiO_2 的质量分数为0.5%～1.5%，铁质量分数低于0.6%时，可以用煤矸石冶炼硅铝铁合金的工艺流程生产硅铝钛合金。煤矸石中如镓、钪、锂等稀有元素的提取多采用盐酸进行选择性溶解后，用氢氧化铁或氢氧化铝沉淀法有效地分离富集稀有元素，再用草酸盐沉淀将稀土元素与铁、铝分离，通过高温焙烧实现稀有元素提取。

含 SiO_2 超过35%的煤矸石可用于制取硅系化工产品。研究表明，采用活化焙烧和联合浸出法处理煤矸石，制得的高纯度白炭黑产品品位高于99.5%。使用氟盐处理煤矸石，将 SiO_2 分离出来并制备白炭黑，最终 SiO_2 质量分数高于94.02%。

（二）煤泥综合利用

煤泥水煤浆是在高浓度水煤浆基础上发展起来的一项煤泥综合利用技术。煤泥水煤浆在锅炉内燃烧，具有燃料燃净率和热效率高、污染物排放指数低、环境影响小等优点。而且煤泥特性也适宜制浆，如煤泥粒度细，不需要预先磨矿。由于灰分高，煤泥表面亲水性良好，在同样浓度下，煤泥制浆的稳定性比水煤浆有所提高，成浆性良好，可以少加或不加添加剂；因此制浆系统简单，生产成本低。图4-23为煤泥制浆流程图。

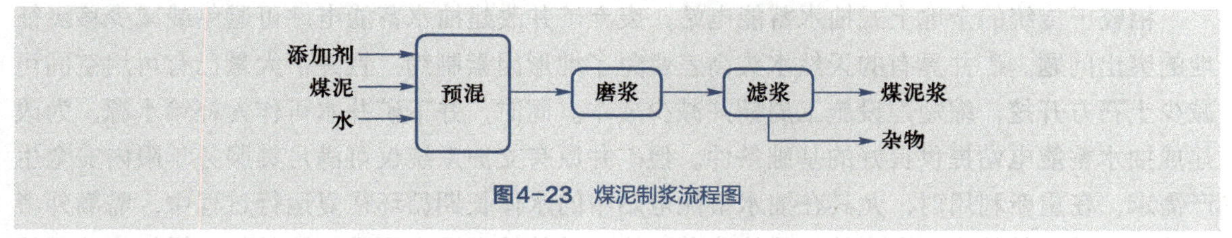

图4-23 煤泥制浆流程图

煤泥也可以用于生产型煤，既有利于运输，节约煤炭资源，减少或避免因煤泥的散烧、运输而造成大量粉尘及有害气体的排放，又有利于改变选煤厂的产品结构，提高选煤厂的经济效益和社会效益。

此外，煤泥还可用于民用型煤生产以及水泥、石灰等建筑材料的制造，也可与生物质结合制作生物质型煤、型焦。近年来，还出现了其他新的利用形式，如将煤炭洗选与城市污水处理结合起来，利用煤炭的吸附能力净化污水、污水混合煤泥制浆；同时，实现污水洗煤、煤泥制浆、洁净燃烧的流程，综合效益明显。

（三）废弃矿井综合利用

废弃矿井有着丰富的地下空间、大量的水资源，以及井下与地面的高度差这3个良好条件，可用于建设抽水蓄能电站。利用废弃矿井建设的抽水蓄能电站主要可分为全地面式抽水蓄能电站、半地下式抽水蓄能电站和地下抽水蓄能电站。废弃矿井抽水蓄能电站将矿井开采后地面形成的采煤沉陷区或较高水平的采空区作为上水库，将较低水平巷道采空区作为下水库，结合抽水管路、控制监控设备及水泵水轮机等设备共同构建。用电需求低时，将下库水通过富余电量抽至上库，这个过程可将电能转换为势能；在用电高峰期，将上库水释放至下库，通过水轮机将势能转化为电能，如图4-24所示。

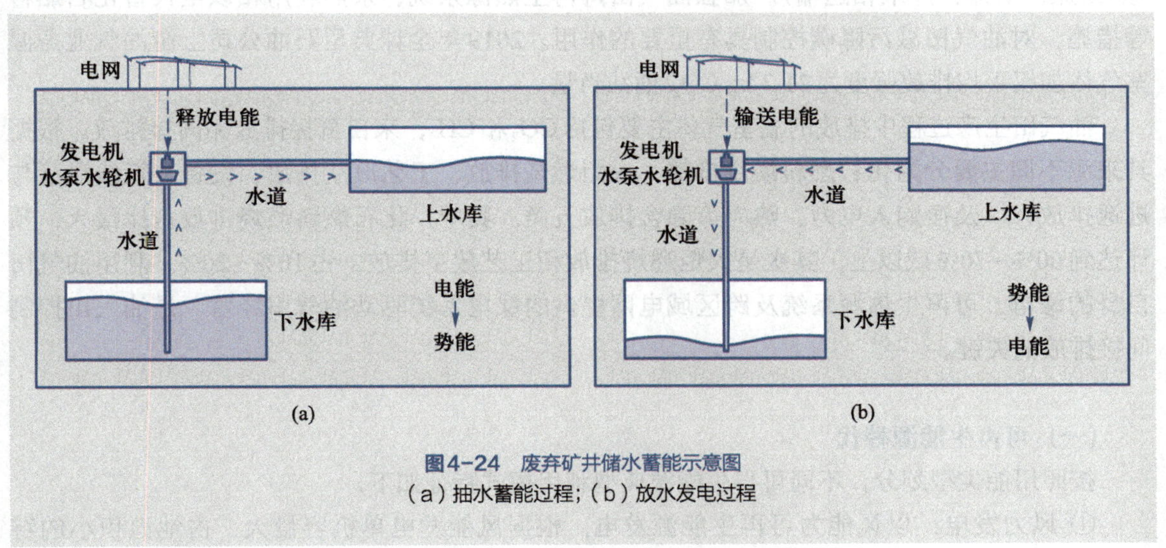

图4-24 废弃矿井储水蓄能示意图

（a）抽水蓄能过程；（b）放水发电过程

相较于传统的全地上式抽水蓄能电站，废弃矿井改建抽水蓄能电站可避免或减少移民征地的突出问题。矿井具有的天然水头高差避免了地形因素制约，且井下大量已有可用空间可减少土石方开挖，缩短建设施工周期并减少成本。同时，井下矿井水可作为补给水源，为改建成抽水蓄能电站提供良好的基础条件。但矿井原有支护系统仅可满足其服务年限内安全生产需求，在重新利用时，尤其在抽水蓄能电站中的水体长期循环往复运行过程中，需额外考虑蓄水巷道及其关联硐室支护系统抗疲劳、抗腐蚀特性和围岩裂隙渗流特性，增加支护系统优化、围岩表面防渗处理等工程投入。

第三节 石油天然气工业减污降碳协同增效

我国石油天然气工业存在企业规模水平差异大、先进产能与落后产能并存、中小装置用能占比较大，以及能量系统优化不足等问题，减污降碳改造升级的潜力较大。

一、源头减污降碳协同增效

油气田是耗能大户。整个石油产业在为社会提供能源的同时，其自身也是一个能源消耗的大户，石油行业每年会消耗全球3%~4%的一次能源，其中有50%消耗在上游的产业链（如勘探、钻探、开采和运输）。加强油气田可再生热源系统、余热利用和以电代替化石燃料等措施，对油气田减污降碳控制具有重要的作用。2019年全球典型石油公司上游油气业务温室气体加权平均排放强度为21.2 kg CO_2/桶油当量。

油气田生产过程中排放的温室气体主要包括CO_2和CH_4，来自直接排放和间接排放。根据其来源不同主要分为化石燃料燃烧排放、火炬燃烧排放、工艺放空排放、设备及管线泄漏与逃逸排放，以及净购入电力、热力等隐含排放五类。其中，化石燃料燃烧排放占比最大，预计达到60%~70%或以上，其次是火炬燃烧排放和工艺放空排放，占10%~20%。利用油气田自身的绿电、可再生热源系统及跨区域电网提供的绿电系统驱动油气田经营，是油气田控制间接排放的关键。

（一）可再生能源替代

按照用能类型划分，不同可再生能源典型利用模式特征如下：

① 风力发电：以风能为可再生能源发电，根据风能发电单机容量大、占地面积小的特

点，利用油气田自用土地及生产用电消纳能力，建设分布式风力发电站。

② 太阳能光伏发电：以太阳能光伏为可再生能源发电，根据光伏发电单位容量小、建设容量灵活的特点，利用自用土地集中建站，也可以在生产站场、办公区屋顶、空场等闲置场地分散建设。

③ 地热供热：根据地热温度，高温地热可进行直接换热应用，低温地热可采用循环热泵提取热能供生产站场、生活及办公区用热。

④ 余热供热：工业余热采用循环热泵提取热能供生产站场、生活及办公区用热。

基于油气田用电特点，集中式的新能源发电站应依托于油气田110 kV变电站，利用油气田矿权区的闲置土地，按照规范《分布式电源并网技术要求》（GB/T 33593—2017）建设分布式集中风力、光伏发电站。油气田电网太阳能、风力发电系统框架见图4–25。此外，借助油气田站场的厂房、办公楼的屋顶及厂区内闲置的空地等，建设小型分布式光伏发电项目。吉林油气田某区块2018年建成投产了15 MW光伏发电项目，年发电量约为2 400×10^4 kW · h，每千瓦时电节约成本0.39元，年节约成本936万元，该项目年节约7 416 t标准煤，年减少CO_2排放量约19 281 t、SO_2排放量约178 t、NO_x排放量约52 t。

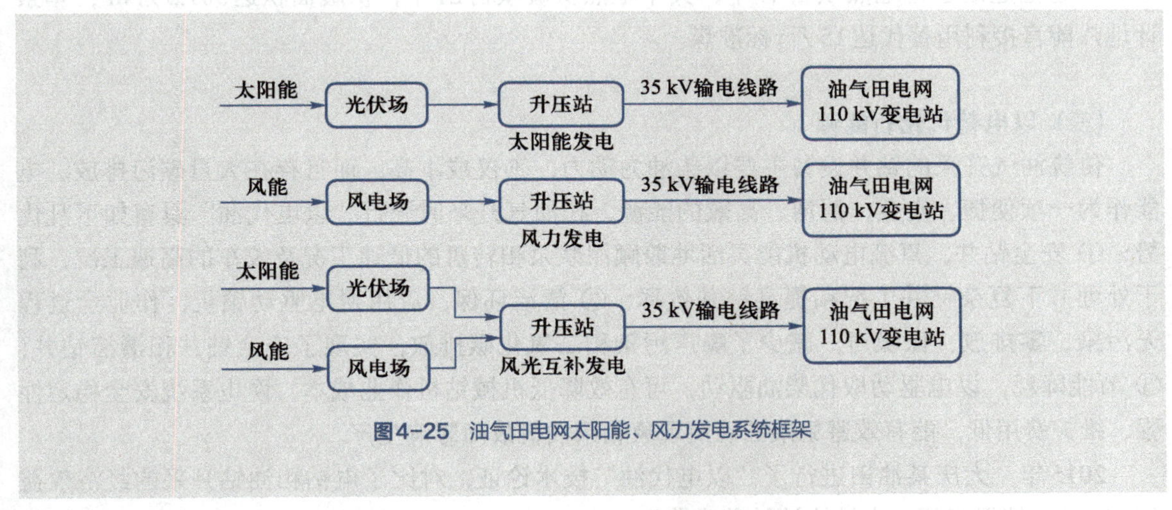

图4–25　油气田电网太阳能、风力发电系统框架

（二）油气田采出水余热利用

油气田开发进入中后期，采出水量越来越大，采出水具有水量大且稳定、分布点相对集中、温度较高、热源充足且质量较好等特点，而其中蕴含的大量热能并没有得到有效回收和利用。采出水余热利用的潜力很大，在联合站、转油站等站场中，油气集输处理过程及管线伴热等生产用热和站内采暖与制冷辅助用热需要大量的热能，利用油气田地下采出水作为低温热源，通过热泵技术置换出高品位热源，取代常规制热、加热及制冷等装置，节约原油、天然气和原煤等常规化石能源的消耗，实现清洁能源替代、低碳环保、降低运行成本的目标，从而实现资源的有效回收与合理利用。热泵工艺示意图见图4–26。

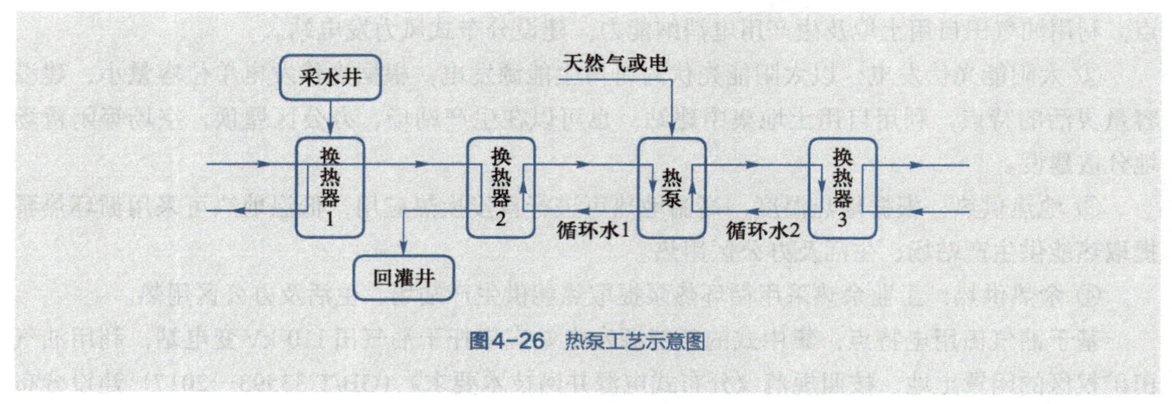

图4-26　热泵工艺示意图

油气田利用热泵余热回收技术，提取含油污水蕴藏的热能，将其合理利用到生产伴热和冬季供暖中。常规油气田采出水温度一般为35~45 ℃，据测算，油气田采出水量约为$13.6\times10^8\ m^3$，按照温度平均下降10 ℃、回收利用效率80%计算，可回收利用的热能约为115×10^4 t标准煤，相当于目前在用加热炉各种燃料消耗总和的28%。截至2019年，中国某大型石油企业建成运行地热项目41个，其中地热供暖项目21个，供暖面积达501.5万m^2，年累计地热能直接利用替代达15万t标准煤。

（三）以电替代化石能源

传统油气开采的钻井设备主要以柴油为动力，不仅成本高，而且存在大量碳污排放。电能作为一项便捷、安全、清洁、高效的能源，在油气开采时施行“以电代油”具有如下几优势：① 安全钻井，直流电动机能灵活地兼顾泥浆泵和转盘的低速工况及绞车的高速工况，利于处理井下复杂钻井工况和提高钻井效率；② 清洁环保，应用网电驱动钻机，作业全过程无污染、零排放、低噪声，减少了噪声污染和二氧化碳排放，实现了安全钻井和清洁钻井；③ 节能降耗，以电驱动取代柴油驱动，可有效降低机械钻机作业成本，网电系统安全稳定性强、维护费用低，能有效避免柴油滴漏现象和柴油机故障影响生产。

2015年，大庆某油田进行了“以电代油”技术论证，对比了电钻和油钻开采的经济效益（表4-8）。结果表明，电钻比油钻节省费用195.21万元。

表4-8　电钻和油钻开采的经济效益

钻机	驱动方式	耗油量/t	耗电量/(10^4 kW·h)	消耗费用/万元	地面投资差异/万元	总费用/万元	费用差值/万元
30D+40D	电钻	1 087.52	201.6	895.89	2.2	898.09	195.21
	油钻	1 549.68	0	1093.3	0	1 093.3	

二、生产过程减污降碳协同增效

（一）先进开采技术

1. 油气田分层注水技术

油气田分层注水技术作为一种重要的增油措施，能够有效解决井网密度低、层间干扰严重等问题，从而提高油井产量和资源回收率，降低油气田储量损耗，并减少环境污染。

油气田分层注水技术是通过将压力、温度、流量等多种参数相结合，从而有效地对油井或者水井的分层状况进行检测，再通过对检测结果进行分析来实现对分层注水工作的有效控制，从而保证油井或者水井的供液能力，从而推动油向井口流动，其具体操作步骤如下：① 根据油藏性质和地质条件，确定合适的注水井和开发层位。② 确定注水井的蓄水量、注水量、注水压力等参数，并进行计算和模拟分析，以保证其达到最佳注水效果。③ 在井筒中利用隔水套管或钢管等安装注水管道，确保注水过程中不会对其他开采层位产生影响。④ 按照一定的周期和节奏进行注水，以达到最佳的压力和流量。⑤ 采取相应的监测措施，如注水井产液量监测、油藏物性测量、油水界面测量等，有效评估注水效果和优化注水参数。⑥ 根据实际情况进行调整和改进，优化分层注水技术，以达到更好的开发效果。

2. 排水采气技术

在天然气井开发过程中，主要是利用气层自身的能量将天然气自动喷出。但是天然气井会随着开采量的增加产生低压现象，天然气井产量下降，且在低压的作用下，天然气井中可能会出现积液问题，如果积液没有得到及时处理，那么不仅会导致天然气开采量与效率受到影响，还会引起安全事故。排水采气技术是为了维持自喷带水困难的天然气井的正常生产，采用物理或化学技术将井底的积液排出至井外，从而提升采气的使用效率。常用的排水采气主要为优先管柱或者有杆泵、气举的排水采气技术。

3. CO_2驱油技术

CO_2驱油技术是将CO_2注入油层中并保持地层压力，同时利用CO_2易达到超临界状态的性质，驱替原油到采油井，从而提高原油采收率的技术。CO_2驱油技术能够在利用CO_2进行驱油提高原油采收率的同时，实现了CO_2的地质封存，是在目前经济技术条件下进行温室气体减排最为有效的一种方式。CO_2驱油技术的存碳率达 70% 以上，把采出的CO_2再回收，就可以实现 100% 的碳封存。

CO_2驱油原理大致分为CO_2非混相驱、CO_2混相驱和近混相驱。CO_2非混相驱的注入压力小于最小混相压力，主要通过CO_2溶解入原油中，使地层原油黏度降低、膨胀原油体积和降低液面张力来提高驱油效率；CO_2混相驱是在注入压力大于最小混相压力的条件下，经过与原油的多次接触，油气界面消失，毛管数无限大，界面张力趋近于零，从而使原油的采收率达到最大。近混相驱的地层压力接近最小混相压力，即未完全混相，驱油效果介于混相驱和非混相驱之间。

2021年8月，大港油田采用碳捕集、利用与封存工程技术方案，打造了6个CO_2采油开发示范区，完成 82 井次，注入 CO_2 4.5万t，封存 2 万t，增油5万t以上。2021年8月，大庆油田年CO_2驱油技术相比传统水驱油技术减少CO_2排放量超 11 万t，年CO_2驱油产量近 10 万t，占中石油年CO_2驱油产量的50%左右。

（二）节能技术

1. “风光热储”多能协同技术

我国油气田占地面积大，很多地方具有丰富的风光热资源，利用这些资源支持油气田清洁能源替代，可实现油气勘探开发过程中的节能减排和降本增效，是推动油气行业绿色转型的重要措施。多能协同的综合能源系统将风能、太阳能、地热能等新能源与传统的化石能源相结合，具有多能耦合输入能力，配备储能装置来平抑发电波动性；通过能流管理、协调优化，将高质量的电能输入主网，同时提供冷、热、气等其他能源（图4–27）。

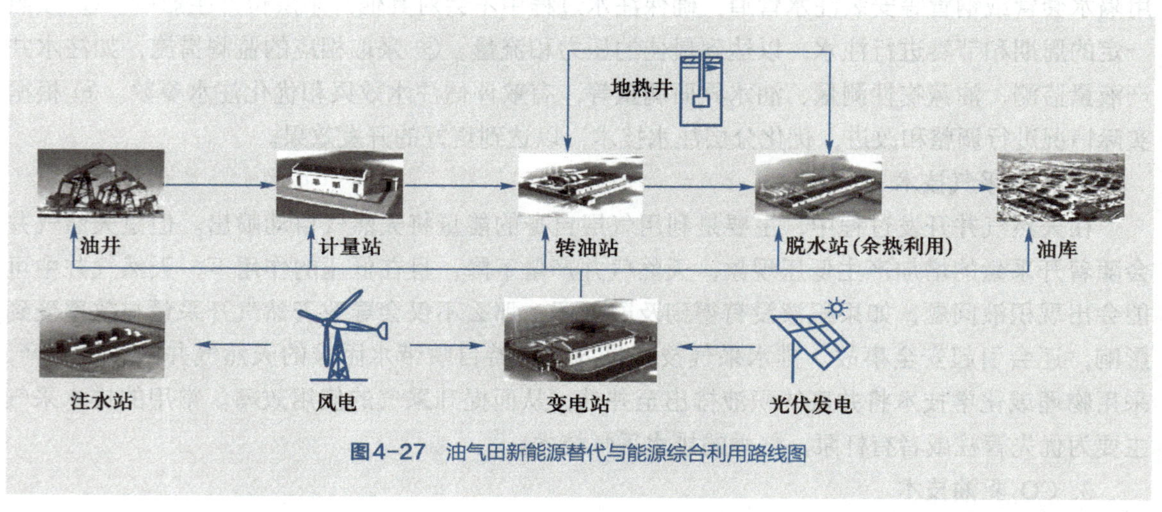

图4–27　油气田新能源替代与能源综合利用路线图

2. 机采系统配套节能技术

在油气田的开发过程中，机采系统是核心系统。因此，要想实现节能减排，机采系统的配套节能技术十分重要。应用机采系统，通过调整参数和拖动装置，能进一步提升开采效率。例如，只要通过变频调速就可以实现对抽油机拖动装置的改善和升级优化；井下分离技术通过机器设备实现井筒的自动分离，能显著增加油气田的采油总量，还能最大限度地减少污染和能耗，降低污水排放的成本。

（三）能效提升技术

1. 天然气压缩机余热利用

天然气压缩机可利用的余热包括烟气余热和缸体冷却余热两部分，这两部分热量占输入热量的50%～70%，其他5%～10%的热量以机体表面散热形式损失掉而无法利用。烟气温度通常为370～400 ℃，可通过在尾部设置余热锅炉产生蒸汽或热水的方式回收利用。为了满足发动机冷却缸体温度的需要，冷却余热采用中间循环介质，以风冷的方式将热量排放到大气中，其特点是中间循环介质的温度较低，一般为60～70 ℃，因此不能产生蒸汽，只能用产生热水的方式加以回收利用（图4–28）。天然气燃料的烟气余热目前主要由工业锅炉尾部余热回收装置回收，技术也比较成熟。天然气的含氢量高，是仅次于纯氢气的燃料，燃烧后的烟气中含有大量的水蒸气（约占15%），水蒸气冷凝成水释放的热量可观，燃气锅炉多采用烟气深度冷凝技术，把排烟温度降低到露点温度以下，由此可提高锅炉热效率10%以上。天然气压缩机以天然气为燃料，与燃气锅炉燃烧产生的烟气的差别主要是空气过量系数，燃气锅炉的空气过量系数一般为1.1～1.15，当燃气发动机燃烧空气过量系数在1.1～1.2时各方面指标达到最佳值，与燃气锅炉的烟气成分基本相同，因此压缩机余热利用可以借鉴燃气锅炉的深度冷凝技术。烟气主要成分为N_2、O_2、CO_2和水蒸气，余热烟气不含粉尘等颗粒物，属于洁净气体，但由于烟气含有SO_2、NO_x等酸性气体，冷凝水pH一般为5～6，呈弱酸性，可对碳钢设备造成腐蚀，因此余热回收设备的设计中应考虑烟气冷凝腐蚀问题。

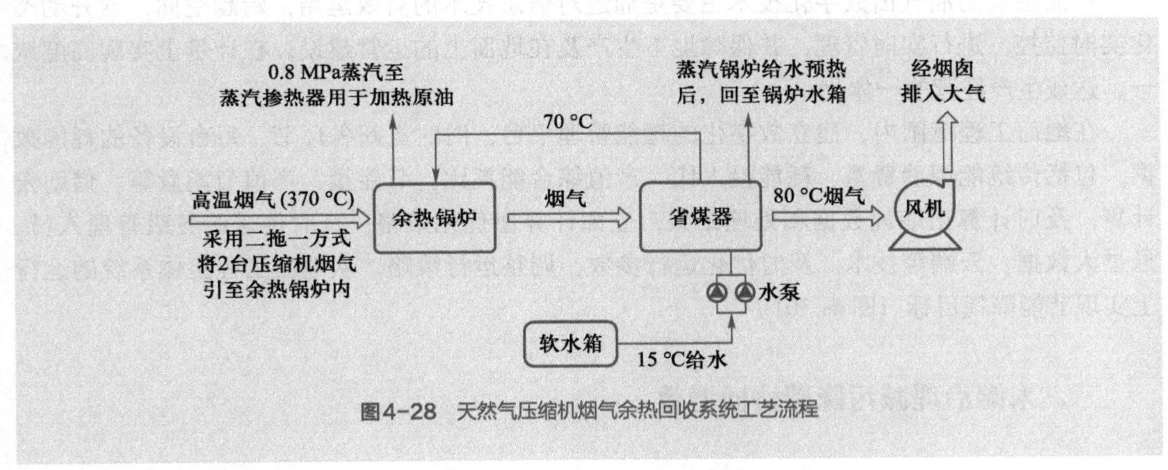

图4–28 天然气压缩机烟气余热回收系统工艺流程

2. 污水余热利用

油气含油污水中蕴藏大量热能，中国轻质原油及中质原油含油污水温度通常为40～50 ℃，这些低品位热能可以通过热泵技术辅以少量天然气或电力资源，提取转化为70～80 ℃的高品位热能，然后以换热的方式把热能传递给各种加热介质，从而替代油气田联合站中由传统加热炉提供的外输、脱水、采暖、保温等热负荷，实现油气田含油污水余热回收利用。油气田含油污水余热利用热泵技术原理见图4–29。按照含油污水可利用温差5～10 ℃计算，10×10^8 t含油污水可回收热量2.1×10^{13}～4.2×10^{13} kJ，可以节省大量的伴生气资源，同时也减少了碳排放。

3. 智慧高温烟气余热利用

余热回收技术同样可以在天然气发电机组中运用，以机组排气的热量为能源将排出的

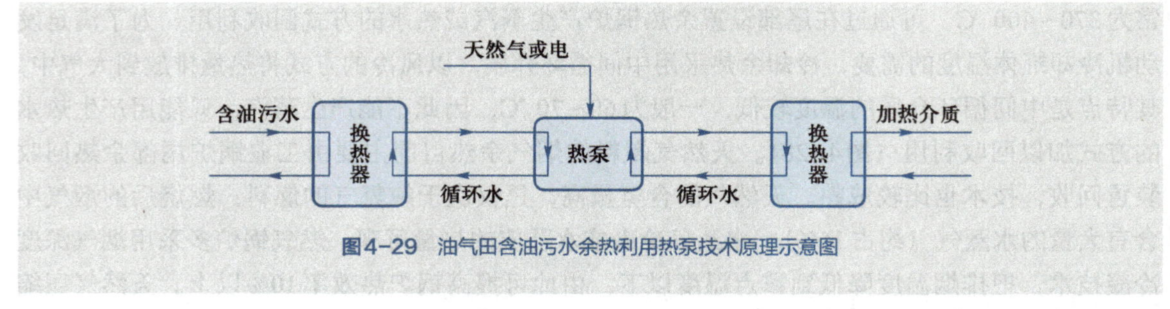

图4-29 油气田含油污水余热利用热泵技术原理示意图

450~600 ℃的高温烟气通过针型管余热回收装置与水交换产生热水，再通过热水与原油换热进而加热原油。大港某油田采用二联应用余热回收技术，省去了1台1 600 kW·h的加热炉，每天节约天然气$3\times10^8\ m^3$，可增加发电8 267 kW·h，年节省资金192万元。

（四）油气田数字化技术

石油企业的油气田数字化技术主要是通过对信息技术的有效运用，跨越空间，展开动态化实时监控，进行实时管理，并保障地下生产及在地面上的运营建设，在计量上实现高度统一，达成生产经营的一体化。

在地面工程范围内，建立数字化的耗能管理平台，时时更新各环节、每台设备的耗能数据，包括传统能源消费量、耗能投入比、产值综合能耗比、节能量、产值节能量等。借助云计算，及时计算出能耗数据和处理结果，立即计算出优化策略，及时传送给各级管理人员。通过大数据、云端等技术，及时优化运行参数、调整运行策略，从地面工程整体系统的运行上实现节能降耗目标（图4-30）。

三、末端治理减污降碳协同增效

（一）含油污泥热解技术

石油天然气工业的主要固体废物之一是含油污泥，它的成分复杂，含有大量的石油类物质，如饱和烃、芳香烃、沥青质和胶质，同时还含有有毒物质和重金属等污染物。含油污泥通常是由水、杂原子（N、O、S）、金属（Ca、V、Fe、Ni）、原油、固体颗粒和各种表面活性剂组成的复杂乳化混合物。由于资源化处理能够将含油污泥中有价值的物质处理后再利用，不仅产生利润，还能减少废物量和减少对环境的污染，因此被视为处理含油污泥的最佳选择。目前含油污泥资源化处理技术有：热解技术、表面活性剂技术、回注调剖、乳液法和一些新兴技术等。

含油污泥热解技术是在无氧或缺氧的条件下，使用电力、高温烟气、导热流体等能量源对污泥进行加热，使污泥中的饱和烃、芳香烃、沥青质和胶质等复杂化合物发生脱氢、断链等化学反应，从而热分解产生气体（如H_2、CO、CH_4等低分子碳氢化合物的可燃气体）、液体

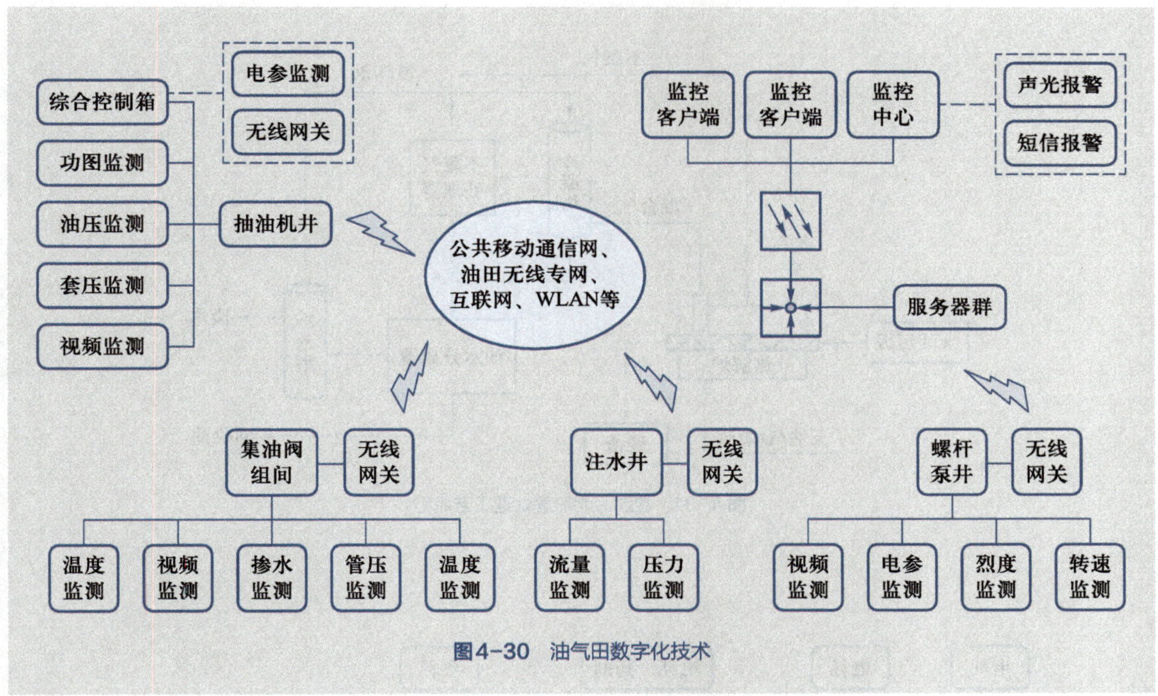

图4-30 油气田数字化技术

(在常温下呈液态的燃料油)和固体(焦炭、黑炭)等具有高度利用价值的产物。含油污泥热解技术处理速度快、污染控制力强、覆盖面积小、对含油污泥性能要求低等优点突出。

含油污泥热解技术应用优势有以下几个方面:① 高效能源回收。热解过程中产生的可燃气体和生物油具有较高的热值,可作为能源直接利用或进一步加工为其他化学品。② 环保减排。相较于传统的填埋、焚烧等方式,热解处理能有效减少温室气体排放,避免二噁英等有毒物质的生成,同时减少了对土壤的污染。③ 处理产物多样化。热解处理后的产物——气体、液体和固体,各有其应用价值,可实现污泥的全资源化利用。④ 自动化程度高。现代含油污泥热解处理设备多采用自动化控制系统,能够实现从进料、加热、分离到产物收集的全流程自动化操作,大大提高了处理效率和安全性。含油污泥热解处理工艺流程如图4-31所示。

(二)油气田采出水深度处理和利用技术

油气田采出水主要由采油污水、洗井污水和钻井污水组成。油气田采出水主要有三种处理方式,一是通过一定的处理后进行回注,二是经过处理并符合国家相关的行业标准后进行外排,三是进行综合利用。

典型的油气田采出水处理工艺流程见图4-32。采出水先经除油罐除油、气浮装置除油、过滤器过滤和冷却等常规处理工艺,然后进入两级活性污泥+粉末活性炭(AS-PACT)生化深度处理工艺,出水指标COD≤50 mg/L,TN≤15 mg/L,NH_3-N≤8 mg/L,石油类≤3 mg/L,

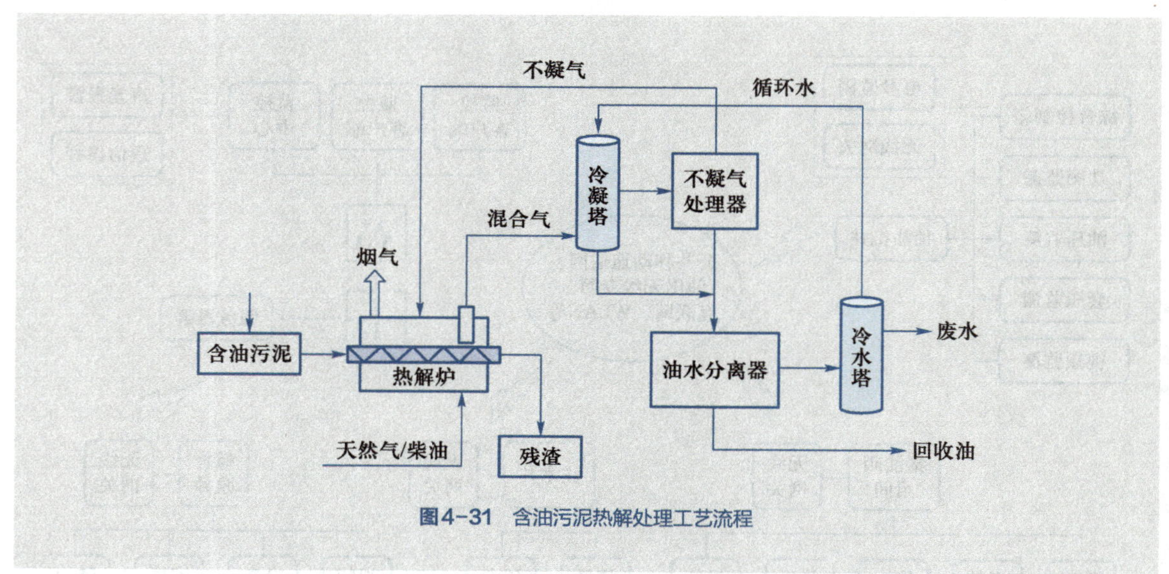

图4-31 含油污泥热解处理工艺流程

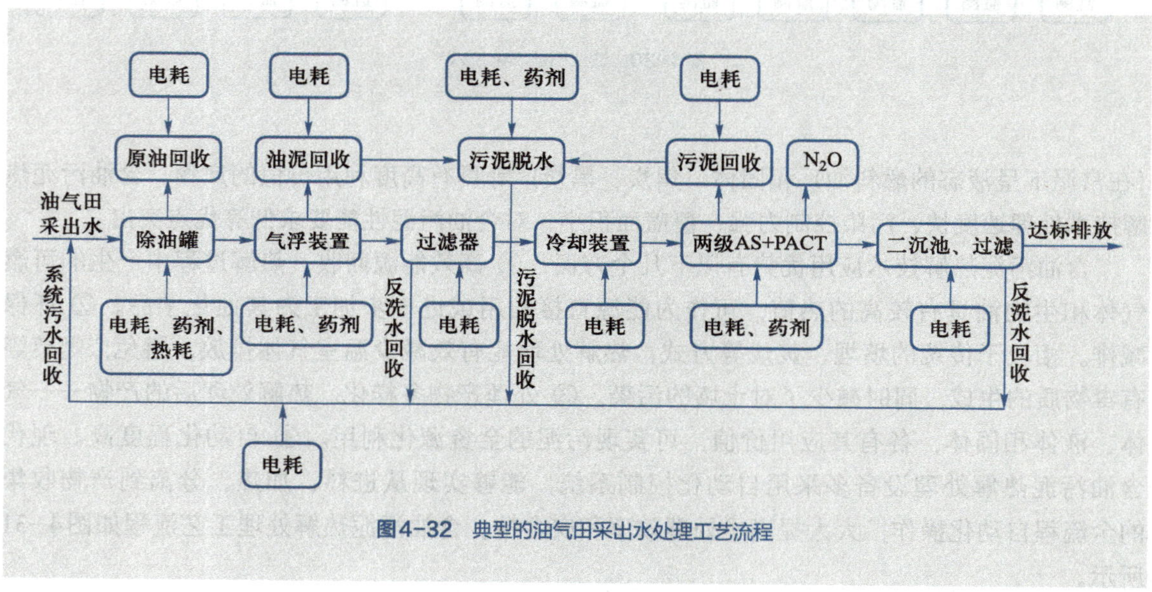

图4-32 典型的油气田采出水处理工艺流程

SS≤20 mg/L。前面常规处理工艺主要针对油气田采出水中含有的浮油和乳化油进行处理并回收，同时去除水中的大部分有机和无机固体悬浮物；后面深度处理工艺主要针对采出水中残余的石油类、有机污染物进行消解去除。

将稠油采出水进行深度处理后也可作为高压热蒸汽发生器（简称注汽锅炉）给水，实现稠油污水的资源化，可充分利用其水源和水温，节约清水和燃料，防止对水体和地层的污染，同时具有减碳效果。新疆某稠油污水处理工艺采用采出水→调储罐→旋流反应器→沉降罐→过滤缓冲罐→两级过滤器→软化装置→软化水罐→注汽站工艺处理后的净化水再经软化处理，出水达到《稠油油田采出水用于蒸汽发生器给水处理设计规范》（SY/T 0097—2000）要求后回用于注汽锅炉。

四、资源循环利用减污降碳协同增效

（一）天然气回收技术

1. 放空天然气回收

天然气的回收，目前主要有两种方式：一是通过能量转换，把没有外输条件的天然气转化成有外输条件的其他能源进行外输，相当于把一次能源转化为二次能源进行输送；二是不进行能量的转换，采用合理的工艺技术进行回收利用，即把一次能源直接外输。

当前，放空天然气回收主要采用无管网储运的方式进行，涉及的主要技术包括：压缩天然气（CNG）、液化天然气（LNG）、吸附天然气（ANG）、水合物（NGH）、天然气发电（GTW）、溴化锂直燃机等。回收后的利用模式主要有直接增压后输送到站内（地面集输系统、管网建设提前铺设）、在井场加工成压缩天然气、液化天然气后外销、经井口移动压缩机压缩至压缩天然气槽车转运到回注点回注管网等。放空天然气回收系统工艺流程如图4-33所示。

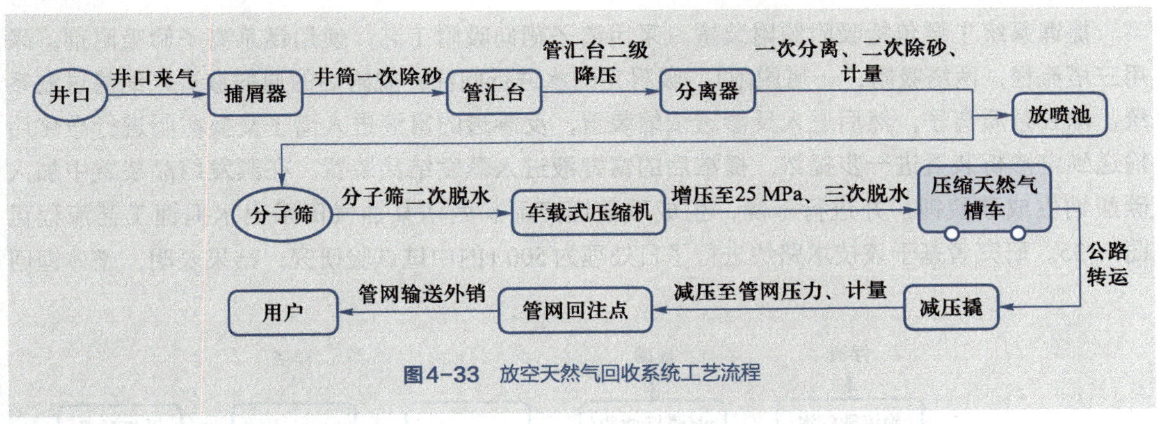

图4-33　放空天然气回收系统工艺流程

2. 低压天然气回收

凝析油气藏在开采后期，由于地层压力自然递减加快，开采难度加大，低压天然气无法进入输送管道，导致大量天然气自然放空，严重浪费了日益紧缺的资源，同时也污染了环境。为了缓解这一矛盾，考虑将不能输送的放空低压天然气进行技术增压，达到输送压力后，使其进入油气处理装置进行分离，一部分通过增压外输，一部分通过注气压缩机回注至地层，保持地层压力，在提高油气田凝析油采收率和延长油气田开发时间的同时，也极大地减少了天然气放空对环境造成的污染。天然气是有限的不可再生资源，在放空的过程中会产生CO_2对环境产生温室效应，若燃烧不充分则会产生CO有毒气体污染环境。如果采取措施，将该部分低压天然气进行回收处理，那么既解决了对环境的污染，又减少了对资源的浪费，缓解了周边的用气压力，增加了油气田公司的经济效益，因此低压天然气回收措施势在必行。

如图4-34所示，井上通过试采装置分离出来的天然气，小部分给试采加热炉和发电机提供燃料，大部分通过增压机增压输送至凝析油处理厂进行处理，再将一部分天然气增压回注至地层，一部分进行增压外输，从而减少低压天然气放空，大大提高天然气的利用率。

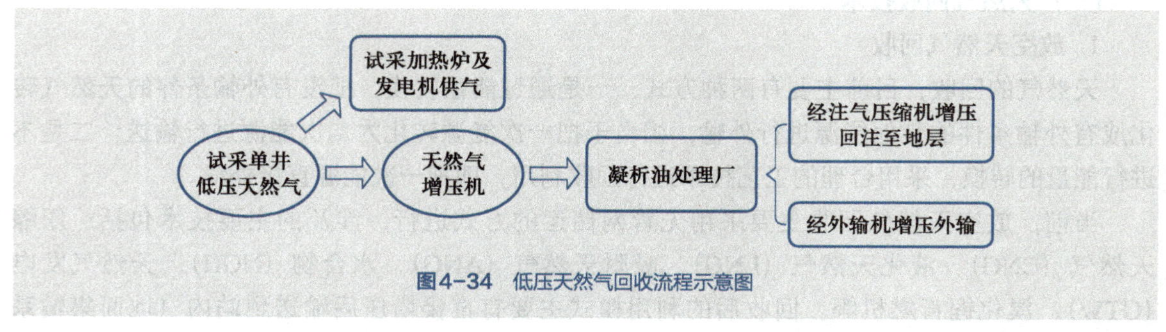

图4-34 低压天然气回收流程示意图

（二）油气田采出水提锂技术

油气田采出水中富含锂资源，部分可达工业品位，成为除盐湖之外的另一种重要液态锂资源矿藏。

提锂系统主要包括吸附脱附装置（采用离子靶向吸附工艺，使用锰系离子筛吸附剂，采用三塔流程，两塔吸附，一塔脱附），吸附完的水进行回注，脱附后的原料液进入纳滤过滤系统，除去杂质离子，然后进入反渗透浓缩装置，反渗透的富液进入离子交换树脂进行净化后输送到电渗析装置进一步提浓，提浓后的富锂液进入蒸发结晶装置，在蒸发结晶装置中加入碳酸钠生成碳酸锂，并进行干燥，生成碳酸锂产品。西南某油气田采出水提锂工艺流程见图4-35。研究者基于该技术路线进行了日处理为500 t的中试试验研究，结果表明，整体锂回

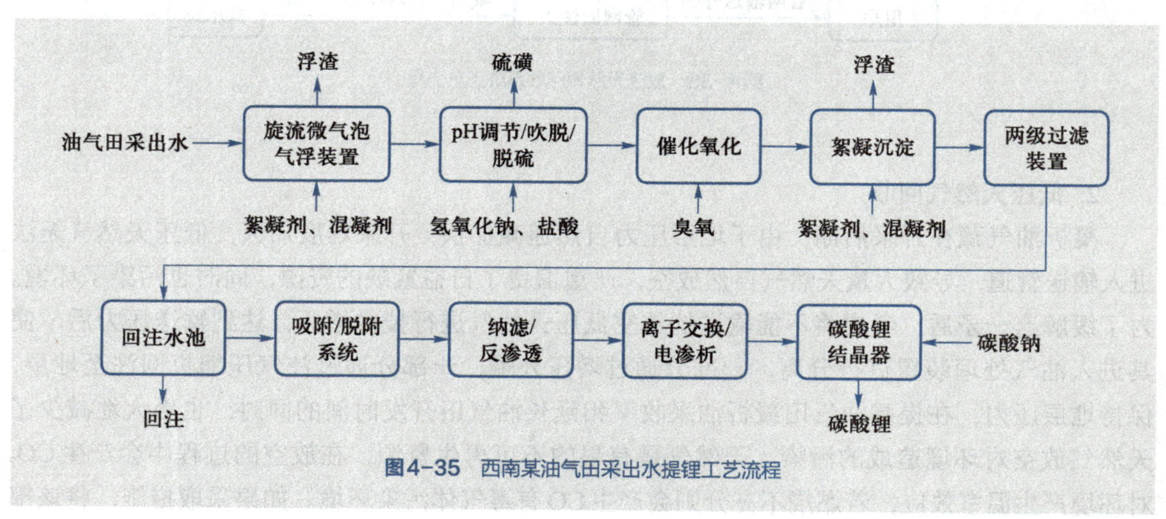

图4-35 西南某油气田采出水提锂工艺流程

收率大于70%，碳酸锂的产品纯度达到99.2%以上，各项指标均满足碳酸锂工业品的要求。

第四节
燃煤电厂减污降碳协同增效

燃煤电厂是我国大气污染物和温室气体排放的重要来源，在减污降碳协同推进的新目标形势下，如何推动减污降碳协同增效是燃煤电厂实现高质量发展的关键。

一、源头减污降碳协同增效

当前，煤炭仍然是火力发电的主要燃料，这导致发电过程中排放大量的CO_2和各类大气污染物。因此，电力工业源头减污降碳主要路线是进行清洁燃料替代，如以气代煤和煤炭高效清洁利用或大力发展可再生能源发电。

（一）燃煤生物质耦合发电

燃煤生物质耦合发电是一种以秸秆等生物质与煤炭共同作为燃料的火力发电技术，具有改造成本低、运行灵活、节能降碳等优点。燃煤生物质耦合发电一般可分为直燃耦合发电、并联耦合发电与气化耦合发电3种。

1. 直燃耦合发电

直燃耦合发电即煤炭与生物质在锅炉中混合燃烧（图4–36），该工艺可以进一步分为：① 煤炭与生物质同磨同燃烧器；② 煤炭与生物质异磨同燃烧器；③ 煤炭与生物质异磨异燃烧器。目前，中国的煤炭耦合生物质发电主要利用直燃耦合发电技术，其只需对原有发电机

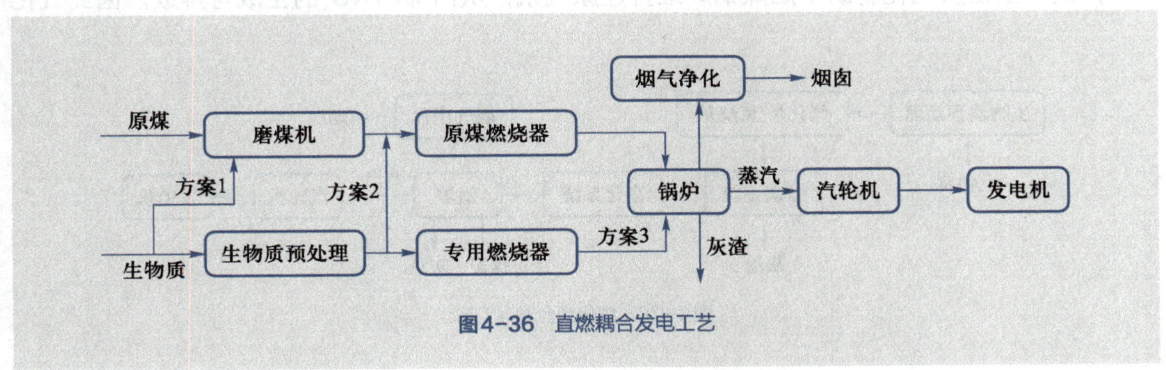

图4–36　直燃耦合发电工艺

组进行略微改动，该技术可有效降低机组修改的成本。但直燃耦合发电对生物质燃料的要求较高，若生物质与煤炭的燃料物性差异太大，则会导致炉内结渣等问题，生物质的掺混比例也会影响后续原煤灰渣的利用。

2. 并联耦合发电

并联耦合发电即燃煤和生物质在独立系统中完成燃料预处理和预燃烧，生成的蒸汽共用一个汽轮机系统发电（图4–37）。并联耦合形成的生物质灰与煤尘分开，便于对原煤灰渣进行分析利用。并联耦合能够针对各自燃料的特点筛选并优化具有适应性的燃烧系统，以提高整体发电效率。煤炭与生物质耦合比例对并联耦合发电系统无干扰，但并联耦合体系复杂，且成本过高。

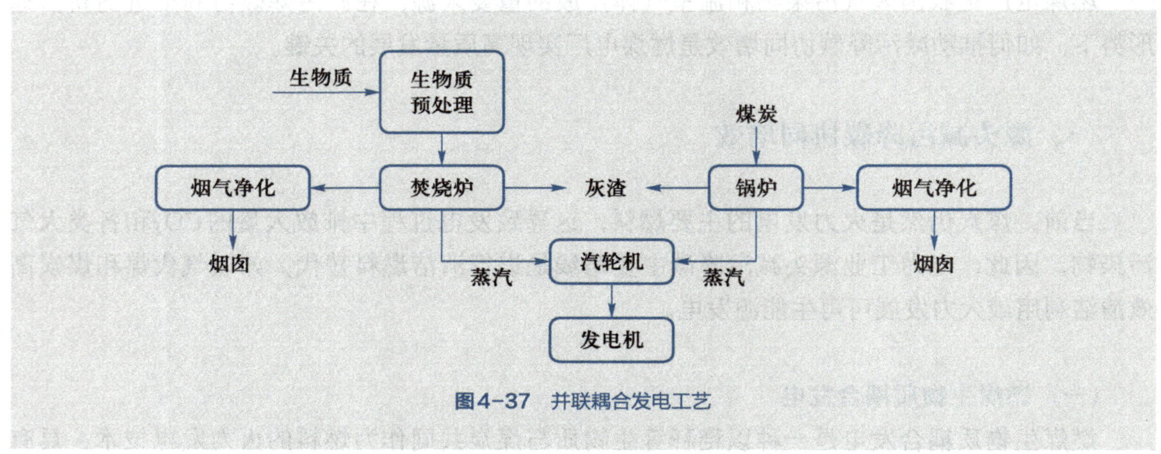

图4–37 并联耦合发电工艺

3. 气化耦合发电

气化耦合发电即生物质先进行预气化，在气化炉中产生的燃气与锅炉中的煤炭混合燃烧。气化耦合降低了生物质转化过程对燃料品质的要求，产生的生物质灰和煤尘被分离，有利于原煤灰渣的分析利用（图4–38）。

气化耦合发电可显著减少污染物的排放。生物质气化产生气体的主要成分为CO、H_2和CH_4，耦合生物质气化有助于燃煤锅炉维持还原气氛，从而抑制NO_x的生成与排放。因此气化

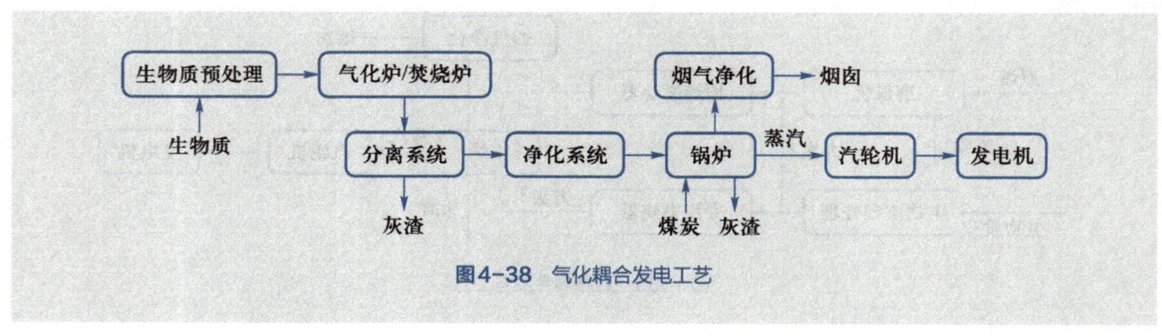

图4–38 气化耦合发电工艺

耦合系统中由NO_x造成的环境成本要远低于直燃耦合系统。研究表明，某燃煤超超临界电厂的SO_2和NO_x排放量分别为809.13 mg/Nm^3、658.16 mg/Nm^3，而气化耦合发电的SO_2和NO_x排放量分别降低至635.17 mg/Nm^3、648.91 mg/Nm^3。以某300 MW煤粉炉为例，烟煤单独燃烧时，发电过程的总碳排放量为1 270 417 t，其中脱硫环节排放量约占0.45%（5 672 t），而掺烧生物质后总排放量减少了6.64%（1 186 009 t），脱硫环节占比增至0.44%（5 558 t），间接碳排放的占比为0.01%。

（二）绿氨掺烧发电

混氨燃烧技术是利用可燃的氨气替代一定比例的煤粉，掺混后进入锅炉共同燃烧，并通过控制火焰的轴向温度和空燃比，抑制火焰内氮氧化物的生成。

氨的燃烧总包反应为

$$4NH_3 + 3O_2 \longrightarrow 2N_2 + 6H_2O \tag{4-4}$$

$$4NH_3 + 5O_2 \longrightarrow 4NO + 6H_2O \tag{4-5}$$

$$4NH_3 + 6NO \longrightarrow 5N_2 + 6H_2O \tag{4-6}$$

绿氨掺烧发电适用性广、灵活性好。一是对剩余运行寿命较短或者拟转为应急备用电源的燃煤电厂，相比于新建一套二氧化碳捕集、利用与封存全流程系统，从设备利用率、运行灵活性和投资经济性角度看，“绿氨”掺混方案更具优势。二是对缺乏CO_2封存适宜地理地质条件或碳资源化利用条件的区域，燃煤掺氨为燃煤电厂提供了一条灵活可行的减碳技术路径。

由于NH_3中不含碳元素，用NH_3替代燃煤发电可以大幅度降低机组的CO_2排放量。掺烧NH_3发电后的CO_2排放值随着掺烧比例的增大迅速降低，以300 MW机组年利用小时数4 500 h计算，掺烧比例为20%、40%、60%、80%、100%时每年可分别减排CO_2约23.3万t、47.0万t、71.2万t、95.9万t、121.2万t。

虽然NH_3燃烧时会生成大量NO_x，但适当设计燃烧系统可将NO_x排放控制在与原煤相当的水平。未燃尽的NH_3还可以直接作为现有选择性催化还原（SCR）系统的还原剂，因此掺烧NH_3对燃煤机组的NO_x排放无影响，但需要优化NH_3的燃烧方式以减少NH_3逃逸。NH_3燃烧后不产生灰分，但与煤炭混燃后会产生大量亚微米级的微细颗粒，常规静电除尘器的脱除效果有待进一步研究。此外，NH_3燃烧效率过低、NH_3逃逸量大时会导致灰渣中的氨含量过高，影响灰渣的利用。由于NH_3中不含硫，原烟气中SO_2会大幅下降，采用湿法脱硫时，烟气中残余的NH_3极易溶于石灰浆液，同时会与SO_2反应进一步提高脱硫效率。

二、生产过程减污降碳协同增效

（一）大型超超临界燃煤发电技术

在22.115 MPa、374.15 ℃条件下，水蒸气密度与液态水一样，到达临界状态；当温度和压强都超过了临界值时，水会处于超临界状态。用超临界状态的水蒸气来发电，叫作超临界发电技术，而超超临界发电则是比超临界发电技术更高的阶段。我国当前已经发展至第五代超超临界燃煤发电技术，锅炉主蒸汽压力为25.4 MPa，主蒸汽温度为605 ℃，再热蒸汽温度为603 ℃，是目前燃煤发电技术的最高参数，机组发电效率进一步提升至43%~45%。

超超临界燃煤发电技术的优点主要体现在以下几个方面：

① 高效：超超临界燃煤发电技术的效率可以达到45%以上，比传统的燃煤电厂高出10%以上。

② 低排放：超超临界燃煤发电技术采用高温高压的燃烧方式，可以大幅度降低CO_2、NO_x和SO_x等污染物的排放量。

③ 灵活性强：超超临界燃煤发电技术可以适应不同种类的煤炭和不同的负荷要求，具有很强的灵活性。

2020年，全国6 000 kW及以上燃煤电厂供电煤耗为305.5 g（标准煤）/(kW·h)，新建1 000 MW高效超超临界煤电机组供电煤耗按270 g（标准煤）/(kW·h）考虑，每克标准煤的CO_2排放值按2.54 g计算，则以1 000 MW高效超超临界煤电机组年运行时间7 000 h核算的碳减排效益如表4-9所示。

表4-9　1 000 MW高效超超临界煤电机组碳减排效益

名称	1 000 MW高效超超临界煤电机组	全国6 000 kW及以上煤电机组均值
供电煤耗/(g·kW^{-1}·h^{-1})	270.0	305.5
CO_2排放强度/(g·kW^{-1}·h^{-1})	685.8	775.97
年运行时间/h	7 000	7 000
年发电量/(kW·h)	7.0×10^9	7.0×10^9
CO_2年排放量/t	$4.800\,6\times10^6$	$5.431\,8\times10^6$
CO_2年减排量/t	6.312×10^5	基准
减排比例/%	11.62	基准

（二）高效燃烧技术

清洁高效燃烧技术是实现提升能源利用效率、有效降低碳排放强度的有效手段。

① 低热值煤气高效发电技术，如图4-39所示。开发适用30~150 MW小容量机组超高压、亚临界和超临界系列低热值煤气高效发电技术，将富余低热值煤气送入煤气锅炉燃烧，产生蒸汽送入汽轮发电机组做功发电，提高低热值煤气利用效率。

② 卧式循环流化床燃烧成套技术，将立式循环流化床锅炉单床炉膛“折二化一为三”形成三床炉膛，延长燃烧时间；一级灰循环升级为两级灰循环，对复杂燃料具有更强的适应性；高温分离变为中温分离，可避免燃用低灰熔点燃料时在循环回路内结焦。

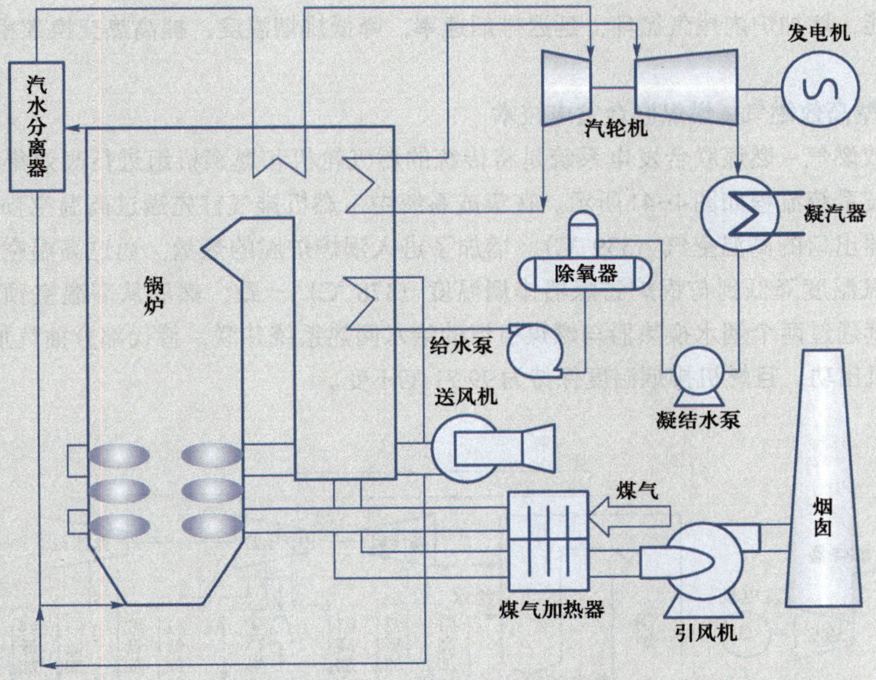

图4-39 低热值煤气高效发电系统原理图

③ 低氮燃气辐射供热节能技术，主机燃烧后产生高温热烟气在负压风机驱动下，在辐射管内定向流动，通过辐射管、反射板作用向各类物体进行辐射精准供暖，部分高温热烟气通过外置高温烟气回燃装置与新鲜空气混合后参与二次循环。

④ 多孔介质无焰超焓燃烧系统（图4-40），通过介质本身导热和辐射效应不断向上游传递并预热燃气，同时通过多孔介质本身蓄热能力回收燃烧产生的高温烟气余热。高温介质材料空间强化燃烧速率和效率，降低过剩空气系数，减少系统排烟热损失。

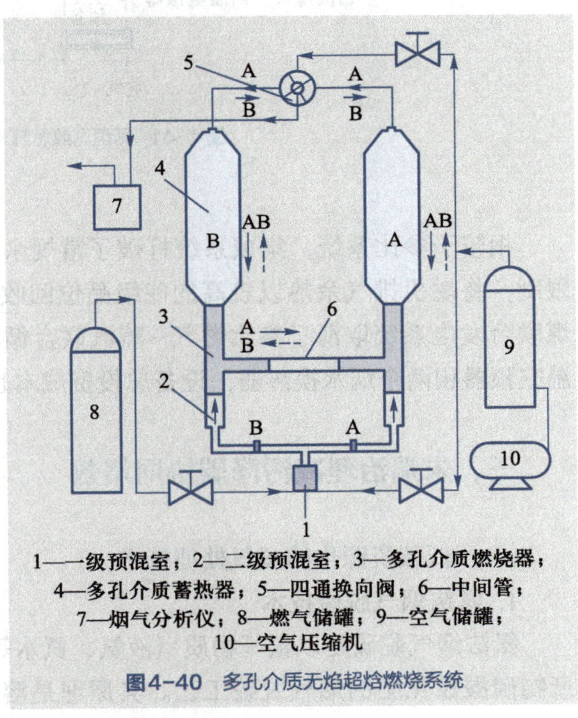

1—一级预混室；2—二级预混室；3—多孔介质燃烧器；4—多孔介质蓄热器；5—四通换向阀；6—中间管；7—烟气分析仪；8—燃气储罐；9—空气储罐；10—空气压缩机

图4-40 多孔介质无焰超焓燃烧系统

⑤ 高效节能低氮燃烧技术，采用“3+1”段全预混燃烧方式，三个独立燃烧单元，使炉内温度均匀，提高热效率，解决燃烧不充

分导致的高排放问题。用风流速引射燃气，燃烧过程中逐渐加速，同方向上混合燃烧，充分利用燃气动能，增加炉内尾气循环，延迟排烟速率，降低排烟温度，提高热交换效率。

（三）新型高效燃气－燃煤联合发电技术

新型高效燃气－燃煤联合发电系统是将传统的燃气轮机和燃煤机组进行高效集成的新型发电系统，其系统流程如图4–41所示。在集成系统中，燃机排气首先通过高温空预器进一步加热主空预器出口的高温空气（339 ℃），增加了进入锅炉炉膛的热量，通过高温空预器换热后的燃机排气温度降低到与锅炉省煤器排烟温度（378 ℃）一致；然后从高温空预器流出的燃机排气继续通过两个烟水换热器与燃煤机组的给水回热系统并联，替代部分抽气加热给水，增加蒸汽轮机出功，且燃机排烟温度保持为99.71 ℃不变。

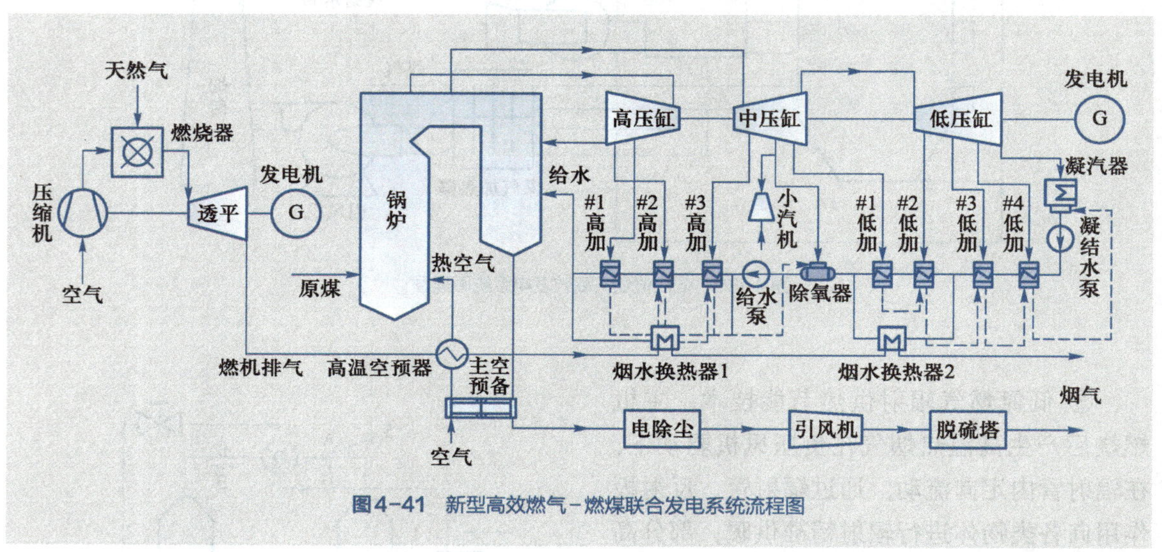

图4–41　新型高效燃气－燃煤联合发电系统流程图

相较于参比系统，集成系统打破了常规余热锅炉对燃机排气余热回收利用过程中的温区限制，将燃机排气余热以较高的能级品位回收到燃煤机组中利用。另外，新型高效燃气－燃煤联合发电系统取消了参比燃气－蒸汽联合循环系统底循环的相关设备，且只需增加一个高温空预器和两个烟水换热器，设备总投资成本也可能会有所减少。

三、末端治理减污降碳协同增效

（一）低碳资源化的废气处理技术

1. 氨法烟气脱硫技术

氨法烟气脱硫是以氨基物质（液氨、氨水等）作为吸收剂，脱除烟气中的SO_2，并回收副产物硫酸铵化肥的烟气脱硫工艺。其原理是溶解于水中的氨和烟气接触时，与其中的SO_2发生反应生成亚硫酸铵，亚硫酸铵进一步与烟气中的SO_2反应生成亚硫酸氢铵，亚硫酸氢铵再与氨水反应生成亚硫酸铵，通过亚硫酸氢铵与亚硫酸铵不断的循环，以及连续补充的水，不断脱除烟气中的SO_2，氨法脱硫的最终副产品为硫酸铵。每吨液氨可脱除2 t SO_2，同时副产4 t硫酸铵。

氨法烟气脱硫主要包括吸收和氧化两个基本的化学反应过程：

① 吸收：SO_2被吸收形成亚硫酸铵：

$$2NH_3 + H_2O + SO_2 \longrightarrow (NH_4)_2SO_3 \tag{4-7}$$

$$(NH_4)_2SO_3 + SO_2 + H_2O \longrightarrow 2NH_4HSO_3 \tag{4-8}$$

$$NH_4HSO_3 + NH_3 \longrightarrow (NH_4)_2SO_3 \tag{4-9}$$

② 氧化：亚硫酸铵被氧化成硫酸铵：

$$(NH_4)_2SO_3 + O_2 \longrightarrow (NH_4)_2SO_4 \tag{4-10}$$

氨法烟气脱硫具有反应动力强（脱硫效率可达到98%以上）、适应性强、脱硫剂来源稳定、副产物附加值高、技术成熟、无二次污染和成本低等优点。常用的氨法烟气脱硫工艺流程如图4-42所示。

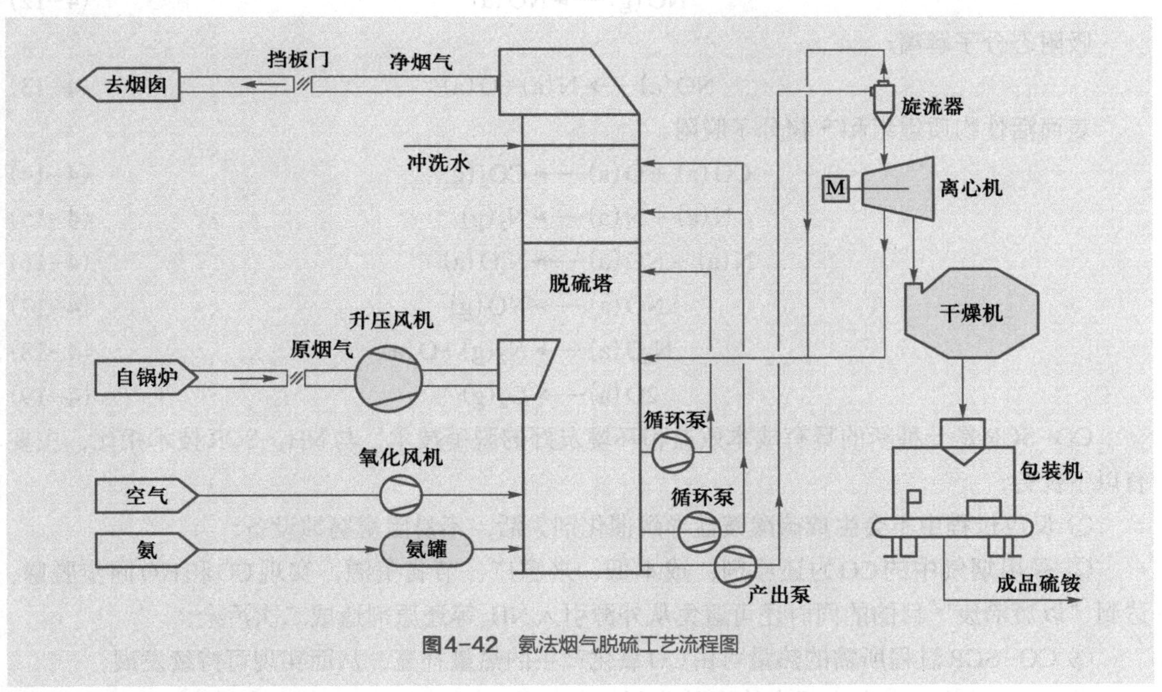

图4-42　氨法烟气脱硫工艺流程图

氨法烟气脱硫将烟气中的SO_2转化为硫酸铵、硫酸氢铵或亚硫酸铵等重要的化工原料，而整个过程无任何的二次污染和“三废”排放，真正将污染物变废为宝，彻底消除了企业烟气脱硫后续CO_2排放、副产物处理消纳的难题。氨法烟气脱硫经过工艺深入开发，在脱除烟气中SO_2的同时，彻底将颗粒物去除干净，达到超低、超净排放的要求。一套装置，既脱除了SO_2，又不产生温室气体，同时还产生高附加值的副产物，解决了当今环保的诸多疑难杂症。此外，氨法烟气脱硫本身不产生废水，却在生产过程中消化部分废水，为企业污水处理减轻了很大荷载。氨法烟气脱硫产生的副产物能够外售，产生经济效益，传统的环保治理只有社会和环保效益，而氨法烟气脱硫真正实现了经济效益。

2. 烟气脱硝CO-SCR技术

烟气脱硝CO-SCR技术是以CO为还原剂将NO_x还原成N_2的技术。CO-SCR的反应过程可分为反应物分子吸附［CO与NO混合后首先进行气相扩散，与催化剂表面接触，并被催化剂表面不饱和金属活性吸附，形成NO(a)和CO(a)物种，同时随着反应的继续进行，CO与NO气体逐渐扩散至催化剂的孔道结构内］、吸附态分子解离［当反应达到一定温度后，活性NO(a)被分解为N(a)和O(a)物种］、表面活性物质重组和产物分子脱附［CO(a)被活性O(a)物种氧化生成CO_2，同时活性N(a)物种结合生成N_2，反应生成的最终产物CO_2和N_2从烟道中排出］四个过程。同时，其他活性物种结合会产生N_2O等副产物，具体步骤如下：

反应物分子吸附：

$$CO(g) \longrightarrow CO(a) \tag{4-11}$$

$$NO(g) \longrightarrow NO(a) \tag{4-12}$$

吸附态分子解离：

$$NO(a) \longrightarrow N(a) + O(a) \tag{4-13}$$

表面活性物质重组和产物分子脱附：

$$CO(a) + O(a) \longrightarrow CO_2(g) \tag{4-14}$$

$$N(a) + N(a) \longrightarrow N_2(g) \tag{4-15}$$

$$N(a) + NO(a) \longrightarrow N_2O(a) \tag{4-16}$$

$$NO(a) \longrightarrow NO(g) \tag{4-17}$$

$$N_2O(a) \longrightarrow N_2(g) + O(a) \tag{4-18}$$

$$2O(a) \longrightarrow O_2(g) \tag{4-19}$$

CO-SCR是一种新的具有成本效益和环境友好的脱硝技术，与NH_3-SCR技术相比，主要有以下优势：

① 反应过程中不会生成硫酸铵盐导致催化剂失活，不易阻塞腐蚀设备；

② 采用烟气中的CO为还原剂，成本低、来源广、节省资源，实现CO和NO同步脱除，达到“以废治废”目的的同时还可避免从外源引入NH_3等还原剂造成二次污染；

③ CO-SCR过程所需的热量可由CO氧化产生的热量补充，从而实现可持续发展；

④ CO不会与SO_2发生反应堵塞催化剂，且可将SO_2部分还原为硫单质并生成CO_2，不易对催化剂活性组分产生毒性。

（二）废水循环与资源化利用

燃煤电厂用水分为工业用水和生活用水。工业用水系统包括化学水系统、循环水系统、除灰渣系统、输煤系统、输油系统、脱硫系统等，产生的废水包括循环水排污水、除灰渣废水、含煤废水、含油废水、脱硫废水等。除脱硫废水外，各类废水经处理后，基本上均能实现“一水多用，梯级利用”，实现废水不外排。

循环水占燃煤电厂总用水量的60%以上。循环水系统多为敞开式循环系统，不断地蒸发、漏损、浓缩导致水的电导率增加，造成管道堵塞和腐蚀，降低了换热效率。目前多采用浓缩脱盐的方式对循环水排污水进行处理，采用“预处理（软化+混凝+澄清）+深度除盐（膜过滤/电渗析）”的回用处理工艺，将循环水排污水中的离子脱除。经过除盐后的循环水排污水可以用于循环水系统和化学水系统补水，产生的浓水可以用于脱硫和除灰渣系统用水。

酸碱再生废水采用中和的方法将pH调节到6~9，并将处理后的水输送到回用清水箱。化学水系统中洗排水的含盐量低，采用“酸碱调节+絮凝沉淀+过滤澄清”的工艺进行处理后回用。化学水及精处理系统排水可与其他废水混合后用于脱硫工艺补水。

除灰渣废水主要包括湿式除渣废水和水力除灰废水，具有高pH、高含盐量、高悬浮物的特点，采用“絮凝沉淀+澄清+过滤”的工艺调节废水pH，去除悬浮物。除灰渣废水在循环使用过程中主要的问题是系统的结垢，为防止结垢一般采用加酸法、投加晶种防垢法、投加水质稳定剂法等。除灰渣废水采用闭式循环处理，处理后的除灰渣废水返回原系统，无外排水。

煤场和输煤系统产生的含煤废水具有悬浮物含量高、色度和浊度高、COD值较高的特点，采用“预沉淀+混凝澄清+过滤”的处理工艺，处理后出水悬浮物浓度小于20 mg/L，实现含煤废水循环利用。如果废水中含有油，那么需要在沉淀之后采用气浮工艺处理。含煤废水经处理后回用至输煤系统，不外排。

对于输油系统和设备清洗产生的含油废水采用“物化隔油+气浮分离+过滤/吸附”的工艺，首先使用隔油的方法分离废水中粒径较大的油滴，然后进一步去除其他种类的油。对于乳化油含量较高的废水，可在物化隔油后增加絮凝床，油污与絮凝床中填料反应分解后与絮凝剂形成沉淀排出。近年来研发出以粉煤灰为基体的吸附剂处理含油废水，实现了以废治废的目标。处理后的含油废水循环使用或用于煤场喷洒和输煤系统等。

脱硫废水水质呈弱酸性，悬浮物含量高，COD超标，含盐量高，硬度高，Cl^-、重金属离子和氯化物含量高，水质复杂、处理难度大。针对脱硫废水的特点，应单独设置脱硫废水处理设施，常规达标排放采用的工艺为“中和+沉淀+絮凝澄清”的“三联箱”处理工艺。为了进一步实现水的回收利用，脱硫废水零排放采用“预处理+浓缩减量+结晶固化”的工艺路线，达到水盐分离、淡水回用的目的。

（三）固体废物处置与资源化利用

燃煤电厂固体废物主要包括粉煤灰、脱硫石膏、污泥、失效脱硝催化剂、废气滤袋等。必须采用适当的处理处置方法，加大资源化利用，避免二次污染。

四、资源循环利用减污降碳协同增效

（一）粉煤灰的资源化利用

粉煤灰指的是电厂燃煤燃烧后产生的粉末状固体废物，由晶体、玻璃体、残碳组成，呈灰色或灰黑色，形状不规则，大部分颗粒呈微球状。粉煤灰的化学性质受燃煤种类、燃烧方式、锅炉结构等因素的共同影响，其主要由硅、铝、铁、镁、钙等物质的氧化物构成。粉煤灰的pH一般为1.2～12.5，其pH主要受Ca/S质量比影响。此外，粉煤灰具有一定的水硬胶凝特性，可与碱土金属氧化物反应生成具有胶凝性能的混合物。

由于运输成本及环保等问题，部分粉煤灰被暂时搁置，在其资源化利用中，用于生产水泥的占比最大，其他利用渠道包含生产建筑材料、制混凝土添加剂、矿山回填及铺砌等，如图4–43所示。产品型资源化利用是近几年新兴的粉煤灰利用方式，通过对粉煤灰的高附加值精细提纯，从中提取氧化铝、二氧化硅、稀有金属镓和锗，使用粉煤灰合成沸石分子筛及其衍生产品（如催化剂）等，极大程度拓宽了粉煤灰的利用途径。

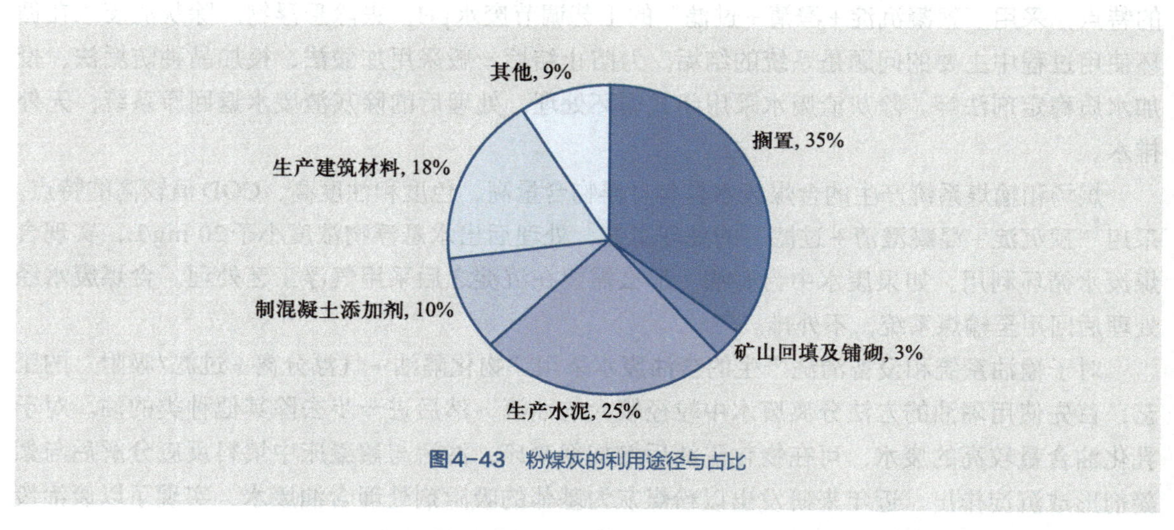

图4–43　粉煤灰的利用途径与占比

1. 粉煤灰提取氧化铝技术

“一步酸溶法”粉煤灰提取氧化铝工艺技术的主要原理为盐酸可以溶解粉煤灰中的氧化铝，但是不能溶解其中的二氧化硅。在一定温度条件下，粉煤灰与盐酸在混合反应一定的时间后，盐酸与粉煤灰中的氧化铝发生化学反应，将铝浸出于料浆中［式（4–20）］。与此同时在反应过程中，粉煤灰中其他金属阳离子，如铁离子［式（4–21）］、钙离子［式（4–22）］、镁离子［式（4–23）］等也会被盐酸浸出于料浆中，具体化学反应方程式如下：

$$Al_2O_3(s) + 6HCl \longrightarrow 2AlCl_3 + 3H_2O \tag{4-20}$$

$$Fe_2O_3(s) + 6HCl \longrightarrow 2FeCl_3 + 3H_2O \tag{4-21}$$

$$CaO(s) + 2HCl \longrightarrow CaCl_2 + H_2O \tag{4-22}$$

$$MgO(s) + 2HCl \longrightarrow MgCl_2 + H_2O \tag{4-23}$$

其生产系统由配料、酸溶出、渣液分离、滤液除杂、浓缩结晶、焙烧、酸回收七个主体工序组成，工艺流程如图4-44所示。

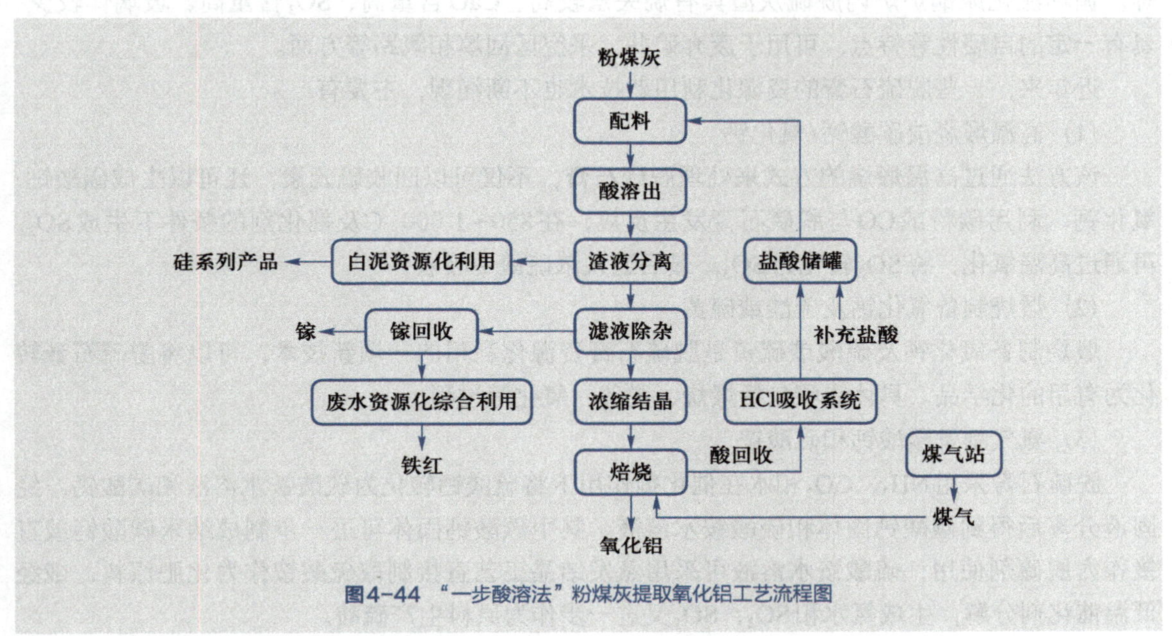

图4-44 “一步酸溶法”粉煤灰提取氧化铝工艺流程图

“一步酸溶法”粉煤灰提取氧化铝工艺中产生的主要固体副产物为高硅尾渣，也称白泥，其主要成分为二氧化硅，是一种利用价值极高的资源。“一步酸溶法”粉煤灰提取氧化铝工艺中，每使用1 t粉煤灰，就产生约0.4 t的白泥。白泥可以进一步资源化利用，如用于生产建筑玻璃、白炭黑、分子筛、防火保温材料、聚合物等。

2. 合成沸石分子筛

沸石分子筛作为一种热稳定性强且具有多孔结构的硅铝酸盐材料，广泛应用于吸附、催化与离子交换领域。粉煤灰与其化学成分相近，因此常被用作制备沸石分子筛的低成本原料，以粉煤灰为原料制备沸石分子筛的途径主要有水热合成、微波辅助合成和酸蚀合成等。

研究表明，可以以粉煤灰为原料，采用碱熔融-水热合成技术制备沸石分子筛。研究发现，粉煤灰基沸石分子筛对甲醛的吸附效果要优于商业4A型沸石分子筛。另外，还可以通过利用NaOH预活化粉煤灰，再利用13X沸石分子筛作为晶种，采用水热合成技术制备X型沸石分子筛。制备的粉煤灰基X型沸石分子筛的性能较好，可以实现粉煤灰的高附加值利用。

(二) 脱硫石膏的资源化利用

我国燃煤电厂主要采用石灰石-石膏法进行烟气脱硫，这一过程会产生大量的脱硫石膏，脱硫石膏的纯度能够达到90%。传统脱硫石膏资源化利用途径为替代天然石膏生产建筑类材料，如石膏板、水泥缓凝剂、石膏基干混砂浆等。此外，脱硫石膏还可以用于制备新型复合凝胶材料、硫酸钙晶须等，但由于经济或其他方面因素还未被大规模使用。半干法脱硫的灰渣主要成分是$CaSO_4$、$CaSO_3$，具有强碱性和自硬性。当前此类固体废物主要用于筑路和制砖等。循环流化床锅炉炉内脱硫灰渣具有烧失量较高、CaO含量高、SO_3含量高、玻璃体较少、具有一定的自硬性等特点，可用于废弃矿井、采空区回填和筑路等方面。

近年来，一些脱硫石膏的资源化利用新技术也不断涌现，主要有：

（1）高温煅烧成碳酸钙/氧化钙

该方法通过高温煅烧的方式来处理脱硫石膏，不仅可以回收硫元素，还可以生成碳酸钙/氧化钙。利用碳粉或CO与脱硫石膏发生反应，在850～1 000 ℃及催化剂的条件下生成SO_2，再通过高温氧化，将SO_2转化为SO_3，最后通入浓硫酸中吸收。

（2）煅烧制备氧化钙及硫酸或硫黄

煅烧制备氧化钙及硫酸或硫黄是脱硫石膏资源化利用的一项新技术，可以将脱硫石膏转化为有用的化学品。具体步骤包括煅烧、脱硫、氧化等过程。

（3）氨气制备碳酸钙和硫酸铵

脱硫石膏采用NH_3、CO_2和水在催化剂作用下将硫酸钙转化为硫酸铵水溶液和碳酸钙，经固液分离后得到碳酸钙固体和硫酸铵水溶液。其中碳酸钙固体可进一步制成纳米碳酸钙或直接作为脱硫剂使用；硫酸铵水溶液可采用蒸发结晶工艺直接制取硫酸铵作为化肥原料，或经低温催化剂分解，生成氨水和SO_3，SO_3又进一步作为原料生产硫酸。

（三）CO_2的资源化利用

基于有机胺吸收剂的化学吸收法是实现碳减排的重要途径，具有吸收速率快、选择性高、工艺流程成熟等优点，具有大规模推广应用潜力。胺法CO_2捕集技术的基本原理是利用胺液和烟气中CO_2发生化学反应形成化学键从而实现对烟气中CO_2的吸收，并通过热解再生将CO_2释放出来。吸收剂的胺液通常具有氨基和羟基，氨基可以改变溶液的pH，增加胺液分解后溶液的碱度，从而提高CO_2的吸收速率，是有机胺吸收烟气中CO_2的关键。

胺法CO_2捕集技术工艺流程如图4-45所示。该CO_2捕集工艺系统的主要设备有引风机、水洗塔、吸收塔、解吸塔、闪蒸罐、再沸器、贫富液换热器、贫液冷却器及输送泵等。高温烟气进入CO_2捕集装置的水洗塔，在塔内进行降温脱硫等预处理后由引风机送入吸收塔。烟气中的CO_2进入吸收塔后与有机胺吸收剂发生化学反应进入液相，经洗涤降温后的无碳烟气从吸收塔顶部排出。吸收CO_2的富液经富液泵送入贫富液换热器与贫液进行换热后送入解吸塔，在温度和压力的作用下发生逆向反应解吸出CO_2变成贫液，引入MVR热泵使贫液闪蒸增压，增压后的闪蒸气进入解吸塔与富液换热放出大量热量，和再沸器产生的热量一起促进富液解吸再生。解吸塔顶排出的气体经冷却后得到较为纯净的CO_2，随后被送入后续压缩工段用于封存和利用。解吸塔底的贫液通过贫富液换热器降低温度后由泵吸到吸收塔塔顶，继续进行CO_2吸收工作。

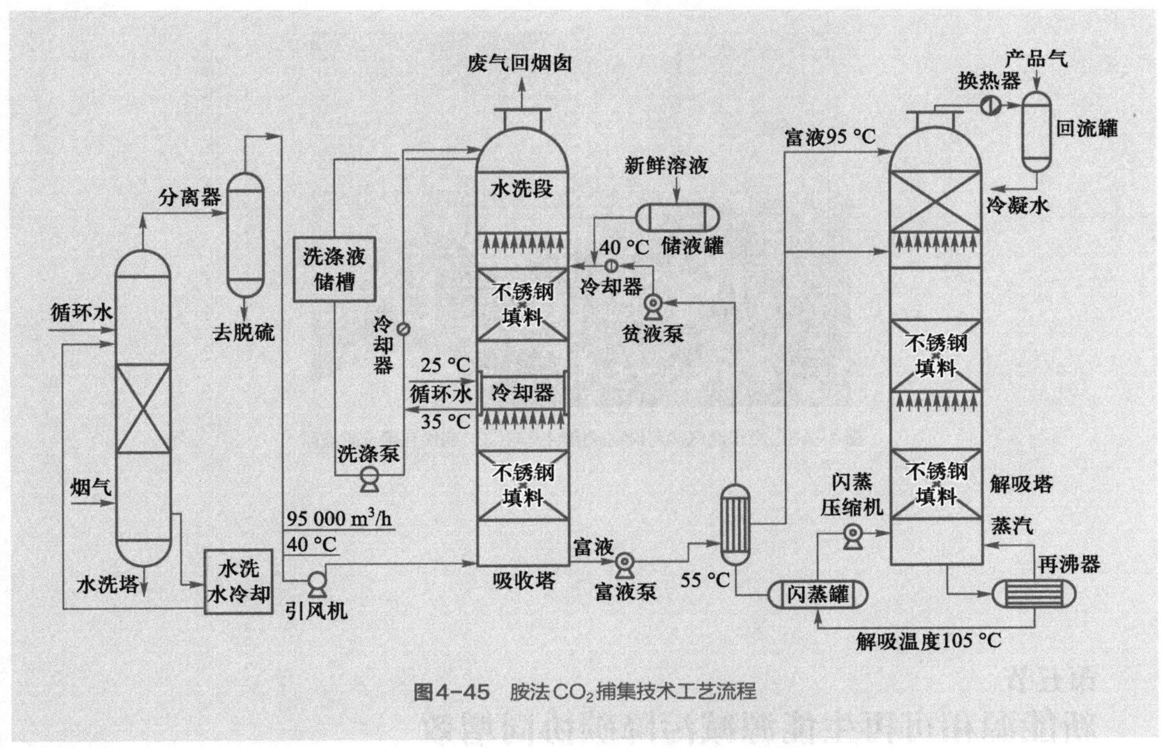

图4-45 胺法CO_2捕集技术工艺流程

但是，在燃煤烟气胺法CO_2捕集应用中发现，捕集过程吸收剂再生热耗高、损失速率快，导致CO_2捕集成本过高。燃煤烟气氧含量较高，会导致吸收剂胺组分的降解失活；经过超低排放整理后的燃煤烟气仍存在少量硫/氯/氟等组分，在下游CO_2捕集系统中累积，导致CO_2捕集设备腐蚀与吸收剂加速恶化，为胺法CO_2捕集系统长期稳定运行带来了巨大的挑战。另外，CO_2捕集后有机组分的挥发逃逸会引发二次污染排放与溶剂损失问题。

针对以上问题，清华大学联合河北建滔能源发展有限公司、北京国环清华环境工程设计研究院有限公司、江苏中创清源科技有限公司组建研发团开展了系统性地研究，在新型CO_2捕集材料、热质传递强化装备与“污－碳”治理协同控制工艺方面形成了具有自主知识产权的清洁高效胺法CO_2捕集技术，取得了多项具有特色的原创性成果：① 发明了高载量、低黏度多元复合胺新型吸收剂和固态酸解吸再生催化剂；② 研制了可显著强化传热、传质过程的高效吸收塔和节能型解吸塔等关键装备；③ 开发了烟气多污染物深度预处理、溶剂杂质成分管控与有机成分逃逸控制等工艺，形成了烟气多污染物深度治理耦合烟气CO_2捕集利用技术方案。基于技术研发，在河北建滔能源发展有限公司建成了燃煤烟气多污染物深度治理与CO_2捕集利用（20万t/a）示范项目（图4-46）。检测结果表明，示范项目捕集CO_2纯度达99.5%以上，并全部用于化工生产，节约了企业生产原料成本；SO_2、颗粒物等烟气污染物达到近零排放水平，挥发性有机物、氨等污染物排放浓度远低于国家与地方标准。

图4-46 燃煤烟气多污染物深度治理与CO_2捕集利用示范项目

第五节 新能源和可再生能源减污降碳协同增效

可再生能源是在自然界可以循环再生的能源，包括太阳能、水能、风能、生物质能、波浪能、潮汐能、海洋温差能、地热能等。新能源一般是在新技术基础上加以开发利用的可再生能源，包括太阳能、生物质能、风能、地热能、波浪能、洋流能和潮汐能，以及海洋表面与深层之间的热循环等；此外，还有氢能、沼气、乙醇、甲醇等。

一、新能源与可再生能源生产

（一）太阳能

太阳能是太阳辐射出的光和热被不断发展的一系列技术所利用的一种能量。它既是一次能源，又是可再生能源。太阳能利用的主要思路是太阳能发电。利用太阳能发电的方式有多种，较实用的主要有以下两种：

① 光－热－电转换，即利用太阳辐射所产生的热能发电。一般是用太阳能集热器将所吸收的热能转换为工质蒸汽，然后由蒸汽驱动汽轮机带动发电机发电。前一过程为光－热转换，后一过程为热－电转换。

② 光－电转换，其基本原理是利用光生伏特效应将太阳辐射能直接转换为电能，它的基本装置是太阳能电池。

（二）风能

风能是风所产生的能量，即大规模气体流动所产生的能量及其应用，主要应用为风力发电，即利用风带动风力发动机运转；另可用于非电力应用，如帆船、风车等。风力发电自20世纪80年代开始受到西方各国重视，至今全球风力发电量每年快速成长，在2016年已成为全球第5大电力来源。

风力发电指通过风力带动风车绕轴旋转，使风能转化为机械能。根据来源风力发电可以分为岸上风力发电和离岸风力发电。岸上风力发电的成本低，但是会影响风景，并且占地面积大。离岸风力发电比岸上风力发电更强、更稳定，同时在视觉上的影响更小，但建造和维护的成本则更高。风能量丰富、分布广泛、碳排放相较于火力发电低，对环境的影响较小。但风是一种间歇性可再生能源，无法根据需求而增减发电。

（三）水能

水能是水体的动能、势能和压力能等能量资源。水能资源最显著的特点是可再生、无污染。水能资源包括河流水能、潮汐能、波浪能、洋流能等能量资源。现代水能利用方式主要是利用水能进行发电，也就是水力发电。水力发电将水的势能和动能转换成电能。以水力发电的工厂称为水力发电厂，又称为水电站。

（四）生物质能

生物质能是一种重要的可再生能源，直接或间接来自植物的光合作用，一般取材于农林废物、生活垃圾及畜禽粪便等，可通过物理转换（固体成型燃料）、化学转换（直接燃烧、气化、液化）、生物转换（如发酵转换成甲烷）等形式转化为固体、液体和气体燃料（图4–47）。生物质能具有环境友好、成本低廉和碳中性等特点，在当前能源短缺与环境恶化的双重压力

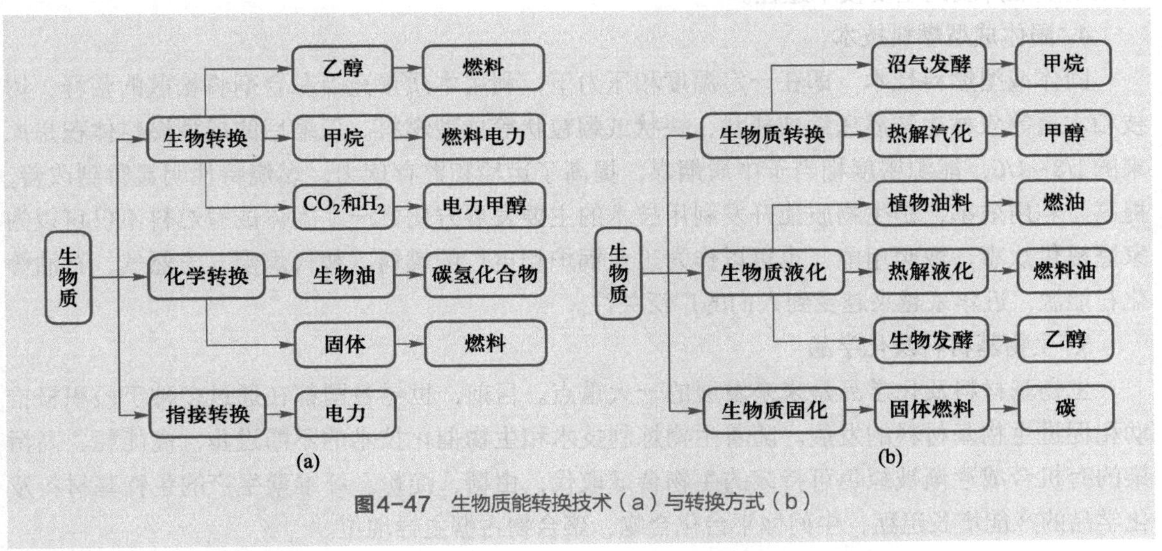

图4–47　生物质能转换技术（a）与转换方式（b）

下，各国政府高度重视生物质资源的开发和利用。生物质能技术主要包括生物质发电、生物液体燃料、生物燃气、固体成型燃料、生物基材料及化学品等，以下将针对各个具体技术的发展现状分别进行分析。

1. 生物质发电技术

生物质发电技术是利用生物质所具有的生物质能进行发电的技术，其基本原理与燃煤发电原理相同。根据生物质发电过程中利用形式的差异可以分为直接燃烧发电、混合发电、气化发电、沼气发电、垃圾发电。生物质发电厂的发电设备和同样规模的燃煤发电设备是非常相似的，所使用的燃烧工具主要包括生物质水冷振动炉排锅炉、生物质循环流化床锅炉及联合炉排锅炉，其中应用最广泛的是生物质水冷振动炉排锅炉。蒸汽发电机组多采用高温高压抽凝式汽轮机组。

2. 生物液体燃料技术

生物液体燃料技术是把生物质以发酵提纯或者生化合成的方式制造成乙醇或油类等液体燃料的技术。根据其使用的原料和合成技术可分为四种，分别为：① 粮食乙醇和粮食柴油；② 纤维素乙醇和生物柴油；③ 微藻燃料；④ 以合成生物学为基础开发的合成生物燃料。

近年来新型生物燃料快速发展，通过综合应用太阳能、电能、风能、生物质能等多种可再生能源，将CO_2、CH_4等经微生物转化为多种生物液体燃料。根据可再生能源的利用形式，大致可分为四类：① 太阳能耦合生物质能；② 太阳能耦合光能；③ 电化学固碳；④ 垃圾或沼气再利用。

3. 生物燃气技术

生物质热解气化可将生物质原料转化为以CO和H_2为主的气体燃料，可直接转换实现燃气、热能和电能的供给。同时燃气可以通过甲烷化反应，制备高品质生物质合成天然气，这是生物质能开发的重要技术途径。

4. 固体成型燃料技术

固体成型燃料技术，即在一定温度和压力下，利用木质素充当黏合剂将松散的秸秆、树枝和木屑等农林生物质压缩成棒状、块状或颗粒状等成型燃料。压缩后的成型燃料体积是原来的1/8～1/6，能源密度相当于中质烟煤，提高了运输和贮存能力；燃烧特性明显得到改善，提高了利用效率，是生物质能开发利用技术的主要发展方向之一。固体成型燃料不仅可以为家庭提供炊事、取暖用能，也可以作为工业锅炉和电厂的燃料，替代煤炭、天然气、石油等化石能源，近年来越来越受到人们的广泛关注。

5. 生物基材料及化学品

生物基材料及化学品是未来发展的一大重点。目前，世界各国都在通过多种手段积极推动和促进生物基材料的发展。随着生物炼制技术和生物催化技术的不断进步，高能耗、高污染的有机合成逐渐被绿色可持续的生物合成取代，由糖、淀粉、纤维素生产的生物基材料及化学品的产能增长迅猛，中间体平台化合物、聚合物占据主导地位。

（五）地热能

地热能是从地壳抽取的天然热能，这种能量来自地球内部的熔岩，并以热力形式存在，是引致火山喷发及地震的能量。地球内部的温度高达7 000 ℃，而在距地面80～100 km的深度处，温度会降至650～1 200 ℃。通过地下水的流动，熔岩涌至距地面1～5 km的地壳，热力得以被转送至较接近地面的地方。高温的熔岩将附近的地下水加热，这些加热了的水最终会渗出地面。利用地热能最简单和最具有成本效益的方法，就是直接取用这些热源，并抽取其能量。

地热能是自产型替代能源，其经济规模不但具备发展远景，而且具有能源供应稳定、产量适合开发等优点，还能与其他能源相互结合应用，节约其他燃料消耗。地热能的开发受环境先决条件的限制颇多，且开发过程中易造成环境污染，其研究难度也较大，导致其开发利用具有技术要求高、初设成本大、易造成环境污染、环境负荷大等问题。

能源生产技术包括勘探技术、钻井技术与测井及储积工程技术。探勘主要是估计地热田的温度、深度、体积、构造及其他特性，评估其开发价值。在确认地热能的赋存及生产特性后，由适当的完井技术在安全控制状况下开采。最后，通过测井获取井下流体特性及地层资料，据以规划地热井的生产及地热田的开发与维护，进行有效利用。地热能利用技术体系见图4-48。

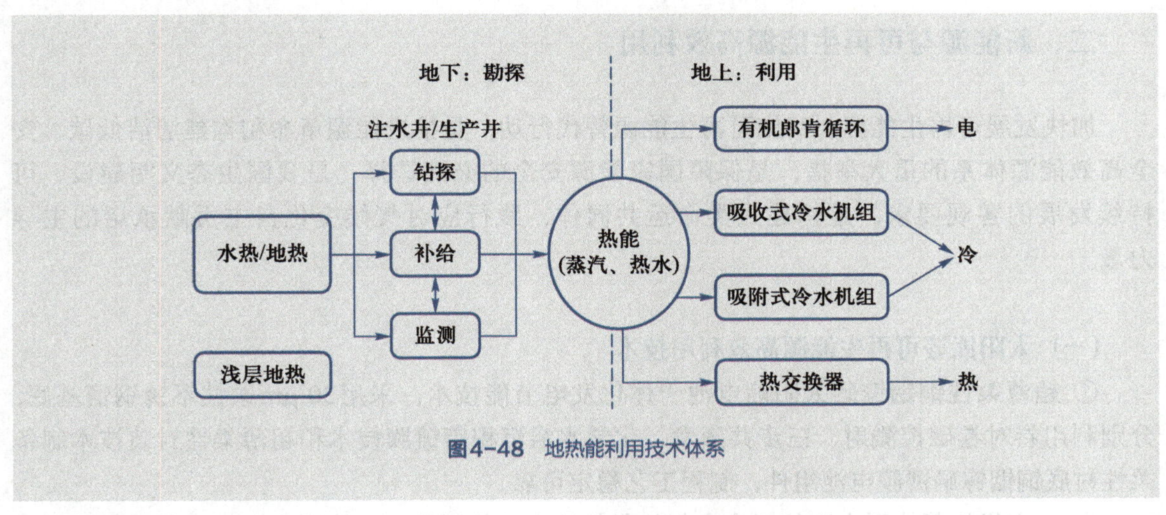

图4-48　地热能利用技术体系

地热能利用的主要方式有直接利用和地热发电两类。直接利用技术包括地热空调、地源热泵、温泉等。地热发电与火力、水力发电原理相同，都是推动涡轮机使机械能转变为电能进而发电，其优点包括输出稳定、过程安全、运转成本低和附加价值多元化等。现今地热发电的发电技术有四种最主要的应用系统，分别是：全流发电系统、地热蒸汽发电系统、增强型地热发电系统与双循环发电系统。不同地热发电技术路线如图4-49所示。

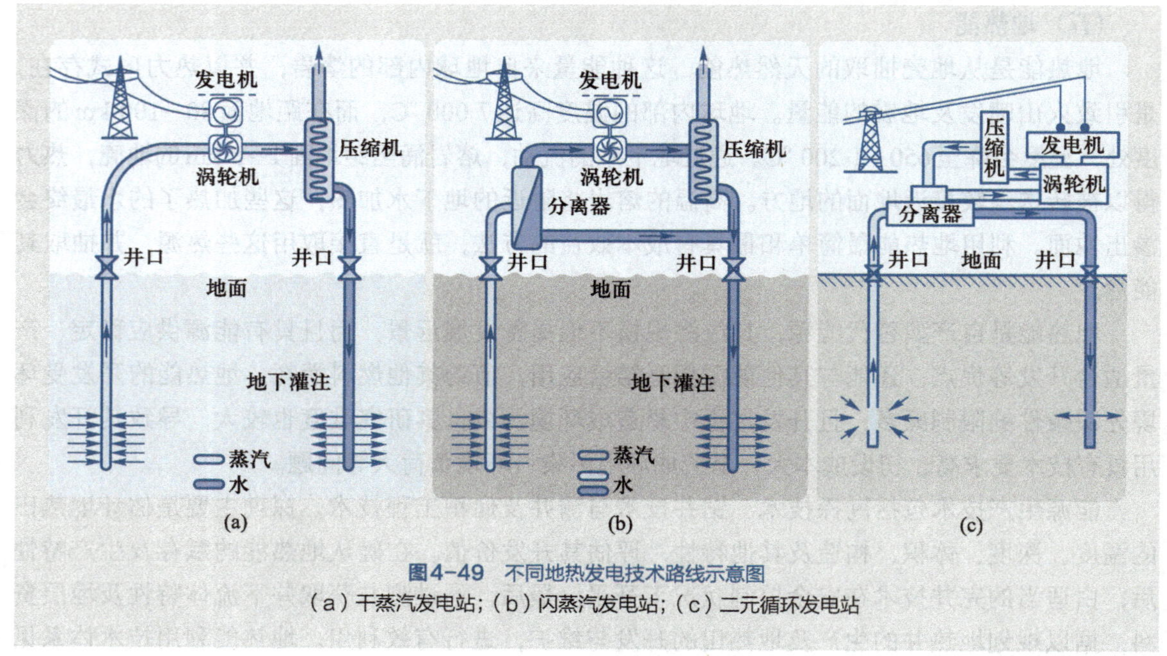

图4-49 不同地热发电技术路线示意图

（a）干蒸汽发电站；（b）闪蒸汽发电站；（c）二元循环发电站

二、新能源与可再生能源高效利用

加快发展可再生能源、实施可再生能源替代行动，是推进能源革命和构建清洁低碳、安全高效能源体系的重大举措，是保障国家能源安全的必然选择，是我国生态文明建设、可持续发展的客观要求，是构建人类命运共同体、践行应对气候变化自主贡献承诺的主导力量。

（一）太阳能等可再生能源高效利用技术

① 超薄柔性铜铟镓硒太阳能电池一体化发电节能技术，采用30 μm柔性不锈钢箔基底，分别利用卷对卷磁控溅射、三步共蒸发、化学水浴沉积等镀膜技术和超薄柔性封装技术制备柔性衬底铜铟镓硒薄膜电池组件，制程工艺稳定可靠。

② 真空集热蓄热型太阳能复合空气能供热技术，热泵采用螺旋形真空集热蓄热辅助升温装置，通过快速集热、高效蓄热，创新设计机组整体结构，实现太阳能和空气能两种能源高效利用（图4-50）。

③ 太阳能异聚态热利用系统，由聚热板、循环主机、冷热末端组成，聚热板吸收太阳辐射能、风能、雨水能等自然能热量，使板内工质相变，经循环主机推动压缩，转换为高品能后进入冷凝器进行热交换，从而实现热水、采暖、制冷、烘干等功能全天候供应。

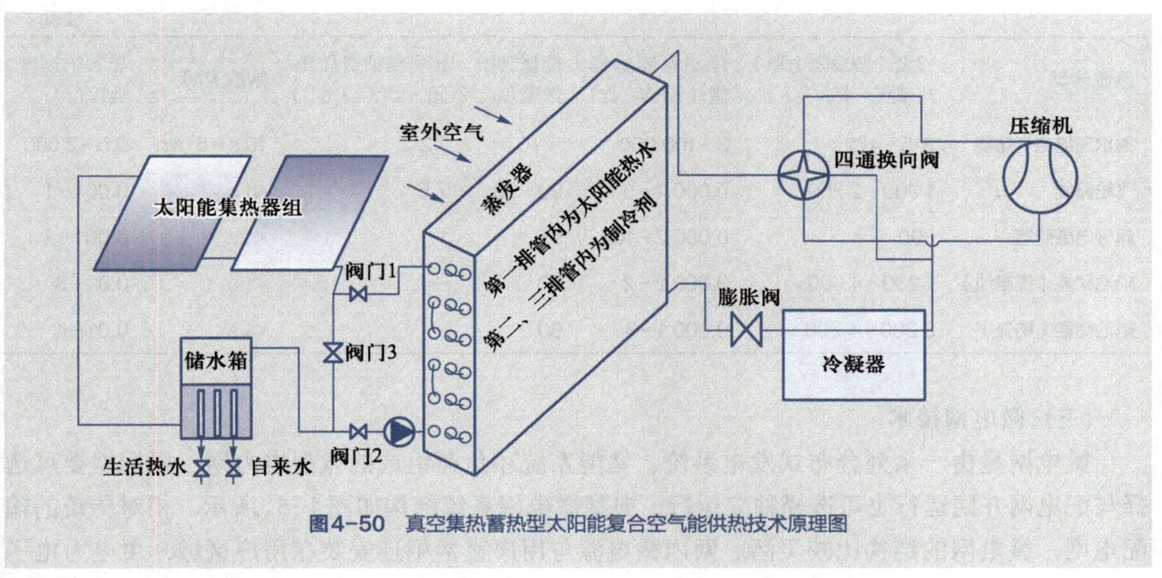

图4-50　真空集热蓄热型太阳能复合空气能供热技术原理图

(二) 先进储能技术

储能是通过介质或设备把能量存储起来，在需要时再释放的过程。从技术原理上讲，储能主要分为以下几类：机械储能、化学储能、电化学储能、电储能和热储能。基于相应的技术设备，可以实现的储能方式有以下几类。

机械储能：抽水储能（水的潜在能量）、压缩空气储能（气体压力的动能）、飞轮储能（旋转质量的动能）；

化学储能：电力燃气电厂（转换为燃气）、动力液系统（转换为燃料）、电力化工厂（转化为化工产品）；

电化学储能：经典电池储能（电极中的电化学能）、氧化还原、混合液流电池储能（电解液中的电化学能）；

电储能：超导电磁储能（磁场中的电能）、超级电容器（电场中的电能）；

热储能：敏感储热装置（粒子运动中的热能）、热化学储能（通过吸热反应储热）、潜热储热器（热力学状态变化的焓）。

不同储能方式的性能和成本比较如表4-10所示。

表4-10　不同储能方式的性能和成本比较

系统种类	投资（按发电功率）/（美元·kW^{-1}）	存储电能总容量/（MW·h）	能量转换效率/%	运行维护费/（美元·kW^{-1}·a^{-1}）	响应时间	总装机规模/MW
压缩空气储能	960~1 250	5~100 000	<70	1.35	1~10 min	0.5~2 700
抽水储能	1 500~4 300	>20 000	<70	4.3	10 s~4 min	300~1 800

续表

系统种类	投资（按发电功率）/(美元·kW^{-1})	存储电能总容量/(MW·h)	能量转换效率/%	运行维护费/(美元·$kW^{-1}·a^{-1}$)	响应时间	总装机规模/MW
抽水压缩空气储能	315~472	3~100 000	≈70	1.2	10 s~5 min	0.5~2 500
飞轮储能	1 900~2 250	0.000 2~500	90~93	7.5	<1 s	0.001~1
超导电磁储能	300	0.000 2~100	95	1	<1 s	0.001~2
电池储能（锂电池）	1 200~4 600	0.000 2~2	90	—	<1 s	0.01~3
电池储能（钠硫）	3 200~4 200	0.000 1~3	80	—	<1 s	0.01~4

（三）微电网技术

微电网是由一系列分布式发电系统、储能系统和负荷组成的微型电力网，根据需要可选择与配电网并网运行也可选择独立运行，典型微电网系统结构如图4-51所示。相对传统的输配电网，微电网的结构比较灵活。网内微电源与用户直接相连安装在用户区域，由电力电子技术提供所需要的控制和接口，微电网系统与外部电网通过隔离装置连接，网内功率和电压控制器通过能量管理系统在允许的范围内调节功率和母线电压，当负载变化时，本地微电源自行调节功率输出，在正常工作模式下，微电网与公共系统并联运行，可以通过合理地控制使得微电网相当于配电网的一个恒定负荷；当公共系统出现故障或者电能质量达不到要求时，微电网可以通过隔离装置与外部电网隔离而孤立运行。故障清除后，微电网需平滑与外部电网重新同步，实现正常并网运行。

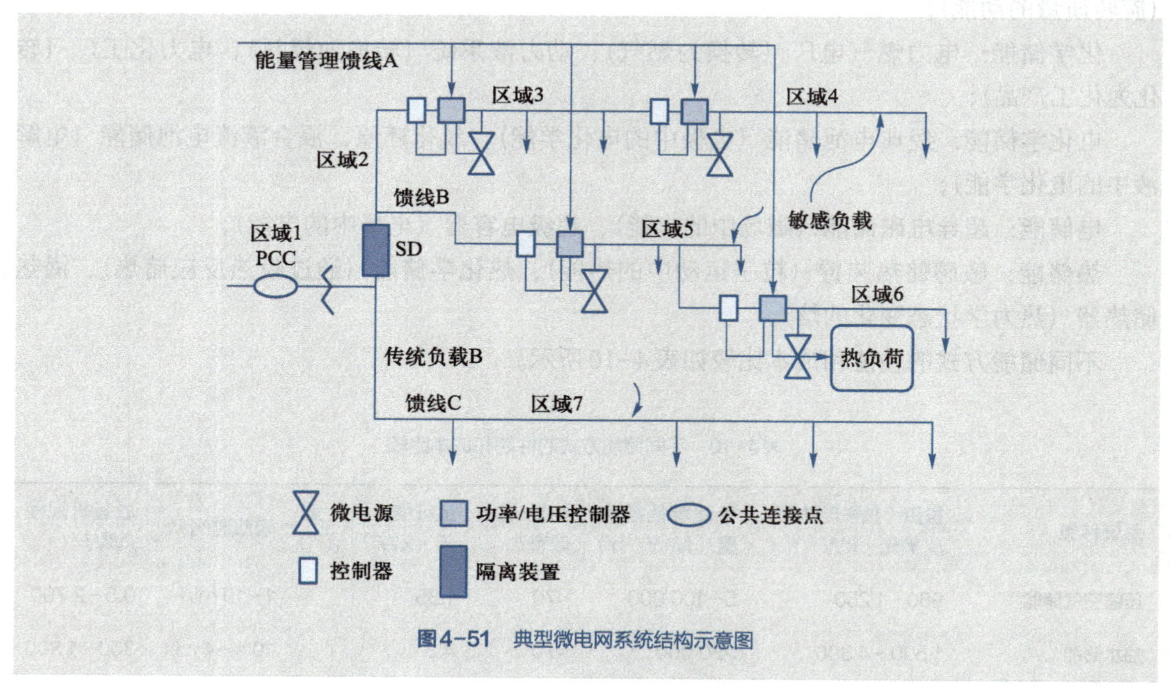

图4-51 典型微电网系统结构示意图

三、多能互补与减污降碳

多能互补是可再生能源发展的衍生物，从能源供给侧、用户需求侧、能源输配侧实现多能互补和融合等，按照能源形式的供给和消纳特性的不同，优化冷、热、电、气、氢等多种类型能源的生产和利用的综合互补，实现能源、经济、环境的协调发展。例如，多能协同的智慧油气田如图4-52所示。

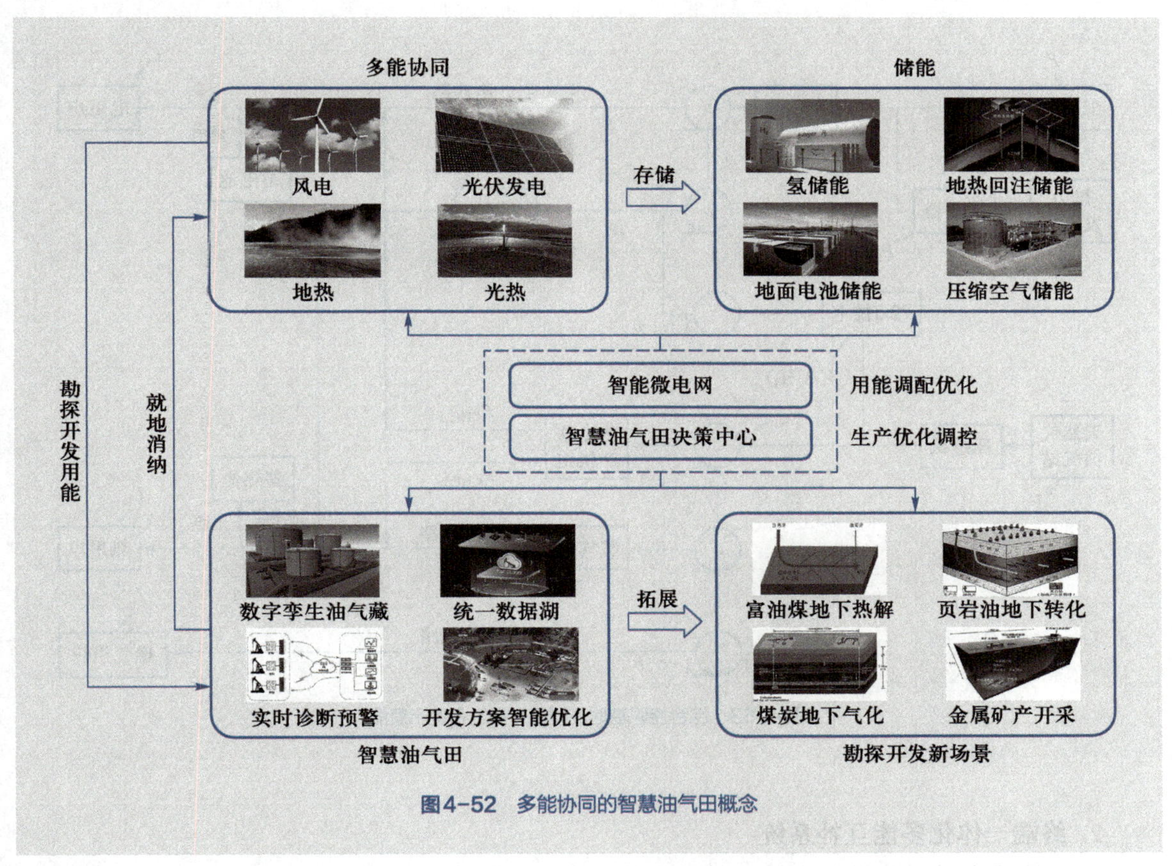

图4-52　多能协同的智慧油气田概念

在运行模式上，多能互补系统的研究主要包括两类：一类是以综合能源基地作为研究对象，进行多能互补研究；另一类是对终端一体化系统进行多能互补研究。

关于终端一体化的多能互补研究，即针对终端用户，通过冷热电三联供、分布式可再生能源和能源智能微电网等方式，进行传统一次和二次能源间的互补利用和统筹优化，最终实现多能协同供应和能源综合梯级利用。

多能互补系统是未来能源发展的新方向，诸多国家将多能源系统列为其未来国家能源发展战略的规划重点，提出了很多有关研究和发展多能源系统的政策，并逐步开始落地实施。

（一）多能互补系统模式

1. 综合能源基地多能互补系统

综合能源基地融合了煤炭、天然气等传统的一次能源，以及风能、光能、水能等二次能源，通过充分发挥各类资源协同互补的优势，实现了“风－光－水－火－储”等多能源一体化运行（图4–53），同时提高电力输出功率的稳定性。通过多种能源系统之间的协同互补运行，提高可再生能源利用率，缓解我国集中式可再生能源发电面临的严重弃风、弃光问题。

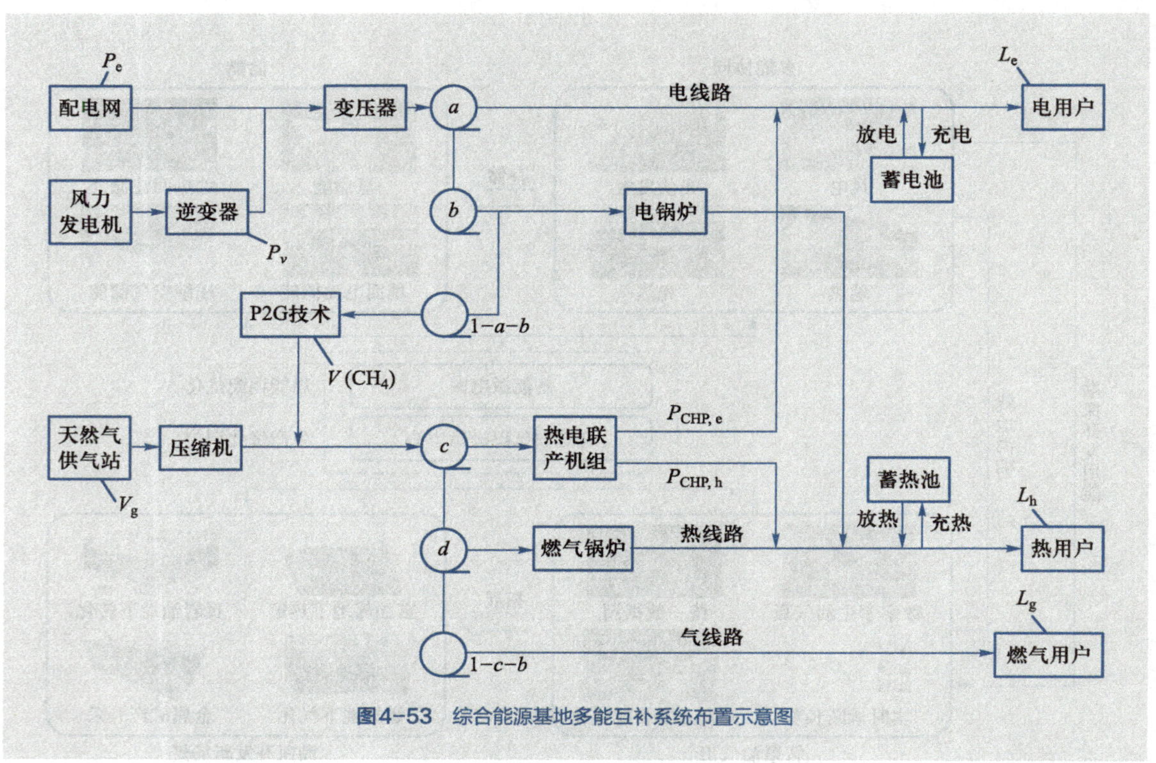

图4–53 综合能源基地多能互补系统布置示意图

2. 终端一体化多能互补系统

该系统重点针对终端用户涉及的冷、热、电、气等用能需求，在园区、城镇、大型公用设施等区域，加强终端供能系统的统筹规划和一体化建设，如图4–54所示。该模式下的多能互补系统的主要目标体现在，最大化提升综合能源基地系统的用能、供能等效率，冷、热、电、气等负荷就地/就近协同互补、平衡调节，供能经济合理且市场竞争力较大。

（二）多能互补系统关键技术

1. 协调优化控制技术

多能互补系统多能流间的耦合将会对系统的长周期安全平稳运行带来新的挑战，需要研究人员采用合适的协调优化控制技术，包含智能电网、传统一次能源和可再生能源等各类能

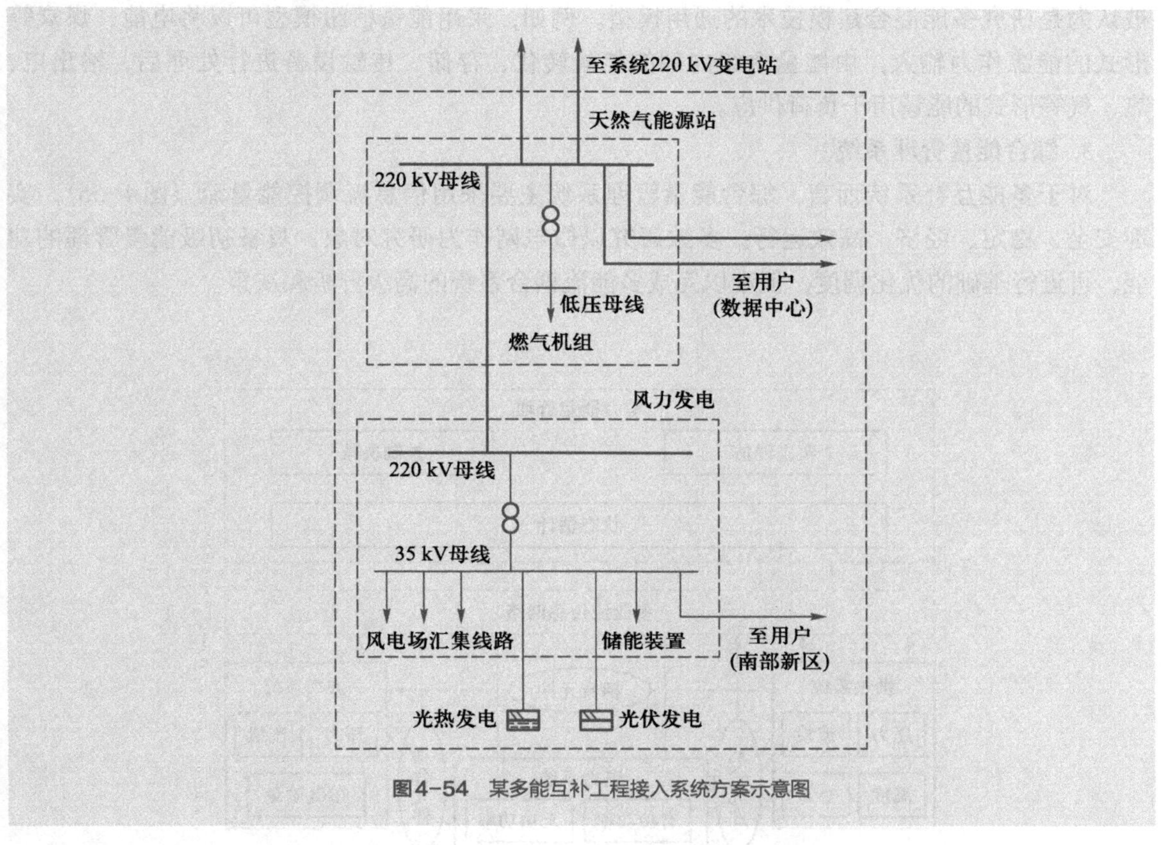

图4-54　某多能互补工程接入系统方案示意图

源、储能系统，以及冷、热、电、气等各类负荷等进行控制策略研究，实现多能互补系统的安全、稳定、经济、高效及可靠运行。

目前，较多研究是针对单纯供电的微电网控制策略。从热力系统控制的角度来看，针对区域多能源系统制定控制策略，主要通过优化热力网络的压力、温度及流量等参数，减少系统的运行成本。针对涉及冷、热、电、气等多能流耦合的多能互补系统，主要利用信息通信技术，实现各类分布式设备的协同互补合作，进而实现可控能源协同调度。

现阶段，关于多能互补系统下的分布式协同控制策略的研究仍处在起步阶段。相对于电力系统调度而言，多能互补系统内冷、热、气等其他能源调度存在一定的滞后，因此增加了多种能源协同调度的难度。

2. **多能混合建模技术**

多能混合建模是集成优化研究的前提和基础，单一能流模型并不适用于含有多能流耦合网络的多能互补系统的建模。对于多能流耦合系统，多种类型的能源、多个能量系统均含有相应的能量流、物质流信息，且各种能量流的传输速度、介质和形式均不相同，输入变量也不尽相同，这就要求多能流耦合系统下各系统均需满足不同的物理定律。因此，该系统的能流计算将包含更多的变量，且具有更强的非线性和更复杂的求解过程。目前，能量枢纽模型被认为是研究多能混合建模技术的通用模型。例如，采用能量枢纽模型可以将电能、煤炭等形式的能源作为输入，由能量枢纽内部的能量转化、存储、传输设备进行处理后，输出电、热、气等形式的能量用于负荷供应。

3. **综合能量管理系统**

对于多能互补系统而言，综合能量管理系统主要采用信息流调控能量流（图4-55），实现安全、稳定、经济、高效运行。多数研究以微电网作为研究对象，具备初级能量管理的功能，可进行基础的优化调度，但难以完成多能流耦合系统的高级分析和决策。

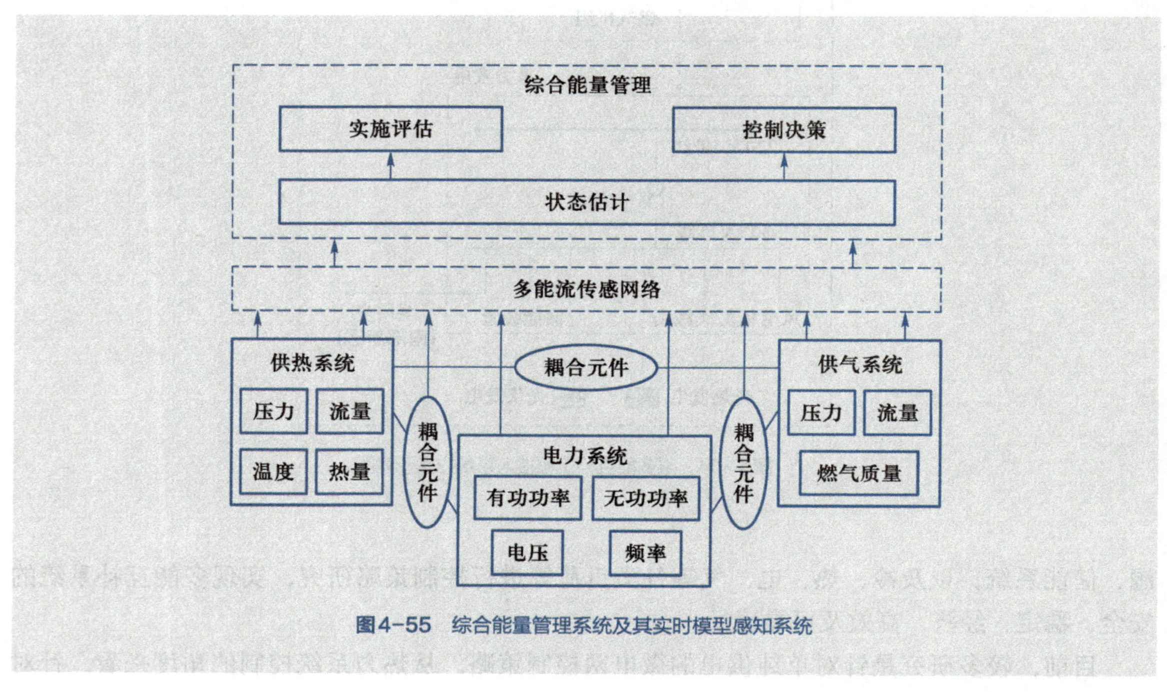

图4-55 综合能量管理系统及其实时模型感知系统

当前，以微电网的研究成果为基础，围绕多能流耦合、多时间尺度、多管理主体，研究多能流耦合系统的实时建模与安全状态评估，优化运行调度与能量管理相关的理论体系，通过具体典型的应用场景，对该系统下的综合能量管理系统进行验证。

习题与思考题

1. 简述煤炭开采过程中哪些排放过程可以实现减污降碳协同增效。
2. 简述天然气生产过程中的碳污排放特征及其相应的控制方式。
3. 基于电力工业污染排放与控制技术特征，选1~2个排放过程简述其协同减污降碳路径与前景。
4. 论述新能源汽车发展对能源行业协同减污降碳的意义。
5. 简要画出石油的处理工艺及产品示意图。
6. 低浓度瓦斯的利用途径包括哪些?
7. 洗煤废水是呈弱碱性的胶体体系，其主要特点有哪些?
8. VOCs末端治理中的减污降碳协同增效技术有哪些? 选择1~2个简要论述其减污降碳原理。
9. 氨法烟气脱硫主要包括吸收和氧化两个基本的化学反应过程，请写出各自的化学反应方程式。
10. 你还知道哪些关于CO_2的资源化利用的例子?

参考文献

[1] 孙鸿烈. 中国资源科学百科全书 [M]. 北京: 中国大百科全书出版社, 2000.

[2] 蒋煜, 王磊, 涂亚楠. 水煤浆技术研究进展与发展趋势 [J]. 煤炭工程, 2020, 52 (05): 27-32.

[3] 徐志强, 孙美洁, 刘建强. 水煤浆应用现状及技术进展 [J]. 煤炭工程, 2014, 46 (10): 65-67.

[4] 王关晴, 程乐鸣, 郑成航, 等. 往复热循环多孔介质“超焓燃烧”特性 [J]. 化工学报, 2009, 60 (02): 435-443.

[5] 邢旺达. 活性焦改性的烟气脱硝技术研究 [D]. 北京: 华北电力大学, 2023.

[6] 齐俊华. 水泥窑烟气脱硝技术的发展与创新 (上) [J]. 中国水泥, 2015, (10): 73-75.

[7] 齐俊华．水泥窑烟气脱硝技术的发展与创新（下）[J]．中国水泥，2015，(12)：79−81．

[8] Chang S G, Lee G C, LBL PhoSNOX process for combined removal of SO_2 and NO_x from flue gas [J]. Environmental Progress, 1992, 11(1): 66−73.

[9] 昆明理工大学，中化云龙有限公司．一种利用磷矿浆和泥磷脱除燃煤锅炉烟气中SO_2和NO_x方法：CN105536493B [P]．2018−04−06．

[10] 周泓宇．高效电化学合成氨催化剂的理论设计 [D]．长春：吉林大学，2022．

[11] 殷琦．铁基和铜基钙钛矿材料电催化硝酸根还原合成氨性能研究 [D]．杭州：浙江大学，2023．

[12] Wang Y T, Wang C H, Li M Y, et al. Nitrate electroreduction: mechanism insight, in situ characterization, performance evaluation, and challenges [J]. Chemical Society Reviews, 2021, 50(12): 6720−6733.

[13] 魏政．电催化硝酸根还原合成氨的TiO_2催化剂的构建与反应机理研究 [D]．沈阳：沈阳大学，2021．

[14] 李海松，董亚勇，王敏．鲁奇工艺煤气化冷凝废水处理工程实例 [J]．工业用水与废水，2014，45（04）：68−70．

[15] Lin Q Y, Zhang X, Wang T, et al. Technical perspective of carbon capture, utilization, and storage [J]. Engineering, 2022, 8(07): 27−32.

[16] 范秦楚，阮玉蛟，周军．碳达峰碳中和目标下国内天然气净化厂运行现状与展望 [J]．石油与天然气化工，2023，52（01）：25−31+39．

[17] 黄晟，王静宇，郭沛，等．碳中和目标下能源结构优化的近期策略与远期展望 [J]．化工进展，2022，41（11）：5695−5708．

[18] 王照成，刘庆亮，李繁荣，等．等温变换技术及其工业化应用进展 [J]．煤化工，2020，48（06）：12−15+19．

[19] 赵铁铮．同轴分级天然气低排放燃烧室流动与燃烧特性研究 [D]．哈尔滨：哈尔滨工程大学，2023．

[20] 徐琴琴．工业挥发性有机物（VOCs）的收集现状与思考

[C]，中国环境科学学会环境工程分会．中国环境科学学会2019年科学技术年会——环境工程技术创新与应用分论坛论文集（四）．中国陕西省西安市：天津大学化工学院；精馏技术国家工程研究中心，2019：305-314．
[21] 缪平，姚祯，Lemmon J，等．电池储能技术研究进展及展望［J］．储能科学与技术，2020，9（03）：670-678．
[22] 王玉涛．煤矸石固废无害化处置与资源化综合利用现状与展望［J］．煤田地质与勘探，2022，50（10）：54-66．
[23] 高小淇．油气田开发的可再生能源利用模式［J］．油气田地面工程，2020，39（10）：117-120．
[24] Niu Y, Wang Z, Wu H, et al. Experimental study on indoor air formaldehyde purification performance of fly-ash zeolite molecular sieves [J]. Building Science, 2017, (12): 22-26.
[25] 李晓光，赵颖，康得军，等．粉煤灰基X型沸石分子筛的合成制备及其去除氨氮性能研究［J］．硅酸盐通报，2018，37（11）：3663-3668．
[26] Gao W L, Liang S Y, Wang R J, et al. Industrial carbon dioxide capture and utilization: State of the art and future challenges [J]. Chemical Society Reviews, 2020, 49(23): 8584-8686.
[27] 陆诗建，刘苗苗，刘玲，等．烟气胺法CO_2捕集技术进展与未来发展趋势［J］．化工进展，2023，42（01）：441-450．

05

第五章 冶金工业减污降碳协同增效

冶金工业是对金属矿物进行勘探、开采、精选、冶炼及轧制成材的工业，包括两大类：① 黑色冶金工业（钢铁工业），即生产铁、锰、铬及其合金的金属工业；② 有色金属工业，即除黑色冶金工业以外的各种金属工业，如铜、铝、铅、锌、镍等。

冶金工业是重要的原材料工业部门，为国民经济各部门提供金属材料，是经济发展的重要物质基础。冶金工业是资源、能源密集型产业，产业规模大、生产流程长，是典型的高能耗重污染行业，碳排放量占全国碳排放总量的20%以上，是制造业中碳排放量最大的行业。在“双碳”目标下，冶金工业成为工业领域绿色发展的主战场。减污降碳协同增效是冶金工业实现高质量发展、落实生态文明理念的必然选择。

本章主要介绍钢铁、铝、铜、铅锌等冶金重点工业生产过程的碳污排放特征和减污降碳协同增效技术。

第一节 冶金工业碳污排放特征

一、钢铁冶金工业碳污排放特征

钢铁冶金工业作为现代工业体系的重要支柱，其碳污排放量占总排放量的15%左右，涵盖了从原料的准备、处理到最终钢材产品的生产等整个工艺过程。

(一) 生产工艺

钢铁的生产过程包括原料准备、炼铁、炼钢、轧钢等过程（图5-1）。

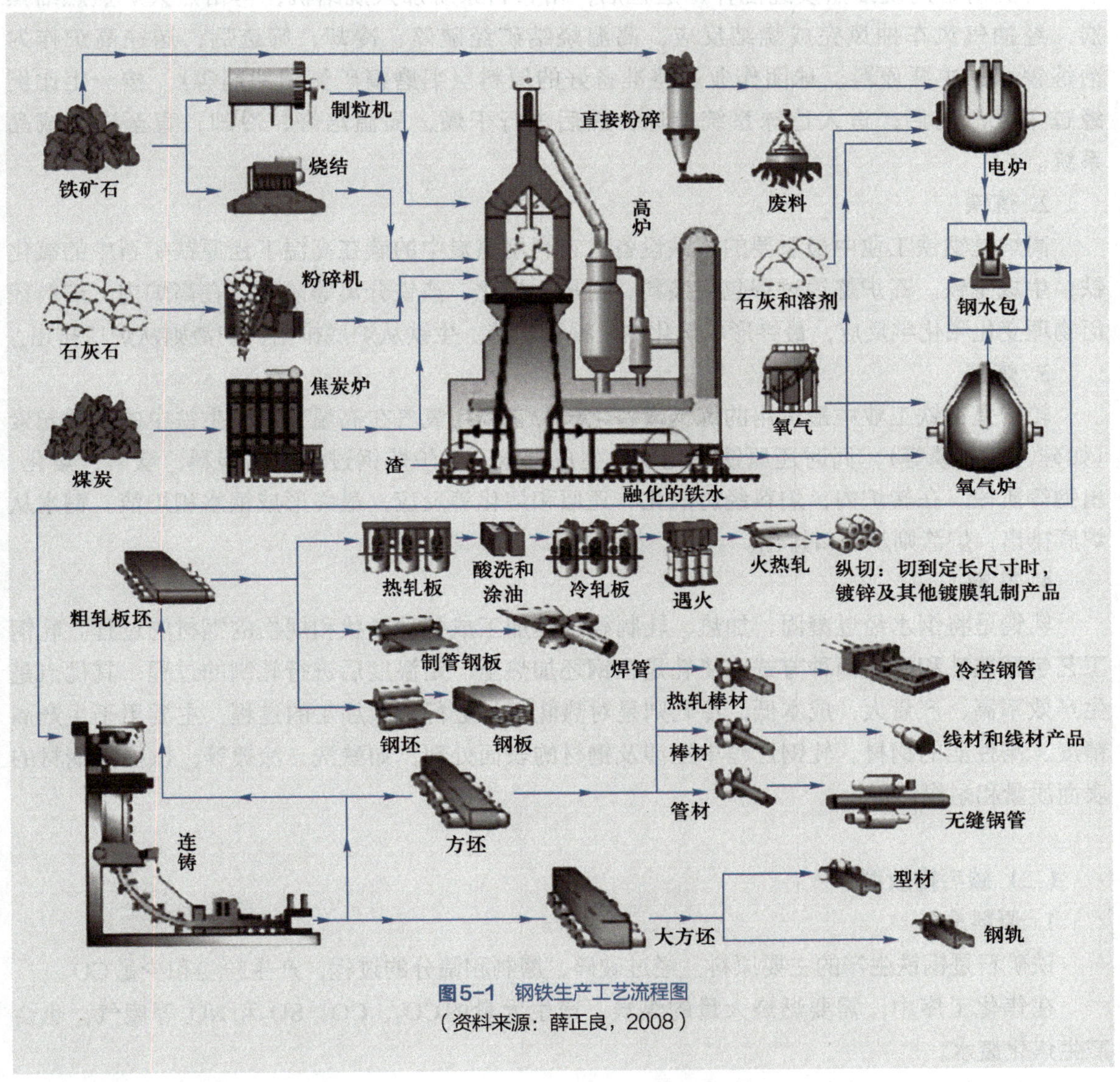

图5-1　钢铁生产工艺流程图
（资料来源：薛正良，2008）

1. 原料准备

(1) 原料种类

钢铁冶金工业的原料主要包括铁矿石、焦炭、石灰石等。铁矿石是钢铁生产的主要原料，其品质直接影响钢铁产品的性能。焦炭作为还原剂，在炼铁过程中起着至关重要的作用。石灰石则用于调节炉渣的碱度，提高炉渣的流动性，便于渣铁分离。

（2）原料预处理

原料预处理是钢铁工业的重要环节，包括炼焦、烧结和球团等工序。炼焦作业是将焦煤经混合、破碎后加入炼焦炉内经干馏产生热焦炭及粗焦炉气的过程。烧结作业系将粉铁矿、各类助熔剂及细焦炭经混拌、造粒后，由布料系统加入烧结机，再由点火炉点燃细焦炭，经抽气风车抽风完成烧结反应，高温烧结矿经破碎、冷却、筛选后，送往高炉作为冶炼铁水的主要原料。球团作业是将准备好的原料（细磨精矿和添加剂等），按一定比例经过干配混匀后，进入造球系统造球，然后进行干燥、高温焙烧、冷却，直至送入成品系统。

2. 炼铁

高炉是钢铁工业中最重要的炼铁设备，它利用焦炭中的碳在高温下还原铁矿石中的氧化铁，生成生铁。高炉炼铁过程包括装料、送风、熔化、渣铁分离等阶段。在高炉内，炉料经历物理变化和化学反应，最终形成熔化的生铁和炉渣。生铁从炉底排出，炉渣则从炉口排出。

3. 炼钢

转炉是钢铁工业中最常用的炼钢设备之一，它利用氧气在高温下氧化生铁中的杂质元素（如硅、锰、磷等），同时还原铁氧化物，生成钢水。转炉炼钢过程包括装料、吹氧、熔化、出钢等阶段。在转炉内，炉料经历氧化、还原和熔化等反应，最终形成钢水和炉渣。钢水从炉底排出，炉渣则从炉口排出。

4. 轧钢

轧钢是将钢水经过凝固、加热、轧制等过程加工成各种形状和规格的钢材的过程。轧钢工艺包括热轧和冷轧两种方式。热轧是在钢坯加热至一定温度后进行轧制的过程，其优点是生产效率高、产量大、成本低；冷轧则是对热轧钢材进行再次加工的过程，主要用于生产高精度、高性能的钢材。轧钢过程中还涉及钢材的表面处理，如酸洗、涂镀等，以提高钢材的表面质量和耐腐蚀性。

（二）碳污排放源

1. 原料准备

铁矿石是钢铁生产的主要原料，经过破碎、磨制和筛分的过程，产生粉尘和少量CO_2。

在焦化工序中，需要燃烧大量的煤炭，产生大量的CO_2、CO、SO_2和NO_x等废气，也会产生焦化废水。

石灰石的作用是在炼铁过程中调节炉渣的碱度，其在煅烧过程中分解，产生CO_2。该阶段的碳排放主要来自燃料的燃烧，废气排放集中在粉尘和气态污染物中。此外，固体废物主要是废矿石和未利用的焦粉等材料，废水则来自洗涤设备的少量含悬浮物和金属离子的废水。

2. 炼铁

炼铁工艺是钢铁工业的核心环节之一。在高炉内，焦炭与铁矿石反应生成铁水和炉渣。该过程的碳排放源主要是焦炭的燃烧，产生大量的CO_2和CO。此外，SO_2和NO_x也在燃烧过程中排放。固体废物主要是高炉渣，它包含未完全反应的氧化物和其他杂质。废气中含有较高浓度的CO_2和少量的未燃碳氢化合物，而废水则来自冷却和喷淋系统，含有悬浮颗粒和重金属，需经过处理后排放。

3. 炼钢

炼钢工艺通常包括转炉炼钢和电炉炼钢，主要通过吹氧去除铁水中的杂质，生成钢水。碳排放源主要来自氧化过程中产生的CO_2和CO。虽然部分副产气体可回收再利用，但仍有大量CO_2和NO_x等气态污染物直接排放。废气还包括吹氧过程中形成的颗粒物和氧化物。此外，废水主要来自冷却和清洗环节，含有少量油类和重金属。固体废物则是炼钢产生的炉渣和钢渣，其中含有未完全反应的氧化物和杂质，需通过堆放或回收处理。

4. 轧钢

轧钢工艺是钢材成型的最后环节，指将钢坯加热并轧制成各种形状的钢材。在加热炉的燃料燃烧过程中，产生CO_2和NO_x等废气。此外，轧钢工艺中的废气还可能包含少量SO_2和CO。废水主要来源于冷却水和清洗水，含有油类、悬浮颗粒物和化学添加剂，若未经处理排放，则可能对水环境造成污染。固体废物则包括轧钢过程中产生的废渣、废钢屑等，需妥善处理或回收利用。

（三）碳污排放特征

1. 碳排放特征

钢铁工业不同工序的碳排放因子见表5-1。

表5-1 钢铁工业不同工序的碳排放因子

工序	碳排放因子/[t(CO_2)·t^{-1}(产品)]	影响因素
烧结/球团	0.18~0.2	原料种类、烧结工艺、设备效率、操作管理
高炉炼铁	1.5~2.5	高炉入炉品位、焦炭质量、热风温度、炉顶压力、高炉燃料比
转炉炼钢	0.034~0.057	废钢比例、吹炼工艺、造渣剂种类和用量、设备效率
轧钢	较低	加热炉类型、燃料种类、轧制工艺、设备效率

2. 废气排放特征

钢铁工业不同工序的废气污染物排放因子见表5-2。

表5-2 钢铁工业不同工序的废气污染物排放因子

污染物	PCDD/Fs/（ng-TEQ · t^{-1}）	VOCs/（kg · t^{-1}）	CO/（kg · t^{-1}）	BC/%	OC/%	EC/%	F/（kg · t^{-1}）
焦化	160.09	2.96	1.6	30	35	—	—
烧结	1 582.95	0.25	1.6	1	2.2	0.4	0.002 8
球团	279.66	0.25	0.064	1	2.2	0.4	0.000 9
高炉	2	—	15.29	10	6.2	0.8	—
转炉	277.47	0.06	8.75	1.175	8.8	0.7	0.006 3
电炉	1 245.85	0.06	9	14.19	8.8	0.7	0.003 1
热轧	—	0.3	1.28	1.175	8.8	0.7	—
冷轧	—	0.062	—	—	—	—	—

3. 废水排放特征

钢铁工业不同工序的废水污染物排放因子见表5-3。

表5-3 钢铁工业不同工序的废水污染物排放因子

工序	废水类型	污染物	浓度范围/含量	备注
采矿	坑矿废水	悬浮物	300～3 000 mg/L	
	露天矿废水	悬浮物	300～3 000 mg/L	
选矿（铁精矿）	废水	悬浮物	500～2 500 mg/L	含黄药和油（浮选）
烧结	多种废水	悬浮物	10～30 g/L，pH 10～11或800～2 000 mg/L（含挥发酚、氰化物）	
炼铁	多种废水	氧化铁皮	1 000～5 000 mg/L	含油50～500 mg/L不等
		油	50～500 mg/L	
炼钢	多种废水	氧化铁皮	1 000～5 000 mg/L	含油
		油	50～500 mg/L	
	酸洗废液	悬浮物	640～2 000 mg/L	含11%硫酸、3～4 kg铁等
其他（硅铁合金生产等）	废水	钒、六价铬、酸、砷、铜等	具体浓度各异	
		无机悬浮物		包括煤炭、生物污泥及金属氧化物等
		重金属		如铝、铜、镉、铬、锌等
		油和油脂		
		有机污染物		如甲苯、苯、酚、萘等

4. 固体废物排放特征

钢铁工业不同工序的固体废物排放量见表5-4。

表5-4 钢铁工业不同工序的固体废物排放量

工序	固体废物类型	产生量/(万t)	利用率/%	备注/数据来源
焦化	焦粉	160.09	98.76	重点统计企业2024年数据
烧结	烧结粉尘	1 582.95	99.01	全国钢铁企业2024年末数据
球团	球团粉尘	279.66	99.21	全国钢铁企业2024年末数据
高炉	高炉渣	13 682.97	99.29	重点统计企业2024年数据
转炉	转炉渣	15 434	99.80	全国钢铁企业2024年末数据
电炉	电炉渣	1 245.85	99.80	重点统计企业2024年数据

二、铝冶金工业碳污排放特征

铝是最重要的轻金属，用途十分广泛。铝冶金工业主要包括氧化铝的生产和电解铝的生产。电解铝的碳排放占整个有色行业的80%以上，氧化铝的碳排放占13%。这里主要介绍电解铝的生产工艺、碳污排放源及碳污排放特征。

(一) 电解铝的生产工艺

电解铝的生产工艺见图5-2。

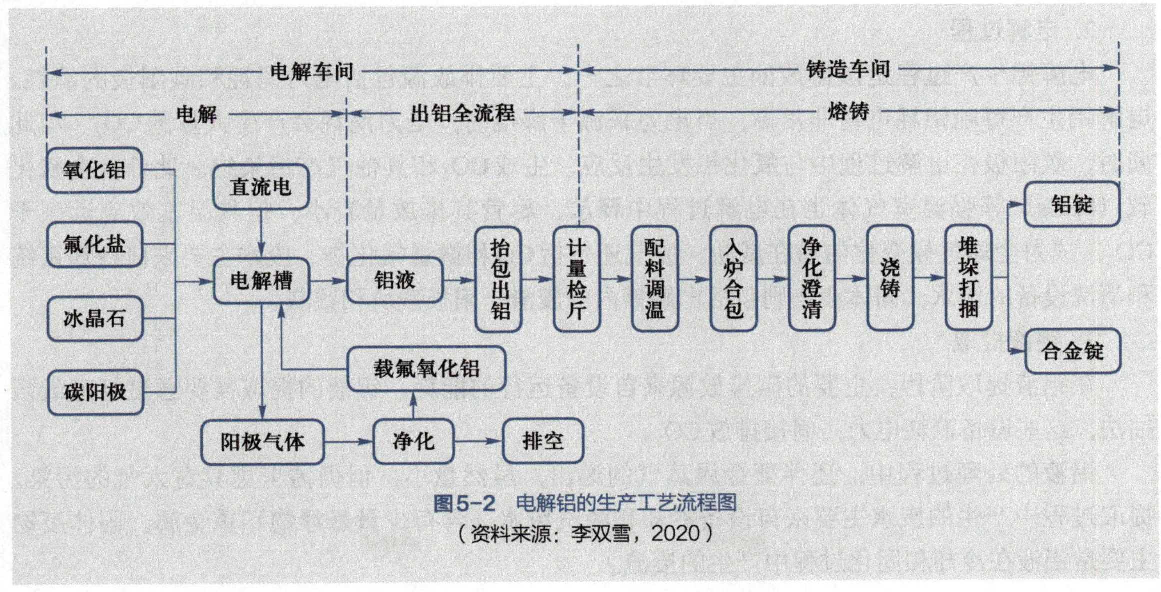

图5-2 电解铝的生产工艺流程图
（资料来源：李双雪，2020）

1. **原料准备**

氧化铝、氟化盐、冰晶石和碳阳极是电解铝的主要原料。原料准备阶段还涉及破碎、筛分和混合等步骤，以确保原料的粒度和成分符合电解工艺的要求。

2. **电解过程**

电解铝的核心工艺是电解氧化铝。在电解槽中，氧化铝溶解在由冰晶石和氟化物组成的电解质中。阳极产生的氧气与碳阳极反应，生成CO_2并消耗阳极块，铝液则在槽底部收集。

3. **铝液提取**

在电解槽中生成的铝液通过虹吸管从电解槽底部抽出，提取的铝液需要进一步精炼，以去除杂质。

4. **铸造后处理**

铸造过程包括将铝液倒入模具中，冷却凝固成铝锭或其他形状的铝制品。铸造后，铝锭通常会经过热处理、退火、轧制等后续工艺，以提高其强度、延展性和耐腐蚀性。

（二）电解铝的碳污排放源

1. **原料准备**

铝冶金的原料准备阶段，主要涉及铝土矿的开采、运输和氧化铝的生产。开采过程中，机械设备使用化石燃料如柴油，产生CO_2、NO_x等温室气体和污染物。运输环节的卡车和重型机械设备也是主要的碳排放源。此外，铝土矿的破碎和筛分过程中会产生大量的粉尘，如果未经过妥善处理，就会对大气环境产生污染。在氧化铝生产过程中，拜耳法作为主要工艺，产生的固体废物主要是赤泥，其中含有大量的铁氧化物和其他金属氧化物。废水主要来自矿石洗涤和赤泥堆场渗滤水，通常含有碱性物质，若不经过处理排放，则会对环境造成污染。

2. **电解过程**

电解铝生产过程是碳排放的主要环节之一，主要排放源包括电力消耗和碳阳极的消耗。电解铝生产每吨铝耗电量非常高，当电力来源于煤电时，电力消耗会产生大量的CO_2。与此同时，碳阳极在电解过程中与氧化铝发生反应，生成CO_2和其他气态污染物。此外，全氟化碳（PFCs）等强温室气体也在电解过程中释放，尽管其排放量较小，但其温室效应远高于CO_2，成为全球气候变化的潜在威胁。废气还包括CO和微量氟化物。废水主要来自冷却系统和清洗设备的废水，固体废物则包括电解槽内的废渣、阳极残块和铝灰。

3. **铝液提取**

在铝液提取阶段，主要的碳排放源来自设备运行的能耗。铝液的提取需要通过虹吸或泵抽法，这些设备消耗电力，间接排放CO_2。

铝液的处理过程中，还伴随金属蒸气的逸出，虽然量小，但仍需考虑其对大气的污染。提取过程中产生的废水主要来自设备冷却和清洗废水，含有少量悬浮物和重金属。固体废物主要是铝液在冷却和固化过程中产生的废渣。

4. **铸造后处理**

铸造后处理阶段的碳排放主要集中在加热炉的运行上，铸造设备加热铝液并将其塑造成所需的铝制品，其间会产生CO_2和其他气态污染物如NO_x。此外，在表面处理过程中，挥发性有机物（VOCs）的排放也是一个重要的排放源。废水主要来自冷却和表面处理废水，尤其在酸洗和清洗环节，会产生含酸的废水和重金属离子。固体废物则包括铸造产生的铝灰和其他废弃的模具材料，这些固体废物若处理不当，可能会对环境产生长期的负面影响。

（三）电解铝的碳污排放特征

我国电解铝行业碳污排放量见表5-5。

表5-5　我国电解铝行业碳污排放量

生产工序	CO_2排放量/[$t \cdot t^{-1}$（氧化铝）]	废水排放量/[$t \cdot t^{-1}$（氧化铝）]	固体废物排放量/[$t \cdot t^{-1}$（氧化铝）]
原料准备	0.1～0.15	0	1～2
电解过程	11～13	0.1～0.2	0.2～0.5
铝液提取	0.05～0.1	0.05	0.1
铸造后处理	0.1	0.32	0.05～0.1

1. **原料准备**

在原料准备阶段，铝土矿的开采和运输是主要的碳排放源，每吨铝土矿的开采约排放0.1～0.15 t CO_2。开采过程的设备燃烧化石燃料，产生的污染物包括CO_2、NO_x和SO_2。粉尘排放集中在矿石的破碎和筛分阶段，排放量随作业强度和天气条件波动。废水排放量相对较小，主要来自矿石洗涤的废水，含有少量金属离子和悬浮颗粒。固体废物主要是赤泥，每生产1 t氧化铝一般会产生1～2 t赤泥。

2. **电解过程**

电解铝生产过程中，每吨铝的CO_2排放量一般为11～13 t，其中约85%来源于电力消耗，尤其是在使用煤电的情况下，排放量较高。生产每吨铝消耗的碳阳极约为400 kg，直接排放约1.2 t CO_2。全氟化碳（PFCs）气体排放量较小，但其温室效应强烈。废水主要来自冷却系统，生产每吨铝产生0.1～0.2 t废水，废水中含有少量的氟化物和碱性物质，需经过中和处理。固体废物包括阳极残块和电解槽渣，生产每吨铝产生0.2～0.5 t的固体废物。

3. **铝液提取**

铝液提取阶段的碳排放量相对较小，生产每吨铝排放0.05～0.1 t CO_2，主要来自设备的电力消耗。废气排放量较小，但设备运行过程会释放少量的金属蒸气和CO_2。废水主要来自冷却水，生产每吨铝产生约0.05 t废水，废水中含有少量的悬浮颗粒和金属离子。固体废物主要是铝液冷却过程中产生的废渣，生产每吨铝大约产生0.1 t固体废物。

4. 铸造后处理

铸造后处理阶段的碳排放主要集中在加热操作上，生产每吨铝大约排放0.1 t CO_2。废气中的NO_x和SO_2浓度较高，尤其是在加热炉运行时，这些污染物的排放量会随温度升高而增加。废水主要来自表面处理和冷却水，生产每吨铝大约产生0.2 t废水，固体废物主要是铝灰和废弃模具材料，生产每吨铝产生0.05～0.1 t固体废物。

三、铜冶金工业碳污排放状况

铜是世界用量第三大的金属。从铜矿中开采出来的铜矿石，经过选矿成为含铜品位较高的铜精矿（铜矿砂），铜精矿需要经过冶炼提成才能成为精铜及铜制品。铜冶金工艺分为火法铜冶金和湿法铜冶金两类，目前以火法铜冶金为主，其产量约占世界铜产量的85%。这里主要介绍火法铜冶金的生产工艺、碳污排放源和碳污排放特征。

（一）火法铜冶金生产工艺

典型的双闪（闪速熔炼＋闪速吹炼）铜冶金工艺流程见图5-3。

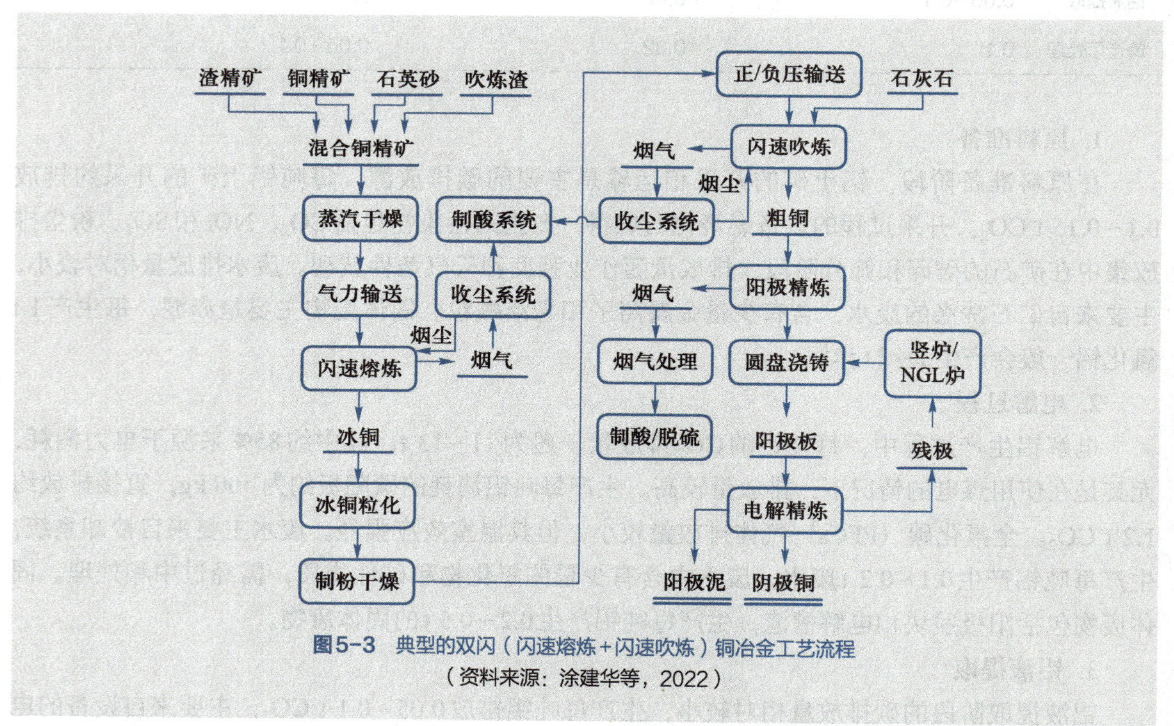

图5-3　典型的双闪（闪速熔炼＋闪速吹炼）铜冶金工艺流程

（资料来源：涂建华等，2022）

1. 原料准备

铜精矿需要进行干燥处理，以去除多余的水分，确保熔炼工艺的稳定性和效率。助熔剂

（如 SiO_2）促进金属与杂质的分离。

2. 闪速熔炼

在闪速熔炼过程中，铜精矿、SiO_2和O_2通过高压喷嘴进入熔炼炉，在1 200 ~1 300 ℃的高温条件下迅速发生反应。Cu_2S中的S与O_2反应生成SO_2气体，铜则以液态形式分离出来并与炉渣分离。

3. 闪速吹炼

闪速吹炼阶段是对液态铜的进一步提纯。铜与杂质混合的熔体被送入吹炼炉，在其中通过继续鼓入O_2或空气，氧化杂质（如Fe和S），形成更多的SO_2气体和炉渣，同时提高铜的纯度，达到粗铜或精铜标准。

4. 精炼与铸造

铜经过闪速吹炼后，还需进一步精炼和铸造。火法或电解精炼是去除铜中最后杂质的主要方法，最终使铜的纯度达到99% 以上。电解精炼过程中使用大量电力，而铸造阶段则主要将液态铜加工成所需的铜制品形态，如铜锭或其他制品。

（二）火法铜冶金的碳污排放源

1. 原料准备

在原料准备阶段，碳排放源主要来自燃料消耗和设备运行。铜精矿干燥过程需要大量的能量，通常由燃料燃烧提供热源，这会直接产生CO_2等温室气体。此外，铜精矿在破碎和筛分的过程中会产生大量的粉尘，这些粉尘不仅包含金属颗粒，还可能夹带少量的氧化物等有害物质。虽然此阶段的废水产生量较小，但冷却设备产生的冷却水中可能会含有一定的悬浮物和金属颗粒。固体废物主要是矿石破碎后产生的废矿石和少量金属渣，这些固体废物通常通过堆放或再利用处理。

2. 闪速熔炼

闪速熔炼是铜冶金过程中碳污排放最多的阶段，主要包括燃料燃烧产生的CO_2，以及熔炼过程中生成的SO_2和粉尘。熔炼炉需要在高温条件下运转，通常使用天然气、煤炭或石油作为燃料，产生大量的CO_2。铜矿石中的硫在高温下与氧气反应生成SO_2，并释放到空气中。此外，熔炼炉内部还会产生大量的金属蒸气和粉尘，若不及时处理，则这些物质会通过废气系统排放至大气中。熔炼过程中还会产生废水，主要来自冷却水和烟气净化水，含有硫酸和少量的重金属。固体废物包括熔炼后产生的炉渣，含有未反应的金属氧化物和硫化物。

3. 闪速吹炼

在闪速吹炼阶段，碳排放主要来自氧化反应。空气或氧气吹入炉内，杂质在高温下氧化，产生CO_2和SO_2等废气。此外，少量的NO_x也在高温下生成，成为大气污染的一个重要来源。废气中含有大量的SO_2，若不经处理直接排放，则会严重污染大气。废水主要来自烟气脱硫系统，烟气净化过程中会生成含酸性的废水，需经过中和处理。固体废物主要是炉渣，吹炼炉渣中含有金属氧化物和未反应的矿物质。

4. 精炼与铸造

在精炼和铸造阶段，碳排放主要来自电力的使用，尤其在电解精炼过程中。虽然该阶段的CO_2排放量相对较小，但仍需关注电解过程中产生的少量气态污染物，主要是NO_x。废气中的金属蒸气和粉尘也会在此过程中逸出。废水主要来源于电解液的处理过程，含有酸性物质和溶解的重金属离子，如铜和铅。固体废物则包括电解渣和铸造废渣，电解渣含有较多的金属杂质。

（三）火法铜冶金的碳污排放特征

表5-6列出我国铜冶金工业的碳污排放因子，碳排放因子为4.09 t（CO_2当量）/t（铜），最大碳排放环节为闪速熔炼，占全过程碳排放的78%左右。

表5-6 我国铜冶金工业的碳污排放因子

生产工序	CO_2排放量/[t·t^{-1}（铜）]	SO_2排放量/[t·t^{-1}（铜）]	NO_x排放量/[t·t^{-1}（铜）]	废水排放量/[t·t^{-1}（铜）]	固体废物排放量/[t·t^{-1}（铜）]
原料准备	0.13	0	0	0.05	0.2
闪速熔炼	3.18	1.2	0.02	0.5	2.5
闪速吹炼	0.5	1.0	0.03	0.4	1.5
精炼与铸造	0.28	0	0.01	0.3	0.2

四、铅锌冶金工业碳污排放状况

铅、锌是具有广泛用途的常用有色金属，其产销量在有色金属工业中排在第3位、第4位，其CO_2排放量在有色金属工业中分列第2位和第4位，减少铅锌冶金工业碳排放对有色金属工业实现“双碳”目标具有重要的作用。

（一）铅冶金工业碳污排放特征

铅冶金方法有火法和湿法两种，目前世界上以火法为主，占铅总产量的85%~90%。这里介绍火法铅冶金的生产工艺、碳污排放源和碳污排放特征。

1. 火法铅冶金生产工艺

典型的氧气底吹熔炼－鼓风炉还原熔炼法（SKS）是一种高效节能的火法冶炼技术，适用于处理复杂原料（图5-4）。其工艺流程包括：

（1）原料准备

铅冶金的原料主要为铅精矿和熔剂。首先，铅矿石经过破碎、研磨等物理加工后，形成铅精矿。之后，铅精矿与添加的熔剂（如石灰石、硅石等）进行混合处理，这些熔剂在熔炼过程中可以帮助分离出杂质，提高铅的回收率。

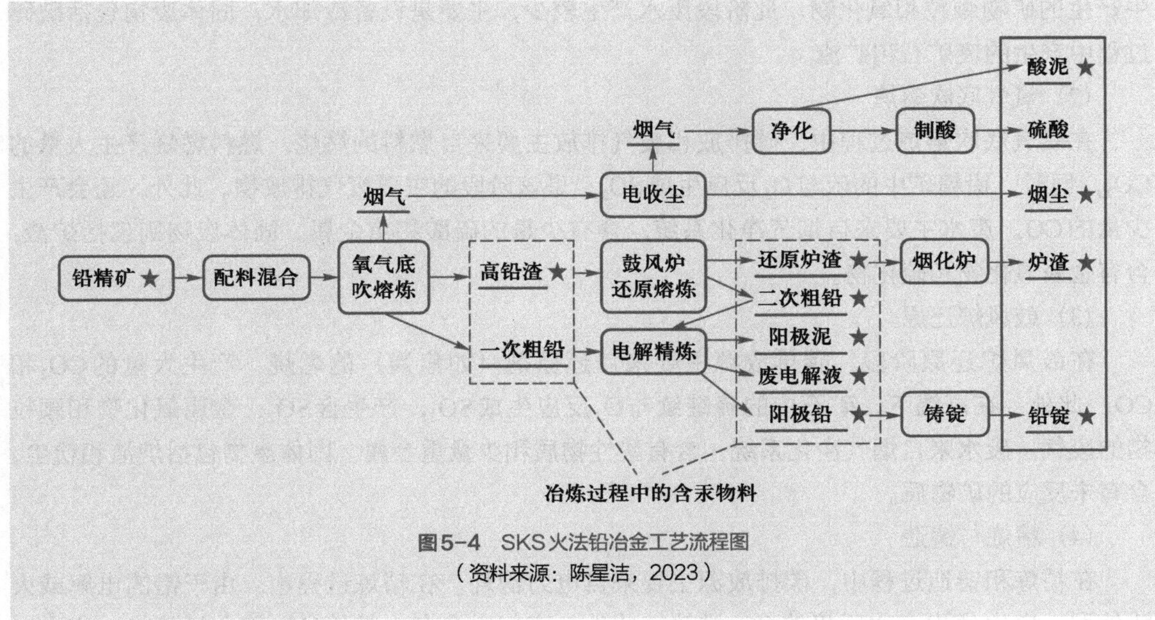

图5-4　SKS火法铅冶金工艺流程图

（资料来源：陈星洁，2023）

（2）氧气底吹熔炼

氧气底吹熔炼是SKS工艺的核心阶段。将铅精矿与熔剂送入氧气底吹炉，鼓入高纯度氧气，铅精矿中的硫元素与氧气发生反应生成SO_2，同时释放出大量热量，促使铅精矿中的铅以液态形式分离出来。底吹熔炼阶段可以有效提取铅渣，渣料中的铅含量较低，主要富集在粗铅中，而渣料中的氧化锌则是锌冶金的副产品。在这一阶段，温度达到1 200～1 300 ℃，物料在高温下快速熔化并分层，生成粗铅和渣料。

（3）鼓风炉还原

从氧气底吹炉中提取的铅渣会被送入鼓风炉进行还原熔炼。鼓风炉内加入还原剂（如焦炭）和熔剂，进一步分离出铅和其他杂质。在还原过程中，炉内温度保持在1 200 ℃左右，熔融状态下的杂质通过还原反应被去除，剩余的金属铅以液态形式沉积在炉底。鼓风炉还原是铅冶金中提取高纯度铅的重要步骤，同时，炉渣中所含的氧化锌则是锌冶金的重要副产品。

（4）精炼与铸造

鼓风炉还原后的粗铅含有一定的杂质，因此需要通过精炼来进一步提高其纯度。精炼工艺通常包括火法精炼和电解精炼，火法精炼用于去除粗铅中的杂质（如铜、锡、锑等），而电解精炼则可以将铅的纯度提升到99%以上。最后，精炼后的高纯度铅液被铸造成铅锭，供市场销售或进一步加工成其他铅产品。

2. 火法铅冶金的碳污排放源

（1）原料准备

在原料准备阶段，碳排放源主要来自燃料消耗和设备的运转。铅矿石在破碎、筛分和混合过程中，燃料燃烧和设备的电力使用会产生CO_2。粉尘排放较为显著，主要是在破碎过程中产生的矿物颗粒和氧化物。此阶段废水产生较少，主要是设备冷却水，固体废物包括破碎过程中产生的废矿石和矿渣。

（2）氧气底吹熔炼

在氧气底吹熔炼过程中，碳排放和废气排放主要来自燃料的燃烧。燃料燃烧产生大量的CO_2，同时，铅精矿中的硫与O_2反应生成SO_2，是该阶段的主要废气排放物。此外，还会产生少量的CO。废水主要来自烟气净化系统，含有少量的硫酸和重金属。固体废物则包括炉渣，含有金属氧化物和硫化物。

（3）鼓风炉还原

在鼓风炉还原阶段，碳排放源主要来自还原剂（如焦炭）的燃烧，产生大量的CO_2和CO。此外，在高温下，矿石中的硫继续与O_2反应生成SO_2，产生含SO_2、金属氧化物和颗粒物的废气。废水来自烟气净化系统，含有酸性物质和少量重金属。固体废物包括炉渣和粉尘，含有未反应的矿物质。

（4）精炼与铸造

在精炼和铸造过程中，碳排放源主要来自电力消耗。在精炼过程中，由于铅的电解或火法处理，电力使用产生间接的CO_2排放。此外，废气中含有少量的NO_x和金属蒸气。废水主要来自电解过程中的酸性废液，含有少量的重金属，如Pb和Cu。固体废物主要是电解渣和铸造废渣，含有金属杂质，需回收处理。

3. 火法铅冶金的碳污排放特征

我国火法铅冶金工业的碳污排放特征如表5-7所示。

表5-7　我国火法铅冶金工业的碳污排放特征

生产工序	CO_2排放量/[$t\cdot t^{-1}$（铅）]	废水排放量/[$t\cdot t^{-1}$（铅）]	固体废物排放量/[$t\cdot t^{-1}$（铅）]
原料准备	0.12	0.02～0.05	0.1～0.3
氧气底吹熔炼	1.86	0.5	2～3
鼓风炉还原	0.5～0.7	0.3～0.6	1～2
精炼与铸造	0.28	0.2～0.3	0.1～0.2

（1）原料准备

原料准备阶段的碳排放量较为稳定，主要来自燃料燃烧提供的热能。每处理1 t铅矿石，大约排放0.12 t CO_2。粉尘排放较为显著，尤其在设备高速运行时，粉尘浓度较高。通常每处理1 t铅矿石产生0.02～0.05 t含有少量悬浮颗粒的废水和0.1～0.3 t的废矿石和矿渣。

（2）氧气底吹熔炼

氧气底吹熔炼是铅冶金过程中碳排放的核心环节，每吨铅的CO_2排放量约为1.86 t，主要来自燃料燃烧和矿石的氧化反应。SO_2排放量较高，排放浓度为12%～14%，尾气中的SO_2浓度控制在300 mg/m^{3}以下。废水主要来自烟气净化系统，每吨铅大约产生0.5 t废水，含有硫酸盐和少量重金属。固体废物主要为炉渣，每吨铅产生2~3 t炉渣。

(3) 鼓风炉还原

在鼓风炉还原过程中，CO_2排放量较大，每吨铅的CO_2排放量为0.5~0.7 t，主要来自还原剂的燃烧。每吨铅产生0.3~0.6 t烟气净化系统废水和1~2 t炉渣。

(4) 精炼与铸造

精炼和铸造阶段的碳排放主要来自电力消耗，每生产1 t铅大约产生0.28 t CO_2。废气中含有少量的NO_x，每吨铅产生0.2~0.3 t含有重金属离子的电解液处理废水和0.1~0.2 t电解渣及铸造废渣。

(二) 锌冶金工业碳污排放特征

锌冶金分为火法锌冶金和湿法锌冶金两大类工艺。火法冶金主要用于处理高品位矿石，而湿法冶金则多用于处理低品位矿石或复杂矿石。湿法锌冶金是当今世界最主要的炼锌方法，其产量占世界总锌产量的85%以上。这里介绍湿法锌冶金的生产工艺、碳污排放源和碳污排放特征。

1. 湿法锌冶金生产工艺

典型的焙烧浸出湿法锌冶金工艺流程见图5-5。

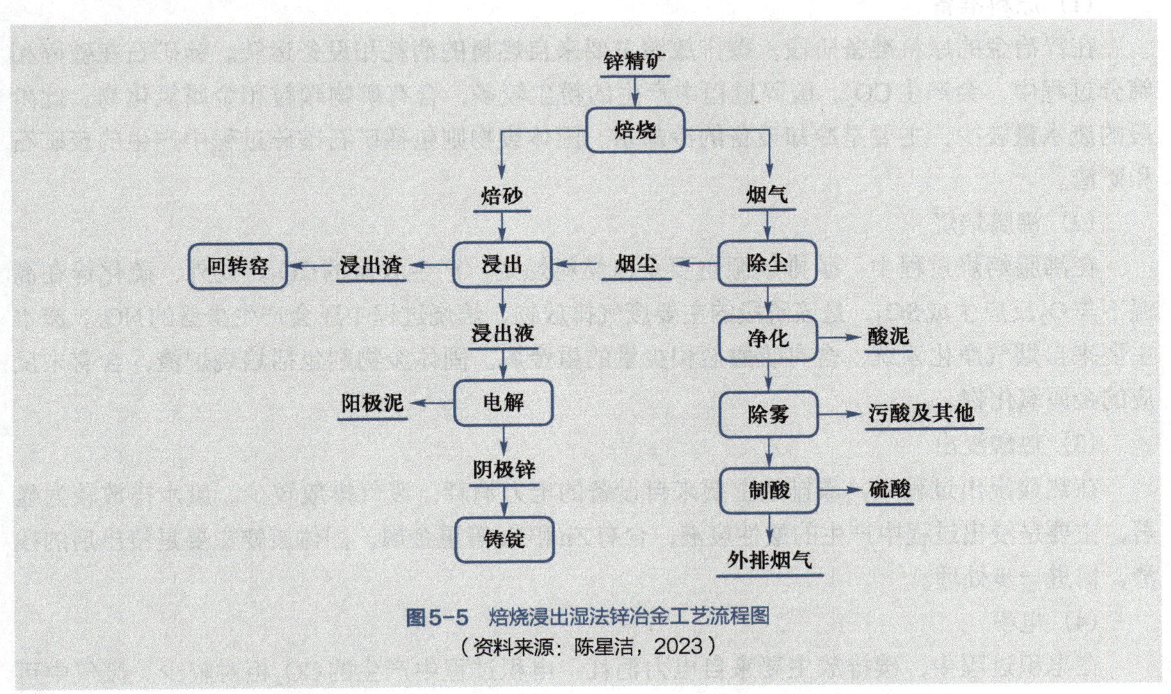

图5-5　焙烧浸出湿法锌冶金工艺流程图

（资料来源：陈星洁，2023）

(1) 原料准备

锌冶炼的原料为锌精矿和助熔剂，锌精矿通常由矿石经过破碎、筛选和浮选等处理后获得，含有较高比例的硫化锌（ZnS）。助熔剂（如石灰、硅石等）则用于焙烧过程中促进杂质的分离。原料准备阶段的关键在于将锌精矿的含水量和粒度控制在合适的范围内，以保证焙烧效率。

（2）沸腾焙烧

在沸腾焙烧阶段，锌精矿被送入沸腾炉中，炉内的温度维持在900~1 000 ℃，锌精矿中的硫化锌与氧气发生反应，生成氧化锌（ZnO）和SO_2。沸腾焙烧通过在炉内形成悬浮状态的细小颗粒，使其与氧气充分接触，从而提高反应效率。

（3）热酸浸出

焙烧生成的氧化锌需要经过热酸浸出处理，将氧化锌转化为硫酸锌溶液。热酸浸出工艺在85~95℃的高温下进行，硫酸作为浸出剂，将氧化锌溶解，形成稳定的硫酸锌溶液。与此同时，浸出过程中产生的铁、钙、镁等杂质会通过进一步的净化步骤分离。

（4）电积

在湿法锌冶金的电积工序中，净化后的硫酸锌溶液被送入电解槽，电解槽内通入直流电，锌离子在阴极析出，得到的锌纯度可以达到99.99%，形成的锌板需要进行后续加工或铸造。

2. 湿法锌冶金的碳污排放源

（1）原料准备

在锌冶金的原料准备阶段，碳排放源主要来自燃料的消耗和设备运转。锌矿石在破碎和筛分过程中，会产生CO_2。破碎过程中产生的粉尘较多，含有矿物颗粒和金属氧化物。此阶段的废水量较少，主要是冷却设备的冷却水。固体废物则包括矿石破碎过程中产生的废矿石和矿渣。

（2）沸腾焙烧

在沸腾焙烧过程中，碳排放源主要来自燃料燃烧，产生大量的CO_2。此外，硫化锌在高温下与O_2反应生成SO_2，是该阶段的主要废气排放物。焙烧过程中还会产生少量的NO_x。废水主要来自烟气净化系统，含有硫酸盐和少量的重金属。固体废物则包括焙烧炉渣，含有未反应的金属氧化物。

（3）热酸浸出

在热酸浸出过程中，碳排放主要来自设备的电力消耗，废气排放较少。废水排放较为显著，主要是浸出过程中产生的酸性废液，含有Zn和Fe等重金属。固体废物主要是浸出后的残渣，需进一步处理。

（4）电积

在电积过程中，碳排放主要来自电力消耗，电积过程中产生的CO_2相对较少。废气中可能含有少量的NO_x，废水排放则主要来自电解液的循环处理，含有Cu、Zn等重金属。固体废物包括电积渣和杂质，需要回收处理以减少对环境的影响。

3. 湿法锌冶金的碳污排放特征

我国湿法锌冶金工业的碳污排放特征见表5-8。

表5-8　我国湿法锌冶金工业的碳污排放特征

生产工序	CO_2排放量/[t·t^{-1}（锌）]	废水排放量/[t·t^{-1}（锌）]	固体废物排放量/[t·t^{-1}（锌）]
原料准备	0.1	0.02～0.04	0
沸腾焙烧	5.19	1	2～3
热酸浸出	0	0.4～0.6	0
电积	0.28	0.2～0.4	0.1～0.2

（1）原料准备

每处理1 t锌矿石，大约排放0.1 t CO_2。粉尘排放在矿石破碎和筛分过程中较为显著。废水排放量较小，每吨矿石产生0.02～0.04 t废水。

（2）沸腾焙烧

沸腾焙烧是锌冶金过程中碳排放的核心环节，每吨锌的CO_2排放量约为5.19 t，主要来自燃料燃烧和矿石的氧化反应。SO_2的排放量较高，排放浓度为10%～12%。每吨锌大约产生1 t烟气净化系统废水和2～3 t炉渣。

（3）热酸浸出

在热酸浸出过程中，碳排放主要来自电力消耗，每吨锌的CO_2排放量较小。每吨锌产生0.4～0.6 t酸性废液和部分浸出残渣。

（4）电积

在电积过程中，碳排放主要来自电力消耗，每吨锌大约排放0.28 t CO_2。废气排放较少，但含有少量NO_x。每吨锌产生0.2～0.4 t电解液循环处理废水和0.1～0.2 t电积渣。

第二节
钢铁冶金工业碳污协同减排

一、源头碳污协同减排

（一）原料和燃料替代

1. 生物质燃料

生物质燃料替代技术在钢铁冶金的四大关键工序（烧结、球团、炼铁、炼钢）中具有显著的减污降碳效果。通过用生物质燃料替代传统的煤炭、焦炭和天然气，减少了温室气体和污染物的排放，提高了能源利用效率，推动了钢铁冶金工业的绿色转型。

在烧结和球团工艺中，用生物质燃料替代煤炭后，CO_2排放减少20%～30%，SO_2和NO_x分别减少40%～60%和20%～30%。生物质燃料的高挥发性加速了燃烧过程，降低了能耗，球团工艺中的SO_2和NO_x排放减少约50%和30%。

在炼铁工艺中，用生物质燃料部分替代焦炭后，CO_2排放减少15%～25%，硫氧化物和NO_x减少10%～15%。生物质燃料的使用提高了高炉热效率，减少了能耗和冶炼时间，提高了工艺稳定性。

在炼钢工艺中，生物质燃料可用于转炉和电弧炉，减少煤炭和天然气的使用。生物质燃料的应用可减少炼钢工艺20%～30%的CO_2排放，同时降低10%～20%的SO_2和NO_x的排放量。

2. 废钢替代

废钢作为可回收的绿色原料，通过电炉短流程和转炉长流程工艺有效降低钢铁生产中的资源消耗和污染物排放（图5-6）。电炉短流程以废钢为主要原料，减少对铁矿石的依赖，从而减少能源消耗和矿渣产生。每生产1 t钢，废钢可替代1.65 t铁矿石，节约350 kg标准煤，CO_2排放量仅为高炉长流程的1/4，废气和固体废物排放量显著减少。在转炉长流程工艺中，废钢作为辅助原料可减少铁矿石使用，提升废钢比例可大幅降低CO_2排放量，同时减少高能耗的焦化和烧结工序带来的污染。

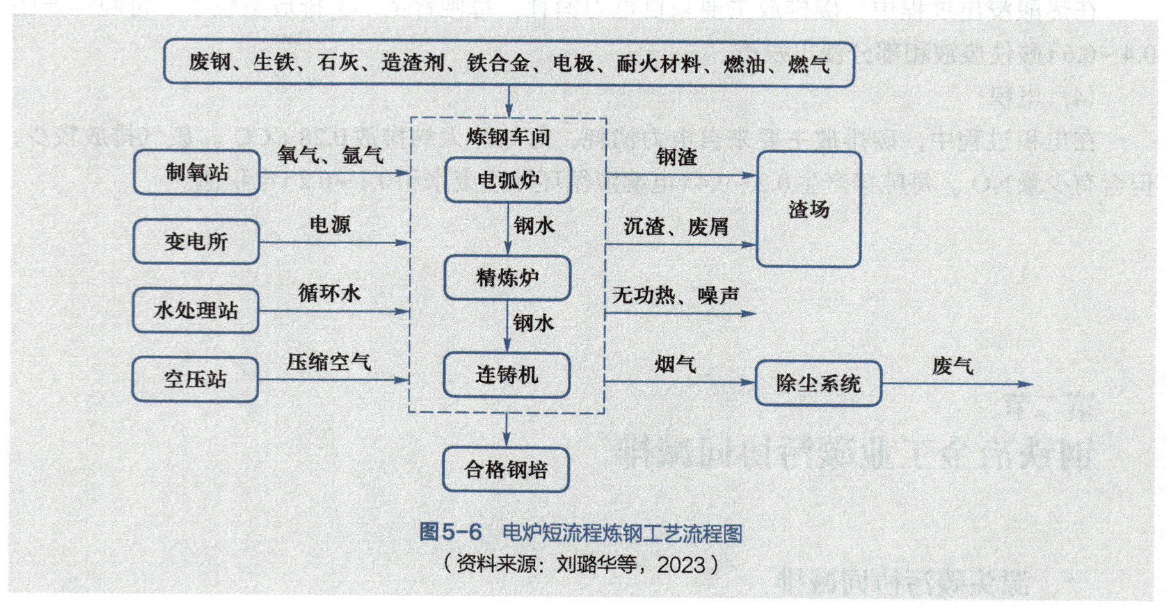

图5-6　电炉短流程炼钢工艺流程图
（资料来源：刘璐华等，2023）

（二）清洁能源

1. 以天然气替代煤炭

天然气替代煤炭在钢铁生产中的减污降碳效果显著，主要体现在清洁性和能效提升方面。首先，天然气燃烧产生的CO_2排放量减少了33%。其次，天然气几乎不含硫，燃烧时硫化物（SO_2）排放大幅减少，约降低36%，天然气燃烧也不会产生大量烟尘和煤渣，粉尘减少82%，固体废物减少99%。然而，NO_x排放量增加了约38%，但可通过低NO_x燃烧器和脱硝装置等技术有效控制，减少空气污染。天然气可替代煤炭应用于高炉喷吹、焦炉和焙烧炉等工序，展现出显著的减污效果。

2. **可再生能源**

在钢铁冶金工业中，可再生能源的应用对减污降碳具有重要作用。太阳能、风能和生物质能等可再生能源在发电过程中不会直接产生CO_2及其他有害气体，能够显著减少钢铁企业对化石燃料的依赖，减少大气污染物的排放。这些能源还具备可持续性，符合循环经济理念。钢铁企业若使用太阳能和风能替代传统燃煤发电，则可减少SO_2、NO_x和$PM_{2.5}$等污染物排放。在太阳能发电方面，厂房和设施可安装光伏发电系统，例如，某钢铁厂通过40 MW光伏系统实现年发电量4 841万kW·h，减少4.3万t CO_2排放量。在风能发电方面，沿海地区或风力资源丰富的钢铁企业可利用风力发电，辽宁省某企业每年通过风力发电减少2.3万t CO_2排放量，宝钢湛江钢铁有限公司也在建设大型风电基地。可再生能源的引入能够显著降低钢铁冶金工业的碳排放，帮助企业实现碳达峰和碳中和目标，同时优化能源结构，推动其向低碳、可持续发展转型。

二、生产过程碳污协同减排

（一）工艺改革

氢冶金技术是钢铁冶金工业实现碳中和的关键途径，使用氢气替代焦炭和煤粉，显著减少CO_2排放。氢气作为还原剂，与铁矿石中的氧反应生成铁和水蒸气，取代了传统的碳基工艺。氢基高炉－转炉炼钢工艺部分或完全用氢气替代焦炭，减少CO_2排放30%～50%，同时提升高炉反应效率和产量（图5-7），减少了NO_x和SO_2等污染物的排放。

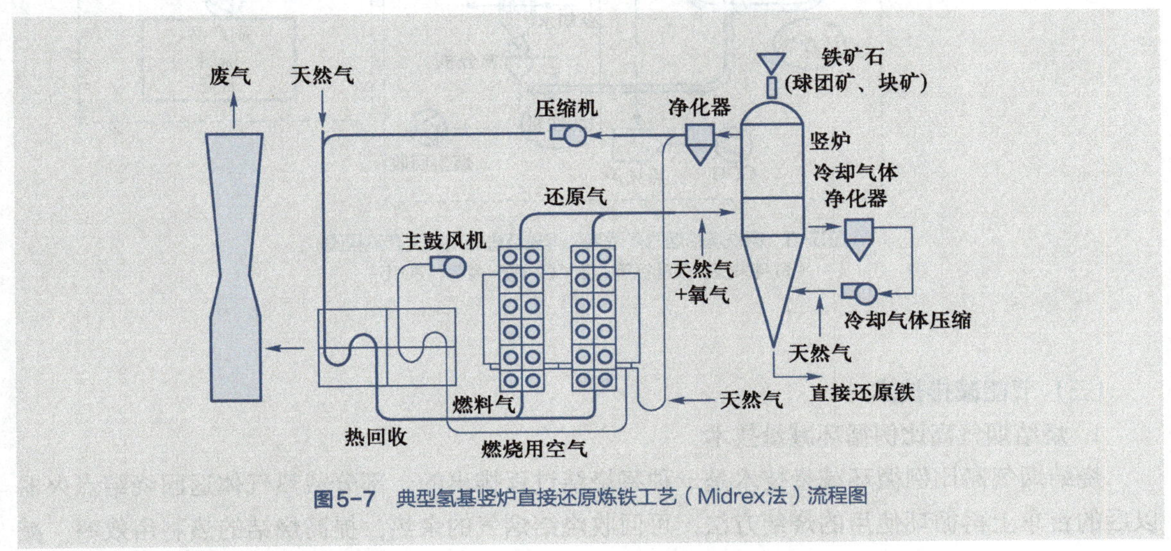

图5-7 典型氢基竖炉直接还原炼铁工艺（Midrex法）流程图

（二）钢铁烧结烟气循环治理技术

钢铁烧结烟气循环治理技术通过回收部分烟气并重新引入烧结过程，显著提高能源利用效率并减少污染物排放。该技术的核心在于高温烟气的回收与再利用，分为内循环和外循环两种技术路线。内循环通过调节烟气流动路径，减少新鲜空气供给，降低燃料消耗并分解有害物质；外循环在末端治理后回收部分烟气，用于供热或送回烧结炉再利用，降低污染物浓度，减少脱硫脱硝设备的处理压力和维护成本（图5-8）。研究表明，该技术显著控制了SO_2、NO_x和二噁英等污染物的排放。内循环使粉尘排放减少20%~25%，外循环使SO_2排放减少30%~35%，NO_x的减排效率为10%~20%，二噁英的分解效率达60%~70%。同时，通过回收烟气热能，提升了烧结工序的能源利用效率，新鲜煤炭使用量减少后，CO_2排放量可减少10%~15%。

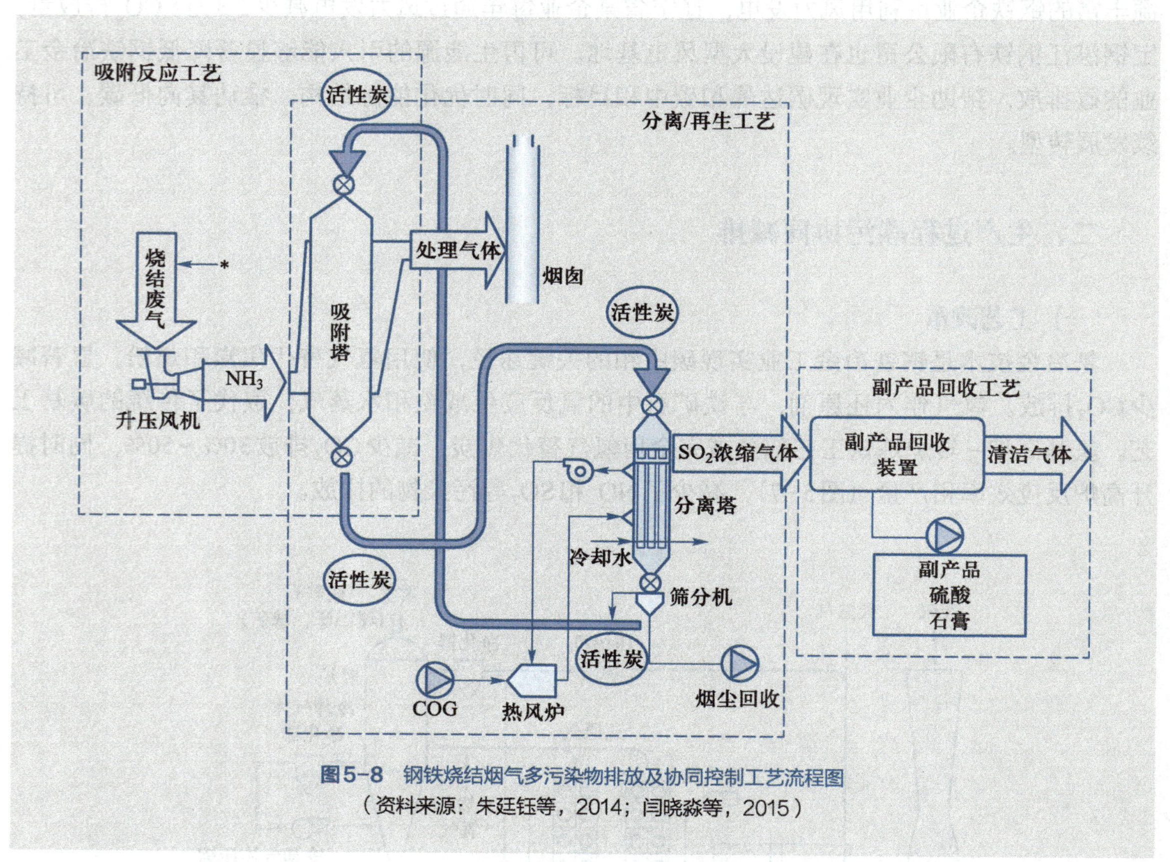

图5-8 钢铁烧结烟气多污染物排放及协同控制工艺流程图

（资料来源：朱廷钰等，2014；闫晓淼等，2015）

（三）节能减排技术

1. 烧结烟气高比例循环减量技术

烧结烟气高比例循环减量技术是一种将烧结过程排出的一部分载热气体返回烧结点火器以后的台车上再循环使用的烧结方法，可回收烧结烟气的余热，提高烧结的热利用效率，减少固体燃料消耗（图5–9）。该技术收集全部或部分风箱的烟气，并循环返回到烧结层，这部分烟气中的有害成分将在烧结层中被热分解或转化，二噁英和NO_x会部分消除，同时抑制NO_x的生成；粉尘和SO_2会被烧结层捕获，减少粉尘、SO_2的排放量；烟气中的CO作为燃料使用，可降低固体燃耗。另外，烟气循环利用减少了烟囱处排放的烟气量，降低了终端处理的负荷，可提高烧结烟气中的SO_2浓度和脱硫装置的脱硫效率，减小脱硫装置的规格，降低脱硫装置的投资。中国科学院过程工程研究所开发应用的烧结烟气选择性循环节能减排技术，通过工艺技术创新和关键设备优化，首次实现了节能减排增产多功能耦合，并成功应用于河钢集团邯钢公司。长期运行结果表明，技术运行效果优于设计值，实现烟气量减排20.4%，固体燃耗降低9.44%，烧结矿产量提升6.9%，每吨矿CO_2排放强度降低13.1 kg，NO_x减排20.9%，CO减排23.3%，二噁英减排33.9%，减污降碳协同治理效果显著。

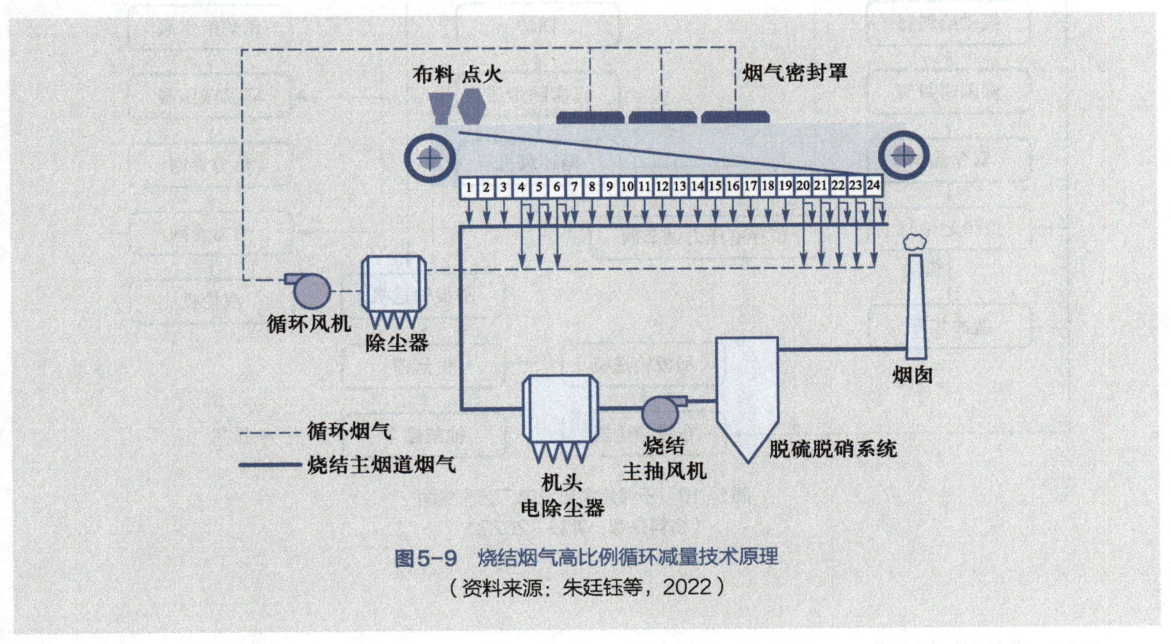

图5–9　烧结烟气高比例循环减量技术原理

（资料来源：朱廷钰等，2022）

2. 干熄焦超高温高压余热发电技术

在焦化厂干熄焦过程中，红焦从干熄炉的顶部装入，低温惰性气体由循环风机鼓入干熄炉冷却段红焦层内，冷却后的焦炭从干熄炉底部排除。吸收红焦潜热后温度升高的惰性循环气体从干熄炉环形烟道排出后，进入干熄焦余热锅炉进行换热，锅炉产生的蒸汽进入汽轮机带动发电机发电，干熄焦余热锅炉冷却后的低温惰性气体进入循环风机重新鼓入干熄炉（图5–10）。该技术显著减少了湿法熄焦中蒸汽的产生，降低了熄焦过程中的粉尘、SO_2和CO等污染物的排放，干熄焦技术可减少20%~30%的碳排放。早期的干熄焦余热发电工程锅炉和汽轮机一般采用中温中压机组，随着干熄焦技术的不断发展，规模不断扩大，为了提高发电量和达到更高的经济效益，目前干熄焦余热发电工程以选用高温高压机组为主，向超高温高压机组发展。

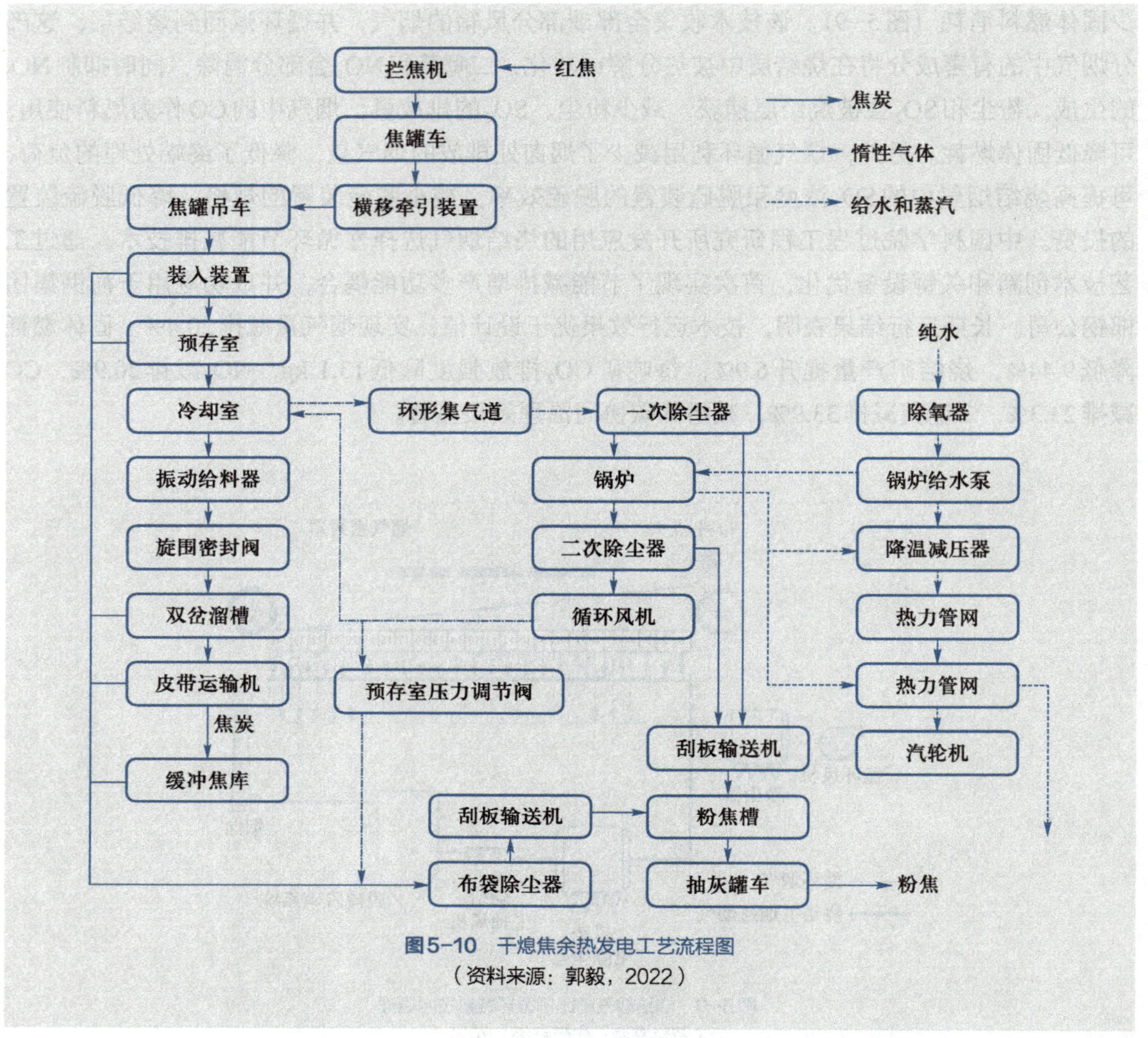

图5-10 干熄焦余热发电工艺流程图

（资料来源：郭毅，2022）

（四）能效提升技术

1. 低污低碳高炉炼铁技术

低污低碳高炉炼铁技术通过高炉炉顶均压煤气的全面回收、煤气精细脱硫、优化高炉原料及高风温热风炉等技术的综合应用，实现高炉炼铁的能效提升。通过均压煤气回收装置，有效收集高炉炉顶产生的煤气，回收率达到100%，并将其用于热风炉和其他系统，加热效率显著提升。节能降耗的高风温热风炉进一步减少了燃料消耗，实现了对高炉煤气和固体燃料的高效利用。基于优化原料的低碳冶炼手段，有效提高了铁矿石和焦炭在高炉中的反应效率。有关研究表明，该技术使高炉均压回收煤气和热风炉节省煤气总计26 m^3/t（铁），固体燃耗降低30 kg/t（铁），排放的NO_x和颗粒物等污染物均低于国家超低排放标准。

2. **热风炉余热回收技术**

热风炉余热回收技术利用热风炉烟道中低温余热资源，将其通过管式（金属）换热器，以预热助燃空气（图5–11）。采用余热回收技术，有效提高了热风炉的风温，改善了热风炉燃烧工况，节约了焦炭，提高了焦炭利用率和高炉炼铁率。

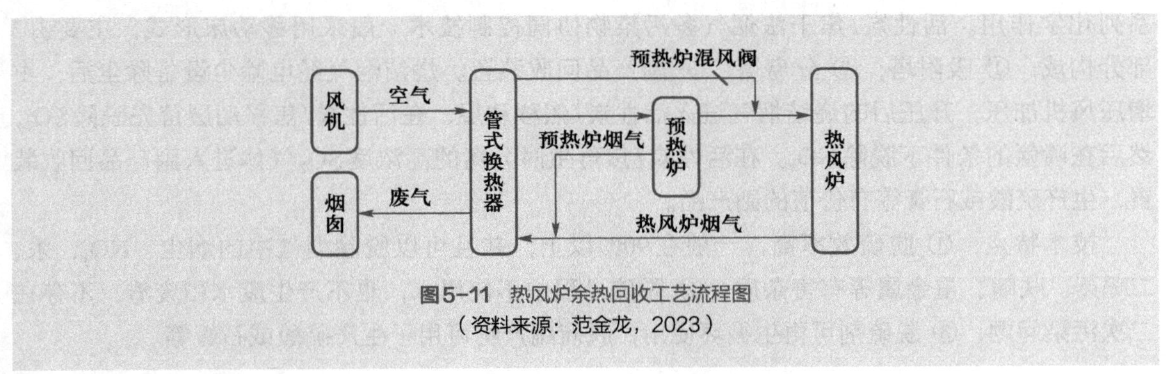

图5–11　热风炉余热回收工艺流程图
（资料来源：范金龙，2023）

（五）智能控制

在钢铁冶金工业，智能化能源管控系统在提升能源利用效率和减污降碳方面发挥重要的作用。智能控制系统整合现代信息技术和能源管理系统，通过数据整合与优化调度，实时监控生产中的物质流、能量流和信息流，运用大数据和人工智能预测能源需求，通过远程集控实现全厂能源的统一管理，提高设备利用率，优化调度，从而减少浪费。通过使用该系统，钢铁企业能够优化能源使用、减少浪费，并降低污染排放（图5–12）。该系统的碳排放核算功能可实时计算排放量，并提供优化建议，帮助企业识别碳减排的关键环节，多介质耦合优化则使不同介质的能源管理更加灵活，有效减少能源浪费和碳排放。

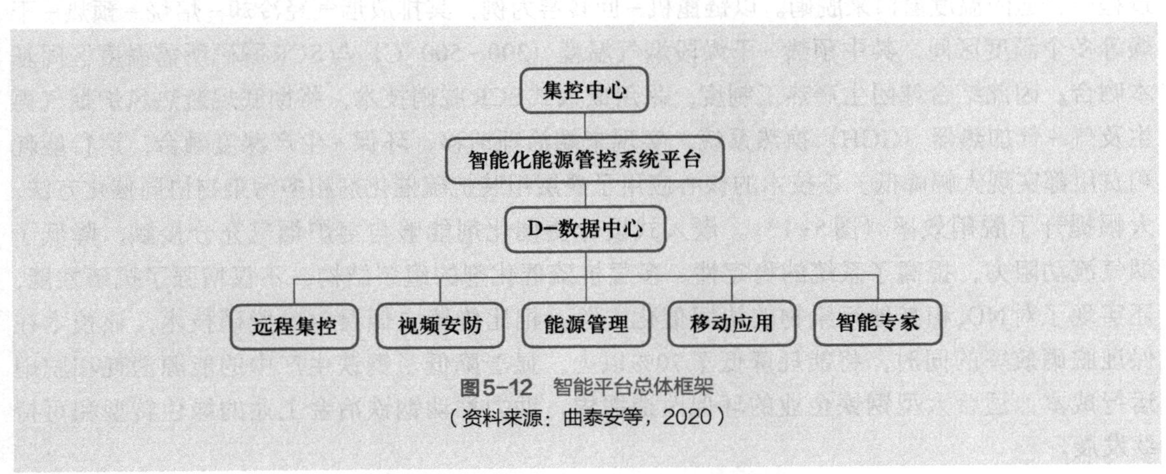

图5–12　智能平台总体框架
（资料来源：曲泰安等，2020）

三、末端治理碳污协同减排

（一）活性炭/焦干法烟气多污染协同控制技术

活性炭/焦干法烟气多污染物协同控制技术是一种资源化的污染物治理技术，可同时脱除多种污染物，当烟气中含有充分的H_2O与O_2时，首先发生物理吸附，然后在炭基表面发生一系列化学作用。活性炭/焦干法烟气多污染物协同控制技术一般采用移动床形式，主要由3部分构成：① 吸附塔；② 分离塔；③ 副产品回收装置。烧结烟气经电除尘设备除尘后，由增压风机加压，升压后的烧结烟气进入活性炭/焦移动层，在活性炭/焦移动层首先脱除SO_2，然后在喷氨的条件下脱除NO_x。在活性炭/焦再生时分离的高浓度SO_2气体进入副产品回收装置，生产硫酸或石膏等有价值的副产品。

技术特点：① 脱硫效率高，一般在90%以上，并且可以脱除烟气中的烟尘、NO_x、汞、二噁英、呋喃、重金属等有害杂质；② 脱硫过程中不使用水，也不产生废水和废渣，不存在二次污染问题；③ 脱硫剂可再生循环使用，脱硫副产物可用于生产硫酸或石膏等。

（二）球团烟气嵌入式脱硝技术

在钢铁生产过程中，球团矿是主要的铁前原料。相较于烧结矿，球团矿具有烟气量小、硫硝排放量低等优点，需求量逐年增加，实现球团烟气超低排放对我国钢铁冶金工业绿色发展具有重要意义。

在球团烟气多污染物控制技术中，颗粒物和二氧化硫（SO_2）均可通过现有污染控制设施升级来满足控制需求，但对于NO_x的排放，则存在系统匹配差、运行费用高等难题。因此，亟须开发契合球团烟气特征的NO_x超低排放技术。依托"十三五"国家重点研发计划项目"钢铁行业多工序多污染物协同控制技术"，中国科学院过程工程研究所研发了"球团烟气嵌入式脱硝技术"，有效实现了NO_x的超低排放。球团烟气嵌入式脱硝技术主要利用球团生产过程中合适的温度窗口来脱硝。以链篦机－回转窑为例，其排放烟气经冷却－焙烧－预热－干燥等多个温度区间，其中预热－干燥段烟气温度（300～500 ℃）与SCR脱硝所需温度区间基本吻合。因此结合球团生产热工制度，采用嵌入式SCR脱硝技术，将彻底规避热风炉烟气再生及气－气加热器（GGH）换热系统，实现末端治理前移、环保－生产深度融合，运行能耗和费用都实现大幅降低。该技术的核心应用了叠层组装抗硫催化剂和多污染物协同催化方法，大幅提升了脱硝效率（图5-13）。嵌入式设计使催化剂能够与窑炉烟气充分接触，降低了烟气流动阻力，提高了系统的稳定性。多层抗硫催化剂的组装结构，不仅增强了抗硫性能，还实现了对NO_x和其他污染物的协同催化去除。相比传统中低温SCR脱硝技术，该技术在保证脱硝效率的同时，将能耗降低了70%以上，显著降低了钢铁生产中的能源消耗和脱硝运行成本，适合大型钢铁企业的环保改造需求，助力推动钢铁冶金工业的绿色转型和可持续发展。

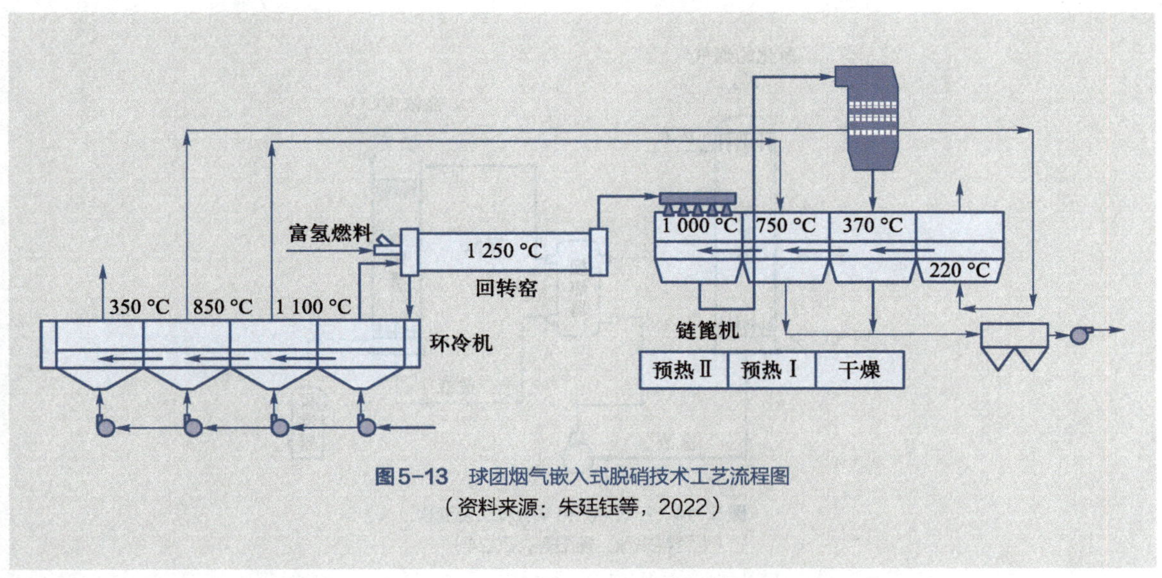

图5-13　球团烟气嵌入式脱硝技术工艺流程图
（资料来源：朱廷钰等，2022）

（三）钢渣固碳

钢铁生产过程中产生的大量钢渣，主要成分包括钙、铁、硅、镁、铝、锰、磷等的氧化物。钢渣固碳就是利用钢渣中的碱性氧化物（如CaO和MgO）与CO_2发生碳酸化反应，生成稳定的碳酸盐如碳酸钙（$CaCO_3$）和碳酸镁（$MgCO_3$），达到固碳目的。

钢渣固碳反应包括直接固碳和间接固碳两种主要形式。直接固碳指CO_2直接与钢渣中的碱性组分反应，操作简单但反应速率较慢，通常需要增加水分或提高温度以促进反应，适合小规模、低成本的碳捕集。间接固碳则通过酸性溶剂浸出钢渣中的钙、镁离子，再与CO_2反应生成碳酸盐，虽然能耗较大但反应效率高，适合大规模工业应用。该技术不仅能够捕集和封存CO_2，还能有效控制钢渣中的重金属污染。例如，利用含有45%～65% CaO的钢渣，通过碳酸化反应，每吨钢渣理论上可固定100～200 kg的CO_2。钢渣碳酸化效率可达到74%，最佳条件下的固碳量为8%～40%。尽管该工艺的能耗较高，但通过优化溶剂回收和工艺设计可降低成本。

（四）化学吸收法碳捕集

在钢铁行业中，高炉、烧结、转炉等环节排放大量的CO_2，开展碳捕集、利用与封存（CCUS）技术是减少CO_2排放的重要措施。化学吸收法采用有机胺（如乙醇胺）作为吸收剂，通过加热再生吸收剂释放出纯净的CO_2，捕集率可达90%。典型案例包括日本COURSE 50项目，开发的ESCAP化学吸收工艺在高炉煤气中进行CO_2捕集（图5-14）。该技术在日本某企业进行试验，CO_2回收率为90%，再生能耗为2.3×10^9 J/t（CO_2），分离成本约为18美元/t（CO_2）。

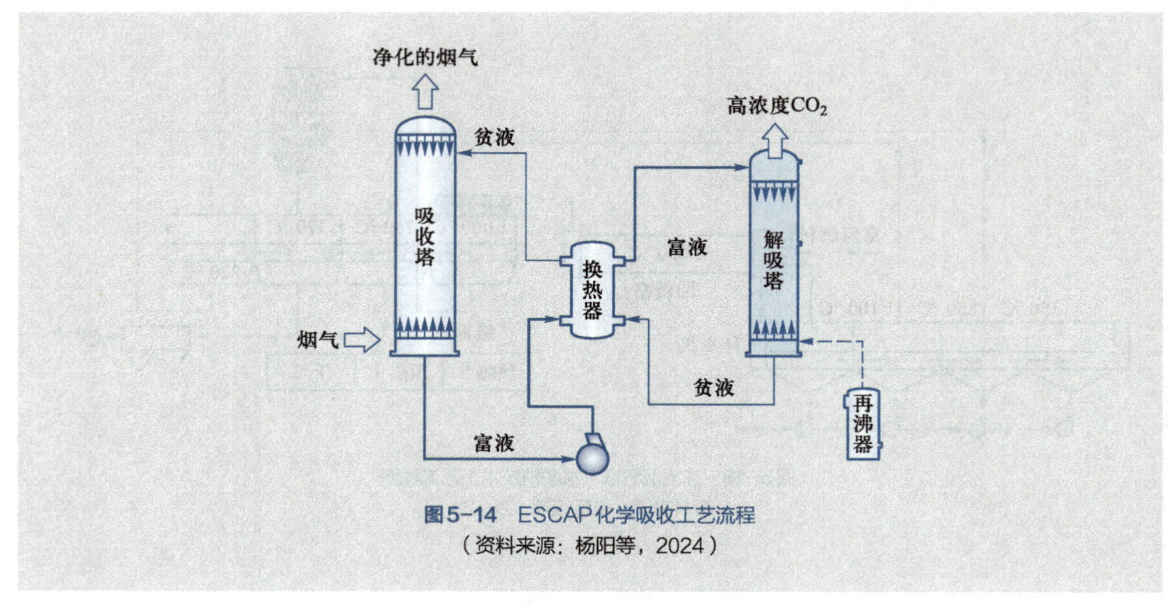

图5-14　ESCAP化学吸收工艺流程
（资料来源：杨阳等，2024）

四、资源循环利用碳污协同减排

（一）转炉煤气生物发酵制乙醇技术

转炉煤气生物发酵制乙醇工艺流程包括尾气预处理、发酵反应和提取与分离。尾气经过脱硫、除尘等过程净化后进入发酵罐，厌氧微生物利用CO进行发酵反应，生成乙醇。随后，发酵产物通过蒸馏和脱水提取高纯度乙醇，发酵过程中产生的废水可经过处理后回用于生产或转化为沼气，实现资源循环利用。该技术的减污降碳效果显著，能够将尾气中的CO浓度降至接近零，减少碳排放。同时，生产的乙醇可替代传统化石燃料，进一步减少CO_2排放。相对于煤气直接燃烧，该技术可以降低CO_2排放约30%，减少NO_x和颗粒物排放约67%。

（二）钢铁冶金固体废物制水泥

钢铁冶金排放大量的固体废物，包括高炉渣、转炉渣、石膏渣等，将高炉渣、转炉渣、钢渣等冶金固体废物与传统水泥原料（如石灰石、黏土）相结合，通过粉磨和混合等工艺，可以制成具有良好物理和化学性能的水泥产品。

高炉渣作为钢铁生产的副产品，经过处理后可作为水泥的主要成分，而转炉渣因其高氧化钙和铁氧化物含量，能部分替代水泥熟料，降低生产中的能源消耗。研究表明，使用高炉渣和钢渣制备的矿渣水泥可减少30%~50%的碳排放，同时固体废物中重金属等有害物质被固化在水泥基体中，降低对环境的二次污染。不同钢铁冶金固体废物制水泥的减碳效果见表5-9。

表5-9　不同钢铁冶金固体废物制水泥的减碳效果

固废类型	主要成分	替代水泥熟料比例/%	减碳效果
高炉渣	SiO_2、CaO、Al_2O_3	30~50	减少30%~50%碳排放
转炉渣	CaO、Fe_2O_3	15~30	减少20%~40%碳排放
石灰石矿泥	$CaCO_3$、SiO_2	5~10	减少15%~25%碳排放
石膏渣	$CaSO_4$	3~5	减少10%~20%碳排放

第三节
铝冶金工业碳污协同减排

一、源头碳污协同减排

（一）再生铝原料替代

再生铝作为绿色低碳铝资源替代品，展现出实现碳中和和降低资源消耗的效果。再生铝由回收的废旧铝材（如建筑材料、汽车零部件等）为原料制成（图5-15），其可反复循环利用而不损失物理性能。废铝的回收能耗仅为原铝生产的5%，大大降低了生产过程中的能源消耗和环境污染。再生铝的生产无须铝土矿开采和电解工序，显著减少高耗能步骤，减少废水和废气排放，避免了SO_2、氟化物等污染物排放，并几乎不产生矿渣等固体废物。生产1 t再生铝时，平均可减少约90%的碳排放，降低了整个生产过程的碳排放强度。

（二）清洁能源替代

铝冶金是一个高耗能、高污染工业，传统铝电解工艺高度依赖化石能源，而清洁能源的使用能够显著降低碳排放。典型的绿电铝技术利用可再生电力为电解铝工艺提供能源，降低CO_2排放强度。通过引入风力发电和光伏发电，电解铝CO_2排放量可减少40%~50%，水力发电的应用使每吨铝的碳排放量下降超过50%。氢能在高温工艺中可减少80%的CO_2排放，氢基冶金技术在铝冶金工业的应用可有效降低温室气体排放。

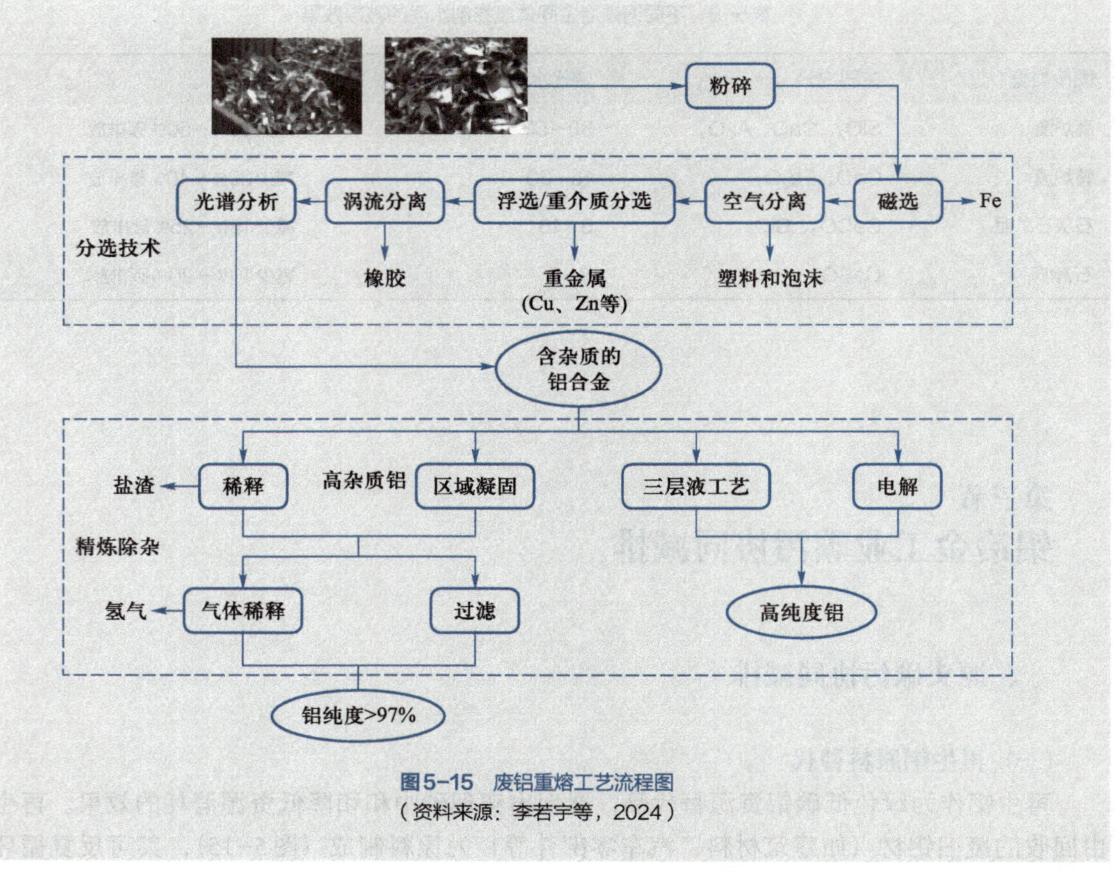

图5-15　废铝重熔工艺流程图
（资料来源：李若宇等，2024）

二、生产过程碳污协同减排

（一）新型电解工艺

新型电解工艺能够显著降低铝液的直流电耗，无效应低电压技术、异形阴极炭块技术和双钢棒等新技术的应用，使电解铝能耗从2007年的14 000 kW·h/t（Al）降至当前的13 000 kW·h/t（Al）。这些技术通过优化电解槽的电压分布、提高导电性能，减少压降，从而降低槽电压。此外，新型阴极技术的应用则提升了铝液的稳定性，减少了电流损失，同时余热回收系统的引入，如侧壁余热和烟气余热的利用，进一步提高了能源利用率（图5-16）。

铝液直流电耗的降低使每吨铝节电1 000 kW·h，电耗预计将进一步降低至12 500 kW·h/t（Al）以下。槽电压的降低节约了5%～10%的能耗，而电流效率的提升使电能利用率提高3%～5%。此外，余热回收系统的应用进一步减少了2%～3%的总能耗。

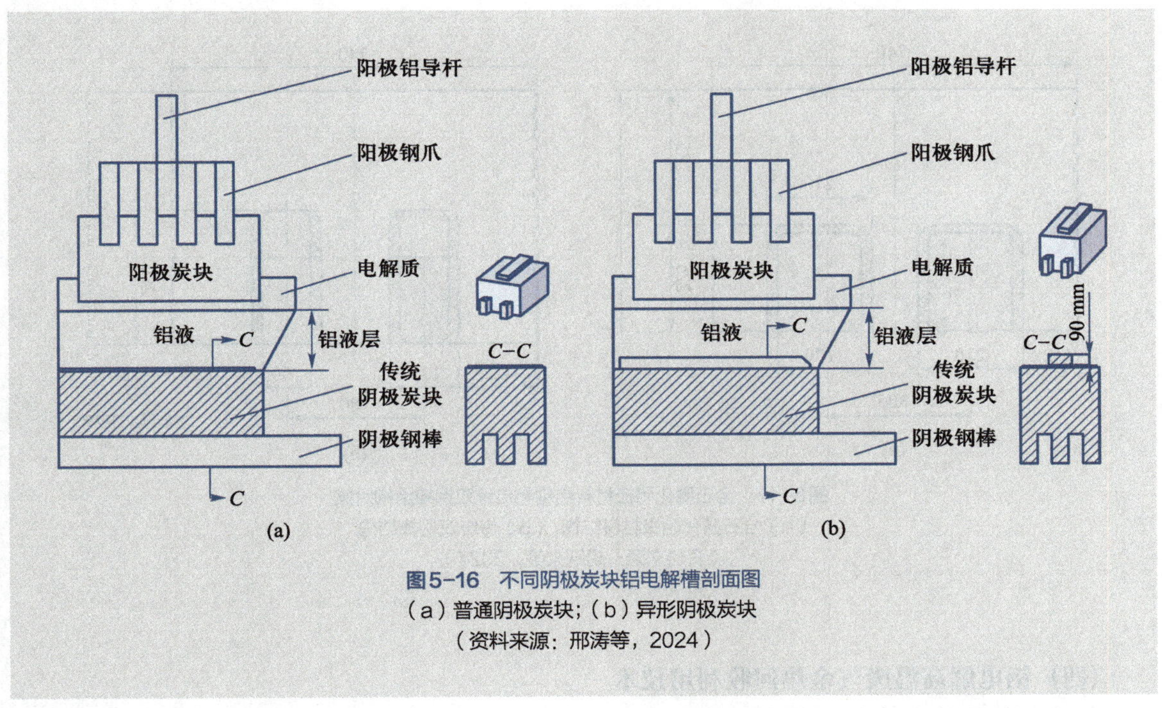

图5–16　不同阴极炭块铝电解槽剖面图
（a）普通阴极炭块；（b）异形阴极炭块
（资料来源：邢涛等，2024）

（二）开槽阳极节能减排技术

开槽阳极的核心理念是在阳极底部开槽，以提高气泡的排出效率，显著降低气泡覆盖率，从而减少阳极压降和阳极效应。气泡在电解槽中增加电解液的电阻，导致槽电压升高，进而增加能耗。通过改善气泡排出条件，开槽阳极有效降低了阳极压降和整体能耗。此外，该技术优化了阳极电流分布，提升了电流效率和电解槽的工作效率。实验数据显示，开槽阳极的导电率比传统阳极高8.05%，并显著提高了电解槽的稳定性。电流效率的提升使每吨铝节约电能约125 kW · h，电压降低27 mV，从而进一步减少能耗。在实际生产中，每吨铝能耗降低3%～5%，而每吨铝的CO_2排放量减少了5%以上。

（三）全石墨化阴极电解槽

铝电解槽在铝冶金工业电力消耗中至关重要，“全石墨化阴极材料”技术成为提升电解槽能效的关键手段之一（图5–17）。此技术采用高度石墨化的碳材料作为阴极，因其低电阻特性显著降低了电解过程中的直流电耗，使阴极压降减少约90 mV，从而减少能量损耗。此外，全石墨化阴极材料具有优良的导热性和抗腐蚀性，能有效降低阴极的磨损速度和热损失，延长了电解槽的使用寿命，减少了因频繁更换部件而带来的资源消耗与附加能耗。与此同时，全石墨化阴极材料的耐用性使得生产过程更稳定可靠，进一步提高了电流效率和能效。通过这一先进材料的应用，每吨铝的生产能耗大幅降低，为铝冶金工业的节能减排提供了有力支持。

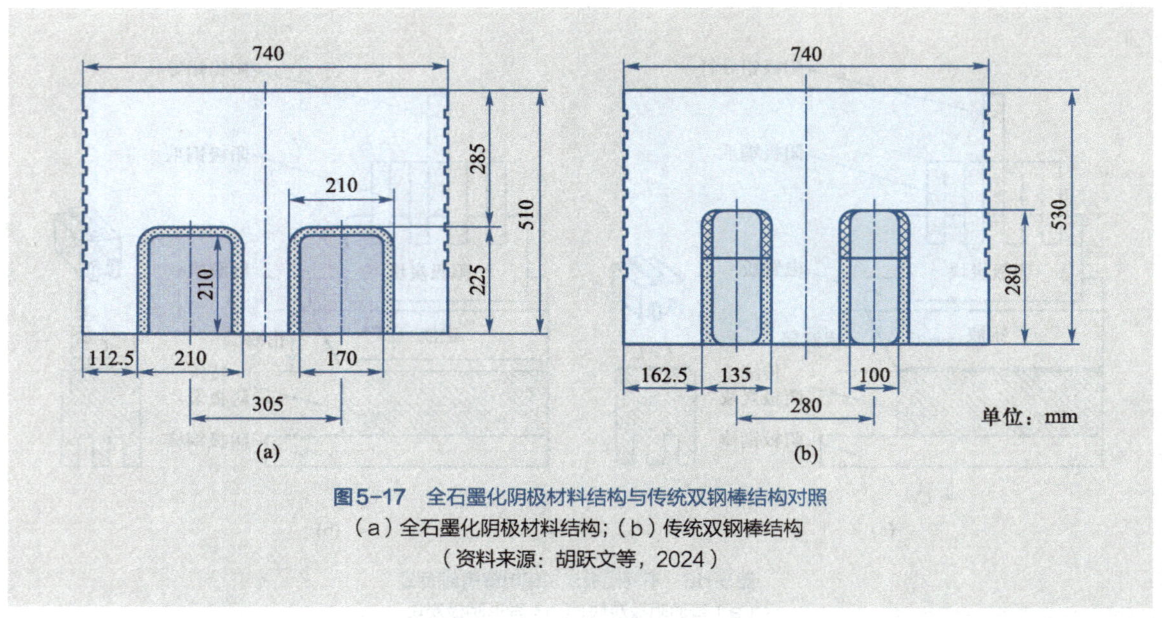

图5-17　全石墨化阴极材料结构与传统双钢棒结构对照

（a）全石墨化阴极材料结构；（b）传统双钢棒结构

（资料来源：胡跃文等，2024）

（四）铝电解高温废气余热回收利用技术

铝电解高温废气余热回收利用技术是铝冶金工业中的一项重要节能减排措施，旨在有效利用铝电解过程中产生的高温废气热能，减少能源浪费和环境负担。该技术主要通过换热器、余热发电和回收余热供暖等方式实现（图5-18）。换热器利用高温废气的热能加热水或空气，通常采用管壳式换热器将废气热量传递给冷却水，以供发电或供热。余热发电技术通过涡轮发电机组将高温废气热能转化为电能，发电效率可达20%～30%。此外，回收余热供暖可用于车间供暖或生产过程，降低能耗成本。在减污降碳方面，该技术具有显著效果。通过余热回收，铝电解企业能减少对外部能源的依赖，降低电力和热能消耗。

（五）智能控制

在铝电解行业中，智能控制技术通过优化生产过程和提升能效发挥了重要作用。该技术采用“分级管理、集中监控”的模式，基于实时数据采集、控制和监测，旨在提高铝电解整体效率。核心功能包括监测电解槽的电压、电流和槽温，通过数据分析和人工神经网络模型预测最佳出铝量，优化铝液调度，确保杂质含量符合要求并提升铝液质量。此外，免疫克隆算法用于出铝调度优化，确保生产过程的准确性与稳定性。通过TCP/IP协议实现集中监控和远程管理，使生产状态可以实时查看并调整，减少人工干预。

智能控制技术在减污降碳方面效果显著。首先，通过精确控制铝液的出铝量和电解槽的温度，电流效率提高了2%～3%，降低了电解槽直流电耗，减少每吨铝的能耗。其次，系统动态调整铝液配比，减少因杂质过多导致的资源浪费，优化出铝任务，降低运输过程能耗。最后，调节电解槽的温度和反应条件，有效减少CO_2排放，提升能效，间接降低与电力消耗相

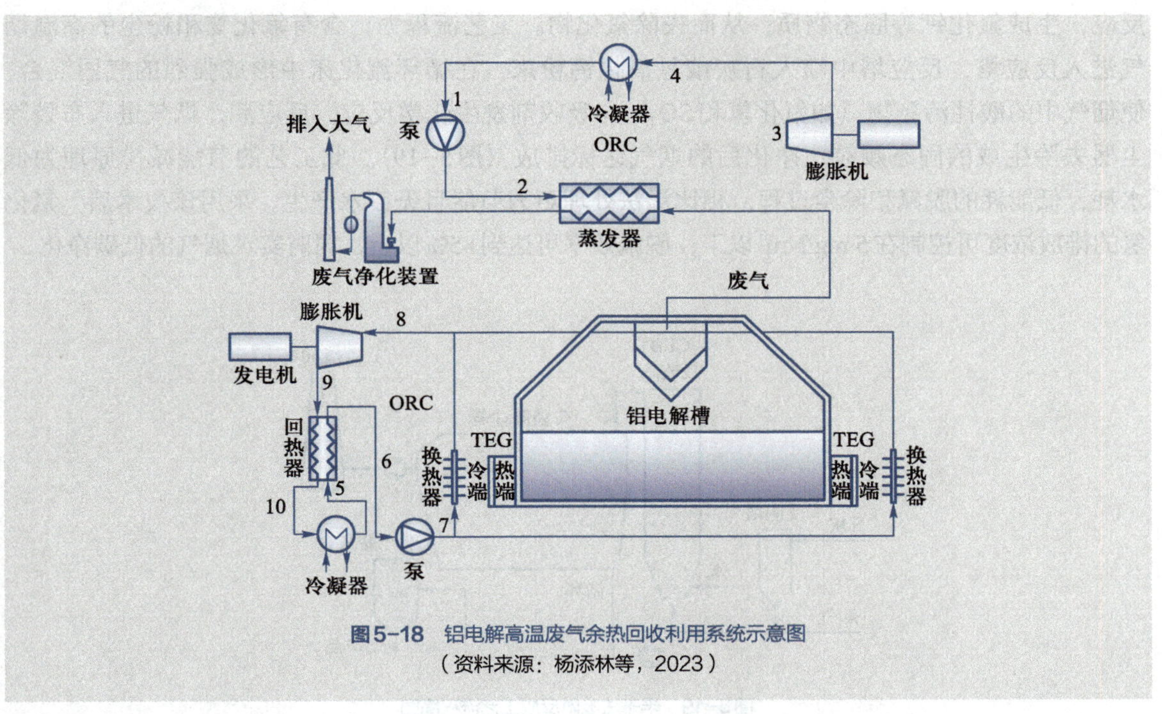

图5-18 铝电解高温废气余热回收利用系统示意图
（资料来源：杨添林等，2023）

关的温室气体排放。在实际案例中，广西来宾广投银海铝业有限责任公司采用智能控制技术后，铝电解能耗降低约5%，每年节省电力成本超过500万元。精准控制铝液的出铝量，提高了成品铝锭质量，并减少了铝液浪费，显著提升生产效率。此外，CO_2排放量减少了10%（表5-10）。

表5-10 典型智能控制技术及其减碳原理

技术	原理	减污降碳原理	效果
人工神经网络（ANN）	基于MLP模型的出铝量预测	提高电流效率，减少能源浪费	电流效率提高2%～3%，能耗降低5%
免疫克隆算法	优化配铝调度，减少杂质含量	减少资源浪费，提高铝液纯度	铝液杂质减少，铝锭质量提升
集中监控系统	实时监控电解槽运行，动态调整操作参数	减少CO_2排放，优化生产过程	CO_2排放量减少10%，能源使用效率提高

三、末端治理碳污协同减排

（一）循环流化床半干法处理铝电解烟气

在铝电解过程中，循环流化床半干法脱氟除尘技术是一种高效的末端治理工艺，能够有效去除烟气中的氟化物（如氟化氢）和颗粒物，确保达标排放。该技术利用石灰或氢氧化钙作为吸收剂，通过高温气流悬浮的方式让吸收剂与烟气充分混合，氟化氢与吸收剂发生化学反应，生成氟化钙等固态物质，从而去除氟化物。工艺流程为：含有氟化物和粉尘的高温烟气进入反应塔，反应塔中喷入石灰或氢氧化钙粉末，在循环流化床中形成强烈的气固混合，使烟气中的酸性污染物（如氟化氢和SO_2）与吸收剂发生化学反应。反应后，烟气进入布袋除尘器去除生成的固态颗粒，净化后的烟气达标排放（图5–19）。此工艺的节能减排原理为低水耗、低能耗的脱氟和除尘过程，相比湿法处理更为节能且无废水产生。采用该技术后，氟化氢的排放浓度可控制在5 mg/Nm^3以下，脱氟效率可达到85%以上，同时实现烟气的低碳净化。

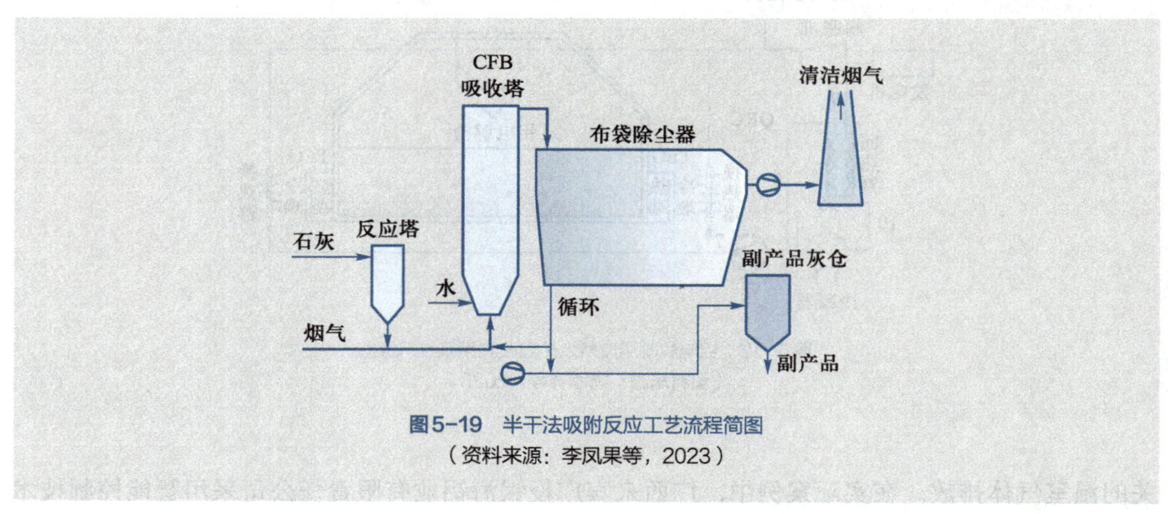

图5–19　半干法吸附反应工艺流程简图
（资料来源：李凤果等，2023）

（二）回转窑高温处理铝电解固体废物

回转窑高温处理是用于处理大修渣、铝灰和炭渣等固体废物的技术（图5–20）。该技术通过高温处理固体废物中的有害物质，同时回收铝、氟、钙等有用元素，实现达标排放并减少固体废物对环境的影响。工艺流程包括：固体废物首先进入回转窑，在900~1 200 ℃的高温下进行热分解，铝、氟化物及其他有用物质从废料中释放出来，经过冷凝收集后可进一步处理。回转窑高温处理不仅能去除炭渣中的氟化物，还能回收大修渣中的铝和碳，提高资源利用率，并实现废气的达标排放。研究表明，通过回转窑高温处理，每生产1 t铝可回收

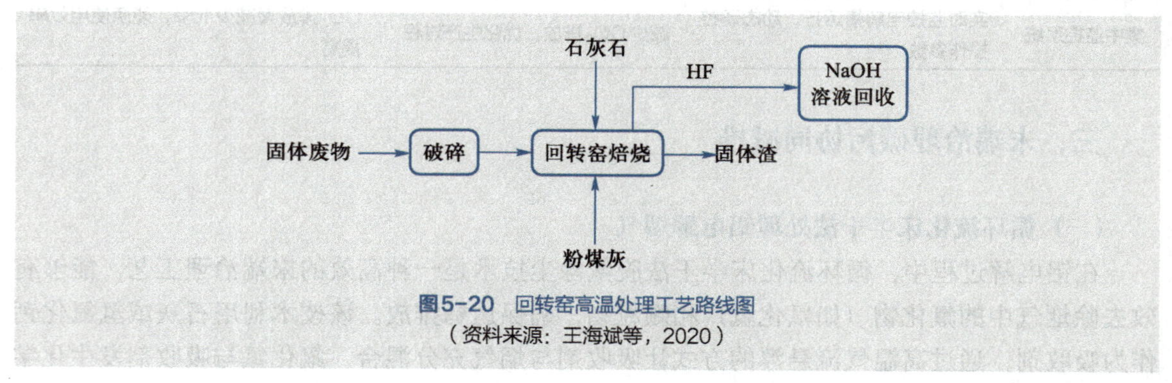

图5–20　回转窑高温处理工艺路线图
（资料来源：王海斌等，2020）

多达80%的铝灰和炭渣，氟化物的去除率可达到90%以上，使铝电解行业的碳排放量降低约15%。

四、资源循环利用碳污协同减排

(一) 赤泥资源化利用

赤泥是铝土矿在生产铝金属过程中产生的固体废物，主要成分包括氧化铁（Fe_2O_3）、氧化铝（Al_2O_3）和氧化钙（CaO）。

赤泥的资源化利用技术包括物理处理、化学处理和综合利用技术（表5-11）。物理处理技术主要包括破碎、筛分和磁选等步骤，通过这些技术分离赤泥中的有用成分与无用成分，提升资源化利用效率。例如，磁选技术可以回收赤泥中的铁成分，使铁回收率达到60%～80%。化学处理技术包括酸浸法和碱浸法。酸浸法使用酸性溶液（如稀硫酸）与赤泥反应，溶解铝和铁等有价金属，铝的回收率可达80%～90%。碱浸法则使用氢氧化钠等碱性溶液，提取铝生成氢氧化铝沉淀，回收率可达85%以上。此外，综合利用技术结合多种处理技术，将赤泥与水泥、矿粉等材料混合，制成环保砖和建筑材料，减少对新资源的需求。

表5-11　典型赤泥资源化利用技术减污降碳原理及效果

技术	原理	减污降碳原理	效果
物理处理技术	破碎、筛分、磁选，回收铁成分	减少固体废物堆积	铁回收率达60%～80%
酸浸法	与酸性溶液反应，溶解铝、铁等金属	减少对新资源的需求，降低碳排放	铝回收率达80%～90%
碱浸法	使用氢氧化钠等碱性溶液提取铝	降低能源消耗	铝回收率达85%以上
综合利用技术	将赤泥与水泥、矿粉等材料混合，制成环保砖和建筑材料	降低对天然资源的依赖，减少环境污染	每年减少数百万吨固体废物堆积，降低土壤污染风险

赤泥的资源化利用能够有效回收有价金属，同时显著减少环境污染和温室气体排放。通过将赤泥资源化，减少了其堆积，降低了填埋和焚烧处理方式带来的环境风险。预计每处理1 t赤泥，可减少约1.5 t的固体废物。此外，资源化处理减少了对新原材料的需求，从而降低了能耗和碳排放，研究表明赤泥的资源化利用可以减少约0.5 t的CO_2排放。

(二) 铝电解废气干式脱氟法资源化利用

干式脱氟技术通过干式吸附剂（如活性氧化铝或活性炭）将氟化物从废气中分离，吸附率高达95%以上。捕获的氟化物可再生利用，制成氟化铝等铝电解原料，实现循环利用，减少对氟化铝的初始需求，从而节约资源和成本。该技术的优势在于其高效低耗，操作过程中不需额外添加液态吸收剂，避免产生二次废液，降低处理成本与环境压力。同时，干式脱氟技术通常与高效布袋除尘器结合使用，能够去除废气中99%的粉尘，有效减少大气污染。

（三）铝电解废水电凝聚法资源化利用

铝电解过程中的废水主要来源于冷却和清洗工序，含有大量氟化物和铝离子等有害物质。电凝聚法是废水处理和资源化利用中的核心技术之一，其原理是通过电极释放的金属离子与废水中的悬浮颗粒、重金属和氟化物发生反应，形成可沉淀的固体物质。这一过程有效去除90%以上的氟化物和铝离子，同时将杂质浓缩至可回收的固体形态。电凝聚法无须大量添加化学试剂，减少了化学残留带来的二次污染。经处理后的水质可达到回用标准，部分企业利用该技术将废水回用率提升至70%，实现水资源循环利用，降低用水需求。通过该技术，铝电解行业实现了废水的节能减排和资源的高效回收。电凝聚法处理工艺流程见图5-21。

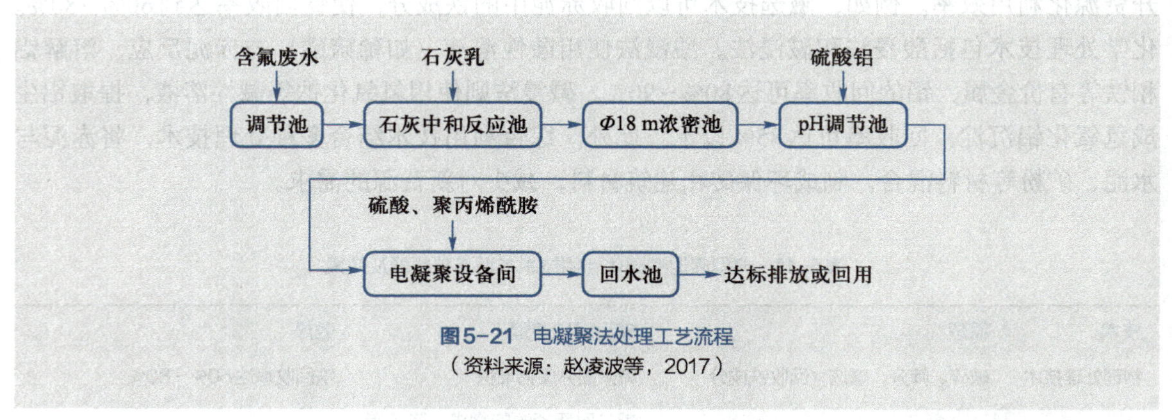

图5-21 电凝聚法处理工艺流程

（资料来源：赵凌波等，2017）

第四节 铜冶金工业碳污协同减排

一、源头碳污协同减排

（一）再生铜原料替代

再生铜主要来源于新废铜（如生产过程中产生的边角料和机械加工的碎屑）和旧废铜（废旧电器、汽车和建筑等领域的铜合金材料），其生产过程包括回收与分类、冶炼与精炼，以及固体废物资源化利用。通过先进的自动化分选技术去除杂质，回收的废铜在冶炼炉中采用火法或电解法进行熔炼，铜回收率可超过98%。此外，阳极泥和炉渣等固体废物也可通过化学和物理方法进行有效回收。

再生铜的广泛应用显著降低了对原生铜矿的依赖，并减少了铜矿开采造成的环境破坏。统计数据显示，每吨再生铜的生产可节约80%~90%的能源，碳排放可降低50%以上。通过废铜的回收和再加工，提高了资源利用率，减少了废物产生，从而实现经济与环境效益双赢。

（二）清洁能源替代

主要的清洁能源包括天然气、电能和氢能。天然气作为相对清洁的燃料，其燃烧过程中排放的CO_2和污染物明显低于煤炭和石油。研究表明，相比煤炭，使用天然气的CO_2排放量减少约30%。此外，可再生能源和氢能等的利用，也会大幅度减少铜冶金过程中的碳污排放。

二、生产过程碳污协同减排

（一）氧气底吹熔炼技术

氧气底吹熔炼技术通过将氧气直接注入熔炉底部，提高燃烧效率，进而提高铜的提炼效率和硫的回收率。在熔炼过程中，铜精矿与助熔剂混合，在高温下通过底部注入氧气促进反应，生成SO_2气体和液态金属。闪速熔炼技术结合了闪速熔炼和闪速吹炼，通过喷入高压空气或氧气快速熔化铜精矿，分离金属和杂质，产出高纯度铜，回收的SO_2可用于制酸，减少环境污染（图5-22）。连续熔炼技术则利用自动化设备，实现铜冶金过程的连续化生产，优

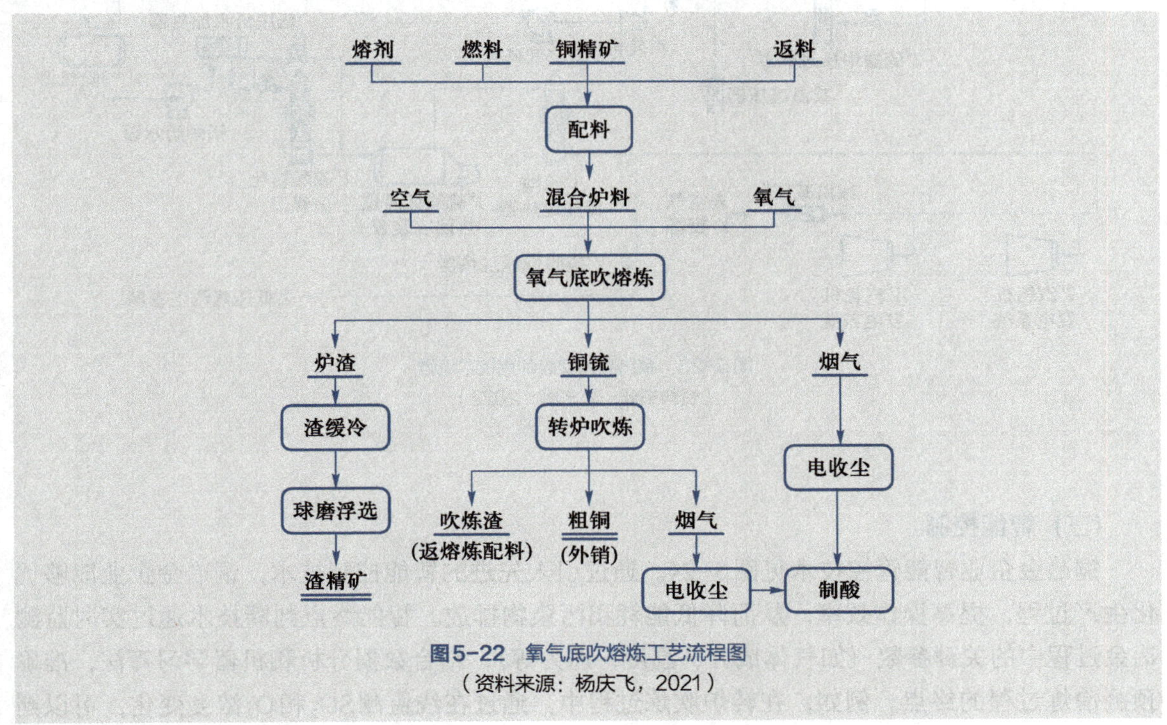

图5-22 氧气底吹熔炼工艺流程图

（资料来源：杨庆飞，2021）

化工艺参数以提高热效率和减少有害气体排放。通过氧化底吹熔炼和闪速熔炼等技术，铜冶金的直收率可达到98%，有效减少原材料浪费。每吨铜生产可减少约1.2 t CO_2排放。

（二）余热高效梯级利用技术

在铜冶金工业，余热高效梯级利用技术被广泛应用于低碳节能治理。该技术通过将冶炼过程中不同温度的废热进行分级回收，显著提高能源利用效率（图5-23）。高温烟气首先进入废热锅炉进行余热回收，产生中压饱和蒸汽（约4.0 MPa）。这些蒸汽随后由制酸工序的过热器加热至450 ℃，驱动制氧压缩机、空气风机等工业设备，满足工厂内主要设备的动力需求。在余热的梯级利用过程中，低品位余热被进一步利用以产生低压蒸汽，可用于厂区供暖、生活热水或生产辅助环节。通过这种多层次的余热利用，系统避免了直接依赖电力或高温加热的高能耗操作，极大地降低了整体能源消耗。

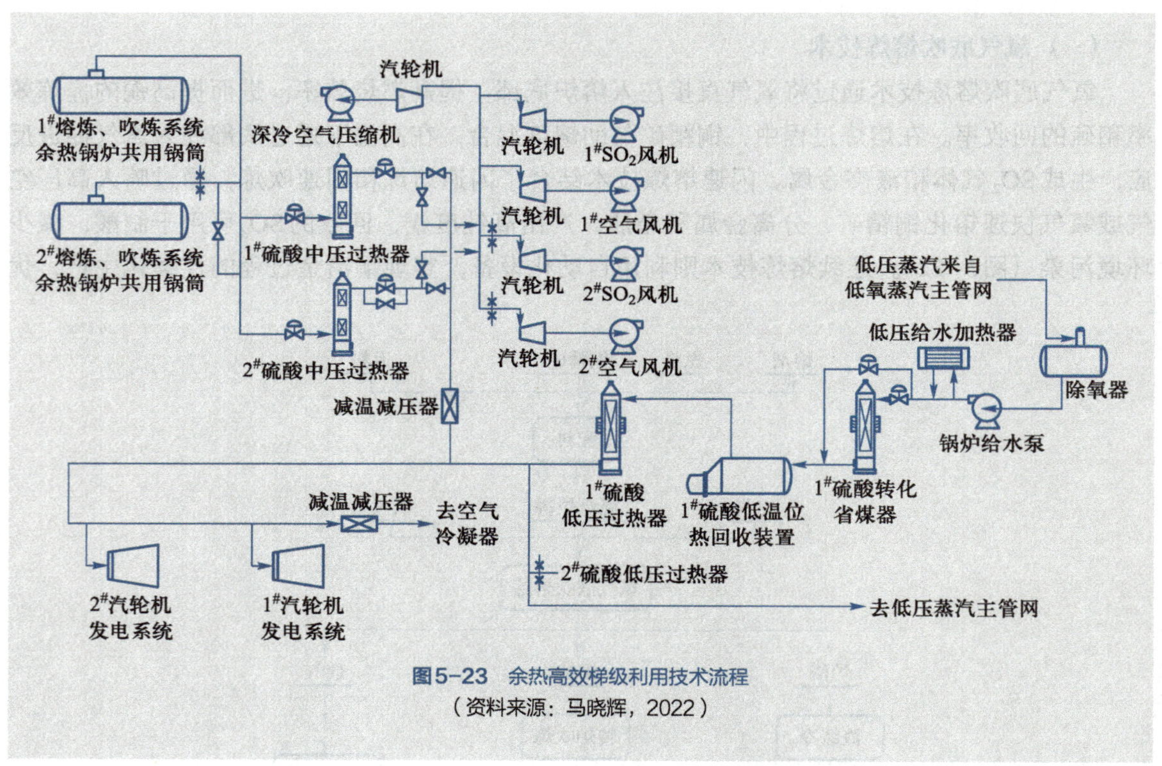

图5-23 余热高效梯级利用技术流程

（资料来源：马晓辉，2022）

（三）智能控制

铜冶金企业智能管控技术见图5-24。通过引入先进的智能控制技术，铜冶金企业能够优化生产过程，提高操作效率，从而降低能耗和污染物排放。智能终点判断技术通过实时监测冶金过程中的关键参数（如气体成分、温度、压力等），结合数据分析和机器学习算法，准确预测冶炼过程的终点。例如，在转炉吹炼过程中，通过在线监测SO_2和O_2浓度变化，可以判

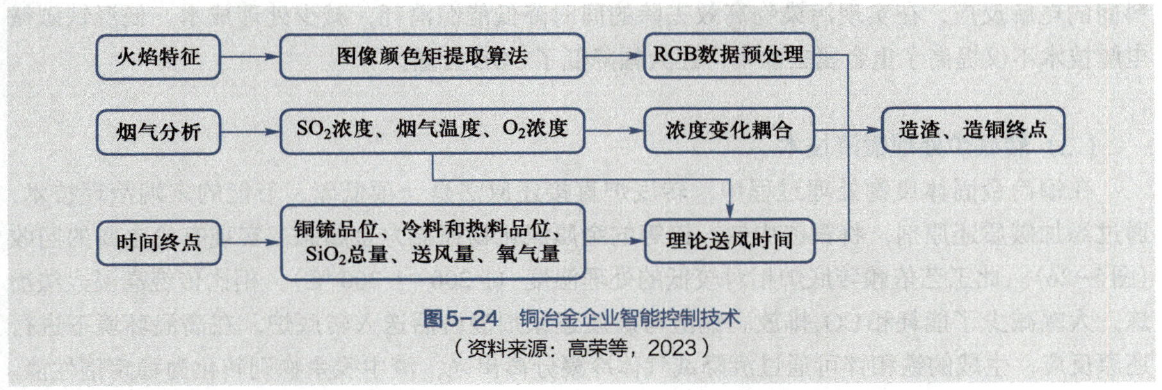

图5-24　铜冶金企业智能控制技术
（资料来源：高荣等，2023）

断铜冶金的最佳结束时机，研究表明，该技术的终点判断准确率可达到98%。设备状态监测与预警功能则能及时发现异常情况，实现故障预测，减少停产损失。自动化生产调度系统协调各个工序的运作，结合5G网络和自动化控制系统，提高运输效率和安全性。

智能控制技术的引入显著提高了能源利用效率。智能终点判断减少冶金过程的过度操作，降低铜的生产能耗。例如，某铜冶金企业在采用智能控制技术后，能耗降低了15%。智能监测技术能够实时调整氧气和燃料的投放量，可使SO_2的排放量减少30%。此外，智能控制技术可确保金属的高回收率，铜的回收率提升了5%~10%。

三、末端治理碳污协同减排

（一）低温铁碳微电解处理铜冶金废水

在铜冶金废水处理中，低温铁碳微电解技术是一项重要的末端治理工艺，能够高效去除废水中的重金属和COD等有害物质，实现达标排放（图5-25）。该技术通过在废水中加入铁屑和活性炭，在低温条件下通过微电解作用产生微小电流，使重金属离子与氧化还原反应结合，从而沉淀并去除。在工艺流程中，废水首先进入铁碳微电解反应池，铁和碳的微电池效应生成微弱电流，有效分解有机污染物和重金属离子，使其沉淀分离。随后，废水通过后续中和与絮凝处理，进一步去除残余污染物。整个过程无须高温和额外电力输入，依靠铁碳材

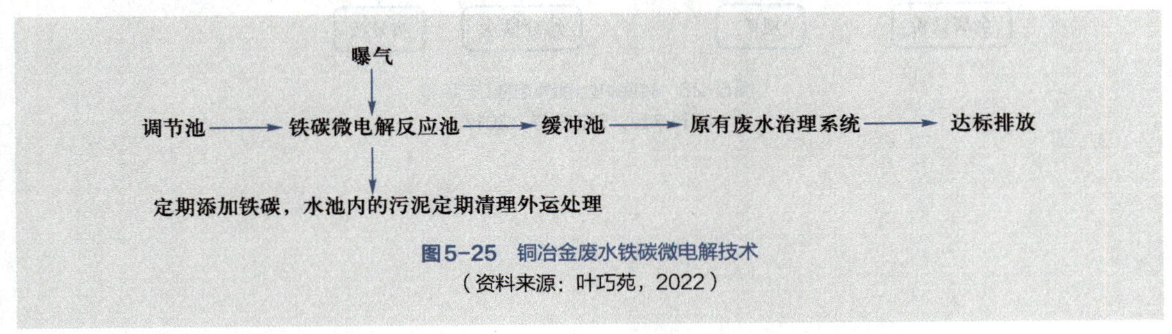

图5-25　铜冶金废水铁碳微电解技术
（资料来源：叶巧苑，2022）

料间的电解反应，在实现污染物高效去除的同时降低能源消耗，减少处理成本。低温铁碳微电解技术不仅提高了重金属去除率，还大幅降低了COD含量。

（二）转底炉处理铜渣技术

在铜冶金固体废物处理过程中，转底炉直接还原法是一项低碳、节能的末端治理技术，通过添加碳质还原剂，将铜渣中铁、锌等的金属氧化物还原为金属态，实现有价金属的回收（图5–26）。此工艺依赖转底炉相对较低的处理温度（1 200~1 300 ℃），相比传统高温火法冶炼，大幅减少了能耗和CO_2排放。铜渣与碳质还原剂混合后送入转底炉，在高温环境下进行还原反应，生成的铁和锌可通过沉降或气体冷凝分离出来，渣中残余物则转化为稳定惰性渣。该技术有效降低了新矿石的开采需求，减少了铜渣的堆存和环境污染风险，同时实现了资源的高效利用。

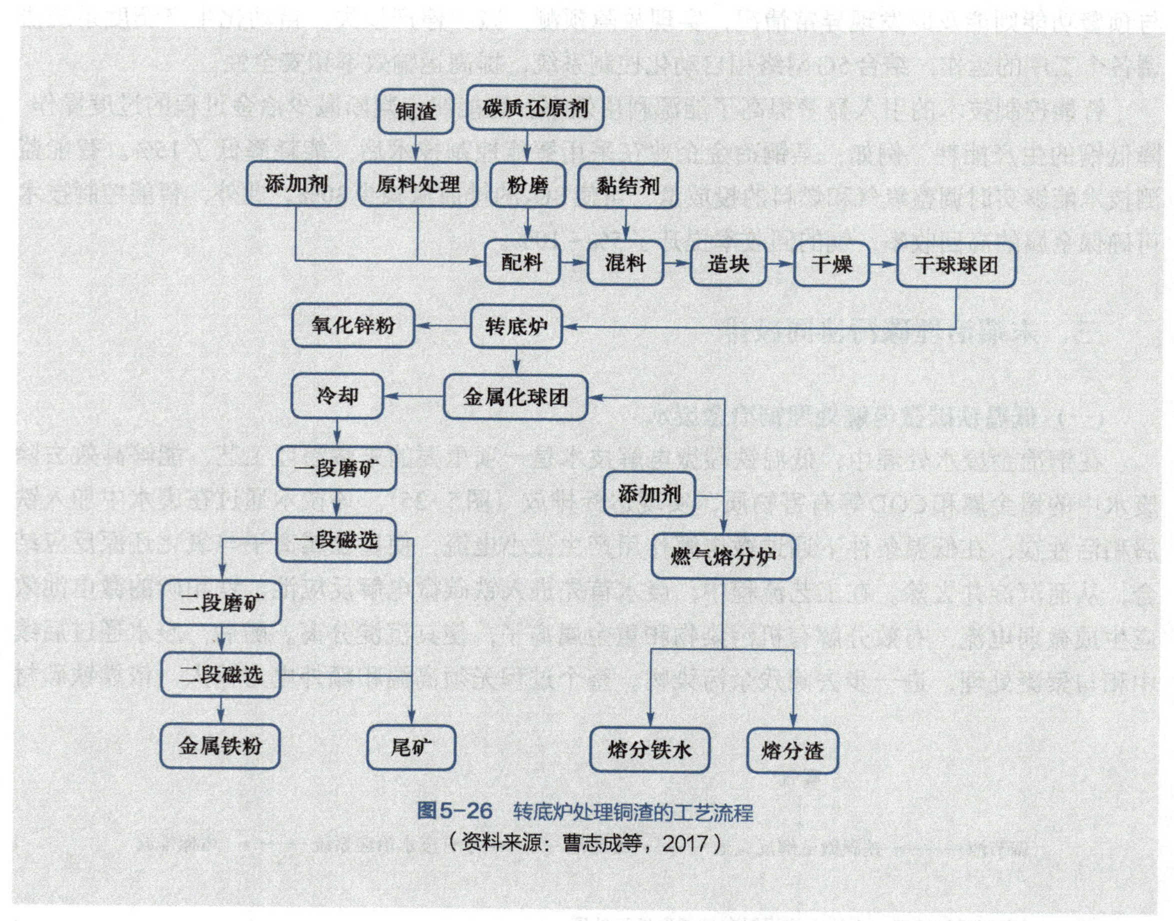

图5–26　转底炉处理铜渣的工艺流程

（资料来源：曹志成等，2017）

四、资源循环利用碳污协同减排

(一) 酸浸提取铜冶金固体废物中有价金属

酸浸提取铜冶金固体废物中有价金属技术利用酸溶液（如硫酸、盐酸）在控制条件下对固体废物进行浸出，提取阳极泥中的有价属离子（如金、银、铅）。工艺流程为：阳极泥首先经过粉碎和预处理，以增加表面积，随后进入酸浸池，利用酸溶液将金属离子溶解。经过反应后，溶液通过滤液处理和沉淀步骤，从中提取出高纯度的金属产品（图5–27）。特别是对于金、银等贵金属，酸浸后的浸出液可进一步净化和浓缩，提高回收率。该工艺不仅回收率高（可达95%以上），而且不产生二次污染。研究显示，通过这一工艺，每吨阳极泥可回收约5 kg金、50 kg银，产生显著的经济效益，并减少了重金属对环境的污染风险。

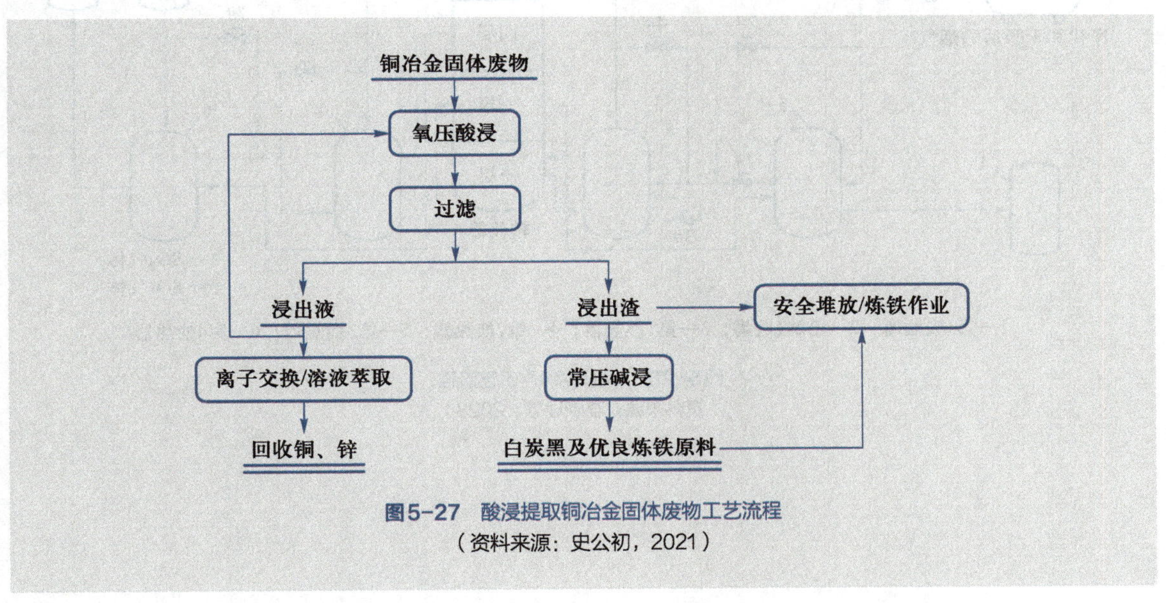

图5–27　酸浸提取铜冶金固体废物工艺流程
（资料来源：史公初，2021）

(二) 铜冶金固体废物缓冷活化–活化渣矿浆法烟气脱硫

铜冶金固体废物缓冷活化–活化渣矿浆法烟气脱硫是一种专门用于处理铜冶金过程中的含硫废气并实现资源化的生物技术。该技术首先通过缓冷工艺将冶炼后的废渣冷却，促使废渣中的金属矿物转化为易溶性的形态，提升其活化效果。接下来，将活化后的废渣制成矿浆，与烟气中的SO_2反应生成硫酸盐，实现烟气的脱硫净化。该技术利用废渣中的活性成分吸附和转化SO_2，不仅实现了脱硫效果，还减少了废渣堆存，达到了固体废物的减量化和资源化。研究显示，使用此技术后，烟气中的SO_2去除率可达到98%以上，固体废物减量率达到90%，废气和固体废物中有价元素的循环利用率超过98%，显著降低了SO_2等有害气体的排放。

（三）烟气制酸循环利用技术

在铜冶金过程中，硫化铜矿的冶炼会产生大量含有SO_2的烟气，为了控制这一污染，铜冶金工业广泛应用烟气制酸技术。该技术主要采用“两转两吸”工艺对熔炼炉和转炉排放的烟气进行处理。烟气首先经过废热锅炉、沉降室或电除尘器，去除大部分颗粒物后，进入制酸系统。在此过程中，SO_2经过多次催化转化和吸收，最终转化为硫酸。采用这一工艺，SO_2的转化率可达到95%以上，尾气SO_2浓度降低至符合国家标准。此外，每处理1 000 m^3的烟气能够生产约1.6 t硫酸，显著提高资源的利用率（图5-28）。

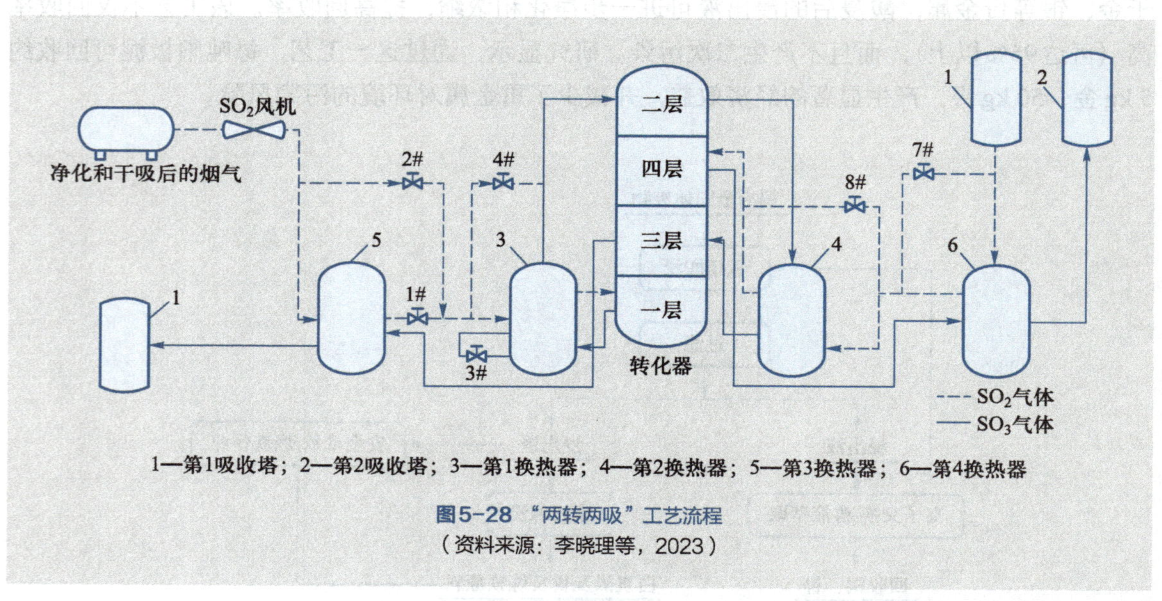

图5-28 “两转两吸”工艺流程
（资料来源：李晓理等，2023）

第五节 铅锌冶金工业碳污协同减排

一、铅冶金工业碳污协同减排

（一）源头碳污协同减排

1. 再生铅原料替代

在铅冶金中，再生铅的使用是减污降碳的重要途径。通过采用废旧铅酸蓄电池等再生原料，可以减少对原生铅资源的需求，降低铅冶金过程中的能源消耗和环境污染。再生铅的生产工艺包括自动化分离和底吹熔炼技术。首先，使用自动化分离系统将废旧铅酸蓄电池拆解为铅膏、塑料、板栅等，确保高效分离与回收。然后，将铅膏与含铅矿石混合，采用底吹熔炼技术进行熔炼，铅与硫反应，后者通过“两转两吸”工艺转化为硫酸，实现减排和资源循环利用。与生产原生铅相比，每吨再生铅相当于节能0.75 t标准煤，节水235 m^3，减少固体废物128 t，减少0.03 t SO_2排放，减少3 t CO_2排放。

2. 清洁能源替代

采用天然气等清洁能源替代传统煤炭和石油，可以降低能源消耗并减少污染物排放。相较于煤炭，天然气燃烧过程中CO_2和其他污染物显著减少，能耗降低，生产更清洁。使用清洁能源，铅冶金过程中的CO_2排放量减少15%～30%。

（二）生产过程碳污协同减排

1. 氧气底吹熔炼

在铅冶金工业中，氧气底吹熔炼是一种节能降碳的关键工艺，通过氧气底吹熔炼与鼓风炉还原的结合，大幅提高冶金效率并减少污染物排放。该技术利用氧气底吹，使熔炼过程中的硫氧化反应产生的热量转化为能量，减少了外部燃料需求，使每吨粗铅的综合能耗降低至约380 kg标准煤。

氧气底吹熔炼工艺流程见图5–29，粗铅首先通过氧气底吹熔炼，其中硫的发生氧化反应释放出大量热能，随后产物进入鼓风炉进行还原，进一步提高铅的提炼效率。研究显示，氧气底吹熔炼SO_2排放减少30%，铅尘减少40%。

2. 余热梯级回收技术

在铅冶金过程中，管式余热锅炉是一种关键的节能减排技术。该技术通过高效热交换结构，将来自熔炼炉和其他冶金设备的高温废气中的热能回收，用于预热原料或加热生产用水，从而减少对外部能源的依赖（图5–30）。废气进入管式余热锅炉，在内部换热器中与水进行热交换，生成蒸汽或热水，以满足工厂的生产和加热需求。管式设计的锅炉结构使热量传递效率更高，并减少了热量损失，回收率达到60%以上。由于减少了对外部燃料的需求，此系统显著降低了CO_2和SO_2的排放，从而实现更清洁的生产。通过管式余热锅炉，铅冶金过程的综合能耗可降低15%～30%。

3. 智能控制

智能控制技术对提高生产效率、降低能耗和减污降碳至关重要。通过集散控制系统(DCS)、过程自动化和数据分析，铅冶金企业能够实时监控和优化生产过程。集散控制系统集中监控各个生产环节，实时采集温度、压力和流量等参数，自动调整以确保生产稳定并最大化能效。过程自动化技术通过安装传感器和控制器，显著提高生产精确性，减少人为操作误差，并降低能源浪费。数据分析利用大数据分析技术，识别能效提升空间，预测设备故障，实施提前维护。智能控制技术使铅冶金过程中每吨铅的能耗降低15%，同时减少30%的SO_2排放。铅的回收率通常可达99%以上，减少对原矿的需求。

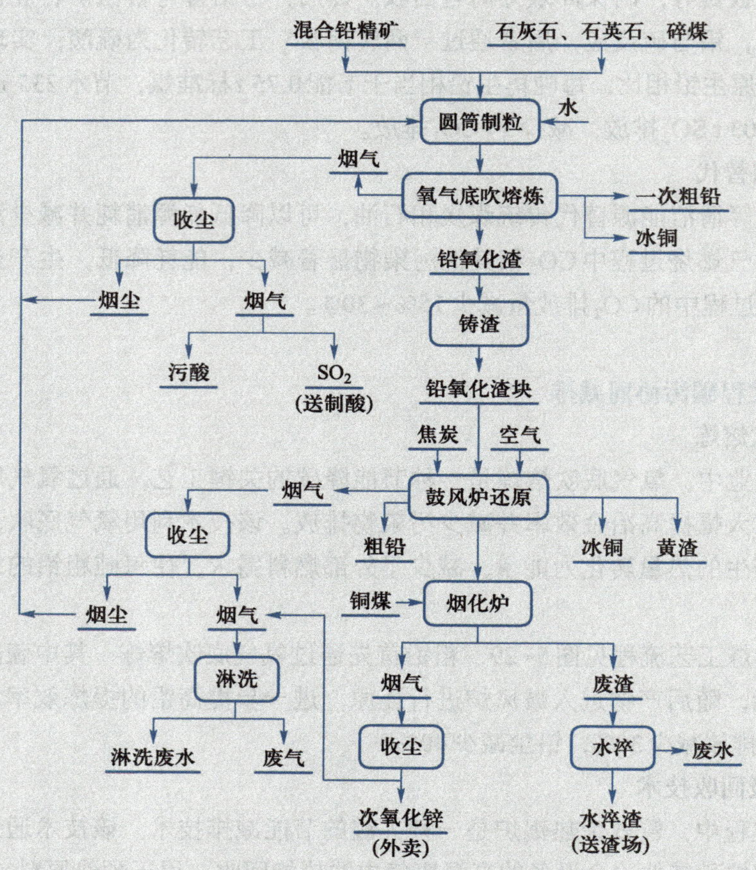

图5-29 氧气底吹熔炼工艺流程

（资料来源：汤景文，2015）

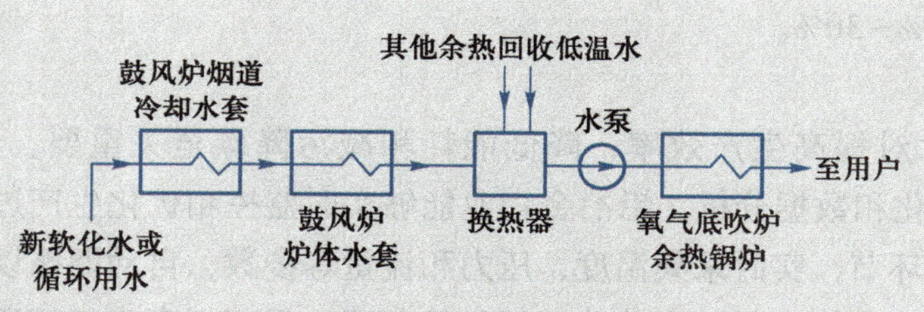

图5-30 余热梯级回收技术

（资料来源：蒋爱华等，2010）

（三）末端治理碳污协同减排

1. 低温等离子体法处理铅冶金烟气

在铅冶金的末端治理环节中，低温等离子体技术是针对SO_2和其他污染物的有效低碳节能工艺。该技术通过等离子体放电，生成活性氧物种（如O、·OH、O_3等），将SO_2和NO_x氧化成无害物质。相比传统的高温处理方法，低温等离子体技术能够在较低温度下运行，从而显著降低能耗，符合低碳减排的要求。低温等离子体反应中化学能量传递过程见图5-31。该技术工艺流程为：含有SO_2的烟气首先通过预处理系统，去除颗粒物等杂质，确保后续处理的效率。经过预处理的烟气进入等离子体反应器，在低温等离子体作用下，SO_2被氧化成硫酸根和亚硫酸根。反应产生的二次污染物少，并在后续的湿式吸收塔中进一步去除，确保排放的气体符合国家环保标准。低温等离子体技术的节能减排原理在于避免高温加热过程，依赖电力产生等离子体，实现高效的SO_2降解。该技术使SO_2排放量显著降低至150 mg/m^{3}以下，不仅符合环保要求，还减少了铅冶金厂的外部能源需求。应用该技术的铅冶金企业每年可实现能源节约20%以上，极大地提升了环保效益和经济效益。

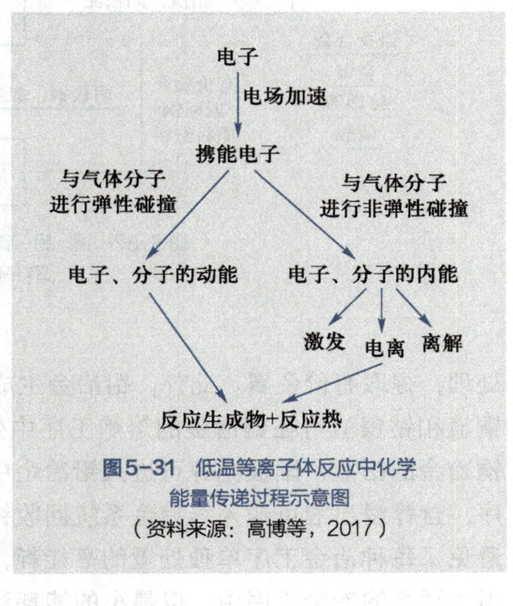

图5-31　低温等离子体反应中化学能量传递过程示意图

（资料来源：高博等，2017）

2. 碳热还原法处理铅冶金固体废物

在铅冶金过程中，碳热还原技术是一种重要的低碳节能固体废物处理方法，专门用于回收铅冶金渣中的有价金属。该工艺利用碳源（如焦炭）在高温下（约1 200 ℃）对铅冶金渣进行还原反应，将其中的重金属（如铅、锌、铜等）以气体或液体形式分离出来。此过程通过控制反应条件，使金属高效分离并减少了废渣中的有害成分。该工艺将铅冶金渣中的重金属通过高温还原释放，有效收集挥发的金属并加以利用，铅冶金渣中的铅回收率可达93%以上，同时锌和锡等金属的挥发率也高达96.27%和70.26%。

（四）资源循环利用碳污协同减排

1. 湿法提取铅冶金固体废物中有价元素

针对铜、铅、锌冶金过程中产生的不同固体废物类型，构建一个综合冶炼基地，通过协同处理和资源回收显著提高有价金属的回收率，降低处理成本（图5-32）。此工艺流程将各类冶金固体废物合理分配到对应的冶金工序中，充分利用各冶金流程的特性和工艺需求，实现多种金属的高效回收。具体而言，铅冶金产生的镉烟尘和氧化锌烟尘可直接进入锌冶金中的浸出工序回收有价金属；锌冶金所产生的银精矿和氧化锌浸出铅渣则进入铅冶金中进一步

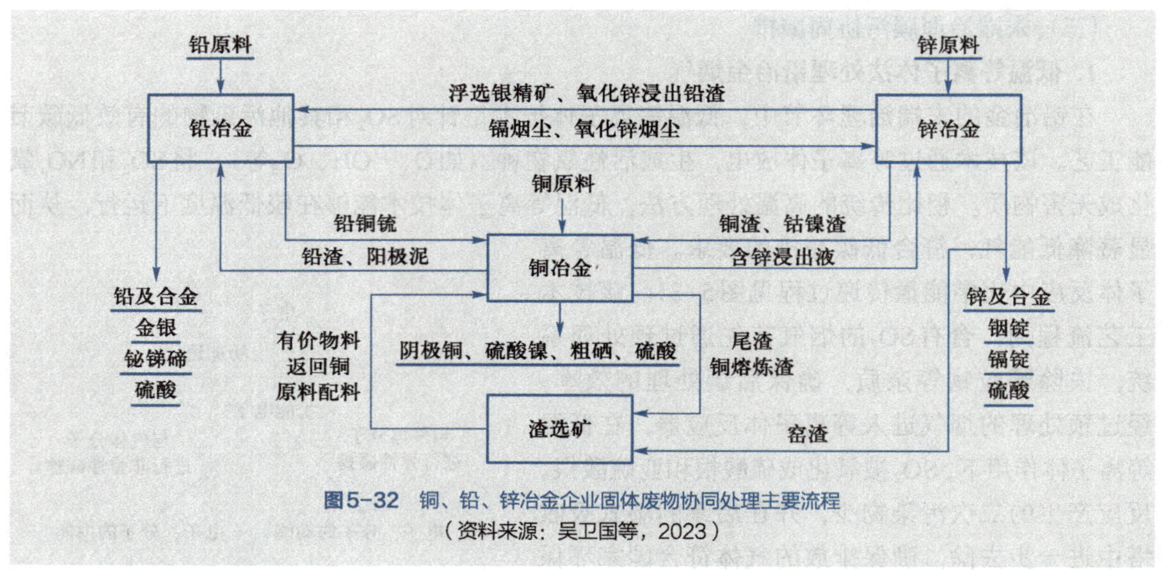

图5-32　铜、铅、锌冶金企业固体废物协同处理主要流程
（资料来源：吴卫国等，2023）

处理，提取有价金属。此外，铅冶金生成的铅铜锍可通过铜冶金的吹炼工序提炼；锌冶金的铜渣和钴镍渣可在铜冶金的熔炼工序中处理，最大化地回收铜、钴、镍等金属资源。同时，铜冶金的铅渣、阳极泥等可进入铅冶金中的贵金属回收工序，含锌浸出液可送入锌冶金系统回收锌。这种协同处理避免了每种冶金工序单独处置的高能耗，将各类固体废物引入适合的冶金工序中，以最小的能耗和成本实现了多金属的循环利用。

2. 接触法烟气制酸

在铅冶金过程中，接触法烟气制酸技术能够将冶金烟气中的SO_2转化为工业硫酸，实现节能降碳（图5-33）。该技术通过催化剂［如五氧化二钒（V_2O_5）］在高温（约430 ℃）下将SO_2氧化为SO_3，然后与水反应生成硫酸。工艺流程为：铅冶金产生的烟气先进行洗涤和脱硫预处理，去除杂质后进入转化塔。在转化塔中，SO_2通过V_2O_5催化剂转化为SO_3。生成的SO_3在冷却后进入吸收塔与水反应，形成浓硫酸。在这一过程中，利用高效换热系统回收热能，SO_2气体在进入转化塔时被预热，而SO_3气体则在吸收前被冷却，从而提高了热效率并减少了能源消耗。通过接触法烟气制酸，铅冶金企业能够有效将烟气中的SO_2浓度降低至150 mg/m^{3}以下，显著减少了污染物排放。

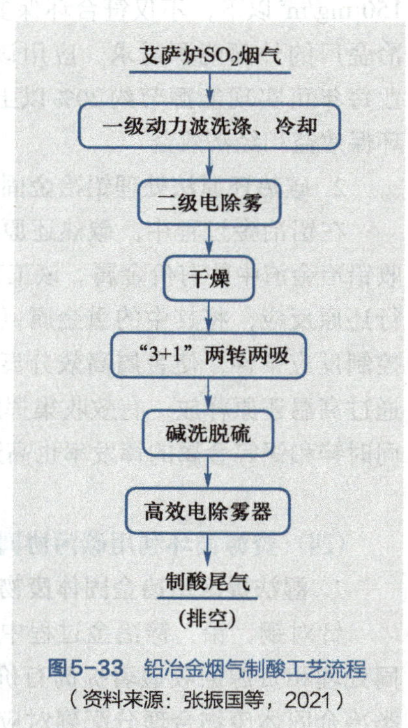

图5-33　铅冶金烟气制酸工艺流程
（资料来源：张振国等，2021）

二、锌冶金工业碳污协同减排

（一）源头碳污协同减排

1. **再生锌原料替代**

再生锌主要来源于锌冶金过程中的废渣和副产品，如锌浸出渣、铅冶金渣和电炉烟尘等。通过合理的工艺处理，这些废料中的锌元素得以有效回收。再生锌的生产通过火法冶金分离锌元素，相对成本低且避免了原生锌矿开采对环境的破坏。采用湿法冶金工艺处理锌浸出渣，能耗和污染物排放较低。

再生锌的使用显著降低冶金过程中的碳排放，研究显示可减少约30%的CO_2排放，同时有效控制重金属（如铅、镉、砷等）排放，减少环境污染，生产成本降低20%~30%。

2. **清洁能源替代**

在锌冶金工业中，清洁能源替代是实现减污降碳的关键措施之一。通过使用清洁能源如天然气代替传统煤炭和石油，企业不仅减少温室气体排放，还提高能效和经济效益。天然气锅炉是核心装置，作为清洁高效能源，燃烧过程中几乎不产生颗粒物（图5-34）。锌冶金过程中产生的余热可通过热交换系统回收，用于锅炉供热，进一步提升能源利用效率。研究显示，采用天然气后锌冶金的CO_2排放量可减少30%~50%，同时也降低SO_2和NO_x排放。锅炉热效率高达94%以上，显著降低能源消耗。

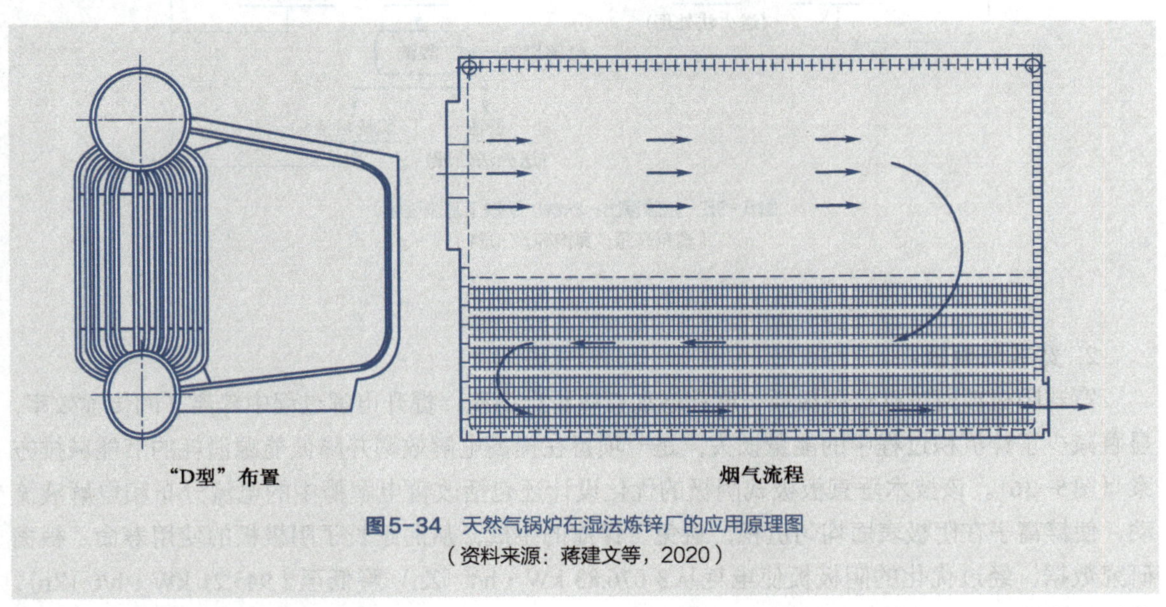

图5-34　天然气锅炉在湿法炼锌厂的应用原理图

（资料来源：蒋建文等，2020）

（二）生产过程碳污协同减排

1. **热酸浸出-赤铁矿除铁技术**

在湿法炼锌的热酸浸出-赤铁矿除铁工艺中，通过将锌焙砂与酸进行热浸出，同时采用赤铁矿法从浸出液中去除铁，这种技术能够高效提取锌并减少铁对后续电解过程的干扰（图5−35）。该工艺在高温下通过氧化反应使铁以赤铁矿形式沉淀，从而避免了传统黄钾铁矾法中生成的大量铁渣。相较于传统方法，赤铁矿法大大降低了终渣量，并使产出的赤铁矿能够直接应用于炼铁，实现了资源的高效循环利用。数据显示，赤铁矿除铁工艺不仅将铁去除率提高至98%以上，还使锌的回收率达到97%~98%。此外，该技术减少约20%的能耗和碳排放。

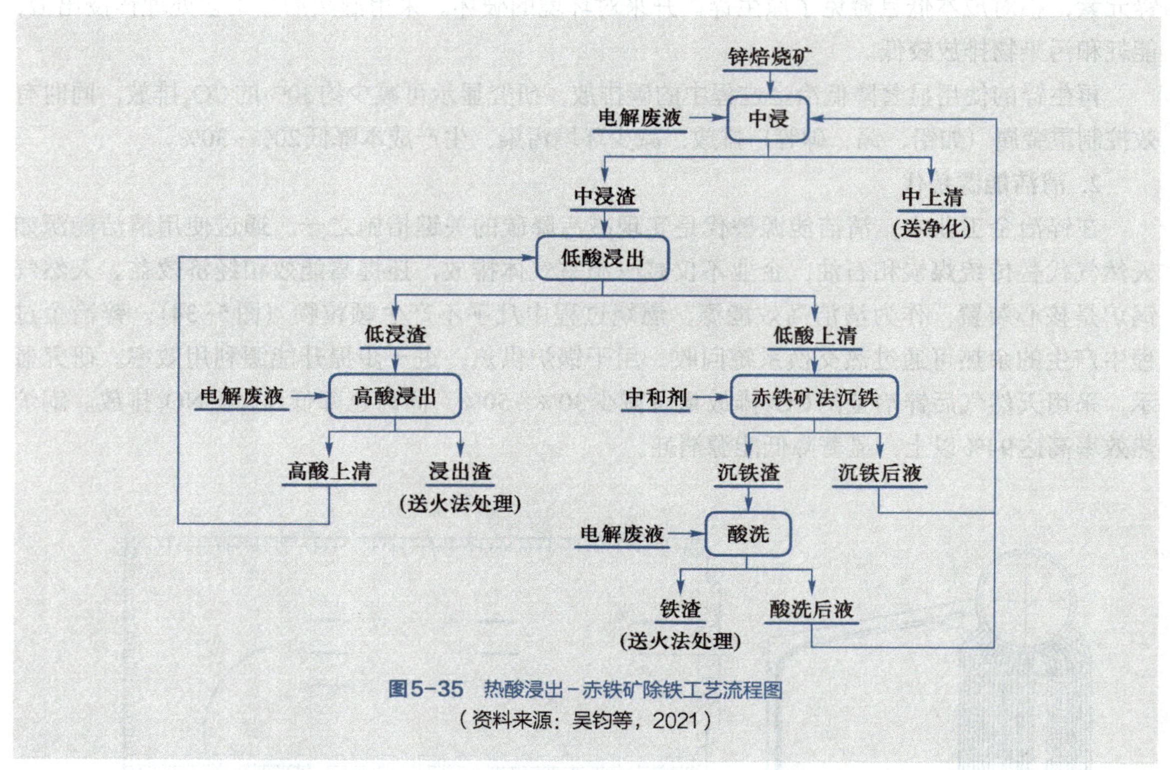

图5−35　热酸浸出−赤铁矿除铁工艺流程图
（资料来源：吴钧等，2021）

2. 宽式阴极板

宽式阴极板通过延长阴极板长度并增加有效析出面积，提升电解过程中锌离子的传输效率，显著减少了锌沉积过程中的能量损失，是一项旨在提高电解效率并降低能源消耗的节能减排方案（图5−36）。该技术垂直板极式阴极的优化设计还包括改善电解槽中的电流分布和电解液流动，使锌离子在阴极表面均匀沉积，避免了锌瘤的生成，从而延长了阴极板的使用寿命。根据研究数据，经过优化的阴极板使电耗从3 076.83 kW·h/t（Zn）降低至2 945.21 kW·h/t（Zn），节能效果达15%。此外，阴极板的更换周期从原来的6~8个月延长至12个月，进一步降低了设备维护频率和运营成本。

3. 智能控制

智能控制技术通过传感器网络、数据分析和过程自动化，实现对生产过程的实时监控与

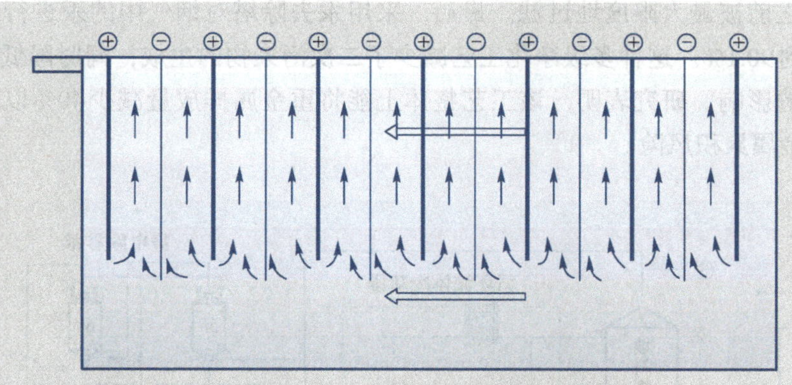

图5-36　宽式阴极板电解槽内循环流场示意图

（资料来源：赖斌，2024）

优化。多种传感器（如温度、压力、流量和pH）实时采集关键参数，数据通过物联网传输到中央控制系统。利用大数据分析和机器学习，系统能识别生产过程中的潜在问题并提供优化建议，从而提前预测设备故障，减少停机时间。通过分布式控制系统（DCS）实现对多个生产环节的集中监控，确保生产的稳定性和安全性。同时，利用比例积分微分（PID）控制算法精确控制关键工艺参数，优化锌的提取效率。

智能控制技术的引入显著降低了能耗和污染排放。通过实时监测和调整生产条件，智能控制可有效减少能耗，提高浸出效率，降低加热需求，减少了SO_2和重金属的排放（表5-12）。

表5-12　典型湿法炼锌智能控制技术

技术	原理	减污降碳原理	效果
智能控制技术	通过传感器网络监测和自动化调节生产过程	降低能耗，减少废物和排放	生产效率提升15%，能源消耗降低20%
DCS	实现对多个生产环节的集中监控和控制	优化生产过程	SO_2和重金属排放减少20%～30%
PID控制	精确调节关键工艺参数	提高金属回收率	锌回收率提高至95%

（三）末端治理减污降碳

1. 锌冶金烟气多级净化系统

锌冶金烟气末端控制采用多级净化系统来实现减污降碳的效果，主要包括空塔、填料塔、静电除雾器和汞去除塔等设备（图5-37）。首先，通过空塔和填料塔的酸洗过程，烟气中的粉尘和重金属离子被有效去除，其中Pb、As、Cd等重金属的去除率分别达到74.8%、66.8%和79.6%。这种酸洗过程不仅降低了烟气中的有害物质含量，还减少了粉尘排放量，从而显著降低了烟气对大气的污染负荷。其次，静电除雾器提高了酸雾和粉尘的去除率，确保残留的重金属在排放之前被最大限度地过滤。最后，采用汞去除塔对烟气中的汞进行深度脱除，使汞的去除率达到90.1%。这种多级净化工艺减少了二次污染物的生成，同时降低了重金属污染物对周边环境的影响。研究表明，该工艺整体上能将重金属排放量减少40%以上，显著降低了环境中的重金属累积风险。

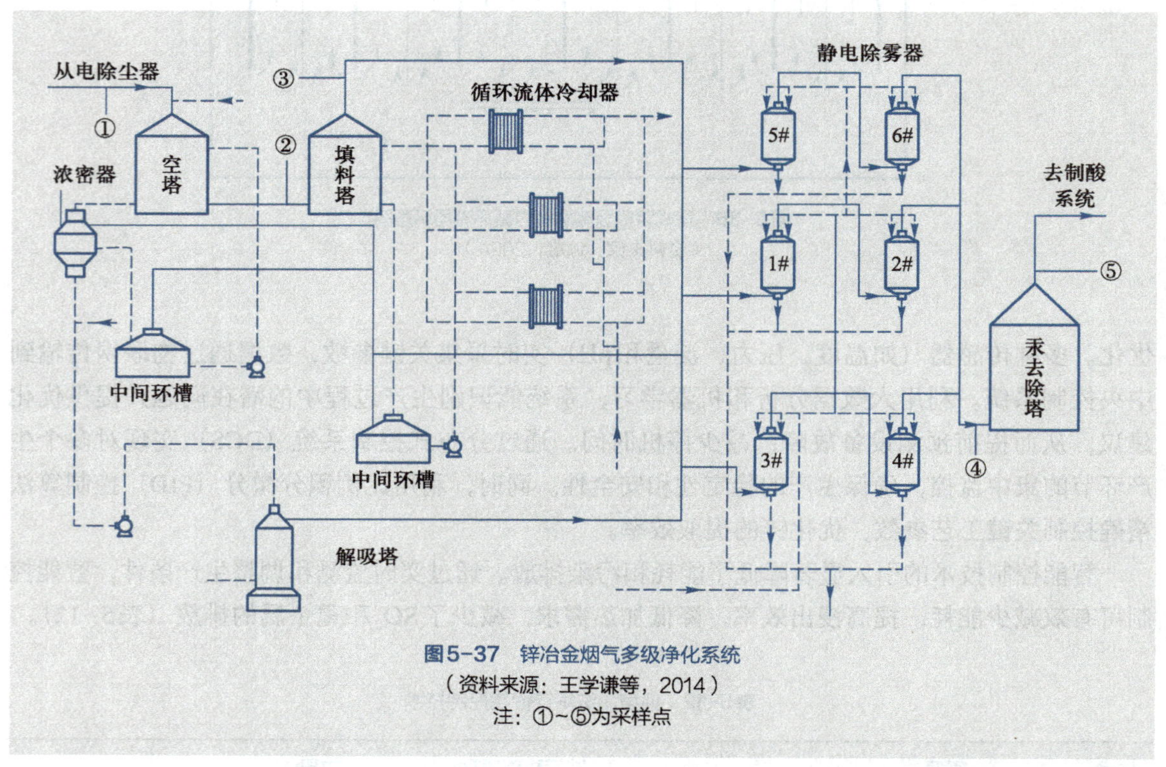

图5-37　锌冶金烟气多级净化系统

（资料来源：王学谦等，2014）

注：①~⑤为采样点

2. 回转窑高温还原技术

回转窑高温还原技术是一项专门用于减少锌渣等固体废物中的锌含量的处理技术。通过高温还原，锌渣中的氧化锌和其他金属氧化物（如铁和铅）在碳还原剂的作用下分解，生成金属态锌等可回收金属，同时减少废渣中的有害成分。

回转窑高温还原工艺流程见图5-38。将锌渣和碳还原剂（如焦炭粉）混合并送入回转窑，在1 000~1 200 ℃的高温下进行还原反应。此过程将锌渣中的氧化锌还原为金属态锌蒸气，锌蒸气通过冷凝收集，再回用于冶炼过程，进一步减少锌矿石的需求。此外，高温还原后残余的惰性物质可进一步加工，用作建筑材料填料，减少固体废物的堆积。回转窑高温还原技术的节能减排原理在于减少对新矿石资源的依赖、降低固体废物堆存量，并降低冶炼过程中CO_2的排放。研究显示，该技术可将固体废物中锌的回收率提升至95%以上。

（四）资源循环利用碳污协同减排

1. 湿法浸出提取锌冶金固体废物中有价元素

两段浸出工艺通过低温化学浸出取代传统的高温焙烧，分阶段去除废渣中的重金属，实现资源回收与污染物去除，适用于铅、锌冶金固体废物的减污降碳处理（图5−39）。在中性浸出阶段，工艺在常温常压下进行，主要去除锌和部分重金属，降低固体废物中的有害元素含量，为后续处理打下基础；在酸性浸出阶段，通过较低温度进一步处理残渣中的金属，完成污染物的最终去除。相比高温工艺，该工艺减少了高温加热需求，CO_2排放量减少20%~30%，每吨固体废物处理能耗减少约25%，SO_2排放量减少约40%。

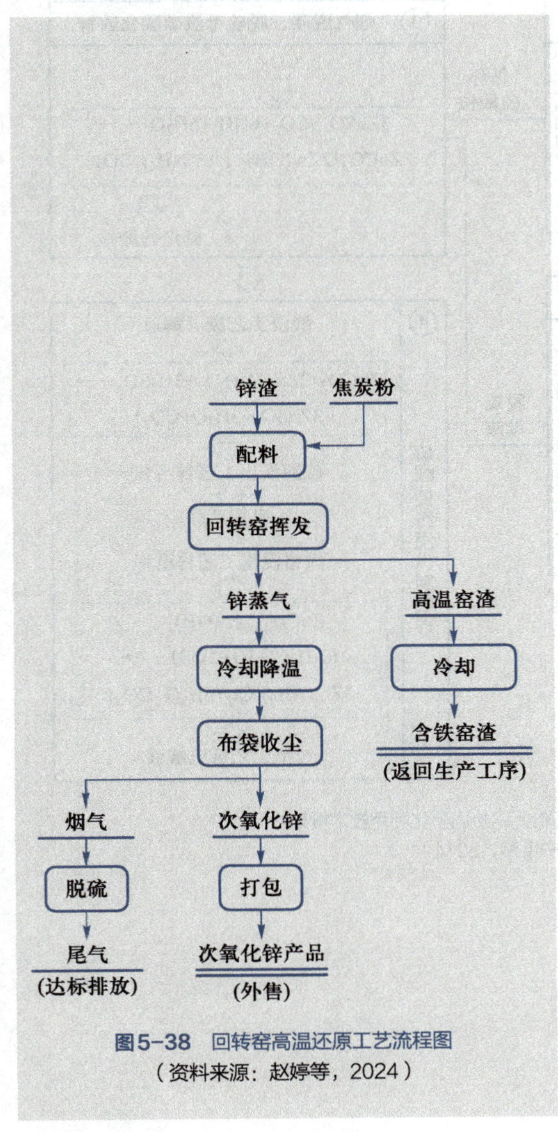

图5−38　回转窑高温还原工艺流程图
（资料来源：赵婷等，2024）

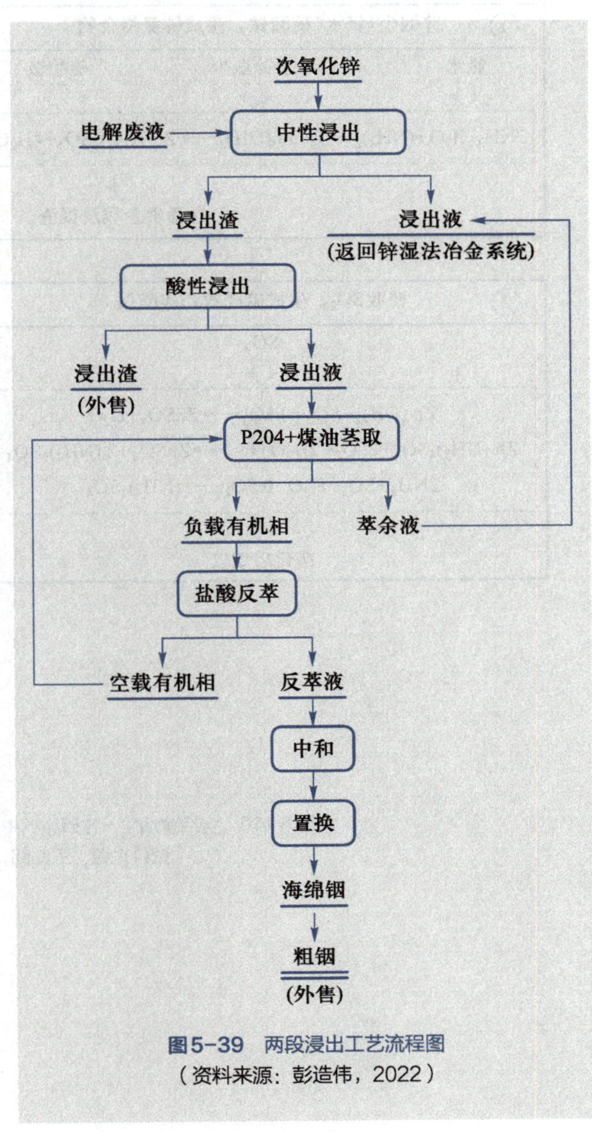

图5−39　两段浸出工艺流程图
（资料来源：彭造伟，2022）

2. 锌冶金烟尘和含硫废气中有价元素的协同转化利用

在锌冶金过程中，烟尘和含硫废气有价元素的协同转化利用技术与湿法脱硫及硫资源回收技术相结合，可以显著提升减污降碳效果（图5-40）。该技术首先通过氨水吸收废气中的SO_2，生成硫酸铵和锌氨络合物，进一步净化废气并提取有价金属。与此同时，湿法脱硫采用$(NH_4)_2S$溶液高效吸收烟气中的SO_2，生成硫化铵和硫代硫酸铵的混合溶液，通过控制反应条件促使自氧化还原反应生成高纯度硫黄和硫酸铵。这一组合工艺不仅将SO_2去除率提升至98%~99.8%，还减少了碳排放和能耗。在优化条件下，硫黄的回收率可达95%以上。

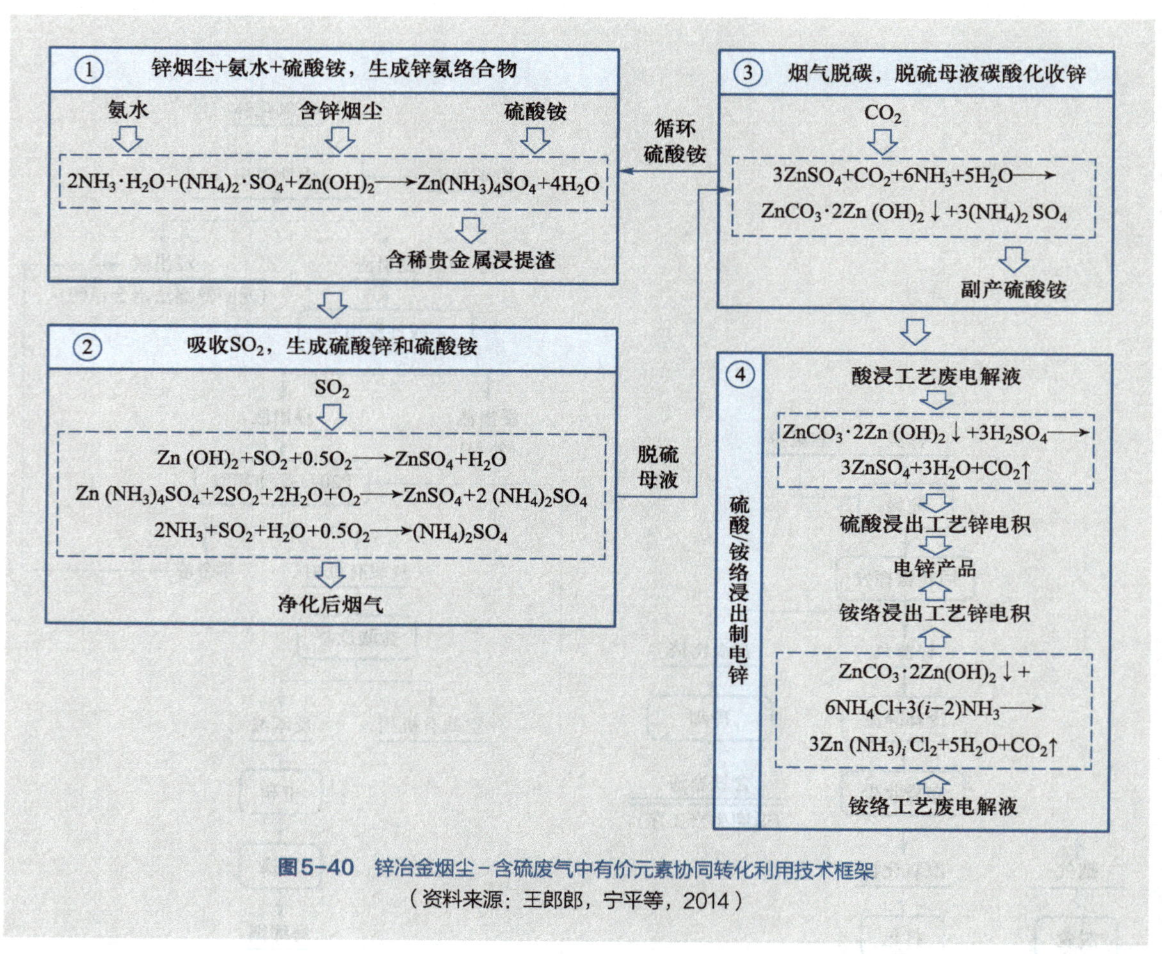

图5-40 锌冶金烟尘-含硫废气中有价元素协同转化利用技术框架
（资料来源：王郎郎，宁平等，2014）

习题与思考题

1. 细分析冶金过程中碳污排放的组成部分，并探讨影响这些排放的关键因素。
2. 针对冶金工业碳污排放现状，讨论水、气、固和碳四个方面的排放量及其环境影响，提供具体数据或估计。
3. 假设一个钢铁厂年产钢材量为100万t，每生产1 t钢材平均碳排放量为1.8 t CO_2，计算该钢铁厂一年的总碳排放量。
4. 如果上述钢铁厂通过引入先进的节能减排技术，预计可以减少每吨钢材碳排放量10%。请计算引入这项技术后，钢铁厂一年可以减少多少吨CO_2排放。
5. 选择三种冶金工业减污降碳策略，详细说明每种策略的原理、实施方法及预期效果，包括可能的挑战和解决方案。
6. 探讨宏观层面上冶金工业源头减排的重要性，分析不同源头减排途径的经济和环境效益，以及如何克服实施难题。
7. 针对钢铁冶金工业，列举并详细说明至少两种源头减排措施，包括技术参数、效率改进和减排潜力评估。
8. 对于有色金属冶金源头减排，分析具体技术或方法如何实现减排，并探讨这些技术或方法在行业内推广的可行性和限制因素。
9. 详细描述冶金过程减排与流程再造的途径，包括实施步骤、技术要求和环境效益预测，以及监测和评估机制。
10. 探索钢铁冶金在末端治理与资源循环利用方面的创新技术，详细讨论其操作原理、应用效果和经济性分析。
11. 分析有色金属冶金在末端治理与资源循环利用方面的最新发展，包括技术难点、解决策略和实践案例。
12. 选择并详细分析一个冶金工业减污降碳的典型案例，包括策略选择、技术应用、成效评估和可持续性分析。

参考文献

[1] 薛正良. 钢铁冶金概论［M］. 北京：冶金工业出版社，2008.

[2] 杨阳，李毅仁，刘娟，等．钢铁行业二氧化碳捕集技术研究及应用进展［J］．2024，38：52-64．
[3] 邢奕，崔永康，田京雷，等．钢铁行业低碳技术应用现状与展望［J］．工程科学学报，2022，44：801-811．
[4] 岳清瑞，张殿印．钢铁工业“三废”综合利用技术［M］．北京：化学工业出版社，2014．
[5] 邱定蕃，柴立元．有色冶金与环境保护［M］．长沙：中南大学出版社，2015．
[6] Zhao X L, Yin H T, Zhao Y. Impact of environment regulations on the efficiency and CO_2 emissions of power plants in China [J]. Applied Energy, 2015, 149: 238-247.
[7] 李双雪．电解铝出铝全流程智能控制关键技术研究［D］．兰州：兰州科技大学，2020．
[8] 李瑛娟，宋群玲，张金粱，等．碳中和背景下电解铝行业节能减排的探讨［J］．昆明冶金高等专科学校学报，2021，37：8-14+37．
[9] 涂建华，罗铜．“双闪”铜冶炼工艺技术的发展［J］．有色金属（冶炼部分），2022，3：1-9．
[10] 王成彦，陈永强．中国铅锌冶金技术状况及发展趋势：铅冶金［J］．有色金属科学与工程，2016，7：1-7．
[11] 陈星洁．铅锌冶炼过程汞流向及排放特征研究［D］．长沙：中南大学，2023．
[12] 王莹，何志军，陈妍，等．氢基竖炉直接还原工艺发展现状及思考［J］．矿冶工程，2024，44：212-216．
[13] 宋永富，王君峰，姜丘陵．钢铁行业烧结机烟气内循环节能环保技术应用［J］．锅炉制造，2024，1：28-30．
[14] 郭毅．新时期焦化厂干熄焦技术节能减排探究［J］．山西化工，2022，42：291-292+316．
[15] 范金龙．钢铁企业余热余能回收利用措施研究［C］．第十四届中国钢铁年会论文集．北京：第十四届中国钢铁年会，2023：1-6．
[16] 曲泰安，高大鹏，白雪，等．钢铁行业智能化能源管控平台的建设与应用［J］．鞍钢技术，2020，4：65-70．
[17] 朱廷钰，刘霄龙．中国钢铁行业“超低排放”向“减污降碳”过渡的技术思考［J］．过程工程学报，2022，

(22): 1360-1367.

[18] 朱廷钰，刘郑，李玉然，等. 钢铁烧结烟气多污染物的排放特征及控制技术 [J]. 科技导报，2014，32: 51-56.

[19] 闫晓淼，李玉然，朱廷钰，等. 钢铁烧结烟气多污染物排放及协同控制概述 [J]. 环境工程技术学报，2015，5: 85-90.

[20] 朱宝月，刘青，管佳为，等. 低碳铜冶炼工艺技术应用分析 [J]. 世界有色金属，2021，19: 149-150.

[21] 张琦，王建军. 冶金工业节能减排技术 [M]. 北京：冶金工业出版社，2013: 51-53.

[22] 工业和信息化部. 国家工业和信息化领域节能技术装备推荐目录（2022年版）[EB/OL].（2022-12-02）.

[23] 任明. 京津冀地区钢铁行业能源、大气污染物和水协同控制研究 [D]. 北京：中国矿业大学（北京），2019.

[24] Wu X C, Zhao L, Zhang Y X, et al. Cost and potential of energy conservation and collaborative pollutant reduction in the iron and steel industry in China [J]. Applied Energy, 2016, 184: 171-183.

[25] 银洲，况悦，刘丹丹，等. 炼铁工序减污降碳协同增效技术评估方法研究 [J]. 环境工程技术学报，2024，14（1）: 33-42.

[26] 李若宇，王耀武，郭不拘，等. 废铝回收再利用的研究现状 [J]. 2024，53: 84-93.

[27] 国家发展和改革委员会. 新型稳流保温铝电解槽节能技术 [EB/OL].（2020-06-27）.

[28] 邢涛，邓胜祥. 400 kA铝电解槽异形阴极炭块对阴极电压降的影响 [J]. 有色金属（冶炼部分），2024，3: 83-89+114.

[29] 苏旭东. 开槽阳极在大型预焙铝电解槽节能中的应用研究 [D]. 长沙：中南大学，2022.

[30] 胡跃文，李元山，杨国伟，等. 全石墨化阴极炭块在500 kA铝电解系列大修槽的推广应用 [J]. 甘肃冶金，2024，46: 80-83.

[31] 杨添林，熊仁艳，张敏，等. 基于温差发电—有机朗肯

循环联合循环的铝电解槽余热综合利用系统［J］．内燃机与配件，2023，4：6–9．
[32] 李凤果，莫政宇．烟气脱硫技术应用于电解铝的研究进展［J］．现代化工，2023，43：72–75．
[33] 王海斌，朱江凯，李勇，等．电解铝大修渣的无害化处理研究进展［J］．化工科技，2020，28：69–74．
[34] 赵凌波，夏传，吴班．石灰沉淀–电凝聚法处理高含氟酸性废水工程设计［J］．硫酸工业，2017，10：32–33+37．
[35] 杨庆飞．富氧底吹铜熔炼过程中金银回收研究［D］．昆明：昆明理工大学，2021．
[36] 马晓辉．铜冶炼多点位余热高效梯级利用技术应用［J］．硫酸工业，2022，6：9–13．
[37] 苏晨阳，冯权莉，宁平，等．有色金属冶炼尾气脱硫脱硝处理技术研究进展［J］．化工科技，2018，26：71–75．
[38] 高荣，陈习堂，徐洪傲，等．铜冶炼企业智能化发展概述［J］．有色金属（冶炼部分），2023，6：138–143．
[39] 金泽志，程凯，屈上林，等．铜冶炼渣缓冷全流程智能管控系统应用研究［J］．有色设备，2024，38：56–61+67．
[40] 王海荣，胡亮．铜冶炼烟气制酸固体废物资源化及减量化生产实践［J］．硫酸工业，2023，1：21–24．
[41] 叶巧苑．微电解技术在含铜废水中的应用［J］．节能与环保，2022，10：83–84．
[42] 张煜，李俊杰，葛哲令，等．铜火法冶炼废水处理实践［J］．有色金属（冶炼部分），2024，2：111–117．
[43] 曹志成，孙体昌，吴道洪，等．转底炉直接还原铜渣回收铁、锌技术［J］．材料与冶金学报，2017，16：38–41．
[44] 姜彦林．蓄热式技术在铅冶炼炉上的应用［J］．冶金能源，2013，32：41–44．
[45] 史公初．铜冶炼渣氧压硫酸浸出铜、分离铁的研究［D］．昆明：昆明理工大学，2021．
[46] 汤景文．SKS铅冶炼过程有害元素砷流向研究［D］．长沙：中南大学，2015．
[47] 蒋爱华，姜信杰，余煌，等．基于SKS炼铅系统的有

色冶炼过程余热利用研究 [J]. 冶金能源, 2010, 29: 45-47.

[48] 高博, 曾毅夫, 叶明强. 低温等离子体技术在废气治理中的应用 [J]. 清洗世界, 2017, 33: 31-34.

[49] 吴卫国, 宋言. 铜铅锌冶炼固废协同处理及有价金属综合回收 [J]. 绿色矿冶, 2023, 39: 47-52.

[50] 张振国. 铅冶炼烟气制酸装置节能改造与应用 [J]. 有色冶金设计与研究, 2021, 42: 21-24.

[51] 吴钧, 曾鹏, 张少博, 等. 热酸浸出-仲针铁矿工艺回收中浸渣中铜的试验研究 [J]. 中国有色冶金, 2021, 50: 35-39+48.

[52] 王学谦, 马懿星, 宁平, 等. 锌冶炼重金属物质流向及烟气净化效果 [J]. 化工学报, 2014, 65: 3661-3668.

[53] 赵婷, 李谦, 孔镇, 等. 回转窑提锌生产线的窑温控制研究及生产实践 [J]. 工业炉, 2024, 46: 30-33+56.

[54] 王郎郎, 王学谦, 宁平, 等. $(NH_4)_2S$吸收净化冶炼烟气中SO_2回收硫资源的方法 [J]. 化工学报, 2014, 65: 4586-4592.

[55] 彭造伟. 锌精矿浸出尾渣中有价金属回收闭环工艺探索 [J]. 中国有色冶金, 2022, 51: 74-78+89.

[56] 宋洋. 铅锌冶炼废水处理技术研究 [D]. 西安: 西安建筑科技大学, 2017.

06

第六章 化学工业减污降碳协同增效

化学工业泛指在生产过程中化学方法占主要地位的过程工业，它以天然气、石油、煤炭和其他物质为原料，经过一系列物理、化学和加工工艺，生产小分子化合物、高分子化合物、材料、能源和其他化工产品。化工行业可以分为燃料化工、无机化工、有机化工和精细化工等类别。

化学工业是基础产业和支柱产业，在国民经济中占有重要地位。化学工业门类繁多、工艺复杂、产品多样，生产中排放的污染物种类多、数量大、毒性高，因此，化学工业是污染大户。化工行业的碳排放特点为“总量有限，强度突出”，每万元增加值的碳排放量为1.29 t，高于全国工业平均水平（1.14 t）。因此，在实施“双碳”目标的过程中，化工行业面临着巨大的碳污减排压力。

本章主要围绕乙烯、合成氨、甲醇及煤制天然气等典型化工生产过程，介绍碳污排放源及排放特征，并从源头、生产过程、末端治理与资源循环利用等角度阐述这些典型化工过程的减污降碳协同增效技术。

第一节
典型化学工业碳污排放

一、乙烯工业碳污排放

乙烯作为石油化工的核心原料，是世界上产量最大的化学产品之一，占石化产品的75%以上，世界上已将乙烯产量作为衡量一个国家石油化工发展水平的重要标志之一。

（一）乙烯生产工艺

乙烯的制取方法主要包括蒸汽裂解、通过煤炭或甲醇生产、催化裂解等技术路线，其中蒸汽裂解法（以石脑油为原料），是目前主流的乙烯生产方法，约占全球乙烯生产总量的98%。蒸汽裂解法乙烯生产工艺流程如图6-1所示。

① 原料准备：选择合适的原料，常见的有乙烷、丙烷和石脑油等。

② 预热与混合：原料经过预热，与分馏塔底的循环油混合。

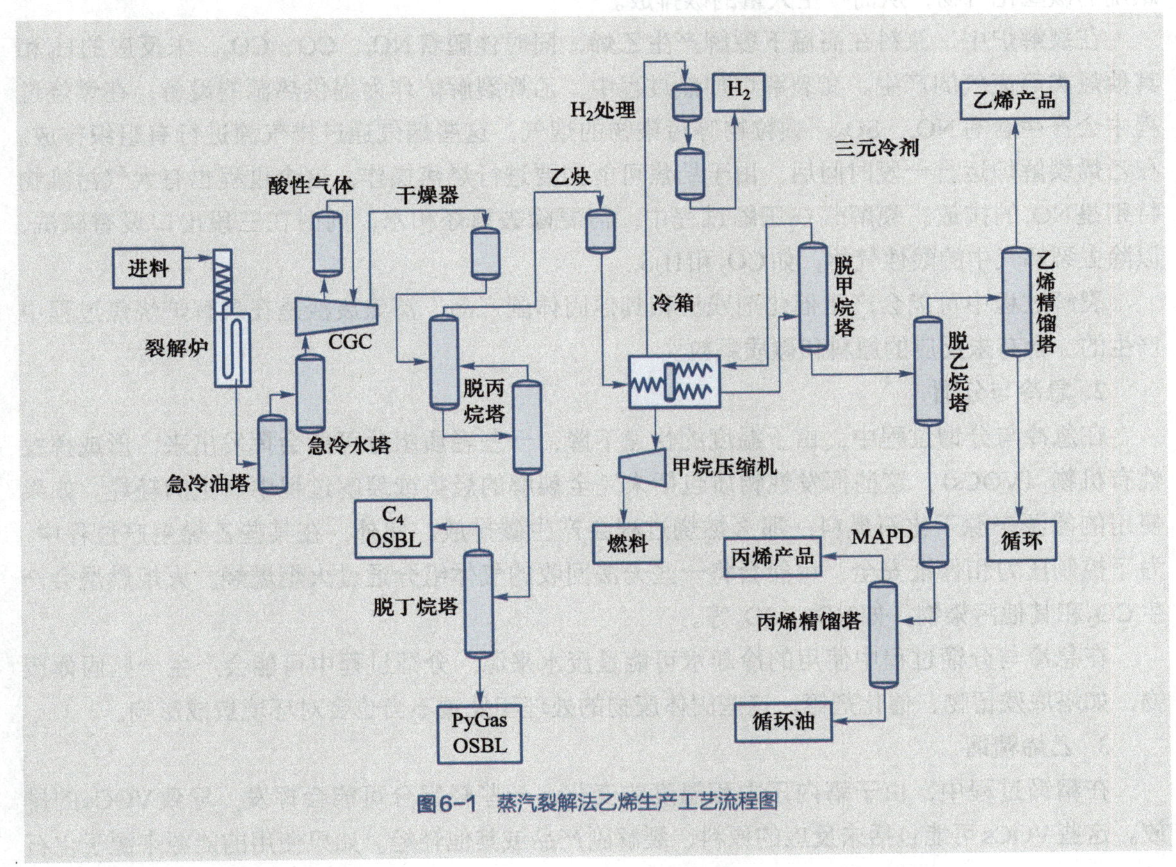

图6-1 蒸汽裂解法乙烯生产工艺流程图

③ 裂解炉加热：进料混合物通过裂化加热器后进入两翼反应器中的一个。同时加入过热蒸汽以提供额外的热量，减少油气的分压，增加对渣油馏出油的气提率。

④ 裂解反应：原料和水蒸气在管式加热炉内被加热至750~900 ℃，原料裂解为烃类气体。

⑤ 急冷与分馏：裂解后的产物进入急冷油塔和急冷水塔，迅速降温，再进入急冷器和深冷分离装置（−100 ℃以下），先后获得各种裂解产品。

⑥ 乙烯精馏：乙烯精馏主要在精馏塔内完成，通过乙烯精馏塔、丙烯精馏塔、脱丁烷塔等设备，分离出所需的乙烯、乙烷、丙烯、丙烷、混合C_4、裂解汽油等主副产品。

⑦ 副产品处理：裂解过程中还会产生一些副产品，如丙烯、丁二烯等低分子烯烃，以及苯、甲苯、二甲苯等轻质芳香烃。

（二）乙烯工业碳污排放源

乙烯生产过程中主要的碳污产生环节有：裂解炉加热、急冷与分馏、乙烯精馏。

1. 裂解炉加热

在裂解炉中，原料与高温蒸汽接触时，会产生裂解反应，这个过程中会产生一些不完全燃烧的碳氢化合物，从而产生大量的碳排放。

在裂解炉中，原料在高温下裂解产生乙烯，同时伴随着NO_x、CO、CO_2、未反应的H_2和其他烃类等废气的产生。在裂解炉加热过程中，乙烯裂解炉作为提供热源的设备，在燃烧过程中会产生含有NO_x、SO_2、颗粒物等污染物的烟气，这些烟气通过排气筒进行有组织排放。在乙烯裂解炉运行一段时间后，由于结焦可能需要进行烧焦操作，这个过程也有大气污染物特别是NO_x的排放。裂解气在压缩过程中，需要除去重烃和水，同时在三段出口设有碱洗，以除去裂解气中的酸性气体，如CO_2和H_2S。

裂解过程中可能会产生催化剂残渣和其他固体副产品，清焦废渣是在裂解炉烧焦过程中产生的，含有未反应的原料和碳质颗粒。

2. 急冷与分馏

在急冷与分馏过程中，由于温度的快速下降，一些轻质组分可能会挥发出来，形成挥发性有机物（VOCs），这些挥发性物质包括未完全裂解的烃类或裂解过程中产生的轻烃。如果使用的能源来源于化石燃料，那么燃烧过程会产生碳排放。此外，在某些乙烯生产过程中，为了控制压力和保证安全，可能会将一些无法回收的气体组分通过火炬燃烧。火炬燃烧会产生CO_2和其他污染物，如NO_x、SO_2等。

在急冷与分馏过程中使用的冷却水可能是废水来源。分馏过程中可能会产生一些固体废物，如塔底残留物、催化剂等。这些固体废物的处理和处置不当也会对环境造成影响。

3. 乙烯精馏

在精馏过程中，由于塔内压力和温度的变化，一些轻组分可能会挥发，导致VOCs的排放。这些VOCs可能包括未反应的原料、裂解副产品或其他轻烃。如果使用的能源来源于化石燃料，那么其燃烧过程也会产生碳排放。精馏过程中可能会使用一些化学添加剂，如用于提高分离效率的助剂。这些添加剂的使用和废水处理过程可能会产生一些污染物。精馏过程中可能会产生一些固体废物，如塔底残留物、废催化剂等。

（三）乙烯工业碳污排放特征

表6-1为乙烯生产过程（以石脑油为原料Lummus 管式炉蒸汽裂解，顺序分离）的产排污系数，乙烯生产过程中工业废气与工业废水的排放是乙烯工业中不容忽视的。以我国乙烯裂解炉正常工作情况下为例，排放气中NO_x为80～140 mg/m^3。有研究表明，乙烯裂解炉在烧焦期间NO_x排放量较高，有时会超过300 mg/m^3。

表6-1　乙烯生产过程的产排污系数

污染物指标	单位	产污系数	末端治理技术	排污系数
工业废水量	t/t（产品）	1.431	隔油	1.431
			物理＋生物处理法	1.431
化学需氧量	g/t（产品）	1 348	隔油	1 416
			物理＋生物处理法	91.03
石油类	g/t（产品）	171	隔油	100
			物理＋生物处理法	2.242
工业废气量	Nm^3/t（产品）	11 900	直排	11 900
SO_2	kg/t（产品）	0.064 6	直排	0.064 6
HW06 危险废物（废催化剂）	t/t（产品）	0.000 086 5	—	—

资料来源：生态环境部已发布的排放源统计调查制度排（产）污系数清单。

在乙烯生产过程中，碳排放的主要来源可以分为裂解炉燃料燃烧产生的直接排放、与热能和电力消耗相关的间接排放及火炬排放。裂解炉燃料燃烧是蒸汽裂解制乙烯过程最主要的碳排放来源，占整个生产过程碳排放的80%以上。生产过程蒸汽和电力消耗带来的碳排放占整个生产过程的15%～20%。

经过综合评估，使用石脑油作为原料的百万吨级蒸汽裂解装置的CO_2排放强度大约为1 t (CO_2)/t［烯烃（乙烯＋丙烯）］。如果采用液化石油气、乙烷等轻质原料，那么CO_2的排放强度可以降至每吨烯烃0.8 t以下。装置规模是影响蒸汽裂解碳排放强度的一个重要因素，百万吨级以上的大型裂解装置每吨烯烃碳排放强度约为30万t级小裂解装置的2/3。

二、合成氨工业碳污排放

氨（NH_3）是化肥工业和基本有机化工的主要原料，并且作为一种潜在的无碳燃料及H_2

的载体而受到重视。中国作为全球最大的合成氨生产和消费国，其合成氨产量大约占全球总产量的1/3。

（一）合成氨生产工艺

合成氨生产过程主要是通过哈伯－博施（Haber-Bosch）过程将N_2和H_2在高温高压和催化剂的作用下转化为NH_3。天然气合成氨工艺是一种重要的化工工艺，工艺流程见图6-2。

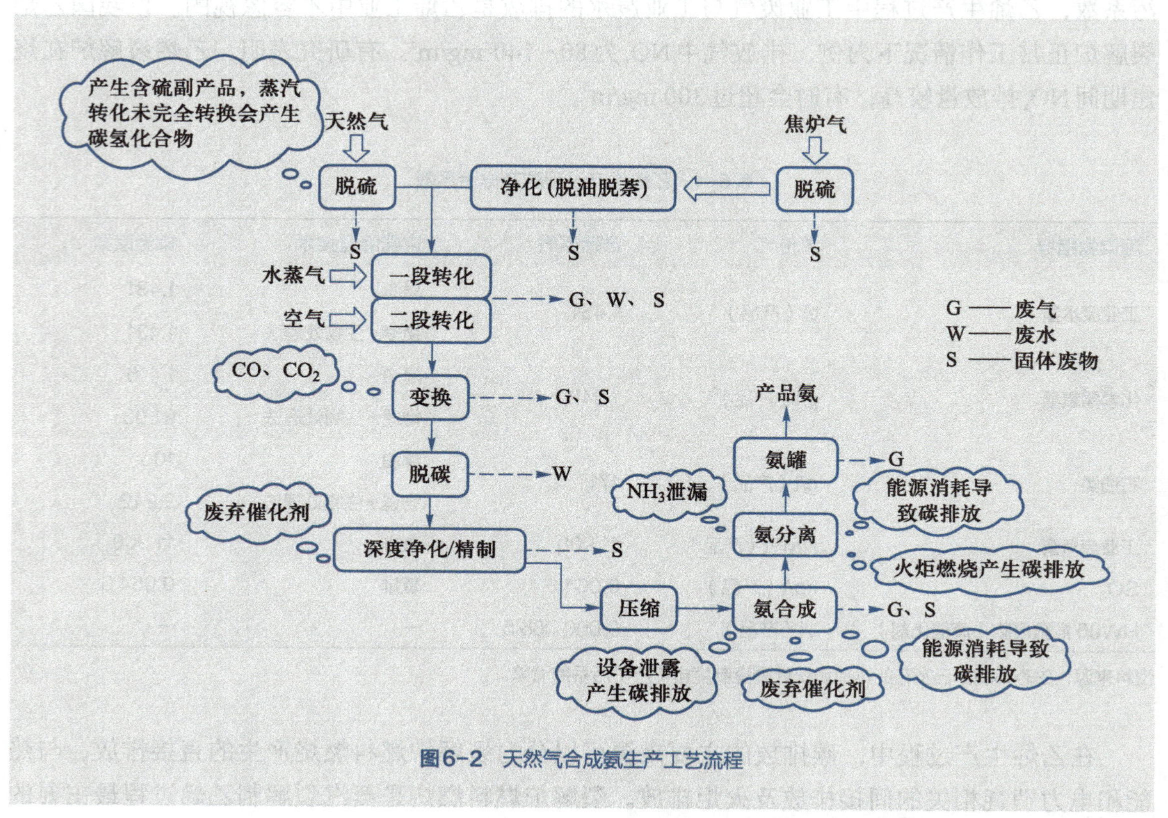

图6-2　天然气合成氨生产工艺流程

1. 原料气制备

首先将天然气进行净化和转化，通常涉及脱硫处理。然后通过蒸汽转化法将天然气与蒸汽反应生成CO和H_2，即合成气。反应式如下：

$$CH_4 + H_2O \longrightarrow CO + 3H_2 \tag{6-1}$$

2. 变换过程

合成气中含有的CO需要通过变换反应转化为额外的H_2和CO_2。这通常通过在催化剂的作用下与蒸汽反应来实现，即CO与水蒸气反应生成CO_2和H_2。反应式如下：

$$CO + H_2O \longrightarrow CO_2 + H_2 \tag{6-2}$$

3. 气体净化

变换后的气体中含有一定量的CO_2和硫化物，需要通过物理或化学吸收的方法进一步脱除，以防止氨合成催化剂中毒。常用的脱硫脱碳方法包括低温甲醇洗法（rectisol）、聚乙二醇二甲醚法（selexol）等。

4. 氨合成

该工艺需要使用催化剂促进N_2和H_2的反应。常用的催化剂是铁（Fe）或铁/钌（Fe/Ru）混合物，它们在高压和适当的温度下具有较高的催化活性。净化后的气体，即合成氨所需的N_2和H_2，被压缩至高压条件，并在催化剂的作用下于合成塔中反应生成氨。合成氨的反应是一个放热反应，通常在400～500 ℃和20～50 MPa的条件下进行。反应式如下：

$$3H_2 + N_2 \longrightarrow 2NH_3 \tag{6-3}$$

5. 氨的分离与回收

合成塔中生成的氨需要通过冷却和液化的方式从反应气体中分离出来，剩余的未反应气体则循环回反应系统继续参与合成。氨提纯工艺通常采用吸附、蒸馏等方法，将氨纯度提高到所需的水平。

6. 能量回收

在合成氨的过程中产生大量热量，可以通过废热锅炉等设备进行能量回收，用于产生蒸汽等，从而提高整个工艺的能效。另外，工艺中使用的催化剂可以通过再生的方式进行循环利用，以降低成本并减少对资源的消耗。

（二）合成氨工业碳污排放源

如图6–2所示，合成氨工业的污染物产生环节主要包括以下几个方面：

1. 原料准备和处理

H_2生产过程需要大量的能源，并且在转化过程中直接释放CO_2，是合成氨过程中最大的碳排放源。

合成氨过程中废气主要产生在以下环节：① 气化过程。使用煤炭、天然气或石油为原料进行气化时，会产生含有PMs、SO_x、NO_x等污染物的废气。② 脱硫过程。原料气中的硫需要被去除，这个过程中可能会产生含硫的酸性废气。③ 变换过程。在CO变换过程中，会产生含有未反应的CO和CO_2的废气。④ 脱碳工序。在脱碳过程中，会释放出含有CO_2的废气。

合成氨工业产生的废水根据其化学特性主要分为四类：由煤制气过程中产生的含氰废水、由油制气过程中产生的含黑炭废水、含有硫化物的废水，以及富含氨氮的废水。具体生产工艺中主要包括煤气化废水、混合气处理过程废水，含有硫化物、NO_x、酸、硫化氢和烃类衍生物等。例如，在合成氨生产过程中，造气工序会产生含有酚、氰、硫化物、氨、COD等污染物的洗涤冷却水；在脱硫工序中，会产生脱硫液再生排放的硫泡沫废液；在变换、脱碳、精制、压缩工序中，会产生设备冷却水、过滤器排水等含氨废水。如果采用氨法脱硫、碳铵转化或铜洗工艺等，废水中的氨氮浓度可能会很高。

此外，在合成氨过程还会产生固体废物，主要有造气炉渣、锅炉炉渣、除尘器分离出的粉尘、污水处理过程中产生的污泥，再生塔分离出的硫黄、铜泥、废催化剂等。

2. 氨合成过程

在氨合成塔中，未反应的N_2和H_2会循环使用，但也会有少量的放空气，这些放空气中含有氨、H_2和N_2等成分。如果氨合成后的尾气不能被有效回收利用，就可能会通过火炬燃烧来处理。火炬燃烧会产生CO_2和其他污染物，如SO_x、NO_x等。此外，Haber-Bosch过程需要在高温（400～500 ℃）和高压（20～50 MPa）下进行，需要消耗大量的能源，这些通常来源于化石燃料，如天然气、煤炭等。能源的使用不仅产生了大量的CO_2排放，还产生其他温室气体的排放，如CH_4等。

另外在氨合成后，氨需要通过冷却来液化和分离。冷却过程可能使用大量冷却水，如果冷却水系统设计不当，就可能会导致水污染。

3. 副产品和泄漏

合成氨过程中可能会有氨和其他化学物质的泄漏，这虽然不直接产生CO_2的排放，但氨对环境有害。在后续产品尿素和硝酸铵的生产过程中，会产生含粉尘的废气，这些粉尘主要是尿素粉尘和硝酸铵粉尘，也会产生含尿素、氨的工艺废液。

（三）合成氨工业碳污排放特征

以天然气为原料（常压间歇转化工艺）制氨的污染物产排污系数见表6-2。由表可知，在以天然气为原料的情况下，常压间歇转化工艺制氨中工业废水量产污系数为10～30 t/t（氨），化学需氧量产污系数为600～6 000 g/t（氨），氨氮产污系数为300～3 000 g/t（氨），工业废气量产污系数为4 600～5 600 Nm^3/t（氨），SO_2产污系数为0.037～0.045 kg/t（氨），NO_x产污系数为0.097～0.56 kg/t（氨），工业固体废物（废催化剂）的产污系数为0.55～0.75 kg/t（氨）。

表6-2　以天然气为原料（常压间歇转化工艺）制氨的污染物产排污系数

污染物指标	单位	产污系数	末端治理技术	排污系数
工业废水量	t/t（氨）	10～30	直排或物理法+生物法	10～30 1.431
化学需氧量	g/t（氨）	600～6 000	直排	600～6 000
			物理法+生物法	60～2 100
氨氮	g/t（氨）	300～3 000	直排	300～3 000
			物理法+生物法	200～1 200
工业废气量	Nm^3/t（氨）	4 600～5 600	直排	4 600～5 600
SO_2	kg/t（氨）	0.037～0.045	直排	0.037～0.045
NO_x	kg/t（氨）	0.097～0.56	直排	0.097～0.56
工业固体废物（废催化剂）	kg/t（氨）	0.55～0.75	—	—

资料来源：生态环境部已发布的排放源统计调查制度排（产）污系数清单。

据统计，生产1 t合成氨，煤制氨工艺的CO_2排放量约为4.2 t，而天然气制氨的CO_2排放量约为2.04 t。

三、甲醇工业碳污排放

甲醇是一种重要的基础有机化工原料，也是一种新型的清洁能源。在全球基本有机化工原料中，甲醇消费量仅次于乙烯、丙烯和苯，居第四位。随着全球石油资源的日益减少，甲醇应用逐渐扩展到石油的补充领域，在实现“双碳”目标中发挥越来越重要的作用。

（一）甲醇生产工艺

甲醇生产工艺主要分为天然气制甲醇、煤制甲醇和焦炉气制甲醇。三种生产工艺殊途同归，其核心都是生产合成气然后通过$2H_2+CO \longrightarrow CH_3OH$反应制备甲醇。以天然气制甲醇为例，生产工艺见图6-3。

① 预处理：对天然气进行预处理，包括脱硫等，以净化原料气。

② 蒸汽转化：净化后的天然气与水蒸气在转化炉中进行蒸汽催化转化反应，生成CO和H_2的合成气。

③ 变换反应：合成气中的CO与水蒸气发生变换反应，生成更多的H_2，调整H_2/CO比例，以满足甲醇合成的需要。

④ 净化：变换反应后的气体需要进一步净化，以去除剩余的CO_2和硫化物，确保气体中没有对催化剂有害的物质。

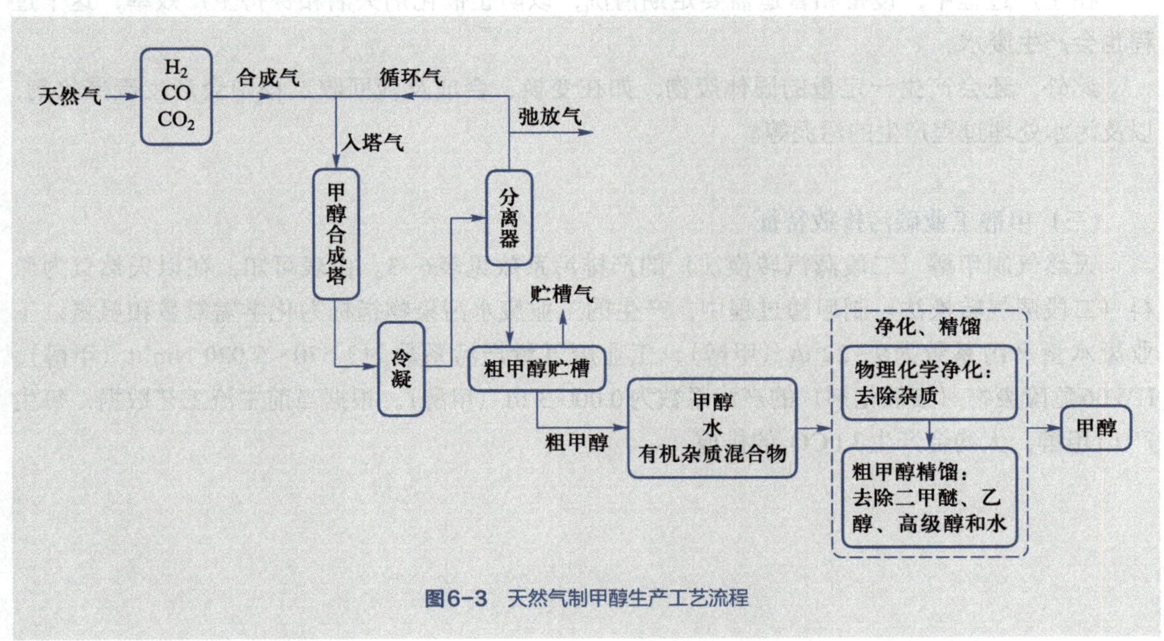

图6-3 天然气制甲醇生产工艺流程

⑤ 压缩和合成：净化后的合成气在压缩机中被压缩，然后送入合成反应器，在催化剂的作用下进行合成反应，生成粗甲醇。

⑥ 精馏：粗甲醇经过精馏塔进行分离和提纯，最终得到符合标准的甲醇产品。

（二）甲醇工业碳污排放源

天然气制甲醇生产过程中产生碳污的主要环节有：原料准备过程、甲醇合成过程。

① 预处理：在对原料天然气进行脱硫处理时，可能会产生含硫废气；需要使用脱硫剂，这个过程中可能会产生含硫废水，主要污染物有化学需氧量（COD）、氨氮及硫化物等。

② 蒸汽转换：天然气与水蒸气在转化炉中反应生成合成气，这个过程会产生含有未反应的CH_4、CO、CO_2和H_2的废气。此外，这个过程也可能会有冷凝液的产生，这些冷凝液需要分离和处理，主要污染物是COD。

③ 净化：该过程产生NO_x和CO_2。

④ 压缩和合成：在合成塔中，合成气反应生成甲醇，在此过程中会有有机物、闪蒸汽和弛放气的产生，主要有CO、CO_2、CH_4、甲醇等；还可能会有未完全反应的原料或副产物泄漏，导致VOCs和其他气体污染物的排放。

⑤ 精馏：粗甲醇在精馏塔中进行精制，分离出甲醇产品和杂质，这个过程会产生一些废水，包括塔底排出的蒸馏残液，主要含有甲醇、乙醇、高级醇和醛等物质。该过程排放的废气主要为精馏塔不凝气，主要成分是CO、甲醇、二甲醚、H_2、CH_4等。还会产生以H_2和CO为主要成分的精馏冷凝气，可通过管路改造对其进行处理和回收。此外，也会有少量挥发性有机物的产生。

在生产过程中，设备和管道需要定期清洗，以防止催化剂失活和保持生产效率，这个过程也会产生废水。

此外，还会产生一定量的固体废物，如在变换、合成及硫回收过程中会产生废催化剂，以及污水处理过程产生的污泥等。

（三）甲醇工业碳污排放特征

天然气制甲醇（二段蒸汽转换法）的产排污系数见表6-3。由表可知，在以天然气为原料（二段蒸气转换法）制甲醇过程中，产生的工业废水污染物指标为化学需氧量和氨氮，工业废水量产污系数为9～22 t/t（甲醇）；工业废气量产污系数为3 570～5 020 Nm^3/t（甲醇）；HW06危险废物（废催化剂）的产污系数为0.000 3 t/t（甲醇）。根据当前主流工艺数据，每生产1 t甲醇，大约会产生3 t CO_2的排放。

表6-3 天然气制甲醇（二段蒸汽转换法）的产排污系数

污染物指标	单位	产污系数	末端治理技术	排污系数
工业废水量	t/t（甲醇）	9~22	物化法+生物法	9（规模≥10万t） 22（<10万t）
化学需氧量	g/t（甲醇）	13 620~17 100	物化法+生物法	820（规模≥10万t） 2 010（规模<10万t）
氨氮	g/t（甲醇）	80~190	物化法+生物法	30（规模≥10万t） 80（规模<10万t）
工业废气量	Nm^3/t（甲醇）	3 570~5 020	直排	3 570（规模≥10万t） 5 020（规模<10万t）
HW06危险废物（废催化剂）	t/t（甲醇）	0.000 3	—	—

资料来源：生态环境部已发布的排放源统计调查制度排（产）污系数清单。

四、煤制天然气工业碳污排放

煤制天然气是现代煤化工的重要组成部分，也是实现高碳能源低碳化利用的重要途径。随着我国日益增长的天然气需求，我国煤制天然气工业将会得到更快的发展。

（一）煤制天然气生产工艺

煤制天然气生产工艺流程见图6-4。以煤炭为原材料，通过煤气化生成合成气，经除尘、

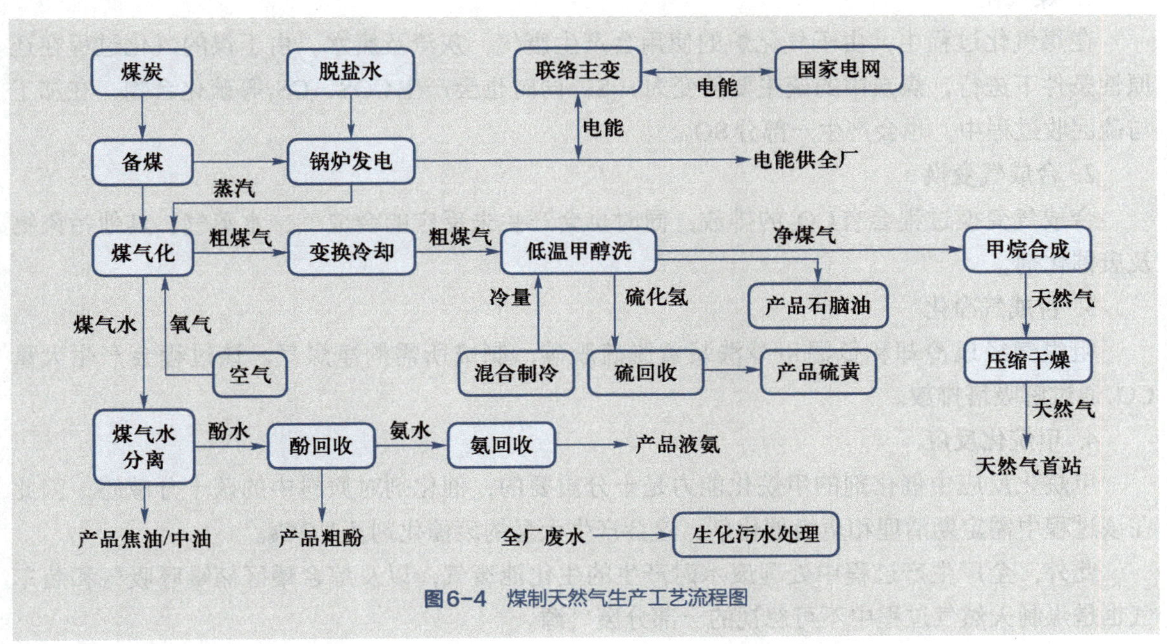

图6-4 煤制天然气生产工艺流程图

变换、脱酸、脱碳后，再经甲烷化技术合成清洁的合成天然气，其中煤气化和甲烷化为煤制天然气的两项核心技术。

1. **煤气化**

煤炭在煤气化装置中与高纯氧气和中压蒸汽反应，生成含有CO、H_2和CH_4等组分的粗煤气，用于后续合成气变换。

2. **合成气变换**

通过变换反应提高H_2/CO比例，以满足后续合成反应的需求。

3. **合成气净化（低温甲醇洗）**

变换反应后的合成气经低温甲醇洗以去除其中的CO、CO_2、H_2S、COS，以及NH_3、HCN、苯酚、油类等有害成分。

4. **甲烷化反应**

净煤气进入甲烷化装置，通过催化剂的作用，将CO和H_2转化为CH_4，这是天然气的主要成分，也是煤制天然气的关键步骤。

5. **天然气干燥**

合成得到的甲烷需要经过干燥处理，去除其中的水分，得到液化天然气，以保证天然气的品质。

（二）煤制天然气工业碳污排放源

煤制天然气生产过程中产生碳污的主要环节有：煤气化、合成气变换、合成气净化及甲烷化反应。

1. **煤气化**

在煤气化过程中，由于气化炉的使用会产生废气、灰渣及废水。由于煤的气化过程在还原性条件下进行，煤炭中的硫主要转变为H_2S，同时也会产生COS、CS_2等硫化合物，在加工与硫回收过程中，也会产生一部分SO_2。

2. **合成气变换**

合成气变换过程会有CO_2的排放，同时也会产生未反应的合成气、水蒸气、其他污染物及废催化剂。

3. **合成气净化**

粗煤气经过冷却和低温甲醇洗装置脱硫脱碳，制成所需的净煤气。该过程会产生大量CO_2通过解吸塔排放。

4. **甲烷化反应**

甲烷化反应中催化剂的甲烷化能力是十分重要的，催化剂对原料中的硫十分敏感，因此在该过程中需定期清理和更换催化剂，这会产生大量的废催化剂及VOCs。

此外，全厂生产过程中处理废水时产生的生化池废气，以及综合罐区储罐呼吸气和装车气也是煤制天然气过程中不可忽视的一部分废气源。

（三）煤制天然气工业碳污排放特征

某个年产煤制天然气40亿标准立方米项目，采用碎煤加压气化和粉煤加压气化技术，温室气体排放总量为1 729.7万t（CO_2当量）/a，其中直接排放1 351.5万t（CO_2当量）/a、间接排放378.2万t（CO_2当量）/a。此外，原料消耗排放84.5万t（CO_2当量）/a，碳酸盐使用排放286.4万t（CO_2当量）/a。煤制天然气项目排放的CO_2浓度较高，体积分数达到85%，是碳捕集、利用与封存（CCUS）的理想CO_2来源。

煤制天然气项目水耗为6～8 t/km^3，污水产生量占耗水量的30%～40%，废水中污染物主要包括酚类、长链烷烃、吡啶等有毒难降解有机物，以及氨氮、硫化物、氰化物等有毒无机物。煤制天然气中含有煤气化装置、净化装置、硫回收装置、焦油加氢装置、固体贮运设施、污水处理场等工艺装置运行时产生的废气，可能包含PMs、SO_2、NO_x、VOCs、NH_3、H_2S、酚类化合物等污染物，以某煤化低温甲醇洗系统设计排放尾气为例，总量为356 324 m^3/h（标态，下同），主要尾气组分有CO_2（79.308%）、C_2H_6（0.484%）、CO（0.1214%）、C_2H_4（0.062%）、H_2S（0.741×10^{-6}）、COS（0.379×10^{-6}）及CH_3OH（1.659×10^{-6}）等。煤气化渣是煤制天然气过程中的主要固体废物，其化学组成主要包括SiO_2、Al_2O_3、CaO、Fe_2O_3和残炭。同时该工艺还包括焦油渣、酸焦油、洗油再生残渣、污泥、气化废渣等煤化工废渣。

第二节 乙烯工业减污降碳协同增效

乙烯生产过程中蒸汽热裂解、急冷、压缩、分离等工艺均会产生CO_2排放。2020年乙烯生产排放CO_2超过2.6亿t，约占全球碳排放总量的0.8%。对乙烯工业开展减污降碳协同增效具有重要意义。

一、源头减污降碳协同增效

（一）原料绿色化

1. 蒸汽裂解原料轻质化

我国蒸汽裂解生产乙烯的工艺占比达78.5%，其中裂解原料以石脑油为主，轻烃比例较低。未来，通过提升轻质原料在石油裂解原料中的比例，将有助于降低碳排放。采用轻质原料能够减污降碳的原因主要在于轻质原料的燃烧特性和化学结构。轻质原料通常指的是乙烷、丙烷等低碳烷烃，这些原料在燃烧时产生的污染物较少，且在化工过程中的转化效率更高，从而有助于降低能耗和减少碳排放。轻质原料具有以下优势：① 高转化率。轻质原料如乙烷在裂解过程中可以更高效地转化为乙烯，收率较高，这意味着更少的原料可以生产更多的产品，从而减少对原料的需求和废物的产生。② 低能耗。轻质原料的裂解反应需要的能量较少，因此在整个生产过程中消耗的能量较低，这有助于减少能源消耗和相关的碳排放。③ 低碳排放。轻质原料的燃烧产生的CO_2较少，因此在乙烯生产过程中采用轻质原料有助于降低整体的碳足迹。④ 副产品价值。轻质原料裂解过程中产生的副产品（如H_2）具有较高的利用价值，可以用于其他化工过程或作为清洁能源使用，从而提高了整个生产过程的资源效率。

相关数据显示，乙烷裂解工艺的能耗指标明显优于先进值，且能耗远低于其他竞争路线。例如，乙烷裂解装置每吨乙烯产品能耗为390 kg（标准油）/t（乙烯），而煤制烯烃的能耗为3 990 kg（标准煤）/t（乙烯），石脑油制烯烃的能耗为620 kg（标准油）/t（乙烯）。此外，乙烷裂解工艺的碳排放量也远低于其他工艺，经过综合评估，使用石脑油作为原料的百万吨级蒸汽裂解装置的CO_2排放强度大约为1 t（CO_2）/t［烯烃（乙烯+丙烯）］。如果采用液化石油气、乙烷等轻质原料，那么CO_2的排放强度可以降至每吨烯烃0.8 t以下。

2. 生物基原料替代

生物基原料生产乙烯可以实现源头减排，生物基原料中的碳来源于植物通过光合作用从大气中固定的CO_2，因此，在其生产和加工过程中对大气CO_2浓度的直接影响较小。目前，第一代乙醇发酵法制乙烯技术已经成熟，第二代纤维素乙醇制备聚合级生物乙烯及第三代生物微藻乙醇制乙烯技术仍在积极研发中。第二代和第三代技术由于原料化学结构较为复杂，乙醇转化率与选择性、乙烯产率尚有待提高。此外，国内也有化工企业成功开发了以蔗糖、棕榈油、甘油和山梨醇等生物基原料为起始剂的聚醚多元醇单体系列。这些生物基单体不仅实现了对传统化石原料的有效替代，还在生产过程中减少了约20%的能耗和30%的碳排放。

（二）清洁能源技术

电加热蒸汽裂解技术替代传统化石燃料生产蒸汽制乙烯工艺流程如图6-5所示，通过电

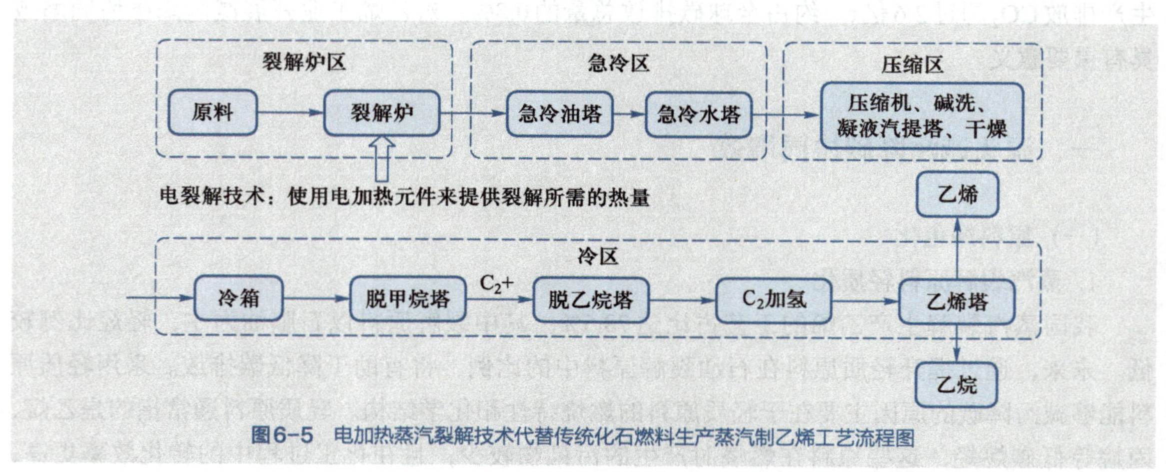

图6-5　电加热蒸汽裂解技术代替传统化石燃料生产蒸汽制乙烯工艺流程图

化学还原CO_2直接制备乙烯，在使用可再生能源电力的情况下，能显著降低多达50%的碳排放。该技术利用动能产生热量，与传统裂解装置相比，缩短了停留时间，提高了乙烯收率，降低了能源消耗。

二、生产过程减污降碳协同增效

（一）蒸汽裂解装置节能减排

蒸汽裂解装置在实现节能减排方面可以采取多种有效策略（图6–6）。通过提高裂解炉的热效率，可以显著降低能耗和碳排放。采用高效的分离技术，可以提高裂解产物的分离效率，从而减少过程用能。具体技术包括：① 裂解炉管的强化传热技术通过改变炉管内部结构或材料，优化流体流动状态，增加接触面积，降低边界层厚度，强化传热效果，减少燃料消耗和碳排放。② 利用裂解炉余热回收、裂解炉耦合传热等技术，减少燃料气消耗量，降低排烟温度，提高裂解炉热效率，延长清焦周期，提高超高压蒸汽产量。③ 裂解炉管涂层技术的应用

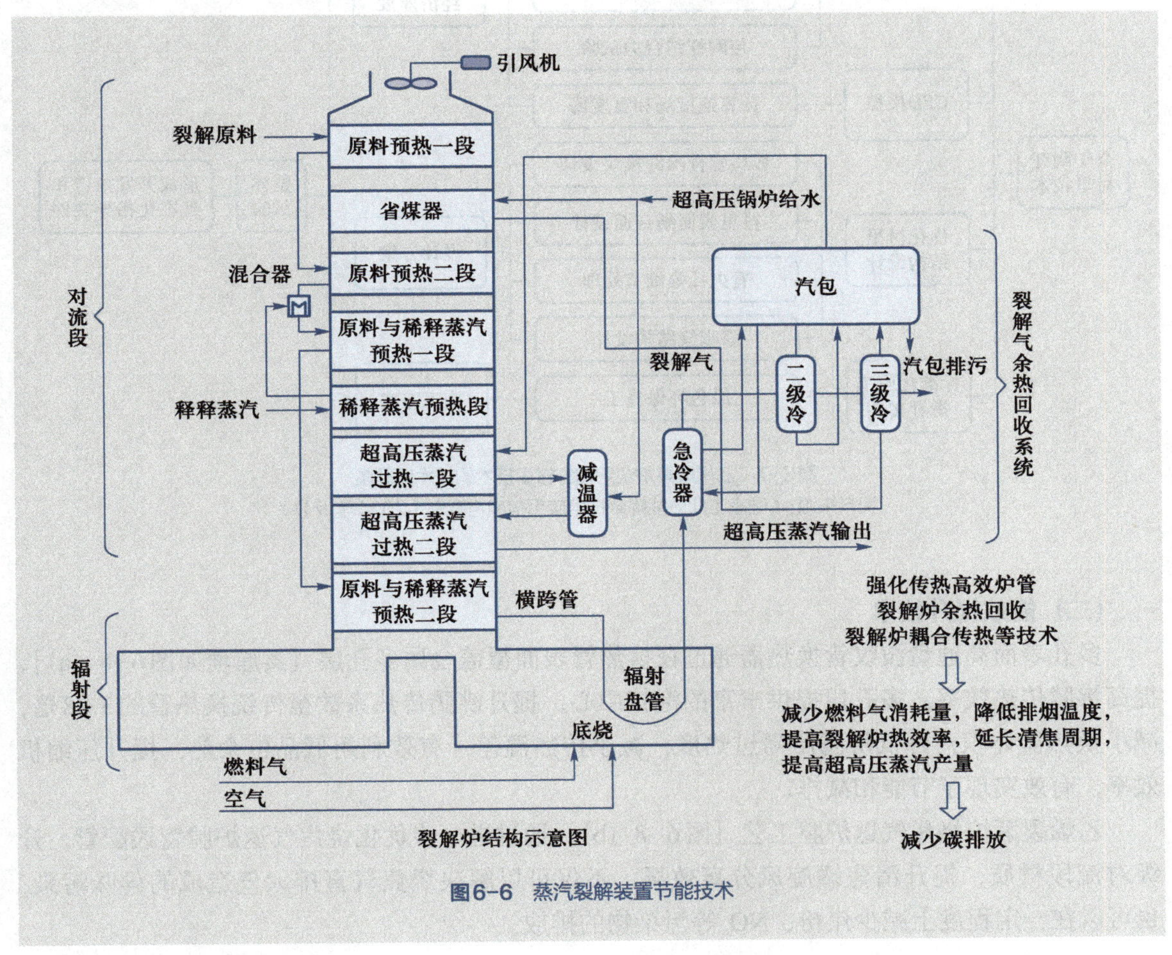

图6–6 蒸汽裂解装置节能技术

可以延长炉管的运行周期和使用寿命，显著降低结焦速率，减少燃料气消耗。④ 通过采用高效的分离技术可以大幅提高裂解产物的分离效率，降低过程用能，这是乙烯装置节能减排的关键措施之一。

乙烯裂解炉全炉陶纤衬里技术原理如图6–7所示。采用乙烯裂解炉轻质化、低导热系数的陶纤表面热防护涂料，可在乙烯裂解炉内部涂覆热防护涂层和复合陶纤模块，结合卯榫连接和液体锚固技术，使陶纤衬里具有抗高温和抗高流速烟气冲刷的特性。该技术取代了耐火砖在乙烯裂解炉下部炉墙的应用，无须进行烘炉操作，能提高生产效率。技术改造完成后，表面散热流量减少了64.2%，实现节能384 t（标准煤）/a，CO_2减排1 021 t/a。

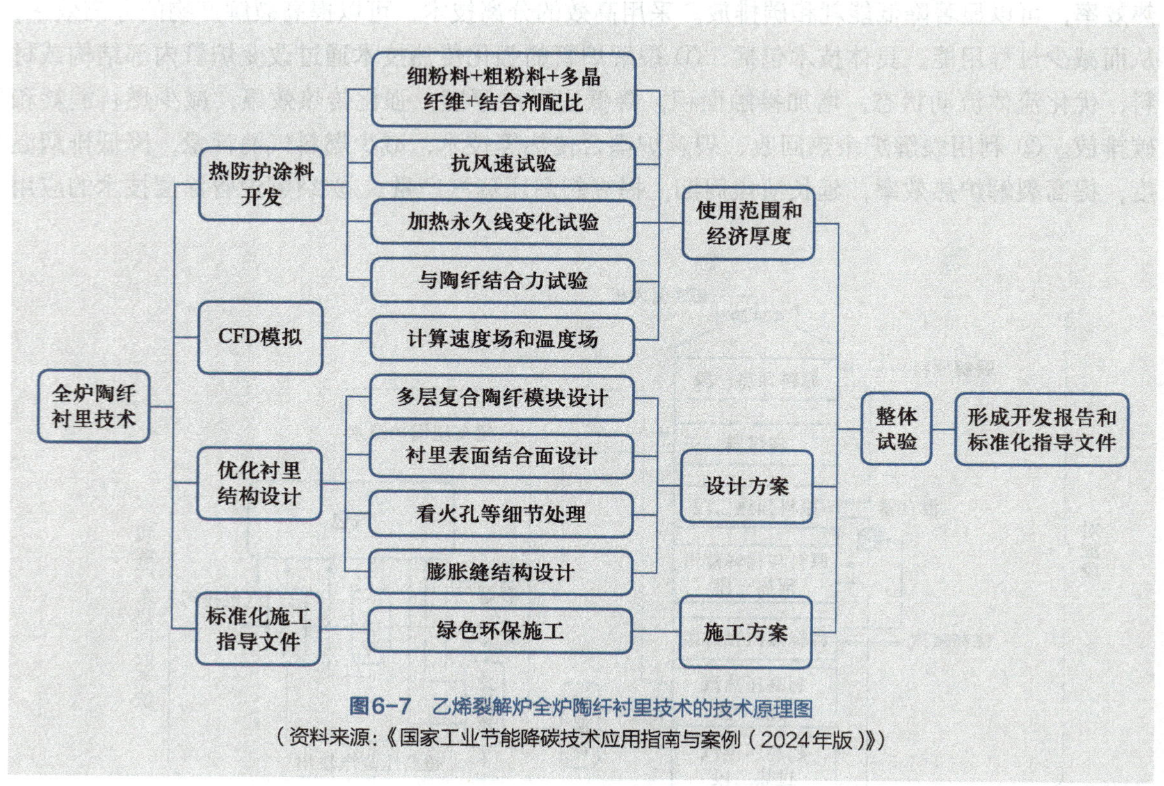

图6–7　乙烯裂解炉全炉陶纤衬里技术的技术原理图

（资料来源：《国家工业节能降碳技术应用指南与案例（2024年版）》）

（二）能效提升技术

多孔表面高通量波纹管换热器通过在换热管表面覆盖金属多孔层［其原理如图6–8（a）］，提高沸腾传热效率。多孔层提供丰富的泡核中心，提升沸腾传热系数至传统换热管的3~8倍，减小换热器体积，降低沸腾所需过热度，减小传热温差，有效利用低品位余热，提升压缩机效率，有效实现了节能和减排。

乙烯裂解炉烧焦气返炉膛工艺［图6–8（b）］通过进一步优化烧焦气返炉膛管线配管，升级对流段材质，提升清焦罐旋风分离效果，不仅可以解决烧焦气直排大气造成的异味污染，也可以在一定程度上减少焦粉、NO_x等污染物的排放。

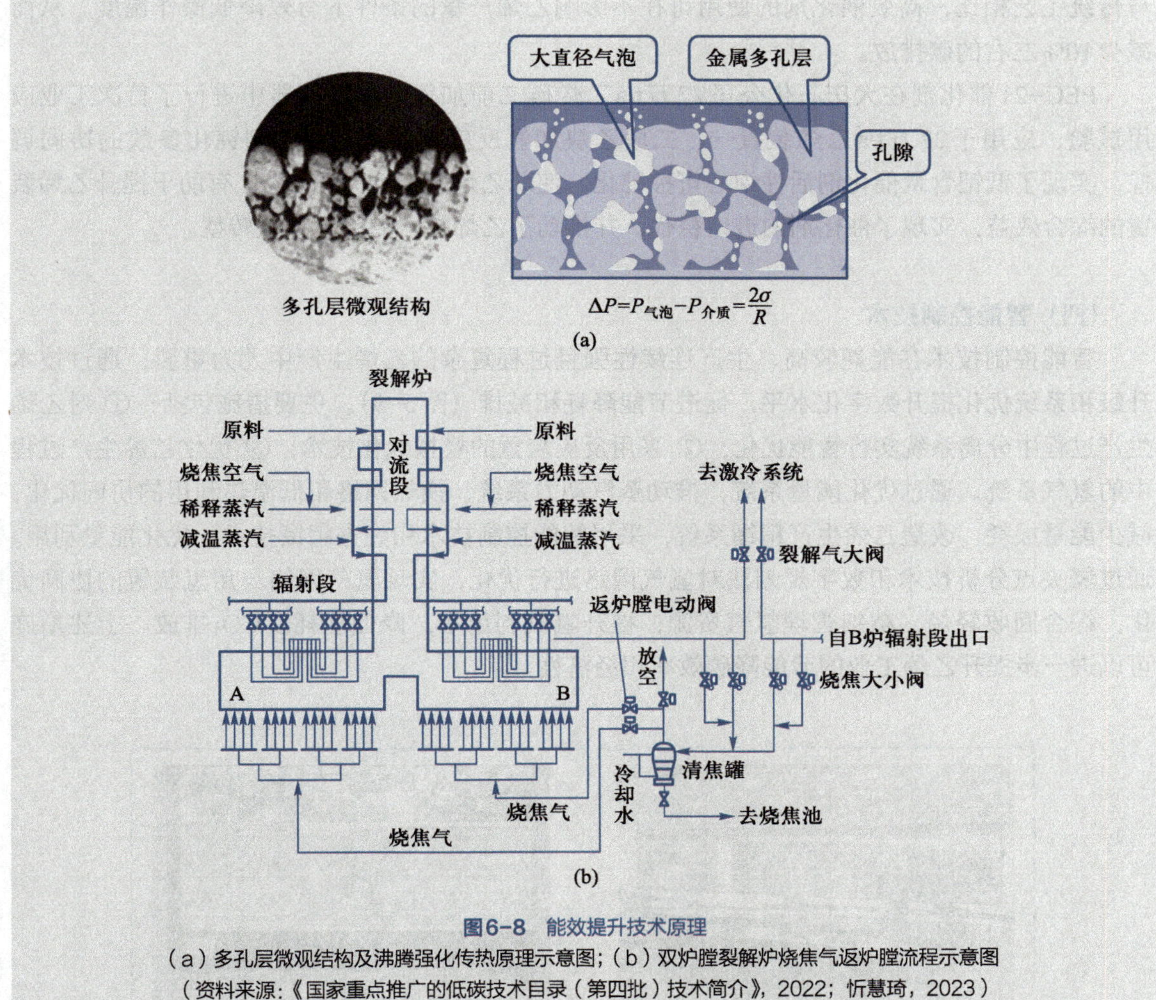

图6-8　能效提升技术原理

（a）多孔层微观结构及沸腾强化传热原理示意图；（b）双炉膛裂解炉烧焦气返炉膛流程示意图

（资料来源：《国家重点推广的低碳技术目录（第四批）技术简介》，2022；忻慧琦，2023）

（三）高效催化剂

乙烯生产过程中所使用的催化剂涵盖了催化裂化、催化重整、加氢催化、烷基化、醚化及催化脱硫脱氢等关键步骤。应该开发高性能耦合催化剂，突破传质扩散限制，并实现活性调控。在传统的蒸汽裂解工艺中，常用的催化剂包括以锆石、氧化铝等为载体的金属催化剂，这些催化剂能够促进烃类原料的有效裂解，生产乙烯和其他烯烃产品。近年来铬系、钛系、铂系及分子筛催化剂受到越来越多研究者的关注。

在乙烷氧化脱氢制乙烯工艺中，通过开发新型高效催化剂可有效降低乙烯生产碳排放。与传统的蒸汽裂解技术相比，新型催化剂可以在低于400 ℃的中等温度下运行，大幅减少了CO_2的排放，同时乙烷氧化脱氢产物中乙烯和乙酸的选择性可达93%，以减少副产物的生成。此外，在生物乙醇脱水制乙烯工艺中，通过开发新型高效催化剂可实现乙烯99.5%的选择性。

与传统工艺相比，高效催化剂的使用可在不影响乙烯产量的条件下有效降低操作温度，从而减少10%左右的碳排放。

PEC-21催化剂在大庆石化公司27万t/a乙烯碳二前加氢一段反应器中进行了首次工业应用试验，应用于27万t/a乙烯装置一、二段乙炔加氢反应器。通过催化剂钝化参数的协同调控，实现了低钯含量催化剂活性中心可控钝化，使总乙烯选择性为78.7%，有助于提升乙烯装置的综合效益，实现了催化剂的进口替代，并推动了乙烯技术的绿色低碳转型。

（四）智能控制技术

智能控制技术在能耗较高、生产连续性强且过程复杂的乙烯生产中尤为重要，通过技术升级和系统优化提升数字化水平，促进节能降耗和减排（图6-9）。主要措施包括：① 对乙烯生产过程中分离系统实行智能优化；② 采用反应装置的模拟优化技术；③ 优化乙烯生产过程中的氢气系统。通过优化能量系统，推动蒸汽动力系统、换热网络和低温热利用的协同优化，减少能量损耗，改造乙烯生产精馏系统，采用智能控制技术和先进精馏技术，优化能量利用。通过氢夹点分析技术和数字规划法对氢气网络进行优化，实现氢气网络与用氢装置的协同优化，综合回收轻烃，精细管理氢气资源，提升氢气利用率，降低能耗及CO_2排放。上述措施可以进一步提升乙烯工业的节能降碳效率和经济性。

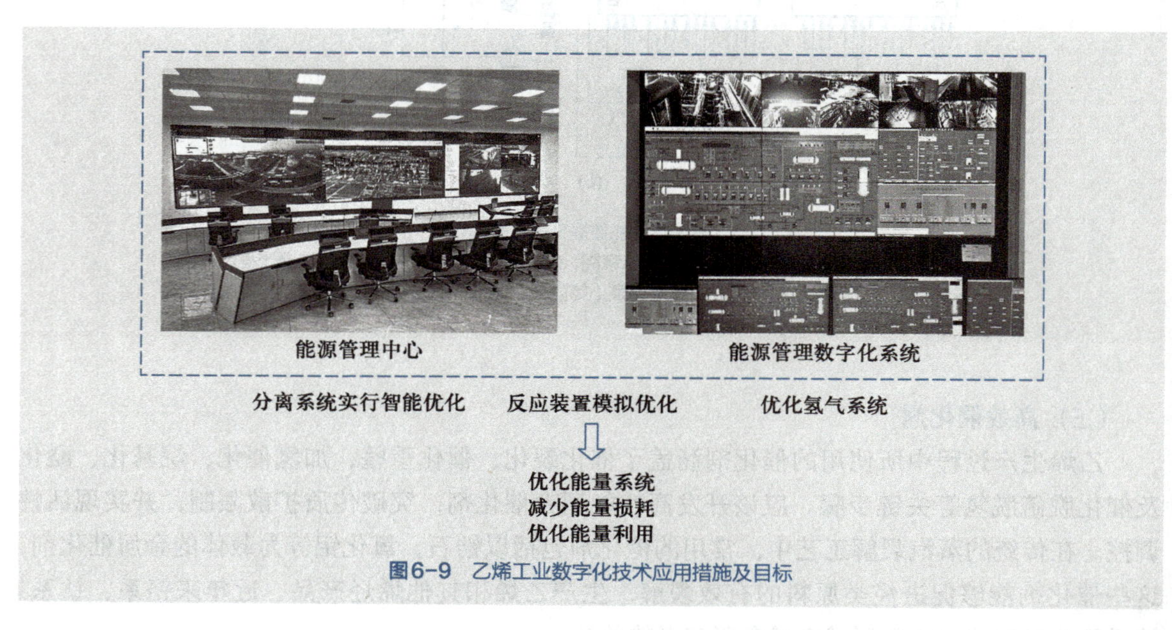

图6-9 乙烯工业数字化技术应用措施及目标

三、末端治理减污降碳协同增效

（一）清净废水处理与回用

“移动床生物膜反应器（MBBR）+气浮+双膜”是一种低碳低能耗清净废水组合工艺

(图6-10)。MBBR技术是一种高效的生物处理工艺，通过在反应器中投加悬浮填料，让微生物附着在填料表面形成生物膜，从而提高污水处理效率。这种技术具有占地面积小、运行稳定、抗冲击负荷能力强等优点。气浮技术指通过产生大量微细气泡，使水中的悬浮物附着于气泡上浮至水面，从而实现固液分离。双膜技术指使用两种不同类型的膜技术进行水处理，如超滤和反渗透，以进一步提高水质。

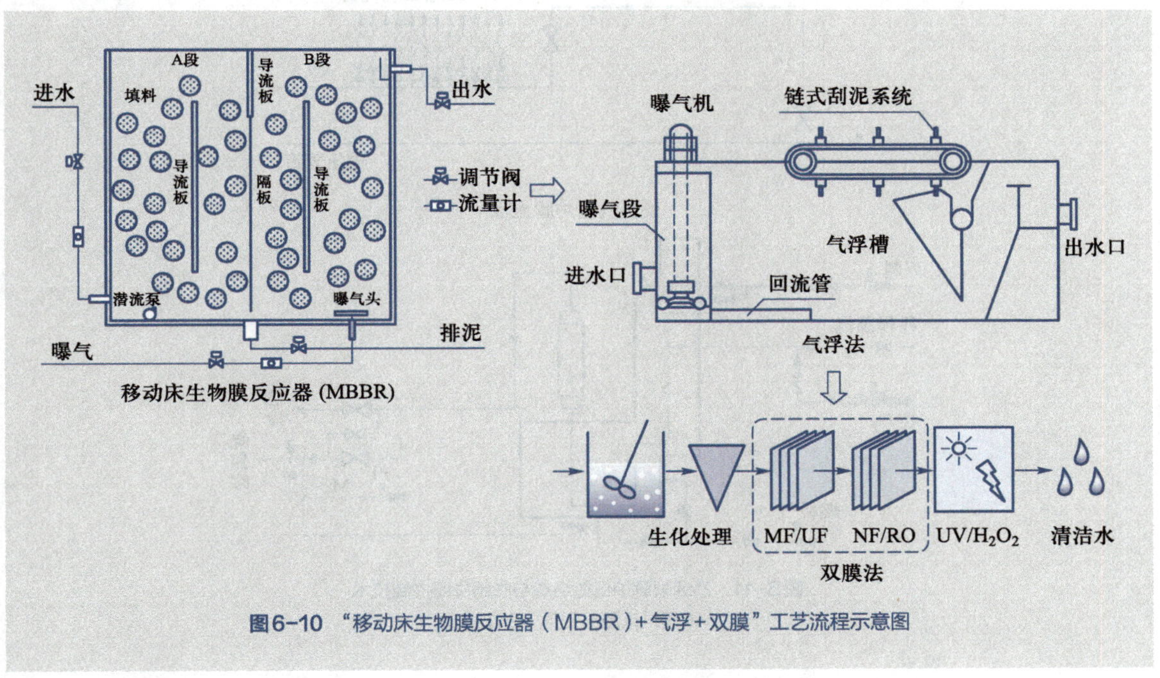

图6-10 “移动床生物膜反应器(MBBR)+气浮+双膜”工艺流程示意图

这种组合技术能有效减少废水中的污染物排放，对乙烯生产废水中高浓度的COD进行削峰，提高BOD/COD的比值，并提高其生化性，使水的回用率达70%，减少新鲜水的使用，从而降低整体的能耗和碳排放。

(二) 乙烯裂解炉低氮燃烧与脱硝协同控制技术

通过烧焦气返炉膛技术可以将烧焦气返回炉膛进行二次燃烧(图6-11)，以减少大气污染物排放；使用低氮燃烧器也可以有效减少燃烧过程中NO_x的产生，低氮燃烧器空气过量系数小，空气和燃料可以分级进入炉膛，并且可以实现烟气再循环；可以通过在炉膛内注入蒸汽，降低火焰中心温度，从而减少热力型NO_x的产生；采用SCR脱硝技术，可以有效降低烟气中NO_x的热量。工业运行结果表明，在空速5 300 h^{-1}的条件下，烟气中NO_x浓度可降低至40 mg/m^3以下，脱硝效率超过93%，且系统压降小于300 Pa，氨逃逸未检出。

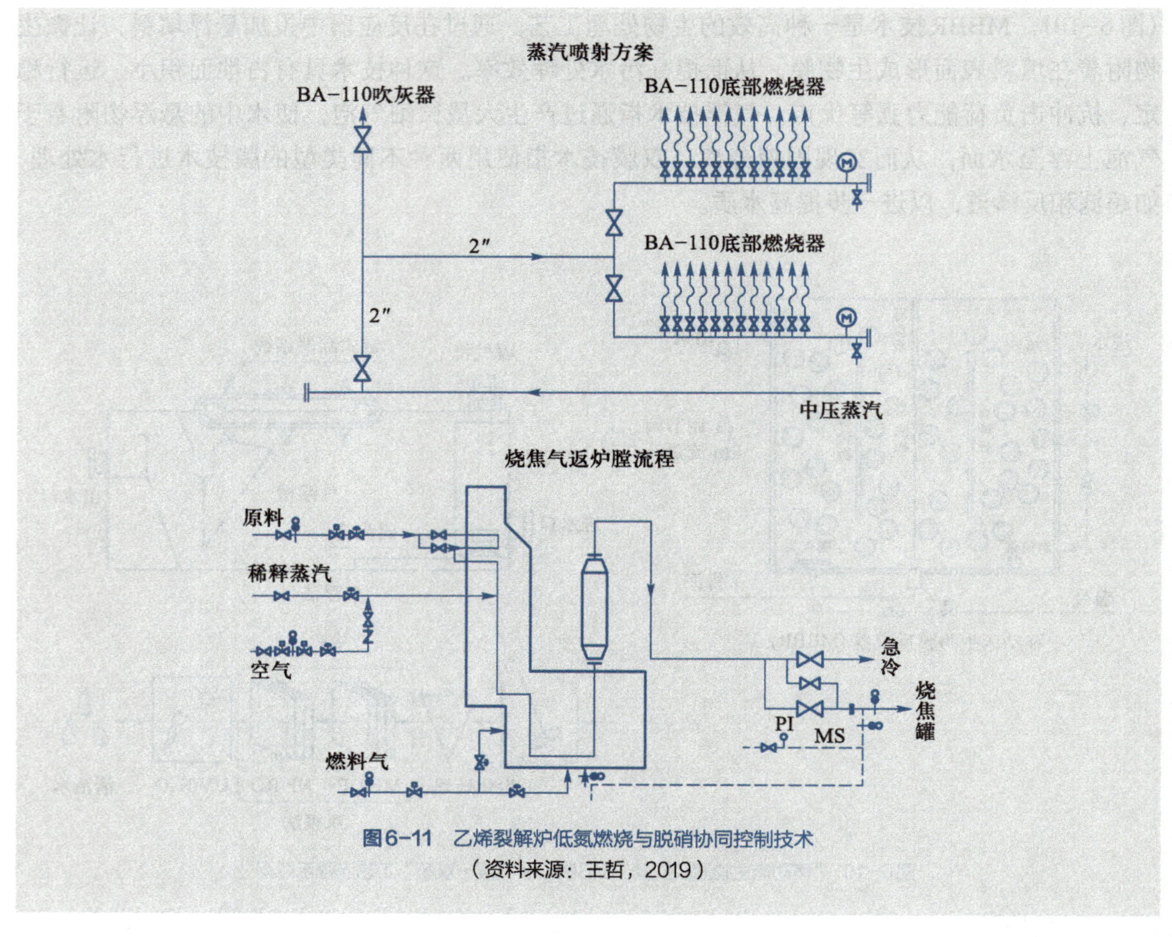

图6-11　乙烯裂解炉低氮燃烧与脱硝协同控制技术
（资料来源：王哲，2019）

（三）乙烯固体废物处理与回用

① 废催化剂的回收和再利用：通过化学处理方法，可以回收乙烯生产过程废催化剂中的有价值金属，或者通过再生处理恢复其催化活性。② 污泥的资源化处理：乙烯生产过程废水处理产生的污泥可以通过干燥、固化等方法处理后，用作土壤改良剂、填料或建筑材料。③ 包装材料的回收利用：乙烯产品的包装材料（如塑料桶等）在使用后也成为固体废物，废弃的包装材料可以通过回收渠道进行再利用，减少对新资源的需求。

四、资源循环利用减污降碳协同增效

（一）CO_2捕集与利用

面对减少碳足迹的迫切需求，开发捕集利用乙烯裂解炉CO_2并进行生物转化的技术，以实现乙烯生产的低碳化（图6-12）：

① 通过从乙烯裂解炉排放的烟气中高效捕集高纯度CO_2，并与H_2混合，运用先进的生物

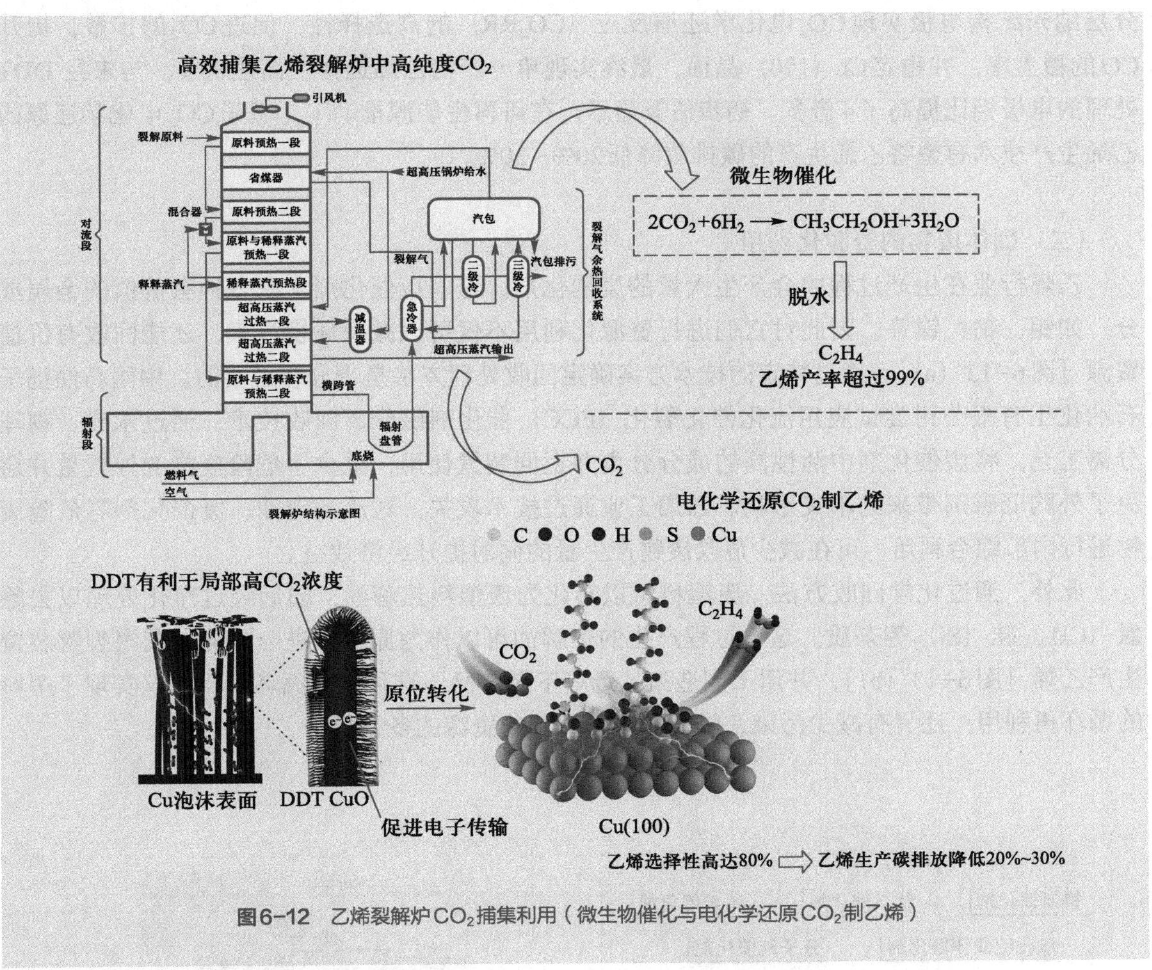

图6-12　乙烯裂解炉CO_2捕集利用（微生物催化与电化学还原CO_2制乙烯）

技术将捕集的CO_2转化为乙醇。随后，采用成本效益高的第二代工艺将乙醇脱水，转化为乙烯，该工艺的乙烯产率超过了99%，标志着从化石能源向可再生资源的转变，是脱碳技术领域的一项重要突破。

② 基于一种微生物催化技术完成CO_2至乙醇的转化，该技术能够在无须额外昂贵化学物质和营养补充的条件下，利用微生物有效吸收CO_2并转化为乙醇。

③ 乙醇脱水制乙烯的工艺，相较于传统方法，具有成本低廉和操作简便的优势。所采用的新型催化剂在反应条件上与传统的氧化铝基催化剂相比，能够降低反应温度并提升产物的选择性。

此项技术的优势在于，它不会对粮食和水资源的安全构成威胁，并且能够直接消耗CO_2，同时实现了超过99%的乙烯产率，为生物制造领域带来了新的飞跃。

电化学将捕集的CO_2还原为乙烯和其他高价值化学品的方法可能在未来成为减少温室气体排放的关键技术。通过表面修饰的策略，利用有机分子十二烷基硫醇（DDT）修饰的CuO

分层纳米结构电极实现CO_2电化学还原反应（CO_2RR）的高选择性，促进CO_2的扩散，提升CO的覆盖率，并稳定Cu（100）晶面，最终实现单一产物乙烯选择性高达80%，与未经DDT处理的电极相比提高了4倍多。初步估算显示，在可再生能源推动下，基于CO_2电化学还原的乙烯生产技术有望将乙烯生产的碳排放降低20%～30%。

（二）固体废物的资源化利用

乙烯行业在生产过程中会产生大量的废催化剂，这些废催化剂含有多种有价值的金属成分，如钼、钴、镍等，因此对它们进行资源化利用不仅可以减少环境污染，还能回收有价值资源［图6-13（a）］。通过特定的技术方案确定回收处理方法是十分有必要的。中国石油扬子石油化工有限公司尝试应用流化催化裂化（FCC）催化剂磁分离回收技术，通过永磁、物理分离工艺，将废催化剂中活性高的成分分离并返回装置使用，减少了危险废物的处置量并避免了外购低磁剂带来的不良影响。乙烯工业通过技术攻关，对废润滑油、废催化剂等危险废物进行内部综合利用，可在减少危险废物产生量的同时提升经济效益。

此外，通过化学回收方法，废塑料可以转化为废塑料热解油，随后经过净化处理以去除氯（Cl）、硅（Si）等杂质。这一过程产生的热解油可以作为原料，进一步通过蒸汽裂解装置生产乙烯［图6-13（b）］，并用于制造聚乙烯等下游产品。这种闭环循环利用不仅实现了塑料的循环再利用，还具有减少污染、降低碳排放和节约资源的多重优势。

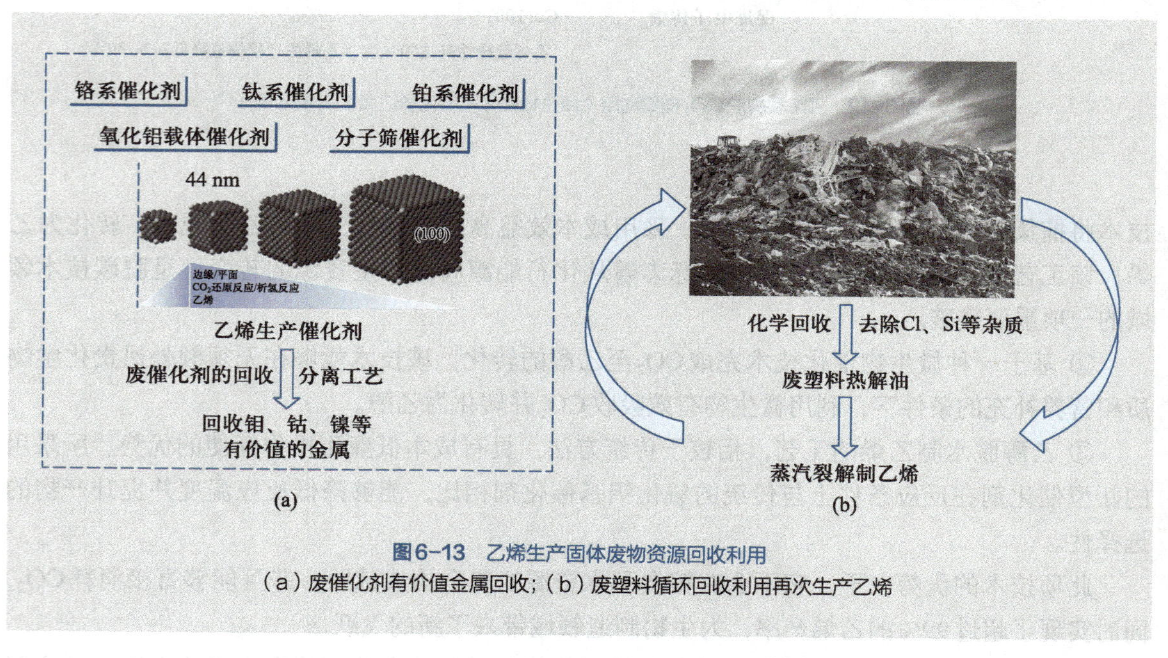

图6-13　乙烯生产固体废物资源回收利用

（a）废催化剂有价值金属回收；（b）废塑料循环回收利用再次生产乙烯

第三节
合成氨工业减污降碳协同增效

使用Haber-Bosch工艺进行氨的大规模生产，每年间接导致接近3亿t的CO_2排放，并消耗全球约2%的能源。因此合成氨工业减污降碳协同增效在源头、生产过程及末端治理减排之路上任重而道远。

一、源头减污降碳协同增效

（一）洁净合成氨原料

图6-14为不同合成氨原料的工艺路径与能耗对比。从图中可以看出，煤炭合成氨的能耗最大（54.4 GJ/t），煤炭是一种高碳能源，在合成氨过程中会产生大量的CO_2排放，伴随着其他气体污染物（CO、SO_x、NO_x）的排放，煤制氨的碳排放量约为4.2 kg（CO_2）/kg（NH_3）；其次是重油和石脑油合成氨，而天然气合成氨的能耗较低（28~30 GJ/t），碳排放量约为2.81 kg（CO_2）/kg（NH_3）。这表明不同原料生产合成氨能耗不同，污染物和碳的排放量也是不同的，因此通过使用较为清洁的原料可从源头上实现合成氨工业的碳减排。

在我国，以煤炭（包括无烟煤、烟煤和褐煤）为原料生产合成氨的能力占合成氨总生产能力的75%。相比之下，全球在2000—2018年，煤炭作为合成氨原料的比例仅为28%，而天然气的份额稳定维持在约70%。由于天然气资源的限制和市场的约束，我国基于天然气的合成氨生产能力增长缓慢。然而，焦炉煤气可作为一种替代原料用于合成氨生产，每生产1 t合成氨可减少1 t CO_2排放，这不仅促进了焦化副产品的综合利用，也减少了合成氨生产的煤炭消耗及CO_2排放。

（二）绿氢的应用

根据原料中氢气的碳足迹，合成氨被分为灰氨、蓝氨和绿氨。灰氨中H_2来源于天然气或者煤炭，由传统的Haber-Bosch高温催化工艺制备而成；蓝氨指将灰氨生产过程中的CO_2进行捕集；绿氨是在可再生能源提供能量来源的前提下，以水为原料提供绿氢，然后与N_2混合通过热催化或者电催化等新型低碳技术制备而成。图6-15为三种不同氢来源合成氨工艺路径示意图。合成氨工艺的碳排放主要来源于化石燃料的使用和化学反应过程，而采用绿氢和先进的减排技术是实现低碳生产的关键。使用可再生能源（如风能、太阳能）通过电解水制氢，再用于合成氨，可以实现更低的碳排放，甚至接近零排放。研究表明，以光伏电站和风力发电站为电力输入的可再生电力制氢合成氨路线碳排放分别为0.569 kg（CO_2）/kg（NH_3）和0.335 kg（CO_2）/kg（NH_3）。

“绿氨”——绿电制绿氢耦合合成氨生产，属于清洁零碳排放的高效合成氨工艺，绿氨

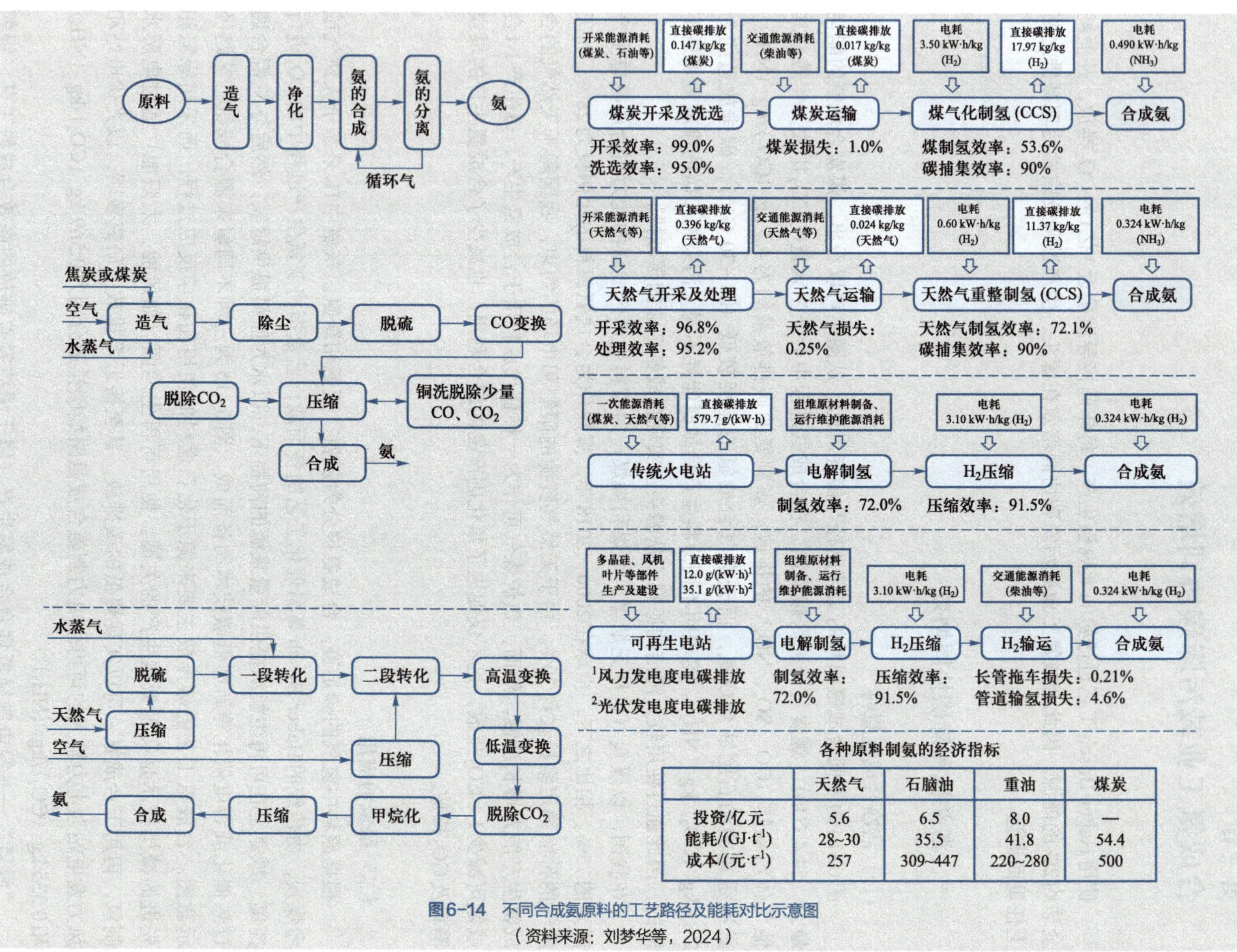

	天然气	石脑油	重油	煤炭
投资/亿元	5.6	6.5	8.0	—
能耗/($GJ\cdot t^{-1}$)	28~30	35.5	41.8	54.4
成本/(元$\cdot t^{-1}$)	257	309~447	220~280	500

图6-14 不同合成氨原料的工艺路径及能耗对比示意图

（资料来源：刘梦华等，2024）

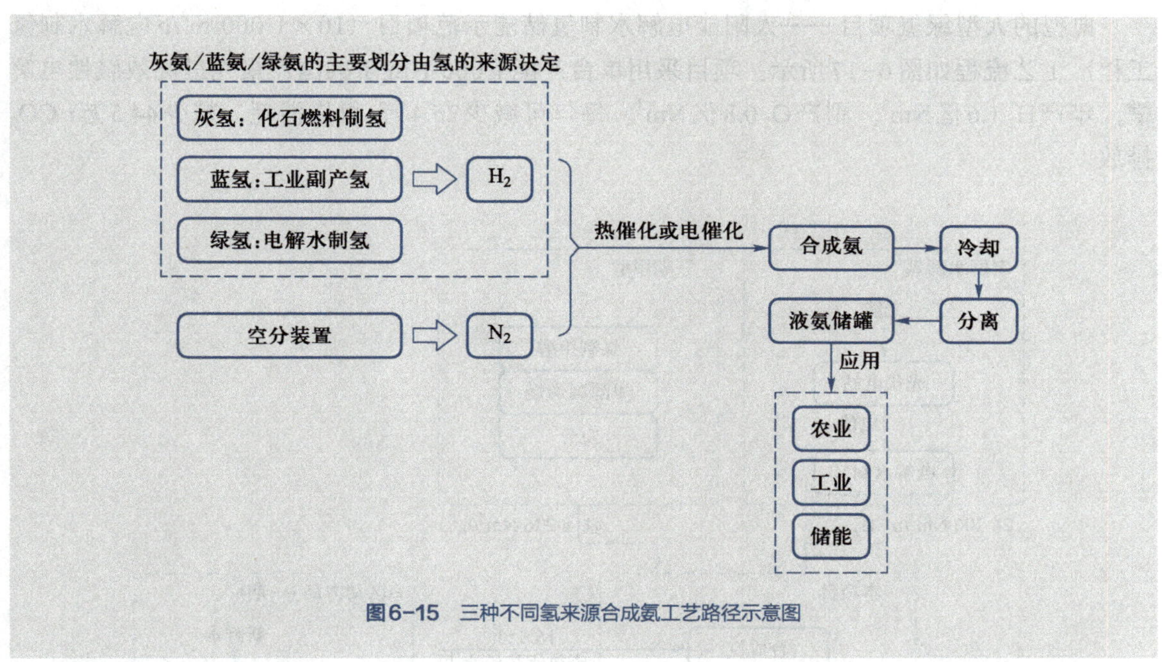

图6-15　三种不同氢来源合成氨工艺路径示意图

（可再生氨）的生产工艺主要指全程以风力、光伏发电等可再生能源为动力开展的电解水制氢及空气分离制氮，再通过一定的合成工艺生产绿氨的过程，即通过绿电、绿氢制备绿氨。然而完全的绿氨生产面临的最大挑战是适应太阳能和风能等波动性可再生能源所需的生产工艺灵活性。现在的Haber-Bosch生产工艺是按照化石燃料原料连续生产要求进行优化的，因此运行灵活性有限，难以适应分布式的风光绿氢绿电场景。

采用电解水制氢技术，利用可再生能源生成H_2，替代传统的天然气制氢。利用可再生能源（如太阳能、风能）通过电解水产生H_2，作为合成氨的氢源，工艺路线如图6-16所示。这种方法减少了对传统方法中大量的天然气被用于制氢的依赖。

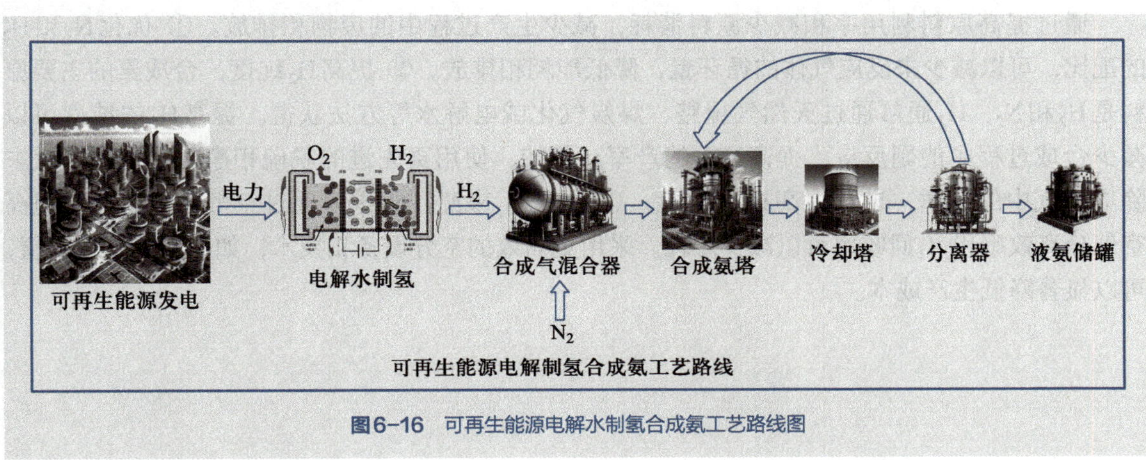

图6-16　可再生能源电解水制氢合成氨工艺路线图

典型的大型绿氢项目——太阳能电解水制氢储能示范项目（$10\times1\ 000\ m^3/h$电解水制氢工程）工艺流程如图6-17所示。项目采用单台产能$1\ 000\ Nm^3/h$的国产最先进高效碱性电解槽，年产H_2 1.6亿Nm^3，副产O_2 0.8亿Nm^3。每年可减少25.4万t煤炭消耗，减少44.5万t CO_2排放。

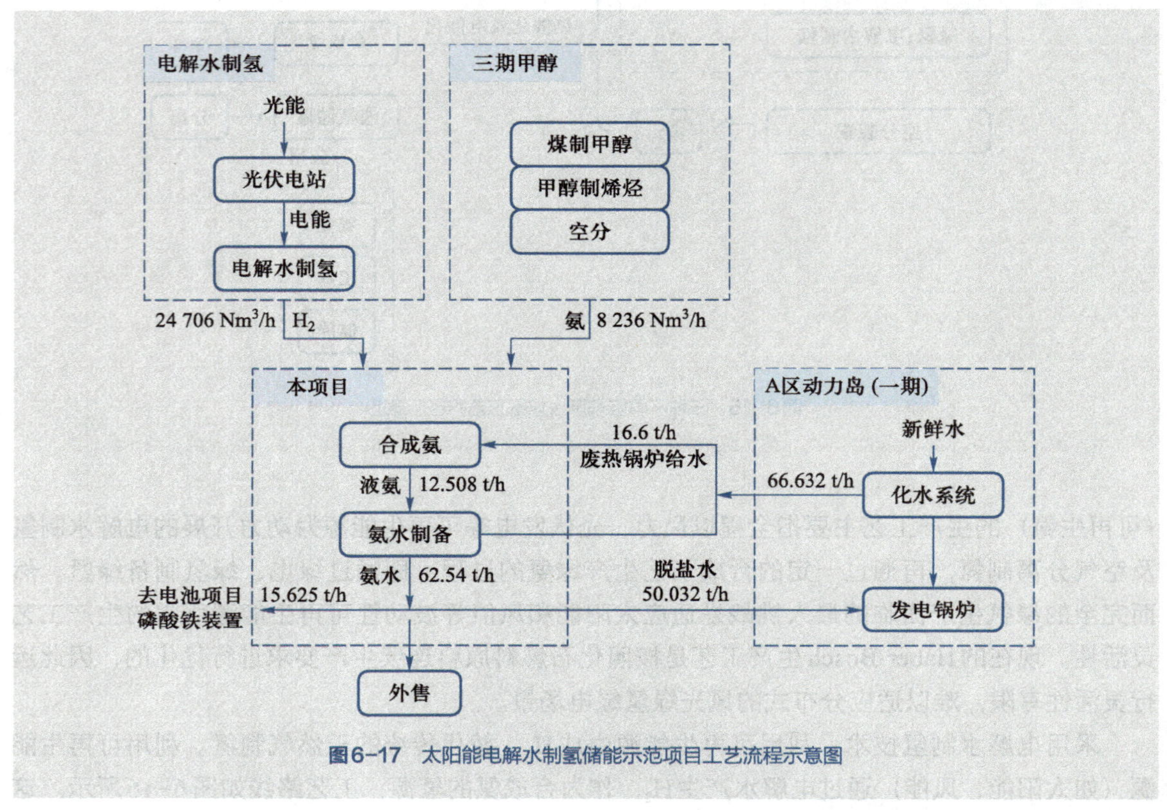

图6-17 太阳能电解水制氢储能示范项目工艺流程示意图

（三）优化原料使用

通过提高原料利用率和减少原料消耗，减少生产过程中的废物和排放。① 优化N_2和H_2的配比，可以减少未反应气体的循环量，降低能耗和排放。② 提高H_2纯度，合成氨的主要原料是H_2和N_2，H_2通常通过天然气重整、煤炭气化或电解水等方法获得。提高H_2的纯度可以减少合成过程中的副反应，提高NH_3的产率。例如，使用更先进的脱硫和净化技术，可以去除原料气中的杂质，进而提高H_2的纯度。③ 优化N_2来源，N_2一般通过空气分离获得，提高空气分离效率和N_2回收率可以减少能耗。采用更高效的空分设备和技术，如低能耗空分装置，可以显著降低生产成本。

二、生产过程减污降碳协同增效

（一）清洁生产与工艺优化

1. 开发高效催化剂

在合成氨领域，开发和应用高效催化剂对提升氨的合成效率、降低反应所需的温度和压力具有重要意义。传统的Haber-Bosch工艺中使用的是铁基催化剂，这种催化剂通常以铁氧化物的形式存在，如Fe_3O_4基铁催化剂和$Fe_{1-x}O$基铁催化剂，由铁原子组成的特定结构作为活性位点能够有效地吸附和活化N_2分子。近期，研究者开发了多种高性能氨合成催化剂，如图6-18所示。钌基催化剂因其高活性和稳定性而受到重视，在低温（如100 ℃）常压下就能实现高效的催化反应，极大地减少了副产物的生成量，同时在长时间内保持稳定的催化性能，降低了催化剂的更换频率，减轻了对环境的不利影响。钌基催化剂通常包含碱（土）金属阳离子，如锂离子（Li^+）或钡离子（Ba^{2+}），这些阳离子通过稳定中间物种降低反应能垒，与钌和负氢的配位阴离子共同作用，实现多组分协同催化，因此被研究用于合成氨的催化过程；还有钴－钼－氮（Co–Mo–N）体系催化剂，这类催化剂也是合成氨工业中的研究对象之一，钴和钼与氮形成的化合物能够调整催化剂的电子结构，丰富的表面活性位点能够有效地吸附和活化N_2分子，（Co–Mo–N）体系催化剂相较于传统的铁基催化剂，具有更好的抗硫中毒能力，这对工业应用中的长周期稳定运行至关重要。因此该类催化剂可在更低的温度和压力下促进反应的进行，通过降低合成氨的工艺条件，提升催化剂的转化效率，减少合成氨过程中的能源消耗，进而提高合成氨的生产效率。

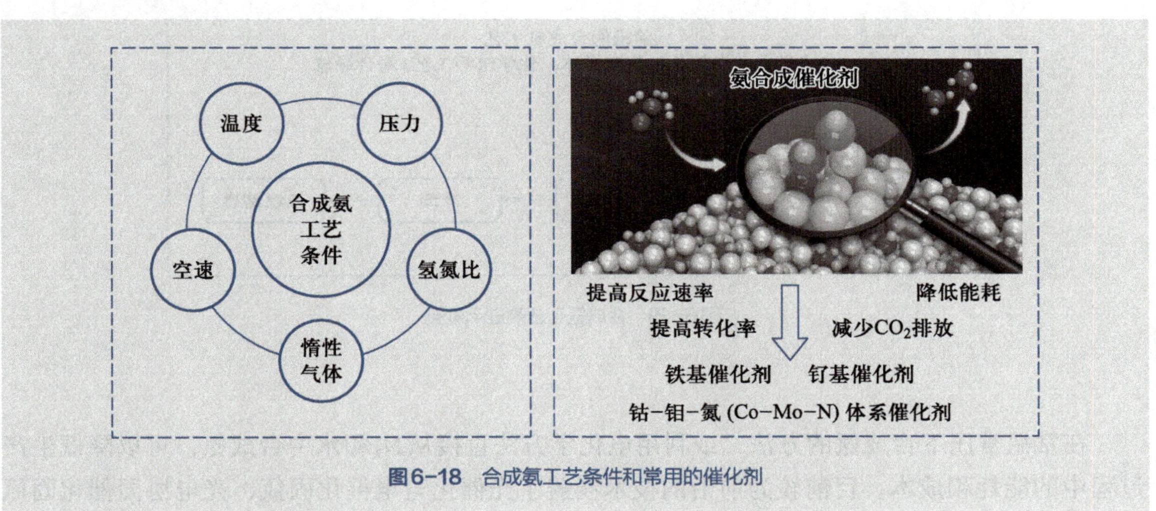

图6-18　合成氨工艺条件和常用的催化剂

2. 工艺改进

当前合成氨工艺分为柔性工艺（高温高压＋低温低压制氨工艺耦合绿氨），以及新型工艺（光催化、电催化、等离子体、化学链等耦合绿氢），如图6-19所示。柔性工艺主要针对可再生能源“间歇性、波动性”的特点和H_2储运难的特点，可将氨发展为储氢介质，实现氢氨的融合发展；通过对催化剂及工艺流程的革新，合成氨装置在较低的温度（<400 ℃）和压力（<10 MPa）下仍能实现高效的合成氨过程，有效降低了能耗。从技术和工艺流程看，该方式通过降低工作温度与压力的限制将合成氨装置的小型化、灵活化变为可能，更容易实现大规模的绿氨生产。

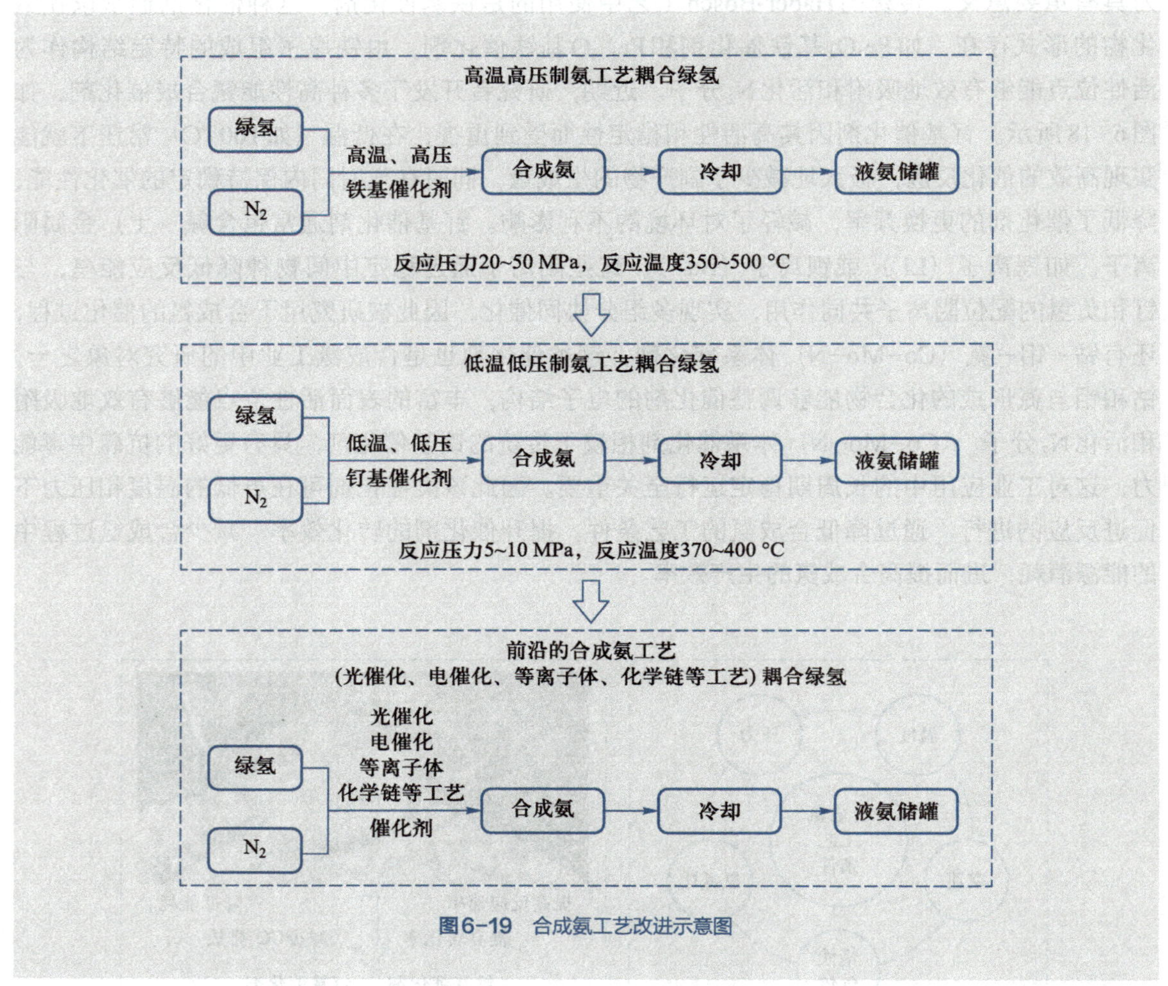

图6-19　合成氨工艺改进示意图

在常温常压下合成氨的方法，或利用电化学方法直接从N_2和水中合成氨，可以降低生产过程中的能耗和成本。目前较为前沿的技术涵盖了光催化与电催化固氮、光电协同催化固氮及循环流程固氮等。光催化固氮技术通过光照作用，利用水作为氢源，实现N_2在催化剂表面还原为氨。电催化固氮技术则是在电极表面吸附N_2，通过电路提供的电子和补充的质子将N_2还原为氨。光电协同催化固氮结合了光敏材料与电极材料的催化作用，通过光能激活N_2，并利用电极供给的质子与激活后的N_2反应生成氨。

（二）节能与提高能效

1. 工艺过程节能

为提升合成氨生产的能效与环境友好性，工艺过程中可以采纳以下节能策略：① 替换小型气化炉为大型气化装置，以提高处理能力和效率；② 应用大型空分技术及先进流程以提高操作效率；③ 以CO等温变换替代绝热变换，优化变换效果；④ 对CO_2气提尿素装置采用高效塔板和径流式塔板，并增加中压系统以减少蒸汽消耗；⑤ 采用水溶液全循环尿素工艺，并利用液相逆流换热式尿素合成技术，提升合成效率；⑥ 降低传统中小型合成氨装置的系统压力，将压力从31.4 MPa降至约20 MPa，实现每吨氨节省60～70 kW · h电能；⑦ 采用高效合成氨催化剂，以提高氨产值；⑧ 优化气头合成氨工艺流程和热工方案，强化烟气余热回收及燃料空气预热器的应用，增设预转化炉等措施。

此外，采用HT–L粉煤加压气化技术（图6–20）代替固定床造气技术，为煤炭清洁高效利用提供了有力的装备支撑。气体化技术代替变换、脱硫、脱碳、气体精制，低压合成工艺代替高压醇烷化、氨合成工艺，年节能约4 500 t标准煤。

2. 节能设备

以泵、电机、风机、压缩机、变压器、换热器、工业锅炉等设备为重点，采用先进高效

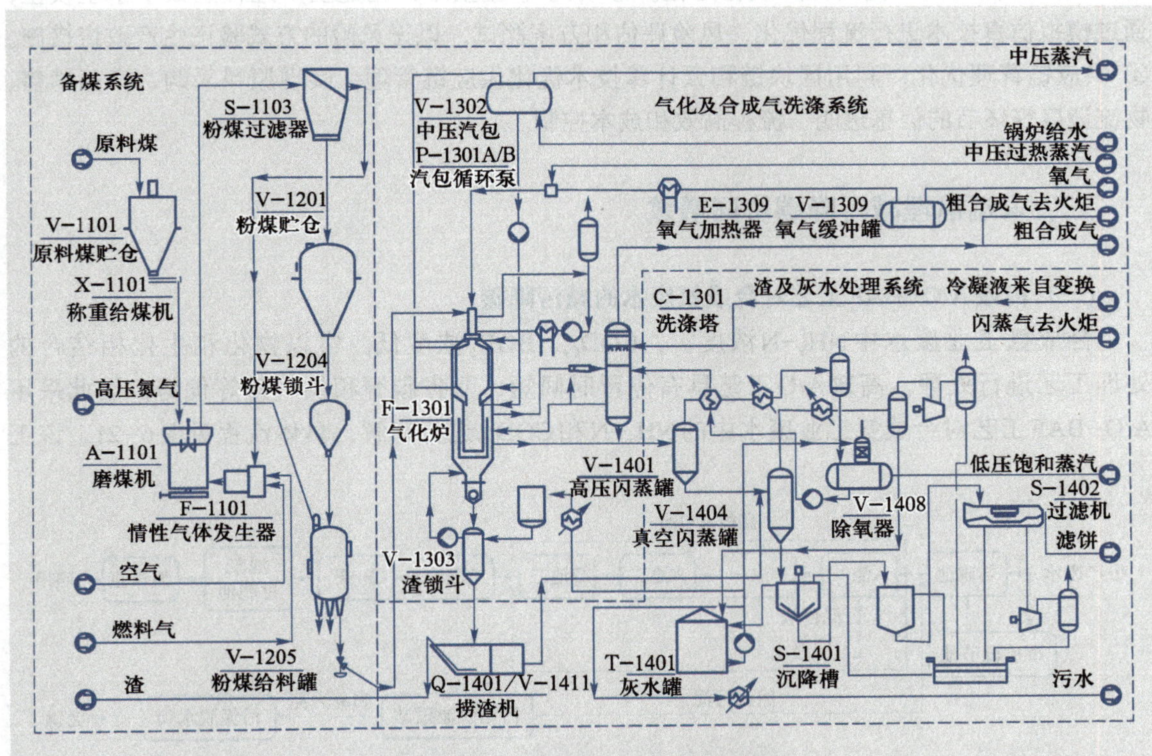

图6–20　HT–L粉煤加压气化技术工艺流程图

（资料来源：中国石油和化学工业联合会煤化工专委会，煤气化技术巡展之：航天粉煤加压气化技术新进展）

产品设备，加快淘汰落后低效设备，全面提升能效水平；采用蒸汽透平直接驱动，或在电价便宜的地方，推广由汽驱改为电驱动，避免能量转换损失，提高能源效率；涂刷反辐射和吸热涂料，提高天然气一段炉的热利用率。选用高效率的压缩机设备，能够在压缩气体时减少能量损耗，进而提高整个合成氨工艺的能量利用效率。

3. 流程再造与数字化制造

（1）流程再造

① 集成优化：通过对生产流程进行系统优化和集成，比如采用先进的合成氨工艺、提高催化剂性能、优化反应条件等，以提高原料转化率和生产效率。② 能源回收利用：在生产过程中实施能源管理和回收技术，例如，利用反应过程中产生的热能进行余热发电或为其他工艺提供热源，减少能源浪费。③ 辅助流程绿色化：对于辅助流程如制冷、压缩、分离等，采用更环保的技术和材料，减少整个生产过程的环境足迹。

（2）数字化制造

① 智能监控与控制：利用传感器、物联网（IoT）技术实现生产设备和过程的实时监控，通过大数据和人工智能（AI）分析优化生产参数，实现精准控制。② 预测维护和快速故障诊断：采用数据分析和机器学习技术对设备进行状态监测，实现预测性维护和快速故障诊断，减少停机时间，提高生产线稳定性。③ 数字孪生技术：构建生产过程的数字孪生模型，通过模拟仿真技术进行流程优化、风险评估和方案测试，以无风险的方式验证生产改进措施。④ 供应链管理优化：利用区块链和云计算技术优化供应链管理，实现原料采购、产品销售、物流调度等环节的信息透明、流程高效和成本控制。

三、末端治理减污降碳协同增效

（一）高效A/O-BAF工艺对合成氨废水的减污降碳

合成氨工业废水中NH_3-N浓度高，COD_{Cr}、BOD_5浓度低，常以物化和生化相结合的处理工艺进行处理。高效A/O工艺具有停留时间短、节省碳源和供气量等优势，因此采用A/O-BAF工艺对合成氨工业废水中的NH_3-N和COD_{Cr}进行降解，具体流程见图6-21。该工

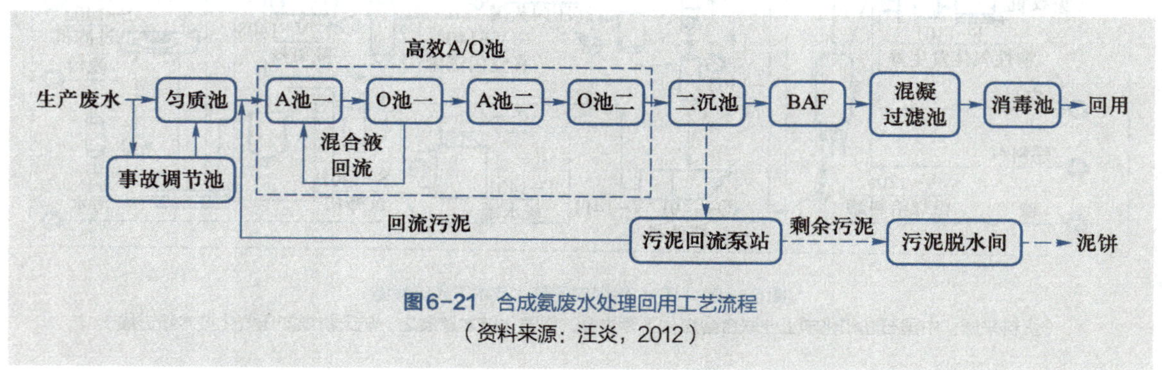

图6-21 合成氨废水处理回用工艺流程

（资料来源：汪炎，2012）

艺实现了COD_{Cr}的去除效率在91%以上、NH_3-N的去除效率在95%以上，同时处理后的水还可回用作循环冷却系统的补充水，降低了能耗。此外，对比传统的生物脱氮工艺还节省了约20%的供氧量、30%的碳源，进而在降低污染物排放的同时也减少了碳排放。

（二）合成氨废气中氨回收

合成氨弛放气中会含有一定量的氨，若不经处理回收直接排放，则不仅会造成环境污染，还会降低合成氨的合成效率，增加生产能耗。选用储罐弛放气加提氢尾气无动力氨回收技术对合成氨弛放气中的氨进行回收，使尾气残余氨含量大大降低，氨回收率达97%，具体流程见图6-22。随着弛放气中氨回收率的提升，大大增加了氨水的浓度，解决了大量稀氨水无法处理的问题，实现了零排放，避免了对环境的污染。此外，随着氨回收率的提升，还可进一步减少对合成氨的需求，从而间接降低碳排放，进而实现减污降碳协同减排。

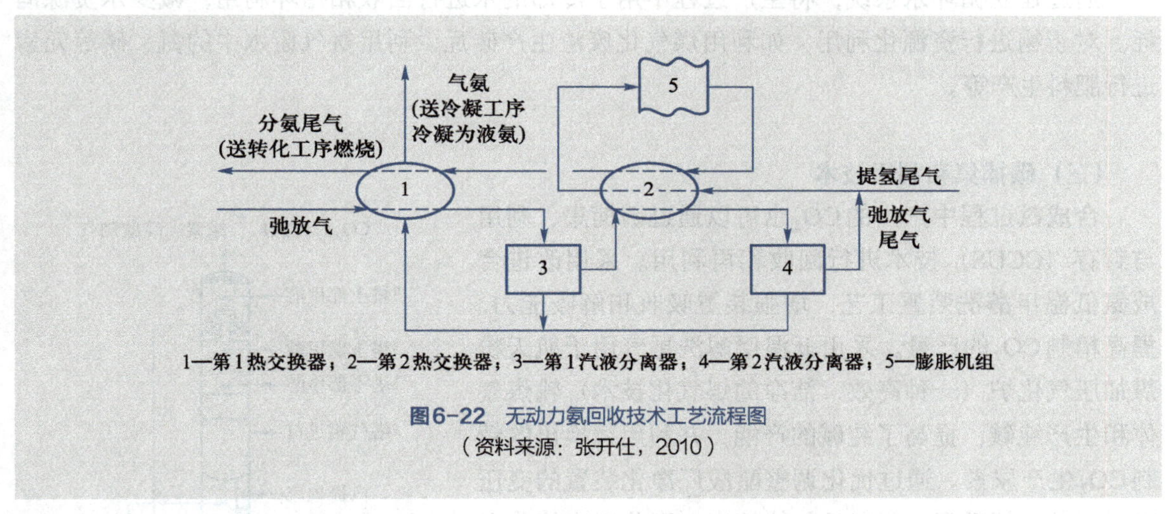

图6-22　无动力氨回收技术工艺流程图

（资料来源：张开仕，2010）

四、资源循环利用减污降碳协同增效

（一）合成氨尾气回收与利用

合成氨尾气中含有大量的H_2、NH_3、CH_4等有效气体，若直接排放不仅会对环境产生污染，还会造成有效成分的损失，增加生产能耗，若对其中有效成分予以回收利用，不仅可实现合成氨尾气的零排放，也是实现合成氨行业节能减排的重要措施。采用膜分离氢回收工艺回收弛放气中的H_2、无动力氨回收工艺回收储罐气中的氨，其中膜分离氢回收系统的尾气作为无动力氨回收系统的补充动力源，创新性地将无动力氨回收系统尾气（主要成分为H_2、CH_4、N_2）经尾气回收系统除氨后并入原料天然气总管用作转化系统原料气，实现合成氨尾气的全回收，实现生产的清洁化，具体流程见图6-23。该系统不仅解决了合成氨尾气排放的问题，同时由于尾气回收系统的平稳运行还进一步实现了资源的循环利用，实现了节能减排。

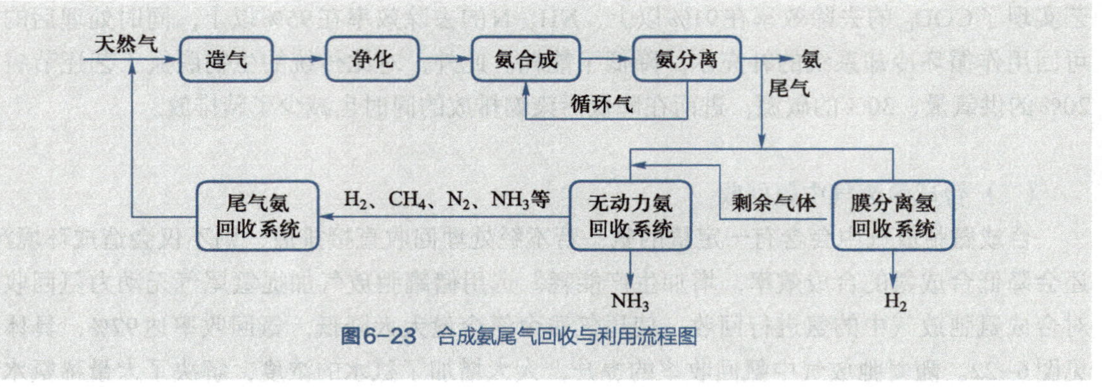

图6-23　合成氨尾气回收与利用流程图

（二）废物回收与资源化利用

通过建立循环水系统，将生产过程中用于冷却的水进行回收和循环利用，减少水资源消耗。对废物进行资源化利用，如利用煤气化废渣生产砖瓦、利用氨气废水中的氮、磷等元素进行肥料生产等。

（三）碳捕集和利用技术

合成氨过程中产生的CO_2也可以通过碳捕集、利用与封存（CCUS）技术进行回收和再利用。采用改进合成氨低温甲醇洗装置工艺，增强装置吸收和解吸能力，提高精制CO_2的产量。采用低温甲醇洗尾气用于航天粉煤加压气化炉（一种高效、洁净的煤气化技术）输煤气体和生产纯碱，提高了纯碱的产能，并利用替换出的精制CO_2生产尿素。通过优化调整醋酸厂净化装置的变压吸附工艺，提升了CO_2产品气的纯度，回收后直接作为气化剂，减少了外购CO_2，降低了原料成本。其装置结构如图6-24所示。

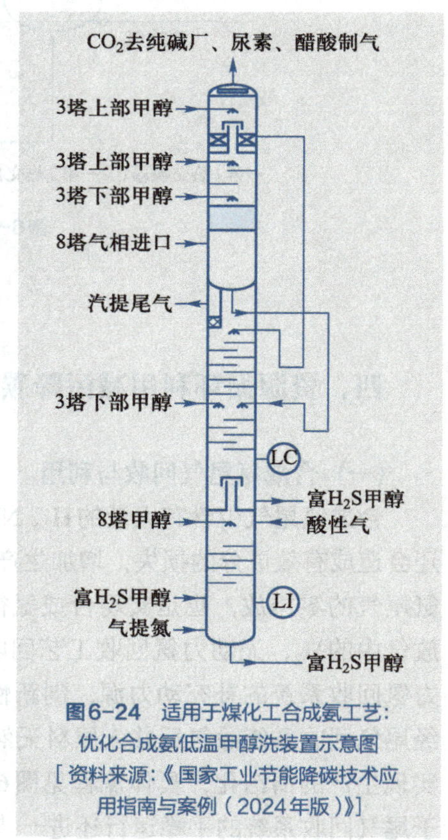

图6-24　适用于煤化工合成氨工艺：优化合成氨低温甲醇洗装置示意图
［资料来源：《国家工业节能降碳技术应用指南与案例（2024年版）》］

（四）余热余压利用技术

在合成氨的过程中产生大量热量，余热余压利用主要通过以下几个方面来进行。

1. 余热回收系统

安装热交换器和余热锅炉，回收合成氨生产过程中的高温烟气、反应器出口的高温气体和其他热源，用于产生蒸汽或热水。这些蒸汽或热水可用于工艺流程中的加热、供暖系统或者转换为电能。

2. 余压回收技术

利用涡轮膨胀机或膨胀发电机回收高压气体的压力能。例如，将合成氨过程中释放的高压蒸汽通过膨胀机进行能量回收，既降低了系统的压力需求，也使能量转换为电力供工厂使用。

3. 过程集成

对工艺流程进行优化和集成，使得一个过程的余热可以直接满足另一个过程的加热需求，减少了外部能源的需求，提高了整体能源利用效率。

4. 余热驱动的吸收式制冷

利用余热作为能源，驱动吸收式制冷机组产生冷量，用于工艺过程中的冷却或空调系统，减少了对电力或其他能源的依赖。

5. 热泵技术

通过热泵技术提升低温余热的温度，使其能被进一步利用。热泵可以将低温热源（如冷却水、环境空气）中的热能“抽取”出来并“泵送”到更高温度级别，满足供热需求。

当前，大容量工业余热回收离心式热泵机组技术采用永磁同步变频直驱技术，结合多级压缩和换热技术，从低温热源吸收热量制取高温热水，实现热量转移至高温侧；根据温升不同，热泵机组电力消耗为直接加热方式的15%～70%。该系统原理如图6-25所示。通过上述方法，合成氨工业可以有效地利用余热余压，提高能效，降低生产成本和减少温室气体排放，促进工业的绿色发展。另外，工艺中使用的催化剂可以通过再生的方式进行循环利用，以降低成本并减少对资源的消耗。

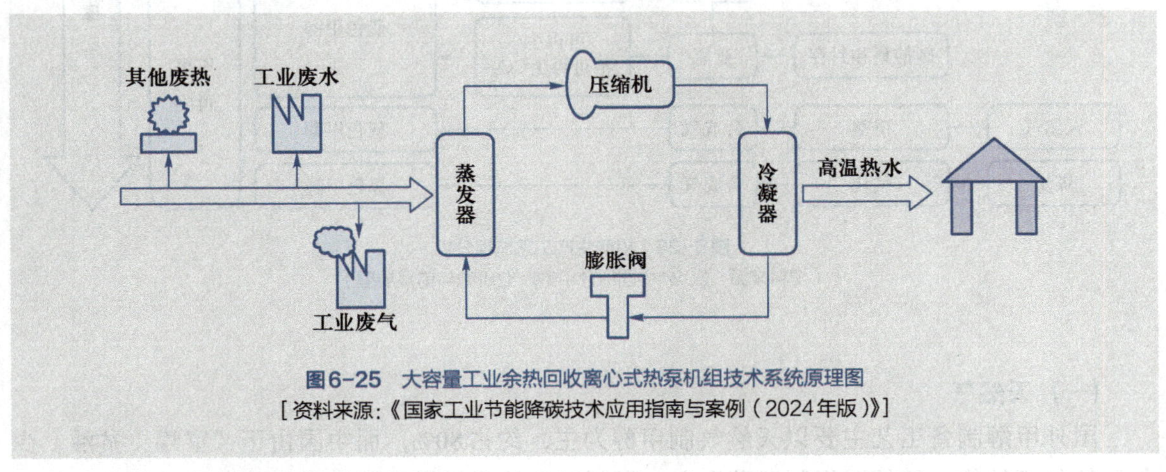

图6-25 大容量工业余热回收离心式热泵机组技术系统原理图

［资料来源：《国家工业节能降碳技术应用指南与案例（2024年版）》］

第四节
甲醇工业减污降碳协同增效

在全球碳中和的背景下，甲醇作为一种清洁且高效的液体燃料的需求占比正不断上升。甲醇生产制备过程中碳污产生的主要环节有：原料准备过程、甲醇合成过程、能源消耗过程及末端治理过程。可以从源头、生产过程和末端三个方面对甲醇工业开展减污降碳协同工作。

一、源头减污降碳协同增效

甲醇生产主要有煤制甲醇（包括合成氨联产）、天然气制甲醇、焦炉气制甲醇等路线，原料端除了煤炭、天然气外，也可以有生物质、太阳能等多种原料，如图6-26所示。通过天然气、生物质的转化，以及利用CO_2催化加氢可进一步从源头实现甲醇行业的降污减碳。

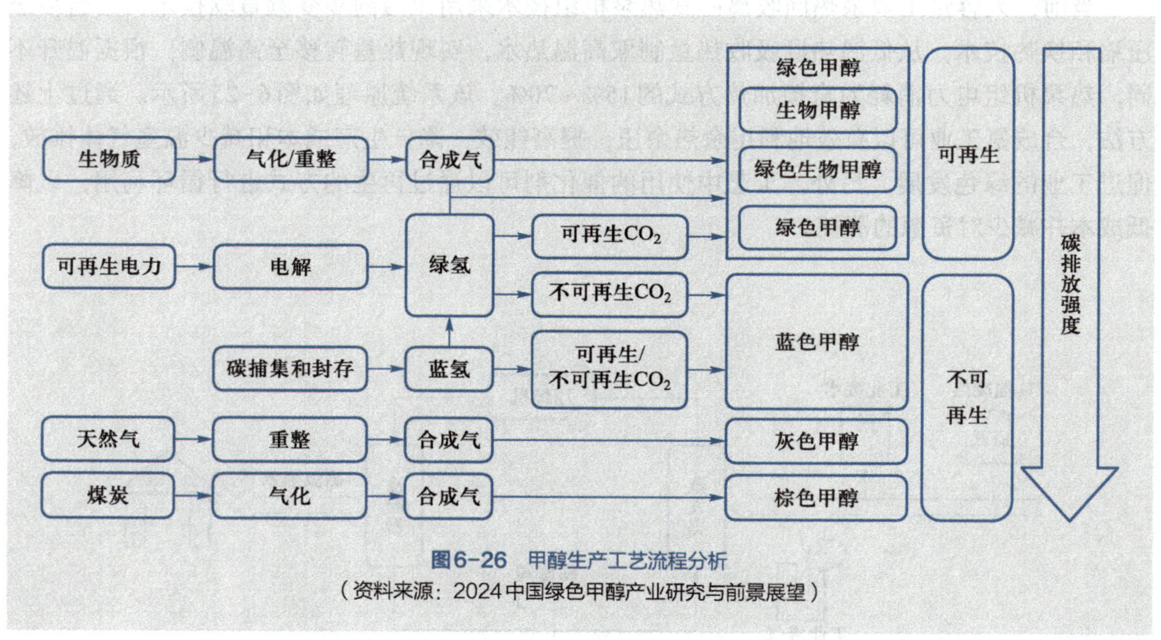

图6-26 甲醇生产工艺流程分析

（资料来源：2024中国绿色甲醇产业研究与前景展望）

（一）天然气

国外甲醇制备工艺主要以天然气制甲醇为主，约占80%，而中国由于“富煤、贫油、少气”的能源结构，使其以煤制甲醇为主。煤制甲醇的原料煤炭首先需要制备形成煤浆，然后进行煤浆气化生成粗煤气，最后进行煤气变换生成H_2，该过程会有大量的杂质和碳排放，这是由于煤炭的高碳属性以及煤炭本身含有的杂质，因此需对其进行净化处理将硫化物和杂质等脱除。但对于天然气制甲醇来说，由于原料是天然气，其主要成分是CH_4，原料可直接与水蒸气进行反应生成合成气，并且由于原料成分比较清洁，没有硫化物及其他杂质的产生。据统计，生产1 t甲醇，煤制甲醇路线CO_2排放约为3.1 t，而天然气制甲醇路线仅为0.58 t。因此，天然气制甲醇在碳减排方面具有优势。

（二）生物质

生物质制甲醇由于原料低廉易得，不具备高碳属性，使其在甲醇的制备过程中具有较低的碳排放强度和可再生性能。生物质制甲醇原料来源丰富，如畜禽粪便、城市垃圾等为原料，可经过厌氧发酵获得沼气，再对其进行重整最后合成绿色甲醇，也可通过生物质气化路线将固体废物气化为合成气进行甲醇的合成，如图6-27所示。这一过程的碳排放较低，因为生物质的碳是从大气中通过光合作用固定的，所以可以视为是循环碳。

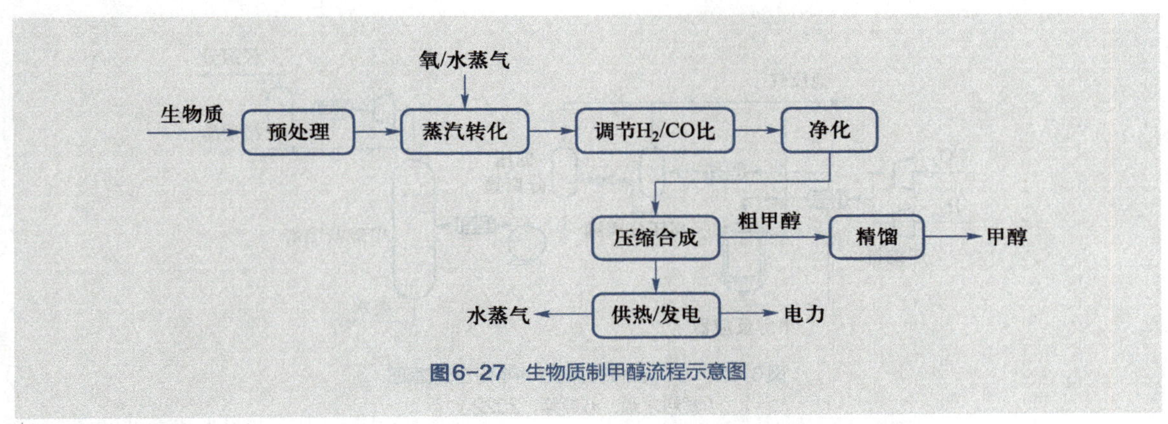

图6-27　生物质制甲醇流程示意图

（三）CO_2

利用CO_2催化加氢是制备甲醇的一种重要手段，不仅能够降低CO_2的排放，而且能提升甲醇制备的经济性。在进行甲醇合成时主要以合成气为原料，并通过催化剂提升该反应的反应效率，流程如图6-28所示。

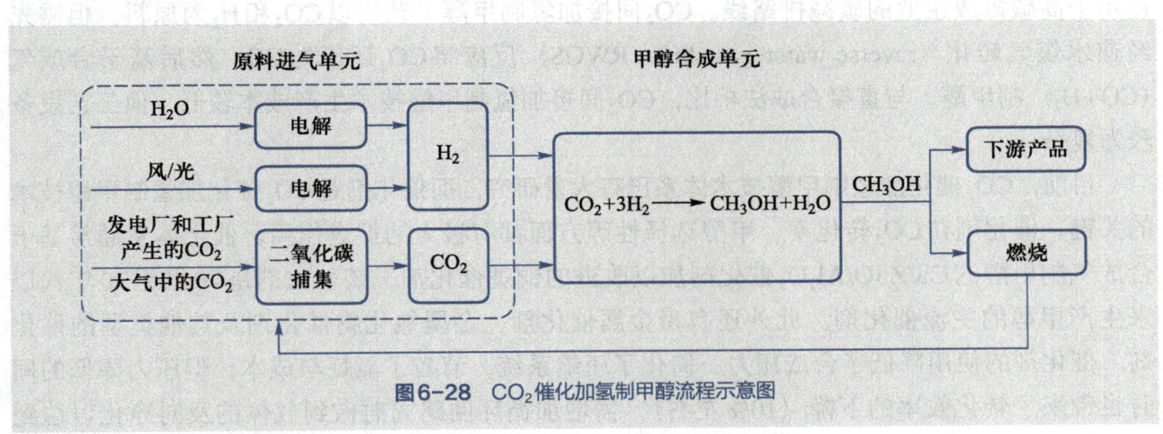

图6-28　CO_2催化加氢制甲醇流程示意图

二、生产过程减污降碳协同增效

在合成工艺上来看，低碳甲醇的过程减排主要是在工艺过程中减少CO_2的排放，一是将CO_2融入甲醇的合成路线中；二是重整合成气，在甲醇制备过程中进行降碳。

（一）CO_2催化加氢制甲醇技术

CO_2催化加氢制甲醇技术是近年来最受关注的碳减排技术之一，该技术可同时实现碳资源的循环利用和甲醇制备过程的碳减排。目前，CO_2催化加氢制甲醇的技术路径有热催化、电催化、光催化等技术。然而，能实现大规模开发应用的技术只有CO_2热催化加氢制甲醇技术，其工艺流程见图6–29。

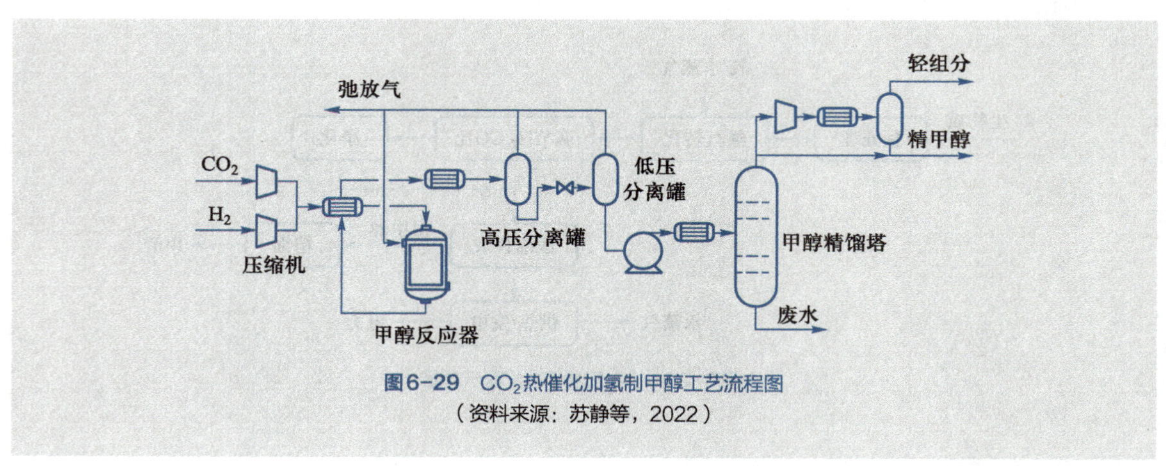

图6–29　CO_2热催化加氢制甲醇工艺流程图

（资料来源：苏静等，2022）

1. CO_2热催化加氢制甲醇

该技术可分为CO_2直接加氢制甲醇技术和CO_2间接加氢制甲醇技术。CO_2直接加氢制甲醇技术利用CO_2和H_2在热催化过程中一步合成甲醇，该技术工艺设备简单，但生产成本较高，适用于高碳排放企业的碳减排路线。CO_2间接加氢制甲醇工艺仍以CO_2和H_2为原料，但需先经逆水煤气转化（reverse water-gas shift，RWGS）反应将CO_2还原为CO，然后基于合成气（$CO+H_2$）制甲醇。与直接合成法相比，CO_2间接加氢制甲醇技术生产成本较低，但工艺设备较为复杂。

目前，CO_2催化加氢制甲醇技术体系已有大量研究，而催化剂是CO_2催化加氢制甲醇技术的关键。催化剂在CO_2转化率、甲醇选择性等方面都有极大的促进作用。催化体系通常基于合成气制甲醇的$Cu/ZnO/Al_2O_3$催化剂加以改进的铜基催化剂，该催化剂是20世纪70年代以来生产甲醇的主流催化剂。此外还有贵金属催化剂、金属氧化物催化剂及其他类型的催化剂。催化剂的使用降低了合成压力、简化了压缩系统，节省了能耗与成本；但压力降低的同时也带来了转化效率的下降（10%左右），需增加循环回路同时做到气体的及时净化以达到足够产量。

与传统煤制甲醇相比，CO_2催化加氢制甲醇流程中，原料气直接经过压缩、合成、气体分离、精馏等单元合成甲醇，工艺流程短，生产过程中能耗更低、副产物产生较少。同时，该工艺原料气CO_2可通过其他技术（空气捕集、烟气捕集等）将其他工艺产生的CO_2注入甲醇的合成路线中，实现碳的循环利用，减少温室气体的排放。

2. 电催化CO_2制甲醇

在催化CO_2和绿氢制甲醇的工艺中，最简单也最成熟的方法是使用可再生电力通过电解水工艺制氢，然后与CO_2催化反应形成绿色电甲醇。此外，还可以是通过电解生产合成气（CO和H_2两种成分）。目前，CO_2与电解水产生的H_2反应是生产绿色电甲醇的最有潜力和实用的方法。

用于绿色电甲醇生产的CO_2原料根据其来源可大致分为两类：第一类是来自发电厂、钢铁和水泥厂等各种工业来源的CO_2；第二类是通过直接空气捕集或生物质来源从大气中获得的CO_2。

（二）近零碳排放的煤制甲醇新工艺

传统煤制甲醇通过空气中的O_2利用粉煤气化技术实现碳的转化生成粗合成气，再通过水煤气变换反应得到H_2/CO约为2的合成气，然后将合成气进行酸气脱除，最后进行甲醇合成和精馏。据计算，煤制甲醇过程碳利用率仅为30%左右，系统能效在45%左右。因此推进煤制甲醇低碳化和低能耗是亟待解决的问题。

由于传统煤制甲醇气化产物氢含量较低，若将其与可再生能源发电、电解水制氢技术进行耦合，通过外源性补充氢气调节氢碳比，则不仅可以降低过程碳排放，还可促进风电、光电和水电等可再生能源的充分发展和利用。由于可再生能源制氢过程清洁无污染，通过绿氢重构的近零碳排放煤制甲醇新工艺减少了高能耗设备的使用，简化了工艺流程并有效提高了碳的利用率，减少了温室气体的排放，具体工艺流程见图6-30。

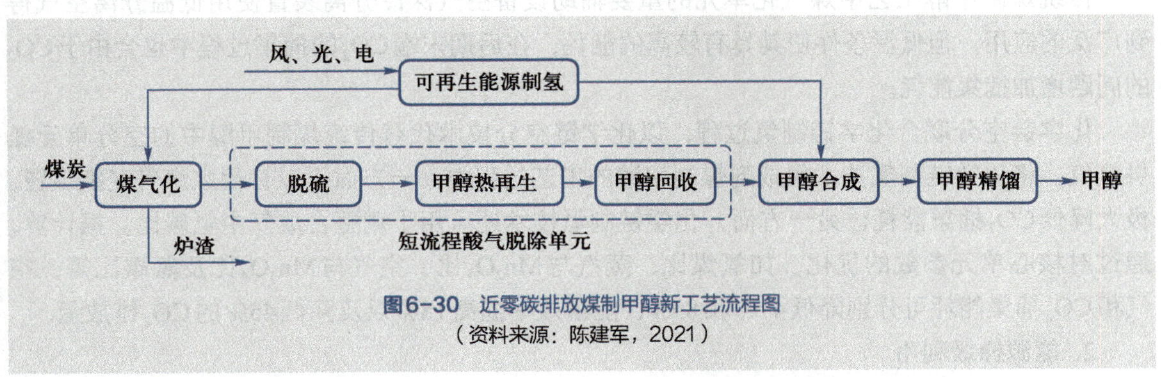

图6-30 近零碳排放煤制甲醇新工艺流程图

（资料来源：陈建军，2021）

（三）多资源联供联产

多资源联供联产是提高资源利用效率、降低污染排放的一个重要方向。其中，利用煤炭和富氢资源（生物质、焦炉气、天然气、煤层气等）进行联产联供，可以实现资源互补，大幅降低煤制甲醇过程中的CO_2排放和提升煤炭资源的利用率，如图6-31所示。该系统以煤气化为核心，得到富碳的合成气；天然气、焦炉气、煤层气等富氢含有不参与甲烷制备的有效组分，通过催化转化的方式将其中的甲烷转化为合成气的组分，得到富氢气体。富碳气和富氢气通过系统集成的方式调整比例，得到氢碳比为2左右的合成气，然后进一步合成甲醇，并联产电力。多资源联供、化/电联产过程从本质上降低了碳排放，创新了煤化工的加工流程，提高了资源的高效利用。

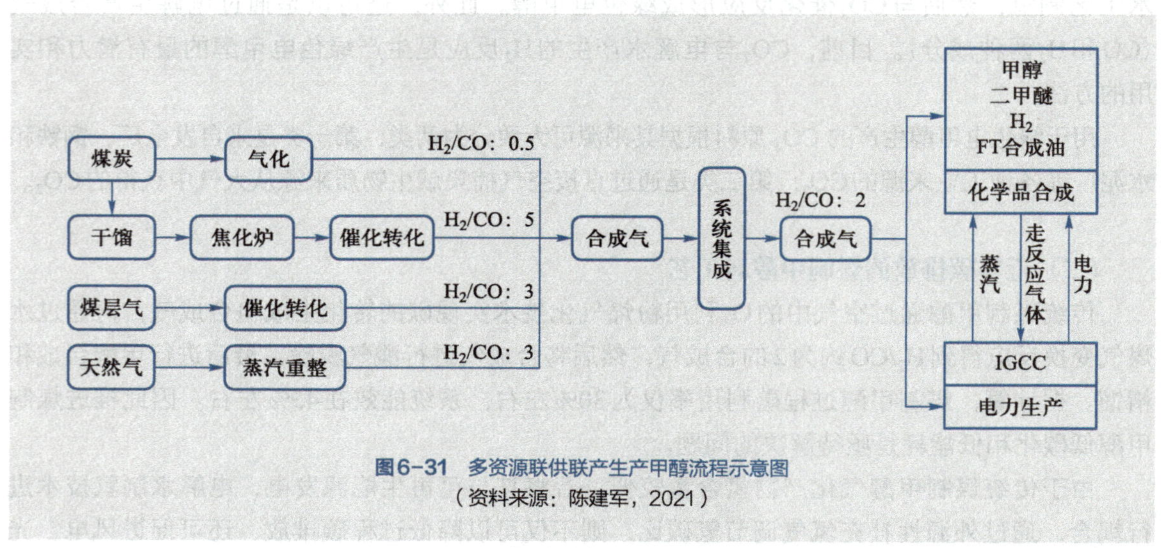

图6-31　多资源联供联产生产甲醇流程示意图

（资料来源：陈建军，2021）

（四）提高能效技术

1. 空气分离单元的替换

传统煤制甲醇工艺中煤气化单元的重要辅助设备空气深冷分离装置使用低温分离空气得到广泛的应用，但低温条件使其具有较高的能耗，在后期末端CO_2的捕集过程中也会由于CO_2的问题增加捕集能耗。

化学链空分联合化学链制氢过程，以化学链空分技术代替传统煤制甲醇中的空分单元提供氧气，将化学链制氢技术集成到煤制甲醇的工艺过程中，一方面可以替代水煤气变换装置，极大降低CO_2捕集能耗；另一方面，化学链制氢技术还可用于调整合成气中氢碳比。据计算，通过对核心单元参数的优化，如氧煤比、蒸汽与Mn_2O_3比、空气与Mn_3O_4比及氢碳比等，空气和CO_2捕集能耗可分别降低41%和89%、能量效率提高18%以及降低45%的CO_2排放量。

2. 能源梯级利用

通过优化甲醇精馏工艺装备系统设计，在“3+1”塔的四塔双效基础上，增加1台加压塔，3台加压塔之间相互热耦合，可为预精馏塔提供足够热量，实现能量梯级利用。同时增加蒸汽减压闪蒸罐，实现蒸汽和蒸汽凝液合理利用，塔釜增加釜液缓冲罐，提高系统稳定性，其工艺流程如图6–32所示。采用DCS智能化管控系统控制精馏系统，灵敏度高、响应快、操作方便，不但具有降低能耗、减少二氧化碳排放等优势，而且经济效益也十分显著。

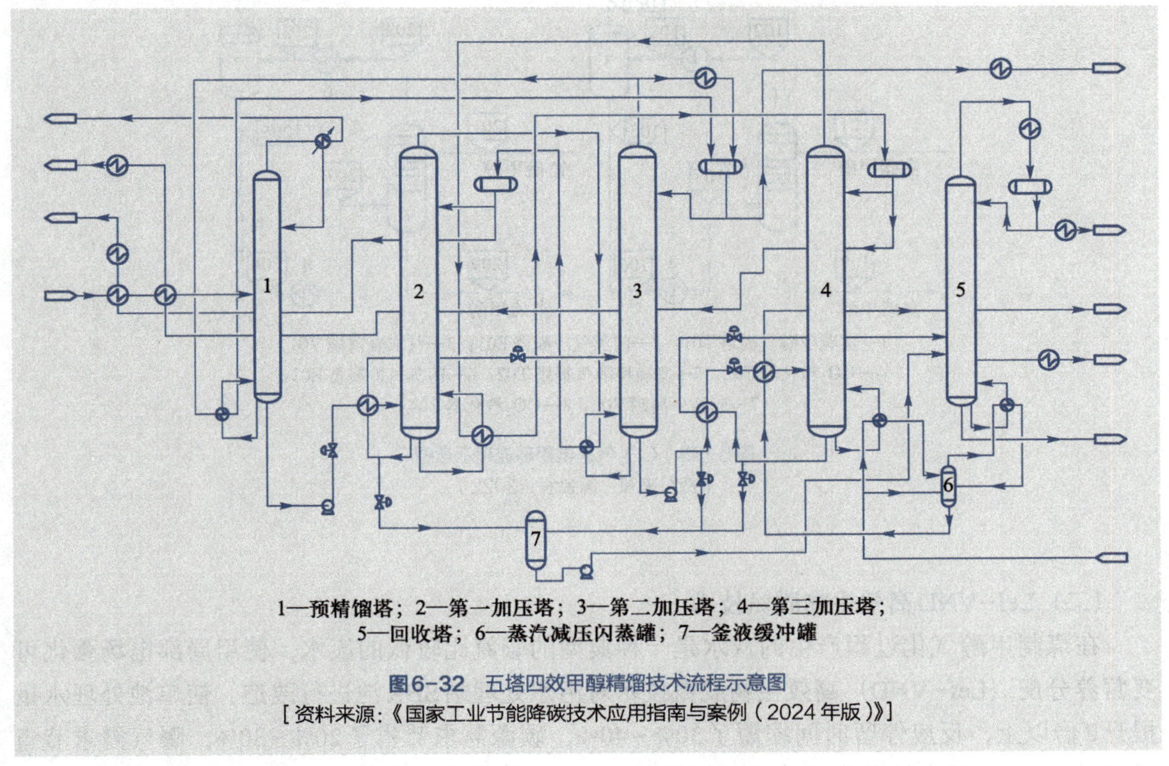

1—预精馏塔；2—第一加压塔；3—第二加压塔；4—第三加压塔；
5—回收塔；6—蒸汽减压闪蒸罐；7—釜液缓冲罐

图6–32　五塔四效甲醇精馏技术流程示意图

［资料来源：《国家工业节能降碳技术应用指南与案例（2024年版）》］

三、末端治理减污降碳协同增效

（一）CO_2气提富甲醇技术

在煤制甲醇过程中会通过CO变换反应，将CO转化为易于脱除的CO_2，以及调控CO与H_2的相对含量，但在该过程会有酸性成分的气体（如H_2S和CO_2）产生。低温甲醇洗气体净化技术由于净化程度高、自动化程度高及能耗低等特点被广泛研究和应用。因此，在煤制甲醇的过程中也常常利用甲醇吸收脱除CO_2和H_2S，进行脱硫脱碳。但在低温甲醇洗脱硫脱碳的过程中也常常伴随着H_2、CO和CH_4等有效气体的吸收，并在后续甲醇再生时夹带于CO_2中或随尾气排入大气中。为降低甲醇中有效气体含量，通过CO_2对含有有效气体（H_2、CO和CH_4等）的富甲醇进行气提，降低甲醇中有效气体的夹带量，可实现有效气体较为有效彻底的回收，并且CO_2不会污染低温甲醇洗系统，具体流程见图6–33。

该方案不仅可实现有效气体的资源化回收利用、节能降耗及污染物减排的目标，还提升了尾气端CO_2的纯度，更利于后续对碳的捕集、封存及再次循环利用，进而实现甲醇生产末端治理的减污降碳。

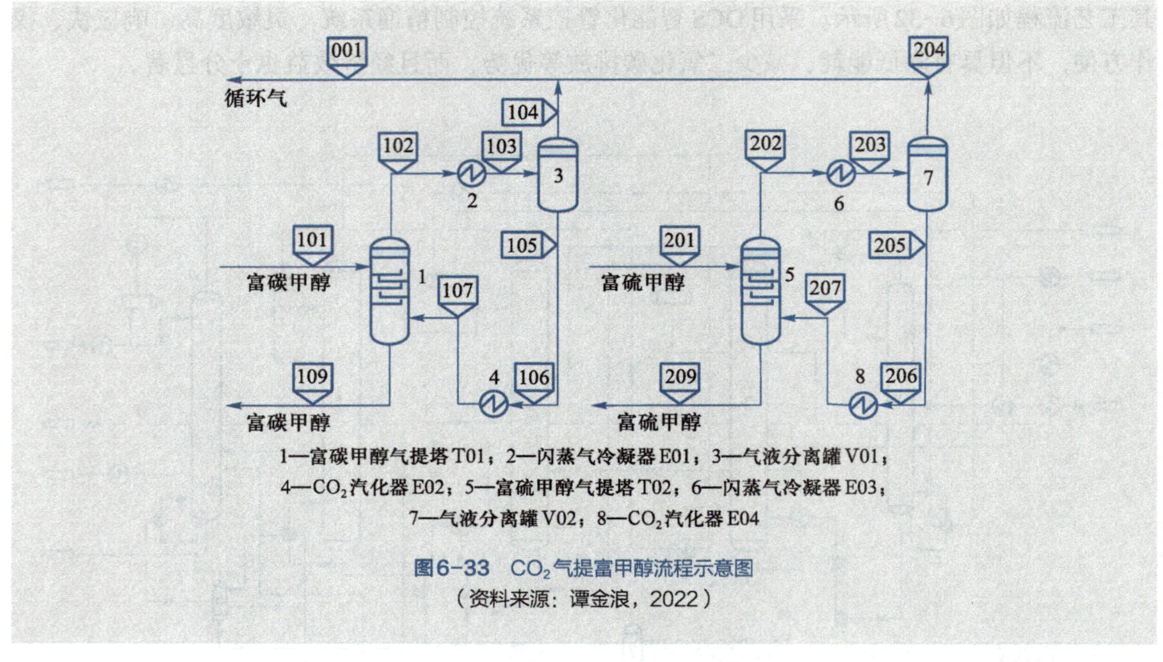

图6-33　CO_2气提富甲醇流程示意图

（资料来源：谭金浪，2022）

（二）Lef-VND高效生物脱氮技术

在煤制甲醇气化过程产生的灰水是一种典型的碳氮比较低的废水，使用局部电场强化可变营养分配（Lef-VND）高效生物脱氮技术对污水处理站SBR池进行改造，使单池处理水量提升2倍以上，反应停留时间缩短了30%～40%，碳源需求节省了20%～30%，曝气需求节省了10%～20%，极大地节省了装置运行费用，同时也降低甲醇生产过程产生的灰水低碳氮比水处理时的高碳源需求，工艺流程及降解机理见图6-34。因此通过Lef-VND高效生物脱氮技术

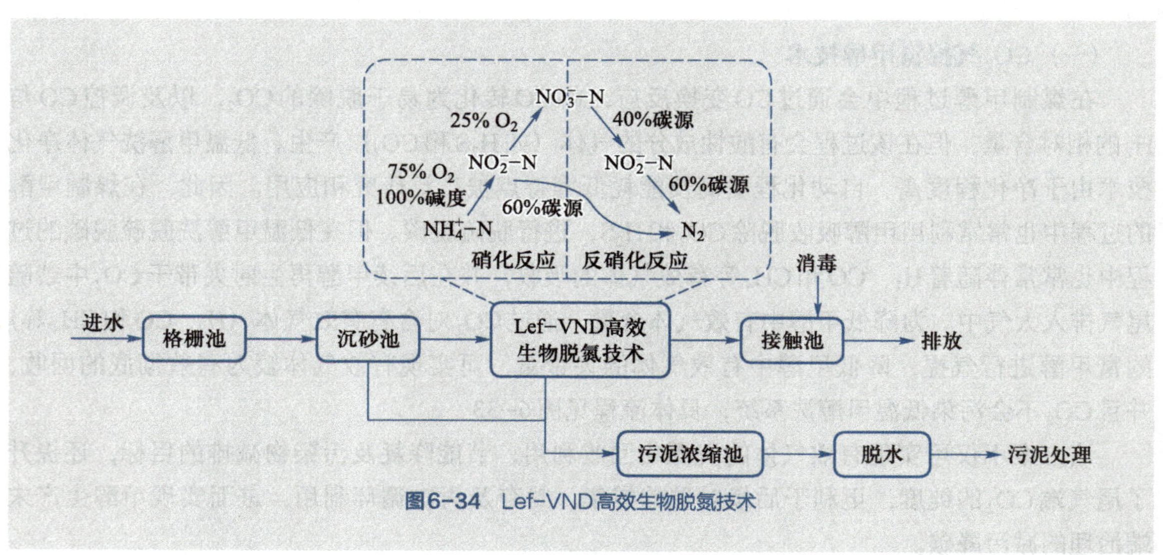

图6-34　Lef-VND高效生物脱氮技术

的使用有效实现了污染物的降解，进一步降低了处理过程中碳源的使用量，降低了污水处理过程中的碳排放，同时实现了甲醇生产末端的减污降碳。

（三）废催化剂的回收利用

甲醇合成过程中催化剂起到非常关键的作用，但随着反应的进行，催化剂会与反应过程中产生的有毒有害气体发生化学反应，使催化剂中毒并失活，因此需对这些废弃的催化剂进行合理化处置。若将这些废催化剂进行填埋处理，则可能会造成重金属污染，还会造成催化剂中的Cu、Zn元素浪费。若将废催化剂中的Cu、Zn元素进行回收利用，不仅可以减少甲醇合成过程所产生的固体废物，还可提高资源的回收利用率，实现可持续发展，进而完成甲醇合成的绿色低碳发展。因此可通过对废催化剂进行预处理、Cu与Zn元素的分离，然后在一定温度条件下煅烧合成CuO，实现二次资源循环再生。

四、资源循环利用减污降碳协同增效

（一）气体回收利用

在甲醇的制备过程中通过回收不同阶段的气体，进行气体的回收利用，实现资源的循环利用。

1. 弛放气资源回收利用

天然气制甲醇的合成气过程中会产生大量含有H_2的弛放气。将其通过变压吸附工艺，利用不同物质在同种吸附剂中的吸附量不同进行分离脱除，实现H_2的回收。回收的H_2一部分用于返回合成系统进行反应，另一部分则作为转化的燃气进行再次利用。不仅使装置达到经济效益最大化、能耗最低化，还进一步缓解了天然气制甲醇中原料C/H较高的问题，减少了天然气的消耗、降低了天然气制甲醇过程中的碳排放，也实现了弛放气的循环利用，其工艺流程如图6-35所示。

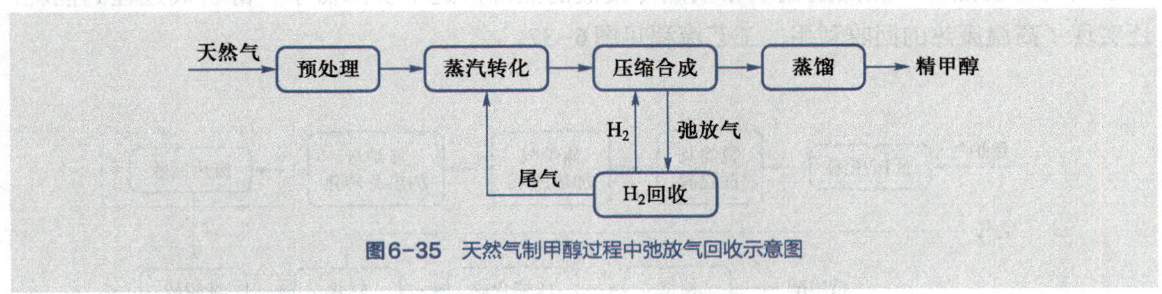

图6-35 天然气制甲醇过程中弛放气回收示意图

2. 甲醇溶剂回收利用

三效溶剂回收节能蒸馏技术可用于甲醇溶剂的回收与再利用，如图6-36所示。该工艺解决了溶剂回收过程中的结焦、起沫等问题，高效新型塔盘提高了设备的抗堵性能，热能多次

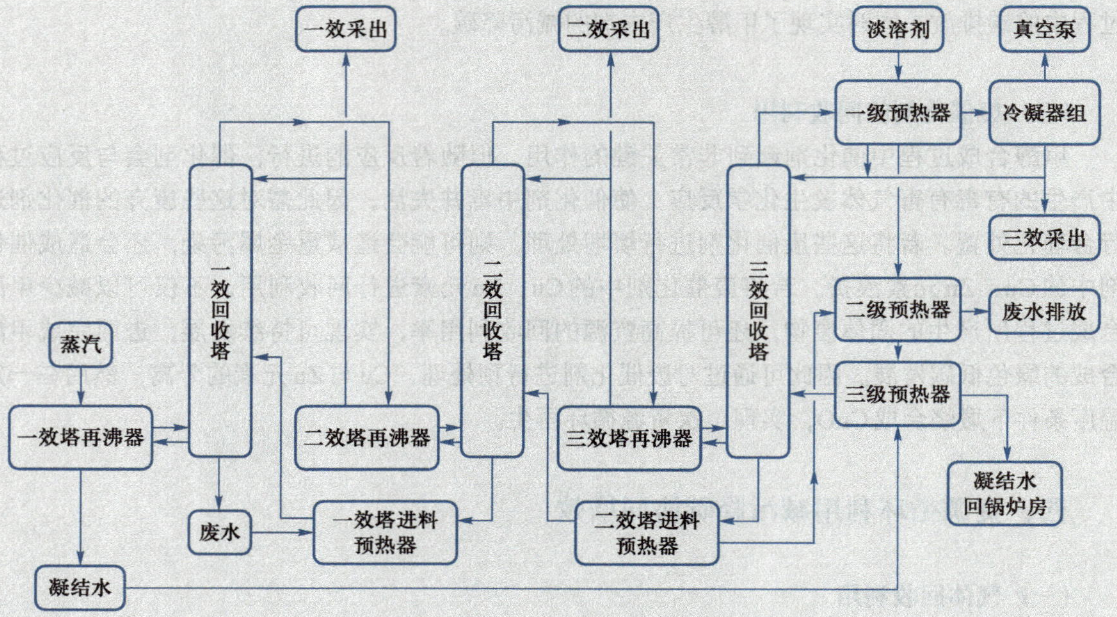

图6-36　三效溶剂回收节能蒸馏技术流程示意图
[资料来源：《国家工业节能技术应用指南与案例（2021）》]

利用，节约能源消耗60%以上。

（二）废热回收利用

焦炉气制甲醇时会涉及高温高热，若不将此进行回收利用则将造成较大的能源浪费。通过对副产中压蒸汽、加热焦炉气、副产低压蒸汽、预热焦炉气进行回收，作为甲醇精馏工段加压塔再沸器热源、加热脱盐水和预热冷凝液的热源，这不仅降低了甲醇合成过程的能耗，还实现了高温废热的回收利用，工艺流程见图6-37。

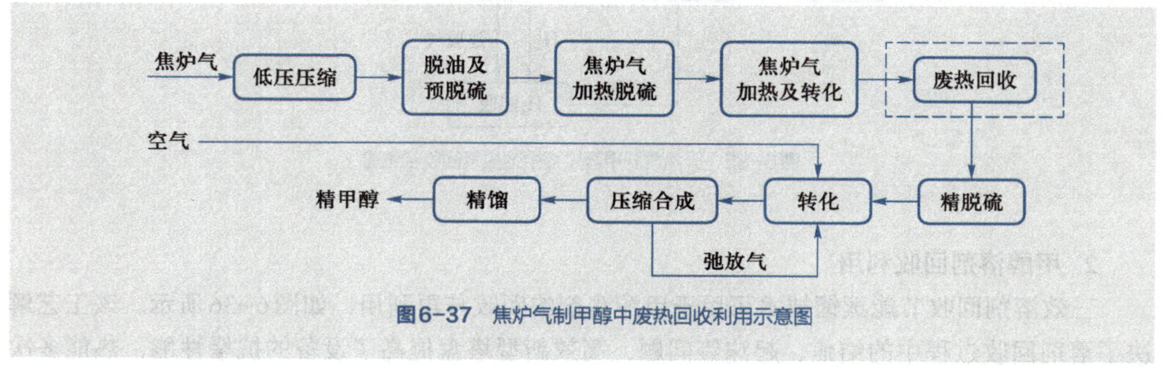

图6-37　焦炉气制甲醇中废热回收利用示意图

第五节 煤制天然气工业减污降碳协同增效

富煤、贫油、少气的能源资源禀赋决定了我国未来一段时间内仍将以煤炭作为主要能源。煤制天然气是煤炭作为原料低碳化、清洁化利用的重要方向之一。因此，煤制天然气工业的减污降碳协同增效对煤炭清洁利用来说具有重要的现实意义。

一、源头减污降碳协同增效

（一）耦合可再生能源制氢

煤制天然气工业所用原料煤的氢碳比一般为0.2～1.0，而天然气产品的氢碳比为4.0，因此煤制天然气的生产过程具有富碳缺氢特性。考虑原料煤经气化后得到的粗煤气中CO的体积分数要远高于H_2的体积分数，为满足后续甲烷化反应H_2/CO体积比的要求，需要对合成气进行变换反应以提高其H_2的体积分数。但变换反应生成H_2的同时会消耗CO并生成等体积的CO_2，所生成这部分CO_2中的碳元素无法进入最终的天然气产品得以有效利用，使得传统煤制天然气生产工艺原料煤中碳的有效利用率仅为30%左右，而约70%的碳则通过变换反应生成的CO_2排放。

若能通过低碳方式提供富氢气体以替代传统煤制天然气工艺中通过变换反应的供氢方式，则不仅省去了煤制天然气生产的合成气变换和脱碳工序，同时大幅提高了原料煤中碳的有效利用率，从而实现源头减污降碳。图6-38所示为煤制天然气耦合可再生能源制氢的工艺流程图，其通过风电、光电等可再生能源电解水制备H_2和O_2，并与煤制天然气的生产工艺相结合。电解水生成的H_2用于合成气甲烷化反应以调节合成气中H_2/CO体积比，生成的O_2则能替代部分空分设备制备的O_2用于原料煤的气化过程。与煤制天然气工艺相比，其与可再生能源制氢耦合后无须合成气变换和脱碳工序，有效缩短煤制天然气的工艺流程，并使得煤气化过

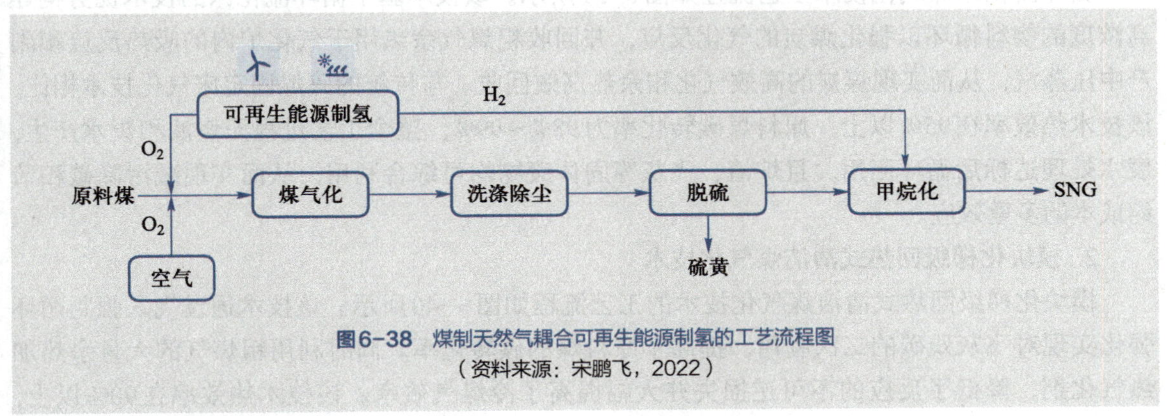

图6-38 煤制天然气耦合可再生能源制氢的工艺流程图

（资料来源：宋鹏飞，2022）

程生成的CO、CO_2经甲烷化反应而最大程度转换为CH_4，从而提高了CH_4产量并实现工艺过程基本不排放CO_2。此外，可再生能源电力制备的O_2能减少空分设备的负荷和能源消耗，从而有效降低因原料煤消耗而对应的污染物和CO_2排放。

（二）优化用能结构

煤制天然气工艺中，原料煤燃烧产生的碳排放约占总碳排放量的37%。煤炭作为厂区配套热电中心锅炉的燃料不仅为全厂提供各类工艺蒸汽（如气化用工艺蒸汽）和动力蒸汽（如驱动空分透平的动力蒸汽），同时还为全厂提供所需的电力。因此，若能减少煤制天然气过程中的蒸汽使用或降低原料煤发电占厂区用电的比例，则能有效减少原料煤的消耗，从而实现源头减污降碳。

在减少蒸汽使用方面，可在技术经济可行的条件下提高煤制天然气生产过程中的电力驱动比例。如将空分压缩机等设备由蒸汽驱动改为电机驱动，不仅有利于提高能量利用效率，同时还能有效降低原料煤消耗。在减少原料煤发电方面，煤制天然气生产企业应利用自身的自然地理环境优势，因地制宜大力发展风电、太阳能等新能源电力，提高新能源绿电的使用比例和企业的能源自给能力，减少企业对原料煤和外部电力的依赖，推动煤制天然气工业绿色能源低碳转型。

二、生产过程减污降碳协同增效

（一）高效煤气化技术

煤气化不仅是煤制天然气生产工艺的关键技术环节，更是现代煤化工产业链前端的共有关键核心技术。目前我国已投产的煤制天然气项目大多采用碎煤加压固定床气化技术，该技术相对成熟，对原料煤煤质具有很好的适应性，但其较低的气化温度使得气、液、固相产物成分复杂，且废水、废气和废渣的产生量较大。

1. 循环流化床煤气化技术

循环流化床煤气化技术工艺流程如图6-39所示。该技术基于循环流化床的技术优势构建高浓度的物料循环以强化煤炭的气化反应，并回收粗煤气余热用于气化炉内的吸热反应和副产中压蒸汽，从而实现煤炭的高效气化和余热高效回收。与传统的碎煤固定床气化技术相比，该技术热效率在95%以上，原料煤碳转化率为98%~99%，整个工艺过程无焦油和废水产生，废水处理达标后循环回用，且炉渣、飞灰等固体废物均可综合利用，从而实现减污降碳和节约成本的多重效应。

2. 模块化梯级回热式清洁煤气化技术

模块化梯级回热式清洁煤气化技术的工艺流程如图6-40所示。该技术通过飞灰强制循环强化实现对飞灰残碳的二次利用，提高了原料煤的碳转化率。同时利用粗煤气的大量余热加热气化剂，降低了反应的不可逆损失并大幅提高了冷煤气效率。该技术热效率在90%以上，

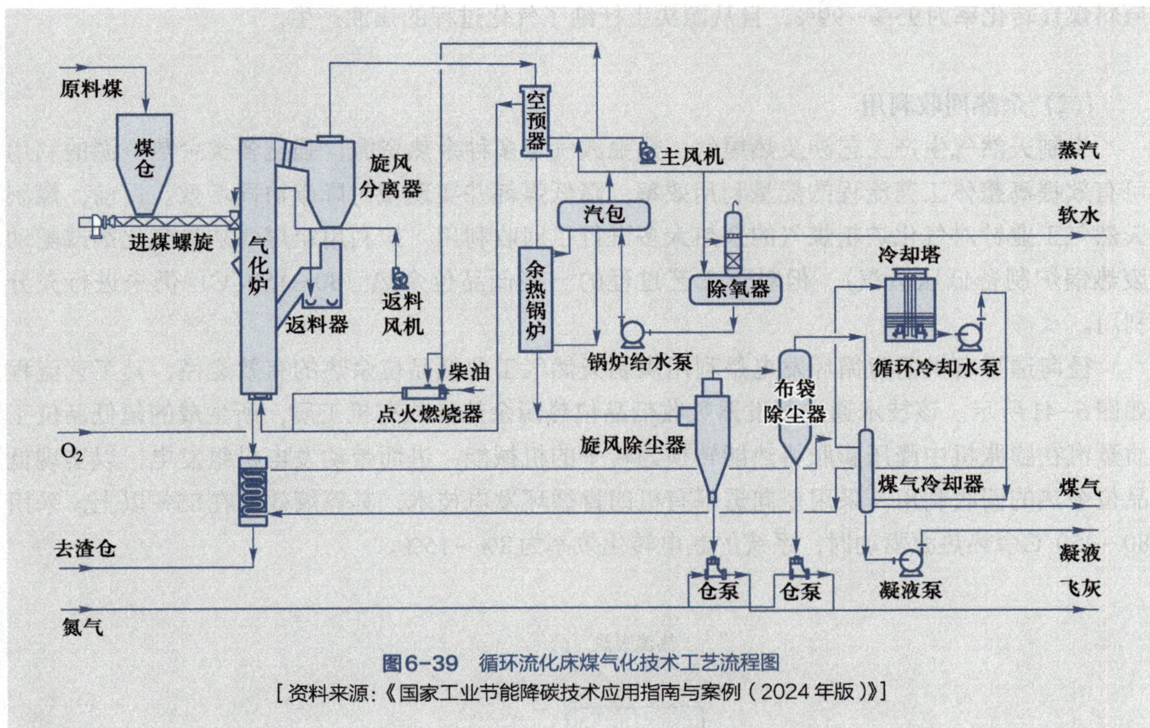

图6-39 循环流化床煤气化技术工艺流程图

[资料来源：《国家工业节能降碳技术应用指南与案例（2024年版）》]

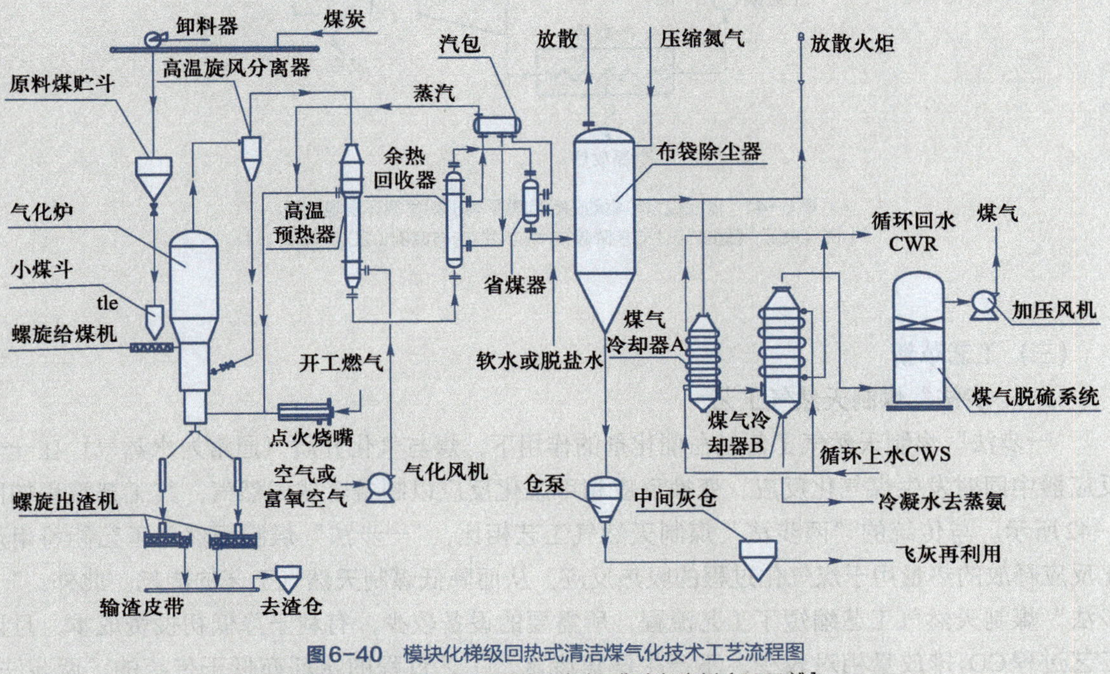

图6-40 模块化梯级回热式清洁煤气化技术工艺流程图

[资料来源：《国家工业节能技术应用指南与案例（2021）》]

原料煤炭转化率为95%～99%，且从源头上杜绝了气化过程的焦油产生。

（二）余热回收利用

煤制天然气生产工艺涉及热尾气、热弛放气等多种余热资源，强化各类余热资源的利用可有效提高整体工艺流程的能量利用效率，降低煤耗并实现减污降碳协同增效。目前，煤制天然气工业针对气化炉粗煤气的余热大多进行了回收利用（如利用粗煤气加热气化剂或驱动废热锅炉制备低压蒸汽），但对于工艺过程的一些低品位余热（80～150 ℃）仍未进行充分利用。

径向透平有机朗肯循环发电是利用煤制天然气工业低品位余热的有效途径，其工艺流程如图6-41所示。该技术通过蒸发器吸收低品位热源余热加热有机工质，所生成的超低品位工质蒸汽在膨胀机中降压膨胀将热能转换为转子的机械能，进而带动发电机组发电，以实现低品位余热的回收利用。采用径向透平有机朗肯循环发电技术，其等熵效率在85%以上，采用80～250 ℃余热热源驱动时，系统的热电转化效率为8%～15%。

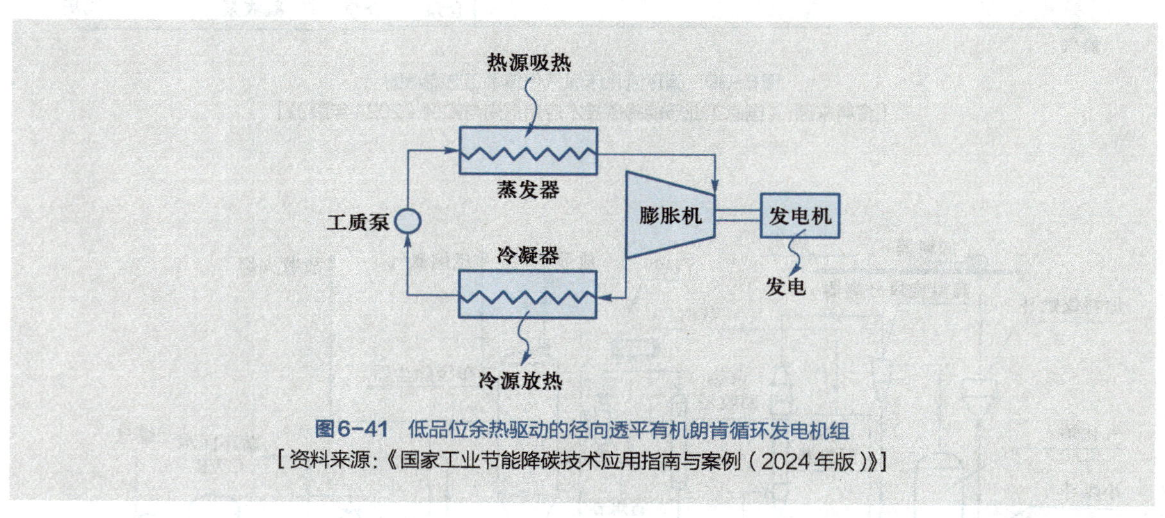

图6-41　低品位余热驱动的径向透平有机朗肯循环发电机组
［资料来源：《国家工业节能降碳技术应用指南与案例（2024年版）》］

（三）工艺革新

1.“一步法”煤制天然气工艺

“一步法”煤制天然气工艺是在催化剂的作用下，煤与气化介质（通常为水蒸气）在一个反应器中同时发生煤气化反应、变换反应和甲烷化反应以制备合成天然气，其工艺流程如图6-42所示。与传统的“两步法”煤制天然气工艺相比，“一步法”煤制天然气工艺能将甲烷化反应释放的热量用于煤气化过程的吸热反应，从而降低煤制天然气工艺的能耗。此外，“一步法”煤制天然气工艺缩短了工艺流程，所需要的设备较少，有利于降低初投资成本，且该工艺过程CO_2排放量相对较少，不产生洗焦废水，工艺过程的水耗亦低于传统的“两步法”煤制天然气工艺，在减污降碳方面具有明显优势。但目前“一步法”煤制天然气工艺仍面临

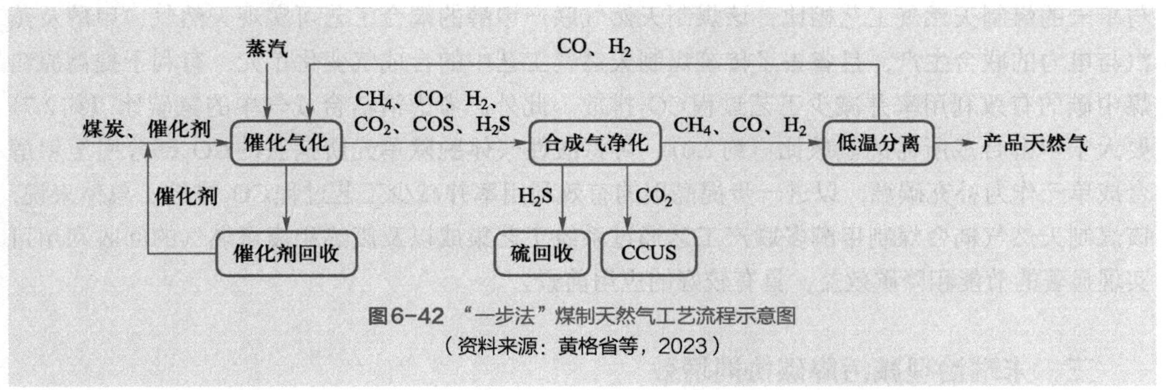

图6-42 “一步法”煤制天然气工艺流程示意图
（资料来源：黄格省等，2023）

催化剂不易分离回收且催化剂易积碳失活等技术缺点。开发低成本稳定高效催化剂，提高催化剂的易回收性将有助于该技术的商业化应用。

2. 煤制天然气耦合煤制甲醇多联产工艺

现代煤化工产业中如煤制天然气、煤制甲醇、煤制乙二醇等生产工艺往往具有部分相同的工序单元（如煤气化单元、空气分离单元、变换反应单元、酸性气体净化单元等），将上述多个产品工艺有机结合不仅有利于提高煤化工产业整体的物质和能量利用效率，同时也有利于煤化工产品的多样化和高值化。图6–43所示为煤制天然气耦合煤制甲醇多联产工艺流程图。该工艺中，煤气化得到的粗煤气未经变换和甲烷化反应直接送入酸性气体脱除单元得到洁净合成气。洁净合成气经深冷分离单元以分离出合成气中约10%的甲烷作为天然气产品，剩余的合成气组分（主要为CO和H_2）则进一步送至甲醇合成单元，得到的粗甲醇在精馏单元中分离和纯化得到甲醇产品。煤气化、甲醇合成单元的余热用于副产蒸汽，并和甲醇合成单元的弛放气、闪蒸气以及甲醇精馏单元的排放气一起用于驱动燃气–蒸汽联合循环装置以副产电力，燃气–蒸汽联合循环单元中则可抽取部分低压蒸汽（LPS）为甲醇精馏单元供热。

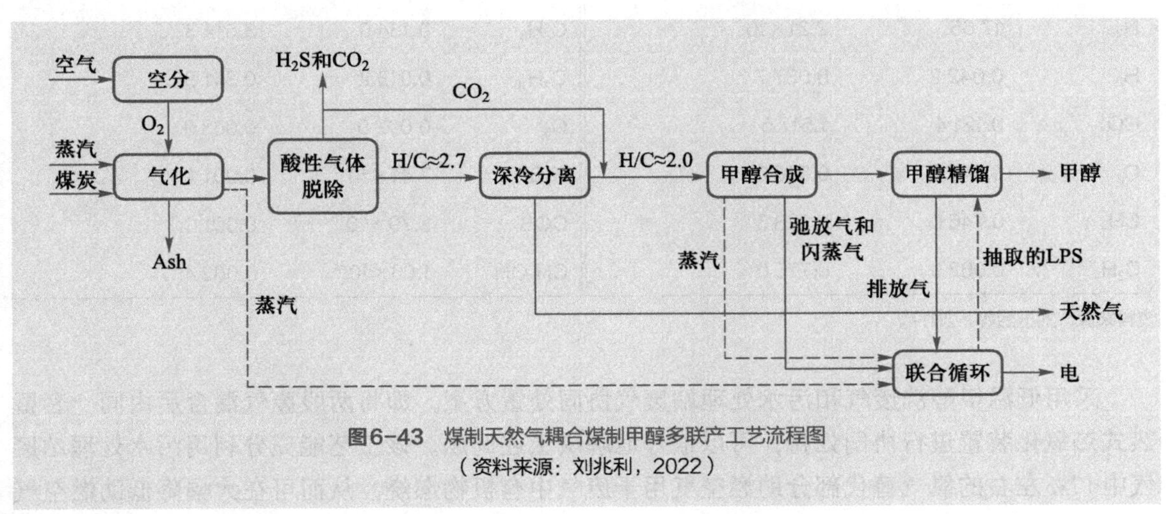

图6–43 煤制天然气耦合煤制甲醇多联产工艺流程图
（资料来源：刘兆利，2022）

与单一的煤制天然气工艺相比，该煤制天然气联产甲醇的耦合工艺可实现天然气、甲醇及蒸汽与电力的联合生产，且省去了传统煤制天然气工艺中的合成气变化单元，有利于提高原料煤中碳的有效利用率并减少工艺过程CO_2排放。此外，考虑清洁合成气中的氢碳比（约2.7）要大于甲醇合成所需的氢碳比（约2.0），可将酸性气体脱除单元所捕获的CO_2部分引至甲醇合成单元作为补充碳源，以进一步提高碳的有效利用率并减少工艺过程CO_2排放。总体来说，该煤制天然气耦合煤制甲醇多联产工艺通过系统工艺集成以及废热和废可燃气的回收利用可实现显著的节能和降碳效益，具有较好的应用前景。

三、末端治理减污降碳协同增效

（一）煤制天然气废气协同处置技术

煤制天然气生产过程中的大气污染物排放主要来自低温甲醇洗废气及污水处理站收集的废气。其中低温甲醇洗系统废气具有气量大、挥发性有机物浓度低但成分复杂的特点，因此其适用于蓄热式热氧化（RTO）工艺进行处理。

典型煤制天然气项目典型低温甲醇洗废气成分组成如表6-4所示，其中可燃气体组分的体积分数约为1.66%，质量浓度约为18.17 g/Nm^3。但由于低温甲醇洗废气基本不含氧气，其采用蓄热式热氧化工艺进行处理时需额外补充助燃空气使入炉前废气含氧量在10%左右，以确保废气中污染物的充分燃烧，因此会增加蓄热式热氧化装置的废气处理负荷，从而使投资和运行成本大幅上升。

表6-4　煤制天然气项目典型低温甲醇洗废气成分组成

废气成分	体积分数/%	质量浓度/（g · Nm^{-3}）	废气成分	体积分数/%	质量浓度/（g · Nm^{-3}）
CO_2	79.31	1.56×10^3	C_2H_6	0.484 0	6.482 1
N_2	17.65	2.21×10^2	C_3H_8	0.184 0	3.614 3
H_2	0.042 2	0.037 7	C_4H_{10}	0.013 2	0.341 8
CO	0.121 4	1.517 5	C_5^+	0.002 0	0.063 8
O_2	0.045 2	0.646 0	H_2S	7.41×10^{-5}	0.001 1
CH_4	0.746 0	5.328 6	COS	3.79×10^{-5}	0.001 0
C_2H_4	0.062 0	0.775 0	CH_3OH	1.66×10^{-4}	0.002 4

资料来源：刘玉炜等，2017。

采用低温甲醇洗废气和污水处理站废气协同处置方案，即将两股废气混合后由同一套蓄热式热氧化装置进行协同处置，可以很好地解决上述问题。该工艺能充分利用污水处理站废气中17%左右的氧气替代部分助燃空气用于废气中有机物燃烧，从而可在大幅降低助燃空气量的同时实现两股废气的节能协同处置，具有良好的减污降碳效果。采用该废气协同处置方案后，可降低助燃空气需求量，并省去了污水处理站的废气处理设施，有效降低煤制天然气项目废气处理设施的投资和运行成本。

（二）煤制天然气废水近零排放技术

图6-44所示为煤制天然气废水近零排放工艺流程图，主要包括气化废水酚氨回收、有机废水处理、含盐废水处理、浓盐水处理和高浓盐水处理五个环节。来自煤气化工艺的气化废水初步经分离除油后首先进入酚氨回收单元。酚氨回收单元中通过脱酸、脱酚、脱氨等工艺将气化废水中酚类、游离氨、固定氨，以及CO_2、H_2S等酸性气体进行回收和脱除，以确保处理后的废水满足后续生化处理要求。有机废水处理单元中废水经调节、沉淀、隔油、气浮等工艺以去除其沉淀物、悬浮物和油等杂质，随后进入生化处理工艺以去除大部分氨氮、COD等。生化处理后的废水经臭氧氧化、生物滤池、活性炭吸附等深度处理工艺以处理废水中的难降解有机物。有机废水处理单元出水及循环水站和脱盐水站的排污水在含盐废水处理单元中经过滤、超滤、反渗透等工艺进行脱盐处理，并进一步在后续的浓盐水处理单元和高浓盐水处理单元中经高效反渗透、高压膜技术及后续的蒸发结晶以最终实现煤制天然气废水的近零排放。

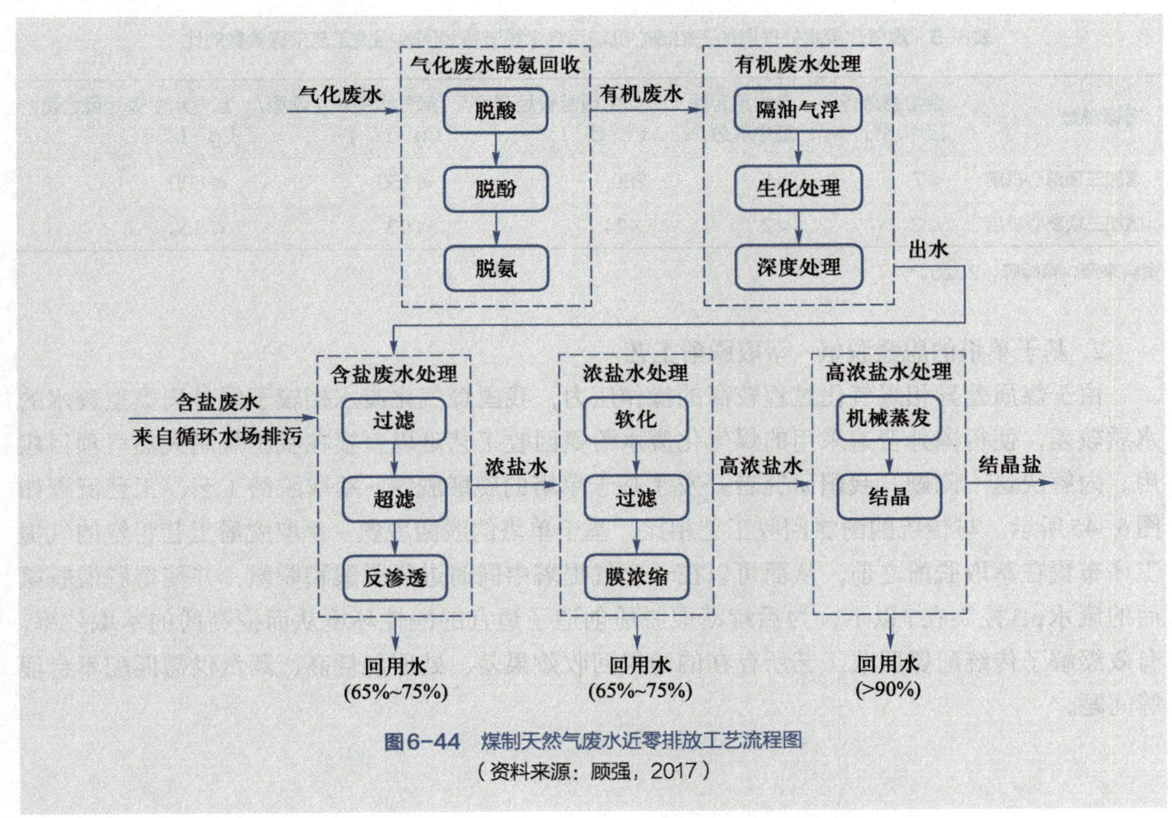

图6-44 煤制天然气废水近零排放工艺流程图
（资料来源：顾强，2017）

四、资源循环利用减污降碳协同增效

（一）油类物质及酚氨回收

1. 三相离心机油类物质回收技术

煤制天然气产生的煤气化废水中油类物质、酚类物质及氨氮的浓度分别可高达10 000 mg/L、9 000 mg/L、4 000 mg/L。回收上述油类物质、酚类物质和氨氮不仅能产生较高的经济价值，同时也为气化废水后续生化处理单元的稳定运行创造了良好条件。

在油类物质回收方面，重力沉降法因设备简单、运行费用低、对浮油去除效率高等优点而在煤气化废水处理过程中得到广泛应用。但由于煤质原因，我国基于鲁奇气化工艺的煤制天然气项目产生的煤气水中含有大量含尘重芳香烃，仅通过重力沉降法难以对这部分的含尘重芳香烃进行分离，这将导致含尘重芳香烃进入后续设备，严重威胁酚氨回收单元及废水生化处理单元的稳定运行。在传统重力沉降的基础上增加三相离心机能解决含尘重芳香烃难以分离的难题。表6–5为煤气化废水处理增加三相离心机前后含尘重芳香烃回收相关工艺指标参数对比。增加三相离心机后，回收得到的含尘重芳香烃的产量和品质均大幅提高，将产生可观的经济效益，同时煤气水中粉尘及多元烃的含量均有下降，有利于后续酚氨回收装置及废水处理装置的运行。

表6–5　煤气化废水处理增加三相离心机前后含尘重芳香烃回收相关工艺指标参数对比

指标参数	含尘重芳香烃中水分/%	含尘重芳香烃中灰分/%	含尘重芳香烃产量/（$t \cdot d^{-1}$）	煤气水中粉尘含量/（$g \cdot L^{-1}$）	煤气水中多元烃含量/（$g \cdot L^{-1}$）
增加三项离心机前	≤7	≤5	280	≤150	≤600
增加三项离心机后	≤2	≤2	424	≤60	≤300

资料来源：曹峰等，2020。

2. 基于单塔的脱酸脱氨–萃取脱酚工艺

由于煤质差异和煤气化过程较高的操作压力，我国煤气化废水相较于国外同类型废水的水质较差，使得国外普遍采用的煤气化废水酚氨回收工艺难以直接在我国煤制天然气项目应用。为解决这一问题，我国研究者开发了基于单塔的脱酸脱氨–萃取脱酚工艺，工艺流程如图6–45所示。与传统的酚氨回收工艺相比，基于单塔的脱酸脱氨–萃取脱酚工艺将氨的气提工序布置在萃取脱酚之前，从而可以在一个气提塔中同时进行脱酸和脱氨，并使得脱酸脱氨后的废水pH控制在7以下，为后续萃取脱酚创造了适宜的酸性环境从而提高酚的萃取效率，有效缓解了传统酚氨回收工艺所存在的酚氨回收效果差、处理能耗高、蒸汽供需匹配不合理等问题。

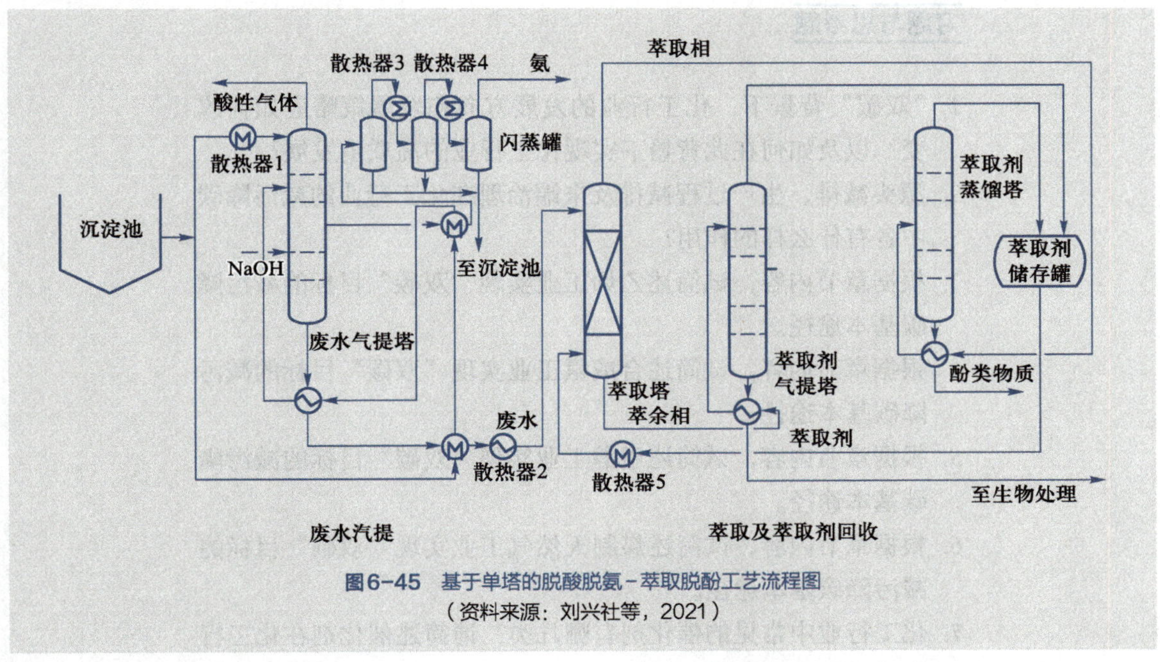

图6-45 基于单塔的脱酸脱氨－萃取脱酚工艺流程图

（资料来源：刘兴社等，2021）

（二）CO_2资源化利用

煤制天然气生产工艺中所排放的CO_2浓度较高，与其他行业相比更易于进行CO_2的捕集、封存与综合利用，进而实现CO_2的低/零排放。煤制天然气工业的CO_2不仅可作为驱油介质以提高石油的采收率，同时还可将捕集的CO_2与绿氢耦合用于合成零碳天然气和液态燃料，实现可再生能源与氢能的深度结合，同时也利于大规模的CO_2资源化利用。此外，还需积极开发布局以CO_2为原料的全新碳基化学工业，如CO_2制甲醇、可降解塑料等。

习题与思考题

1. “双碳”背景下，化工行业的发展方向和发展策略应如何改变？以及如何在此背景下实现化工行业的高质量发展？
2. 源头减排、生产过程减排及末端治理在化工行业的减污降碳中各有什么样的作用？
3. 根据章节内容，试简述乙烯工业实现“双碳”目标的减污降碳基本途径。
4. 根据章节内容，试简述合成氨工业实现“双碳”目标的减污降碳基本途径。
5. 根据章节内容，试简述甲醇工业实现“双碳”目标的减污降碳基本途径。
6. 根据章节内容，试简述煤制天然气工业实现“双碳”目标的减污降碳基本途径。
7. 化工行业中常见的催化剂有哪几类？请简述催化剂在化工行业减污降碳的优势与潜力。
8. 化工行业源头减排、生产过程减排及末端治理与资源循环利用策略中在实际工程中有哪些应用？请举例进行说明。
9. 化工行业在减污降碳方面未来的发展方向是什么？

参考文献

[1] 中国石油新闻中心．双碳目标下，化工行业如何助力能源低碳转型？［EB/OL］．2021．

[2] 王庆一．2020能源数据［EB/OL］．北京：绿色创新发展中心，2021．

[3] 张朝龙，杨丽亚，董欣宜，等．合成氨行业CO_2与大气污染物排放清单及减污降碳潜力研究：以河南省为例［J］．环境科学研究，2023，36（11）：2126–2137．

[4] 中国信息通信研究院．新发展阶段工业绿色低碳发展路径研究报告（2023年）［EB/OL］．2023．

[5] 中国石化石油炼制科学研究院．迈向2060碳中和石化行

业低碳发展白皮书［EB/OL］. 2022.

[6] 董金池，翁慧，庞凌云，等. 中国石化和化工行业二氧化碳减排技术及成本研究［J］. 环境工程，2021，39（10）：32–40.

[7] 毕马威中国. 固碳、储氢、航运燃料、掺混发电：绿氨行业概览与展望［EB/OL］. 2022.

[8] Energy institute. 世界能源统计年鉴（2023）［EB/OL］. 2023.

[9] 辛勤，徐杰. 现代催化化学［M］. 北京：科学出版社，2016.

[10] 中国能源新闻网. 观察 | 我国二氧化碳地质封存发展形势向好［EB/OL］. 2024.

[11] 温倩. 合成氨行业发展情况及未来走势分析［J］. 肥料与健康，2020，47（02）：6–13.

[12] 张鸿宇，王媛，郝成亮，等. 双碳约束下煤化工行业节煤降碳减污协同［J］. 环境科学，2023，44（02）：1120–1127.

[13] 中华人民共和国中央人民政府. 2030年碳达峰行动方案［EB/OL］. 2021.

[14] 李亚男，谭煜，吴昌永，等. 臭氧催化氧化在石化废水深度处理应用中的若干问题［J］. 环境工程技术学报，2019，9（3）：276–281.

[15] 十一化建. 宁夏宝丰10万吨/年绿氢制绿氨项目即将投产［EB/OL］. 2024.

[16] 陈鲁园，李健，闫龙，等. "碳达峰、碳中和"目标下榆林煤化工产业高质量发展路径［J］. 化学工程与装备，2023，5：211–212.

[17] 刘梦华，黄逍，李爽，等. 基于全生命周期评价的中国制氨路线碳排放、能源效率研究及展望［J］. 中国科学：技术科学，2024，54：1329–1346.

[18] 刘伟，李小利，高秀丽. MAP–A/O 工艺处理合成氨废水的工程实践［J］. 水处理技术，2012，38（7）：133–135.

[19] 周怀荣，马迎文，王可，等. 化学链空分联合化学链制氢的煤制甲醇过程参数优化与分析［J］. 化工进展，

2022，41（10）：5332-5340.
[20] 孟文亮，李贵贤，周怀荣，等．绿氢重构的粉煤气化煤制甲醇近零碳排放工艺研究［J］．化工学报，2022，73（04）：1714-1723.
[21]《国家工业节能降碳技术应用指南与案例（2024年版）》之三：石化化工行业节能降碳技术［EB/OL］．2024.
[22]《国家工业节能技术应用指南与案例（2021）》之四：石化化工行业节能提效技术［EB/OL］．2021.
[23] 宋鹏飞．“双碳”背景下煤制天然气与LNG产业及可再生能源协同发展路径的思考［J］．油气与新能源，2022，34（02）：88-93.
[24]《国家工业节能降碳技术应用指南与案例（2024年版）》之七：煤炭清洁高效利用技术［EB/OL］．2024.
[25] 黄格省，师晓玉，鲜楠莹，等．煤制天然气发展现状分析及问题思考［J］．石化技术与应用，2023，41（06）：405-412.
[26] 刘兆利．煤制天然气与甲醇电力联产工艺的技术经济分析及能量系统集成［D］．广州：华南理工大学，2022.
[27] 刘玉炜，林兴军．煤制天然气排放废气协同处理方案［J］．绿色化工，2017，12：67-68.
[28] 顾强．煤制天然气废水处理技术研究现状及展望［J］．洁净煤技术，2017，23（05）：92-97.
[29] 曹峰，郝秀春，王国平，等．煤制天然气废水处理难题处置创新［J］．化工管理，2020，（12）：54-55.
[30] 刘兴社，刘永军，刘喆，等．煤化工废水中油、酚、氨回收研究进展［J］．化工进展，2021，40（02）：1048-1057.
[31] 合成氨行业能效“领跑者”企业典型经验与实践案例［EB/OL］．2023.
[32] 苏静，张宗飞，张大洲．二氧化碳加氢制甲醇的技术进展及展望［J］．化肥设计，2022，60（02）：6-9+14.
[33] 谭金浪．低温甲醇洗气体净化过程中有效气体减排方案探讨［J］．煤化工，2022，50（04）：21-25.
[34] 龙净环保．龙净水务高效生物脱氮技术在煤化工气化废水领域成功投运［EB/OL］．2022.

[35] 云道资本. 2024中国绿色甲醇产业研究与前景展望［EB/OL］. 2024.

[36] 陈建军. 煤气化耦合煤焦化制甲醇工艺碳减排性能分析及低温单元节能技术研究［D］. 广州：华南理工大学，2021.

[37] 忻慧琦. 裂解炉烧焦气返炉膛的应用及优化探讨［J］. 大氮肥，2023，46（04）：217-220.

[38] 王哲. 降低乙烯裂解炉NO_x排放的工艺研究［J］. 石油石化绿色低碳，2019，4（02）：53-57.

[39] Yao Y C, Shi T, Chen W X, et al. A surface strategy boosting the ethylene selectivity for CO_2 reduction and in situ mechanistic insights [J]. Nature Communication 2024, 15(1): 1257.

[40] 汪炎. 高效A/O-BAF工艺处理合成氨工业废水回用工程实例［J］. 工业用水与废水，2012，43（04）：72-74.

[41] 张开仕. 无动力氨回收技术在合成氨弛放气氨回收中的应用［J］. 天然气化工（C1化学与化工），2010，35（05）：58-60.

[42] 张全明. 合成氨尾气全回收实现生产的清洁化［J］. 中氮肥，2021，（03）：45-48.

07

第七章 建材工业减污降碳协同增效

建材工业是改善人居环境、支撑国民经济发展的基础性原材料产业。建材产品包括建筑材料及制品、非金属矿及制品、无机非金属新材料三大门类，主要的建材产品有水泥、平板玻璃、建筑卫生陶瓷、玻璃纤维、耐火材料等。

建材工业是典型的资源能源密集型行业，能源消费量、污染物排放量及CO_2排放量位居我国工业部门前三位。尽管我国建材工业万元增加值综合能耗和CO_2排放量总体呈不断下降趋势，但与“宜业尚品、造福人类”的行业发展目标仍有一定差距，推进建材工业源头、生产过程、末端全流程减污降碳协同增效已刻不容缓。

本章简介了水泥、平板玻璃和建筑卫生陶瓷的生产工艺、碳污排放源、碳污排放特征，重点介绍了这些产品生产过程的源头减排、过程控制、末端治理与资源循环利用等减污降碳协同技术。

第一节 建材工业碳污排放特征

建材工业的产品性质及工艺特点决定了其高耗能、高排放的行业属性，厘清建材生产工艺中的碳污排放源及排放特征是实现行业减污降碳协同增效的基础。

一、水泥工业碳污排放特征

（一）水泥生产过程

水泥是一种能把砂、石等建筑材料牢固胶结的粉状水硬性无机胶凝材料。目前我国水泥工业普遍采用新型干法生产工艺，其生产过程主要包括生料制备、熟料煅烧和水泥粉磨三个工段，生产工艺流程及产污环节如图7–1所示。

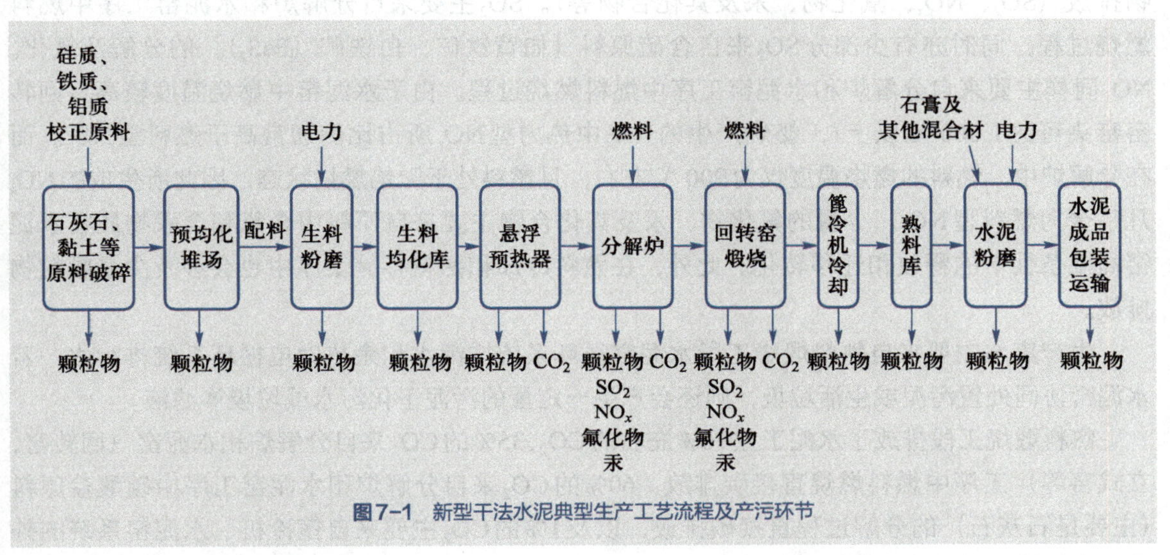

图7–1　新型干法水泥典型生产工艺流程及产污环节

1. 生料制备

水泥生产的主要原料石灰石、黏土及硅质、铁质、铝质校正原料经破碎后送往预均化堆场。预均化后的原料经配料系统送入生料粉磨装置研磨成一定细度的生料，并进入生料均化库以进一步确保入窑生料质量的高度稳定。

2. 熟料煅烧

制备好的生料随后送入悬浮预热器，并利用分解炉和回转窑排出的高温烟气完成生料的快速预热。充分预热后的生料与经破碎、粉磨后的燃料（通常为煤粉或其他替代燃料）在分解炉内混合均匀，并在高温下完成燃料燃烧、物料换热及生料中碳酸盐分解过程。生料预分解后进入回转窑进行熟料的煅烧。煅烧后的水泥熟料经篦冷机冷却后进入熟料库。

3. 水泥粉磨

煅烧后的水泥熟料与石膏及其他混合材在水泥粉磨系统中研磨至适宜的细度及颗粒级配以满足水泥的性能要求，粉磨后的水泥成品以散装或袋装方式运输出厂销售。

（二）水泥生产碳污排放源

水泥生产过程排放的主要大气污染物见图7–1。

1. 生料制备

大气污染物主要为颗粒物，来源于原料破碎、运输、预均化及生料粉磨工序中的粉状物料飞散。生料制备工段排放了水泥工业约1%的CO_2，属于外购电力所对应的间接碳排放，主要用于驱动生料粉磨系统。

2. 熟料煅烧

水泥窑系统集中了水泥生产过程70%~90%的颗粒物有组织排放和几乎全部的气态污染物排放（SO_2、NO_x、氟化物、汞及其化合物等）。SO_2主要来自分解炉和水泥窑工序中燃料燃烧过程，同时亦有少部分SO_2来自含硫原料［如黄铁矿、白铁矿（FeS_2）］的分解及氧化。NO_x同样主要来自分解炉和水泥窑工序中燃料燃烧过程。由于水泥窑中燃烧温度较高（回转窑窑头可达1 600 ℃以上），燃烧产生的NO_x中热力型NO_x所占比例通常高于燃料型NO_x。而在分解炉中，燃料的燃烧温度仅为900 ℃左右，且燃料处于无焰燃烧状态，因此所生成的NO_x几乎全为燃料型NO_x。少量的氟化物、汞及其化合物主要来自原料中含氟和含汞物质在水泥窑高温条件下的释放和迁移转化。此外，在熟料冷却和熟料存储工序中也会涉及少量颗粒物排放。

生产废水主要来自熟料煅烧工段水泥窑循环系统排污水和余热发电循环系统排污水。若水泥窑协同处置污泥或生活垃圾，则还会产生一定量的污泥干化污水或垃圾渗滤液。

熟料煅烧工段排放了水泥工业96%左右的CO_2，35%的CO_2来自分解炉和水泥窑（回转窑、立式窑等）工序中燃料燃烧直接碳排放、60%的CO_2来自分解炉和水泥窑工序中碳酸盐原料（主要是石灰石）的分解过程直接碳排放，以及1%的CO_2主要来自篦冷机、水泥窑系统的外购电力间接碳排放。

3. 水泥粉磨

煅烧后的水泥熟料与其他混合材在粉磨系统中的研磨过程会产生颗粒物和挥发性有机物。此外，熟料和水泥混合材的运输、混合过程和水泥成品包装、存储及运输过程均涉及一定的颗粒物排放。

水泥粉磨工段的碳排放亦属于外购电力间接碳排放，其占水泥工业总碳排放量的3%左右。

（三）水泥生产碳污排放特征

在污染物排放强度方面，规模大于4 000 t（熟料）/d的新型干法窑每吨水泥产品约产生废气2 500 m^3，废气中颗粒物、SO_2、NO_x、VOCs的产污系数（未经末端治理）分别为135.982 kg/t（水泥）、0.158 kg/t（水泥）、1.014 kg/t（水泥）、0.044 1 kg/t（水泥）。此外，每吨水泥产品产生工业废水0.075 t，废水化学需氧量的产污系数为3.0 kg/t（水泥）。

在碳排放强度方面，2020年我国水泥工业的每吨水泥及每吨熟料的碳排放量分别约为597 kg和860 kg。与《巴黎协定》规定的全球气温控制在较工业化前升高2 ℃以内的目标相对应每吨水泥的碳排放量限值520~524 kg相比，当前我国水泥工业的碳排放强度仍偏高。

二、平板玻璃工业碳污排放特征

平板玻璃按其生产工艺可分为浮法玻璃、平拉玻璃、压延玻璃等，其中浮法玻璃由于其产品质量高、均匀性好、适用于规模化生产等优势目前已成为主流的平板玻璃生产工艺。我国平板玻璃产量中浮法玻璃占比在85%以上。

（一）平板玻璃生产过程

图7-2所示为浮法玻璃典型生产工艺流程及产污环节，主要包括配合料制备、熔窑熔化、锡槽成型、在线镀膜、退火和切裁包装六个工序。

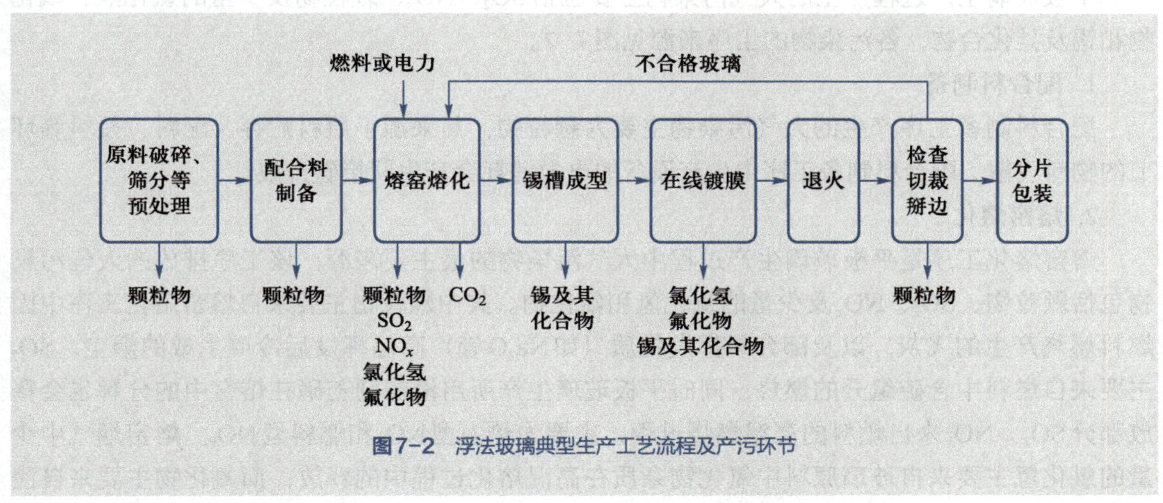

图7-2　浮法玻璃典型生产工艺流程及产污环节

1. 配合料制备

提升机将玻璃生产所用粉料（石英砂、纯碱、白云石、石灰石、长石、芒硝、碳粉等）送入粉库，然后在称量混合系统中将各种粉料按一定比例配比称重后送入强制式混合机进行混合。制备好的配合料由胶带输送机送至窑头料仓，并经投料机进行薄层投料。

2. 熔窑熔化

配合料在熔窑高温条件下熔化形成玻璃液，熔窑温度一般可达1 500~2 000 ℃，熔窑所需能量通常由气体燃料或电力供应。高温熔化形成的玻璃液进一步澄清、搅拌、冷却后经流道进入成型锡槽。熔窑熔化是平板玻璃生产的主要耗能工序，约占平板玻璃生产总能耗的95%。

3. 锡槽成型

玻璃液流入锡槽后，由于锡液与玻璃液之间的密度差异，玻璃液会漂浮在锡液表面，并在表面张力、重力和机械拉力的共同作用下横向伸展为具有一定宽度和厚度的玻璃带。

4. 在线镀膜

经气化后的在线镀膜原料在载气携带下进入镀机，随后均匀喷射至锡槽左右的玻璃板上形成具有特定成分的遮盖层或功能层。

5. **退火**

成型后的玻璃带温度在610 ℃左右，并经过渡辊台后送入退火窑进行退火处理。退火后的玻璃随后进入后续的冷端机组进行进一步加工处理。

6. **切裁包装**

退火后的玻璃经检查、切裁、掰边等后加工处理后进行分片包装。同时不合格的玻璃由锤式破碎机破碎后送入碎玻璃仓作为玻璃生产原料再利用。

（二）平板玻璃生产碳污排放源

平板玻璃生产过程产生的大气污染物主要包括SO_2、NO_x、颗粒物及少量的氯化氢、氟化物和锡及其化合物，各污染物的工序来源见图7–2。

1. **配合料制备**

配合料制备工序产生的大气污染物主要为颗粒物，其来源于原料贮存、配料、投料等环节的物料飞散。配合料制备工序中生产设备的电力消耗会产生间接碳排放。

2. **熔窑熔化**

熔窑熔化工序是平板玻璃生产过程中大气污染物的最主要来源，该工序排放的大气污染物包括颗粒物、SO_2、NO_x及少量的氯化氢和氟化物。其中颗粒物主要来自熔窑熔化工序中因燃料燃烧产生的飞灰，以及部分易挥发物质（如Na_2O等）高温挥发后冷凝生成的烟尘。SO_2主要来自燃料中含硫组分的燃烧，同时平板玻璃生产所用澄清剂芒硝在熔窑中的分解也会释放部分SO_2。NO_x来自燃料的高温燃烧过程，主要为热力型NO_x和燃料型NO_x。熔窑烟气中少量的氯化氢主要来自玻璃原料中氯化物杂质在高温熔化过程中的释放，而氟化物主要来自澄清剂及乳浊剂中的含氟杂质在高温熔化过程中的释放和转化。

熔窑熔化是平板玻璃生产的主要耗能工序，同时也是碳排放的主要工序。熔窑中的燃料消耗是平板玻璃工业最主要的碳排放源，占比约为65.5%。白云石、纯碱、石灰石等碳酸盐原料的分解及碳粉的氧化也会产生碳排放，占比约为22.0%。当玻璃熔窑采用电助熔或纯电熔技术时，熔窑熔化工序也会因电力消耗产生间接碳排放。

3. **锡槽成型**

锡槽成型过程中产生少量的锡及其化合物无组织排放，以及少量锡渣。锡槽、氮氢站等生产设备的电力消耗会产生间接碳排放。

4. **在线镀膜**

在线镀膜工序除了会产生少量的锡及其化合物排放外，含氯及含氟的镀膜原料在气化过程中也会产生氯化氢和氟化物。镀机等生产设备的电力消耗会产生间接碳排放。

5. **切裁包装**

切裁包装工序中的切裁、掰边、包装等后加工处理环节会产生玻璃粉尘及碎玻璃等。生产设备的电力消耗会产生间接碳排放。

（三）平板玻璃生产碳污排放特征

熔窑熔化工序是平板玻璃生产过程中最主要的排放环节。熔窑熔化工序产生的大气污染物浓度与所用燃料密切相关，使用不同燃料时主要污染物SO_2、NO_x和颗粒物的初始浓度如表7–1所示。

表7–1　平板玻璃熔窑熔化工序SO_2、NO_x和颗粒物的初始浓度

燃料类型	SO_2/（mg · m^{-3}）	NO_x/（mg · m^{-3}）	颗粒物/（mg · m^{-3}）
天然气	200～400	3 000～4 000	300～400
发生炉煤气、焦炉煤气	600～1 500	2 500～3 000	300～500
重油、煤焦油	800～3 500	1 200～2 800	500～800

资料来源：《玻璃工业大气污染物排放标准（征求意见稿）》编制说明，2020。

在污染物排放强度方面，日熔量大于900 t/d的浮法玻璃生产线，当以天然气或煤气为燃料时，每吨浮法玻璃产品产生废气4 455 m^3，废气中颗粒物、SO_2的产污系数（未经末端治理）分别为2.86 kg/t（产品）、1.98 kg/t（产品）。NO_x的产污系数受燃料影响较大，以天然气为燃料时NO_x的产污系数为5.32 kg/t（产品），以煤气为燃料时NO_x的产污系数为4.73 kg/t（产品）。此外，每吨浮法玻璃产品产生工业废水0.17 t，废水中化学需氧量的产污系数为31.3 g/t（产品）。

在碳排放强度方面，2021年平板玻璃单位产品的碳排放强度约为0.71 t/t（产品）。

三、建筑卫生陶瓷工业碳污排放特征

建筑卫生陶瓷工业可细分为建筑陶瓷和卫生陶瓷。其中建筑陶瓷指由黏土、长石和石英等为主要原料烧制而成的用于覆盖地面和墙面的陶瓷砖（板）制品，卫生陶瓷则指由黏土和其他无机原料烧制而成的用于卫生设施的有釉陶瓷制品。

（一）建筑卫生陶瓷生产过程

1. 建筑陶瓷生产过程

典型的湿法制粉建筑陶瓷生产工艺流程及产污环节如图7–3所示，主要包括浆料制备、喷雾干燥、成型与干燥、施釉、烧成及后加工工序。

（1）浆料制备

陶瓷生产所用黏土、石英砂、长石等原料经破碎、配料后加入一定量的水送入球磨机研磨成具有良好流动性和悬浮性的泥浆。泥浆随后经过筛、除铁和均化陈腐等环节得到质量稳定的浆料。

（2）喷雾干燥

制备好的浆料泵入喷雾干燥塔，并在塔内热风作用下不断干燥脱水，形成直径为0.5~2.0 mm

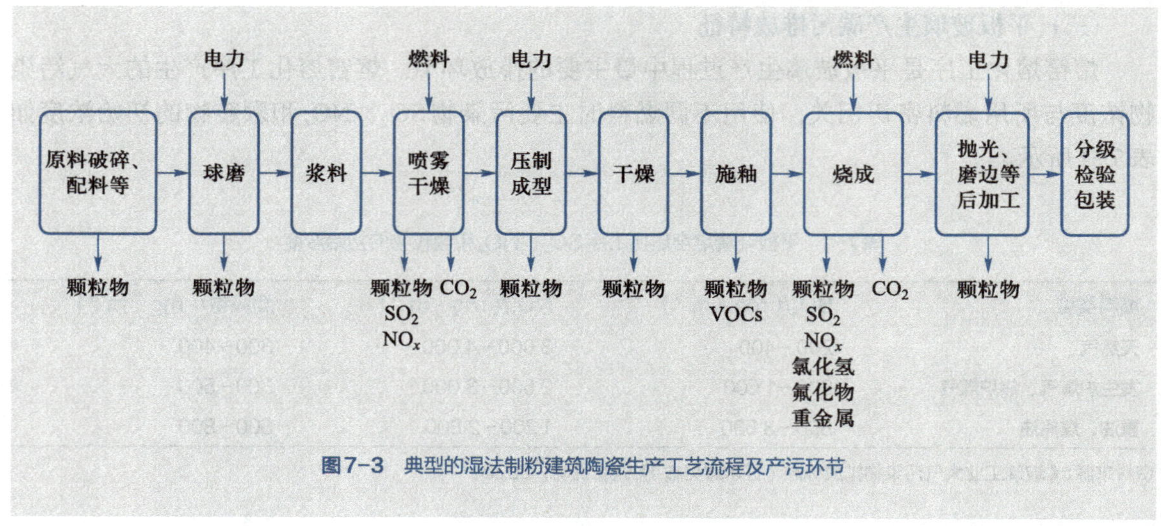

图7-3　典型的湿法制粉建筑陶瓷生产工艺流程及产污环节

的颗粒状的粉料。一般粉料的含水量控制在6%左右以确保其具有良好的流动性，且粉料的粒径分布需满足颗粒级配要求。

（3）成型与干燥

通常采用压机对所得粉料进行压制成型，压制过程所用的工艺参数对陶瓷胚体的密度和硬度有较大影响。成型后的砖坯在干燥窑中干燥至其含水量达到0.5%左右。

（4）施釉

干燥后的砖坯经表面清洁和冷却后进行表面施釉处理。

（5）烧成

施釉处理后的砖坯送入窑炉进行烧成，窑炉内可分为预热区域、烧成区域和冷却区域，各区域的烧成时间和温度均精确控制以确保瓷砖质量。

（6）后加工

烧成后的瓷砖按照工艺要求进一步抛光、磨边等后加工后即可分级、检验、包装出厂。

2. 卫生陶瓷生产过程

卫生陶瓷生产工艺流程与建筑陶瓷较为相似，主线工艺同样包括浆料制备、成型、干燥、施釉、烧成等环节，见图7-4。卫生陶瓷与建筑陶瓷生产工艺的主要不同之处在于卫生陶瓷通常采用注浆成型工艺，因此其生产过程无须喷雾干燥环节。

（二）建筑卫生陶瓷生产碳污排放源

建筑卫生陶瓷工业主要排放大气污染物，包括SO_2、NO_x、颗粒物及少量的氯化氢、氟化物、重金属（铅及其化合物、镉及其化合物、镍及其化合物）、挥发性有机物（VOCs）等，见图7-3和图7-4。

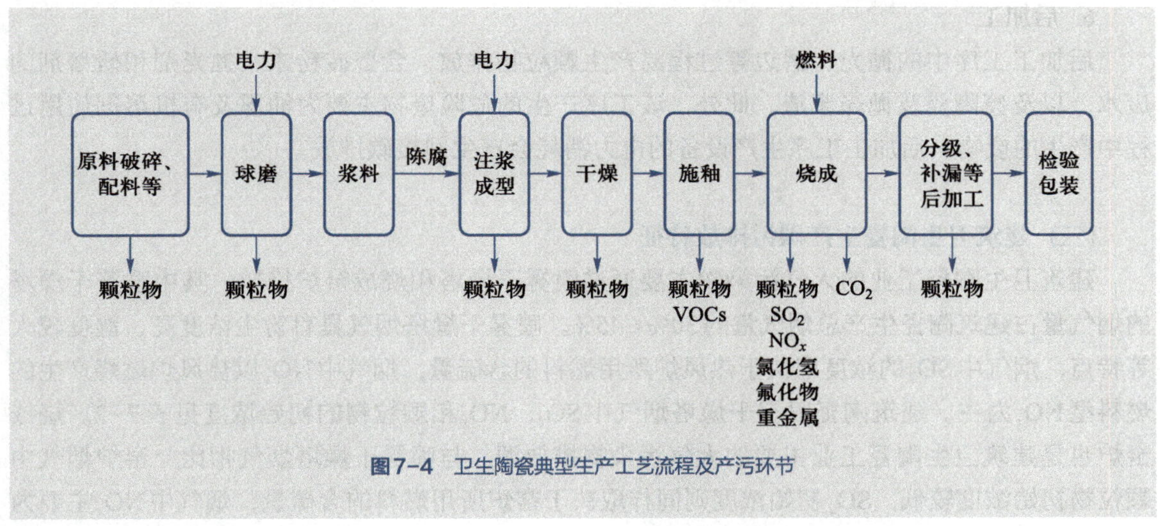

图7-4　卫生陶瓷典型生产工艺流程及产污环节

1. **浆料制备**

浆料制备工序中的原料破碎、配料等生产环节易产生颗粒物排放，还会产生少量的含泥废水。生产设施的电力消耗会产生间接碳排放。

2. **喷雾干燥**

建筑陶瓷生产过程中，喷雾干燥塔热风炉中的燃烧过程会产生SO_2、NO_x和颗粒物。喷雾干燥塔热风炉的燃料消耗会产生直接碳排放，同时风机等辅助设备的电力消耗会产生间接碳排放。

3. **成型与干燥**

成型工序的模型制备、匣钵制备、修坯和打边过程易产生颗粒物排放。成型后胚体在辊道式干燥器或干燥室的干燥过程亦涉及颗粒物排放，以及废模具和废坯料等固体废物。

4. **施釉**

施釉工序中的油料调配、喷釉、甩釉等生产环节会产生颗粒物和挥发性有机物排放，以及部分含釉废水。生产设备的电力消耗会产生间接碳排放。

5. **烧成**

烧成工序是建筑卫生陶瓷生产过程中最为主要的大气污染物排放源之一，排放的污染物包括SO_2、NO_x、颗粒物、氯化氢、氟化物和重金属。其中SO_2、NO_x和颗粒物来自烧成窑炉中的高温燃烧过程。氯化氢和氟化物主要来自陶瓷原料中含氟和含氯物质在窑炉烧成工序中的释放和转化。当陶瓷坯料中含有一定重金属或生产过程使用釉料时，在窑炉烧成工序会涉及铅及其化合物、镉及其化合物、镍及其化合物等重金属排放。此外，烧成工序还会产生废窑具和废耐火材料等固体废物。

烧成窑炉的燃料消耗会产生直接碳排放，高温烧成过程中碳酸盐原料的分解会产生直接碳排放。此外，烧成系统相关辅助设备的电力消耗会产生间接碳排放。

6. 后加工

后加工工序中的抛光、磨边等过程易产生颗粒物排放，含瓷砖粉末、抛光剂和研磨剂的废水，以及废陶瓷及抛光废渣。此外，该工序产生的危险废物主要为油墨及有机溶剂使用过程中产生的废物。后加工工序生产设备的电力消耗会产生间接碳排放。

（三）建筑卫生陶瓷生产碳污排放特征

建筑卫生陶瓷工业的大气污染物主要通过喷雾干燥塔和烧成窑炉排放，其中喷雾干燥塔的烟气量占建筑陶瓷生产总烟气量的30%~45%。喷雾干燥塔烟气具有粉尘浓度高、湿度较大等特点，烟气中SO_2的浓度取决于热风炉所用燃料的含硫量，烟气中NO_x以热风炉燃烧产生的燃料型NO_x为主。建筑陶瓷喷雾干燥塔烟气中SO_2、NO_x和颗粒物的初始浓度见表7-2。烧成窑炉也是建筑卫生陶瓷工业主要的大气污染物排放源。与喷雾干燥塔烟气相比，窑炉烟气中颗粒物初始浓度较低，SO_2初始浓度则同样取决于窑炉所用燃料的含硫量，烟气中NO_x主要为燃料型NO_x和热力型NO_x，当烧成窑炉燃烧温度升高时，热力型NO_x所占的比例不断提高。建筑卫生陶瓷工业烧成窑炉烟气中SO_2、NO_x和颗粒物的初始浓度见表7-3。

表7-2　建筑陶瓷喷雾干燥塔烟气中SO_2、NO_x和颗粒物的初始浓度

行业	排放源	燃料种类	污染物初始浓度/（$mg \cdot m^{-3}$）		
			SO_2	NO_x	颗粒物
建筑陶瓷	喷雾干燥塔	天然气、焦炉煤气	15~150	90~180	8 000~12 000
		水煤浆、煤粉、煤制气	70~500	90~250	8 000~12 000

资料来源：《陶瓷工业污染防治可行技术指南》，2018。

表7-3　建筑卫生陶瓷烧成窑炉烟气中SO_2、NO_x和颗粒物的初始浓度

行业	排放源	燃料种类	窑型	污染物初始浓度/（$mg \cdot m^{-3}$）		
				SO_2	NO_x	颗粒物
建筑陶瓷	烧成窑炉	天然气、焦炉煤气	辊道窑	50~300	90~250	70~100
		水煤浆、煤粉、煤制气	辊道窑	70~600	90~250	50~200
卫生陶瓷	烧成窑炉	天然气、液化石油气、煤层气、焦炉煤气	隧道窑、梭式窑、辊道窑等	10~30	30~180	5~30

资料来源：《陶瓷工业污染防治可行技术指南》，2018。

在单位产品污染物排放强度方面，以天然气为燃料的建筑陶瓷地砖生产线每万平方米产品产生喷雾干燥塔废气110万m^3、烧成窑炉废气120万m^3、一般固体废物7.50 t。喷雾干燥塔废气中颗粒物、SO_2、NO_x的产污系数（未经末端治理）分别为3 300 kg/（万m^2产品）、

110 kg/（万 m^2 产品）、165 kg/（万 m^2 产品）；烧成窑炉废气中颗粒物、SO_2、NO_x 的产污系数分别为 72 kg/（万 m^2 产品）、120 kg/（万 m^2 产品）、216 kg/（万 m^2 产品）。对于以天然气为燃料的卫生陶瓷生产线，每万件产品产生烧成窑炉废气 282 万 m^3、废水 1228 t、一般固体废物 30 t。烧成窑炉废气中颗粒物、SO_2、NO_x 的产污系数分别为 65.2 kg/万件产品、82.1 kg/万件产品、178 kg/万件产品。

在单位产品碳排放强度方面，2020 年我国建筑陶瓷单位产品的碳排放强度约为 58.3 t/（万 m^2 产品），卫生陶瓷单位产品的碳排放强度约为 95.0 t/万件产品。

第二节 水泥工业减污降碳协同增效

水泥是建材工业最大的碳污排放源，2020 年其排放了建材工业约 80% 的 CO_2、76.2% 的颗粒物、26.7% 的 SO_2 及 63.6% 的 NO_x。实现水泥生产过程污染物减排和深度脱碳既是建材工业减污降碳的重点，亦是难点。

一、源头减污降碳协同增效

水泥工业源头减污降碳的技术可从燃料替代、清洁能源、原料替代、熟料替代和低碳水泥五方面入手。

（一）燃料替代

水泥生产过程中绝大多数的 SO_2 和 NO_x 及约 35% 的 CO_2 排放来自熟料煅烧工序所用燃料的燃烧。受限于“富煤、贫油、少气”的能源资源禀赋，我国水泥工业的燃料消费结构长期以煤炭为主，截至 2022 年，煤炭占水泥工业能源消耗的比例仍高达 85%，亟须转变能源消费结构以从源头牵引水泥工业减污降碳。燃料替代技术即以相对清洁、低碳的燃料部分或全部替代水泥生产过程中所用传统化石燃料，从源头上实现减污降碳的协同。水泥窑的替代燃料主要可分为固体废物燃料、生物质燃料和氢燃料三大类。其中，利用水泥窑协同处置废物的技术发展较为成熟。

1. **固体废物燃料**

水泥窑协同处置废物是将工业废物、污泥、生活垃圾等投入水泥窑系统内高温焚烧，以实现废物无害化处置并降低水泥熟料生产过程中的燃料消耗的技术手段。水泥窑的高温、长停留时间及碱性条件使其可对多种废物（包括危险废物）进行无害化处置并实现资源的循环利用，是水泥工业协同减污降碳的有效方法之一。图7-5所示为水泥窑协同处置生活垃圾工艺流程图。表7-4对水泥生产典型固体废物替代燃料的性能进行了对比。

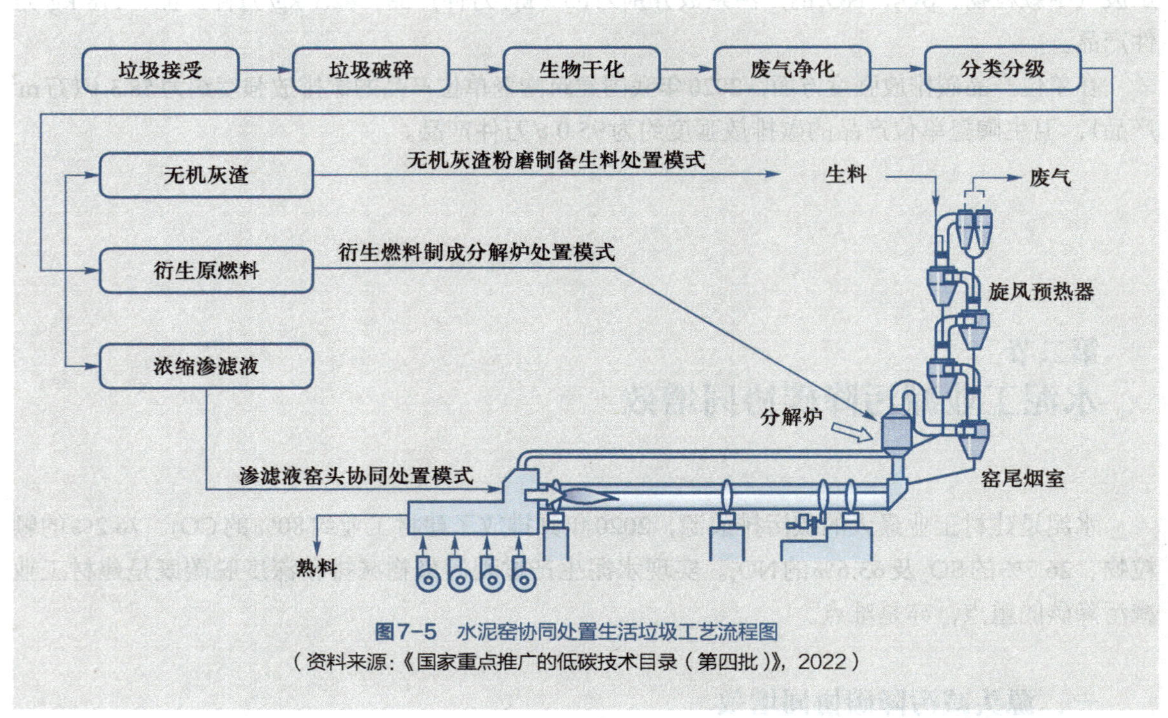

图7-5　水泥窑协同处置生活垃圾工艺流程图
（资料来源：《国家重点推广的低碳技术目录（第四批）》，2022）

表7-4　水泥生产典型固体废物替代燃料的性能对比

替代燃料类别	典型发热量/（$MJ \cdot kg^{-1}$）	最大替代率/%	CO_2排放	SO_2排放	重金属排放	对熟料质量的影响	替代燃料成本
城市生活垃圾	15.4	30	减少	增加	增加	小	高
轮胎衍生燃料	35.6	30	减少	增加	减少	小	低
干市政污泥	15.3	5	减少	增加	不变	小	高
废塑料	29~40	—	减少	增加	增加	中	中
动物骨粉	14.5	40	减少	减少	减少	小	中
农林废物	14~21	20	减少	减少	减少	小	低

资料来源：《中国水泥行业碳中和路径研究》，2023。

2. 生物质燃料

除可燃固体废物外，秸秆、稻壳、木屑等农林废物也可作为替代燃料用于水泥熟料生产。我国生物质资源丰富，生物质资源可作为能源利用的开发潜力约为4.6亿t标准煤，同时生物质为零碳可再生资源，其作为替代燃料具有较大的减污降碳潜力。2020年，国内首套生物质燃料替代水泥生产线建成投产，生物质燃料替代率达40%以上，每年可处理生物质废物15万t，节省原煤4.9万t/年，实现CO_2减排近20万t/年。值得注意的是，生物质作为替代燃料用于熟料煅烧时，应关注其较高的碱金属及氯含量引发的分解炉结皮和熟料质量降低问题。实际应用时可通过一定的预处理方式或流程改进以减轻生物质燃料对生产设备及熟料质量的不利影响。

3. 氢燃料

采用绿氢作为替代燃料用于水泥熟料煅烧可从源头杜绝因燃料燃烧产生的CO_2和绝大多数气态污染物，极具减排潜力，该技术也是现阶段我国水泥工业科技攻关的重点方向之一。水泥熟料氢能煅烧技术路线如图7-6所示。在该技术路线中，H_2和O_2通过可再生电力电解水制备，并随后经多射流燃烧器喷入水泥窑炉中用于熟料煅烧，煅烧后的混合气体经CO_2和水汽分离，分离得到的水汽经冷凝后送入电解槽循环使用，分离得到的高纯度CO_2则可用于其他附加化工产品制备，该技术有望实现水泥熟料煅烧所用化石燃料的全部替代，并同时捕集利用窑炉烟气中的CO_2。但在现阶段，采用绿色氢能用于水泥煅烧仍面临绿氢制备成本过高的问题。未来当绿氢价格低于5 500元/t时，氢能熟料煅烧技术的成本基本能够和固体废物燃料煅烧接近。

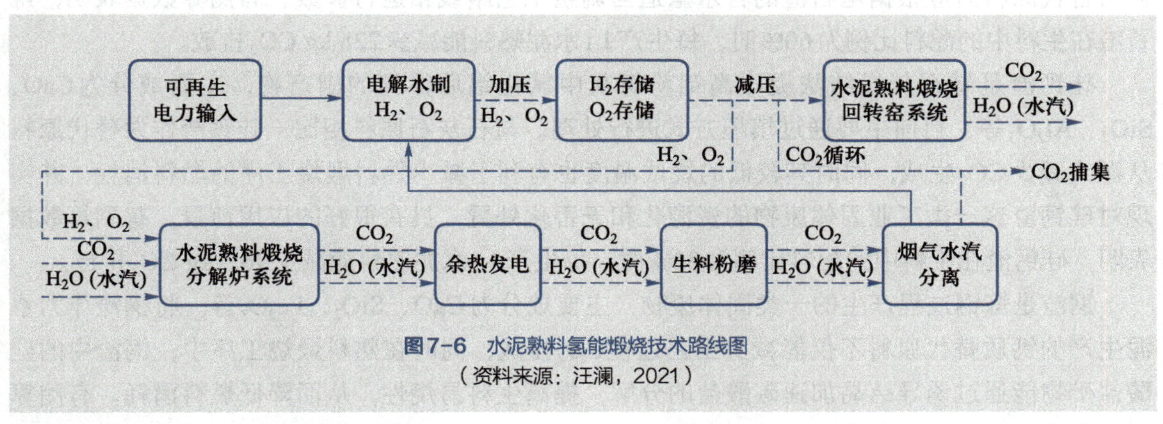

图7-6 水泥熟料氢能煅烧技术路线图

（资料来源：汪澜，2021）

（二）清洁能源

水泥企业应基于自身地理位置和自然环境优势，因地制宜大力发展风电、光电、储能、分布式发电等清洁能源电力，通过减少对化石能源和外部电力的依赖以促进源头减污降碳。如日产4 800 t水泥熟料的生产企业可通过分布式厂区光伏、储能微电网、窑炉低温余热发电系统实现绿色电力多能互补，绿色电力占生产总用能超40%，每年可节约用电成本1 015万元，节约标准煤6 700余t，减少CO_2排放30 000余t。

（三）原料替代

水泥生产的原料中石灰石约占生料组成的80%以上。石灰石在窑炉分解所产生的CO_2是水泥工业最大的碳排放来源。因此，采用CaO、$Ca(OH)_2$等非碳酸盐类钙质废物替换石灰石原料用于水泥生产能大幅降低碳酸盐分解产生的CO_2排放并减少熟料烧成所需要的热耗，同时还能实现固体废物资源的循环利用。非碳酸盐类钙质替代原料主要包括电石渣、硅钙渣、钢渣等各类钙质工业废渣，表7–5对水泥生产主要替代原料进行了对比。

表7–5　水泥生产主要替代原料的对比

替代原料	主要成分	作为替代原料的优势	作为替代原料的劣势
电石渣	$Ca(OH)_2$	钙含量高且成分较为稳定	含水量较高
硅钙渣	CaO、SiO_2、Al_2O_3等	改善生料易烧性及易磨性	对水泥厂址的要求较高
钢渣	CaO、SiO_2、Fe_2O_3等	改善生料易烧性	钢渣化学成分变化导致熟料质量不稳定

资料来源：李鹏鹏等，2022。

电石渣是电石水解制取乙烯气体后所产生的废渣，其70%左右为$Ca(OH)_2$，可作为非碳酸盐类钙质替代石灰石用于水泥熟料生产。电石渣作为替代原料的优势在于其钙含量高且成分组成较为稳定，有害组分较少，但其较高的含水量可能会引发预热器结皮堵塞问题，实际作为替代原料时应根据电石渣的含水量适当调整工艺路线和运行参数。有测算数据表明，电石渣在生料中的配料比例为60%时，每生产1 t水泥熟料能减少228 kg CO_2排放。

硅钙渣是碱石灰烧结法提取高铝粉煤灰中氧化铝后得到的副产物，主要成分为CaO、SiO_2、Al_2O_3等，目前主要通过填埋方式进行处理。与石灰石原料相比，硅钙渣作为替代原料从源头减少CO_2生成，同时其较低的烧成温度也有利于减少熟料煅烧工序的燃料消耗，并实现对硅钙渣这一类工业固体废物的资源化和无害化处置，具有很好的应用前景。有测算数据表明，硅钙渣在生料中的配料比例为30%时，每生产1 t水泥熟料能减少96.5 kg CO_2排放。

钢渣是炼钢过程产生的一类固体废物，主要成分为CaO、SiO_2、Fe_2O_3等。将钢渣作为水泥生产的钙质替代原料不仅能减少工艺过程CO_2排放，同时在熟料煅烧工序中，钢渣中的硅酸盐矿物能通过诱导结晶加速碳酸盐的分解，提高生料易烧性，从而降低燃料消耗。有测算数据显示，钢渣在生料中的配料比例为4%时，每生产1 t水泥熟料能减少96.5 kg CO_2排放，并通过改善生料易烧性节约3 kg标准煤。

除电石渣、硅钙渣和钢渣外，可用于水泥生产的替代原料还包括石英污泥、造纸污泥、赤泥等，这些固体废物作为替代原料用于水泥熟料生产是从源头实现减污降碳与固体废物资源综合利用的理想途径。但同时也应注意替代原料中过高的氯、磷等元素可能对水泥性能产生不利影响，应用替代原料时应重点关注有害元素的掺入比例，避免因原料替代造成水泥质量下降。

（四）熟料替代

所谓熟料替代指对高炉矿渣、钢渣、火山灰、粉煤灰、混凝土回收渣破碎物等进行粉磨加工，改善其胶凝活性后作为高质量混合材替代部分水泥熟料，以适当降低水泥熟料系数从而实现协同减污降碳。开发将固体废物粉磨为高质量混合材的工艺及装备是实现水泥熟料替代的基础。立式磨粉磨工艺可将易磨性较差的矿渣、钢渣粉磨为超细粉，其作为高质量混合材不仅能减少水泥的水化放热并改善水泥性能，同时还能在消纳矿渣、钢渣等固体废物的同时促进水泥熟料的减量化使用，具有较好的应用前景和减污降碳潜力。有数据显示，采用立式磨粉磨工艺生产基于矿渣、钢渣的高质量混合材，能使水泥熟料系数降低5%以上，并实现7%左右的CO_2减排率。

（五）低碳水泥

低碳水泥是旨在减少熟料生产碳酸盐用量或低熟料系数的新型水泥品种，典型的低碳水泥有高贝利特硫铝酸硅酸盐水泥、石灰石煅烧黏土水泥、新型固碳胶凝材料等。

常规的硅酸盐水泥主要由硅酸三钙（$3CaO \cdot SiO_2$）、硅酸二钙（$2CaO \cdot SiO_2$）、铝酸三钙（$3CaO \cdot Al_2O_3$）和铁铝酸四钙（$4CaO \cdot Al_2O_3 \cdot Fe_2O_3$）四种矿物组成，其中阿利特矿物（即硅酸三钙固溶体）为主导矿物，约占熟料的60%，该矿物中CaO质量分数为73.7%，形成温度在1 450 ℃左右。而高贝利特水泥中贝利特矿物（即硅酸二钙固溶体）含量较高，其与阿利特矿物相比不仅CaO质量分数更低（65.1%），且在温度高于1 250 ℃时即可快速形成，从而能大幅减少水泥熟料含钙原料使用及熟料煅烧过程中的燃料消耗，从源头实现减污降碳协同增效。硫铝酸盐水泥中无水硫铝酸钙矿物（$3CaO \cdot 3SiO_2 \cdot CaSO_4$）具有与贝利特矿物类似的特点，CaO质量分数仅为36.8%，且形成温度在1 300 ℃左右。高贝利特硫铝酸硅酸盐水泥则综合了贝利特矿物和无水硫铝酸钙矿物的优势，具有低钙且烧成热耗低的特点，与常规的硅酸盐水泥相比，其不仅具有早强、抗冻、耐腐蚀等性能优势，且CO_2排放量能降低20%~30%。

石灰石煅烧黏土水泥（limestone calcined clay cement，LC^3）是一种基于煅烧活性黏土和石灰石耦合替代部分水泥熟料的低碳水泥。LC^3水泥以煅烧后的活性黏土作为辅助胶凝材料，可在保证水泥质量的同时降低熟料系数。石灰石煅烧黏土水泥在熟料系数为50%时仍具有不逊色于普通硅酸盐水泥的性能表现，且CO_2排放量与普通硅酸盐水泥相比降低30%以上。

新型固碳胶凝材料是能和CO_2反应并将物料胶凝结合为整体从而具有一定机械强度的新型胶凝材料。固碳胶凝材料的主要矿相为多种非水硬性硅酸钙，具有低钙、高胶凝性、高碳化活性等特点，可实现CO_2的高效建材化利用，推动水泥工业源头减污降碳协同增效。

二、生产过程减污降碳协同增效

水泥是建材工业中的能耗（热能和电能消耗）大户。2020年我国水泥工业耗能约为2亿t标准煤，占当年建材工业总耗能的60%左右。以能效提升为核心的水泥工业生产过程减污降碳技术可分为低能耗烧成、高效粉磨、高效预热分解、熟料高效冷却及新型循环悬浮煅烧五大类。

（一）低能耗烧成

烧成系统是水泥生产的重要组成部分，降低烧成过程的碳污排放可从改进耐火材料、使用节能低氮燃烧器及富氧燃烧技术三方面考虑。

1. 耐火材料

运用阶梯隔热原理，开发新型低导热、低密度、长寿命的耐火材料用于水泥烧成系统可有效减少烧成系统表面散热，提高烧成系统的综合能效，从而实现减污降碳协同增效。在回转窑过渡带、预热带和安全带等区域可以采用低导热、低密度莫来石砖（如单晶相莫来石砖、锆莫来石砖）替代传统的铝镁尖晶石砖、硅莫砖，可在实现筒体温度降低50 ℃的同时降低10%筒体载荷，从而实现系统能效及水泥窑运行安全性的提升。此外，悬浮预热器和篦冷机内衬可采用低导热系数的纳米隔热板、气凝胶隔热材料等新型耐火材料以进一步提高烧成系统能效。采用上述措施后，预计水泥熟料烧成系统能耗可降低1～3 kg(标准煤)/t。

2. 节能低氮燃烧器

通过对水泥窑窑头燃烧器进行结构优化改造（图7–7），可实现燃烧器各个通道风量和风速之间的精准匹配，加强燃烧器对水泥窑内燃烧工况的稳定控制，实现低过量空气系数条件下窑内的稳定高效燃烧。采用节能低氮燃烧器后，预计水泥熟料烧成能耗降低5 kg(标准煤)/t，窑尾烟室氮氧化物浓度低于600×10^{-6}。

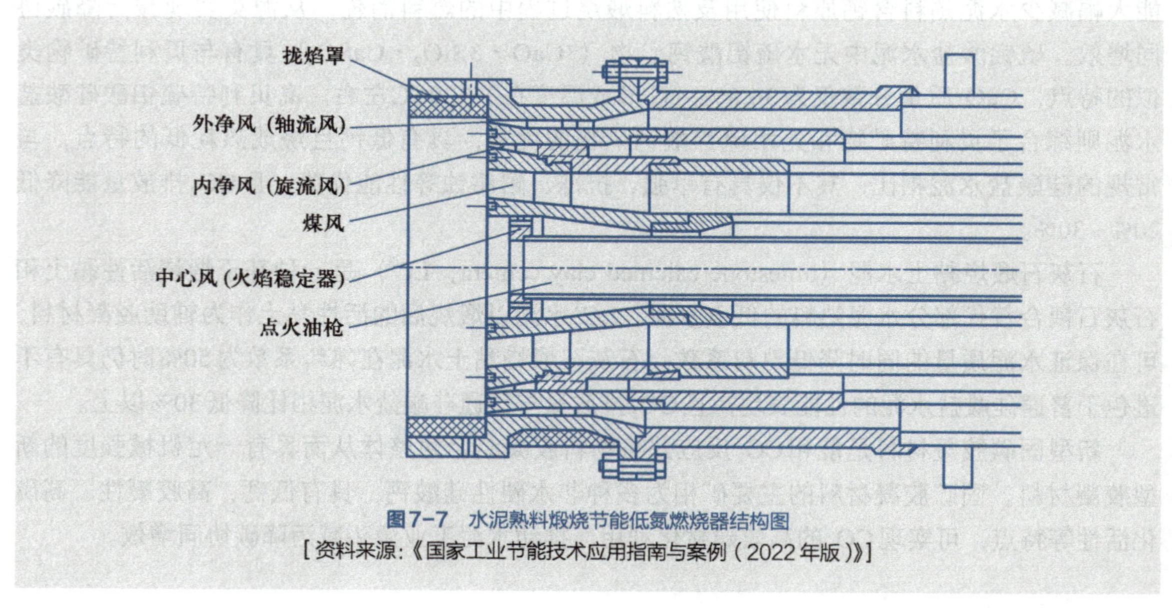

图7–7　水泥熟料煅烧节能低氮燃烧器结构图

［资料来源：《国家工业节能技术应用指南与案例（2022年版）》］

3. 富氧燃烧技术

水泥窑富氧燃烧技术是结合水泥窑的煅烧工艺和富氧燃烧技术特点，将空气分离设备制备的高浓度O_2（60%～95%）送入燃烧器一次风及窑尾送煤风中，使得一次风和送煤风中的O_2浓度提升至28%～36%以支撑窑内富氧燃烧，技术流程如图7–8所示。水泥窑富氧燃烧和传统燃烧模式相比，窑内煅烧温度可提升100 ℃左右，提高难燃替代燃烧的燃尽率，降低排烟量及烟气带走热量，系统的综合能耗降低2~4 kg(标准煤)/t。此外，水泥窑富氧燃烧技术可减少燃烧过程颗粒物的生成并提高水泥熟料的产量和质量。

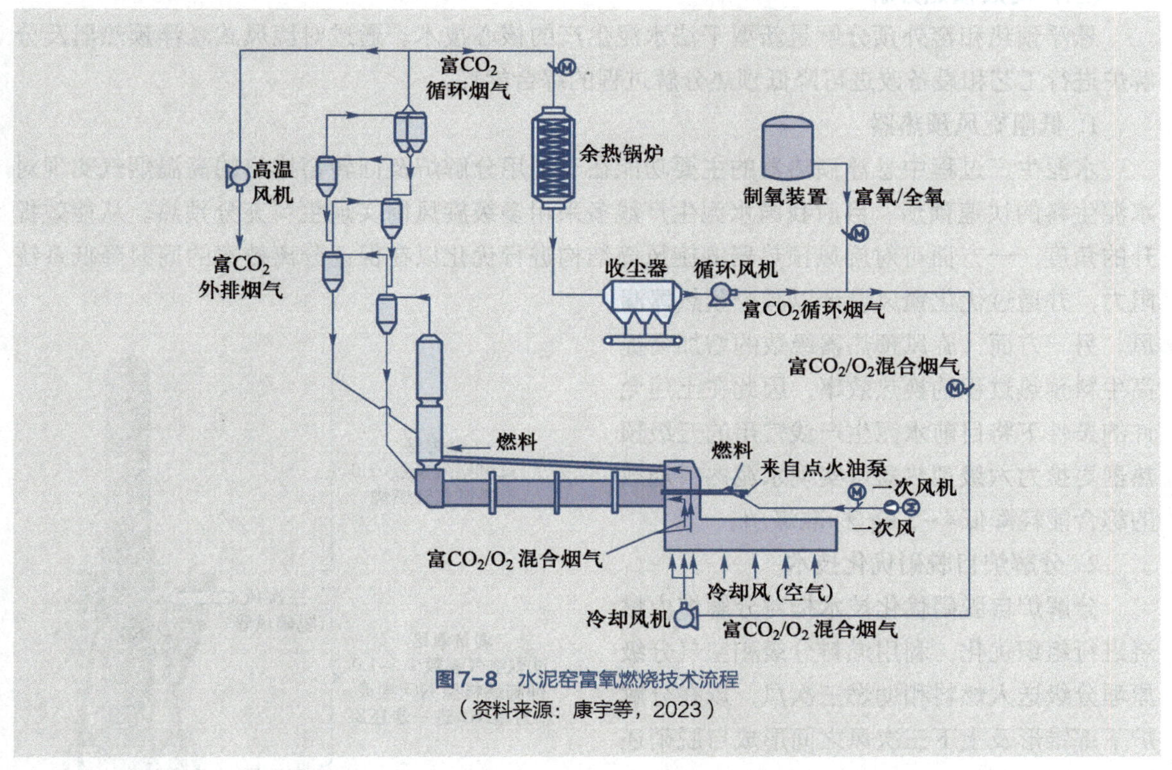

图7-8 水泥窑富氧燃烧技术流程

（资料来源：康宇等，2023）

(二) 高效粉磨

1. 高效生料粉磨

生料粉磨添加助磨剂是实现粉磨过程减污降碳的重要技术路径。将助磨剂按照一定比例掺入水泥原料中，不仅可通过提高易磨性降低粉磨过程电耗，还可在后续的烧成工序中因易烧性提高而降低烧成过程燃料消耗，从而提升系统综合能效并减少污染物排放。采用生料助磨剂后有望实现综合电耗降低1.5 kW · h/t，水泥熟料综合能耗降低3 kg(标准煤)/t。

生料粉磨采用立式辊磨生料外循环技术，可降低生料粉磨系统阻力约5 000 Pa，实现粉磨系统单位产品电耗降低至11~13 kW · h/t。生料粉磨亦可采用辊压机生料终粉磨技术，通过料床粉磨原理对辊压机结构及工艺进行系统创新，可将生料粉磨系统单位产品电耗进一步降低至10~13 kW · h/t。

2. 高效水泥粉磨

水泥粉磨过程的电耗约占水泥生产总电耗的40%，目前我国水泥粉磨系统的电耗一般为25~35 kW · h/t，通过水泥粉磨技术及装备优化以降低电耗仍有一定的减排空间。例如，将传统的单一球磨机系统改造为球磨机和辊压机联合粉磨系统或球磨机和辊压机及立磨终粉磨系统，并配合高效选粉机，有望将水泥粉磨加工电耗降低至23~26 kW·h/t。

（三）高效预热分解

悬浮预热和窑外预分解是新型干法水泥生产的核心技术。通过对旋风式悬浮预热器及分解炉进行工艺和设备改进可降低预热分解过程的综合能耗。

1. 低阻旋风预热器

水泥生产过程中悬浮预热器的主要功能在于利用分解炉及回转窑排出的高温烟气实现对水泥生料的快速预热。目前我国水泥生产线多采用多级旋风筒实现生料充分预热。从能效提升的角度，一方面可对旋风预热器的旋风筒结构进行优化以在保证分离效率的同时降低系统阻力，并通过优化锁风设计以减少预热器漏风。另一方面，旋风预热器级数的增加会提高生料预热过程的换热效率，因此在土建允许的条件下将目前水泥生产线常用的五级预热器更换为六级预热器可实现水泥熟料烧成的综合能耗降低4~5 kg(标准煤)/t。

2. 分解炉自脱硝优化技术

分解炉自脱硝优化技术指对分解炉内燃烧进行组织优化，利用燃料分级和空气分级原理分级送入燃料和助燃三次风，以在分解炉下部锥形及上下三次风之间形成自脱硝还原区，以抑制炉内热力型和燃料型NO_x的生成，如图7-9所示。通过对分解炉自脱硝系统燃料和三次风的送入位置及分配比例进行优化，可在提高分解炉自脱硝效率的同时提高炉内煤粉燃尽率，并降低分解炉的热耗。采用分解炉自脱硝优化技术有望降低水泥熟料烧成综合能耗1~3 kg(标准煤)/t，并减少末端氮氧化物治理氨水消耗量30%~50%。

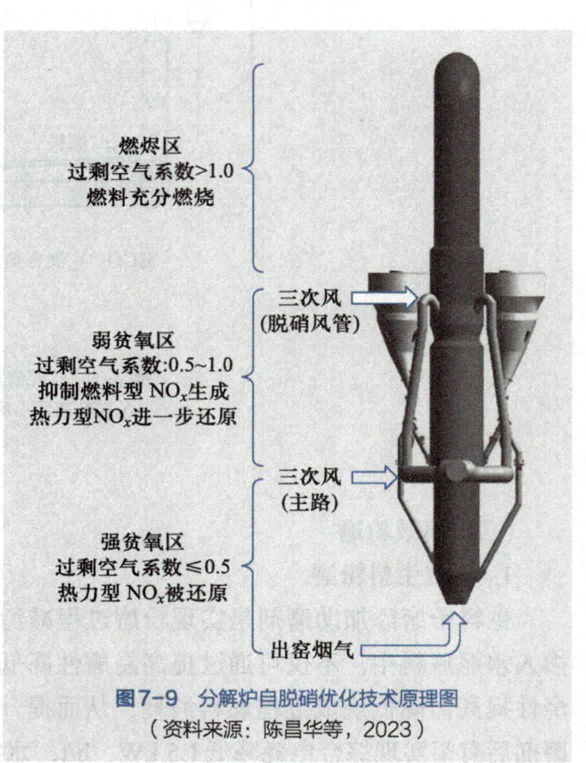

图7-9　分解炉自脱硝优化技术原理图

（资料来源：陈昌华等，2023）

（四）熟料高效冷却

1. 高效篦冷机

熟料冷却过程指利用冷却机将回转窑卸出的高温熟料冷却至下游熟料库及水泥磨所能承受的温度，同时回收熟料显热至烧成系统以降低烧成过程的综合能耗。我国水泥预分解窑大多采用推动式篦冷机用于熟料冷却。从提高冷却机热回收率的角度，应加大对第四代步进式冷却机的研发及推广应用，增加冷却机篦床面积，优化篦板布置形式及供风方式以提高熟料显热的回收效率，从而降低烧成系统热耗。采用第四代篦冷机后，可降低水泥熟料烧成综合能耗1~3 kg(标准煤)/t。

2. 篦冷机中置辊破技术

在篦冷机的中部或卸料处通过将传统的锤式破碎机优化为中置辊破形式（图7-10），可提高篦冷机的换热效率和优化熟料冷却效果。采用中置辊破技术有望降低水泥熟料烧成综合能耗0.2~0.5 kg(标准煤)/t。

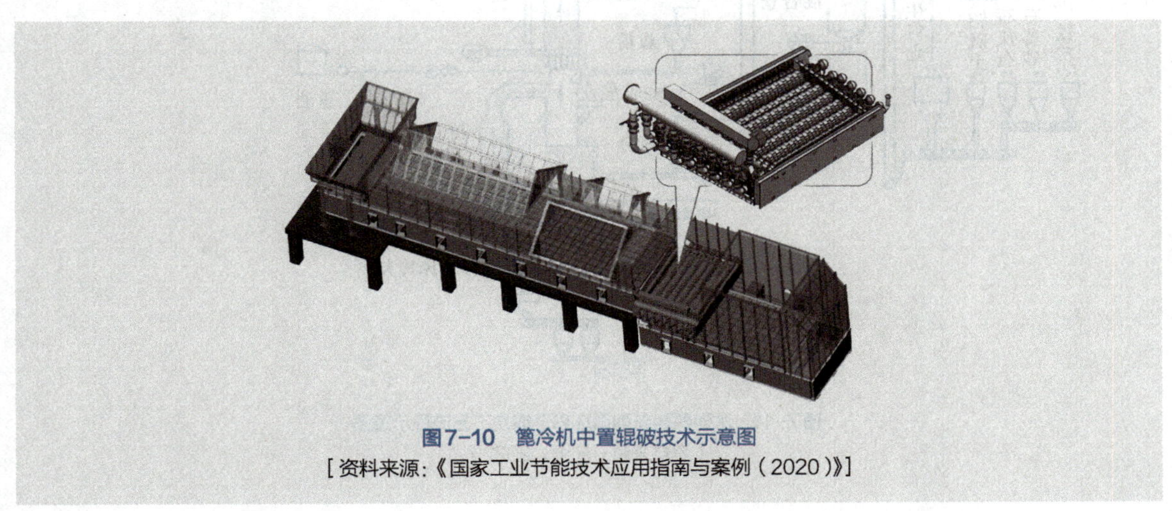

图7-10 篦冷机中置辊破技术示意图

［资料来源：《国家工业节能技术应用指南与案例（2020）》］

（五）新型循环悬浮煅烧

新型循环悬浮煅烧技术是一种用于水泥熟料生产的创新工艺，其工艺流程如图7-11所示。与目前广泛采用的新型干法水泥生产工艺相比，新型循环悬浮煅烧技术将煅烧过程由传统回转窑内的堆积态转变为悬浮煅烧时的流化态，极大提高了煅烧过程气固两相的传热效率。同时，新型循环悬浮煅烧技术可将生料预热、预分解、熟料烧成及熟料冷却过程集中在一个立式塔架内，无须回转窑和篦冷机，从而极大提升了水泥熟料生产系统的集成度，并有效减少系统初投资和占地面积。此外，系统集成度的提升也有利于降低散热损失、减少系统阻力和降低漏风率，从而降低熟料生成的综合能耗。与同规模的新型干法水泥生产工艺相比，新型循环悬浮煅烧技术可降低烧成温度100 ℃左右，并降低熟料生产热耗10%以上、电耗5%以上，减排NO_x 40%以上、CO_2 10%~25%。

三、末端治理减污降碳协同增效

水泥生产过程的产污环节多、燃料特性及污染物初始浓度差异大，所涉及的污染物末端治理技术也种类较多。随着水泥工业成为继燃煤电厂和钢铁工业之后的我国第三个全面实施

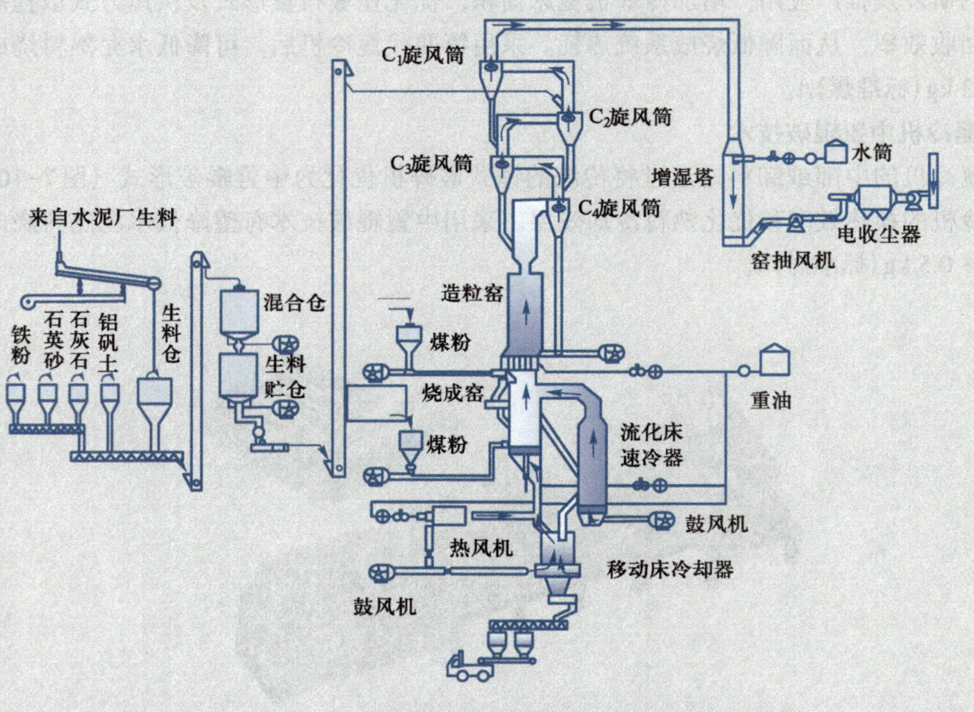

图7-11　水泥熟料新型循环悬浮煅烧工艺流程示意图
（资料来源：汪澜，2022）

超低排放改造的行业，我国对水泥工业末端治理技术提出了更高的要求。末端治理减污降碳新技术的应用可以大幅降低污染物治理设施的资源及能源消耗并实现深度脱碳。

图7-12所示为水泥窑超低温烟气处理技术的工艺流程。该技术采用低温选择性催化还原脱硝模式，能够在烟气温度为130 ℃左右实现脱硝催化剂激活，从而避免传统SCR脱硝需要对烟气进行二次加热而导致的能耗过高问题。脱硝后的烟气进入SDS干法脱硫装置，在该装置中以碳酸氢钠超细粉作为脱硫剂，利用碳酸氢钠与酸性污染物极强的反应性而实现SO_2的快速去除。脱硝脱硫后的烟气最后通过布置于后端的布袋除尘器以实现颗粒物的去除。

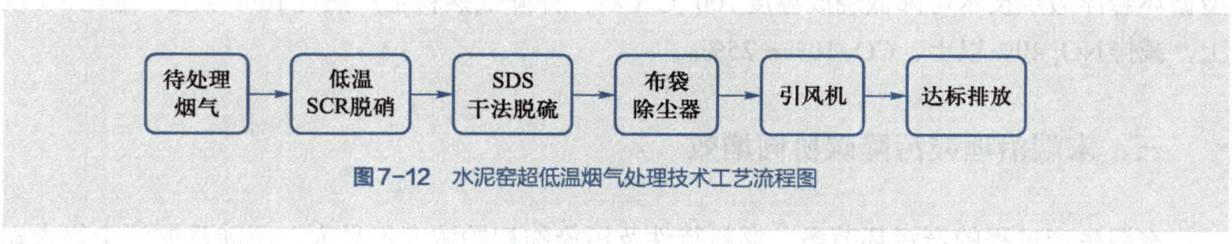

图7-12　水泥窑超低温烟气处理技术工艺流程图

四、资源循环利用减污降碳协同增效

（一）水泥窑烟气中CO_2制备固碳辅助性胶凝材料技术

钢渣是钢铁冶金产生的大宗固体废物，含有较高碳化反应活性的CaO、MgO、C_2S等物相成分。水泥窑烟气中CO_2制备固碳辅助性胶凝材料技术就是利用钢渣的这种碳化反应活性实现对水泥窑烟气CO_2的干法原位捕集，降低水泥窑烟气碳排放，捕集CO_2后的钢渣由于其稳定性得到显著改善，不仅可作为固碳辅助性胶凝材料替代水泥熟料生产低碳水泥（替代水泥熟料4%～15%时，减排CO_2 3%～13%），还可在加入助磨激发剂等的条件下生产高效复合粉用于替代水泥或生产混凝土预制品（可替代水泥10%～30%，减排$CO_2$10%以上），其技术流程图7-13所示。

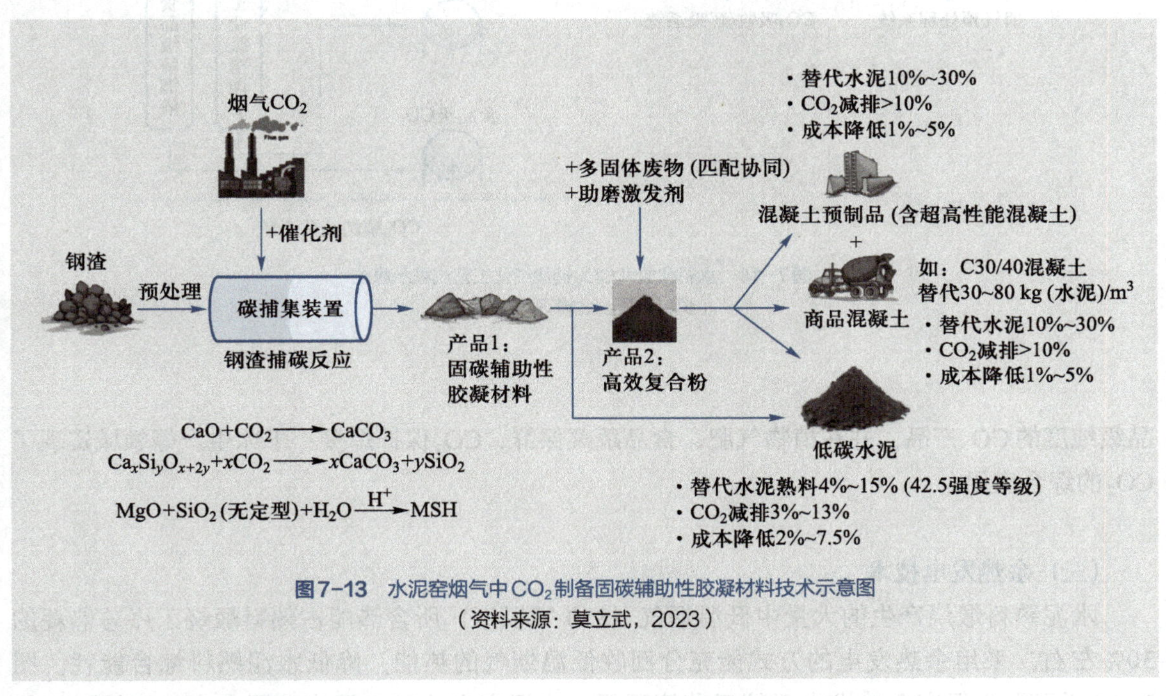

图7-13　水泥窑烟气中CO_2制备固碳辅助性胶凝材料技术示意图

（资料来源：莫立武，2023）

（二）水泥窑碳捕集与利用技术

水泥工业由于烟气中CO_2属于低浓度碳源，其碳捕集适合采用燃烧后捕集。2018年，全球水泥工业首个水泥窑烟气CO_2捕集纯化示范项目在我国建成投运，其工艺流程见图7-14。该项目中水泥窑烟气经脱硫水洗塔去除杂质后送入吸收塔，吸收塔内CO_2被吸收剂吸收形成富液，富液经换热器加热后进入解吸塔解吸，解吸后可得到纯度为95%以上的CO_2。解吸得到的CO_2经冷凝除水后进入压缩机压缩，并送入脱硫床、干燥床和吸附床以进一步去除气体中的水分、油脂等杂质，最后经冷冻液化系统及精馏装置得到纯度为99.9%以上的工业级CO_2和纯度为99.99%以上的食品级CO_2。采用上述CO_2捕集纯化工艺，可实现年回收5万t生产食

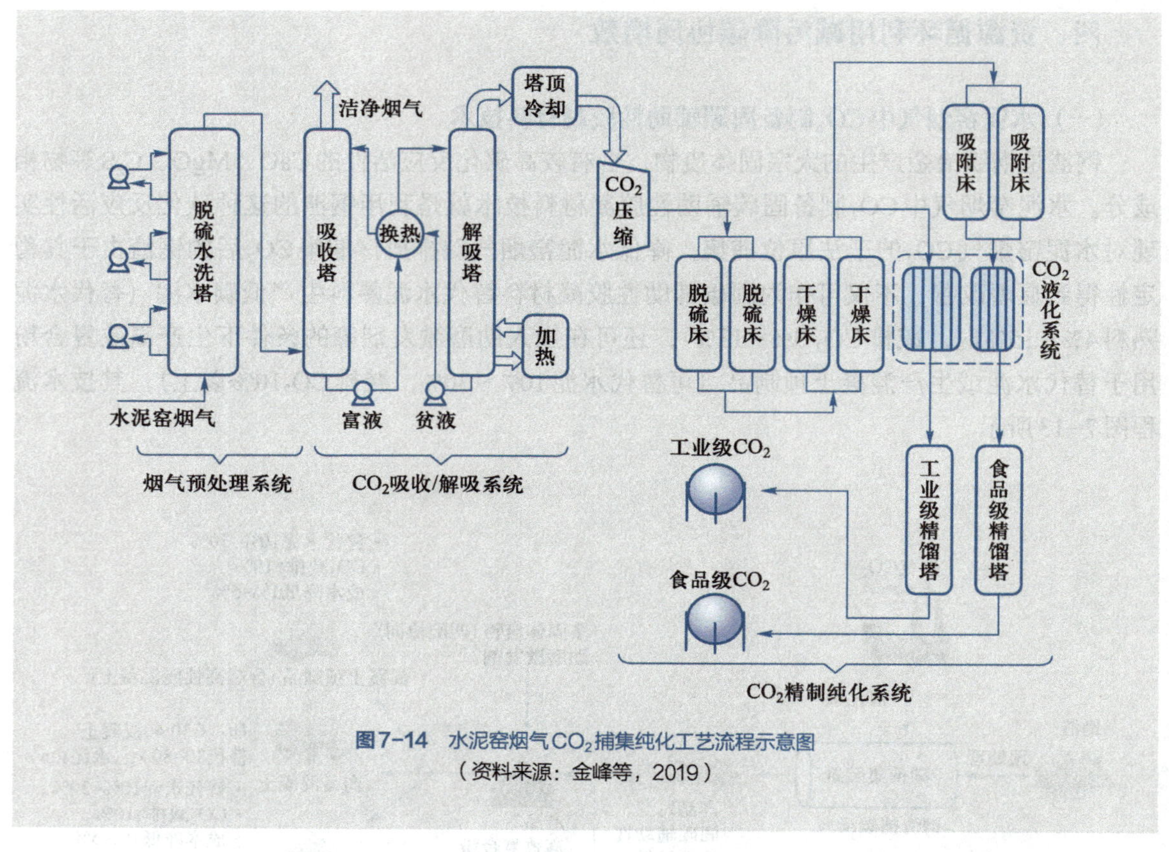

图7-14 水泥窑烟气CO_2捕集纯化工艺流程示意图

（资料来源：金峰等，2019）

品级纯度的CO_2产品，并在植物气肥、食品蔬菜保鲜、CO_2保护焊接、干冰生产等领域实现了CO_2的综合应用。

（三）余热发电技术

水泥熟料煅烧产生的大量中低温烟气（350 ℃以下）所含热能占熟料煅烧工序总热耗的30%左右，采用余热发电的方式能充分回收低温烟气的热能，降低水泥熟料综合能耗。图7-15所示为水泥窑余热发电系统工艺流程图。水泥窑窑头和窑尾均布置有余热锅炉以回收烟气余热，所产生的过热蒸汽在汽轮机内膨胀做功带动发电机发电，做功后的乏汽经凝汽器冷凝后形成凝结水，并随后在凝结水泵和给水泵作用下重新参与热力循环。日产5 000 t水泥熟料生产线每天可通过余热发电超20万kW · h，年节约标准煤2.5万t，减少CO_2排放6万t。

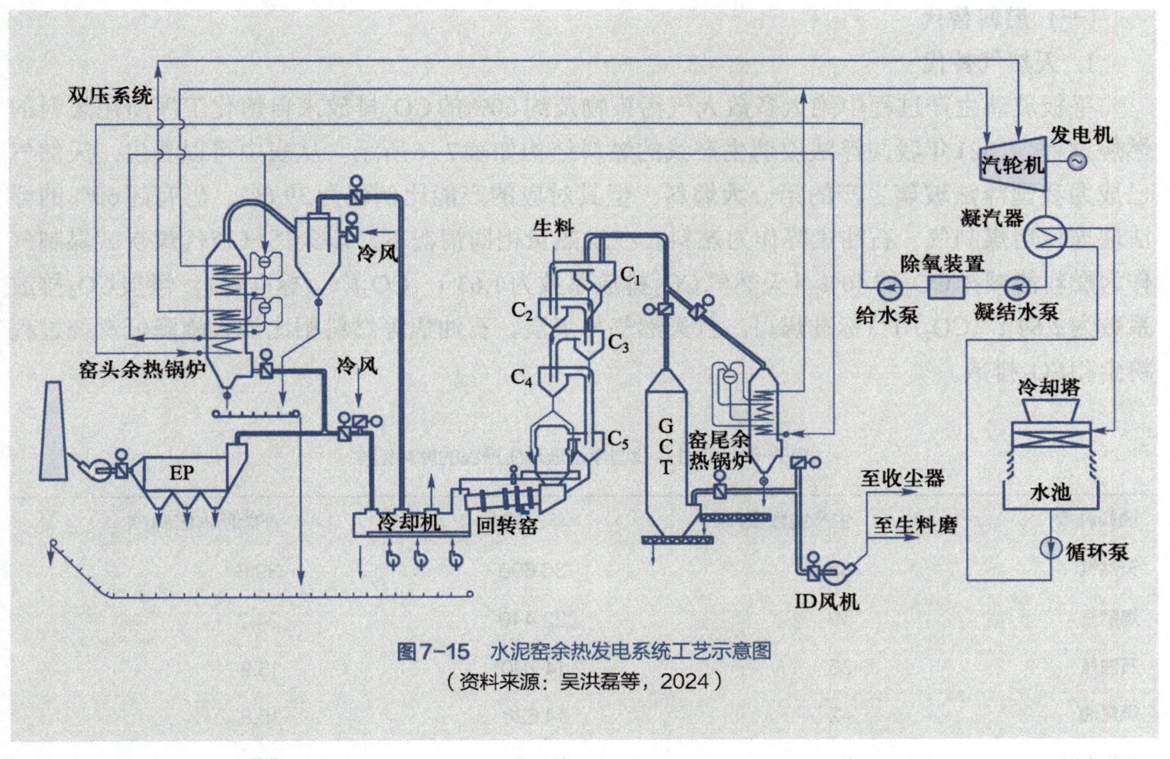

图7-15　水泥窑余热发电系统工艺示意图

（资料来源：吴洪磊等，2024）

第三节 平板玻璃工业减污降碳协同增效

我国是世界上最大的平板玻璃生产国，2021年我国平板玻璃产量已突破10亿重量箱(50 kg为1重量箱)，占当年世界总产量的50%左右。据中国建筑材料联合会公布的数据，2020年我国建筑技术玻璃工业（包含平板玻璃、特种玻璃、其他玻璃和技术玻璃制品）排放CO_2 3 363万t（包含电力消耗折算的间接排放)，占当年建材工业总排放量的2.2%，深入推进平板玻璃工业全流程减污降碳已势在必行。

一、源头减污降碳协同增效

平板玻璃工业源头减污降碳技术可分为燃料替代、清洁能源和配合料优化三大类。

（一）燃料替代

1. 天然气替代

平板玻璃生产过程中绝大多数大气污染物及约60%的CO_2排放来自熔化工序所用燃料的燃烧过程。2021年我国浮法玻璃生产线的燃料结构如表7–6所示。从表中可以看出，天然气已成为我国浮法玻璃生产的第一大燃料，但其对应的产能比例仅为39.6%，仍有超60%的浮法玻璃使用煤制气、石油焦等作为燃料。在发热量相同情况下，以天然气替代煤炭或煤制气作为燃料能减排CO_2约40%［天然气CO_2排放系数为1.63 t（CO_2）/t（标准煤）；煤炭CO_2排放系数为2.64 t（CO_2）/t（标准煤）］，且天然气与煤炭、石油焦等燃料相比能大幅降低燃烧过程粉尘和SO_2排放。

表7–6　2021年我国浮法玻璃生产线的燃料结构

燃料种类	生产线数量/条	年产能/t	产能所占比例/%
天然气	85	36 696	39.6
煤制气	59	22 440	24.2
石油焦	35	14 790	15.9
煤焦油	42	14 628	15.8
焦炉煤气	5	2 100	2.3
重油	7	2 136	2.3

资料来源：马玉聪等，2022。

2. 零碳氢燃料替代

零碳氢燃料应用于熔窑熔化工序可以极大地降低燃料燃烧产生的碳排放。以700 t/d的玻璃熔窑为例，当其所用燃料由天然气替换为天然气掺氢混合气体时，CO_2排放的变化情况如表7–7所示。随着天然气中所掺入H_2的体积分数由20%提高到50%，燃烧过程CO_2的减排率由8.23%提高至26.55%，使用纯氢作为玻璃熔窑燃料更是能实现100%的燃料燃烧CO_2减排率。但在现阶段，玻璃熔窑利用较高比例的掺氢燃料及纯氢燃料仍有一些技术难题需要进一步攻关突破。有研究表明，当天然气掺氢比例在10%以下时，现有天然气输送管道、燃烧器及玻璃熔窑的结构均无须做较大改造；当天然气掺氢比例为10%～20%时，厂区内天然气低压输送管道仍可安全使用，但燃烧器喷嘴及窑炉结构、窑炉耐火材料等均需要做针对性改造。当天然气掺氢比例进一步提高时，需重点突破运输阶段的管道氢脆、氢裂，以及由于烟气水蒸气浓度高和火焰氧化性强等引发的相关技术难题。

表7-7　700 t/d 玻璃熔窑使用天然气掺氢混合气体对 CO_2 排放的影响

燃料构成（体积分数）	烟气总体积流量/（万 $m^3 \cdot h^{-1}$）	CO_2 体积流量/（万 $m^3 \cdot h^{-1}$）	CO_2 减排率/%
100%天然气	6.48	0.56	—
80%天然气/20% H_2	6.34	0.52	8.23
70%天然气/30% H_2	6.26	0.49	13.40
60%天然气/40% H_2	6.16	0.45	19.40
50%天然气/50% H_2	6.05	0.41	26.55
100% H_2	4.87	0.00	100

资料来源：何峰等，2023。

（二）清洁能源

平板玻璃生产企业应根据自身自然地理环境特征因地制宜发展风电、光电、储能等新能源技术，推动行业绿色低碳能源转型。如福耀玻璃工业集团股份有限公司利用厂房屋顶建设了15 MW分布式光伏发电站，年发电量3 700万kW·h，节约标准煤1 800余t。

（三）配合料优化

配合料指平板玻璃生产的各类原料按照一定比例配比所形成的混合原料。优化配合料的颗粒度及化学组成不仅能直接减少原料分解产生的 CO_2，还能通过降低熔化温度减少燃料用量。

1. 调整配合料配方

平板玻璃生产的主要原料有石英砂、纯碱、白云石、石灰石等，各原料的具体配比随生产工艺、产线规模的不同而略有差异。表7-8所示为我国浮法玻璃生产的典型配合料配方。其中，石英砂（SiO_2）为平板玻璃的主要组成物，白云石、石灰石主要作用为提供氧化钙，纯碱主要作为助熔剂并降低玻璃液的黏度，长石作为助熔剂的同时还能调节玻璃性能，芒硝主要作为澄清剂，碳粉作为还原剂。配合料在熔窑熔化过程中，纯碱、白云石、石灰石等碳酸盐原料分解及碳粉氧化所生产的 CO_2 占平板玻璃生产碳排放的20%左右，同时芒硝及原料中混入的硝酸盐类物质因分解氧化会产生部分 SO_2 和 NO_x。从配合料配方优化的角度，减少碳酸盐原料的用量，控制配合料的气体率能有效降低平板玻璃生产过程的 CO_2 排放。以600 t/d玻璃熔窑为例，玻璃的化学构成每减少1%（质量分数）的 Na_2O，能减少 CO_2 排放1 500余t。同时，在不影响玻璃性能的前提下优化玻璃氧化体组成，开发低熔化温度的配方能有效减少熔化过程燃料用量，实现源头减污降碳。

表7-8 我国浮法玻璃生产的典型配合料配方

配方/($kg \cdot t^{-1}$)	石英砂	纯碱	白云石	石灰石	长石	芒硝	碳粉
<400 t/d产线	722	250	205	38	13	7.8	0.71
400~600 t/d产线	704	245	179	55	35	19.0	0.85
>600 t/d产线	703	235	199	45	22	9.2	0.38

资料来源：严玉廷等，2017。

2. 配合料块化及粒化

平板玻璃生产过程中配合料的颗粒度是对熔化速率及产品质量有重要影响的关键参数之一，配合料颗粒过小易造成飞料现象危害玻璃熔窑的安全运行，同时过小的颗粒度易造成配合料混合不均匀，不利于玻璃质量的稳定。配合料块化、粒化技术是解决上述问题的有效途径。与传统的粉状配合料相比，经块化、粒化处理后的配合料物料颗粒间接触紧密，导热性能好，导热系数可由粉料的0.27 W/($m^2 \cdot ℃$)提升至0.43 W/($m^2 \cdot ℃$)，极大提高了配合料在熔窑中的熔化速率，从而有利于节省熔窑熔化工序的燃料消耗。同时，块化、粒化处理后的配合料能有效解决原料储存、输运过程中粉尘污染及因粉状配合料分层导致的熔化不均和产品质量不稳定问题。总体来说，使用配合料块化、粒化技术在实现源头减污降碳的同时还有利于提高平板玻璃产品的质量。

二、生产过程减污降碳协同增效

平板玻璃工业生产过程减污降碳技术路径可分为电助熔/全电熔技术、熔窑节能技术、窑外节能技术三个方面。

（一）电助熔/全电熔技术

玻璃熔窑电助熔/全电熔技术是将玻璃液导电产生的焦耳热用于原料熔化，从而部分或者全部替代燃料燃烧加热，以实现熔化工序的减污降碳（图7-16）。此外，该技术能减少烟气量及烟气带走的热量，提高熔化工序的综合能耗水平。以600 t/d的玻璃熔窑为例，在池底安装功率为3 000 kW电助熔系统可替代熔窑约20%的化石燃料，并实现节能5%。目前，国外浮法玻璃熔窑使用电助熔的技术已较为成熟，但我国浮法玻璃生产线采用电助熔技术的比例不足5%，仍具有较大的发展空间和减排潜力。提高电助熔在玻璃熔化中的能源消费比例，大力发展大型玻璃熔窑大功率“火-电”复合熔化技术是实现平板玻璃工业减污降碳的可行技术路径。

（二）熔窑节能技术

熔窑熔化工序的能耗约占玻璃生产总能耗的95%，主要来自玻璃液生成热、熔窑表面散

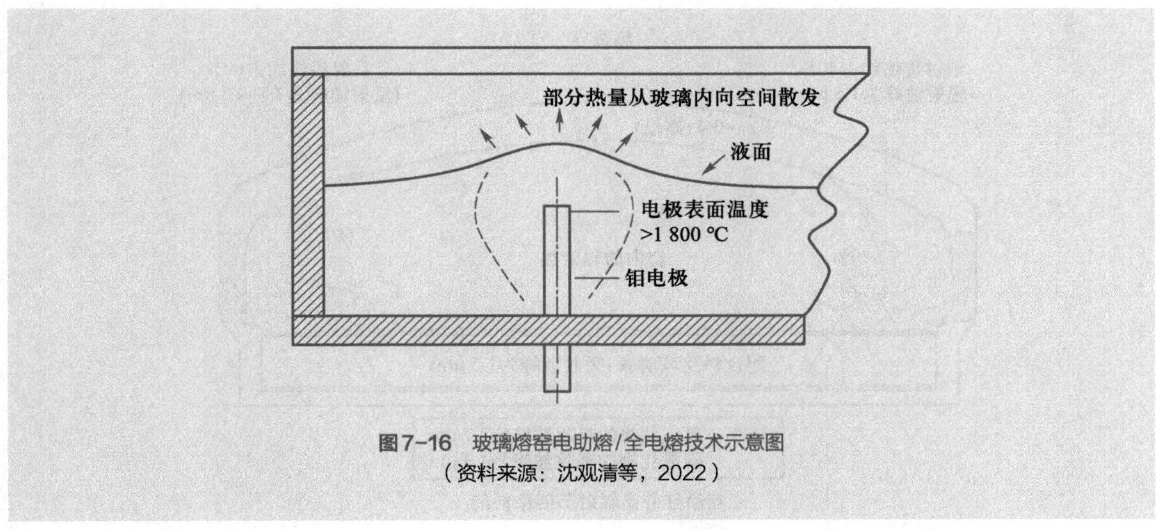

图7-16　玻璃熔窑电助熔/全电熔技术示意图
（资料来源：沈观清等，2022）

热损失及烟气排烟热损失三部分。

1. **减少散热损失**

减少散热损失可通过应用红外高辐射节能涂料、梯度复合保温和加强全窑保温及密封三个方面实现。在辐射涂料方面，通过在玻璃熔窑硅质内壁喷涂红外高辐射节能涂料，可将硅砖耐火材料的辐射率由1 600 ℃时的0.4提高至0.9左右，从而提高熔窑内配合料和玻璃液的吸热量，减少熔窑散热及烟气带走的热量（图7-17）。此外，红外高辐射节能涂料能紧密黏附在硅砖表面并形成致密层，有效减轻熔窑内易挥发元素及重金属对硅砖的侵蚀，从而延长熔窑硅砖的使用寿命。唐山蓝欣玻璃有限公司450 t/d的玻璃熔窑在采用红外高辐射节能涂料后，节能率可达7.8%，预计每年节约标准煤约3 700 t，减排CO_2超10 000 t。

在梯度复合保温方面，根据窑内热量向窑外梯级散失的原理，将保温层划分为多个温度段，并针对各个温度段开发保温性能强、耐久性好的新型保温材料（图7-18）。采用梯度复合保温技术，能使窑炉表面温度与传统保温技术相比降低20 ℃，实现高于6%的节能率，并改善车间的高温工作环境。

在加强全窑保温及密封方面，可对烟道采取保温棉外加钢板的形式以减少散热损失及烟道漏风。熔窑池底部可加大保温层厚度，并减少池壁暴露面。投料口采用挡焰砖替代传统水包并设置密封罩，以减少水带走的热量及漏风。加强在冷却部大碹、胸墙和池壁等部位的保温，以减少冷却部的表面散热。

采用上述减少散热损失措施后，可降低平板玻璃生产热耗50～70 kcal/kg(玻璃液)。

2. **强化余热回收**

从玻璃熔窑排出的烟气温度一般为1 400～1 500 ℃，有效回收这部分热量可减少烟气带走的热量从而提高熔窑的能效水平。蓄热室是玻璃熔窑常用的一种余热回收设备，它利用由耐火材料做成蓄热体蓄积高温烟气的热量，并用于加热入窑空气和气体燃料，从而确保燃烧温

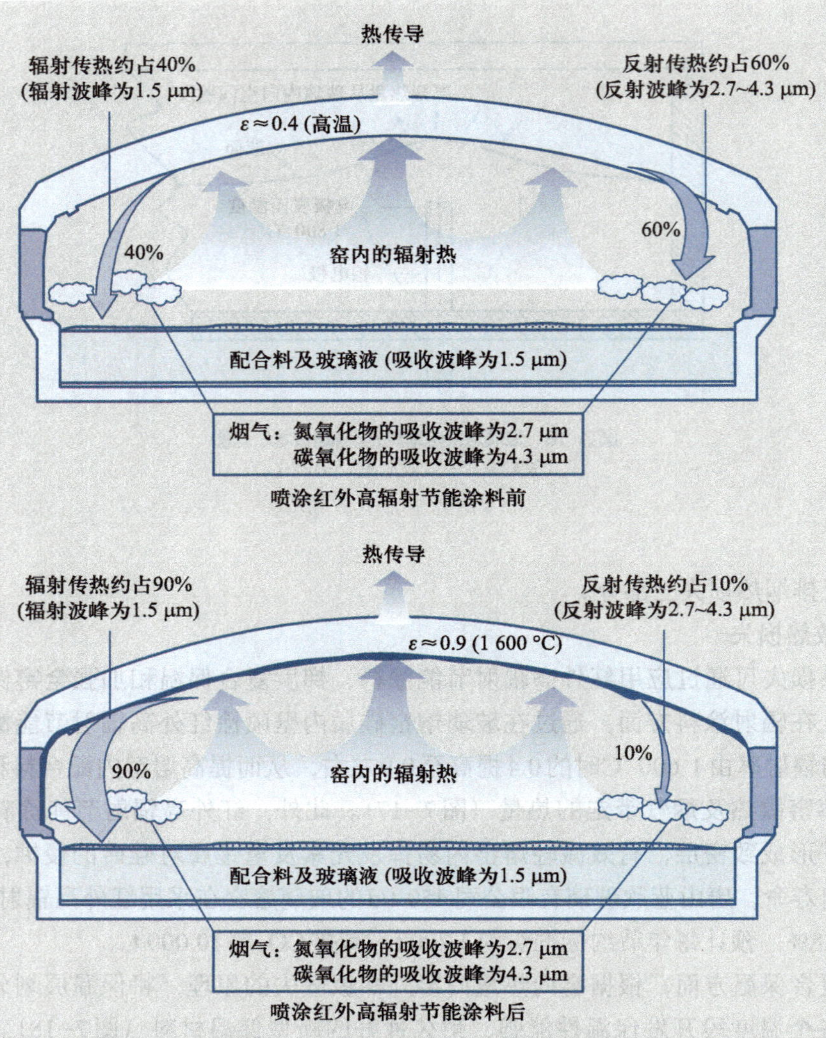

图7-17　玻璃熔窑喷涂红外高辐射节能涂料前后窑内传热情况对比
（资料来源：陈卓等，2022）

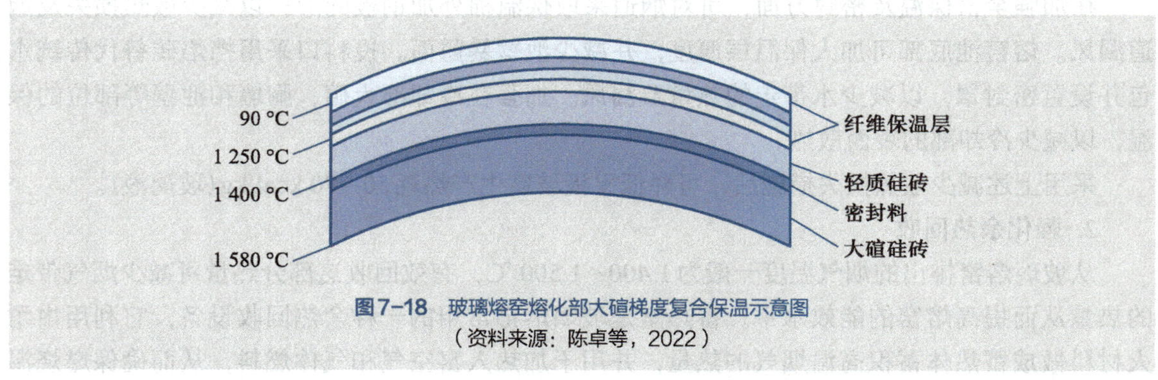

图7-18　玻璃熔窑熔化部大碹梯度复合保温示意图
（资料来源：陈卓等，2022）

度达到1 700 ℃的同时实现烟气余热部分回收。通过优化蓄热室分隔方式、提高格子体高度、减小格孔孔径等途径可增加蓄热室格子体的换热面积，提高蓄热室换热效率并降低熔窑能耗。此外，对于退火窑的冷却风也可布置余热利用，如将该部分冷却风引入熔窑作为高温助燃风，或利用冷却风生产蒸汽用于生产线设施及厂区供暖。余热利用应尽可能减少余热转化层级，所回收热量优先用于生产环节及厂区生活，以提高余热利用效率。采用以上强化余热回收措施后，可降低平板玻璃生产热耗65～110 kcal/kg（玻璃液）。

3. 提高整体换热效率

玻璃熔窑采用全氧、富氧燃烧技术或对熔窑结构及工艺进行改进可提升熔窑的整体换热效率，降低熔窑能源消耗强度并减少污染物和CO_2排放。全氧、富氧燃烧是利用空分设备分离出的纯氧或高氧浓度气体替代传统助燃空气用于窑内燃料燃烧的技术。玻璃熔窑采用全氧燃烧后，由于助燃气体中无氮气引入，不仅极大减少了烟气体积和烟气带走的热量，同时有助于提高熔窑内的辐射换热效率，提高配合料熔化速率及熔窑产量。在污染物减排方面，全氧燃烧由于不产生热力型NO_x从而可大幅降低NO_x排放。表7-9所示为600 t/d浮法玻璃熔窑不同燃烧方式的能耗及污染物排放状况。与空气助燃相比，采用全氧燃烧可减少约60%的烟气量，降低约46%的SO_2及74%的NO_x排放，并提高能效18%左右。

表7-9　600 t/d浮法玻璃熔窑不同燃烧方式的能耗及污染物排放状况

燃烧方式	燃料种类	烟气量/($m^3 \cdot h^{-1}$)	烟气SO_2浓度/($mg \cdot m^{-3}$)	烟气NO_x浓度/($mg \cdot m^{-3}$)	能耗/[$kcal \cdot kg^{-1}$(玻璃液)]
空气助燃	天然气	160 000	260	2 300	1 496
全氧燃烧	天然气	64 000	139.3	600	1 221

资料来源：姜宏，2018。

（三）窑外节能技术

1. 再生热化学蓄热器技术

再生热化学蓄热器（thermochemical regeneration，TCR）是一种全新的玻璃熔窑余热回收技术，该技术将蓄热室燃烧和全氧燃烧的优点相结合，工艺流程如图7-19所示。该工艺中，玻璃熔窑高温烟气热量部分回收在蓄热室格子体中，而在另一个蓄热室中天然气及部分再循环烟气（约为烟气量20%）吸收蓄热室热量并发生水蒸气重整反应生成热合成气（$CO+H_2$），合成气在熔窑中纯氧燃烧以提供熔化工序所需热量。再生式热化学蓄热器与传统的空气蓄热室相比，其蓄热室体积仅为空气蓄热室的1/3，且通过天然气水蒸气重整反应将部分烟气热量以化学能形式回收，实现了玻璃熔窑烟气热回收效率的大幅提升。玻璃熔窑再生热化学蓄热器技术与空气蓄热室相比可减少约30%燃料消耗，与全氧燃烧相比也能节省约20%燃料，同时NO_x排放可与全氧燃烧相当，具有较大的减污降碳潜力。

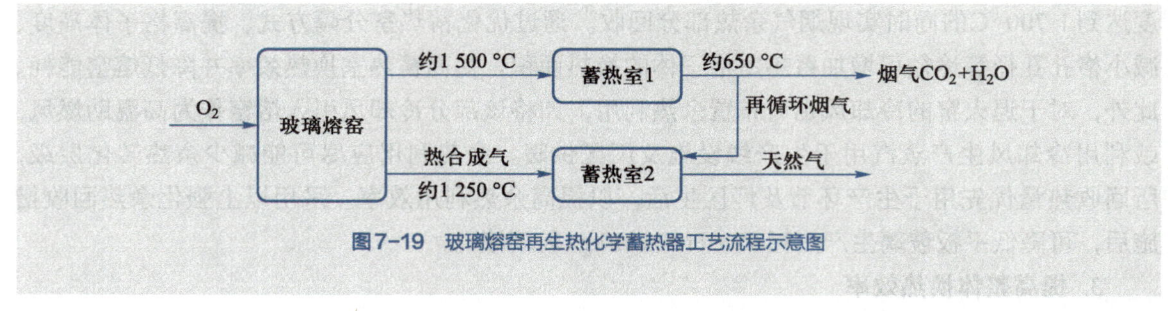

图7-19　玻璃熔窑再生热化学蓄热器工艺流程示意图

2. 玻璃熔窑窑外预热技术

玻璃熔窑窑外预热技术是利用熔窑烟气余热将玻璃配合料预热后再投入熔窑熔化以降低熔窑能耗的技术，图7-20所示为秦皇岛玻璃工业研究设计院有限公司开发的配合料窑外预热中试试验系统。与目前玻璃熔窑主流的烟气余热发电等其他热能回收相比，玻璃熔窑窑外预热技术的热利用率更高，且可降低现有熔窑熔化面积，并减少粉尘排放，具有较好的推广应用前景。

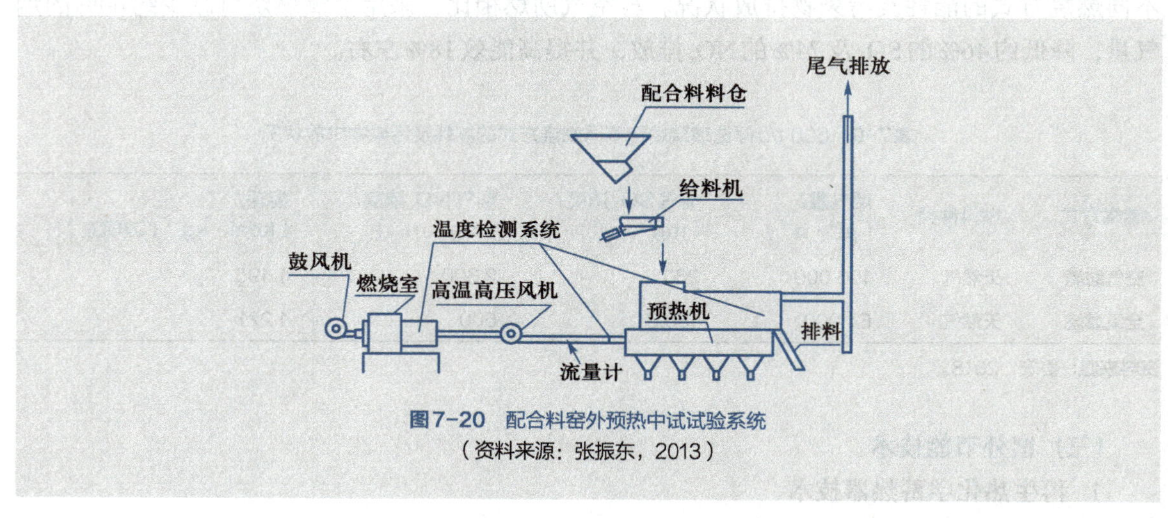

图7-20　配合料窑外预热中试试验系统
（资料来源：张振东，2013）

三、末端治理减污降碳协同增效

（一）触媒陶瓷滤管多污染物一体化脱除技术

触媒陶瓷滤管多污染物一体化脱除技术适用于玻璃熔窑末端烟气的多污染协同治理，其工艺流程如图7-21所示。玻璃熔窑出口高温烟气（450~500 ℃）经余热锅炉回收热量降温至350~400 ℃，随后进入干法脱硫反应器，在喷入脱硫剂（熟石灰或碳酸钠）的作用下实现对烟气中SO_2、HCl、HF等酸性气体的去除。氨水作为脱硝反应剂喷入烟道，在与烟气充分混合均匀后进入触媒陶瓷滤管。在滤管内部，颗粒物被有效拦截并在滤管内表面形成粉饼层（含有脱硫剂），烟气中的SO_2及其他酸性气体在粉饼层可被进一步去除，烟气中的NO_x则在触媒

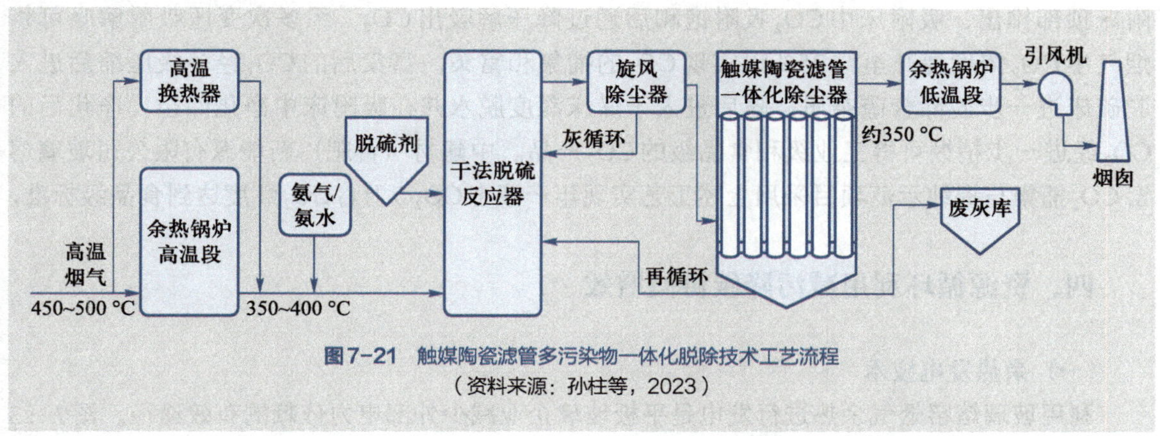

图7-21　触媒陶瓷滤管多污染物一体化脱除技术工艺流程

（资料来源：孙桂等，2023）

的催化下被所喷入的NH_3选择性还原为N_2，从而实现烟气中多污染物的一体化去除。与目前玻璃熔窑烟气常采用的脱硝、脱硫、除尘组合工艺相比，触媒陶瓷滤管多污染物一体化脱除技术具有占地面积小、运行成本低等优点，且系统温降较小，有利于提高烟气余热利用率，具有较好的减污降碳效果。

（二）玻璃熔窑CO_2捕集技术

2022年9月，世界首套玻璃熔窑CO_2捕集与提纯示范项目在我国顺利投产。该项目针对全氧燃烧玻璃熔窑烟气（CO_2的湿基浓度约为35%）开发了变压吸附耦合低温精馏纯化技术以实现CO_2的捕集与提纯，工艺流程如图7-22所示。玻璃熔窑烟气在预处理塔经降温、除尘、脱硫、脱硝后进入变压吸附捕集系统，烟气中CO_2被吸附剂吸附，惰性气体则从吸

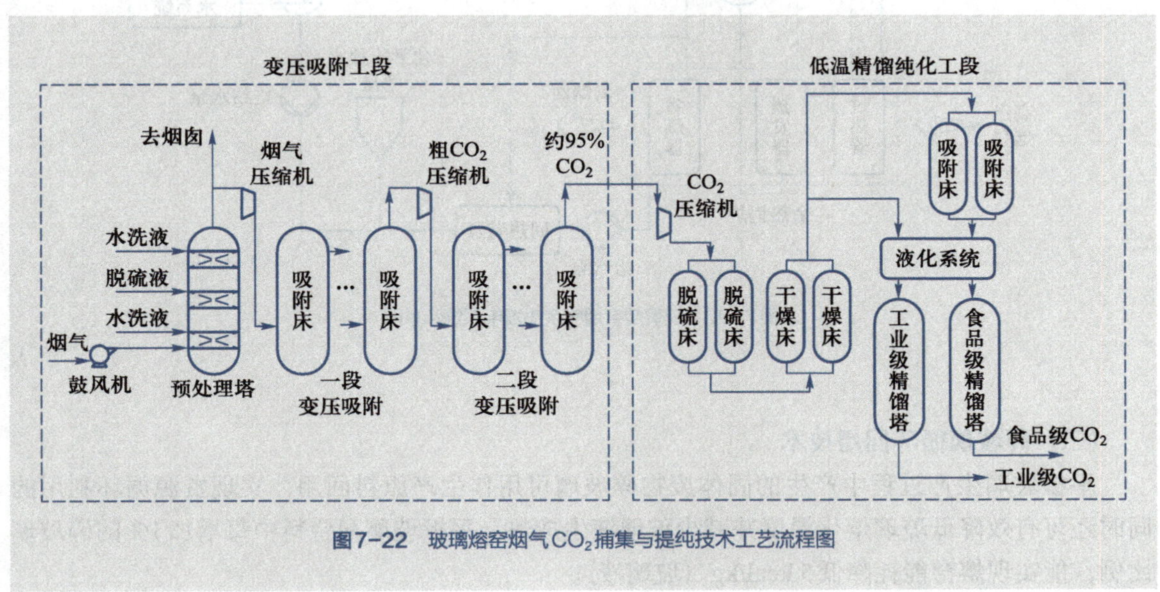

图7-22　玻璃熔窑烟气CO_2捕集与提纯技术工艺流程图

附床顶部排出，吸附床中CO_2吸附饱和后通过降压解吸出CO_2，经多次变压吸附解吸可将烟气中CO_2浓度提升至约95%以实现CO_2的捕集和富集。富集后的CO_2经多级压缩后进入脱硫床进一步脱除含硫杂质，随后进入干燥床深度脱水并在吸附床中净化除杂。净化后的CO_2经进一步精馏可得工业级和食品级的CO_2产品。中建材（合肥）新能源有限公司玻璃熔窑CO_2捕集与提纯示范项目采用上述工艺实现年产液态CO_2 5万t，CO_2纯度达到食品级标准。

四、资源循环利用减污降碳协同增效

（一）余热发电技术

利用玻璃熔窑烟气余热进行发电是平板玻璃企业减少外部电力依赖的有效途径。图7-23所示为玻璃熔窑烟气余热发电系统示意图。玻璃熔窑的高温烟气在余热锅炉中充分回收烟气余热并加热锅炉给水产生过热蒸汽，蒸汽随后驱动汽轮机膨胀做功并带动发电机组发电。做功后的乏气在凝汽器中冷却为水，并与补充水混合和送入余热锅炉从而完成一个蒸汽动力循环。以600 t/d的玻璃熔窑为例，烟气中所含的余热相当于每小时燃烧2 t标准煤所释放的热量，占熔窑总体能耗的30%左右。对这部分烟气余热以发电形式进行回收利用能满足平板玻璃企业30%~40%的自用电量。

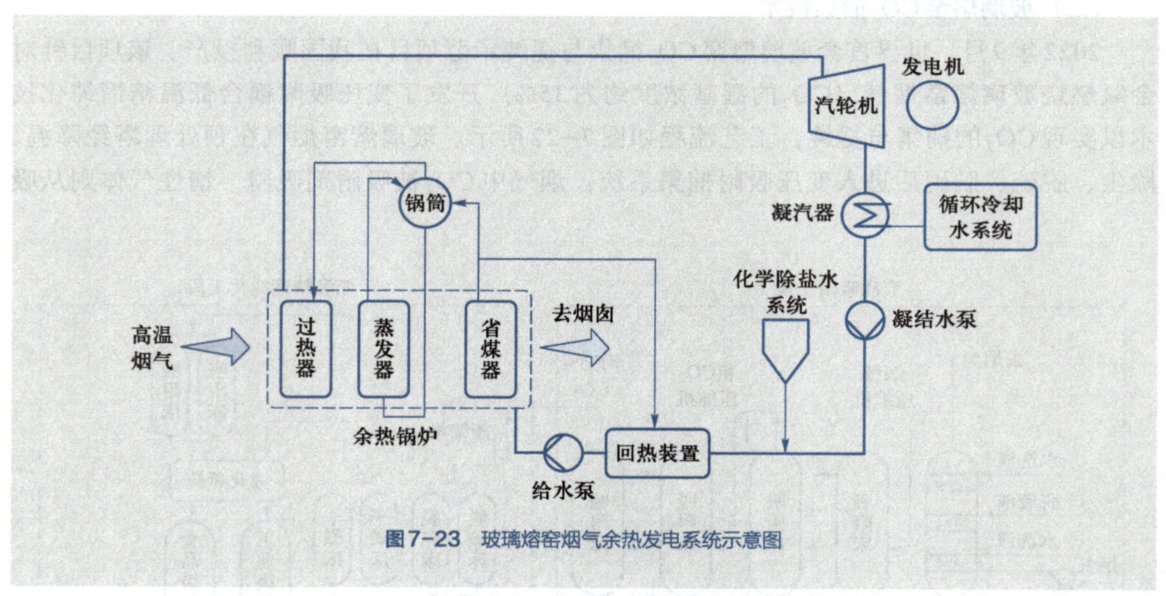

图7-23　玻璃熔窑烟气余热发电系统示意图

（二）碎玻璃循环回用技术

平板玻璃生产过程中产生的固体废物碎玻璃可用作生产原料回用，实现资源循环利用的同时还可有效降低玻璃熔化温度并减少玻璃液生成热。平板玻璃配合料中每增加1%的碎玻璃比例，能实现熔窑能耗降低5 kcal/kg（玻璃液）。

第四节 建筑卫生陶瓷工业减污降碳协同增效

我国是世界上最大的建筑卫生陶瓷生产国和消费国。2022年，我国陶瓷砖产量为73.1亿m^2，卫生陶瓷产量1.67亿件，均占全球总产量的50%以上。建筑卫生陶瓷生产过程中需要大量能量输入，推进建筑卫生陶瓷工业污染物和CO_2协同减排不仅是产业绿色升级的必然要求，同时也是助力建材工业实现减污降碳目标的重要组成部分。

一、源头减污降碳协同增效

（一）燃料替代

1. 天然气替代

我国建筑陶瓷工业的燃料消费结构仍以天然气和煤炭为主，其中天然气和煤炭分别约占建筑陶瓷工业燃料消耗的47%和37%。在卫生陶瓷领域，尽管天然气在燃料消耗中的比重要高于其在建筑陶瓷工业所占比重，但仍有部分生产线以煤制气为主要燃料。在相同发热量条件下，以天然气替代煤炭（煤制气）能减少约40%的CO_2排放，降低单位产品综合能耗20%左右，同时还能有效降低窑炉烟气中的SO_2和NO_x浓度。表7-10所示为不同建筑陶瓷生产线天然气替代煤制气对窑炉烟气SO_2和NO_x初始生成浓度的影响。可以看到，天然气替代煤制气后，得益于燃料含硫量及含氮量的大幅降低，窑炉烟气SO_2和NO_x的初始生成浓度可下降30%~50%。考虑建筑卫生陶瓷生产过程中绝大多数的SO_2和NO_x及约2/3的CO_2均直接来自燃料的燃烧过程，大力推进建筑陶瓷工业喷雾干燥及窑炉烧成等工序的天然气改造，提高天然气的使用比例能有效实现源头减污降碳。

表7-10 不同建筑陶瓷生产线天然气替代煤制气对窑炉烟气SO_2和NO_x初始生成浓度的影响

生产线	燃料类型	SO_2初始生成浓度/($mg\cdot m^{-3}$)	NO_x初始生成浓度/($mg\cdot m^{-3}$)
生产线1	煤制气	300~400	70~90
	天然气	150~200	30~50
生产线2	煤制气	180	120~140
	天然气	120	40~60

资料来源：唐喜斌等，2023。

2. 零碳燃料替代

与天然气相比，NH_3和H_2作为两种适合大规模工业应用的零碳燃料，其在碳减排方面极具优势。开发适用于氨能、氢能的窑炉燃烧技术及系统装备是当前我国建筑卫生陶瓷工业的重点攻关方向。2022年12月，全球首块零碳氨燃料烧制的建筑陶瓷砖在我国成功出炉，该项目不仅攻破了零碳纯氨燃烧面临的燃烧着火困难、火焰燃烧不稳定等技术难题，同时通过分级燃烧、炉内SNCR及液氨SCR技术大幅降低了NO_x排放。

3. 电力替代

发展电烧轨道窑技术是当前我国建筑卫生陶瓷工业提高电能使用比例的重要途径。与传统的气烧轨道窑相比，电烧轨道窑由于无须引入助燃空气，其烟气量能削减80%以上，综合能效提升20%左右，污染物和CO_2减排效果十分显著。

（二）清洁能源

建筑卫生陶瓷企业生产厂房单体面积大且集中度较高，适用于发展屋顶分布式光伏发电以实现企业“零购电”或“近零购电”。如湖南省醴陵市在建筑卫生陶瓷工业大力推广分布式光伏发电技术，截至2022年，实现行业绿电自给率达80%以上，年发电量超1 000万kW·h，减少CO_2排放约6 000 t/a，减少SO_2排放约80 t/a。

（三）陶瓷薄型轻质技术

陶瓷薄型轻质技术指在不影响产品质量及性能的前提下，通过优化原料配方、坯体增强增韧、改进压制及烧制工艺等降低陶瓷坯体厚度，或通过加入发泡材料降低陶瓷比重。陶瓷薄型轻质技术可从源头大幅降低产品生产的原料用量，是实现源头节材、减污、降碳最为直接有效的技术路径之一。以陶瓷薄型轻质技术为例，若将目前建筑陶瓷砖的厚度由10 mm减少至8 mm，则每年可减少原料2 000万t以上，单位平方米陶瓷砖综合能耗降低0.05~0.10 kg标准煤，每年节约标准煤500万t，减少CO_2排放1 300万t。

二、生产过程减污降碳协同增效

建筑卫生陶瓷工业生产过程减污降碳技术可分为高效球磨、高效干燥、高效成型、高效烧成及高效制粉等五种类型。

（一）高效球磨

球磨是建筑陶瓷和卫生陶瓷生产过程的关键工序之一，降低原料球磨过程的碳污排放可从连续球磨技术、球磨机节能降耗技术及软硬质原料分开球磨化浆技术三个方面着手。

1. 连续球磨技术

连续球磨技术进料和出料均为连续进行，原料在球磨机中经两段或三段逐级研磨最终达到所需的原料细度。与传统的间歇式球磨技术相比，连续球磨技术具有减少电耗、缩短球磨时间、减少粉尘污染、降低人工成本等优势，且生产的浆料均匀稳定。采用连续球磨技术可使综合能耗降低0.05~0.10 kg（标准煤）/m^2。

2. 球磨机节能降耗技术

为使原料在球磨过程中破碎概率最大化，将球磨介质从铝球更换为高铝球以提高球磨装载量和球磨效率，并根据原料的粒度粒级特点和破碎统计力学原理优化高铝球配比以精准提高特定粒级的破碎效率。此外，球磨机推广使用变频和永磁直驱电机以替代传统的异步电机和皮带传送系统。通过上述球磨机节能降耗技术可使建筑陶瓷原料球磨时间缩短20%左右，并减少综合能耗0.05～0.10 kg（标准煤）/m^2。

3. 软硬质原料分开球磨化浆

在卫生陶瓷生产过程中，软硬质原料分开球磨化浆是将硬度不同的原料分开加工，即硬质原料球磨制浆而软质原料直接化浆，最后将两种浆料混合的工艺。采用软硬质原料分开球磨化浆技术可减少原料的球磨负荷，并可保护部分软质原料不因球磨过程而导致结构破坏，有利于在降低产品能耗的基础上提高浆料性能和产品的成品率。卫生陶瓷采用软硬质原料分开球磨化浆技术，可使产品的综合能耗降低0.8～1.0 kg（标准煤）/t。

（二）高效干燥

1. 建筑陶瓷新型喷雾干燥技术

喷雾干燥是建筑陶瓷湿法制粉生产工艺的关键工序，同时也是主要耗能工序之一。从优化喷雾干燥工艺的角度，一方面可对浆液雾化空气压力、雾化流量及雾化喷嘴的雾化角和喷射高度进行综合优化，提高浆液在喷雾干燥塔的干燥效率；另一方面，可对热风炉燃烧系统及喷雾干燥塔的密闭性进行优化，提高热风进塔温度，降低塔体的漏风率。此外，出塔热风可循环利用或用于泥浆预热，提高喷雾干燥塔的总体热效率。采用上述措施后，建筑陶瓷综合能耗预计能降低0.020～0.035 kg（标准煤）/m^2。

2. 卫生陶瓷坯体少空气干燥

卫生陶瓷坯体干燥工序不仅能耗较高，同时也对坯体质量有重要影响。少空气干燥技术是将待干燥坯体置于密闭干燥室内，通过室内空气不断循环加热排湿以实现坯体的快速干燥，同时使坯体内部、坯体表面及干燥室内水蒸气分压趋于平衡，降低坯体干燥过程中的应力，提高坯体合格率。与常规的干燥工艺相比，卫生陶瓷坯体采用少空气干燥技术可降低50%左右的干燥能耗，并使坯体的合格率保持在95%以上。

3. 卫生陶瓷坯体微波干燥

微波干燥是以微波辐射为能量源，利用被加热物料中分子的极性取向在外界电磁场中频繁变化而使分子振动和摩擦并不断转为热能的过程，图7–24所示为卫生陶瓷坯体微波干燥器结构示意图。与传统的坯体干燥技术相比，微波干燥可实现坯体的内外同时受热，有助于缩短坯体干燥时间，降低干燥能耗并提高坯体干燥合格率。卫生陶瓷坯体采用微波干燥技术可降低产品综合能耗8～10 kg（标准煤）/t。

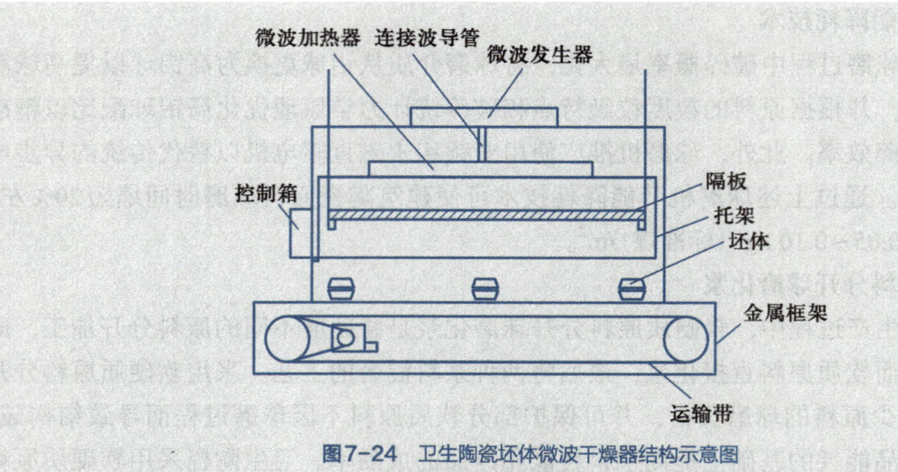

图7-24 卫生陶瓷坯体微波干燥器结构示意图

（资料来源：肖建平等，2019）

（三）高效成型

1. 建筑陶瓷连续辊压成型

连续辊压成型工艺是将待成型的陶瓷粉末层均匀分布在钢带上，并通过一对主压辊将粉末层连续辊压成陶瓷砖坯，如图7-25所示。与传统的液压机模压成型工艺相比，连续辊压成型工艺砖坯成型速度快，且成型设备结构简单，装机功率低，可大幅降低砖坯成型过程的电耗。建筑陶瓷采用连续辊压成型工艺可降低产品综合能耗0.01~0.02 kg（标准煤）/m^2。

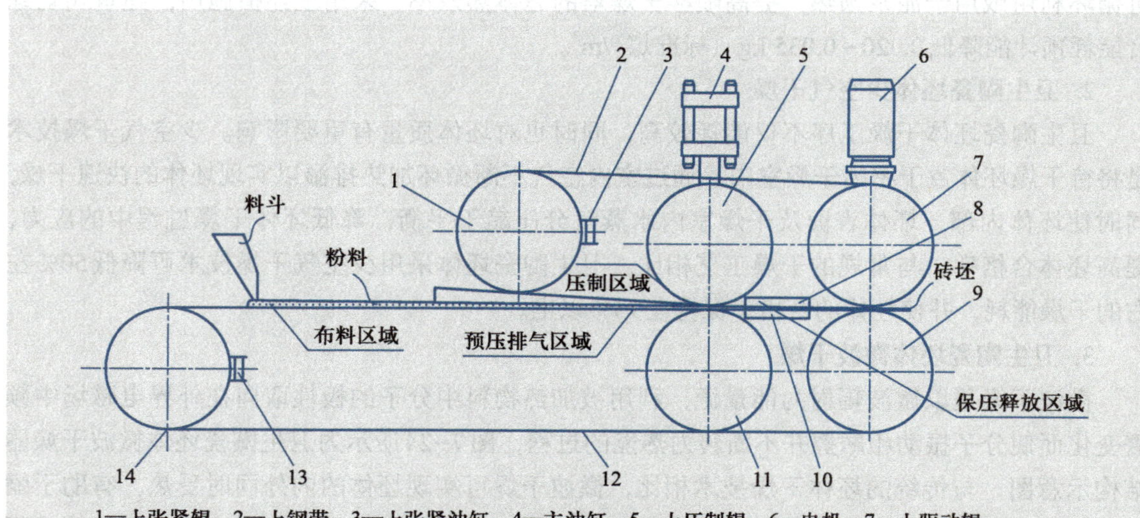

图7-25 建筑陶瓷连续辊压成型系统

（资料来源：李绍勇等，2019）

2. 卫生陶瓷高压注浆成型

卫生陶瓷高压注浆成型是采用多孔树脂模为模具，通过高压注浆设备将浆料中的水分压滤排出，从而实现坯体快速成型的工艺。与传统的注浆工艺相比，高压注浆成型不仅能极大提升成形工艺的生产效率、改善坯体外观质量的规整性，还大幅减少了模具干燥和加热工作环境所需的能源消耗，使产品综合能耗降低12～14 kg（标准煤）/t。

（四）高效烧成

1. 低能耗快速烧成技术

低能耗快速烧成技术可在陶瓷原料中加入高钾助熔剂及多元复合助熔剂，并调整粉料细度，以降低坯体始熔温度。同时通过跟踪烧成过程中产品砖形、体密度、断裂模数等相关参数，确定最佳烧成曲线，优化坯料在低温、中温及高温区的烧成温度控制。采用以上低能耗快速烧成技术，能在不影响产品质量的前提下，使建筑陶瓷和卫生陶瓷的烧成温度与现有温度相比降低100 ℃左右，建筑陶瓷产品综合能耗降低0.05～0.10 kg（标准煤）/m^2，卫生陶瓷产品综合能耗降低15～20 kg（标准煤）/t。

2. 高效轻质耐火材料

对于烧成窑炉推广使用低导热系数的轻质陶瓷纤维、纳米绝热保温材料以替代传统的重质耐火砖，同时在窑体内壁喷涂红外高辐射节能涂料，以强化窑内的辐射传热。采用上述保温及强化传热措施后，建筑陶瓷烧成炉窑外壁面温度可降低30～60 ℃，综合产品能耗降低0.20～0.30 kg（标准煤）/m^2，卫生陶瓷产品综合能耗降低9～15 kg（标准煤）/t。

（五）高效制粉

1. 建筑陶瓷干法制粉

建筑陶瓷干法制粉工艺指在原料粉磨环节无须加水，直接将原料研磨成干粉体。研磨后的粉体经均化陈腐、除渣、除铁后进入增湿造粒工序，增湿造粒工序中加入少量的水（约10%）就能实现较好的造粒效果，造粒后的颗粒随后送入流化床进行干燥，其工艺流程如图7-26所示。与传统的建筑陶瓷湿法制粉工艺（湿式球磨结合喷雾干燥）相比，干法制粉工艺没有废水排放，并大幅减少了干燥环节的能源消耗和污染物排放，具有节电、节约燃料、节水、减污等突出优点。表7-11综合对比了建筑陶瓷湿法制粉和干法制粉工艺能耗及污染物排放。与湿法制粉工艺相比，干法制粉生产1 t陶瓷粉料能减少CO_2排放约40%，同时降低约39%的颗粒物、SO_2及NO_x排放。

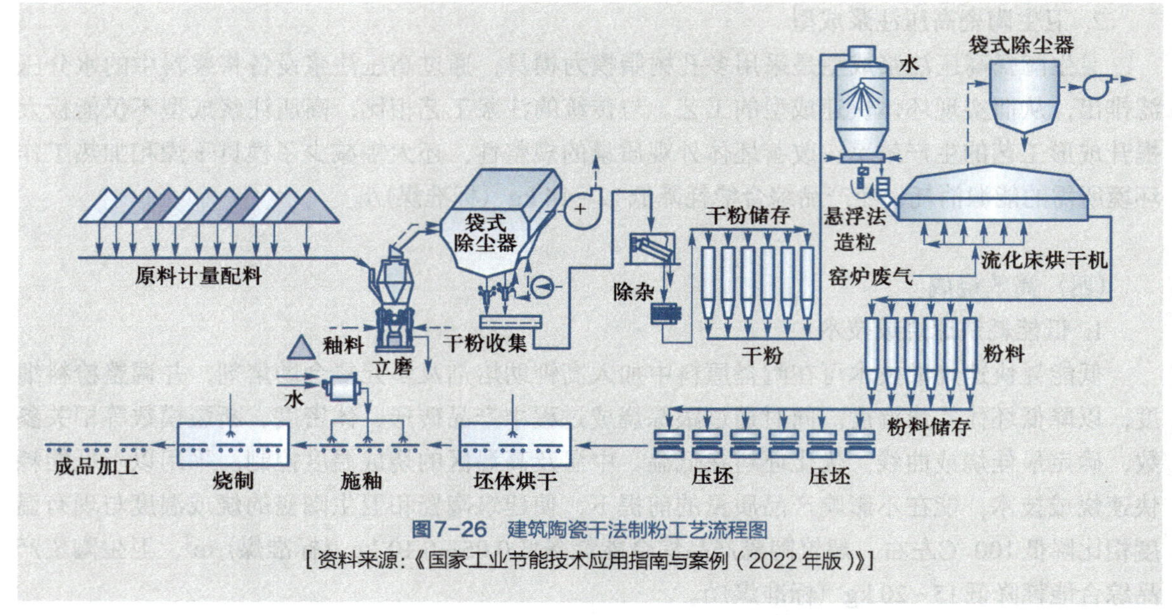

图7-26 建筑陶瓷干法制粉工艺流程图

[资料来源：《国家工业节能技术应用指南与案例（2022年版）》]

表7-11 建筑陶瓷湿法制粉和干法制粉工艺能耗及污染物排放对比

制粉工艺	电耗/(kW·h·t^{-1})	天然气/($m^3·t^{-1}$)	颗粒物/(g·t^{-1})	SO_2/(g·t^{-1})	NO_x/(g·t^{-1})	碳排放强度/[kg(CO_2)·t^{-1}]
湿法制粉	90.05	36.71	3.01	14.68	28.53	135.11
干法制粉	54.89	22.49	1.84	8.95	17.41	81.20

资料来源：吴宇鹏等，2022。

2. 建筑陶瓷集成制粉

集成制粉是适用于建筑陶瓷干压陶瓷砖的新型粉料生产工艺，该工艺通过压滤脱水装置将泥浆压滤成含水率约为20%的泥饼，并随后破碎成小泥块。随后采用窑炉低温余热干燥小泥块，并通过后续的破碎、造粒、分选工序得到合适的粉料。集成制粉工艺综合了传统湿法制粉和干法制粉的优点，通过机械压滤的方式去除了泥浆中超过50%的水分，同时综合利用窑炉各类低温余热以提高综合能效。与传统的湿法制粉工艺相比，集成制粉工艺能降低制粉环节综合能耗0.01～0.02 kg（标准煤）/m^2，并减少80%～90%的CO_2、SO_2和NO_x排放。

三、末端治理减污降碳协同增效

目前，我国建筑卫生陶瓷工业大多采用除尘、脱硫、脱硝的组合工艺以实现对烟气污染物的末端控制。这类串联组合的末端治理工艺会使烟气处理系统过于庞杂，运行时能耗物耗较高，从而导致碳排放增加。图7-27所示为建筑卫生陶瓷工业湿法烟气多污染物协同控制技术工艺流程图。该技术以尿素、碱和氧化性添加剂制备复合吸收剂，在一个吸收塔内实现对烟气中颗粒物、SO_2、NO_x、氯化氢、氟化物和重金属的协同去除。吸收塔内烟气和吸收剂逆流接触并布置两层喷淋以强化吸收剂与污染物之间的相际传质和化学反应。实践表明，该技术对玻璃熔窑烟气颗粒物、SO_2、NO_x、氯化氢、氟化物和重金属的去除效率分别可达85%、95%、50%、80%、80%、80%以上。吸收后的废液经pH调节、絮凝剂（铝盐、铁盐和重捕剂）混合沉淀分离后进入陶瓷企业的废水处理站处理，并可在处理后进行回用。湿法烟气多污染物协同控制技术占地面积小，投资和运行费用较低，具有较好的末端治理减污降碳潜力。

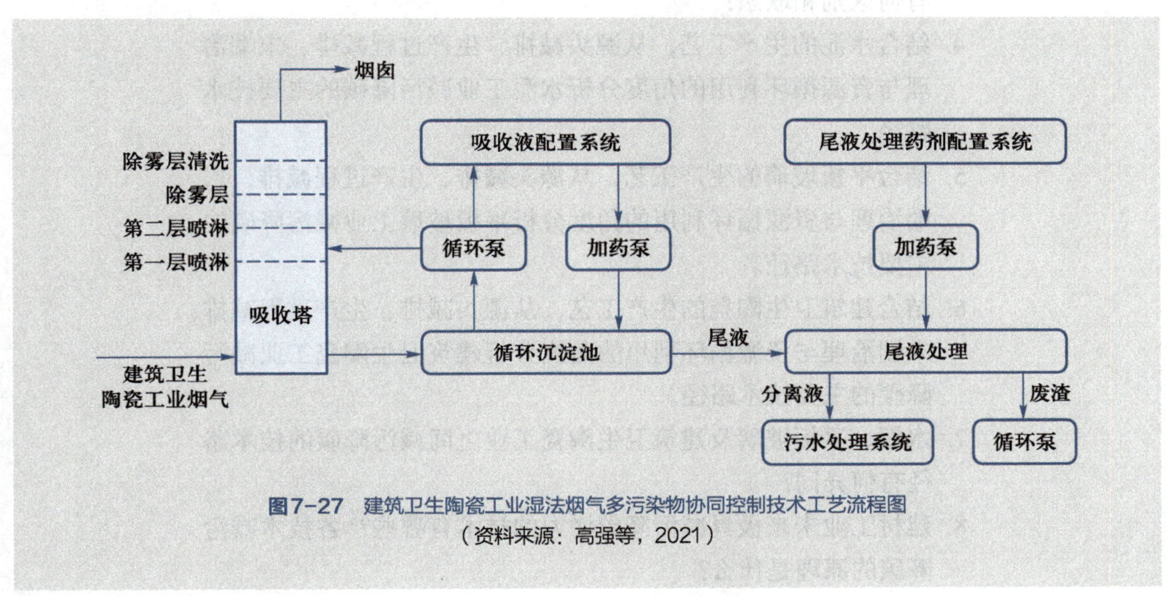

图7-27　建筑卫生陶瓷工业湿法烟气多污染物协同控制技术工艺流程图
（资料来源：高强等，2021）

四、资源循环利用减污降碳协同增效

建筑卫生陶瓷生产过程中会产生废泥料、废瓷料、污泥等固体废物，将这部分固体废物或外来污泥回收利用替代部分高品位原料用于陶瓷制品生产不仅可大幅降低生产成本，实现固体废物综合处置，同时还可减少原料开采及加工过程的碳污排放，是建筑卫生陶瓷工业减污降碳的可行途径。例如，在建筑陶瓷工业，通过开发适用于污泥的干法制粉及成型工艺，可实现60%~80%的原料替代率，并降低原料球磨、喷雾干燥等工序的能耗，实现节能减污降碳。在卫生陶瓷工业，通过回收废泥料、废瓷料等作为坯料，可实现约30%的原料替代率，预计每年可节约原料8 000 t，单位产品碳减排5%~10%。

习题与思考题

1. 结合水泥、平板玻璃及建筑卫生陶瓷的生产工艺，说明各行业污染物及CO_2排放主要来源于哪些工艺环节。
2. 水泥、平板玻璃及建筑卫生陶瓷工业的碳污排放特征有哪些相同及不同点?
3. 建材工业源头减污降碳、生产过程减污降碳和末端治理之间有何区别和联系?
4. 结合水泥的生产工艺，从源头减排、生产过程减排、末端治理与资源循环利用的角度分析水泥工业减污降碳的主要技术路径。
5. 结合平板玻璃的生产工艺，从源头减排、生产过程减排、末端治理与资源循环利用的角度分析平板玻璃工业减污降碳的主要技术路径。
6. 结合建筑卫生陶瓷的生产工艺，从源头减排、生产过程减排、末端治理与资源循环利用的角度分析建筑卫生陶瓷工业减污降碳的主要技术路径。
7. 水泥、平板玻璃及建筑卫生陶瓷工业之间减污降碳的技术路径有何异同?
8. 建材工业未来极具减污降碳潜力的技术有哪些? 各技术减污降碳的原理是什么?

参考文献

[1] 李叶青. 水泥及混凝土绿色低碳制造技术 [M]. 北京: 中国建材工业出版社，2022.

[2] 工业和信息化部，国家发展和改革委员会，生态环境部，等. 建材行业碳达峰实施方案 [EB/OL]. (2022-11-2).

[3] 中国建筑材料联合会. 水泥行业碳减排技术指南 [EB/OL]. (2022-11-20).

[4] 生态环境部. 玻璃工业大气污染物排放标准（征求意见稿）编制说明 [EB/OL]. (2020-11-2).

[5] 生态环境部．陶瓷工业污染防治可行技术指南［EB/OL］．（2018-12-29）．
[6] 生态环境部．国家重点推广的低碳技术目录（第四批）技术简介［EB/OL］．（2022-12-21）．
[7] 中国建筑材料科学研究总院有限公司．中国水泥行业碳中和路径研究［EB/OL］．（2023-7-17）．
[8] 汪澜．水泥熟料煅烧氢能利用技术初探［EB/OL］．（2021-8-6）．
[9] 李鹏鹏，任强强，吕清刚，等．面向双碳的低碳水泥原料/燃料替代技术综述［J］．洁净煤技术，2022，28（08）：35-42．
[10] 工业和信息化部节能与综合利用司．《国家工业节能技术应用指南与案例（2022）》之三：建材行业节能改造技术［EB/OL］．（2022-12-6）．
[11] 康宇，吴涛，徐连春．水泥工业几种富氧燃烧方式分析［J］．水泥，2023，（07）：31-35．
[12] 陈昌华，彭学平，俞为民，等．在线型梯度燃烧分解炉及其配套燃烧器的开发与应用［J］．水泥技术，2023，（06）：13-17．
[13] 工业和信息化部节能与综合利用司．《国家工业节能技术应用指南与案例（2020）》之一：建材行业节能改造技术［EB/OL］．（2020-11-25）．
[14] 汪澜．水泥生产工艺技术发展及节能降碳前瞻性技术分析［J］．水泥，2022，（06）：1-4．
[15] 莫立武．钢渣捕集水泥窑烟气二氧化碳制备固碳辅助性胶凝材料及低碳水泥的关键技术［EB/OL］．（2023-9-25）．
[16] 金峰，夏雁飞．水泥窑烟气碳捕集纯化关键技术的研发与工程化应用［C］//第六届国内外水泥行业安全生产技术交流会论文集，中国建材检验认证集团股份有限公司，2019，193-195．
[17] 吴洪磊，李寒冰．优化烧成工艺提高余热发电［J］．水泥，2024，（02）：51-53．
[18] 中国建筑材料联合会．平板玻璃行业碳减排技术指南［EB/OL］．（2022-11-20）．
[19] 马玉聪．碳减排对平板玻璃熔化技术发展影响［J］．玻

璃，2021，48（04）：30–33.

[20] 何峰，王健，金明芳，等. 中国平板玻璃工业碳减排途径分析研究［J］. 玻璃，2023，50（02）：1–7.

[21] 严玉廷，刘晶茹，丁宁，等. 中国平板玻璃生产碳排放研究［J］. 环境科学学报，2017，37（08）：3213–3219.

[22] 沈观清，春燕. 用于浮法平板玻璃生产的大功率电加热和全氧燃烧综合技术［J］. 玻璃搪瓷与眼镜，2022，50（04）：30–35.

[23] 陈卓，王贵祥，查海胜. 二代浮法新型节能技术在玻璃熔窑中的应用［J］. 建材世界，2022，（05）：68–71.

[24] 姜宏. 浮法玻璃全氧燃烧技术发展［J］. 玻璃与搪瓷，2018，46（02）：20–35.

[25] 张振东. 利用熔窑烟气余热预热玻璃配合料研究［J］. 研究与综论，2013，40（05）：3–7.

[26] 孙柱，何义斌，王俊. 玻璃窑触媒陶瓷滤管除尘器优点及滤管断裂问题解决方案［J］. 建材世界，2023，44（04）：74–77.

[27] 中国建筑材料联合会. 建筑陶瓷行业碳减排技术指南［EB/OL］.（2023–11–23）.

[28] 中国建筑材料联合会. 卫生陶瓷行业碳减排技术指南［EB/OL］.（2023–11–23）.

[29] 唐喜斌，廖程浩，李易熹，等. 建筑陶瓷行业清洁能源改造减污降碳效益分析——以广东省为例［J］. 环境生态学，2023，5（11）：95–100.

[30] 肖建平，吴长发，范伟峰. 微波干燥在陶瓷行业的应用［J］. 陶瓷，2019，（03）：9–13.

[31] 李绍勇，曹飞，梁飞峰. Extenller1600 大板辊压成型系统的结构和工作原理［J］. 机械与设备，2019，274（05）：23–27.

[32] 吴宇鹏，范安成，吴仁海，等. 陶瓷行业减污降碳协同增效案例评估——基于干法制粉的实证分析［J］. 气候变化研究进展，2022，18（03）：373–380.

[33] 高强，岑超平，张静园，等. 陶瓷炉窑烟气多污染物协同控制技术ETV评价［J］. 环境保护科学，2021，47（06）：100–105+133.

第三篇

城乡减污降碳

08

第八章 城乡建设减污降碳协同增效

城乡建设是在城市和农村地区进行的各种建设活动，包括房屋建设、道路建设、公共设施建设等，这些建设活动对城乡发展和人民生活水平的提高具有重要意义。

城乡建设是碳排放的主要领域之一。随着城镇化快速推进和产业结构深度调整，城乡建设领域碳排放量及其占全社会碳排放总量比例均将进一步提高。在习近平新时代中国特色社会主义思想指引下，以绿色低碳发展为引领，加快转变城乡建设方式，推进城乡建设减污降碳协同增效，对实现我国城乡建设高质量发展意义重大。

本章在对城乡建设碳污排放特征进行分析的基础上，分别介绍了城乡建筑、城乡交通道路和城乡公共设施的减污降碳协同效应。

第一节 城乡建设与碳污排放特征

一、城乡建设

城乡建设是城乡建筑、城乡交通道路和城乡公共设施的新建、扩建和改建过程。

（一）城乡建设设施

1. 城乡建筑

城乡建筑包含居住建筑、公共建筑、工业建筑和农业建筑等多种类别。

（1）居住建筑

居住建筑是供人们生活起居使用的建筑物，是人类生活和生存的基本空间载体，主要包括住宅、宿舍等。

（2）公共建筑

公共建筑是供社会公众使用和活动的建筑物，其主要目的是满足公众的公共活动需求，包括管理机构、教育、文化、体育、医疗卫生、商业和服务业等各类建筑。

（3）工业建筑

工业建筑是为工业生产及其直接服务而专门建造的各种生产用房和附属建筑物的总称，是工业企业生产经营活动的空间载体，主要包括厂房、车间、仓库和动力站等。

（4）农业建筑

农业建筑是为农林牧渔业生产和农产品初加工服务而兴建的各类生产用房、储存设施及附属设施的总称，是农业生产经营活动的空间载体，主要包括畜禽舍、温室大棚和粮库仓库等。

2. 城乡交通道路

城乡交通道路是保障交通运输系统安全正常运营的基础设施，分为对外交通设施和内部交通设施。前者包括航空、铁路、水运和公路等，后者包括城镇内部的道路、桥梁、隧道、地铁、轻轨、常规公交、停车场和轮渡等。

（1）道路和公路

道路是供各种车辆（无轨）和行人通行的工程设施。按其使用特点分为城市道路、公路、厂矿道路、林区道路及乡村道路等。

公路是供汽车行驶并具备一定技术标准的设施。公路包括高速公路、一级公路、二级公路、三级公路、四级公路和等级之外的农村公路，按行政等级划分可分为：国家公路、省级公路、县级公路、乡级公路、村级公路（简称为国道、省道、县道、乡道、村道）及专用公路六个等级。

（2）城市轨道交通

城市轨道交通是采用轨道结构进行承重和导向的车辆运输系统。根据《城市公共交通分类标准》，城市轨道交通主要包括地铁系统、轻轨系统、市域快轨系统、单轨系统和有轨电车系统等。

（3）管道

管道是用管子、管子连接件和阀门等连接成的用于输送气体、液体或带固体颗粒的流体的装置。城市里的给水、排水、供热、供煤气管道的干线和长距离的输油输气管道大多敷设在地下，而工厂里的工艺管道为便于操作和维修多敷设在地上。

（4）交通枢纽

交通枢纽是几种运输方式或几条运输干线交会并办理客货运输作业的各种技术设备的综合体（统一体），也是城市交通与城间交通的衔接处。汽车站、火车站、港口和机场等交通枢纽是大量客货流集散地。

（5）交通运输的配套设施

交通运输的配套设施是与上述交通运输基础设施正常运行配套的设施，如供电系统、加压站、供气供油站、通信信号系统、停车场、道路标志标线和车辆维修场所等。

3. 城乡公共设施

城乡公共设施指在城乡范围内，为了满足居民生活和工业、商业等活动的需求而建设和配备的各种设施。这些设施涵盖了能源的生产、传输、分配、储存和消费等各个环节。

（1）给排水系统

给排水系统由给水系统和排水系统组成。给水系统包括给水水源、取水构筑物、输水道、给水处理厂和给水管网，它们共同协作，具有取集和输送原水、改善水质的作用。而排水系统则包括排水管系（或沟道）、废水处理厂和最终处理设施，负责收集和输送废水（污水），并通过废水处理厂去除污染物，最后排入水体或土地。

（2）电力设施

电力设施是处于运行、备用、检修状态的发电、输电、变电、配电、电力调度和电力通信等设施及相关辅助设施。

（3）燃气设施

燃气设施是从气源点（天然气或人工煤气生产厂、储配站和门站等）通过输配系统到用户使用的所有设施、设备和装置。

（4）城市热力设施

城市热力系统指的是城市中集中供应生产和生活用热的工程设施系统，主要由热源、热力网和应用设施（或称为热用户）三部分组成。

（5）城乡固体废物收集与处理设施

城乡固体废物收集与处理设施是对居民生活垃圾和房屋建设中产生的建筑废物进行收集和无害化资源化处理的设施。

（二）城乡建设过程

城乡建设过程一般包括规划设计、备料及运输、施工和运行管理等过程。

1. 规划设计

规划指对一定时期内城乡社会和经济发展、土地利用、空间布局及各项建设的综合部署、具体安排和实施管理。通过科学的方法配置城乡空间资源，实现城乡、区域持续健康协调发展。设计指建设设施在建造之前，按照建设任务，针对施工过程和使用过程中存在的或可能发生的问题，事先做好通盘的设想，拟定好解决这些问题的办法和方案，用图纸和文件表达出来，作为备料、施工组织工作和各工种在制作、建造工作中互相配合协作的共同依据。

2. 备料及运输

备料是为建设工程准备所需的建筑材料、原料和燃料等的总称。运输是通过物流的方式将建筑材料运至建筑施工工地的过程。

3. 施工

施工过程是在建筑工地上进行的生产过程，其最终目的是建造、改建、扩建、修复或拆除工业及民用建筑物和构筑物的全部或一部分。例如，砌筑墙体、粉刷墙面、安装门窗、敷设管道等都是施工过程。

4. 运行管理

运行管理指利用先进的管理制度体系和技术手段，实现对不同设施、设备与使用空间的管理，打造建筑可持续的安全耐久、健康舒适、生活便利、资源节约及环境宜居的使用环境和低碳、友好的社会环境。

二、城乡建筑建设过程碳污排放特征

（一）碳污排放源

城乡建筑建设过程的碳污排放一般包括建筑的建材运输、建筑施工和建筑运行三个阶段的碳污排放。

1. 建材运输

建材运输阶段的碳污排放主要来源于运输所采用的交通工具的燃料燃烧。柴油、汽油等化石燃料燃烧会带来大量的碳排放和一氧化碳（CO）、氮氧化物（NO_x）、颗粒物（PMs）等大气污染物排放。

2. 建筑施工

建筑施工环节会带来不同程度的大气污染。混凝土的原料搅拌与现场浇筑过程伴随着混凝土搅拌车、泵车等机械设备的大量使用，带来CO、NO_x、挥发性有机物（VOCs）等污染物排放；建筑工地及渣土运输过程中产生大量可吸入颗粒物；建筑装修过程中使用的油漆、胶黏剂则是有害挥发性有机物的主要排放源。

同时，该环节会产生大量施工污水，如含高浓度悬浮物和泥沙的混凝土养护水、车辆冲洗水及施工机维修保养的含油污水等。初期污染雨水也是施工环节会带来的主要污染物之一，雨水一般比较清洁，但施工区域降雨初期的雨水往往携带空气中、地面上的各种污染物，其污染程度同样较大。

建筑施工也会产生大量固体废物，前期支模、后期拆模及找平压光等过程则带来了明显的建筑固体废物处理问题；土石方开挖、建材使用等带来了更多砖瓦碎片、木屑、金属残余等固体废物。

3. 建筑运行

建筑运行阶段的碳污排放主要来自为满足室内环境和生活需求所消耗的能源。当前我国的集中供暖系统通常采用煤炭作为主要能源，而以煤炭为代表的化石能源的使用除造成碳排放外，还会带来大量的二氧化硫（SO_2）、NO_x等有害废气和颗粒物等空气污染物。其他机械设备，如照明设施、灶具、电器等，同样会直接或间接带来相应的碳污排放问题。

建筑运行环节的废水主要是人们日常生活中产生的生活污水，固体废物则以生活垃圾为主，包括日常维护和维修中产生的废旧建材、设备和零部件，以及住户和商业活动中产生的生活垃圾和办公废物。

（二）碳污排放特征

1. 建材运输

建材运输以大宗货物运输为主，一般采用公路运输、铁路运输和水路运输，部分高端材料也会采用航空运输的方式。各运输方式的碳污排放系数见表8-1。

表8-1 各运输方式的碳污排放系数

运输方式	碳污排放系数/[g·(kW·h)$^{-1}$]					
	CO/g	VOCs/g	NO_x/g	$PM_{2.5}$/g	PM_{10}/g	CO_2/[kg(CO_2)·t^{-1}·km^{-1}]
公路	0.97/km	0.01/km	1.04/km	0.011/km	0.012/km	0.074
铁路	8.25/kg(燃料)	2.95/kg(燃料)	54.14/kg(燃料)	2.02/kg(燃料)		0.007
水路	23.8/kg(燃料)	6.19/kg(燃料)	47.6/kg(燃料)	3.81/kg(燃料)		0.012
航空	5.94~39.83/(LTO)	0.52~3.19/(LTO)	2.17~69.09/(LTO)	0.54/(LTO)		1.222

资料来源:《城市大气污染源排放清单编制技术指南》(T/CSES144—2024),《中国产品全生命周期温室气体排放系数集(2022)》。

2. 建筑施工

建筑施工过程中大型机具的使用对碳污排放的影响明显。部分大型机具运用中的碳污排放系数见表8-2。

表8-2 部分大型机具运用中的碳污排放系数

大型机具	碳污排放系数				
	$PM_{2.5}$/[g·(kW·h)$^{-1}$]	VOCs/[g·(kW·h)$^{-1}$]	NO_x/[g·(kW·h)$^{-1}$]	CO/[g·(kW·h)$^{-1}$]	CO_2/[kg(CO_2)·台班$^{-1}$]
挖掘机	0.37	0.38	4.79	0.71	184.658 8
推土机	0.25	0.8	4.5	4.5	234.548
装载机	0.34	0.51	6.68	1.69	212.926 8
叉车	0.29	0.49	9.09	2.33	101.871
压路机	0.04	1.18	20.01	1.2	119.833 4

资料来源:《城市大气污染源排放清单编制技术指南》(T/CSES144—2024),《建筑碳排放计算标准》(GB/T 51366—2019),《中国产品全生命周期温室气体排放系数集(2022)》。

3. **建筑运行**

该阶段碳污排放主要来自供暖、制冷、照明和电器设备等的电、气、煤和水等资源消耗。据国家统计局数据，2022年，人均年生活用煤量为39 kg，人均年生活用电量为987 kW·h，人均日生活用气量为42 m^3，人均日生活用水量为185 L。

在生活污水方面，人均日生活污水量为160~200 L。在生活垃圾方面，人均日生活垃圾清运量为1.0~1.2 kg。

各能源消耗碳污排放系数见表8-3。此外，受发展水平和生活习惯的影响，我国城镇建筑运行阶段的碳污排放远高于乡村建筑。

表8-3 各能源消耗碳污排放系数

能源消耗	排放系数/[g·(kW·h)$^{-1}$]								
	SO_2/kg	NO_x/kg	颗粒物/kg	VOCs/kg	化学需氧量/mg	氨氮/mg	总氮/mg	总磷/mg	CO_2/kg(CO_2)
生活燃煤/t	1~9	1.1	10	1.5					1 870~2 030
生活用气/(万m^3)	5.4×10^{-3}	12	1.1	0.92					28 000
生活用电/(kW·h)									0.556 8
生活用水/L					285~465	28.3~53.2	39.4~73.8	4.10~5.76	

资料来源：《排放源统计调查产排污核算方法和系数手册》《中国产品全生命周期温室气体排放系数集(2022)》。

三、城乡交通道路建设碳污排放特征

(一) 碳污排放源

城乡交通道路的碳污排放主要来源于道路建设和道路维护与运行两个阶段。

1. **道路建设**

施工过程方面，道路施工中大量使用内燃机动力的工程车辆和机械，如轮胎式装载机、挖掘机、光轮压路机和履带式推土机等，这些设备通常通过燃烧柴油或汽油来提供动力。燃料燃烧会排放大量的含SO_2、NO_x和颗粒物的烟气，同时，燃料中的碳元素会转化为CO_2和其他碳氢化合物（HC）进行排放，如果设备维护不当或燃料质量差，就可能会导致不完全燃烧，进而产生CO和未燃烧的HC。

在建筑材料制造与施工环节中也会产生大量的碳污染排放，例如，生石灰、二灰碎石和沥青混合料等材料的生产过程都会产生大量的碳排放。沥青混合料的拌合与铺筑过程会释放沥青烟气，如果排污设备不达标，那么这种具有挥发性的小颗粒会对环境造成严重污染。这些设备功率大、运行时间长，碳排放量相对较高，但也具有间歇排放，不同工况下设备的碳排放量会有显著差异。

交通施工设备在工作过程中会产生大量的废水，例如，钻机在进行隧道洞口挖掘或道路施工时会产生大量废水。这些废水中可能含有机械油脂、金属碎屑等污染物。特殊地形需要建设隧道时，也往往会产生废水。当穿越不同地质层时，地下水或岩层中的水分可能渗入隧道，形成废水。这些废水的水质会根据地质条件的不同而有所变化，可能含有高浓度的矿物质或其他天然污染物。此外，道路施工中，为了减少扬尘，常常会进行洒水降尘。这些用于降尘的水在使用后可能混入各种杂质，如泥土、砂石等，从而形成废水。混凝土浇筑时，需要用水进行搅拌和养护。这些过程中产生的废水可能含有水泥、沙、石等建筑材料残留物及添加剂等化学物质。

道路施工固体废物主要产生于以下三个环节：① 进场前清场废物，在施工前清理场地时产生的杂草、灌木等植物残体，这些废物是施工前的准备工作中不可避免的产物。② 路基开挖弃土，路基挖方过程中，除了一部分土壤被利用于工程外，剩余部分需要用车辆运输至统一的弃土场，若随意处置这些弃土，则会导致水土流失和环境污染。③ 旧路改建废料，在进行旧路改建时，会拆除旧的混凝土、砌体和油面，这些拆除物也成了固体废物的一部分。

2. 道路维护与运行

道路维护中的碳污排放源与道路新建较为接近，也包括材料生产、机械施工和材料运输，以及与道路维护相关的交通运输。

道路运行的碳污排放主要来自机动化的运输工具，如汽车、摩托车和货车等车辆，这些车辆主要依赖汽油、柴油或CNG等作为动力来源，在行驶过程中会燃烧燃料并排放大量的CO_2、CO、NO_x及颗粒物等污染物。

（二）碳污排放特征

道路、桥梁等交通工程设施在建设与维护过程中需要大量的建筑耗材，与建筑物耗材较为接近，基于不同交通运输工具的建筑耗材碳污排放系数与表8-1基本一致，道路交通设施建设过程中使用的主要机具的碳污排放系数与表8-2基本一致。

四、城乡公共设施建设碳污排放特征

（一）城乡能源系统

1. 碳污排放源

城乡能源系统指为建筑和工业生产提供电力、热力和燃料供应的供给系统，包括输配系统、中间转换环节、终端用能和调控。

电力设备如电力线路、变压器等的制造和安装过程，会产生废气、废水和固体废物。废气中主要包含SO_x、NO_x、VOCs等污染物，这些污染物主要来源于焊接、表面处理等环节。在电网设备的运行和检修过程中，车辆的往返运输、机械设备的使用也会产生碳排放。

燃气工程在建设阶段会产生CO_2、CO、NO_x及颗粒物等多种碳污排放物。这些排放物主要来源于施工机械运行、材料运输及现场施工等环节。在运行阶段，燃气燃烧会释放大量的CO_2。

城乡供暖工程包括锅炉房和管道等载体，与城乡建筑一样，会产生废水、固体废物和废气。在运行阶段，需消耗大量化石能源，产生CO_2、CO、NO_x及颗粒物等污染物。

2. **碳污排放特征**

城乡居民生活中，家用电器产生了大量的碳污排放物，且主要集中在使用环节。以常用的空调为例，从全生命周期视角看，一台空调生产原料获取环节CO_2排放量为78 kg，制造环节为8.38 kg，运输环节为2.78 kg，使用中电力消耗为2 097.26 kg，回收处置环节为1.07 kg，使用环节占绝对主体。城乡居民主要家用电器CO_2排放标准如表8-4所示。

表8-4　城乡居民主要家用电器CO_2排放标准

家用电器名称	空调	洗衣机	电冰箱	微波炉	热水器	笔记本电脑	台式电脑
排放标准/[kg（CO_2-eq）·（台或个）$^{-1}$]	86.04~89.16	328.77	166.79	160.00	68.69	220.00~799.00	736.86~1 109.25

资料来源：《中国产品全生命周期温室气体排放系数集（2022）》。

供暖工程中大量使用煤炭和其他煤制品，也产生大量的CO_2等温室气体。煤炭及煤制品CO_2排放标准如表8-5所示。焦炭排放标准明显高于无烟煤和褐煤等，煤矸石和焦炉气下游排放标准最低。

表8-5　煤炭及煤制品CO_2排放标准

名称	无烟煤	烟煤	褐煤	焦炭	型煤	煤矸石	焦炉气
上游排放标准/[t（CO_2-eq）·t^{-1}]	0.11	0.11	0.11	0.54	0.24	0.62	0.32
下游排放标准/[t（CO_2-eq）·t^{-1}]	1.92	1.76	1.39	2.85	1.94	0.97	0.86

资料来源：《中国产品全生命周期温室气体排放系数集（2022）》。

注：上游指生产该产品的温室气体排放量，包括电力、运输等；下游指使用该产品的温室气体排放量。

（二）城乡供水排水系统

1. **碳污排放源**

（1）建设过程

在城乡供水排水系统的建设阶段，与交通道路和建筑工程一样，会产生废水、废气、固体废物和碳排放。这种排放主要集中在供水厂、沿给排水管网和城市污水厂。

（2）运行过程

① 给排水管网

在给排水管网运行过程中，碳污排放主要来源于管道内的温室气体排放及管道材料对碳排放的贡献。首先，给排水管道内有机物厌氧分解会产生甲烷（CH_4）等温室气体，特别是检查井、人孔及化粪池等封闭环境中的积聚与逸散。其次，管道腐蚀与结垢会间接促进温室气体排放，腐蚀过程中可能涉及含碳化合物的转化。

② 供水厂

在供水厂运行过程中，CO_2与污染物的来源主要包括能源消耗、药剂使用及水处理过程中产生的副产物等。供水厂工艺流程及不同阶段碳污排放节点如图8-1所示。

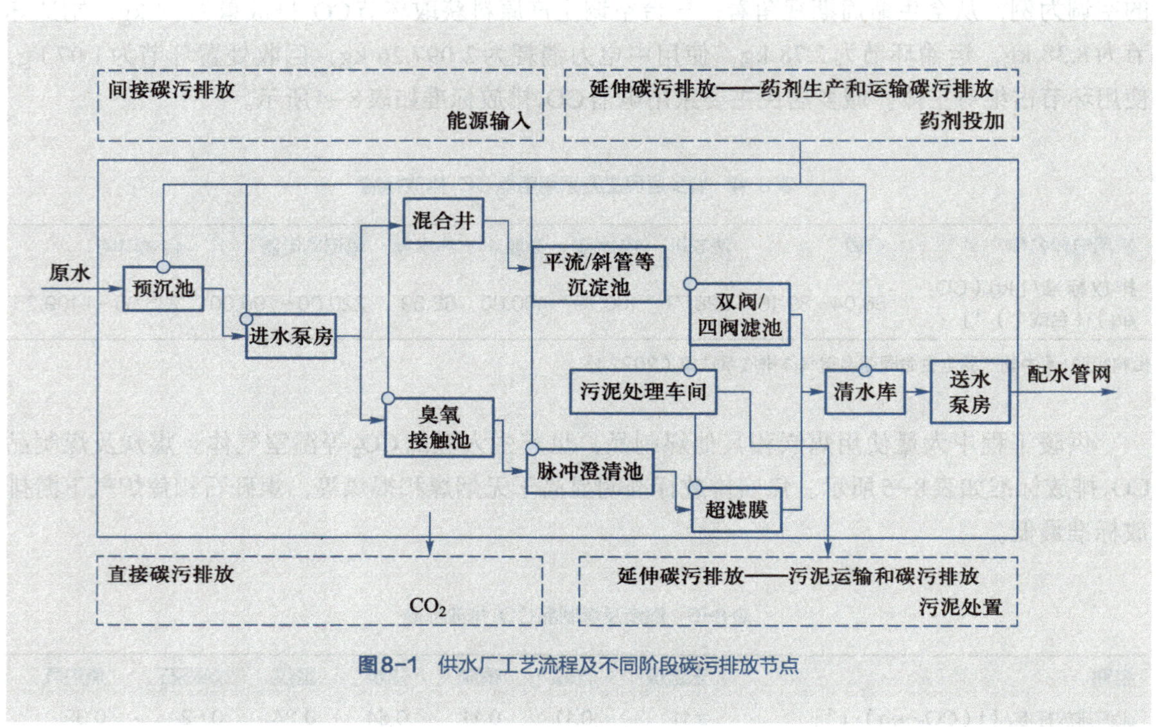

图8-1　供水厂工艺流程及不同阶段碳污排放节点

在能源消耗方面，电力是主要的能源消耗形式，用于驱动水泵、风机及搅拌器等设备。这些设备的运行会间接产生大量的CO_2排放。具体来说，送水泵房、超滤膜工艺和进水泵房是电力消耗的关键环节，占总电耗碳排放的大部分比例。此外，在冬季，部分水厂可能还需要消耗热力来维持水温或进行其他加热处理，热力消耗同样会产生间接的CO_2排放。在废物排放方面，药剂使用必不可少，如聚合氯化铝（PAC）、三氯化铁等用于去除水中的悬浮物和胶体物质。这些药剂的生产过程会产生碳排放，同时药剂的运输和使用也是碳排放的来源之一。

水处理过程中产生的污泥含有大量的有机物和微生物，其处理（如厌氧消化、好氧堆肥等）和处置（如填埋、土地利用等）过程会产生CH_4等温室气体排放和其他污染物排放。

③ 污水处理厂

在污水厂运行过程中，CO_2与污染物的来源涉及污水泵送、药剂处理、生物处理、污泥处理与处置等多个环节。

在污水泵送方面，污水厂的泵送系统（如提升泵、回流泵等）、曝气系统、混合搅拌装置及污泥处理设备（如脱水机）等，在运行过程中直接消耗电能，这些电能的产生主要依赖化石燃料的燃烧，从而间接导致大量CO_2的排放。除了直接运行的电力消耗外，污水厂还可能消耗蒸汽、燃气等能源用于加热、保温等工艺过程，这些能源的消耗同样间接产生CO_2的排放。

在药剂处理方面，污水厂在处理过程中会投加混凝剂（PAC、铁盐等）、助凝剂、消毒剂（氯、次氯酸钠等）及碳源（乙酸钠、甲醇等）等化学药剂，这些药剂的生产、运输和使用过程均会产生碳排放。此外，药剂本身及其降解产物也可能成为水体中的污染物。

在生物处理方面，在污水生物处理过程中，有机物作为微生物的营养源被降解为CO_2、水和生物质，这一过程直接产生CO_2排放。污水中的氮、磷通过生物作用转化为氮气、磷酸盐等形态，但在硝化、反硝化等过程中也可能伴随NO_x的产生。

在污泥处理与处置方面，污泥在厌氧消化过程中会产生CH_4等生物气体，CH_4的排放对温室效应有显著贡献。同时，厌氧消化后的污泥仍含有一定的有机物，其进一步处理或处置过程也可能产生碳排放。在污泥焚烧过程中，有机物被氧化为CO_2和水蒸气，直接产生大量CO_2排放。污泥填埋后，在厌氧环境下有机物分解也会产生CH_4等温室气体。

2. 碳污排放特征

（1）供水厂

在城乡自来水生产和供应阶段，城市供水的总体碳排放系数约为0.21 kg（CO_2−eq）/m^3。污染物方面，受不同处理工艺影响所产生的污染物排放量有所差异。不同水处理工艺的污染物排放系数见表8−6。

表8−6　不同水处理工艺的污染物排放系数

原料	处理工艺	工业废水量/[t·t^{-1}（产品）]	化学需氧量/[g·t^{-1}（产品）]	氨氮/[g·t^{-1}（产品）]	总氮/[g·t^{-1}（产品）]	总磷/[g·t^{-1}（产品）]	污泥/[g·t^{-1}（产品）]
地表水	混凝沉淀（或澄清）过滤消毒工艺	0.030 4～0.0616	1.1～1.13	0.025 3～0.029 1	0.300～0.383	0.019 7～0.023 4	0.011～0.0118
	气浮（或沉淀）过滤消毒工艺	0.039 0～0.042	1.2～1.21	0.035 0～0.390	0.380～0.381	0.02～0.024	5.02
地下水	曝气沉淀过滤消毒工艺	0.015 8～0.017 4	0.300～0.330	0.008 01～0.008 66	0.040 1～0.044 8	0.006 71～0.007 50	

资料来源：《排放源统计调查产排污核算方法和系数手册》。

（2）污水处理厂

污水处理过程中直接排放的温室气体主要包括CH_4和N_2O，根据蔡博峰等（2015）相关研究，我国不同省份污水处理厂产生的CH_4排放量差异较小，区间值为0.003 9~0.026 7 kg（CH_4）/kg（COD），排放标准相对较高的地区主要是新疆和西藏，其值分别为0.019 kg（CH_4）/kg（COD）和0.026 7 kg（CH_4）/kg（COD），其余各省市排放值约为0.005 kg（CH_4）/kg（COD）。N_2O排放因子约为0.035 kg（N_2O）/kg（COD）。

此外，温室气体排放量与污水处理工艺存在一定的关系，不同污水处理工艺条件下温室气体排放量如表8-7所示。可以看出，生物膜法进行污水处理所产生的温室气体排放量整体较小，与氧化沟法排放量基本接近。

表8-7　不同污水处理工艺条件下温室气体排放量

处理工艺	氧化沟	传统活性污泥法	SBR	AO	AAO	生物膜法
排放量/（$kg \cdot m^{-3}$）	0.576	0.630	0.618	0.662	0.618	0.560

资料来源：郭盛杰等，2019。

（三）城乡垃圾收集处理系统

1. 碳污排放源

（1）建设过程

建设垃圾收集系统通常涉及基础设施建设，如垃圾中转站、分类设施、垃圾填埋场和焚烧厂等。施工活动的碳污排放与常规土建工程一样，包括施工过程中使用的机械设备的废气排放、建筑施工过程中的废水排放，以及施工固体废物排放。

（2）运行过程

在城乡垃圾收运和处理过程中，在垃圾收集运输、垃圾中转站、垃圾填埋场和垃圾焚烧厂都会产生较大的碳污排放。

① 垃圾收集运输

首先，垃圾在收集前已自然发酵产生温室气体，尤其是厨余垃圾中的蔬菜及瓜果残渣，易发酵腐烂释放大量CO_2。垃圾运输过程中的能源消耗是碳排放的主要来源，运输车辆需消耗燃油以驱动，尾气排放包含大量CO_2、CO及NO_2等温室气体。此环节碳排放量与运输距离、车辆能效及交通状况密切相关，呈现动态变化特征。此外，收集运输系统的整体效率亦影响碳排放。

② 垃圾中转站

在垃圾中转过程中，碳污特征主要体现在能源消耗和操作效率方面。垃圾中转站作为连接垃圾收集点与最终处理场所的桥梁，其日常运营中涉及大量运输车辆的往返，这些车辆在运行过程中会消耗大量能源，排放大量的温室气体与污染物，构成中转环节的主要碳排放源。中转过程中的操作效率直接影响碳污的排放，如果中转站布局不合理、设备自动化程度低或管理不善，那么都将导致转运效率低下，增加车辆运输次数和等待时间，从而增加能源消耗和碳排放。

③ 垃圾填埋场

填埋垃圾在厌氧条件下分解，产生大量CH_4，其温室效应显著强于CO_2。CH_4排放受填埋垃圾类型、湿度、温度及微生物活动等因素影响，随填埋深度和时间而变化。此外，填埋场运营中的机械设备作业和渗滤液处理也会产生碳污排放。

④ 垃圾焚烧厂

焚烧处理过程中垃圾中的有机碳在高温下氧化生成CO_2，是主要的碳排放形式。此外，不完全燃烧还可能产生CO等其他碳质污染物。垃圾中所含的化石碳对CO_2排放贡献显著，而焚烧发电通过替代化石燃料能在一定程度上减少净碳排放量。此外，焚烧过程中还可能产生NO_x、二噁英等有害污染物，这些物质的生成与燃烧温度、停留时间、湍流度及过剩空气系数等操作条件密切相关。特别是二噁英，作为一种强致癌物，其排放控制是焚烧污染防治的关键。

2. 碳污排放特征

（1）建设过程

建设过程的碳污排放特征与表8-1和8-2类似。

（2）运行过程

依据《城市生活垃圾管理办法》，生活垃圾收运环节温室气体排放量核算范围为分类投放点、垃圾暂存点/垃圾桶站、中转站和末端处理场/厂4个核算单元（图8-2）。

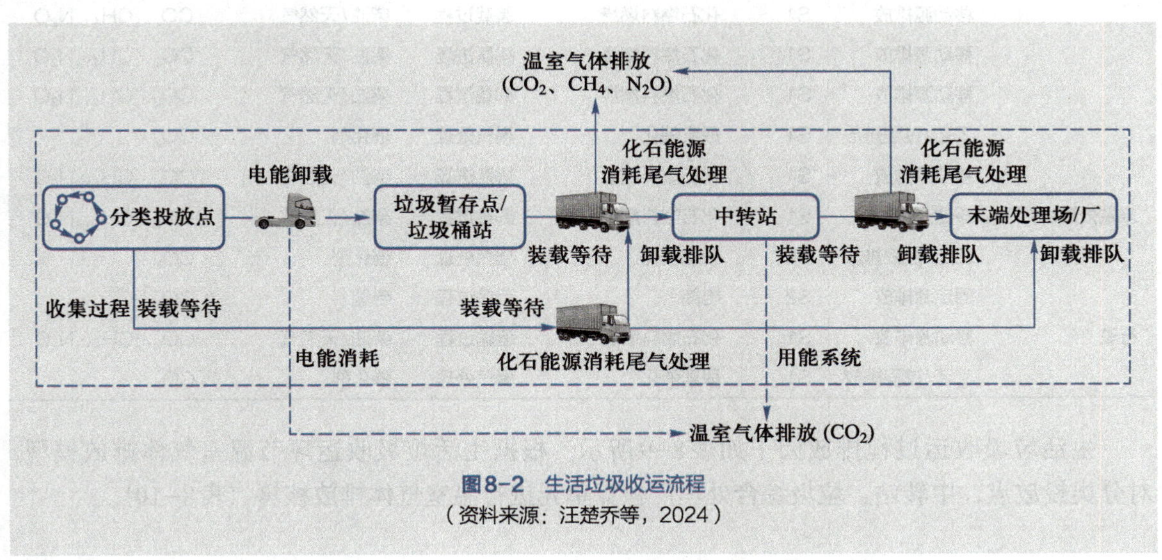

图8-2 生活垃圾收运流程

（资料来源：汪楚乔等，2024）

生活垃圾收运过程不同划分标准的排放源清单如表8-8所示，移动源排放为车辆装卸、排队进场、运输等过程燃油收运车化石燃料燃烧直接排放CO_2、CH_4和N_2O（排放形式为S1），以及电动收运车收集过程外购电能导致间接排放CO_2（排放形式为S2）；固定源排放为中转站外购能源（电能和热能）导致间接排放CO_2（排放形式为S2）；工艺/过程排放为燃油收运车辆尾气处理消耗催化剂导致的CO_2排放（排放形式为S1）；逸散排放为在分类投放点和垃圾暂存点停留过程中生活垃圾中可生化组分发生降解直接排放CO_2（排放形式为S1），由于该过程CO_2为生物成因，依据IPCC指南，不计入核算中。

表8-8　生活垃圾收运过程不同划分标准的排放源清单

生活垃圾收运过程	排放源种类	排放形式	装置设施或活动		使用介质	产生温室气体类型
			排放源	排放过程		
分类投放点	移动源排放	S1/S2	化石燃料燃烧/电能	收集过程	柴油/天然气/电能	CO_2、CH_4、N_2O
	移动源排放	S1	化石燃料燃烧/电能	装载过程	柴油/天然气	CO_2、CH_4、N_2O
	工艺/过程排放	S1	尿素催化	尾气处理	催化剂	CO_2
垃圾暂存点/垃圾桶站	移动源排放	S1	化石燃料燃烧	装载过程	柴油/天然气	CO_2、CH_4、N_2O
	移动源排放	S2	电能	卸载过程	柴油/天然气	CO_2、CH_4、N_2O
	工艺/过程排放	S1	尿素催化	尾气处理	催化剂	CO_2
中转站	固定源排放	S2	电能	垃圾压缩	柴油/电能	CO_2、CH_4、N_2O
	固定源排放	S2	电能	照明系统	电能	CO_2
	固定源排放	S2	电能	除臭系统	电能	CO_2
	固定源排放	S2	电能	供热系统	热能	CO_2
	固定源排放	S2	电能	液压装置	热能	CO_2
	移动源排放	S1	化石燃料燃烧	装载过程	柴油/天然气	CO_2、CH_4、N_2O
	移动源排放	S1	化石燃料燃烧	排队进场	柴油/天然气	CO_2、CH_4、N_2O
	移动源排放	S1	化石燃料燃烧	卸载过程	柴油/天然气	CO_2、CH_4、N_2O
	工艺/过程排放	S1	尿素催化	尾气处理	催化剂	CO_2
末端处理场/厂	移动源排放	S1	化石燃料燃烧	排队进场	柴油/天然气	CO_2、CH_4、N_2O
	移动源排放	S1	化石燃料燃烧	卸载过程	柴油/天然气	CO_2、CH_4、N_2O
	工艺/过程排放	S1	尿素催化	尾气处理	催化剂	CO_2
行驶	固定源排放	S2	电能	运输过程	电能	CO_2
	移动源排放	S1	化石燃料燃烧	运输过程	柴油/天然气	CO_2、CH_4、N_2O
	工艺/过程排放	S1	尿素催化	尾气处理	催化剂	CO_2

生活垃圾收运过程排放因子如表8-9所示，根据生活垃圾收运环节温室气体排放模型，对分类投放点、中转站、垃圾综合处理厂核算单元进行温室气体排放核算（表8-10）。

表8-9　生活垃圾收运过程排放因子

排放因子	变量	数值	来源
行驶	EF1	7.41×10^{-2} t/GJ	《陆上交通运输企业温室气体排放核算方法与报告指南（试行）》
装载、卸载	EF2	2.63 kg/L	餐厨垃圾不同“收集–处理”模式的碳排放估算对比
电能	EF3	94.19×10^{-2} t/(MW·h)	中国区域电网基准线排放因子

表8-10　生活垃圾收运过程温室气体排放量

垃圾类型	垃圾收运模型	收运环节	排放源	温室气体排放量/(kg·t^{-1})	核算单元温室气体排放量/(kg·t^{-1})
其他垃圾	分类投放点—中转站—末端处理场/厂	分类投放点	收集过程	0.36	9.97
			装载等待	9.61	
		中转站	排队进场	0.04	5.82
			卸载等待	0.30	
			垃圾压缩	3.77	
			照明系统	0.07	
			除臭系统	1.18	
			装载等待	0.46	
		末端处理场/厂	排队进场	0.02	0.29
			卸载等待	0.27	
		行驶	运输过程	2.68	
		尾气处理		0.01×10^{-3}	
		总计		18.76	
厨余垃圾	分类投放点—末端处理场/厂	分类投放点	收集过程	0.36	21.61
			装载等待	21.25	
		末端处理场/厂	排队进场	0.04	0.34
			卸载等待	0.29	
		行驶	运输过程	2.83	
		尾气处理		0.01×10^{-3}	
		总计		24.77	

第二节
城乡建筑减污降碳协同增效

建筑业是城乡地区主要的能源消费和污染排放源之一，其所带来的碳排放和大气、水体、固体废物、噪声、振动、光等环境污染情况严峻。因此，大力推进建筑领域的节能减排工作，对实现区域绿色低碳发展至关重要。

一、城乡建筑绿色评价标准

绿色建筑的评价起源于20世纪90年代初期，目前国际上与绿色建筑评价体系相关的方法、框架和工具已超过100种，主要的评价体系包括英国建筑研究院环境评估方法（building research establishment environmental assessment method，BREEAM）、美国的领先能源与环境设计（leadership in energy and environmental design，LEED）、加拿大的GBC2000等，评价项目可归为两大类：目标项目（包含环境、健康和经济类指标）和手段项目（包含设计、规划和管理类指标）。

2006年，我国首次颁布《绿色建筑评价标准》（GB/T 50378—2019），明确了绿色建筑的定义、内涵、技术规范和评价标准，后于2014年、2019年分别进行修订。评价时，主要考虑建筑的设计和运行阶段，评分项由安全耐久、健康舒适、生活便利、资源节约和环境宜居5类指标组成，且每类指标均包括控制项和评分项，此外，额外设置提高与创新加分项。基于建筑的得分和技术要求，将绿色建筑的等级从高到低划分为三星级、二星级、一星级。目前，我国基于《绿色建筑评价标准》形成了一系列较为完善的不同类型绿色建筑评价标准体系，见表8-11。

表8-11　不同类型绿色建筑评价标准体系

颁布时间	编号	名称
2013年	GB/T 50878—2013	《绿色工业建筑评价标准》
	GB/T 50908—2013	《绿色办公建筑评价标准》
2015年	GB/T 51141—2015	《既有建筑绿色改造评价标准》
	GB/T 51100—2015	《绿色商店建筑评价标准》
	GB/T 51153—2015	《绿色医院建筑评价标准》
2016年	GB/T 51148—2016	《绿色博览建筑评价标准》
	GB/T 51165—2016	《绿色饭店建筑评价标准》

随着城乡建设减污降碳的新要求不断提高，《城乡建设领域碳达峰实施方案》提出：预计到2025年，我国城镇新建建筑将全面执行绿色建筑标准，星级绿色建筑占比达到30%以上，新建政府投资公益性公共建筑和大型公共建筑全部达到一星级以上。

二、城乡建筑碳污排放测度

建筑物的全过程排放一般通过生命周期评价（life cycle assessment，LCA）测算，可按《建筑碳排放计算标准》（GB/T 51366—2019）中所定义的建材生产及运输阶段、建造及拆除阶段和建筑运行阶段进行生命周期阶段划分。

建材生产及运输阶段计算范围包括建筑主体结构材料、建筑围护结构材料、建筑构件和部品等。以碳排放为例，建材生产及运输阶段计算公式如下：

$$C_{JC} = C_{SC} + C_{YS} \tag{8-1}$$

式中：C_{JC}——建材生产及运输阶段单位建筑面积的碳排放量，kg（CO_2）/m^2；

C_{SC}——建材生产阶段单位建筑面积的碳排放量，kg（CO_2）/m^2；

C_{YS}——建材运输阶段单位建筑面积的碳排放量，kg（CO_2）/m^2。

$$C_{SC} = \frac{\sum_{i=1}^{n} M_i F_i}{A} \tag{8-2}$$

式中：C_{SC}——建材生产阶段单位建筑面积的碳排放量，kg（CO_2）/m^2；

M_i——第 i 种建材的消耗量；

F_i——第 i 种建材的碳排放因子，kg（CO_2）/单位建材数量；

A——建筑面积，m^2。

$$C_{YS} = \frac{\sum_{i=1}^{n} M_i D_i T_i}{A} \tag{8-3}$$

式中：C_{YS}——建材运输阶段单位建筑面积的碳排放量，kg（CO_2）/m^2；

M_i——第 i 种建材的消耗量；

D_i——第 i 种建材平均运输距离，km；

T_i——第 i 种建材的运输方式下，单位质量运输距离的碳排放因子，kg（CO_2）/（t·km）；

A——建筑面积，m^2。

建造及拆除阶段计算范围包括建筑建造阶段和拆除阶段两部分。建筑建造阶段包括完成各分部分项工程施工产生的排放和各项措施项目实施过程产生的排放。建筑拆除阶段包括人工拆除和使用小型机具机械拆除消耗的各种能源动力产生的排放。以碳排放为例，应根据各系统不同类型能源消耗量和不同类型能源的碳排放因子确定，建造及拆除阶段计算公式如下：

$$C_{JZCC} = C_{JZ} + C_{CC} \tag{8-4}$$

式中：C_{JZCC}——建造及拆除阶段单位建筑面积的碳排放量，kg（CO_2）/m^2；

C_{JZ}——建筑建造阶段单位建筑面积的碳排放量，kg（CO_2）/m^2；

C_{CC}——建筑拆除阶段单位建筑面积的碳排放量，kg（CO_2）/m^2。

$$C_{JZ} = \frac{\sum_{i=1}^{n} E_{jz,i} EF_i}{A} \tag{8-5}$$

式中：C_{JZ}——建筑建造阶段单位建筑面积的碳排放量，kg（CO_2）/m^2；

$E_{jz,i}$——建筑建造阶段第 i 类能源消耗量，kW·h或kg；

EF_i——第 i 类能源的碳排放因子，kg（CO_2）/kW·h或kg（CO_2）/kg；

A——建筑面积，m^2。

$$C_{CC}=\frac{\sum_{i=1}^{n}E_{CC,i}EF_i}{A} \tag{8-6}$$

式中：C_{CC}——建筑拆除阶段单位建筑面积的碳排放量，kg（CO_2）/m^2；

$E_{CC,i}$——建筑拆除阶段第i类能源消耗量，kW·h或kg；

EF_i——第i类能源的碳排放因子，kg（CO_2）/kW·h或kg（CO_2）/kg；

A——建筑面积，m^2。

建筑运行阶段计算范围包括暖通空调、生活热水、照明系统、电器设备、可再生能源、建筑碳汇系统等在建筑运行阶段的排放。计算采用的建筑设计寿命应当与设计文件一致，当设计文件不能提供时，按50 a计算。以碳排放为例，建筑运行阶段碳排放计算公式如下：

$$C_M=\frac{\left[\sum_{i=1}^{n}\left(E_iEF_i\right)-C_P\right]y}{A} \tag{8-7}$$

$$E_i=\sum_{j=1}^{n}\left(E_{i,j}-ER_{i,j}\right) \tag{8-8}$$

式中：C_M——建筑运行阶段单位建筑面积碳排放量，kg（CO_2）/m^2；

E_i——建筑第i类能源年消耗量，kW·h/a或kg/a；

EF_i——第i类能源的碳排放因子，kg（CO_2）/（kW·h）或kg（CO_2）/kg；

$E_{i,j}$——j类系统的第i类能源消耗量，kW·h/a或kg/a；

$ER_{i,j}$——j类系统由可再生能源系统提供的第i类能源消耗量，kW·h/a或kg/a；

i——建筑能耗终端能源类型，包括电力、天然气、石油、市政热力等；

j——建筑用能系统类型，包括暖通空调、生活热水、照明系统等；

C_P——建筑绿地碳汇系统年减碳量，kg（CO_2）/m^2；

y——建筑设计寿命，a；

A——建筑面积，m^2。

三、设计源头减污降碳协同增效

（一）绿色建筑设计

绿色建筑指在建筑全生命周期内，节约资源、保护环境、减少污染，为人们提供健康、适用、高效的使用空间，最大限度地实现人与自然和谐共生的高质量建筑。建筑中良好使用空间的实现一般需要通过建筑的被动式设计调节和机械设备的辅助调节来实现。前者源于建筑自身的设计，建筑造型及围护结构形式对建筑物性能有决定性影响。后者需要机械设备的辅助来调节室内环境，但机械设备的辅助调节需要付出能耗和排放的代价。在实际工程中，建筑的被动式设计和机械设备的辅助调节两者互为补充。

1. 新建建筑节能减排

在建筑设计阶段，应结合建筑所处地理位置和气候条件，从风、光、热等多方面来践行节能减排的理念，推广超低能耗、近零能耗、低碳零碳建筑（图8-3）。在风方面，合理设计建筑形体和空间组合方式，充分利用风压通风、热压通风和两者综合的设计方式，最大限度利用自然通风。在光方面，尽可能合理利用间接日光，以使建筑获得充分且适当的采光条件，有效实现自然均衡照明。在热方面，确定适宜的建筑朝向、形体、窗墙比和围护结构，减少机械采暖和制冷的负荷。另外，需重视夏季建筑遮阳与自遮阳设计，避免室内过热导致的空调制冷负荷剧增。

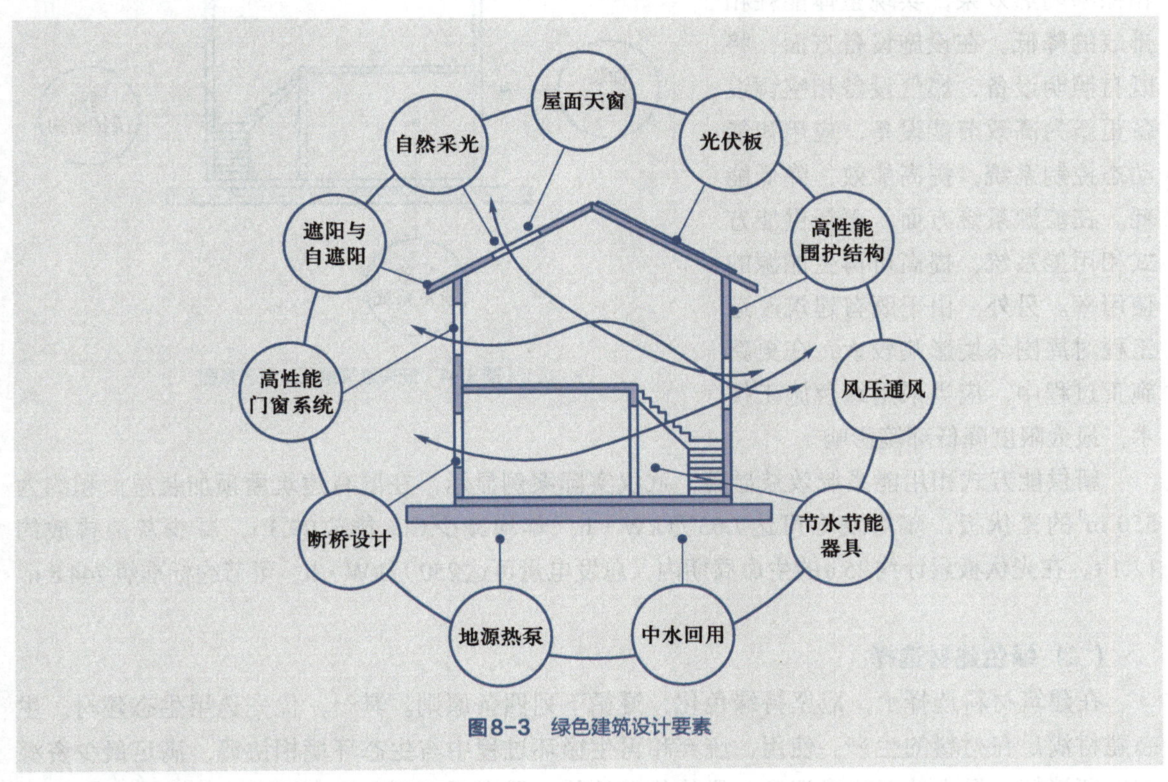

图8-3　绿色建筑设计要素

位于英国的贝丁顿零能耗发展社区（Beddington zero energy development，BedZED）是节能设计的经典案例。其冬季采暖期较长，为实现采暖减污降碳，设计师通过各种设计手法减少建筑热损失并充分利用太阳热能，最终实现了不使用传统采暖系统的目标。第一，建筑物紧凑相邻，以减小建筑的总散热面积；第二，建筑墙壁的厚度均超过50 cm，且墙壁内包含一层隔热夹层防止热量流失；第三，窗框采用木材以减少热传导；第四，屋顶设有以风为动力的风帽，风帽两个并排管道用于排气和送气，排除废气中的热量对室外寒冷的新鲜空气进行预热，理想情况下能挽回约70%的热通风损失；第五，社区建筑的屋顶种植大量的植物，以达到自然调节室内温度的效果；第六，每户住宅设计有朝阳的玻璃房，房屋使用可积蓄热能的材质建造，温度过高时，房屋可自动储存热。

2. 既有建筑绿色改造

既有建筑的绿色改造可从建筑形式、设施设备和能源系统三个方面进行更新升级，既有建筑绿色改造见图8-4。在建筑形式方面，通过对外墙、外窗和屋顶等外围护结构的优化，增强自然采光、通风和保温隔热效果，实现整体能耗和排放的降低。在设施设备方面，将既有照明设备、燃气设备和空调设备更新为高效节能设备，应用智能动态控制系统，提高能效、降低能耗。在能源系统方面，更新供能方式和用能系统，提高可再生能源的使用率。另外，由于既有建筑改造工程对周围环境影响较大，在更新施工过程中，应当采用绿色施工技术，最大限度降低环境影响。

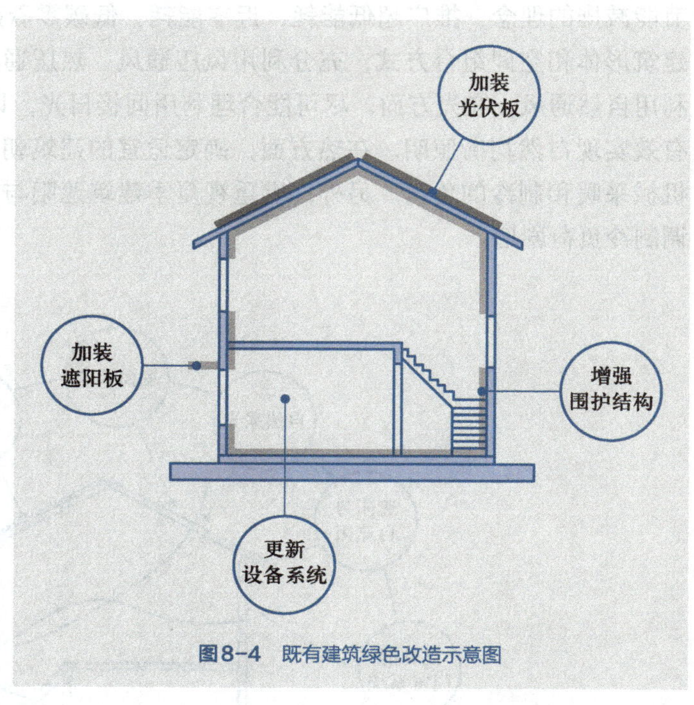

图8-4　既有建筑绿色改造示意图

新供能方式和用能系统效益显著，武汉实际案例显示，在既有建筑屋顶加装总面积约为550 m^{2}的光伏板，年均发电可达7.63万kW·h，年均减少CO_2排放99.3 t，减少灰渣排放约12.1 t。在光伏板累计约25 a的生命周期内，总发电量可达250万kW·h，可节约标准煤744.8 t。

（二）绿色建材选择

在建筑材料选择上，应坚持绿色化，遵循下列四条原则。其一，优先选用生态建材。生态建材满足在材料的生产、使用、废弃和再生循环过程中与生态环境相协调，满足最少资源和能源消耗、最小或无环境污染、最佳使用性能、最高循环再利用率要求，能有效实现材料源头减排。其二，优先选用当地常见或易于加工的可再生材料。一方面此类材料在生产过程中对环境影响较小，另一方面能够有效减少长距离运输能耗。其三，优先选用热工性能良好的材料。较高绝热性能的建筑材料可在达到相同热工水平的情况下实现用料更省，实现材料运输和建筑运行过程中排放的同步降低。其四，优先选用可再生建材。可再生建材如光伏太阳能电池板、植草砖等，能够有效提高材料复用率，减少建筑垃圾的产生。

在英国某绿色社区的建造过程中，建材选择坚持“多采用回收建材”和“就近取材”的原则。据统计，建筑中超过一半的建材在50 km可达范围内采购，3 400 t建材为再生或回收产品，约占总材料使用量的15%。以建筑窗框为例，窗框选用木材而非聚苯乙烯或其他塑料，仅这一项就相当于在制造过程中减少10%以上（约800 t）的碳排放量。

四、建设过程减污降碳协同增效

（一）装配式施工

装配式施工是将建筑构件在工厂预制，现场标准化装配而成的新型绿色施工方式，具备速度快、效率高、污染低、固体废物少及可再生等多种优势，在减污降碳方面具有较大潜力。据测算，与传统的现场浇筑施工相比，装配式施工在建筑全生命周期内可减少约40%的碳排放，同时现场施工人数也能减少60%～75%，建筑粉尘减少20%～30%。

在标准化设计方面，采用整体卫浴和厨房等模块化部品应用技术，提高预制构件和部品的通用性，推广标准化、少规格和多组合设计，以实现部品部件的可拆改和可循环使用。在精准装配方面，编制详细的装配施工方案，采用高精度测量定位技术和智能化装备，提高装配速度和效率。在绿色循环方面，在设计阶段考虑预制构件的可拆卸性和可循环利用，推广装配化装修，加强施工现场建筑垃圾的资源化利用，全方位推进装配式施工的环境友好性。

以济南某停车楼为例，该7层（地下2层、地上5层）总建筑面积约20万m^2的建筑采用装配式施工进行建造，仅用时3个多月即建造完成，比传统的现场浇筑施工工期缩短2/3。上海某展示中心项目全过程采用模块化建造方式，模块化箱体直接在工厂生产，产出后运至现场拼装，节约工期50%，减少人工70%，减少现场垃圾排放80%。

（二）施工管理和监控智能化

实现施工管理和监控智能化的核心在于充分利用数字化技术手段，从而提高能源利用效率、推动绿色材料应用、优化施工过程、强化全过程碳排放管理。

在施工方案设计方面，运用建筑信息模型（BIM）、物联网等技术，实现建筑设计、施工、运营全生命周期的能耗精细化管控，以大幅提高施工精度和效率及减少材料浪费。在施工实施过程方面，应用自动化设备和机器人技术，优化施工工艺，减少施工噪声、扬尘等污染排放，提高施工效率和环境友好性。在施工管理方面，借助大数据分析、仿真模拟等手段，实现对施工进度、材料耗用及能源消耗等的全过程监测和优化，为污染物目标管理提供有力支撑。利用卫星遥感、物联网传感器、大气航拍、电子哨兵及现场废气自动采样等手段，实现施工排放源头的实时在线监控，强化施工现场碳污排放的有效控制。

以规划总建筑面积约15万m^2的成都某示范性绿色园区为例，该项目通过采用污水处理设备、新能源施工机械及充电桩、可再生能源、装配式预制混凝土（PC）构件和绿色建材等低碳施工技术和设备，开展全方位的绿色低碳施工。预计全建设周期将减排2 400余t CO_2，等同于30万余棵树一年的碳汇量。对施工全过程进行智能管控，以智能管控平台为“大脑”，工地机器人、物联网监控等智能设备为“触手”，采用“1个中心+多元传感系统+物联网”模式，集成数字智慧舱、机器人监控系统和建筑信息模型协同平台，施工管理效率相较于传统人工提高60%。

五、使用过程减污降碳协同增效

（一）能源系统优化

能源系统优化一般通过设备更新、能源控制系统优化等来具体实现。

在设备更新方面，采用高效节能型空调、电梯、照明及其他电器设备，替换老旧低效设备，以实现能耗的大幅降低。同时，对锅炉、热水系统等进行节能升级改造，提高供热系统效率。此外，推广使用智能化监测设备，实时掌握各用能设备运行情况，及时发现和处理异常情况（图8–5）。

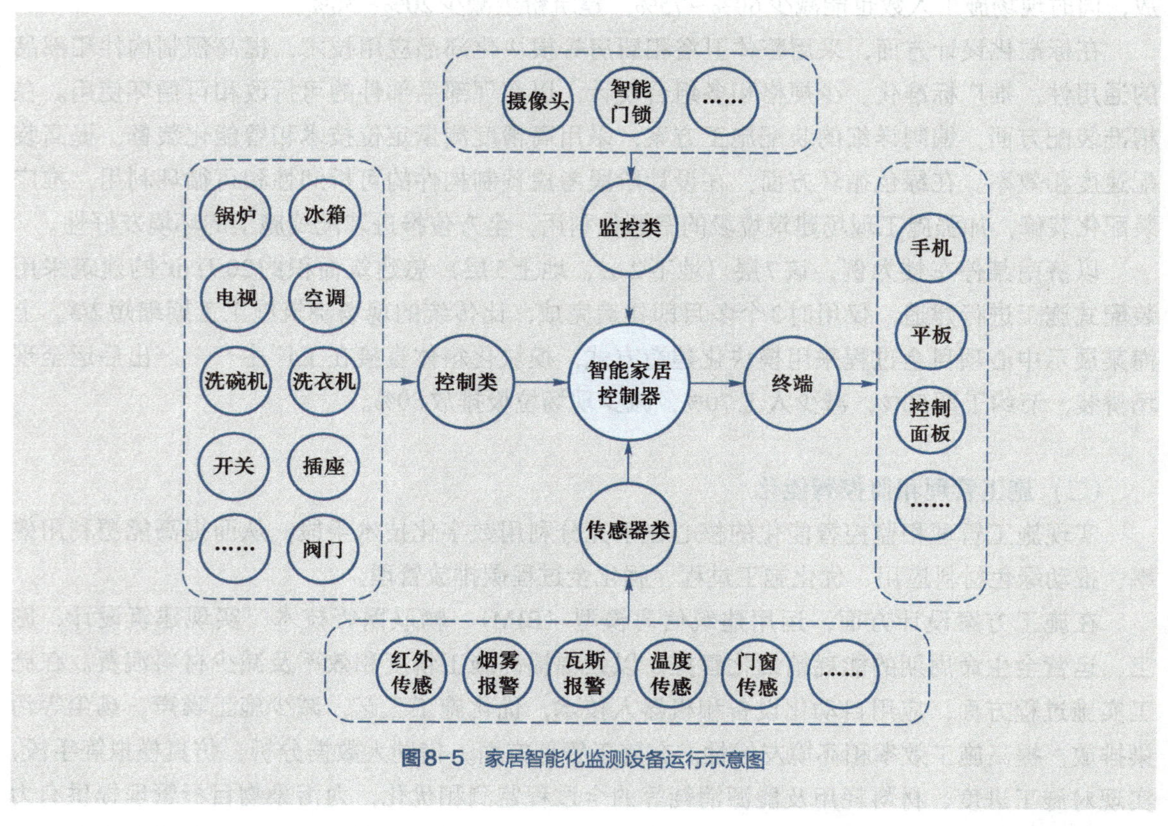

图8–5　家居智能化监测设备运行示意图

能源控制系统优化方面，建立中央能耗管控系统，实现对各类用能设备的集中监测和智能调控，并根据室内外环境变化和使用需求，采用自动化控制技术调节能耗，做到精细化管理。此外，采用物联网、大数据等先进技术健全能源监测分析系统与能源管理信息系统，推动“光储直柔”（图8–6）、蓄冷蓄热、负荷灵活调节等技术应用，以协助消纳电能、提高能源利用率。

光储直柔技术目前已在我国的建筑项目中具体运用并取得了显著效益。以我国西南地区某建筑为例，其建筑屋面设置了800余m^2的单晶硅光伏板，装机容量为163.2 kW，年发电量

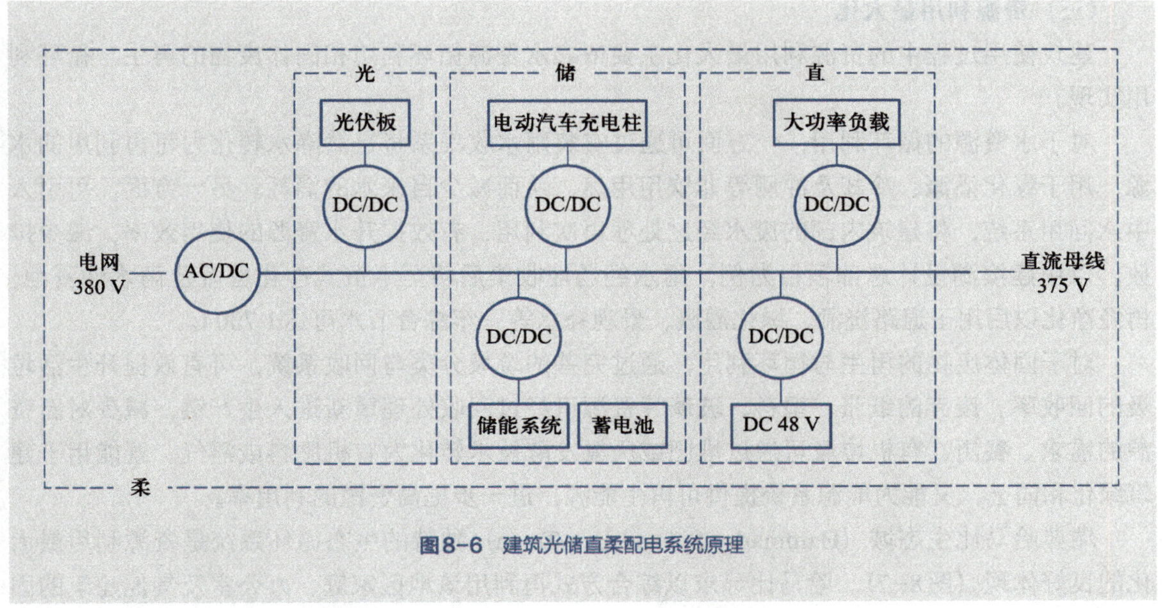

图8-6 建筑光储直柔配电系统原理

可达12.9万kW·h。光能转化的直流电，进入地下室的储能机房，再以直流电的方式供给示范区电气设备、地下室照明及充电桩等使用。储能机房还连接市政电网的交流电，采用柔性供电的方式，在夜间进行充电，能源控制系统优化效益显著。

（二）用能低碳化转型

发展建筑可再生能源和余热利用、提高建筑电气化水平是实现建筑用能低碳转型的重要途径。

在发展建筑可再生能源和余热方面，鼓励因地制宜使用电力、天然气和以太阳能、风能、生物质能为代表的可再生能源。同时，回收利用工艺余热、排风热等废热资源，降低建筑供暖制冷能耗。这些措施能够大幅提高建筑用能的可再生能源占比，降低化石能源消耗和碳排放。

在提高建筑电气化水平方面，推动电力逐步替代燃煤、燃油等化石能源在供暖、炊事等领域的应用，切实优化建筑领域能源结构。同时，发展和推广高效电器设备及智能控制技术，提高电力利用效率，并带动建筑电力消费的绿色转型。此外，鼓励建筑安装分布式储能系统，进一步提高建筑电力自给自足能力。更进一步，推广应用高效柔性智能调控技术，推动建筑群整体参与电力需求响应和调峰。

以贝丁顿零能耗发展社区为例，其采用热电联产系统为社区居民提供生活用电和热水。最初，其热电联产工厂主要采用周围的木材废物和树木修剪废料作为发电原料，而后一段时间被传统天然气锅炉取代，2017年起采用生物质锅炉为社区供热系统提供热量，自此，完全实现了零化石燃料的目标。

（三）资源利用最大化

建筑使用过程中的资源利用最大化主要依靠水资源循环利用和固体废物的再生与循环利用实现。

对于水资源的循环利用，一方面可通过安装雨水收集系将自然降水转化为可再利用的水源，用于绿化灌溉、冷却及冲厕等非饮用用途，从而减少自来水的消耗。另一方面，可引入中水回用系统，将建筑内部的废水经过处理再次利用，有效提升水资源的使用效率，减少排放。以中建滨湖设计总部项目为例，雨水经场地收集后转至下沉式净化庭院及雨水调蓄池，再经净化以后用于道路浇洒、绿化灌溉、景观补水等，年综合节水可达1 700 t。

对于固体废物的再生与循环利用，通过完善的垃圾分类与回收系统，可有效提升生活垃圾的回收率。废弃的纸张、塑料、玻璃等资源可经过回收处理重新进入生产链，减少对新资源的需求。餐厨、有机垃圾可通过堆肥或厌氧发酵技术转化为有机肥料或沼气，既能用于建筑绿化和园艺，又能为能源系统提供可再生能源，进一步提高资源的利用率。

瑞典哈马比生态城（Hammarby Sjöstad Eco-Town）独特的生态循环系统是资源利用最大化的良好体现（图8-7）。哈马比寻求以综合方式再利用该地区家庭、办公室及其他建筑的固体废物和废水的机会：其一，燃烧可燃废物为当地的区域供热和发电厂供电；其二，回收污

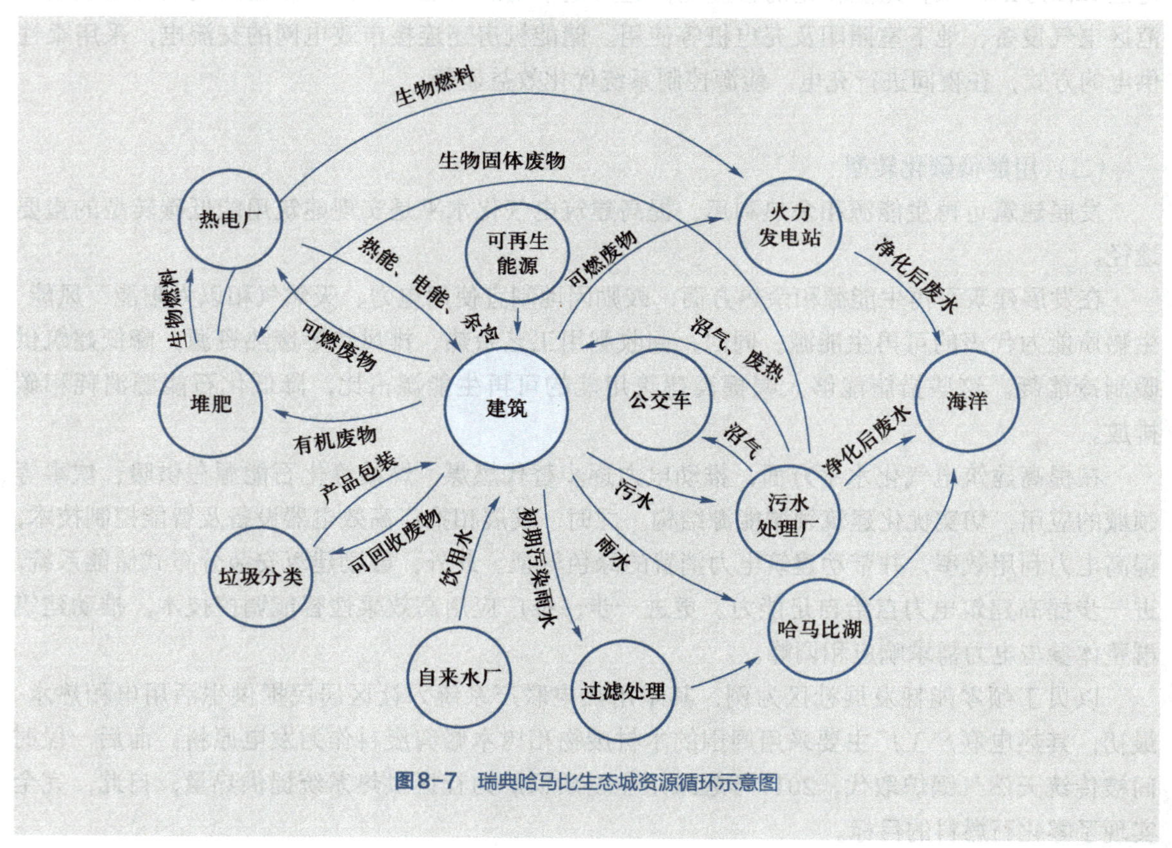

图8-7　瑞典哈马比生态城资源循环示意图

水处理系统的热量和电热厂排水冷却过程中所产生的“余冷”；其三，将污泥转化为沼气用于烹饪，并为当地公交车提供动力。通过废物的再利用，绿色能源也随即产生，哈马比自己提供了生产其所需能源燃料的50%。

第三节 城乡交通道路减污降碳协同增效

城乡交通道路减污降碳是一个系统工程，主要涉及交通与空间规划、交通工程设计、交通建设等方面。

一、规划阶段减污降碳协同增效

（一）适度紧凑的空间布局

1. 紧凑的空间布局

城市与乡村空间布局体系在居民行为活动、出行方式和污染物处理等方面影响减污降碳，合理的布局模式附加需求管控与引导措施，在出行量规模相同的条件下，紧凑的布局模式有利于减污降碳。具体体现在以下方面：

对于城市空间而言，产业和人口在空间适度地集聚有利于减少出行活动。既有研究表明，在近似的经济发展水平、汽车保有量等边界条件下，城市规模越大，人均出行率指标越低（图8-8)。相关学者基于近年来多个城市的调查资料，发现上述规律仍然存在，超大城市出行率明显低于大城市，大城市明显低于中小城市。这与城市规模不同导致的工作节奏差异

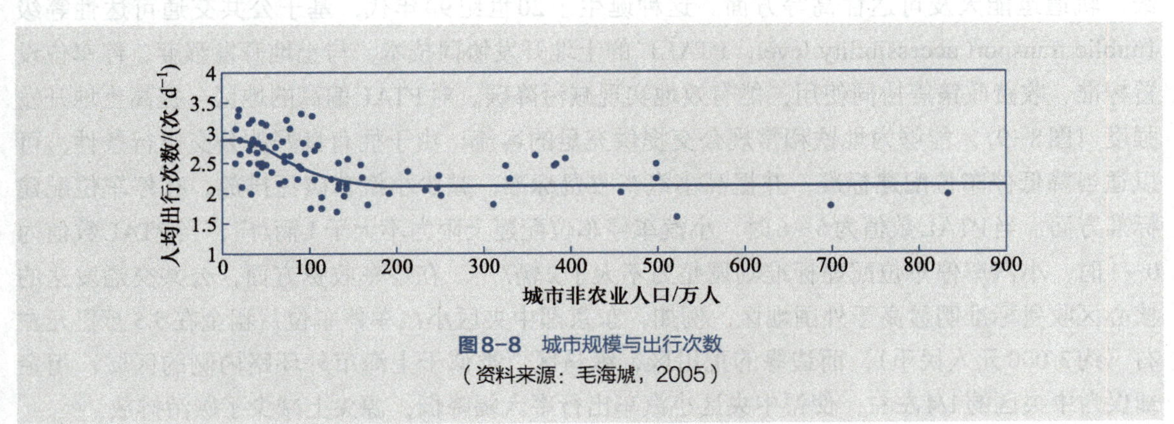

图8-8 城市规模与出行次数
（资料来源：毛海城，2005）

与居民可支配时间有较大关系，虽然城市规模大的城市出行率指标低，但也存在出行距离长，对机动化出行更加依赖等问题。城市规模越大，公共交通出行比例往往越高，越有利于减少碳排放。新加坡相关研究认为，在公共汽车日均乘客量超过500人/车时，公共交通节能效应才能更好地发挥出来，否则，载客率过低也会产生明显的不低碳现象。此外，城市规模大使污染物、废物可以实现规模化处理，也往往能实现更好的回收利用，有利于减污降碳。若按照总出行机会与总能源消耗量之比进行评价，则城市规模越大，减污降碳效果越好。

对于乡村空间而言，适度的规模集聚，使城乡客运公交具备更好的出行条件。当必要性的出行产生时，可以由私家车出行方式向城乡客运转移，在客运班线载客量较高的情况下，能实现更低的碳排放量。但是，从乡村地区居民出行规律来看，在城乡融合背景下，乡村地区居民出行习惯也在发生改变，生活区的适度集聚往往会诱发非必要的弹性出行需求，例如，到县城或周边乡镇、旅游点等进行闲暇、娱乐活动等。虽然上述活动多以乘坐城乡客运公交为主要方式，但无疑增加了交通碳排放量。仅从减污降碳的角度看，似乎是不应倡导的，但是，从人的全面发展、社会和谐等角度看，却应积极鼓励，应站在更高的层面认知这一问题。

2. 公交导向的土地开发

在相同或近似的出行次数下，城市产业不同形态的空间布局大幅影响了交通组织效率，例如，将大量的公共服务业态布局于城市边缘对整个城市的服务效果显然欠佳。因此，对大城市及以上规模的城市而言，应在空间布局上将城市商业、办公等交通吸发率高的业态布局在城市轴线上，轴线上敷设轨道线路或大运量常规公交，形成广义的公交走廊。并基于公交走廊的运能上限，在轨道站点800 m范围、常规公交300 m范围内实施土地的中高强度开发，辅以混合型的土地开发业态、人性化交通设计等策略，有利于形成公共交通主导型的城市空间结构，能大幅提升减污降碳效果。世界发达的公交都市（或国家）无一不采用这一布局模式，如东京、新加坡、中国香港、库里蒂巴等。

此外，国外发达国家城市功能空间布局大都建立了与公共交通可达性相匹配的方法与机制，且城市规模越大，协同布局特征越明显。例如，新加坡、中国香港、巴黎和伦敦等国家和城市，其核心区均具有最为发达的轨道交通系统，具体表现在轨道线路多、拥有轨道快线、轨道运能大及可达性高等方面。这种诞生于20世纪90年代，基于公共交通可达性等级（public transport accessibility level，PTAL）的土地开发协同技术，与土地开发强度、停车位设置标准、收费政策等协同使用，能有效地实现减污降碳。对PTAL偏高的地区，提高土地开发强度（图8–9），能够为地铁和常规公交提供充足的客流；由于拥有良好的公交出行条件，可以适当降低停车位配建标准，并提高小汽车收费标准，减少小汽车碳污排放。在停车位配建标准方面，当PTAL数值为5～6时，小汽车停车位配建上限为不大于1辆/户，当PTAL数值为0～1时，小汽车停车位配建标准则调整为不大于2辆/户。在停车收费方面，公共交通发达的核心区收费标准明显高于外围地区，例如，东京都中央区小汽车停车位月租金在5.5万日元左右（约3 000元人民币），而边缘的荒川区、练马区（类似于上海市外环路内侧的区域）租金却仅为中央区的1/4左右，使得中央区小汽车出行率大幅降低，源头上减少了碳污排放。

图8-9　武汉市中心城区PTAL等级与土地开发强度关联图
（资料来源：深圳市城市交通规划设计研究中心股份有限公司）

东京市区作为世界上最大的城市聚落之一，其城市空间发展与轨道交通呈现出高度匹配的特征，值得中国超特大城市借鉴。东京市区在20世纪70年代，在快速的都市化历程来临之前，就依托既有的铁路网布局形态和城市空间结构特征，明确了建设轨道交通主导型的都市区空间结构。其基本原则是，在轨道站点密度大、运能高的地区，规划建设高等级的城市功能中心，形成了“一核七心”的多中心空间结构。其中都心片区拥有最为发达的轨道交通网络，在约1 km^2的核心区范围内，敷设的轨道线路数量达到13条，其他副中心，如池袋、新宿、涩谷等，也拥有近10条轨道线路。依托发达的轨道交通网络，加之东京实施了异常严格的交通需求管理政策，例如，轨道发达地区拥有最高的停车收费标准、严厉的停车执法等，实现了居民出行高度依赖轨道交通，进入山手线环线的通勤人士依赖轨道出行的比例超过90%，大幅减少了对小汽车出行的依赖，在同等出行距离条件下，交通运输碳污排放量明显减少。

（二）职住平衡式空间布局

交通与城乡聚落共同诞生，城市或乡村内部居民日常的上班、上学、购物、探亲、就医、娱乐等活动，必然会派生交通出行行为。上述就业或公共活动中心的空间布局区位，直接决定了交通出行量规模和出行方式，进而决定了能源消耗量和污染物排放量。假定所有的就业岗位均集中在一个区域单元内，有图8-10所示的两类布局方案，“趋中型”布局显然更有利于交通组织，周边地区的上班人员可以通过紧邻的道路到达就业中心。在就业岗位规模、路网规模与建设标准等边界条件一致或较为接近的条件下，就业中心的“边缘型”布局，则产生了明显的长距离出行交通量，路网交通量空间分配出现明显的不均衡性，出现越靠近就业中心路网负荷度越高，服务水平（根据我国《城市道路工程设计规范》，服务水平分为A—D共4级，A级服务水平最高，D级服务水平最低，运行车速越低服务水平越低）越低的问题，在拥堵情况下，交通能耗和排放污染物明显增多。

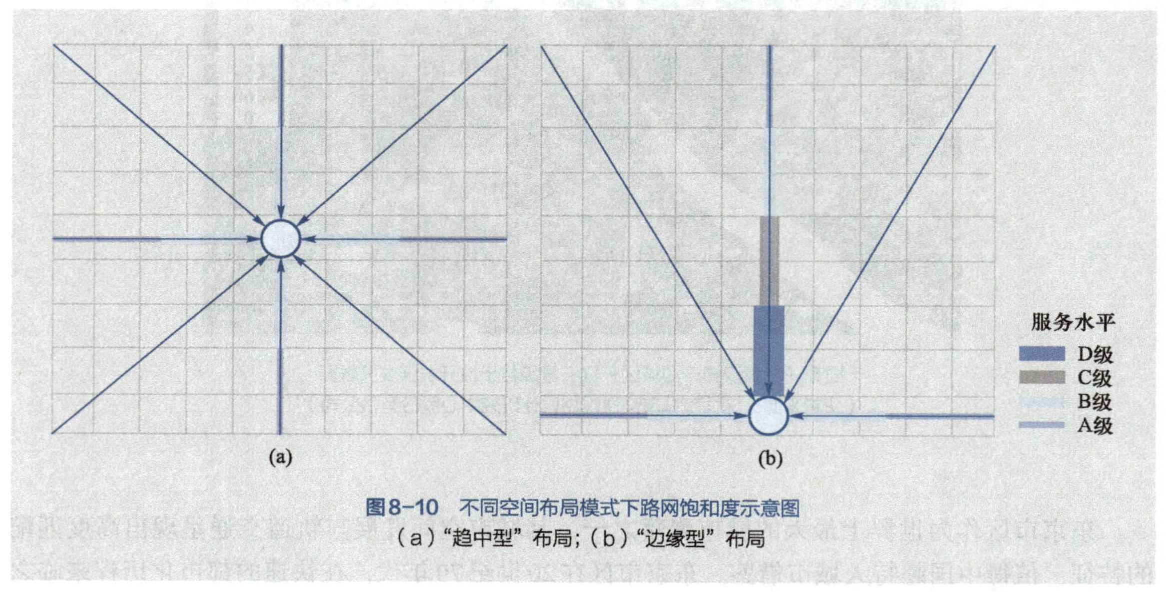

图8-10　不同空间布局模式下路网饱和度示意图

（a）“趋中型”布局；（b）“边缘型”布局

由此可以看出，空间布局是影响减污降碳的重要因素。在某空间单元内，通过对商业、商务、行政办公和居住等用地的合理布局，实现职住平衡，即日常通勤均在小范围内的空间单元内展开，能大幅度减小长距离出行规模，从而减少对机动化出行的依赖，减少交通出行产生的碳污排放。

（三）绿色出行导向下的规划设计

城市空间和交通设施合理的规划设计有利于提高绿色交通出行比例，具体包括土地开发的公共交通导向型开发（transit-oriented development，TOD）规划设计策略、交通宁静化策略等。

TOD是一种以公共交通为导向的城市空间开发模式。在这种模式下，城市规划和设计以公共交通站点为核心，围绕站点进行高强度、集约化的开发，打造集商务、商业、文化、教育、居住等多功能于一体的混合功能区。TOD开发强调“3D”或“5D”策略，其共同的规划设计要点如下：第一，强度（density），TOD模式强调土地空间围绕公共交通站点进行高强度、集约化的开发，公共交通站点内土地开发强度与交通集散能力成正比。这种开发方式有助于提高公共交通使用频率，降低小汽车、摩托车等机动车的使用频率，实现城市空间的紧凑发展。第二，多元化（diversity），TOD模式注重功能的多元化，旨在打造集工作、商业、文化、教育及居住等多功能于一体的混合功能区。这种多元化的规划策略使居民能够在一个相对集中的区域内满足各种生活需求，减少了长距离通勤和购物的需求，从而有助于减少交通排放。

第三，设计（design），良好的设计是TOD模式成功的关键。这包括区域间尺度的合理性，拥有友好的步行区域、宜人的休闲区域等。设计应确保行人在内的各种交通方式能够舒适且方便地穿行于整个区域，实现各种交通方式的和谐共存。TOD土地开发模式可以用图8-11表示，距离公共车站越近的地区土地开发强度越高，土地开发业态越混合。

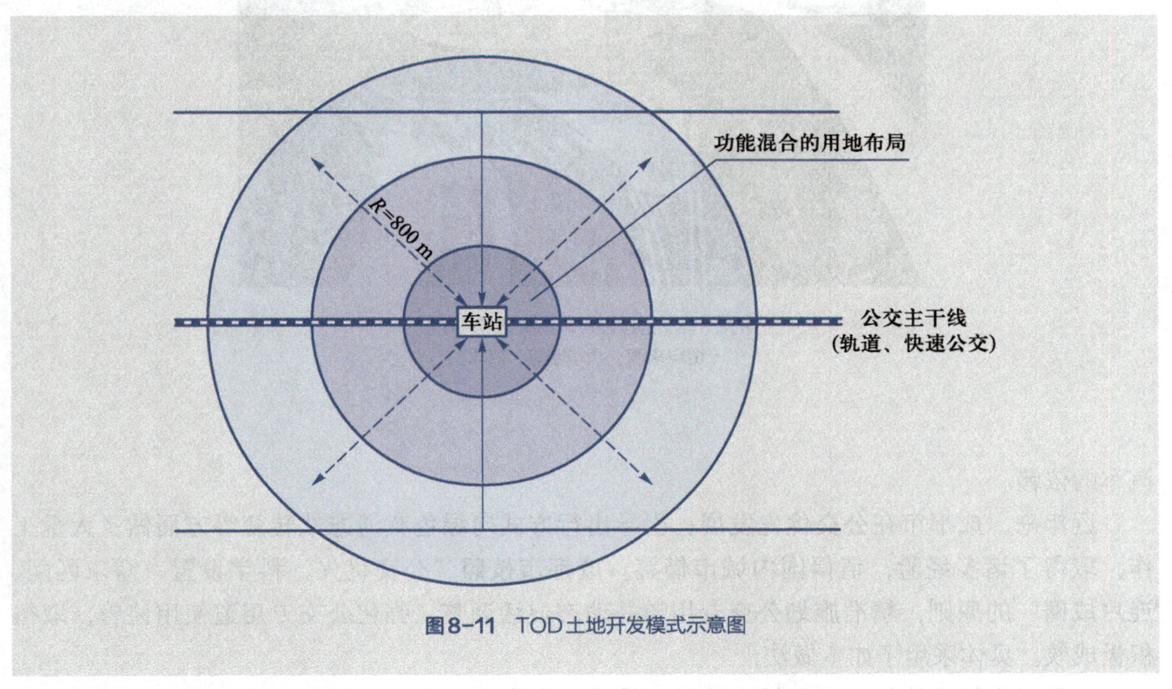

图8-11　TOD土地开发模式示意图

交通宁静化（traffic calming），也称为交通稳静化，是交通设计中减速技术的总称。它主要通过对道路系统的硬件改造辅助相应的管理设施来降低机动车行驶车速，强化慢行出行环境品质提升，从而降低快速机动化对居民生活质量及环境的负效应，提高慢行出行率。具体包括设置减速带、减速丘，缩减交叉口的路缘石转弯半径，交叉口设置安全岛或环岛（图8-12）等物理性工程措施，以及设置相应的减速标志、标线等管理性措施。交通宁静化技术更加关注慢行出行环境，对“以车为本”的设计理念和实施后果进行弥补，提供安全、舒适的步行和骑行环境，为市民选择慢行交通工具出行提供物质条件，从而减少汽车出行，降低碳和污染物排放。

（四）绿色出行导向下的交通管理

除城市空间布局、建筑与交通设计外，加强道路交通设施运营管理，也是减污降碳的主要举措。对于超特大城市、人口规模超过100万人以上的带形和组团城市而言，由于具备良好的公交出行条件，通过设置公交专用道、公交优先道，加强公交站点与轨道站点换乘便捷性，强化慢行与公交站点接驳便捷性等，都能明显提升公交出行吸引力，在源头上减少居民对小

图8-12 通过设置环岛降低行驶速度
（资料来源：余华刚等，2012）

汽车的依赖。

近年来，成都市在公交优先发展、引导出行方式向绿色交通方式转变等方面做了大量工作，取得了诸多经验，值得国内城市借鉴。成都市按照“公交优先、科学设置、需求匹配、连片成网”的原则，精准施划公交专用道并动态灵活调整，强化公交专用道使用监管，取得积极成效。具体采用了如下做法：

一是同步精准施划，匹配城市建设。推动公交专用道与新建城市干路同步设计、同步施划，公交专用道覆盖主要跨区客流廊道，实现中心城区与外围城区的紧密对接和快速直达，提高城市公共交通出行效率。推动公交专用道与道路扩能改造同步施划，在三环路扩能提升改造的同时，沿辅道增设公交专用道，使公交线路运行速度和准点率稳定在较高水平。

二是按需灵活设置，动态优化调整。结合公众出行需求和公交运营实际，灵活施划公交专用道，保障多场景公交路权优先。在四川大学华西医院外围瓶颈路段，设置公交专用道和就医单向道消除道路交通拥堵，公众就医通行时间由30 min缩短至10 min。在新光路等较窄道路施划24.7 km逆向公交专用道，实现一环路、二环路公交廊道连接成网，保障高峰时段通勤客流的快速有序通行。动态评估公交专用道使用效率，科学优化低效率公交专用道，兼顾社会车辆通行效率。

三是强化执法监管，保障优先路权。截至2023年7月，成都市已建成公交专用道抓拍设备1 175套，对违章驶入公交专用道的社会车辆进行抓拍和处罚，严管公交专用道秩序，确保公交车辆运行速度和准点率。

通过上述工程及管理手段，成都市公交专用道线网服务水平明显提升。截至2023年7月，成都市建成公交专用道107条，公交专用道长度超过1 000 km，日均运送乘客221万人次，约占公交客流总量的79%。依托公交专用道网络布局190条快干线公交（快干线公交指出行速度高、客流量大的公交线路），早晚高峰期间公交专用道路段公交运行速度达20 km/h，远高于同时段非公交专用道路段的13 km/h。其中二环快速公交作为成都市首条封闭式快速公交，早高峰平均运行速度达30 km/h，明显高于普通路段行驶车速（图8-13）。在轨道交通网络里程达508 km，轨道交通覆盖率高且有很强吸引力背景下，二环快速公交日均客流仍达13万人次，有效提升了公交吸引力，也弥补了中心城区轨道交通服务真空问题。通过对公交专用道的精准化供给，大幅提升了公交线网的吸引力，吸引了小汽车出行人群向公共交通转移，为成都市建设低碳城市作出了公交贡献。

图8-13 成都市二环快速公交

在城市轨道交通进入网络化发展阶段后，成都市以轨道交通为中心优化常规公交线网，强化轨道交通站点与社区之间的公交衔接，构建快速公交、高峰快线、主干公交、社区公交等通勤公交体系。在大型商业、公建项目中同步配套建设公交首末站，因地制宜完善公交专用道、优先道，推进公交港湾站改造，着力保障公交路权。推进轨道公交运力匹配、运营时刻协同，完善公共交通快捷支付等服务功能。完善机场、火车站等交通枢纽与地铁、公交接驳，提升公共交通服务水平。到2023年，成都市高新区、锦江区、青羊区、金牛区、武侯区、成华区常规公交站点300 m覆盖率达到85%，轨道站点周边50 m公交接驳站覆盖率达到80%。

二、设计阶段减污降碳协同增效

城乡交通建设领域的减污降碳主要集中在交通基础设施自身，在建设过程中减少能源与材料消耗量。交通设施施工基于设计成果，因此，城乡交通建设领域减污降碳需在前期的设计阶段即融入减污降碳的理念。

以公路交通为例，在线型设计阶段，在工程投资允许的条件下，应尽量提升公路线型的平顺度，减少不必要的绕行；同时，选择合理的设计车速，使车辆能在经济时速内行驶，减少单位千米油耗（一般而言，大多数汽油车在60~90 km/h的车速范围内能够达到较好的燃油经济性）。因此，在选择设计车速时，除考虑地区间出行时耗要求、建设投资与技术标准外，还应考虑地区内车辆排量的总体特征，对于排量整体偏小的地区，可适当降低设计车速标准。除优化设计指标外，在设计阶段选用低碳水泥、再生沥青混凝土等环保材料也能明显提升减污降碳效果，这些材料不仅降低了碳排放，而且提高了道路的质量和耐久性。此外，还可以考虑使用生物降解的路面材料，这些材料在路面磨损后能够自然分解，不会对环境造成污染。

在轨道方面对于超特大城市而言，由于城市空间尺度巨大，常规的地铁线路行程车速仅为40 km/h左右，不能满足长距离出行需求，因此，在轨道交通中后期，东京、巴黎等世界发达城市均强化轨道快线供给力度，并做好了轨道快线与普线的内部接驳、换乘等微设计，通过轨道快线的运营大幅提升整个轨网的组织效率，提升轨道交通吸引力。例如，东京市区2 000余km的轨道线网中高峰时段行驶速度超过45 km/h的轨道快线里程约1 200 km，我国城市轨道快线建设条件明显不如东京市区，轨道快线供给存在先天不足。即使如此，少量的轨道快线规划线路在实施过程中，站间距指标不断下降，致使实际车速指标大幅低于预期现象突出，如果不对站间距指标进行严格管控，那么轨道快线功能将不能实现，大幅影响整个轨网组织效率。对于没有轨道交通系统的城市，应借鉴东京市区外围中小城市公交发展经验，在路权、票价等方面给予常规公交优先发展的条件。对于各级规模的城市，均应高度关注慢行出行环境提升，东京市区在大规模的交通基础设施建设基本完毕后，交通改善在“微设计”方面进行了大量的提升，为了提高换乘效率和服务水平，以节省数百米或数十米的换乘距离为设计目标，进行了空间资源的整合和优化；同时，在人流密集区，建设了大规模的立体遮阳连廊，将慢行交通作为最基础的出行方式的功能定位体现得淋漓尽致。

三、建设阶段减污降碳协同增效

（一）优先选择节能材料

在施工阶段，宜优先选择高强度钢筋及其他节能材料，减少使用量，节省资源的消耗量。注重材料寿命，选用高耐久性的材料，减少更换次数，降低能耗。之所以选择高强度钢筋或耐久性材料，是因为其在节能减排、减污降碳领域有独特的优势。以高强度钢筋为例，主要体现在以下几个方面：首先，高强度钢筋具有更高的抗拉强度，比普通钢筋大都高出30%以上。这意味着在同等受力条件下，使用高强度钢筋可以减少钢材的使用量。减少钢材的使用量不仅降低了生产成本，也减少了在钢材生产过程中所需的能源和资源消耗，从而实现了减污降碳。其次，高强度钢筋具有较好的延性和韧性，抗震性能更好。在建筑工程中，使用高强度钢筋可以增强结构的抗震能力，减少因地震等自然灾害造成的破坏。这有助于减少因建筑物损坏而引发的重建和修复工作，进一步降低了能源消耗和碳污排放。最后，高强度钢筋还具有较好的耐久性和抗腐蚀性，使用寿命更长。这意味着使用高强度钢筋可以减少因钢筋腐蚀或损坏而导致的维修和更换工作，进一步节约了能源和资源。

（二）积极推动装配式建造

在施工过程中积极推广应用预制装配式桥梁，鼓励预制涵洞、预制通道的应用，优先选用节能高效的施工机械设备，降低施工过程中的能耗。预制交通构件能够实现节能减排，主要基于以下几个方面：首先，预制交通构件采用工厂化生产，通过标准化设计和机械化生产，大大提高了生产效率和构件质量。相比传统的现场浇筑方式，预制构件减少了施工现场的湿作业，减少了能源消耗和材料浪费。同时，工厂化生产还可以更好地控制构件的质量，减少因质量问题导致的返工和维修，进一步减少能源消耗。其次，预制交通构件的模块化设计使得构件的运输和安装更加便捷。通过优化运输方案，减少运输过程中的能源消耗和排放。同时，构件的快速安装也缩短了施工周期，减少了施工现场的临时设施和设备使用时间，进一步减少了能源消耗。再次，预制交通构件在材料使用上也具有优势。通过选用高强度、高性能的混凝土和钢筋等原材料，可以降低构件的自重，提高构件的承载能力和耐久性。这不仅可以减少原材料的消耗，还可以降低构件在使用过程中的维护成本，实现长期的节能减排效益。最后，随着技术的发展，越来越多的智能化和节能技术被应用到预制交通构件的生产中。例如，采用智能化控制系统可以减少生产过程中的能源消耗和排放；使用再生材料可以减少资源消耗和废物排放；采用节能型设备可以降低生产设备的能耗等。这些技术的应用进一步提高了预制交通构件的节能减排效果。

（三）加强废物循环利用

针对交通建设中，产生废物量大的问题，积极开展资源循环利用。重点推广路用废胎胶粉改性沥青、泡沫沥青冷再生、沥青路面就地热再生、废旧沥青混合料厂拌热再生及工业固体废物道路工程综合利用等技术，强化工业废渣、废旧道路材料和建筑废物等资源循环利用，推进施工工艺绿色低碳化。对于可再生的建材，相关企业与地方政府通过设立专门的废旧建材回收站点，对施工过程中产生的废旧建材进行分类收集，确保各类建材都能得到合理回收。同时，建立与施工单位的合作机制，确保废旧建材能够及时、有效地得到回收。对于其中可用的再生建材，如再生混凝土、再生砖等，这些建材以废旧建材为原料，经过加工处理后具有与原生建材相似的性能，能够替代原生建材使用，减少资源消耗。

（四）采用先进的施工技术和低碳低污染的施工机械

在建筑施工过程中，采用先进的施工技术和低碳低污染的施工机械是降低碳污排放的关键。先进施工技术包括以下几方面：① 建筑信息模型技术，利用建筑信息模型进行虚拟施工，通过模拟施工过程、优化施工顺序和材料使用，减少浪费和碳排放。② 模块化建造，采用工厂预制的建筑模块，减少现场加工和施工时间，这种方法能显著降低碳排放并提高施工效率。③ 绿色建筑设计，在施工前进行绿色设计，包括选择环保材料和节能系统等，从源头上减少碳排放。

同时，采用低碳低污染的施工机械，具体包括以下几类：① 电动施工机械，使用电动施工机械替代传统的燃油机械，可以减少燃油消耗和相关的碳排放。② 高效节能设备，选择具有高效能源利用率的施工设备，如高效钢筋焊接机械和挖掘机，减少能源消耗和碳排放。③ 智能监控系统，利用智能监控系统实时监测施工现场的能源消耗和碳排放，帮助施工人员及时发现问题并采取措施减少能源浪费。

第四节 城乡公共设施减污降碳协同增效

公共设施领域是城乡空间推动减污降碳的重要战场，主要涉及供水排水、电力、热力和燃料供应、固体废物收集与处理等子系统，其中燃料供应主要是汽油、柴油、液化气与其他气态燃料等。

一、城乡供能减污降碳协同增效

（一）推动能源替代行动

使用化石燃料是CO_2和其他废物排放的主要源头，因此，能源结构调整的方向是大力推广零碳燃料，包括清洁能源、生物质燃料或由零碳电通过电解水制取的氢燃料。由于我国生物质能源的资源总量有限，氢的合成燃料成本很高，因此，在城乡建设与行为活动中尽可能减少对燃料的需求，用清洁能源替代燃料是减污降碳的必然路径。例如，在太阳能和地热能资源丰富的地区，可以在建筑物上安装太阳能光伏板，将太阳能转化为电能或热能供应给居民直接使用，大幅减少对煤炭、石油和天然气等化石燃料的依赖，从而减少碳排放。此外，为实现能源的零碳转型，建设新型的零碳电力系统、零碳热力系统和零碳燃料系统成为能源结构调整的必然。

受能源结构影响，我国城乡建设与居民日常生活对煤炭和煤电的依赖度高，这是造成污染的主要原因，推动煤炭消费尽早达峰迫在眉睫。在民用散煤治理方面，进一步扩大城市建成区淘汰35 t/h及以下燃煤锅炉的城市范围。在广大乡村地区，基于地区资源特点，逐步增大太阳能、地热、光伏等清洁能源供给力度，减少煤炭等化石燃料使用。

电气化是能源转型的重要方向，也是推动减污降碳协同增效的主要路径。在电力需求侧，要增强西部地区水电、风电、光伏与太阳能发电能力，提升远距离传输效率，为城镇密集区生产和生活提供更充足的电力，推动以电代煤、以电代油。

（二）提高能源输配效率

我国城镇密集区主要分布在胡焕庸线以东地区，其中经济重心主要分布在沿海省市。人口与产业空间布局、资源空间分布特征决定了“西电东输”“西气东输”“北煤南运”等能源空间转移格局将长期存在，减少能源输配过程中的能源损耗，是减污降碳的重要路径。

对于电力能源而言，在国土层面，应继续大力推广±500 kV、±1 100 kV直流输电，提升输电效率。在城市组团和社区层面，实施微电网（micro-grid）改造工程，将分布式电源、储能装置、能量转换装置、负荷、监控和保护装置等组成小型发配电系统，实现分布式电源的灵活、高效应用，充分促进分布式电源与可再生能源的大规模接入，实现对负荷多种能源形式的高可靠供给，这种分布式电源靠近负荷中心，能够实现更加经济、安全地运行。

对于燃气能源而言，长距离输送线路建设应综合考虑工程造价、施工难度与长期节能之间的关系，将节能放在更加突出的位置予以考虑。从微观视角来看，积极研发新型技术，减少管道内摩擦损耗，通过物联网技术加强对管道泄漏、流速等情况的实时监测，提高其输配效率。

（三）提高能源使用效率

对于大中规模及以上城市，通过优化城市形态与功能布局作为减少能源消耗的源头路径。在城市空间层面，不同功能服务能级的城市中心，按照克里斯泰勒中心地理论进行空间配置。对于拥有轨道交通或公交客流较大的城市，主要的城市公共服务业态、就业岗位等宜强化公共交通对其空间组织的支撑，空间形态上形成公交主导型的城市走廊。在中观尺度上，按照组团化的模式展开城市功能布局，形成多层次的城市组团，组团近似几何处配置相应服务中心，基本的生活服务在组团内部解决，源头上减少能源消耗，需享受城市级服务的，鼓励采用公共交通系统完成。总体上，形成慢行友好、公交优先的城市空间形态，在用地性质与开发业态上，基于主体功能定位，实现居住、商业、办公与各类公共服务业态混合布局，最大限度地在组团内部提升职住平衡度。

在能源传输过程中，通过智慧化、生态化的建设和运营理念，提高市政基础设施和公服服务设施运行效率，减少污染物与碳排放。加快老旧管网更新改造工程，推进供热管网保温材料更换和供热场站、管网智能化改造。实施城市老旧供水管网更新改造，推进管网分区计量，提升供水管网智能化管理水平。

在能源使用末端，各级政府与相关公益组织等应积极开展能源节约宣传活动，通过社区广播、宣传栏、微信公众号等多种渠道，普及节能知识，引导城乡居民树立节能减排的环保意识，形成全民参与节能的良好氛围。

二、城乡供热减污降碳协同增效

城乡集中供热是一种高效的供热减污降碳措施，通过将能源集中供应给城乡居民或企业，可以减少燃煤等污染燃料的使用（图8–14），同时提供更加便利和高效的供热服务。城乡集中供热方面的具体能源减污降碳措施如下：

采用清洁能源。城乡集中供热可以通过采用清洁能源来替代传统的污染燃料，如煤炭。清洁能源包括天然气、生物质能、太阳能等。其中天然气是一种较为清洁的燃料，燃烧后产生的CO_2和其他污染物排放较少。生物质能可以利用农业废物、生活垃圾等进行利用，减少对化石能源的依赖。

高效能源利用。城乡集中供热系统可以通过提高能源利用效率来减少能源消耗和碳污排放。通过采用先进的供热设备和技术，如热泵和余热回收等，提高能源的转化效率。同时，通过改善供热管网的绝热性能，减少能源的传输损失，提高供热效率。

热电联供。城乡集中供热可以与电力供应相结合，采用热电联供系统，将余热转化为电能供应给居民和工业用途。这样既能够提供供热服务，又能够减少燃煤等化石燃料的使用，降低碳排放。

废热利用。城乡集中供热可以通过废热利用来减少能源浪费和污染物排放。例如，工业企业产生的废热可以通过热力回收系统回收利用，供应给城乡居民的供热系统。这样不仅可以提高能源利用效率，还可以减少CO_2、CO等污染物的排放。

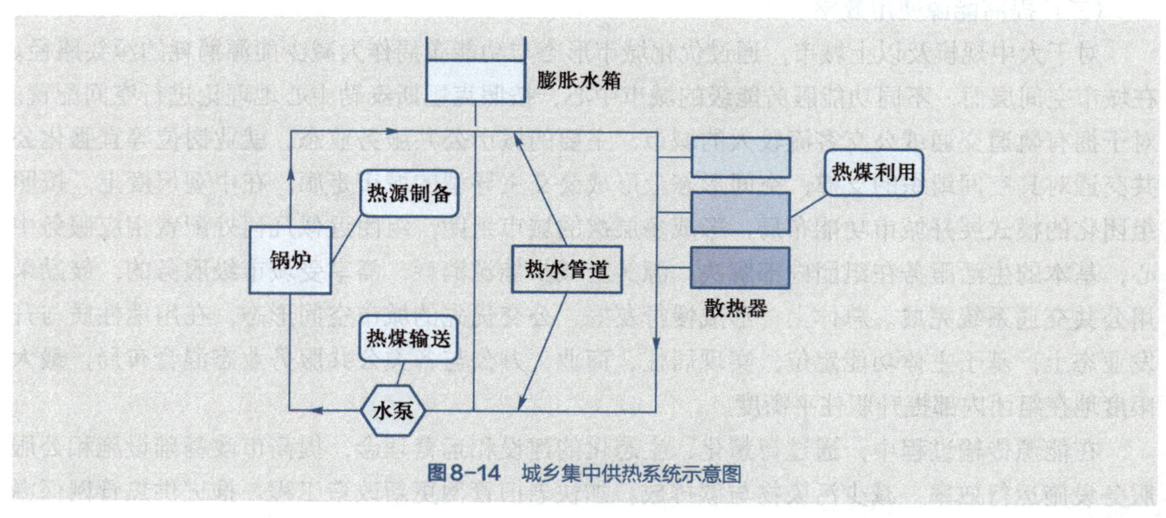

图8–14　城乡集中供热系统示意图

三、城乡污水处理减污降碳协同增效

城乡污水处理全过程在减污降碳方面可以采取如下具体举措，以实现环境保护和可持续发展的目标。

（一）强化源头节水减排

深入实施国家节水行动：通过宣传教育、政策引导等方式，增强城乡居民和企业的节水意识，减少新水的取用量，进而减少污水的产生。例如，可以推广节水型器具和设备，鼓励居民和企业合理利用水资源。

加快海绵城市建设：通过增加城市绿地、透水铺装等措施，提升城市的蓄水、渗水和涵养水能力。这不仅可以削减雨水径流污染，还能有效补充地下水，实现水资源的自然循环。

推动工业废水循环利用：鼓励工业企业和园区实现废水串联使用、分质利用，以及一水多用和梯级利用。特别是在严重缺水地区，应示范推动工业园区废水尽可能回收利用，以减少新鲜水资源的消耗。

（二）提升污水收集与处理效能

完善污水收集管网：加快消除城镇污水收集管网的空白区，建设全覆盖的污水管网。同时，有序推进雨污分流改造，除干旱地区外，新建城区应原则上实施雨污分流，以提高污水的收集效率和提升处理效果。

优化污水处理厂布局与运营：合理规划建设污水处理厂，鼓励生活污水就近集中处理，以减少污水长距离输送的能耗。在土地资源紧缺的城市，可以考虑建设地下或半地下式污水处理厂，以节约土地资源。

（三）加强污水处理过程中的节能降碳

推广节能技术与设备：在污水处理过程中，应积极推广使用高效节能的技术与设备，如高效的曝气装置、智能控制系统等，以降低处理过程中的能耗。

实施节能改造：对现有污水处理厂进行节能改造，如优化处理工艺、更换高效设备等，以提高能源利用效率。

利用可再生能源：在污水处理厂中推广使用可再生能源，如太阳能、风能等，以减少对传统能源的依赖，并降低排放。

（四）推进污泥处理减污降碳

推广低碳污泥处理工艺：采用更加环保和节能的污泥处理工艺，如厌氧消化、好氧发酵等，以减少污泥处理过程中的碳污排放（图8-15）。

实现污泥资源化利用：鼓励将污泥转化为肥料、生物质燃料等有价值的产品，实现污泥的资源化利用，同时减少环境污染。

（五）加强管理与政策支持

完善监管体系：建立健全的监管体系，对污水处理厂的运营进行实时监控和管理，确保其稳定运行并达到减排目标。

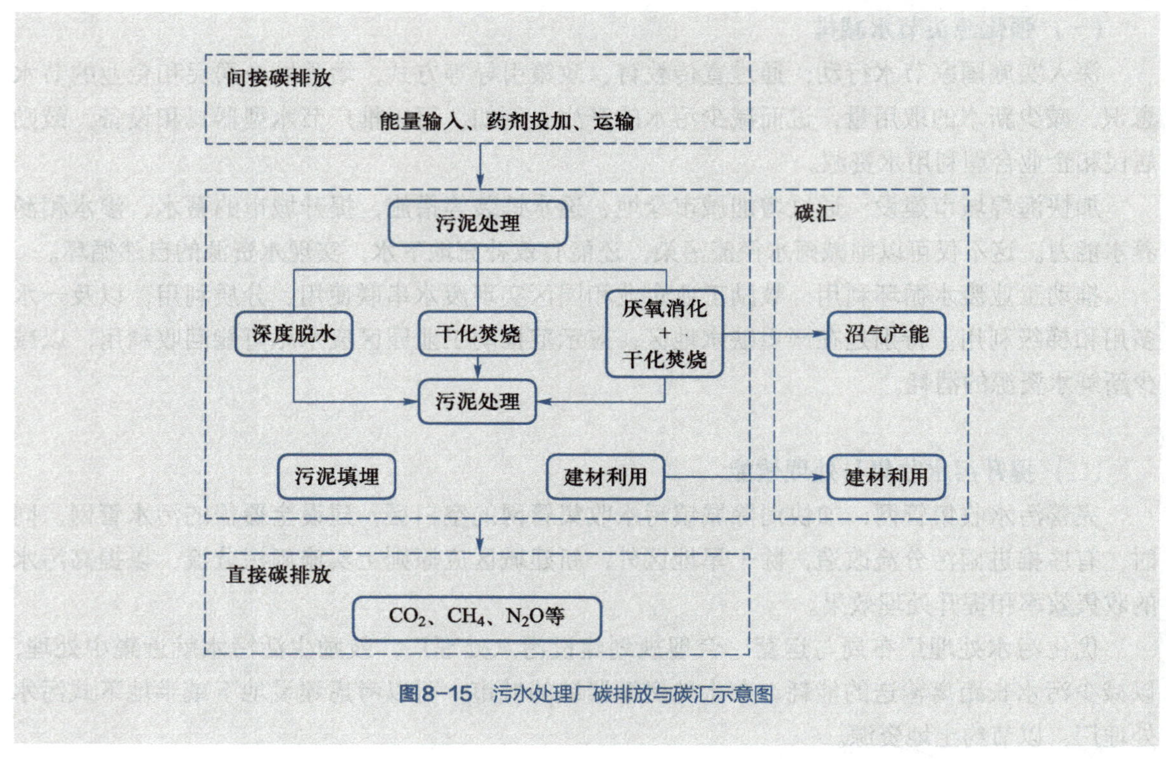

图8-15 污水处理厂碳排放与碳汇示意图

提供政策支持：政府应加大对污水处理厂节能降碳改造的资金支持和政策扶持力度，推动其实现绿色转型升级。

四、城乡固体废物处理减污降碳协同增效

通过多种方式培养民众在生活源头减少废物和垃圾分类的习惯，并通过一定的激励性政策，促进城乡居民自觉地进行垃圾分类，为更好地回收和利用废物创造前提条件，是较长时间内持续努力的方向。当前，诸多城市已出台专业化的废物回收利用平台，利用信息化手段和相对较高的回收价格优势，吸引大量民众将电子器物、包装壳等汇集销售。但低值废物回收利用率整体偏低，地方政府应尽快完善低值可回收物目录，出台相应政策将低值可回收物回收利用纳入政府购买服务范围。此外，对餐厨垃圾进行单独回收或有效分离，通过厌氧发酵技术将其转换为生物肥料，可大幅提升日常废物回收利用效率。

垃圾焚烧发电是将固体废物转化为能源的有效方法，既减少了垃圾堆放或填埋对土地资源的占有量，又生成了可利用的能源。对于没有焚烧发电条件的地区，建立垃圾填埋气发电系统也值得推广，将垃圾发酵释放的甲烷等可利用能源气体进行有效回收利用，降低温室气体排放。

习题与思考题

1. 我国与国外发达国家城市在发展阶段上存在哪些差异？如何基于阶段性特征，采取合理的减污降碳措施？
2. 试对比国内外在城乡建设减污降碳方面的政策与法规，并评估我国现有政策在推动城乡建设绿色发展方面的有效性。
3. 城乡建设是一个系统性工程，需要政府、企业和个人共同推进实现减污降碳，你认为上述三个主体谁的影响更显著？请简述理由。
4. 试选择一个建筑/住区，从建筑全生命周期环境影响的角度，对其碳污排放情况进行分析，并提出相应优化措施。
5. 我国的城市发展正在从“增量发展”向“存量更新”转变。从既有建筑更新的角度来看，可以采用哪些更新手段来有效实现城乡建筑的减污降碳？这些手段在实际更新过程中会遇到哪些困难？
6. 引导居民减少不必要的出行活动能明显地减少能源消耗与碳排放，但是，从社会经济发展视角来看，以娱乐性活动为例，这些不必要活动的减少也抑制了消费经济的发展，如何看待在源头上减少需求实现减污降碳的利弊。
7. 在交通运输领域，除去交通建设、空间规划、交通组织、交通管理和社会规范之外，减污降碳还可以从哪些方面着手？
8. 我国乡村地区能源减污降碳与城市相比存在哪些差异？乡村地区减污降碳面临什么样的挑战？
9. 城乡能源替代推进工作中面临哪些障碍？政府应着重从哪些方面予以消除，将能源替代落到实处？
10. 城乡居民在主动式节能减排方面存在哪些差异？哪些方面值得相互学习借鉴？

参考文献

[1] 中华人民共和国住房和城乡建设部，国家市场监督管理总局．建筑碳排放计算标准：GB/T 51366—2019［S］.

北京：中国建筑工业出版社，2019.
[2] 中国环境科学学会．城市大气污染源排放清单编制技术指南：T/CSES 144—2024［S］．2024.
[3] 生态环境部环境规划院，北京师范大学，中山大学，等．中国产品全生命周期温室气体排放系数集（2022）［DS］．北京，2022.
[4] 中华人民共和国自然资源部．排放源统计调查产排污核算方法和系数手册［DS］．北京，2021.
[5] 张翔宇，胡建坤，马凯，等．给水厂典型工艺碳排放特征与影响因素［J］．环境科学，2024，45（1）：123–130.
[6] 郭盛杰，黄海伟，董欣，等．中国城镇污水处理行业温室气体排放核算及其时空特征分析［J］．给水排水，2019，55（4）：56–62.
[7] 张智慧，尚春静，钱坤．建筑生命周期碳排放评价［J］．建筑经济，2010（2）：44–46.
[8] 刘念雄，汪静，李嵘．中国城市住区CO_2排放量计算方法［J］．清华大学学报（自然科学版），2009，49（9）：1433–1436.
[9] 江亿．我国建筑耗能状况及有效的节能途径［J］．暖通空调，2005（5）：30–40.
[10] 谭良斌．绿色建筑设计概论［M］．北京：科学出版社，2021.
[11] 杨鸿玮．既有建筑绿色改造性能化设计与预测［M］．北京：中国建筑工业出版社，2019.
[12] 江亿，胡姗．中国建筑部门实现碳中和的路径［J］．暖通空调，2021，51（5）：1–13.
[13] 毛海虓．中国城市居民出行特征研究［D］．北京：北京工业大学，2005.
[14] 毕晓萤，罗崴．中小城市居民出行特征分析及交通改善策略研究［J］．交通科技与经济，2018，20（3）：28–31+71.
[15] 江亿，胡姗．中国城乡能源供给系统的低碳途径［J］．科技导报，2023，41（16）：6–22.
[16] 李雪玉．我国散煤综合治理现状、问题及建议［J］．中国能源，2020，42（11）：9–13.
[17] 熊华文．减污降碳协同增效的能源转型路径研究［J］．

环境保护，2022，50（Z1）：35−40.

[18] 李剑颖，任晓灵，王晓燕，等.餐厨废弃油脂制生物柴油全生命周期碳排放分析研究［J].环境卫生工程，2024，32（5）：48−54.

[19] 余华刚，赵海娟，陈傲．交通静化技术在步行和自行车交通系统规划中的应用——以咸宁市旅游区为例［J].城市交通，2012，10（5）：55−61.

09

第九章 交通运输减污降碳协同增效

交通运输是运用各种工具设备实现旅客和货物空间位置的转移过程。该过程不创造新的物质产品，不改变劳动对象的物质形态，也不增加其数量，只改变劳动对象的空间位置和增加产品价值，满足社会的需要。交通运输是国民经济中具有基础性、先导性、战略性的产业，是经济发展的基本需要与重要纽带。

随着城镇化进程的加速、跨区域交流的增多及经济结构的优化转型，交通运输行业已成为大气污染物和温室气体的显著排放者，并成为排放量增长最快的行业。交通运输系统的减污降碳日益成为实现“双碳”目标关注的重点。

本章结合交通运输碳污排放特征，重点介绍交通运输规划设计减污降碳协同增效、交通运输过程减污降碳协同增效和交通运输减污降碳协同管理机制。

第一节 交通运输碳污排放特征

2019年，我国交通运输领域碳排放总量为11亿t左右，占全国碳排放总量的10%左右，其中公路运输占74%、铁路运输占8%、水路运输占8%、航空运输占10%左右。理解不同交通工具的碳污排放特征对制定针对性的减污降碳协同增效策略十分重要。

一、交通运输体系构成

交通运输体系包括公路运输、铁路运输、水路运输、航空运输、管道运输等。

（一）公路运输

公路运输是在公路上利用汽车等陆上运输工具运送旅客和货物的运输方式。公路运输是构成陆上运输的两种基本运输方式之一，也是对外贸易运输和国内货物运输的主要方式之一，既是独立的运输体系，也是车站、港口和机场物资集散的重要手段。

（二）铁路运输

铁路运输是使用铁路列车运送旅客和货物的一种运输方式。铁路运输是现代运输的主要方式之一，也是陆上运输的两种基本运输方式之一。它在整个运输领域中占有重要的地位，并发挥着越来越重要的作用。

（三）水路运输

水路运输是以船舶为主要运输工具，以港口或港站为运输基地，以水域包括海洋、河流和湖泊为运输活动范围的一种运输方式，至今仍是全球许多国家最重要的运输方式之一。

（四）航空运输

航空运输又称为飞机运输，它是在具有航空线路和飞机场的条件下，使用飞机、直升机及其他航空器运送人员、货物、邮件的一种运输方式。在我国运输业中，航空运输货运量占全国货运量比重还比较小，主要承担长途客运任务，伴随着物流的快速发展，航空运输在货运方面将会扮演重要角色。

（五）管道运输

管道运输是用管道作为运输工具长距离输送液体和气体物资的一种运输方式。这种运输方式使用大型管道系统将原油、天然气、成品油、矿浆、煤浆等介质送到目的地。管道运输可以根据液体、气体或半固体物质的输送方式进行分类。根据输送的介质不同，管道运输可以分为输油管道、输气管道、输水管道、化学品管道及一些特殊用途的管道（如输送粉状、半固态物料等）。

二、碳污排放源

交通运输的污染物排放主要来自燃料的燃烧过程。其排放过程根据交通类型、燃料类型及交通工具的运行状态不同而不同。

（一）公路运输

我国交通运输行业以公路运输为主，公路运输在客运量和货运量中的占比分别达到了71%和74%，能源消耗占整个交通运输行业的75%，导致公路的碳排放占整个交通运输体系的74%。

公路运输汽车类型可分为公路营运汽车、公共汽电车、巡游出租车、私人汽车和社会其他部门车辆等。按照能源的供给类型可以分为汽油车、柴油车、电车、天然气车和新能源车等。

公路运输的碳污排放主要来自车用燃料燃烧排放的尾气。因此，纯电汽车、氢能汽车等新能源车的运行不直接产生碳污排放。

（二）铁路运输

铁路运输的能源消耗以电力、柴油、热力消耗为主。电力消耗以负责列车牵引供电的机务段为主，柴油主要用于内燃机车的驱动和运维部门，热力主要用于运维保障部门。铁路运营期污染物和碳排放来源分为牵引供电、车站运营、养护维修系统。

（三）水路运输

船舶污染物排放主要分为两类，一类是水中排放，包括石油和货物的泄漏及人为操作排放废水、海洋垃圾、有害的非本土物种和防污涂料等；另一类是船舶运行消耗大量燃油，并由此引发了大量的有毒有害污染物排放及CO_2排放，污染物包括NO_x、SO_2、总烃(HC)、CO及颗粒物。船舶源污染排放具有多样复杂、流动性强、危害性强和持续时间长等特点。

（四）航空运输

现代航空工业依赖大量石油产品的消耗，尤其是航空燃油的消耗。航空发动机在实际运行过程中，会产生大量的温室气体（CO_2等）及NO_x、SO_2、HC、CO、颗粒物、黑炭（BC）等大气污染物。

（五）管道运输

管道运输导致的大气污染排放主要来自管道破损、接口、阀门等处产生的泄漏。一些突发的管道爆炸或施工导致的管道泄漏还会造成的大气、土壤和地下水污染等。管道泄漏污染具有突然性、难以预测、严重性等特点。

三、碳污排放特征

根据国际能源署的数据，交通运输行业排放的温室气体占全球能源相关行业排放的温室气体总量的近1/4。从运输方式来看，公路运输既是运输量最大的运输方式，也是全球碳排放总量最大的运输方式，其产生的碳排放量约占全球碳排放量的11.9%。中国交通运输行业正处于高速发展阶段，1990—2021年，我国交通运输行业碳排放量从9 400万t增至9.6亿t左右，增长约9倍。未来几十年中国能源消耗是碳排放增加的主要驱动因素。图9-1所示为中国2019年交通运输行业用能情况，目前交通能源消费结构依然以化石燃料为主，但随着交通电动化的发展，电力消费总量将逐渐提升。

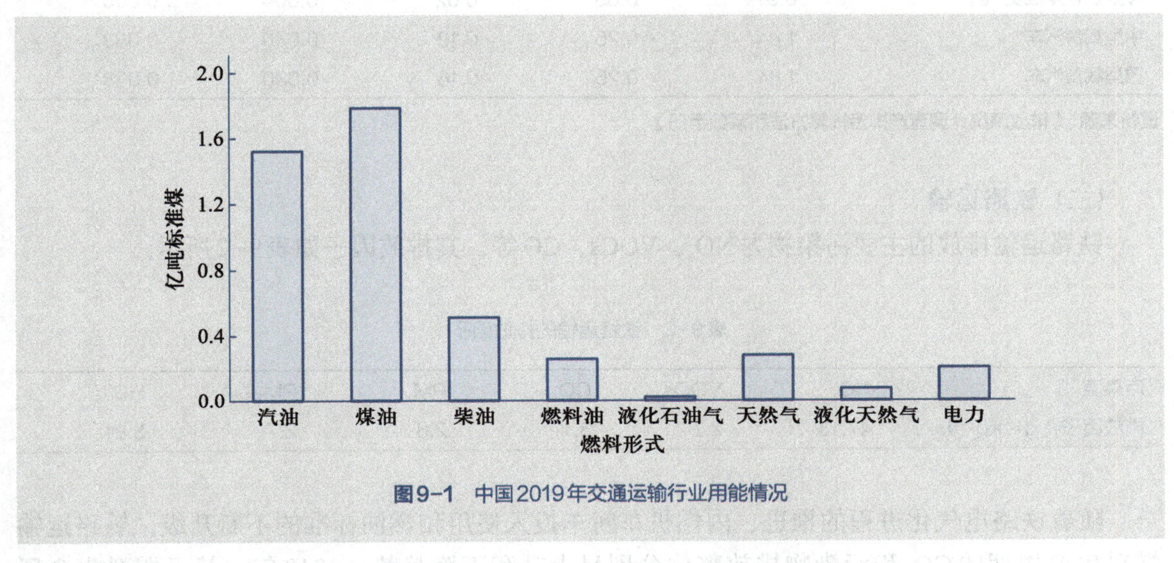

图9-1 中国2019年交通运输行业用能情况

（一）公路运输

不同类型车辆的污染物排放种类有所不同，汽油车的CO、HC、NO_x和颗粒物排放量分担率都在80%以上，柴油车排放的CO、HC、NO_x等污染也是不可忽视的。

基于道路交通的人均排放量为0.028 kg（CO_2-eq）/（人·km），其中天然气公交车碳污排放量最低，平均值仅为0.005 kg（CO_2-eq）/（人·km）左右。对于货运运输而言，每吨货物每千米CO_2排放量为0.074 kg（CO_2-eq）/（t·km），载重量越大的货车，其每吨货物单位千米CO_2排放量越低，根据《中国产品全生命周期温室气体排放系数库（2022）》相关统计指标，重型货车排放量仅为微型货车排放量的1/3左右。

不同类型机动车的污染物排放系数如表9-1所示。总体来看，载客量越大的载客汽车、载重量越大的载货汽车都可以通过提高满载率，实现更少的污染物排放。从减少碳污排放的视角来看，在运输周转量不变的前提下，不断提升载客汽车和载货汽车的满载率，能更好地支撑“双碳”目标的实现。

表9-1 不同类型机动车的污染物排放系数 单位：g/km

机动车类型	CO	VOCs	NO_x	$PM_{2.5}$	PM_{10}
微型、小型载客汽车	0.29	0.08	0.02	0.002	0.002
出租车	0.32	0.10	0.02	0.002	0.002
中型载客汽车	1.18	0.11	0.05	0.004	0.005
大型载客汽车	2.24	0.35	0.18	0.030	0.033
微型、轻型载货汽车	0.97	0.08	0.02	0.004	0.005
中型载货汽车	1.84	0.25	0.19	0.030	0.033
重型载货汽车	1.84	0.25	0.16	0.030	0.033

资料来源：《排放源统计调查产排污核算方法和系数手册》

（二）铁路运输

铁路运输排放的主要污染物为NO_x、VOCs、CO等，其排放因子如表9-2所示。

表9-2 铁路运输的排放因子

污染源	NO_x	VOCs	CO	PM_{10}	$PM_{2.5}$	HC
排放因子/($g \cdot kg^{-1}$)	47.13	2.7	3.11	2.8	2.7	3.81

随着铁路电气化进程的推进、内燃机车新车投入使用和燃油标准的不断升级，铁路运输燃料生命周期的CO_2和污染物排放整体分别呈上升和下降趋势。2018年，基于燃料生命周期的铁路运输的CO_2、NO_x、CO、BC和SO_x排放总量分别为3 780.29万t、11.98万t、3.94万t、0.20万t和3.08万t。其中，电力机车排放的CO_2、NO_x、CO、BC和SO_x分别为3 142.74万t、2.37万t、1.01万t、0.009 3万t和3.05万t，是内燃机车排放的34.97倍、19.75倍、12.62倍、7.75倍和92.42倍。

尽管目前铁路运输CO_2和污染物的直接排放均已达峰值，并呈现快速下降的趋势，但由于单位周转量油耗的增加，CO_2和污染物（除SO_x以外）排放强度均呈上升趋势。2018年，内燃机车CO_2、NO_x、CO和BC的尾气排放强度分别为103.23 kg/(10^4 t · km)、1.79 kg/(10^4 t · km)、0.54 kg/(10^4 t · km) 和0.035 kg/(10^4 t · km)，分别是2001年的1.26倍、1.17倍、1.10倍和1.21倍。因此，在提升铁路电气化率和降低内燃机车工作量的同时，优化铁路运行组织也是降低能耗、减少CO_2和污染物排放的有效方式。

（三）水路运输

船舶排放因子由船舶机器类型、机器转速、燃料类型和含硫率等因素决定。当前，船舶排放因子缺乏本地数据，因此，需要以全球范围排放因子研究为基础，结合船舶类型、燃料类型、含硫率和国家沿海排放区排放相关标准等关键因素进行选取。

曾凡涛以厦门港为例。采用基于船舶活动的排放因子法，通过自动识别系统（AIS）分析船舶进出港的活动数据，获得的厦门港船舶排放因子，如表9-3所示。

表9-3 厦门港船舶排放因子　　单位：g/（kW·h）

机器类型	转速	燃料类型	含硫率/%	SO_x	NO_x	HC	CO	$PM_{2.5}$	PM_{10}	CO_2	CH_4
主机	低速	RO	2.7	10.3	17.5	0.6	1.4	1.31	1.42	620.6	0.006
	低速	MDO	1	3.6	16.4	0.6	1.4	0.42	0.45	588.8	0.006
	低速	MGO	0.5	1.8	16.4	0.6	1.4	0.28	0.31	588.8	0.006
	中速	RO	2.7	11.2	13.5	0.5	1.1	1.32	1.43	677.9	0.004
	中速	MDO	1	4.0	12.8	0.5	1.1	0.43	0.47	646.0	0.004
	中速	MGO	0.5	2.0	12.8	0.5	1.1	0.29	0.31	646.0	0.004
辅机	中速	RO	2.7	12.0	14.2	0.4	1.1	1.32	1.44	722.5	0.004
	中速	MDO	1	4.2	13.5	0.4	1.1	0.45	0.49	690.7	0.004
	中速	MGO	0.5	2.1	13.5	0.4	1.1	0.29	0.32	690.7	0.004
锅炉	—	MDO/MGO	—	1.8	2.0	0.2	0.4	0.15	0.17	922	0.002

2018年厦门港船舶各种排放物SO_x、NO_x、HC、CO、$PM_{2.5}$、PM_{10}（包含$PM_{2.5}$）、CO_2、CH_4和N_2O的年排放量分别为3 221.9 t、11 976.8 t、489.5 t、1 117.5 t、411.3 t、542.4 t、700 224.0 t、12.4 t和31.9 t；其中空气污染物排放总量为17 348.1 t，以NO_x和SO_x的排放为主，其中NO_x排放量最大，占比达69%，远高于其他污染物；温室气体排放总量（CO_2-eq，考虑全球增温潜势）为710 374.3 t；对于人们熟知的对空气环境和人体健康影响较大的PM_{10}和$PM_{2.5}$，其排放占比分别达到3%、2%。

通过计算2019年长江武汉段船舶典型大气污染物排放量，不同类型船舶的污染物排放情况见表9-4。NO_x为最主要的排放污染物。根据大气污染物排放结果，推算得到SO_2、NO_x、CO、PM_{10}、$PM_{2.5}$、VOCs的单位船舶流量排放量分别为0.01 t/艘次、0.37 t/艘次、0.05 t/艘次、0.05 t/艘次、0.04 t/艘次、0.01 t/艘次。

表9-4 不同类型船舶的污染物排放情况　　单位：t

船舶类型	SO_2	NO_x	CO	$PM_{2.5}$	VOCs
高速船	0.0	1.1	0.2	0.1	0.0
油船	9.3	791.0	65.9	162.7	32.1
普通货船	170.1	10 901.0	1 635.1	1 225.9	315.3
拖船	1.7	140.8	11.7	29.0	5.7
执法船	0.2	15.9	1.3	3.3	0.6

续表

船舶类型	SO_2	NO_x	CO	$PM_{2.5}$	VOCs
工作船	0.0	3.6	0.3	0.7	0.1
客船	1.0	87.3	7.3	7.5	3.3
化学品运载船	0.0	2.8	0.2	0.6	0.1
其他船	0.7	60.0	5.0	12.2	2.4
合计	183.0	12 003.5	1 727.0	1 442.0	359.6

（四）航空运输

民航飞机在运行过程中会产生温室气体CO_2和有毒气体HC、SO_2、NO_x、CO等。每年航空业会排放约6.5亿t的CO_2，飞机排放HC、NO_x、颗粒物分别为1.4万t、8.3万t、0.3万t（2017年）。飞机的污染物和碳排放数据与燃油有关。对于同一条航线，相同的飞行距离，不同的飞机类型也会造成大气污染物和碳排放量的差异。

1. 飞机类型

如表9–5所示，2019年从北京首都国际机场到广州白云国际机场的所有飞机类型共有35种，其中飞行次数最多的飞机类型是A333，但该飞机类型每次飞行的HC、CO、NO_x和CO_2的平均排放总量却不是最低的。在该航线最常用的几种飞机类型中，A333、A332、A359、B789、B788均属于250座级的飞机类型，其中B788的平均排放总量最低；A388、B744、B748均属于400座级的飞机类型，但A388单次飞行的平均排放总量却远高于另外两种飞机类型。可见，航班数量、飞机类型和飞行距离都会影响起飞着陆循环阶段的大气污染物和碳排放量。

表9–5　2019年从北京首都国际机场到广州白云国际机场（1 900 km）的常用飞机类型和每次飞行的污染物平均排放强度

飞机类型	飞行次数	HC/($g\cdot km^{-1}$)	CO/($g\cdot km^{-1}$)	NO_x/($g\cdot km^{-1}$)	CO_2/($kg\cdot km^{-1}$)	总量/($kg\cdot km^{-1}$)
A333	2 868	0.279	7.279	92.75	22.31	22.41
B789	1 435	0.005	7.574	155.56	22.15	22.32
B77W	1 432	0.300	8.342	66.08	20.59	20.66
A321	1 216	0.347	5.216	66.87	13.27	13.35
A332	945	0.268	6.547	97.65	22.67	22.77
B788	406	0.305	8.395	66.50	20.72	20.79
B738	404	0.768	3.674	48.29	11.55	11.60
B744	246	1.358	6.847	170.41	40.23	40.41
B748	241	7.721	27.874	189.87	45.08	45.30
B752	227	0.163	8.679	50.53	15.43	15.49

2. 航油

生物航油是通过植物油与甲醇进行酯交换制造的脂肪酸甲酯等生物燃油。使用生物航油替代传统航油不仅可以应对航油成本波动，还可以使航空公司达到节能减排方面的目标。生物航油与石油基航油相比较的尾气排放减少量如表9–6所示。即使基于全生命周期法分析，生物航油的温室气体减排效果也可达50%。

表9–6　生物航油与石油基航油相比较的尾气排放减少量　　单位：%

有害物质	生物航油
CO	–43.2
碳氮化合物	56.3
富有离子	55.4
空气毒物	–60～–90
CO_2	78.3

王文华等基于全生命周期法，以验证飞机类型A320为例计算了上海（虹桥）—北京航线采用不同航油的碳排放情况。按照每天4班次，每年365 d运行，排除环境影响因素，使用传统航空煤油所排放CO_2为55 279 t，按照AS T MD7566–11标准按50∶50的比例使用生物航油，全年该飞机类型执行该航线的碳排放量为41 460 t，该航班计划碳减排量为13 819 t。

3. 飞行阶段

航空运输排放与其运行阶段、运行状态控制和燃油特征相关。在飞行过程中，航空器排放的主要大气污染物为CO_2与NO_x；在机场滑行时的主要大气污染物为CO与HC，4种污染物中，排放最多的为CO_2，最少的为HC［图9–2（a）］。而在一个标准起飞着陆循环中，滑行段航空器排放的大气污染物是整个循环的1/2，滑行时间每减少4 min，总排放就会减少6%。以A320飞机类型真实飞行1 647 km的航程为例，精确计算了CO、HC、NO_x、SO_2、CO_2和$PM_{2.5}$等污染物在各飞行阶段及全过程的排放总量。作为温室气体的CO_2排放总量最大，约为2.0×10^4 kg［图9–2（b）］。对城市空气质量产生影响的污染物中，NO_x的排放量最高，约为213.4 kg。在使用含硫量0.2%的航空煤油时，SO_2的排放量为24.5 kg。CO、$PM_{2.5}$和HC的排放量分别为7.5 kg、2.2 kg和0.5 kg。其中，挥发性含硫组分对细粒子排放总量的贡献达56%，显示出燃油中的硫组分对污染物（SO_2、$PM_{2.5}$）排放具有重要影响。各飞行阶段中，空中飞行阶段时间长、耗油量大，所有污染物在此阶段排放量最高。起飞阶段由于耗油量高于着陆阶段，因此起飞阶段污染物的排放量也高于着陆阶段。由于NO_x在大推力时排放指数更高，因此与其他污染物相比，起飞阶段的NO_x排放量所占比例较大。

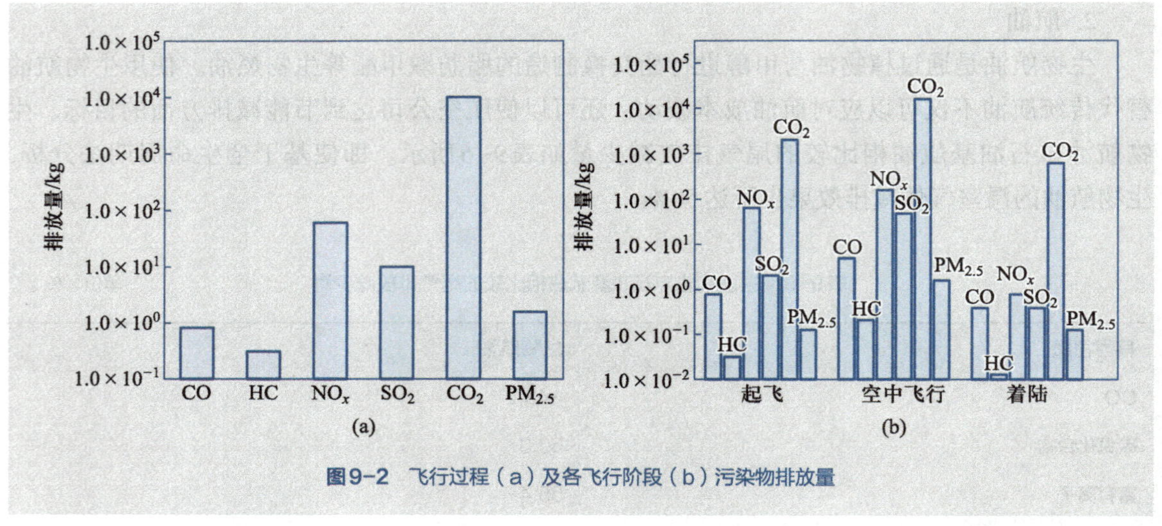

图9-2　飞行过程（a）及各飞行阶段（b）污染物排放量

第二节 交通运输规划设计减污降碳协同增效

交通运输体系减污降碳的核心在于发展高能效、低能耗、低污染、低排放的低碳交通运输体系，优化交通运输用能结构，转变交通运输发展方式，减少以传统化石能源为代表的高碳能源的高强度消耗，提高能源利用效率。因此，交通运输体系减污降碳协同增效贯穿于交通运输体系的规划设计、建设和管理运行全过程。

一、绿色交通运输体系规划

交通运输体系的减污降碳涉及许多过程（图9-3），需要交通运输全行业跨部门的有效协作。出行者的交通运输需求对交通运输体系减污降碳起关键性作用。

城市形态和土地利用模式将会影响城市交通需求总量、时空分布特点、交通出行距离特性等，是影响绿色交通的第一因素。合理的城市形态和土地利用模式能够减少交通需求总量，以及改变交通需求的若干特性，达到减少交通有害气体排放总量的目的。

交通运输体系要支撑城乡功能和空间发展战略的实现，交通运输规划设计要与周边的用地性质相协调。因此，在规划中要引进交通与土地利用的互动机制，通过紧凑布局、混合使用的用地形态，做好综合交通枢纽和规划设计，建立合理的道路网络结构，提供良好的公共

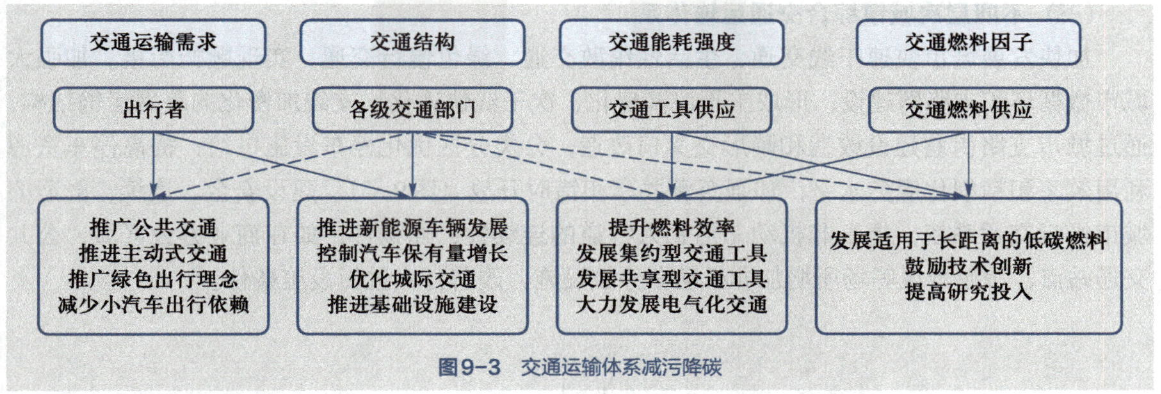

图9-3　交通运输体系减污降碳

交通服务设施，减少道路上的机动车总量，实现交通畅通有序的良好运行状态，大量减少怠速行驶、低速行驶、走走停停等不良工况，达到汽车尾气排放总量减少的目的。

二、多层次绿色交通运输体系设计

（一）区域交通运输一体化

构建以高速铁路、高速公路、民用航空等为主体的快速网，完善以普速铁路、普通国省道、港口航道等为主体的干线网，扩大油气管网高效互联，提高区域交通运输基础网保障能力。加强铁路、高速公路、水路和航空等交通体系与城市市内交通网络的衔接，实现区域交通运输一体化。提高交通运输能力，降低能源消耗，减少污染物和温室其他排放。

（二）城镇综合交通运输枢纽

通过规划和提升不同层次综合交通枢纽的水平和资源要素配置能力，优化综合交通运输枢纽客货中转设施、集疏运网络及客运场站间快速连接系统，增强区域性综合交通运输枢纽的衔接转运能力，强化不同层级综合交通运输枢纽城市之间功能互补、设施连通、运行协同，减少中转次数和时间，以提高运输效率（图9-4）。

图9-4　昆明市“米”字轨道交通线网

（三）不同层次城镇综合交通运输体系

加快发展城市快速干线交通、生活性集散交通、绿色慢行交通，实现顺畅衔接。加强大城市微循环和支路网建设，形成主干线高速化、次干线快速化、支线加密化的路网运输结构，通过城市支路街巷建设改造和畸形交叉口改造，分类分区优化停车设施供给，提高停车资源利用效率和精细化服务水平，加强资源共享和错时开放（图9–5）。建设安全、连续、舒适的城市慢行交通系统，提高非机动车道和人行道的连续性、通畅性，如在商业办公区域、公共交通站点、旅游景区等场所增加非机动车停放设施，改善行人过街设施条件。

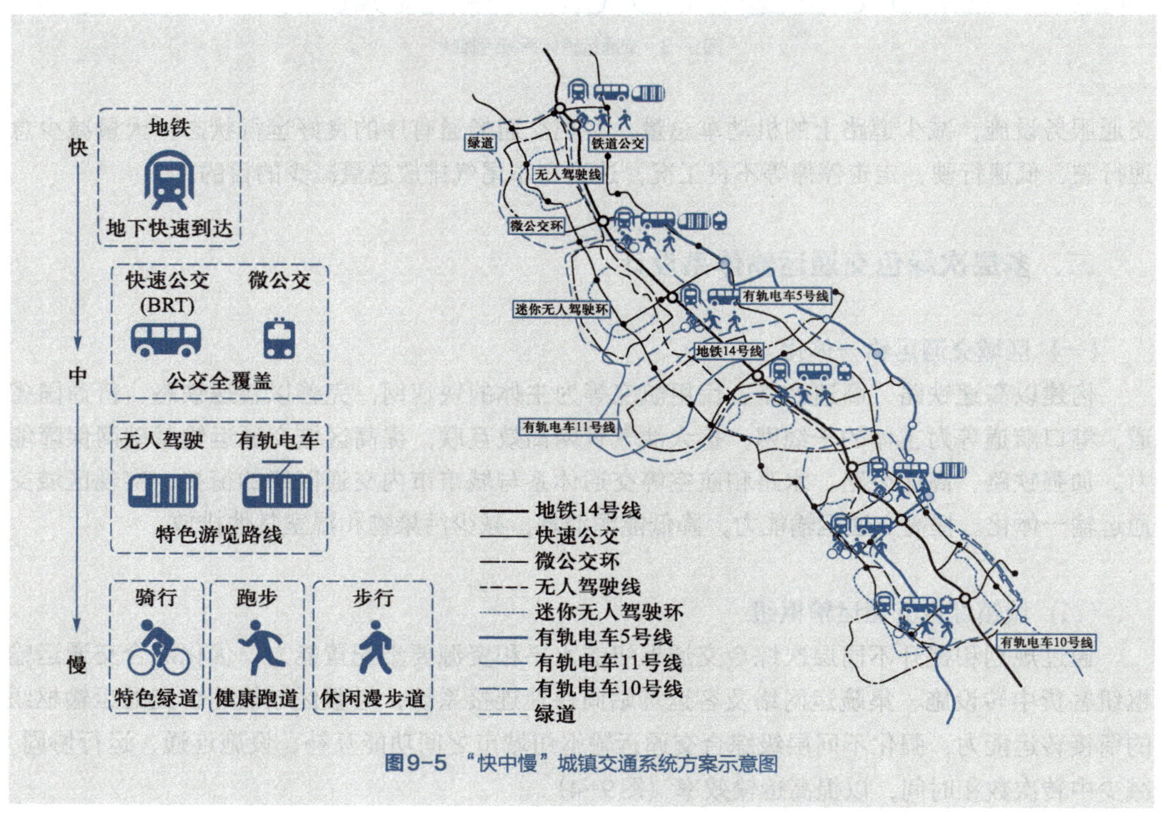

图9–5 “快中慢”城镇交通系统方案示意图

（四）交通道路网络的合理匹配

关注道路的级配结构和连通关系，铁路客站设置方便城市对外交通，高速公路应该绕城设置。通过优化基础设施网络，使其畅通成网，优化客运、货运组织，实现客运“零换乘”和货运“无缝衔接”。合理设置交通安全岛、隔离护栏、标志标线等交通安全设施也是提高通行效率的有效措施。双向六车道以上道路应全部设置行人过街安全岛，以交通功能为主的主次干路酌情设置隔离护栏，完善过街斑马线和其他标志标线。

三、现代物流供应链体系设计

现代物流供应链体系设计应充分发挥国际国内物流保障协调机制作用，实现国际国内物流保通保畅保运。建设国际国内物流供应链服务保障系统，提升物流供应链信息服务水平（图9-6）。建立物流供应链动态感知、安全预警监测体系，增强运输战略通道安全保障和应急处置能力。会同有关部门统筹推进现代物流供应链体系建设，推动国际国内物流与产业链供应链协同融合，服务国内国际双循环相互促进。

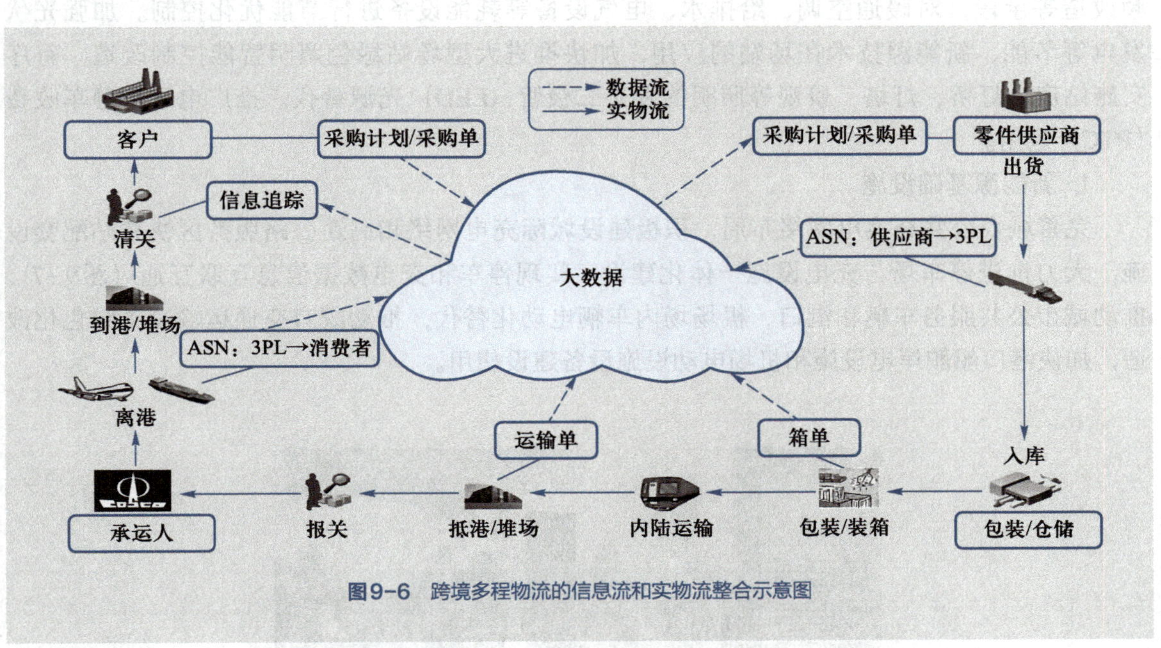

图9-6　跨境多程物流的信息流和实物流整合示意图

完善城市绿色货运配送发展机制，鼓励发展统一配送、集中配送、共同配送等模式。完善县乡村农村物流服务体系，建立健全无人机配送等新技术新方式应用推广机制，推动城乡物流协同高效发展，服务畅通国内大循环。

推动多式联运发展的政策机制，深入实施多式联运示范工程，建立健全更加先进高效的多式联运车辆装备推广应用机制。推广甩挂运输、江海直达等运输组织模式，探索发展高铁快运等新模式。完善网络货运平台等新业态发展机制，充分发挥平台作用，整合零散物流信息资源。

四、交通运输基础设施规划与建设

（一）优化道路基础设施

发展绿色建筑材料和施工技术，采用环保材料和工艺，减少公路建设对环境的影响，降低交通基础设施建设的碳排放。加强公路养护，保持路面状况良好，加强道路维护和管理，提高道路使用寿命和安全性，减少因道路损坏造成的污染物和碳排放量；优化道路交叉口设计，提高交通流畅度和通行效率，减少因拥堵造成的污染物和碳排放量。实施道路绿化工程，提高道路两侧的绿化覆盖率，吸收交通排放的大气污染物和CO_2。

（二）交通运输体系绿色改造

加强对现有交通运输体系的绿色改造力度，实施绿色照明。通过能源管控技术应用、变频改造等手段，对暖通空调、给排水、电气设备等耗能设备进行节能优化控制。加强光伏发电等节能、新能源技术在场站的应用，加快推进大型场站绿色照明智能控制改造，有序实施站房、灯桥、灯塔、景观等照明的发光二极管（LED）光源替代。推广电子不停车收费（ETC）应用。

1. 新能源基础设施

完善城乡公共充换电网络布局，积极建设城际充电网络和高速公路服务区快充站配套设施，大力推进停车场与充电设施一体化建设，实现停车和充电数据信息互联互通（图9-7）。推动城市公共服务车辆和港口、机场场内车辆电动化替代，推动既有交通运输设施绿色化改造，加快港口船舶岸电设施和机场电动设施设备建设使用。

图9-7　某地新能源汽车充电站

2. 末端治理设施

严格落实交通运输装备废气净化、噪声消减、污水处理、垃圾回收等装置的安装要求，有效控制排放和污染（图9-8）。严格执行交通运输装备排放标准和检测维护制度，加快淘汰超标排放交通运输装备。开展机场、港口、车站、服务区等交通运输集散地的污水、粉尘、固体废物的综合治理，推进生产生活污水、雨污水循环利用，降低污染物和温室气体排放。

图9-8　某港口扬尘治理

五、绿色交通运输体系

（一）清洁能源交通

1. 公路运输

积极扩大电力、氢能、天然气、先进生物液体燃料等新能源、清洁能源在交通运输领域应用。大力推广新能源汽车，逐步降低传统燃油汽车在新车产销和汽车保有量中的占比。重点突破中重型货车的长续航里程电池技术，积极探索电气化公路和燃料替代技术，提高能源安全性和使用效率，降低使用成本。

加快城市公交、出租和城市物流配送车辆的电动化进程。近年来，城市公交、出租车和货运配送成为我国新能源汽车应用的重要领域，使用量超过120万辆，城市公交车中新能源车辆占比超过66%。

氢燃料也是一种可能的车辆燃料技术路线，但受限于其技术发展、应用场景及氢能来源，需要在保障绿氢供应的前提下在特定场景适时推广氢燃料使用。

2. 铁路运输

提升铁路系统电气化水平。加快机车更新换代，提升电力机车承运比重。大力推进高耗能高排放机车新能源化提升替换工作，开展既有老旧内燃机车柴油机排放优化升级技术研究。

3. 水路运输

加快船舶新能源和清洁能源应用，推进新建船舶应用电力、混合动力和清洁能源。目前国内对液化天然气（LNG）燃料动力船技术已经具有一定的技术积累，但对于使用氢燃料和氨燃料等的新船型技术研发尚处于起步阶段，相关的装备、材料和工艺尚属空白，需加强风险评估及应急保障研究。

推动靠港船舶使用岸电。截至2020年年底，全国港口和水上服务区具备岸电供应能力泊位约7 500个，其中长江经济带共建成岸电泊位4 700余个。长江游轮、大型客运码头及京杭运河水上服务区基本实现岸电全覆盖、全使用。

4. 航空运输

近年来，航空运输清洁能源生物基合成石蜡煤油已经得到一定程度的使用。但必须要看到的是，总体上人们仍未能实现航空运输行业能源的根本改变，且尚未掌握航空飞行器的燃料替代技术。因此，需要加快开展航空领域深度脱碳技术研究，推动重大科技创新。

（二）交通运输电气化升级

交通工具电气化可以显著降低整体排放量，大力推动城市公交和铁路运输道路交通电气化，开发推广“源、网、车、储”一体化新技术（图9–9）。积极探索推广自洽式风光氢储绿色能源供电新模式和优化运用传统电气化制式。推进新能源在牵引变电所和牵引网分布式接入。推动再生制动能量自行吸收、同相供电、大规模储能等新一代低碳智慧技术在牵引供电系统中的应用。

（三）高效低耗交通运输装备

提高交通运输装备、机械设备能效和碳排放标准，严格实施运输装备、机械设备能源

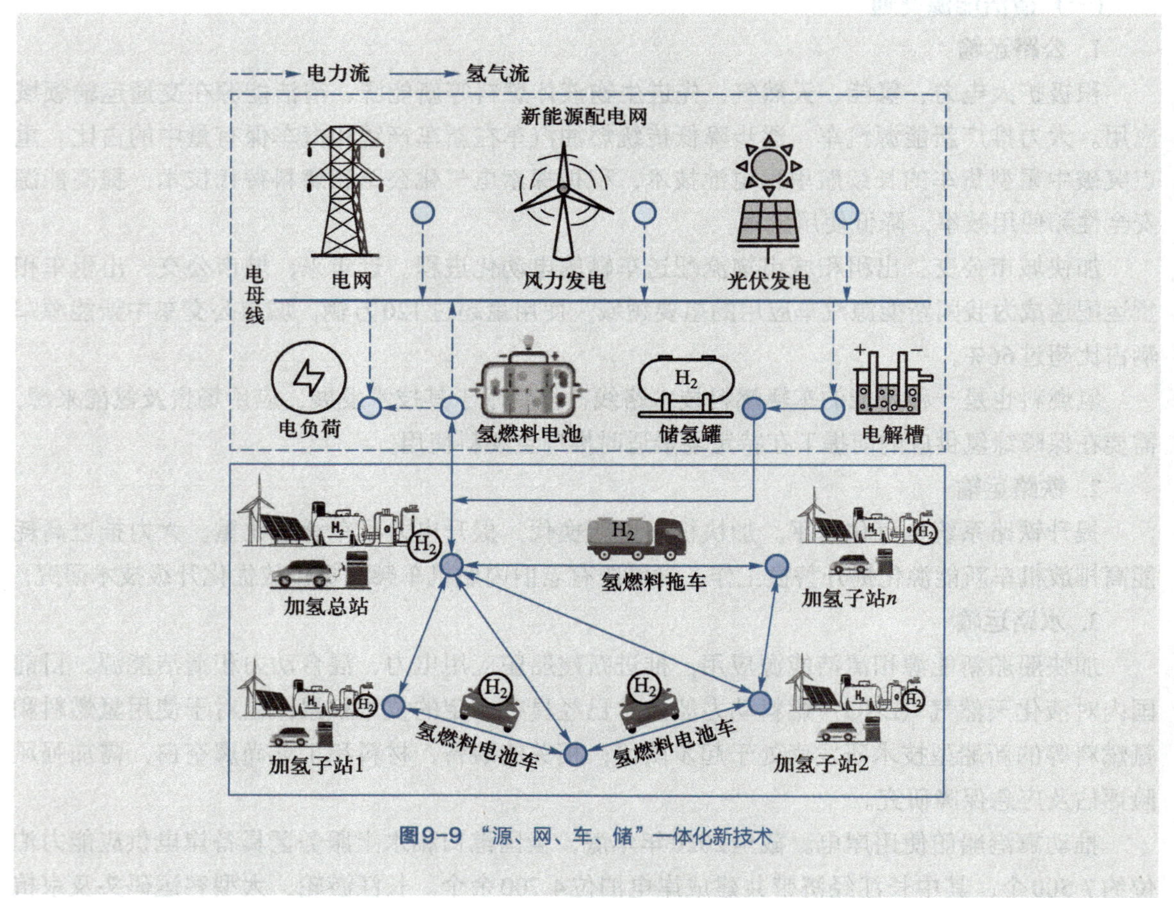

图9–9 “源、网、车、储”一体化新技术

消耗量和碳排放准入制度。积极推广应用高能效、低排放的交通运输装备、机械设备，淘汰高能耗、高排放的老旧交通运输装备、机械设备，提高交通运输装备生产效率和整体能效水平。推动建立交通运输装备能效标识制度，鼓励购置能效等级高的交通运输装备。推进以天然气等清洁能源为燃料的运输装备和机械设备的应用，加强加气、供电等配套设施建设。积极探索生物质能在交通运输装备中的应用。推广应用混合动力交通运输装备，推进合同能源管理在用能装备和系统中的应用，采用租赁代购模式推进电池动力的交通运输装备应用。推进模拟驾驶和施工、装卸机械设备模拟操作装置应用，积极推广应用绿色维修设备及工艺。加快车辆更新换代，推动超低和近零排放车辆规模化应用。发展轻量化材料和技术，减轻车辆自重，提高燃油效率，减少排放。采用高效发动机和传动系统，提高车辆的动力性能和燃油经济性。优化车辆结构设计，降低风阻系数，减少行驶过程中的能量损失。

第三节 交通运输过程减污降碳协同增效

一、优化交通运输结构

在综合交通运输体系的现代化建设实践中，不同运输方式会产生不同的能耗，排放污染物和温室气体的数量也有较大差异。铁路运输和水路运输消耗的能源较低，公路运输相对较高。因此，通过优化交通运输结构，能够达到节能减排降碳的多重效果。

按照“宜水则水、宜陆则陆、宜空则空”的原则，深入推进交通运输结构调整，提高铁路、水路在综合运输中的承运比重，降低运输能耗强度。发展高效运输方式，提高运输组织化程度，推进多联式联运发展，优化运力结构。积极促进铁路、公路、水路、航空和城市交通等不同交通方式之间的高效组织和顺畅衔接，加快形成便捷、安全、经济、高效的综合运输体系。大力推进多式联运，积极发展集装箱运输。逐步构建以铁路、船舶为主的中长途货运系统。加快铁路专用线建设，推动大宗货物和中长途货物运输“公转铁”“公转水”。优化“门到门”物流服务网络，鼓励发展城乡物流共同配送、统一配送、集中配送、分时配送等集约化配送模式，提高工矿企业绿色运输比例，扩大城市生产生活物资公铁联运服务供给。

推进客运企业之间运输组织平台建设，引导客运企业实施规模化、集约化经营；加强运输线路、班次、舱位等资源共享；推进接驳运输、滚动发班等先进客运组织方式；推广联程售票、网络订票、电话预订等方便快捷的售票方式及信息服务，提高客运实载率。

充分发挥各种运输方式的比较优势，大力发展滚装运输、驮背运输等多式联运。加快发展专业化运输和第三方物流，积极引导货物运输向网络化、规模化、集约化和高效化发展，优化货运组织，提高货运实载率。加强城市物流配送体系建设，建立零担货物调配、大宗货物集散等中心，提高城市物流配送效率。依托综合交通运输体系，完善邮政和快递服务网络，提高资源整合利用效率。

二、清洁燃料替代

（一）液化天然气

液化天然气（LNG），主要成分是甲烷，被公认是地球上最干净的化石能源。汽车发动机可用LNG作为燃料，燃烧安全且有一系列废气处理装置，排气中CO、HC等含量极微，符合世界上最严格的汽车排废规定。

LNG汽车是以LNG为燃料的新一代天然气汽车，其突出优点是LNG能量密度大，汽车行驶里程长，可达400 km以上，相比传统使用汽油、柴油的汽车具有显著的经济、环境效益。以压缩天然气（CNG）和LNG作为发动机燃料可将汽车分为单燃料天然气汽车（只使用CNG或LNG作为燃料）、双燃料天然气汽车（使用柴油+CNG，或使用汽油+CNG为燃料的汽车），使用最为广泛的是单燃料天然气汽车。

以LNG作为发动机燃料，比汽油、柴油的综合排放量降低约85%，其中CO排放量减少97%、CO_2排放量减少90%、微粒排放量减少40%、噪声减少40%，无铅、苯等致癌物质，基本不含硫化物，环保性能优越。

（二）生物质汽柴油

生物柴油是以油脂为原料，与醇类经转酯作用获得的单烷基脂肪酸酯，其热值、燃烧功效等物化性质与石化柴油相近，可以直接替代石化柴油作为现有发动机系统的燃料。生物柴油与普通石化柴油相比，在燃料性能、润滑性能、可再生性上更具有优势，还能显著减少温室气体、硫和芳香烃等有毒物质的排放。生物柴油是典型的“绿色能源”（表9-7），具有环保性能好、发动机启动性能好、燃料性能好、原料来源广泛、可再生等特性。近年来许多研究证实，无论是小型、轻型柴油机还是大型、重型柴油机或是拖拉机，燃烧生物柴油后HC排放量都减少55%～60%，颗粒物排放量减少20%～50%，碳排放量减少45%以上，多环芳烃排放量减少75%～85%。生物柴油是植物油（如菜籽油、大豆油、花生油、玉米油、棉籽油等）、动物油（如鱼油、猪油、牛油、羊油等）、废弃油脂或微生物油脂与甲醇或乙醇经酯转化而形成的脂肪酸甲酯或乙酯。具有某种结构符号的脂肪酸甘油酯（即甘油三酸酯）的植物油和动物脂肪通常被用作生物柴油，生物柴油的燃料性能与石化柴油较为接近，且具有无法比拟的性能。

表9-7 生物柴油和石化柴油在特性上的比较

	特性	生物柴油	石化柴油
物化特性	20 ℃的密度/($g \cdot mL^{-1}$)	0.88	0.83
	闭口闪点/℃	>100	60
	十六烷值	≥56	≥49
	热值/($MJ \cdot L^{-1}$)	32	35
	燃烧功效(柴油=100%)/%	104	100
有毒物质排放	排放物	生物柴油	添加20%生物柴油的石化柴油
	CO	−47%	−12%
	HC	−67%	−20%
	颗粒物	−48%	−12%
	硫酸盐	−97%	−20%
	臭氧破坏物质	−50%	−20%
	多环芳烃	−80%	−13%

生物柴油原料来源广泛，可分为植物油、动物油脂、废弃或再循环油及微生物油脂。生物柴油原料应尽可能满足生产成本低和可大规模生产两个要求。目前全球范围内主要以棕榈油、大豆油、菜籽油和废弃油脂作为原材料，各国根据国情筛选出了合适的生物柴油原料。全球生物柴油主产国原材料中：① 棕榈油占比为33%，是印度尼西亚、马来西亚等东南亚热带国家的主要原料油；② 大豆油占比为27%，是美国、巴西、阿根廷等国家的主要原料油；③ 菜籽油占比为16%，是欧盟国家主要使用的原料油；④ 废弃油脂占比为15%，中国生物柴油主要采用废弃油脂作为原料，其由于环保减碳价值也被世界许多生物柴油企业采用。

目前，主流生物柴油产品主要为第一代生物柴油脂肪酸甲酯（FAME）和第二代生物柴油氢化动植物油。① 第一代生物柴油：技术成熟，使用占比为85%以上，有添加比例限制。第一代生物柴油是脂肪酸甘油三酯与低分子的醇发生酯交换反应生成的脂肪酸甲酯，产品热值低、凝固点高、成本低，但在使用过程中受温度和添加比例限制。② 第二代生物柴油：采用催化加氢工艺，性能更优，逐步实现产业化。第二代生物柴油克服添加比例限制，具有更好的发动机兼容性和环境友好性。③ 第三代生物柴油：拓宽原料选择范围，主要有非油脂类生物质气化和微生物油脂制生物柴油两种制备方式，提取和分离难度较大，生产成本较高，全球占比不足2%，但其具有更高碳减排效应且原材料不占用耕地、无规模限制，是具备长期发展潜力的制备工艺。

（三）航空能源替代

生物航油是一种由生物质资源转化而成的燃料，它具有类似煤炭的物理和化学特性。生物航油可以通过生物质的热解、气化、液化及其他处理过程来生产。生物航油的原料主要来源于可再生的生物质资源，如木材、农作物秸秆、能源植物等。通过将这些生物质经过处理转化为固体燃料，可以获得类似煤炭的高碳含量、高热值的燃料产品。与传统的煤炭相比，生物航油在可持续性和环境友好方面具有明显优势。在生物航油的生产和利用过程中，其 CO_2 排放量较低，并且可以减少对传统煤炭资源的依赖。此外，生物航油还具备良好的可再生性和循环利用性。

三、清洁交通工具

（一）电动汽车

电动汽车，包括纯电动汽车（BEV）、混合动力汽车（HEV）、燃料电池汽车（FCEV），是以车载电源为动力，用电机驱动车轮行驶，符合道路交通、安全法规各项要求的车辆。由于对环境影响相对传统汽车较小，其前景被广泛看好。电动汽车比汽油驱动的汽车更环保，不仅因为汽油驱动的汽车依赖化石燃料，还因为电动汽车更高效。

1. 纯电动汽车

纯电动汽车是由电动机驱动的汽车。纯电动汽车无内燃机汽车工作时产生的废气，不产生废气污染，对环境保护和空气的洁净是十分有益的，几乎“零污染”。研究表明，纯电动汽车的能源效率已超过汽油驱动的汽车。特别是在城市运行工况下，纯电动汽车更加适宜。

纯电动汽车技术相对简单成熟，只要有电力供应的地方都能够充电。但是，纯电动汽车技术仍不成熟，充电技术、续航里程、可靠性等方面仍需改进，而报废电池的处理和电网系统的优化亦为需要解决的关键问题。

2. 混合动力汽车

混合动力汽车是能够至少从消耗的燃料或可再充电能/能量储存装置的车载储存的能量中获得动力的汽车。根据动力系统结构形式，混合动力汽车可分为以下三类：

（1）串联式混合动力汽车

串联式混合动力汽车是车辆的驱动力只来源于电动机的混合动力（电动）汽车。结构特点是发动机带动发电机发电，电能通过电机控制器输送给电动机，由电动机驱动汽车行驶。另外，动力电池也可以单独向电动机提供电能驱动汽车行驶。

（2）并联式混合动力汽车

并联式混合动力汽车是车辆的驱动力由电动机及发动机同时或单独供给的混合动力（电动）汽车，其特点是并联式驱动系统可以单独使用发动机或电动机作为动力源，也可以同时使用电动机和发动机作为动力源驱动汽车行驶。

（3）混联式混合动力汽车

混联式混合动力汽车是同时具有串联式、并联式驱动方式的混合动力（电动）汽车。结构特点是可以在串联混合模式下工作，也可以在并联混合模式下工作，同时兼顾了串联式和并联式的特点。

采用混合动力后可按平均需用的功率来确定内燃机的最大功率，此时内燃机处于油耗低、污染少的最优工况。内燃机功率不足时，由电池来补充；负荷少时，富余的功率可发电给电池充电，由于内燃机可持续工作，电池又可以不断得到充电，故其行程和普通汽车一样。因为有了电池，所以可以十分方便地回收制动时、下坡时、怠速时的能量。

当前，代表性的混合动力有比亚迪汽车有限公司的DM–i技术，目前已经发展到第五代（图9–10）。该系统集成了多种先进技术，包括高效能的发动机、先进的电机系统和智能变速控制系统，旨在实现更高的燃油经济性、更低的排放及更优的驾驶性能。

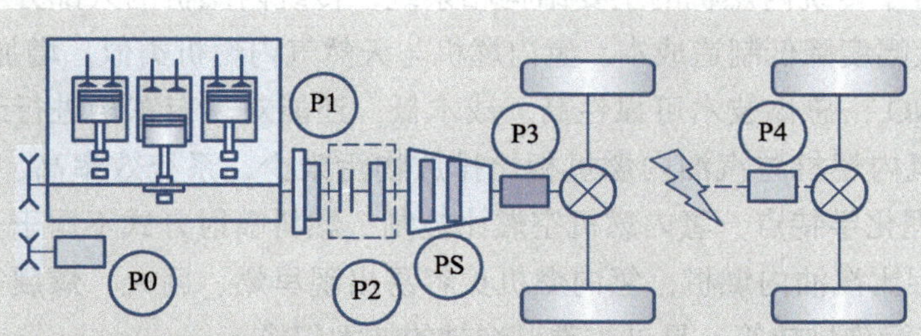

P0：位于发动机前端，通过皮带与曲轴连接；
P1：位于发动机曲轴上；
P2：位于发动机与变速箱中间；
P3：位于变速箱后端，与发动机分享同一根轴，同源输出；
P4：位于无动力车轴，直接驱动车轮；
Ps(也称为P2.5)：位于双离合变速箱内部，与发动机各分享一个离合器。

图9–10　比亚迪汽车DM–i系统示意图

DM–i系统具有多种动力组合模式，以适应不同的驾驶需求和工况：

① 纯电模式（EV mode）：在此模式下，车辆完全由电动机驱动，适用于短距离行驶和城市通勤；

② 串联模式（series hybrid mode）：当电池电量不足或在高速行驶时，发动机会启动发电，通过电动机驱动车辆。

③ 并联模式（parallel hybrid mode）：在高负荷情况下，发动机和电动机共同驱动车辆，以提供更高的动力输出。

④ 混合动力模式（hybrid mode）：系统根据实际驾驶条件智能切换发动机和电动机的配合工作，实现最佳燃油经济性。

（二）氢能汽车

氢能汽车是以H_2作为能源的汽车，将H_2反应所产生的化学能转换为机械能以驱动车辆。使用H_2为能源的最大好处是它与空气中的氧反应，仅产生水蒸气，有效减少了传统汽油车造成的空气污染问题。此外，相比锂电池汽车，氢能汽车还具有续航更长、加注更快，对低温环境适应性更好的特点，特别适用于长距离、大载重的运输需求，因而广受追捧，销量持续走高。

氢能汽车目前分为氢内燃机汽车和氢燃料电池车两类。

1. **氢内燃机汽车**

氢内燃机汽车通过内燃机燃烧H_2（通常通过分解甲烷或电解水取得）产生动力驱动汽车。它以传统内燃机为基础，通过改变燃料供应系统、喷射系统及燃料等，燃烧H_2产生动力，从而驱动车辆。氢内燃机汽车的基本原理与普通的汽油或者柴油内燃机一样，还是基本的汽缸—活塞式的内燃机结构，同样按照吸气—压缩—做功—排气4个冲程来完成化学能向机械能的转化，只是氢内燃机中的燃料是H_2。

氢内燃机保留了传统内燃机的主要结构和系统，传统内燃机的大部分零件氢内燃机都可以通用，能够更大幅度降低制造成本。氢内燃机与天然气内燃机类似，增加了氢气喷射系统，后处理主要处理NO_x，总体技术可靠性高，成本低，还能对现有车辆进行改装升级，在环保方面潜力很大。氢内燃机与汽油内燃机相比排放物污染少，系统效率高，发动机的寿命长。由于H_2自身的物理化学特点，氢内燃机空燃比控制、燃料喷射方式不同于天然气和汽油内燃机。H_2更易燃，相比汽油内燃机，氢内燃机更容易出现早燃、回火、爆震等问题，以及烧机油导致的NO_x大气污染排放等，是过去难以逾越的技术门槛。

氢内燃机的供氢系统与氢燃料电池汽车相同。与燃料电池相比，普通氢燃料内燃机成本比常规汽油内燃机成本仅高15%左右，是目前的燃料电池价格的1/10甚至1/20，远低于燃料电池，具有成本优势。氢内燃机具有多种燃料适应性，使用的燃料H_2对纯度的要求不高，可以直接使用工业副产氢，不需要进一步提纯，进一步降低了成本；也可以用H_2与现有的天然气、柴油或者汽油进行掺混燃烧。另外，氢内燃机比氢燃料电池更加适应高负荷运行工况，更适用于重载、非道路、建筑和专用商用车。但是，氢内燃机存在易发生早燃、回火、工作粗暴和NO_x排放高等缺点，相较于燃料电池可以直接将化学能转换为电能，其能量转换效率较低。

2. **氢燃料电池汽车**

氢燃料电池汽车是一种通过氢燃料电池将H_2和O_2的化学能直接转换为电能，进而驱动汽车行驶的汽车。它的核心部件是氢燃料电池，也是一种发电装置，其基本原理是电解水的逆反应。在这个过程中，H_2通过阳极向外扩散并与电解质发生反应，释放出电子，这些电子通过外部负载到达阴极，与O_2发生还原反应，从而产生驱动汽车行驶的电能（图9-11）。

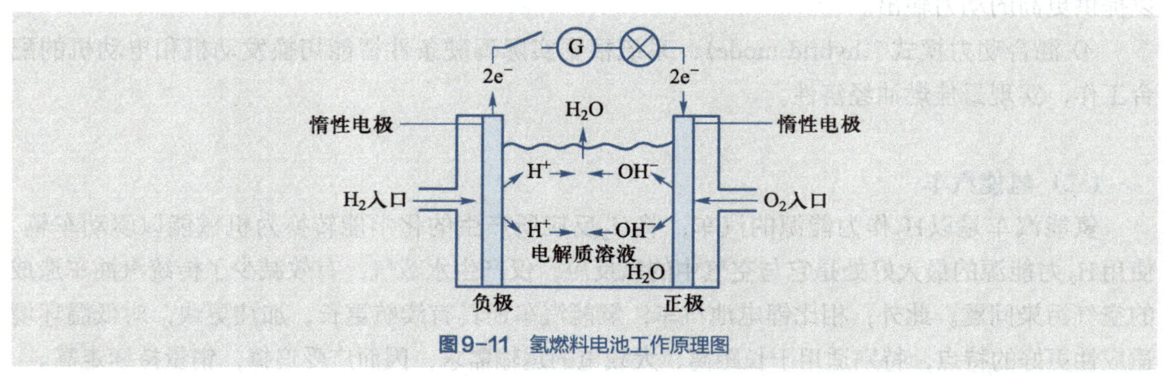

图9-11 氢燃料电池工作原理图

图9–12所示为典型氢燃料电池汽车的系统组成。与传统的汽油车和电动车相比，氢燃料电池汽车具有显著的优势。首先，它是真正的“零排放”车辆，运行过程中仅产生水蒸气，不产生任何有害排放物，因此被认为是一种清洁高效的能源。其次，氢燃料电池的能量转换效率较高，相比内燃机燃烧过程更为高效，能够提供较高的能量密度和较长的续航里程。此外，H_2可以通过多种途径获取，包括可再生能源电解水、工业副产氢等，有助于实现能源结构的多样化。

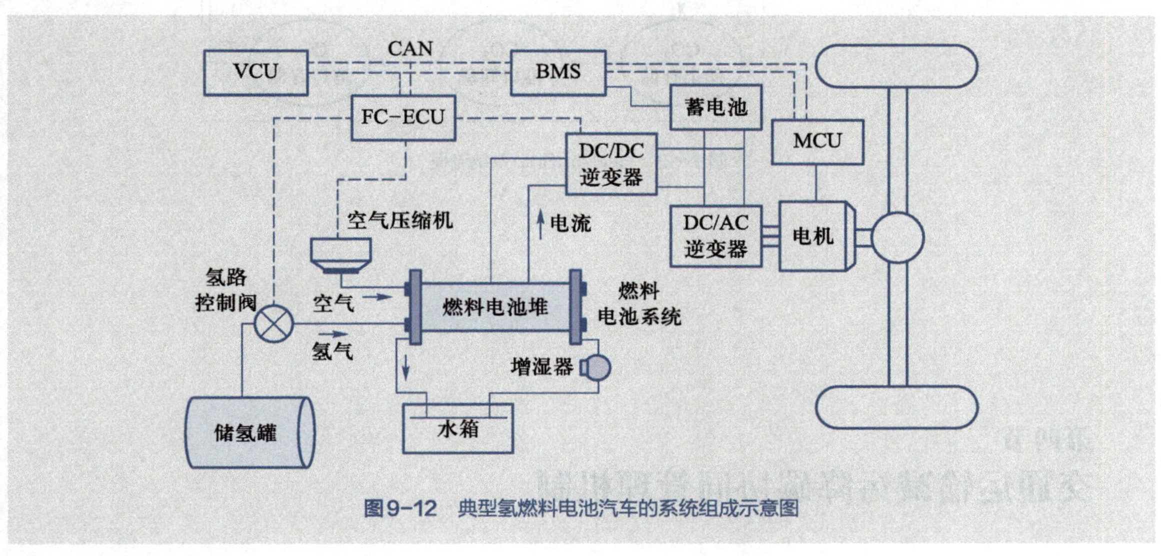

图9–12 典型氢燃料电池汽车的系统组成示意图

四、船用智能技术与清洁能源

目前，商船的船舶推进系统主要由柴油机、蒸汽机或燃气轮机提供动力，其中柴油机比例较高。减少船舶对化石燃料的依赖是全球航运业实现更可持续和低碳未来战略的一部分。要实现这一目标，就必须在船舶动力方面引入更清洁的替代燃料。因此，替代燃料（如CNG、生物燃料、H_2和NH_3）和先进的非碳排放系统在船舶推进系统中的潜在应用受到了研究人员的极大关注。

用含硫量较低（<0.1%）的燃料取代传统船用燃料将减少空气污染物和温室气体的排放。根据国际海事组织的数据，从氢氟烯烃转向船用柴油或气体燃料，每消耗一吨燃料可减少高达4%～5%的CO_2排放量。CNG因其低碳含量而对航运业具有潜在的吸引力。与氢氟烯烃和柴油相比，天然气的SO_x、NO_x和颗粒物排放量较低，是一种更清洁的燃料。与传统化石燃料相比，使用生物燃料可减少CO_2排放量，是一种气候友好型选择。生物燃料（包括生物乙醇和生物柴油）的应用对航运业具有巨大的潜力。

H_2在燃烧过程中几乎不产生任何排放物（如CO_2、SO_2、$PM_{2.5}$等），因此被认为是一种清洁燃料。H_2有可能取代传统化石燃料，成为一种更清洁的替代燃料。H_2燃料适用于压燃式发动机和火花点火式发动机，以及燃气轮机和锅炉（图9–13）。

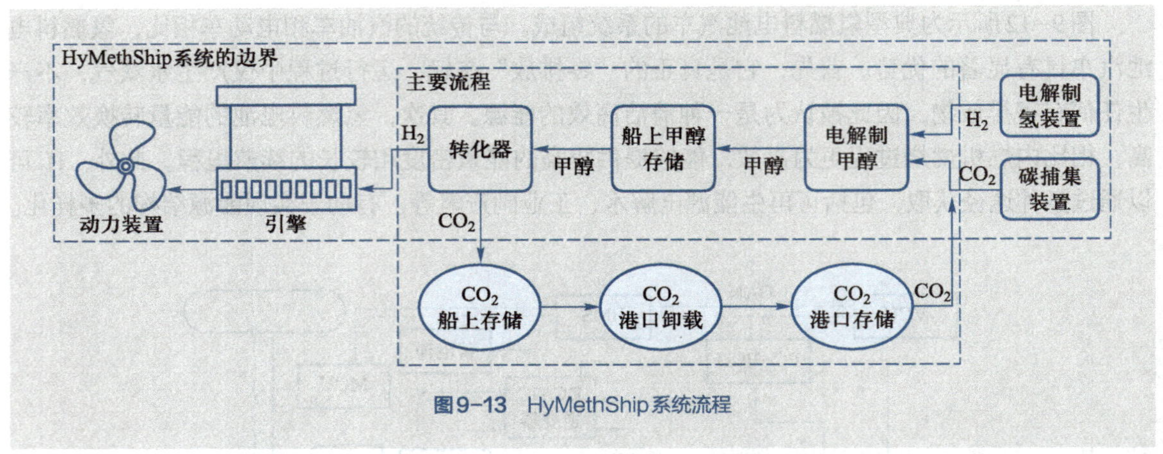

图9-13 HyMethShip系统流程

第四节 交通运输减污降碳协同管理机制

一、道路交通组织优化

道路交通组织优化旨在通过一系列措施，对道路交通进行合理规划和管理，以提高道路网络的运输效率和安全性，实现交通流的高效运行。有效的交通组织管理可以避免或减少交通拥堵、事故和环境污染等问题。此外，良好的交通组织还可以提高人们的出行效率，降低出行成本，提升城市的生活质量。道路交通组织优化的主要措施有：

① 交通信号灯优化：通过调整信号灯的配时方案，实现交通流的均衡分配，减少车辆的等待时间，提高道路通行效率；

② 交通管制优化：在特定的时间和地点，如学校门口、繁华商业区等，采取有效的交通管制措施，如限制车速、限制通行等，以确保交通安全和顺畅；

③ 公共交通优化：优化公共交通线路和班次，提高公共交通的服务水平，鼓励人们使用公共交通工具，从而减少私家车的使用；

④ 停车位管理优化：合理规划停车位，如建设地下停车场、立体停车场等，并采取有效的停车管理措施，如分时段收费、限制停车等，以减少停车难和停车乱的问题；

⑤ 宣传教育：加强交通安全宣传教育，提高市民的交通安全意识，让市民自觉遵守交通规则，共同维护良好的交通秩序。

二、推动公众绿色低碳出行

倡导居民绿色低碳出行是实现城市交通碳减排不可或缺的一部分。公共汽车、轨道交通等公共交通工具单位里程人均碳排放远低于私人汽车，当城市交通需求总量一定时，通过优先发展城市公共交通、提高公共交通分担率、减少道路上的机动车总量，达到减少汽车尾气排放总量的目的。

（一）多模式便捷公共交通系统

超大特大城市构建以轨道交通为骨干的快速公交网络，推动轨道交通、常规公交、慢行交通网络融合发展。大城市形成以地面公交为主体的城市公共交通系统，发展重要客流走廊快速公交。中小城市提高城区公共交通运营效率，逐步提升站点覆盖率和服务水平。推广城市道路交通信号灯联动控制，保障公交优先通行；推广在电子公交站牌、互联网信息平台等发布公共交通实时运营信息，促进公共交通和主动交通。

上海虹桥客运枢纽将高速铁路站、城市航站楼、高速磁浮站、城市轨道交通、汽车客运站等各类交通形式整体组织协调，实现了土地资源的集约化、综合配套设施的集约化、城市环境资源的集约化。公共交通便捷换乘可以有效减少市内道路交通量，改善城市环境。

（二）引导公众绿色出行

规划发展紧凑型城市，优化公共交通和基础设施，推动高密度居住与城市轨道相结合的交通导向型发展，同时将公共交通网络和步行、自行车等其他“最后一公里”的解决方案整合起来，合理布局公共自行车配置站点，方便公众使用，减少公众机动化出行。加强静态交通管理，推动实施差别化停车收费。构建公共交通智慧出行服务，推动绿色交通信息资源开放共享。建设轨道交通、地面公交、共享单车、外围换乘停车场等一体化出行信息查询及运营监管智慧信息平台，实现轨道、公交、慢行三网合一的运营协同和信息共享发布，促进市民采用公共交通、自行车和步行等绿色低碳出行方式。

（三）完善公众基本出行保障制度

推动城市公共交通、农村客运、渡运、邮政普遍服务等公共服务落地。完善优先发展城市公共交通的政策和制度体系，完善绿色低碳出行服务体系。推进城市综合交通体系建设，推动建立城市交通拥堵协同治理机制，打造高效通勤交通网络。健全完善农村公路养护、农村客运可持续发展长效机制。

（四）推进出行服务一体化便捷化

完善城乡客运一体化发展机制，提升城乡出行服务均等化水平。完善旅客联程运输机制，建立健全跨区域、跨方式客运协同组织和管理机制。建立健全城市群交通运输一体化发展机制，提高城市群、都市圈交通承载能力，推进出行服务快速化、便捷化、智能化。

（五）完善交通运输新业态发展制度

依托交通运输新业态协同监管部际联席会议制度，完善鼓励和规范网络预约出租汽车、分时租赁、互联网租赁自行车、道路客运定制服务、智能快件箱寄递服务等交通运输新业态发展的制度机制。建立定制公交等需求响应型出行服务体系。建立健全自动驾驶等新技术应用相关制度。

三、建立智能化交通系统

智能化交通是绿色低碳交通运输体系的重要支撑。通过智能化交通系统，可以实现对交通流量的精确控制，实现道路智能交通管理和控制，提高道路运营效率和管理水平，减少能源浪费和碳排放量。

（一）建立交通运输行业统计监测平台

建立交通运输行业统计监测平台，实时采集车辆能耗数据，实现对车辆的动态监控（图9–14）。完善公交智能调度系统、IC卡收费系统、出租汽车服务调度系统等不同交通运输方式的管理信息系统，实现智能一体化管理。搭建交通运输信息服务平台，实时发布路况、车辆信息，发展定制公交服务，为市民出行提供更加方便、快捷的服务。加强电子站牌在智能公

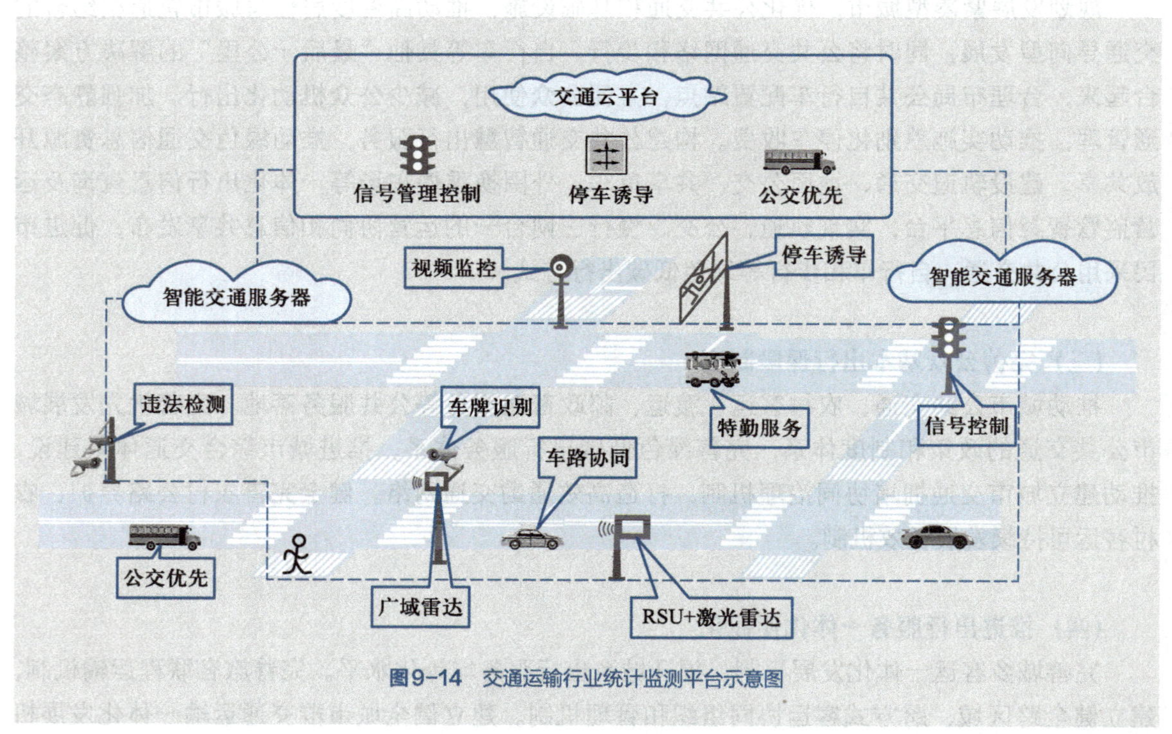

图9–14 交通运输行业统计监测平台示意图

交系统中的应用，减少市民候车时间，改善出行环境。

（二）完善综合交通运输信息平台监管服务功能

推动车联网部署和应用，支持构建“车—路—交通管理”一体化协作的智能管理系统。打造新一代轨道交通移动通信和航空通信系统，研究推动多层次轨道交通信号系统兼容互通，同步优化列车、航空器等移动互联网接入条件，提升邮政机要通信信息化水平。建设基于区块链技术的全球航运服务网络，优化整合民航数据信息平台。提升物流信息平台运力整合能力，加强智慧云供应链管理和智慧物流大数据应用，精准匹配供给需求。有序建设城市交通智慧管理平台，加强城市交通精细化管理。

交通运输智能化管理是现代城市发展的重要方向。通过整合各类技术手段，实现交通管理的智能化、精细化、高效化，不仅可以提高交通运行效率，还可以提升公众出行体验，推动城市可持续发展。

1. 智能交通系统

智能交通系统利用大数据、人工智能等技术手段，通过对历史交通数据的分析，预测未来交通流量，优化交通布局，提高路网整体通行效率（图9-15）。

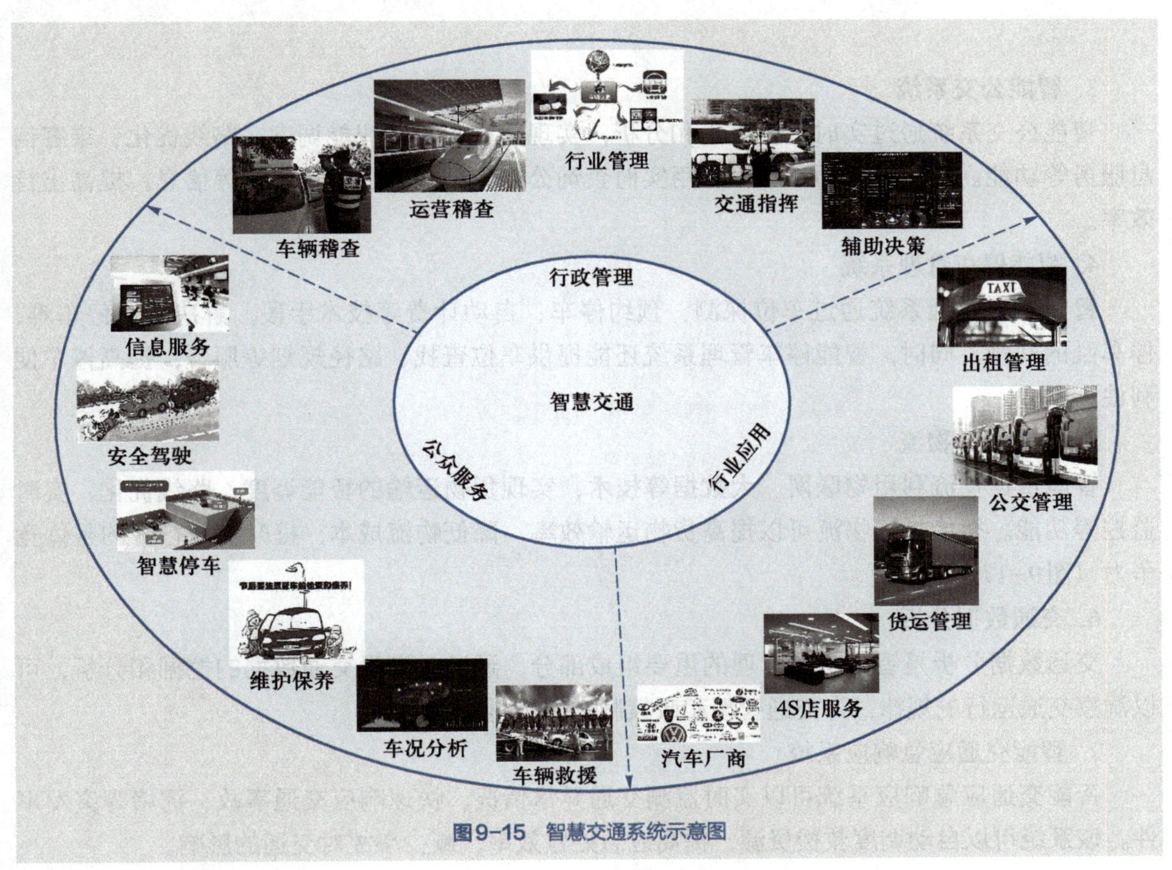

图9-15　智慧交通系统示意图

2. 交通信号控制系统

智能交通信号控制系统可以根据实时交通数据调整信号灯的控制策略，实现交通流的平滑过渡，减少拥堵现象。同时，智能交通信号控制系统还能与智能车辆协同工作，进一步提高交通流畅度（图9–16）。

图9–16 电子交通指示牌

3. 智能公交系统

智能公交系统通过实时数据收集和分析，实现公交车辆的智能调度、路线优化、乘客信息服务等功能。乘客可以通过手机应用实时查询公交到站时间、车辆位置等信息，提高出行效率。

4. 智能停车管理系统

智能停车管理系统通过车位探测、预约停车、自动计费等技术手段，解决城市停车难、停车乱的问题。同时，智能停车管理系统还能提供车位查找、路径规划等服务，提高停车便利性。

5. 智能货运物流

智能货运物流利用物联网、大数据等技术，实现货物运输的智能调度、路线优化、实时监控等功能。智能货运物流可以提高货物运输效率，降低物流成本，提升物流行业的整体竞争力（图9–17）。

6. 交通数据分析

交通数据分析是智能交通管理的重要组成部分，通过对海量交通数据的挖掘和分析，可以洞察交通运行的规律，为交通管理和政策制定提供科学依据。

7. 智能交通应急响应系统

智能交通应急响应系统可以实时监测交通异常情况，快速响应交通事故、拥堵等突发事件。该系统可以自动调度救援资源，提高应急处置效率，减少事故对交通的影响。

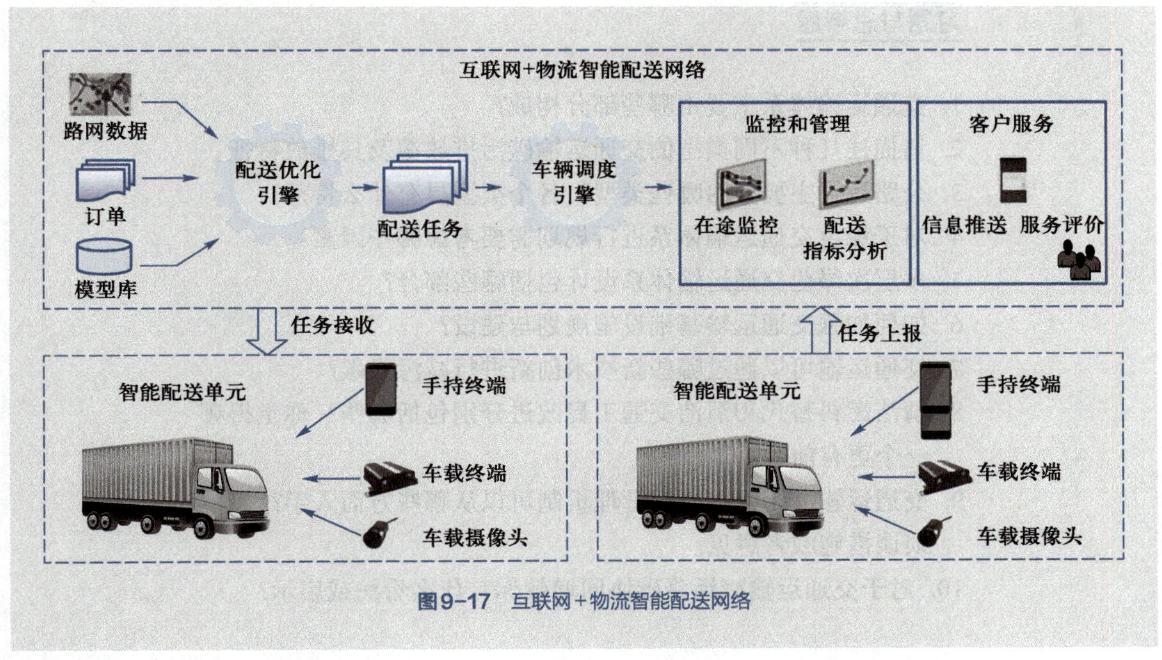

图9-17　互联网+物流智能配送网络

8. **智能出行服务**

智能出行服务包括智能导航、智能路径规划、多模式交通协同等功能。通过收集各类交通信息，为用户提供最佳的出行方案，提高出行效率，降低出行成本。

(三) 大力推进公共物流信息平台

推动建立各种运输方式之间的信息采集、交换和共享机制，探索建立综合运输公共物流信息平台。积极推进客货运输票务、单证等的联程联网系统建设，推进条码、射频、全球定位系统、行包和邮件自动分拣系统等先进技术的研发及应用。逐步建立智能交通运输网络的联网联控和自动化检测系统，提高运行效率。

习题与思考题

1. 交通运输体系主要由哪些部分构成?
2. 请描述几种不同类型的交通运输碳污排放源及其排放特征。
3. 公路运输主要分为哪些类型? 各个类型具有什么特征?
4. 对于绿色交通运输体系进行规划需要考虑哪些因素?
5. 多层次绿色交通运输体系设计包括哪些部分?
6. 如何加强交通运输基础设施规划与建设?
7. 交通运输可以通过哪些新技术创新进行减污降碳?
8. 清洁燃料替代和清洁交通工具改进分别包括哪些? 你觉得哪一个更有前景?
9. 交通运输减污降碳协同管理机制可以从哪些方面入手? 具体谈谈措施或者意见。
10. 对于交通运输减污降碳协同增效你有什么看法或启示?

参考文献

[1] Agency I E. CO_2 Emissions from fuel combustion 2019 [R]. 2019.

[2] Wang H, Ou X, Zhang X. Mode, technology energy consumption, and resulting CO_2 emissionsin China's transport sector up to 2050 [J]. Energ Policy, 2017, 109: 719-733.

[3] 袁志逸，李振宇，康利平，等.中国交通部门低碳排放措施和路径研究综述 [J]. 气候变化研究进展，2021，17 (1): 27-35.

[4] 国际清洁交通委员会.全球汽车电动化转型年度总览: 2022 [EB/OL]. 2023-06-30.

[5] Hoang A T, Foley A M, Nižetić S, et al. Energy-related approach for reduction of CO_2 emissions: Acritical strategy on the port-to-shippathway [J]. Journalof Cleaner Production, 2022, 355: 131772.

[6] Hoang A T, Pham V V. Technological perspective for

reducing emissions from marine engines [J]. International Journal on Advanced Science, Engineering and Information technology, 2019, 9(6): 1989−2000.

[7] Pham V V, Hoang A T, Do H C. Analysis and evaluation of database for the selection of propulsion systems for tankers [J]. AIP Conference Proceedings, 2020, 2235(1): 020034.

[8] IMO. Interim guidelines on the method of calculation of the energy efficiency design index for new ships. London, 2009.

[9] IMO. The WMD World Maritime Day 2009, proceedings, climate change: a challenge for IMO too! International Maritime Organization Background, 2009.

[10] Gaurav N,Sivasankari S, Kiran G S, et al. Utilization of bioresources for sustainable biofuels: A Review [J]. Renewable and Sustainable Energy Reviews, 2017, 73: 205−214.

[11] Bengtsson S,Fridell E,Andersson K, Environmental assessment of two pathways towards the use of biofuels in shipping [J]. Energ Policy, 2012, 44: 451−463.

[12] Bui V G, Tran V N, Hoang A T, et al. A simulation study on a port-injection SI engine fueled with hydroxy-enriched biogas [J]. Energy Sources, PartA: Recovery, Utilization, and Environmental Effects, 2020,46(4): 1−17.

[13] 李瑞敏，王长君．智能交通管理系统发展趋势 [J]．清华大学学报（自然科学版），2022，62（3）：509−515.

[14] 田佩宁，毛保华，童瑞咏，等．我国交通运输行业及不同运输方式的碳排放水平和强度分析 [J]．气候变化研究进展，2023，19（3）: 347−356

[15] 韩博，刘雅婷，谭宏志，等．一次航班飞行全过程大气污染物排放特征 [J]．环境科学学报，2017，37（12）: 4492−4502.

[16] 周君蕊，邱培培，肖凯，等．长江武汉段船舶大气污染物排放清单研究 [J]．武汉大学学报（理学版），2024，70（5）：623−628.

[17] 孙明泽，徐晓静．论“双碳”背景下的海上油气运输环境污染追责 [J].华北电力大学学报（社会科学版），2023，(1)：41−50.

第四篇

农业与生态减污降碳

10

第十章 农业减污降碳协同增效

农业是利用动植物的生长发育规律，通过人工培育来获得产品的产业。农业可以分为种植业和养殖业，包括种植业、林业、畜牧业、渔业、副业五种产业形式。种植业包括生产粮食作物、经济作物、饲料作物和绿肥等农作物的生产活动。养殖业主要包括牛、马、驴、骡、骆驼、猪、羊、鸡、鸭、鹅、兔、蜂等家畜家禽饲养业和鹿、貂、水獭、麝等野生经济动物驯养业。

农业作为提供支撑国民经济建设与发展的基础产业，对气候变化最为敏感，也是温室气体的主要排放源之一。农业温室气体排放不仅包含CO_2（占10%~15%），还包含CH_4（占45%~55%）和N_2O（占30%~40%）等非CO_2温室气体。农业碳排放包含在农地生产过程中及农地利用变化过程中排放的温室气体。我国农业面临着确保粮食安全和满足消费结构转型的内部压力，又受到自然资源和环境保护政策趋紧的外部约束，这些都对我国农业减污降碳提出了更高的要求。

本章在对农业碳污排放进行分析的基础上，重点介绍了种植业、养殖业的减污降碳协同措施，以及农业生态系统的减污降碳协同增效。

第一节 农业生产碳污排放特征

农业生产过程不仅会产生不同的污染物排放，还会排放不同类型的温室气体。《第二次全国污染源普查公报》显示，2017年全国农业污染源COD、NH_3-N、TN、TP排放量分别占全国各污染物排放总量的85%、2%、11%和2%，农业温室气体排放量占全国排放量的7%。其中，稻田的碳排放占比约为44%，牲畜肠道的碳排放占比约占26%，施肥产生的碳排放占比约为20%，牲畜粪便的碳排放占比约为10%。弄清不同农业生产过程的碳污排放特征对农业减污降碳具有重要的指导作用。

一、种植业的碳污排放特征

种植业既是主要的温室气体排放源，又具有巨大的碳固定潜力。一方面，种植业生产活动会释放包括CO_2、N_2O和CH_4等在内的温室气体，这部分排放占全球碳排放总量的25%左右。另一方面，农作物通过光合作用进行碳的生物固定，每年的固碳量相当于全球碳排放总量的30%。因此，增强种植业的碳固定作用是解决全球气候变暖问题，实现碳达峰和碳中和目标不可或缺的一部分。

（一）种植业的生产过程

种植业是农业的主要组成部分之一，它是利用植物的生理机能，通过人工培育以取得粮食、副食品、饲料和工业原料的社会生产部门，包括各种农作物、林木、果树、药用和观赏等植物的栽培。在我国，种植业通常指粮、棉、油、糖、麻、丝、烟、茶、果、药等作物的生产。种植业生产一般包含以下5个过程：

1. 种子选育与播种

根据作物生长需求和当地气候条件，选择适宜的种子品种进行播种，确保作物能够适应环境并获得良好的产量和品质。其中，在选育阶段需要保证种子的发芽率高、抗逆性强，以提高作物的生长速度和产量。有些种子需要经过特殊处理，比如种子浸种、种子催芽等，以提高种子的发芽率和生长速度。在播种阶段，需要根据作物的生长周期和气候特点，确定最适合的播种时间和方式，同时，按照一定的密度和深度将种子均匀地撒播到土壤中，确保作物生长的均匀性和密度。播种完成后，用土覆盖种子，促进种子发芽生长，保护种子不被风雨冲刷。

2. 化肥施用

化肥施用过程包括以下步骤：① 肥料准备。根据作物需求和土壤养分状况，将不同种类的化肥按一定比例混合，制备成适合作物生长的氮磷钾肥和复合肥料。② 制订施肥计划。制订合理的施肥计划，根据作物生长期和土壤养分状况确定施肥的时间、方式和剂量。③ 选择施肥技术。根据不同作物和生长阶段的需求，采用合适的施肥技术，如滴灌肥、穴施肥、叶面喷施等，以提高施肥效率和作物吸收利用率。在施肥过程中，注意防止肥料流失和污染环境，采取措施如合理排水、覆盖肥料等。

3. 水分及耕作管理

水分及耕作管理过程包括以下步骤：① 制订灌溉计划。根据土壤水分监测结果和气候情况，制订合理的灌溉计划，确定灌溉的时间、方式和水量。② 选择耕作方式。根据土壤状况和作物特性，选择合适的耕作方式，如旋耕、免耕、深松等，以促进土壤通气、保水和养分供应。③ 确定耕作深度和频率。确定每种作物的耕作深度和频率，保证根系生长空间和土壤松散度，以利于根系吸收养分和水分。④ 铺设覆膜保墒。在耕作后或种植前，铺设覆膜保墒，可以减少土壤水分蒸发和保持土壤湿度，有助于作物生长。

4. **收割加工**

收割加工包括以下步骤：① 收割和预处理。当作物达到成熟期时，种植者需要进行收割、打场、堆晒等作业，确保作物能够顺利收获。② 后续加工处理。有些作物需要进行后续加工处理，如玉米需要脱粒、大豆需要去皮等，以便更好地保存和利用农产品。

5. **农业废物处理**

农业废物处理过程包括以下步骤：① 秸秆收集和预处理。种植者收集和处理废弃的秸秆，通过机械收割、堆放、破碎等方法，将秸秆进行分类和堆放。② 秸秆资源化利用。i. 作为有机肥：废弃的秸秆可作为有机肥料施用于土壤，提高土壤肥力和改善土壤结构；ii. 秸秆能源化利用：秸秆可以进行生物质能源化利用，如生物质颗粒燃料生产、生物质气化等，为能源生产提供原料；iii. 秸秆其他处理处置方式：包括制作家具、纸浆、纤维板、生态砖等产品。

（二）种植业生产过程的碳污排放源

种植业生产过程中会释放温室气体（图10-1），主要包含CO_2、CH_4、N_2O等。种植业生产过程的污染主要表现形式是面源污染。面源污染主要是指化肥、农药、畜禽排泄物等进入土壤、水体等形成的污染，包括氮、磷等营养物质、农药残留物和有机物等（图10-2）。

1. **种子选育与播种**

播种过程通常使用燃油播种机，排放的废气中所含污染物包括CO、SO_2、PMs等气态污染物，同时也会排放CO_2。普通水稻在稻田厌氧环境下育种较容易产生更多CH_4，同时对水分

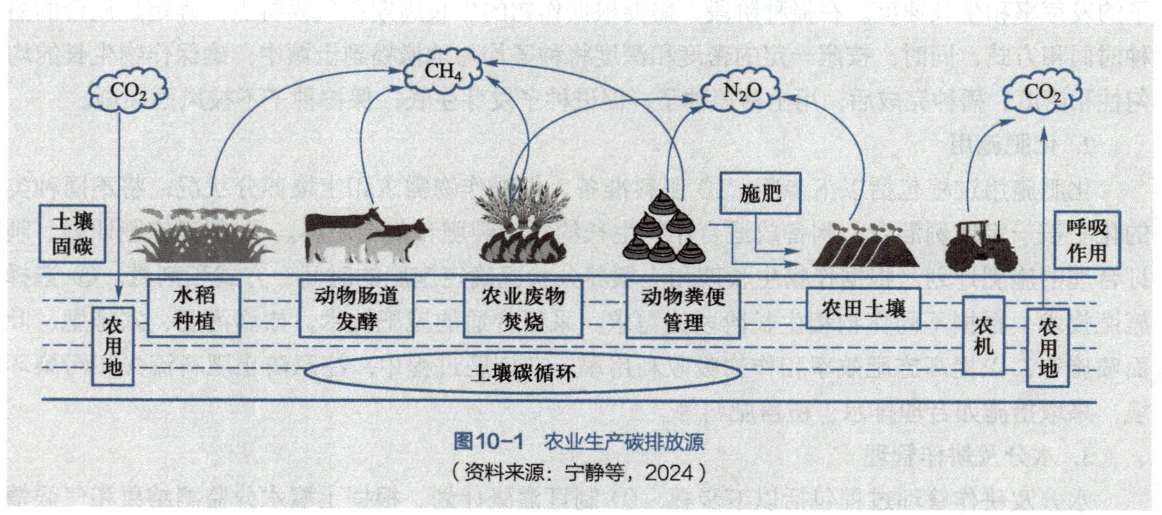

图10-1 农业生产碳排放源

（资料来源：宁静等，2024）

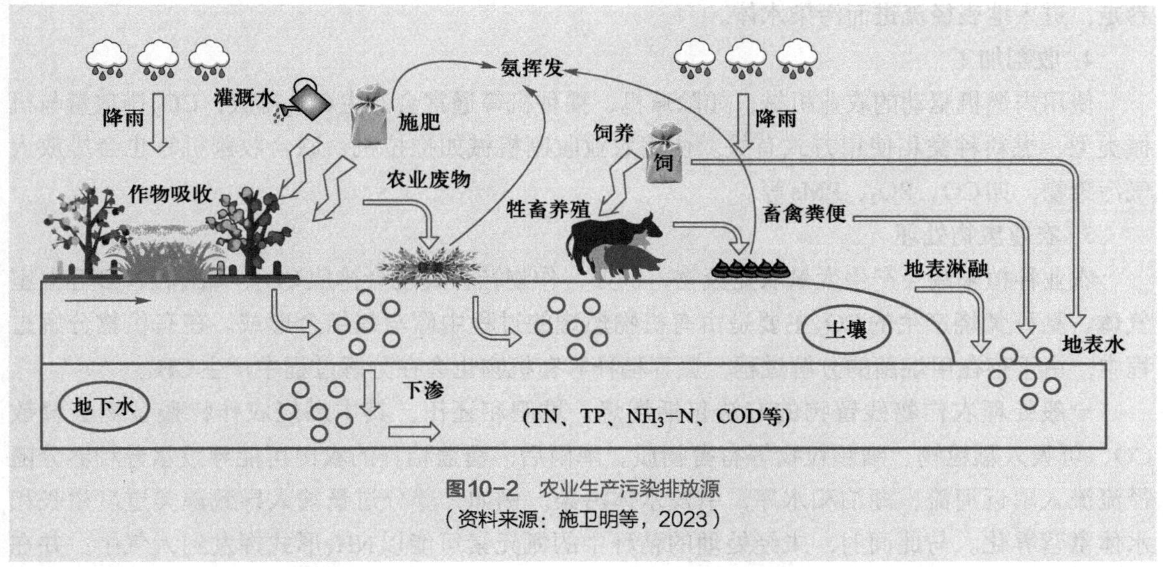

图10-2 农业生产污染排放源
（资料来源：施卫明等，2023）

和肥料的需求更高。

2. 化肥和农药施用

为了提高农作物产量，种植业广泛施用化肥和农药。然而在施用过程中，这些化学物质可能通过农田的表面径流或渗透作用进入土壤和地下水，从而导致水体污染，主要污染物为NH_3−N、TN和TP。其中，施用氮肥时，由于含有较高的氨态氮，当氮肥施加到土壤中，尿素会通过微生物作用迅速分解为氨气（NH_3），这个过程叫作氨化作用，从而污染大气。而氨挥发在全球氮循环中扮演着重要角色，会造成包括大气污染、土壤酸化、富营养化和生物多样性丧失等环境问题，是氮元素损失的主要途径之一。

同时，化肥（尤其氮肥）的施用是导致N_2O排放的主要原因之一。当氮肥施用到土壤中，氮元素会发生一系列的转化过程。氨氧化细菌会将氨氧化为亚硝酸，而亚硝酸还会进一步氧化为硝酸盐。在这些氧化过程中，N_2O就是一个中间产物。当氮肥使用不当或过度施用时，N_2O的产生会增加。

3. 水分及耕作管理

稻田中缺氧的环境适合甲烷菌的生长和活动。在稻田里，水稻底下的有机物会被分解成甲酸，甲酸再被进一步分解成CH_4。水位的变化和稻田的管理方式的不同都会影响CH_4的产生量。在稻田中，CH_4的产生与甲烷菌的行为密切相关。这种活动受到多种因素的综合影响，包括土壤温度、湿润程度、氧化还原电位、土壤酸碱性、土壤特性、施肥状况、土地利用方式及水稻品种等。

农田的灌溉和排水活动可能导致养分和农药从农田流入水体。农田灌溉和农业排水中溶解的化学物质和悬浮物质会对水体产生影响。不当的耕作和土地管理方法可能导致土壤侵蚀和水土流失。随着降雨量增大，水土流失加剧，土壤中的养分、农药和其他化学物质也会被卷走，进入地表径流进而污染水体。

4. **收割加工**

使用内燃机驱动的农业机械，如除草机、播种机等通常会产生CO_2排放，CO_2排放量与机械类型、燃料种类和使用方式有关。使用农业收割机械如拖拉机、联合收割机等也会排放大气污染物，如CO、SO_2、PMs等。

5. **农业废物处理**

农业种植末端会产生大量农业废物，例如，作物秸秆焚烧会排放CO_2、CH_4和N_2O等温室气体。秸秆焚烧产生的CO_2主要是由有机物燃烧的过程中碳与氧结合形成。在有机物分解过程中，由于存在甲烷菌的分解过程，废弃秸秆等有机物也会在分解过程中产生CH_4。

一般处理农作物残留物的方法包括燃烧、堆肥和还田。其中燃烧农作物残留物会释放CO、可吸入颗粒物、细颗粒物等有害物质。降雨后，覆盖秸秆的农田可能导致水分和养分随径流流入附近河流、湖泊和水库，引发水体污染。例如，养分过量输入导致藻类过度生长和水体富营养化。与此同时，未经处理的秸秆中的氮元素可能以NH_3形式挥发到大气中，并在接触水体后转化为液态氨，增加水体中NH_3-N的含量，影响水质。

（三）种植业的碳污排放特征

种植业的碳污排放与作物品种、作物种植环境、种植过程的水肥管理等因素密切相关。不同品种的作物、同种作物不同的种植环境以及种植过程的不同水肥管理措施等因素，导致种植业的碳污排放差异较大。

1. **作物品种选育与播种**

我国选育不同品种的作物产生的单位面积的碳排放强度差异较大。通过对比选育水稻［2.47~9.07 t $(CO_2-eq)/hm^2$］、玉米［0.78~6.15 t $(CO_2-eq)/hm^2$］、小麦［0.79~6.08 t $(CO_2-eq)/hm^2$］、油菜［1.85~4.02 t $(CO_2-eq)/hm^2$］、花生［1.92 t $(CO_2-eq)/hm^2$］、大豆［0.22~2.81 t $(CO_2-eq)/hm^2$］及棉花［2.96~6.22 t $(CO_2-eq)/hm^2$］等作物的碳排放强度，发现选育单位面积水稻产生的碳排放量总体上要大于其他粮食作物。而选育不同种类的水稻时，碳排放量强度也有较大差异，如我国早籼稻、中籼稻、晚籼稻和粳稻的碳排放量强度分别为4.16 t $(CO_2-eq)/hm^2$、6.34 t $(CO_2-eq)/hm^2$、9.15 t $(CO_2-eq)/hm^2$和5.56 t $(CO_2-eq)/hm^2$。

2. **化肥和农药施用**

我国消费了世界上35%的化肥，种植业中肥料施用是N_2O排放最大的来源，主要原因在于过度施用含氮肥料导致土壤N_2O排放增加。如长江下游某稻作区每年由于施肥而产生1.40 kg $(N_2O)/hm^2$的排放量。

化肥在农田利用效率较低，因此也成为我国种植业面源污染的最主要来源。我国农作物亩均化肥和农药用量为21.9 kg和2.33 kg，其中水稻、小麦、玉米三大粮食作物的化肥利用率和农药利用率平均分别为41.3%和41.8%，大多数以气态扩散到了大气，或经过降水、地表径流和土壤渗滤进入水体。

3. **水分管理**

灌溉通过改变土壤通气状况、土壤水分状况及促进水田作物根系和植株生长等，对作物CH_4排放会产生直接或间接的影响，特别是对水稻的CH_4排放影响较大。相关资料显示，2018—2019年长江中下游某小麦－水稻轮作区在淹水阶段平均每年每公顷排放317.35 kg CH_4，而在晒田阶段仅排放1.66 kg CH_4。

在同样的施肥处理下，不同的灌溉方式亦会造成不同程度的污染。以2020年辽宁省某水稻种植试验田为例，在同样经过尿素处理后，漫灌和干湿交替处理稻田产生的污染情况不同，漫灌处理后的稻田每升田面水含有10.26 mg TN和4.93 mg NH_3−N，而干湿交替处理后的稻田每升田面水含有9.55 mg TN和5.45 mg NH_3−N。

4. **种植和收割**

我国80%以上的农业机械为柴油机，会向大气环境中排放PMs、NO_x和CO等大气污染物，同时不同种类的农业机械排放强度不同。以北京市农业机械在农田作业为例，排灌机械燃烧1 kg柴油会排放3.80 g $PM_{2.5}$、42.00 g NO_x和26.00 g CO，农田基本建设机械燃烧1 kg柴油会排放2.62 g $PM_{2.5}$、3.89 g NO_x和14.90 g CO，而农用拖拉机械燃烧1 kg柴油会排放5.16 g $PM_{2.5}$、11.36 g NO_x和25.33 g CO。

在种植和收割阶段所使用的运输车、作物收割机等产生的排放量有所差异。如运输车在种植阶段每消耗1 kg汽油会排放1.29 kg CO_2−eq，而作物收割机在田间作业时每消耗1 kg柴油则会排放0.58 kg CO_2−eq。

5. **农业废物处理**

水稻、玉米、小麦三大作物的秸秆除了焚烧以外，在收运处理、资源化等阶段均会产生碳排放。以黑龙江某县的玉米种植系统为例，每1 kg玉米秸秆，在焚烧阶段会排放620.72 g CO_2−eq，在饲料加工与利用阶段会排放21.04 g CO_2−eq，而畜禽粪污堆肥还田时会排放25.65 g CO_2−eq。

不同的作物秸秆处理方式所产生的面源污染不同。其中每弃置1 t花生、油菜籽和豆类的秸秆会分别导致20.57 kg、20.57 kg和17.61 kg的COD，45.43 kg、45.43 kg和22.23 kg的TN，以及3.06 kg、3.06 kg和 2.24 kg的TP的产生与排放。而对于同种秸秆，不同的处理处置方式所造成的污染情况也不同。以玉米秸秆为例，每焚烧1 t玉米秸秆会产生70.20 kg CO、3.40 kg NO_x和2.70 kg SO_2，每能源化处理1 t玉米秸秆会产生1.30×10^{-2} kg $PM_{2.5}$、5.40×10^{-2} kg NO_x和7.80×10^{-2} kg SO_2，每堆肥处理1 t玉米秸秆会产生6.20 kg NH_3、1.00 kg NO_x和2.20 kg SO_2。

二、养殖业的碳污排放特征

（一）养殖业的生产过程

养殖业是利用畜禽等已经被人类驯化的动物，或者鹿、麝、狐、貂、水獭、鹌鹑等野生动物的生理机能，通过人工饲养、繁殖，使其将牧草和饲料等植物能转变为动物能，以取得肉、蛋、奶、羊毛、山羊绒、皮张等畜产品的生产部门。养殖业生产一般包含以下5个过程：

1. **养殖场规划设计与建设**

养殖场规划设计与建设包括以下内容：① 设计养殖场的布局和结构，包括畜舍、饲料储存、污水处理等设施，确保合理利用空间和资源；② 根据养殖需求，选择合适的照明设备和饲喂工具，如饲料机械、水处理设备等，确保养殖活动的高效进行；③ 管理养殖环境，包括保持温度、湿度和通风的适宜性，预防疾病和保证动物健康；④ 实施严格的卫生管理措施，保持养殖场清洁和无害化处理，确保员工和动物的安全。

2. **动物品种选育**

① 选种：养殖人员根据养殖的目标和市场需求，选择最适合的动物种类，包括动物的生长速度、饲料转化率、市场价格等因素，确保选择的动物能够在该地区得到良好的生长条件和市场销售；② 选育：筛选出优质品种的种畜，并进行繁殖工作，保证种畜数量充足。

3. **饲料选取**

饲养阶段最主要的是饲料的制备，按照不同动物的生长周期选择饲料类型与配方，并按照一定时间间隔投放饲料。配备饲料要求为：① 了解不同种类动物的营养需求，包括所需的蛋白质、碳水化合物、脂肪、维生素和矿物质等。根据不同动物的生长阶段和品种特性，制定相应的饲料配方；② 根据动物的生长阶段，选择适合的饲料类型和配方。通常在不同的生长阶段需要的营养成分会有所不同，比如幼崽期、生长期和成熟期等；③ 选择优质的饲料原料，确保饲料的营养丰富且易于消化吸收，常用的饲料原料包括玉米、大豆、鱼粉、鱼油、麦麸、蛋白粉等；④ 在饲料的生产和储存过程中，要对饲料质量进行严格监控，确保其符合营养需求，不含有害物质，并避免受到霉菌等影响。

4. **畜禽养殖及病死畜禽处理**

① 实施科学的疫病预防措施，如疫苗接种、定期检查和疾病监测，确保畜禽群体的健康状况；② 定期监测畜禽的生长情况和体重增长，根据监测结果调整饲养管理措施，保证生长效率和产品质量；③ 发现病死畜禽后，首先进行隔离，并进行病因诊断，了解病因和传播途径；④ 通常采用高温消毒、焚烧、深埋或化学处理等方式，确保病死畜禽无害化处理，避免对环境和公共卫生造成威胁。

5. **畜禽粪便处理**

① 将畜禽粪便进行有效的收集和储存，通常使用粪便收集系统或粪液池来收集和暂存粪便及尿液混合物；② 将固体粪便进行发酵处理，通常采用堆肥或发酵罐的方式；③ 处理分离出的液体部分，通常包括进一步的生物处理，如厌氧消化或生物过滤，以减少氨氮和其他污染物的含量，从而使其更适合用作肥料或排放到环境中；④ 处理后的固体部分可以作为有机肥料用于农田或植物生长介质。

（二）养殖业的碳污排放源

1. **养殖场建设**

养殖场建设需要大量的建筑材料，如钢筋、水泥等，这些材料的生产和运输过程中由于能源消耗会释放碳排放。养殖场建设过程使用的机械设备由于燃料的燃烧会导致CO_2排放增加。养殖场在建设过程中可能使用含有挥发性有机物（VOCs）和CO等有害物质的涂料，这些有害物质会在操作、维护或喷涂过程中释放到空气中。

2. 动物品种选育及饲养

选育反刍动物比例的增加会导致CH_4排放量增大。不适合当地环境或不具备高效转化能力的动物品种，可能导致排泄物处理困难并且需要更多的饲料来维持其生长和生产，导致该阶段的能源消耗和碳排放量增加。

反刍动物通常以草为主食，需要大量草地进行饲养。如果草地管理不当，过度放牧或者缺乏合理轮换，就可能导致草场过度退化和土壤侵蚀，进而影响土壤质量和水体的清洁度。

3. 饲料选取

反刍动物饲料中谷类秸秆等粗饲料较多会降低饲料消化速度，增加饲料在瘤胃内的停留时间，从而导致CH_4排放增加，饲料中中性洗涤纤维与非纤维性碳水化合物的比例较高时也增加了瘤胃CH_4排放。

饲料生产和加工过程中可能需要大量的水，最后产生的废水如果不妥善处理和循环利用，就可能会导致水资源浪费。同时其中含有大量的氮、磷等养分，如果处理不当，就可能会导致这些养分流失进入水体，引发水体富营养化问题。

4. 畜禽养殖过程及病死畜禽处理

畜禽养殖过程中动物肠道发酵会产生温室气体CH_4。反刍动物的瘤胃中有甲烷菌，在反刍消化的过程中（也称为“咀嚼反刍”“啃食”和“后期瘤胃发酵过程”），食物会在瘤胃中日复一日地反刍，而甲烷菌就利用这种环境下的缺氧条件，对瘤胃中的有机物进行分解，从而产生大量的CH_4。病死畜禽的处理通常涉及焚烧、高温处理或化学处理等方法，这些过程需要能源作为驱动，其中包括电力或燃料的消耗，从而产生CO_2等温室气体排放。

畜禽养殖过程中粪污的直接排放是一种典型的面源污染。在养殖场等密集型畜禽饲养场所，含粪污废水可能通过自然流动进入附近的河流、湖泊、海洋等水体，主要的污染物有NH_3-N、TN、TP和COD，可能引起水体污染。养殖场产生的污水，如饮用水、饲料及畜禽的混合尿液等可能会直接进入河流、湖泊、海洋等水体或通过地面渗透进入地下水，破坏水体生态环境和污染地下水。养殖场的粪便和尿液等会产生大量NH_3。对于病死畜禽来说，采用焚烧等高温处理方法，会释放出有害气体，如CO和NO_x；在处理过程中涉及的洗涤、冲洗等环节排放的废水可能含有机物和微生物。

5. 畜禽粪便处理

禽畜粪便产生碳排放的过程主要包括粪污排泄、清理、储存、处理等环节。畜禽的粪便富含大量的有机物和氮元素，当这些有机物在无氧环境中分解时会释放CH_4，而氮元素则会经过硝化和反硝化过程转化为N_2O。当禽畜粪便排泄时会直接排放CH_4和N_2O，排泄造成的径流和淋溶导致挥发性的氮损失而产生间接排放的N_2O。粪便存储环节包括进行固体存储、收集进入厌氧消化池或无盖厌氧塘和粪便直接还田，这些过程亦会产生CH_4及N_2O的直接和间接排放。

养殖业中的废物，如养殖场积压的饲料残渣、畜禽的痰液和废水等，若管理不当，则可能污染土壤和水体。

（三）养殖业的碳污排放特征

1. 养殖场建设

养殖场建设过程的碳污排放主要来自用于建设构筑物的建筑机械，其碳污排放特征与第九章相同。

2. 动物品种选育及饲养

不同畜禽的选育过程将消耗相应的资源能源。如每选育1 kg 奶牛、生猪、绵羊及其他家禽类牲畜会分别排放4.43 kg CO_2−eq、1.08 kg CO_2−eq、3.05 kg CO_2−eq和1.45 kg CO_2−eq。

从畜禽的选育和饲养的整个过程来看，不同养殖地区和畜禽养殖的种类造成的污染排放影响存在不同程度差异。根据《第一次全国污染源普查畜禽养殖业源产排污系数手册》，以北京市和上海市的畜禽规模化养殖为例，北京市每年每养殖一头（只）生猪、奶牛、肉牛、蛋鸡和肉鸡分别排放COD为49.94 kg、1 535.10 kg、1 238.34 kg、11.18 kg和2.53 kg，排放TN为3.03 kg、73.09 kg、30.61 kg、0.59 kg和0.11 kg，排放NH_3−N为0.75 kg、13.06 kg、6.80 kg、0.13 kg和0.01 kg，排放TP为0.73 kg、9.45 kg、6.14 kg、0.18 kg和0.03 kg。上海市每年每养殖一头（只）生猪、奶牛、肉牛、蛋鸡和肉鸡分别排放COD为69.11 kg、1 696.00 kg、1 288.15 kg、12.40 kg和2.70 kg，排放TN为5.55 kg、62.47 kg、32.19 kg、0.61 kg和0.10 kg，排放NH_3−N为1.54 kg、4.06 kg、7.66 kg、0.05 kg和0.04 kg，排放TP为1.33 kg、9.41 kg、5.20 kg、0.17 kg和0.02 kg。总的来看，选育和饲喂奶牛造成的污染排放相对更严重，其中COD是最主要的污染物。

3. 饲料选取及加工过程

饲料作物一般需经过收割、清理、运输、晒干、粉碎、研磨、配料、混合等一系列环节才能成为供养殖业用的饲料。不同的饲料在处理、加工及运输过程中产生的碳排放也不同。以玉米和小麦为主的饲料为例，每处理1 t玉米和小麦饲料粮，会分别排放1.50 t CO_2−eq和1.22 t CO_2−eq，而每吨玉米和小麦饲料粮在加工及运输过程中又会分别排放0.01 t CO_2−eq和0.03 t CO_2−eq。

饲料加工过程的废水来源于冷凝废水、设备清洗水、地坪清洁水、生产油渣等。污染物主要有NH_3−N等水污染物和硫化物等大气污染物。而不同种类的饲料在加工过程中产生的污染情况各异。以蛋白类饲料和玉米类饲料为例，每加工1 t 蛋白类饲料和玉米类饲料分别产生0.099 t和0.041 t水污染物和大气污染物。

4. 畜禽养殖过程

畜禽在养殖过程中会产生大量的CH_4，尤其以反刍动物最为典型。其中，牛和羊的CH_4排放量分别占我国畜禽动物肠道发酵CH_4排放量的70%和20%。不同畜禽的饲养方式不同，因而肠道发酵产生的CH_4排放量也有所差异。平均来看，每头（只、匹）奶牛、肉牛、绵羊、山羊、猪、马、驴和骆驼在养殖过程中每年产生CH_4排放量分别为92.20 kg、59.70 kg、8.10 kg、8.30 kg、1.00 kg、18.00 kg、10.00 kg和46.00 kg。

畜禽养殖过程排出的废水中含有大量的COD、TN和TP。以山东省为例，其中每头（只）牛、猪、羊和其他家禽每年所排出COD量为401.50 kg、47.88 kg、4.40 kg和1.17 kg，排放的TN量为61.10 kg、4.51 kg、2.28 kg和0.28 kg，排放的TP量为10.07 kg、1.70 kg、0.45 kg和0.12 kg。

5. **畜禽粪便处理**

畜禽粪便中氮元素含量较高，在堆肥和沼气处理的过程中会发生反硝化作用，从而导致大量的N_2O产生。因此，在粪便处理环节，N_2O排放量占整个养殖过程N_2O排放量的34.84%。其中每头（只、匹）奶牛、肉牛、绵羊、山羊、猪、马、驴和骆驼的粪便处理过程中每年产生的N_2O排放量分别为1.71 kg、0.81 kg、0.11 kg、0.11 kg、0.16 kg、0.33 kg、0.19 kg和0.33 kg。粪便处理环节中CH_4的排放量占整个养殖过程CH_4排放量的16.20%，其中每头（只、匹）奶牛、肉牛、绵羊、山羊、猪、马、驴和骆驼的粪便处理过程中，每年产生的CH_4排放量分别为6.51 kg、3.21 kg、0.48 kg、0.53 kg、4.18 kg、1.64 kg、0.90 kg和1.92 kg。

畜禽粪便和尿液处理的污染物排放是整个畜禽养殖过程中主要的污染来源。根据相关文献，2020年我国处理的畜禽粪便中，1 t猪粪含有5.88 kg TN、3.41 kg TP和3.08 kg NH_3−N，1 t牛粪含有4.37 kg TN、1.18 kg TP和1.71 kg NH_3−N，1 t羊粪含有7.50 kg TN、2.60 kg TP和0.80 kg NH_3−N，1 t鸡粪含有9.84 kg TN、5.37 kg TP和4.78 kg NH_3−N。处理畜禽排放的尿液中，1 t牛尿含有6.00 kg COD、3.47 kg NH_3−N、8.00 kg TN和0.40 kg TP，1 t猪尿含有9.00 kg COD、1.43 kg NH_3−N、3.30 kg TN和0.52 kg TP。

第二节 种植业减污降碳协同增效

种植业为人类生产生活提供了重要的基础原料和基本的生活资料，是农业的重要组成部分。开展种植业的减污降碳协同增效，对整个农业的可持续发展具有重要意义。

一、源头减污降碳协同增效

通过选择低排放作物品种、加大有机肥料的应用、推动种植技术创新、促进土壤改良和绿肥种植应用等手段，可以从源头上减少化学物质对环境的污染，同时减少碳排放，实现碳污协同减排，促进农业生态环境的健康和可持续发展。

（一）选用适宜作物品种

选用适宜作物品种的具体路径包括：① 选择适应性强的作物品种。根据当地的气候、土壤条件和自然灾害等因素，选择耐病虫、耐逆性强的作物品种，增强作物在不同的环境条件下生长的适应性。② 培育抗病虫、耐逆性强的新品种。通过基因工程、选择育种等方法，培育抗病虫、耐逆性强的新品种，使其在面对干旱、病虫害等压力时能够自我保护，减少对化肥、农药的依赖，从源头上减少化石燃料的间接碳排放和污染排放。③ 引进本地特色品种。引进适应当地环境的本地特色作物品种，利用其天然抗性和生长特点，降低对农药和化肥的需求量的同时，能够适应干旱等气候变化，减少对灌溉水的需求，减少水田的CH_4排放和NH_3挥发。

（二）精准施肥技术

精准施肥技术的具体路径包括：① 土壤测试和养分评估。精准施肥的第一步是进行土壤测试，通过分析土壤性质和养分含量，了解土壤的养分状况。这可以帮助确定作物对养分的需求，以及在施肥过程中需要补充的养分类型和数量。② 制订施肥计划。根据土壤测试结果和作物需求，制订详细的施肥计划，包括确定合适的肥料种类、施肥时间、施肥量和施肥方式等。这样可以确保肥料的养分与作物需求相匹配，避免过量施肥和浪费。③ 精确施肥操作。采用精确施肥技术，如利用现代化的设备和技术，精确地将肥料投放到目标区域，避免肥料的过量使用和外溢。这有助于最大限度地减少肥料的损失和溶解，减少对土壤和水体的污染。④ 监测和调整。在施肥过程中，定期监测土壤养分含量和作物生长情况，并根据监测结果及时调整施肥计划。这样可以确保肥料的投入与作物需求保持一致，避免过量施肥和养分浪费。

（三）有机肥料替代技术

有机肥料替代技术的具体路径包括：① 建立有机肥料供应链。建立健全有机肥料供应链，确保有机肥料的生产和供应能够满足需求。这包括发展有机肥料生产企业，提高有机肥料的供应能力和质量，确保供应的稳定性和可靠性。② 推广有机农业生产技术。引导农民采用有机农业生产技术，包括有机种植、有机肥料、有机农药和生物炭的使用。有机农业生产技术可以减少对化学肥料、合成农药和化学植物生长调节剂的依赖，从源头上减少化学农药和化肥对土壤和水体的污染。③ 采用因地制宜的有机肥料，具体包括堆肥、粪便处理、绿肥种植和秸秆生物炭利用等有机肥料。

这些技术不仅能减少有机物处理量，降低环境污染，还能提供高效的有机肥料，促进土壤肥力改善。此外，它们还能减少粪便对土壤和水体的污染，并提供营养。同时，通过增加土壤有机质含量和改善肥力，可以减少化肥的使用量和温室气体排放。但是，这项技术需要考虑土壤适应性和作物需求。不同地区的土壤条件和作物需求各不相同，因此需要根据实际情况选择合适的有机肥料替代技术。

二、生产过程减污降碳协同增效

在强化粮食安全保障能力的基础上，优化稻田水分灌溉管理，降低稻田CH_4排放。推广优良品种和绿色高效栽培技术，提高氮肥利用效率，降低N_2O排放。落实保护性耕作、秸秆还田、有机肥施用、绿肥种植等措施，加强高标准农田建设，加快退化耕地治理，加大黑土地保护力度，提升农田土壤的有机质含量。发挥果园和茶园的碳汇功能。

(一) 水稻田控制灌溉

水稻在传统淹灌方式种植模式下，根系环境长期处于淹水厌氧状态，导致粪肥和有机物大量分解产生厌氧甲烷菌，从而排放CH_4气体，以CH_4形态为主的碳排放占种植业排放的90%以上，是水稻生产减排的重中之重。因为水稻田在无氧环境下才会产生CH_4，所以从减少水稻田淹水时间入手，开发出许多控制灌溉技术，如中期排水烤田、节水灌溉、湿润灌溉等，其原理是根据水稻生理生态需水的特点，进行精准灌溉，从而将水稻生长的各个过程发挥到最佳状态，使水稻优质高产低碳。一方面，该技术可以保护水质，减少地下水污染，因为在无水或少水状态下，化肥和农药随水的排渗量大大减少，进而污染地下水的概率降低。另一方面，节水控制灌溉后的水稻田经常处于湿润甚至干裂状态，土壤氧化还原电位升高，通透性增加，此时，水稻田不再产生CH_4排放。研究发现，相比长期淹水灌溉，中期晒田、间歇灌溉、湿润灌溉等节水灌溉方式下的稻田CH_4排放量下降32.90%～88.70%（平均53%）。截至2023年年底，全国高效节水灌溉面积已达4.1亿亩（1亩≈666.67 m^2）。在施用普通尿素条件下，利用节水灌溉技术，早稻的CH_4排放量可减少35%，晚稻的CH_4排放量可减少45%，这说明节水灌溉减少CH_4排放的效果明显。

(二) 保护性耕作

保护性耕作是对农田采用免耕或地表微型改造，配套应用药剂拌种、种子包衣、化学除草等病虫草害防治技术，确保耕地可持续利用的综合性土壤管理技术体系。保护性耕作可以减少对土壤的扰动，降低土壤侵蚀，促进蓄水保墒，提高表层土壤有机碳质量，增强土壤固碳增汇能力。相比自然植被，农业种植导致土壤有机碳显著降低，农田表层土壤的有机碳储量较草地和林地土壤分别降低45%和52%，这是由于农业耕作显著加速了不稳定有机质颗粒的周转，减少了稳定有机碳组分的形成，从而导致土壤有机碳库储量明显下降。另外，土壤翻耕会破坏土壤团聚体结构、加速有机质分解，进而造成风和水对其的侵蚀程度增强，导致暴露和侵蚀的土壤中的碳以温室气体的形式排放到大气中。犁耕的碳排放量是免耕的14倍，即使采用保护性耕作机具，碳损失量也达到免耕的4倍。因此，从常规深耕转向少耕或免耕可改善土壤结构、减少碳排放及增加土壤有机碳储量。在秸秆还田的基础上，免耕可显著提高表层土壤有机碳质量分数。免耕条件下稻田CH_4排放量比传统的翻耕模式低30%，并且这种抑制效应在长期免耕条件下更加显著。但免耕也会导致N_2O排放增加，抵消部分CH_4减排的温室效应。综合来看，水稻少耕免耕措施每年每公顷能增加3 530.00 kg有机碳量。

（三）测土配方施肥

通过测土配方施肥可以科学合理地分析土壤的养分含量和作物的养分需求，精准施加适量的肥料，避免过量施肥导致的养分浪费和环境污染。通过合理施肥，可以减少养分流失，减轻农业活动对水体氮、磷的污染。同时，测土配方施肥可以提高土壤的肥力和养分利用效率，增加土壤中有机质含量、改善土壤结构，促进土壤微生物的活动，提高土壤生态系统的稳定性。通过调节土壤养分平衡，可以改善土壤的生态环境，减少土壤碳丢失。通过测土配方施肥，种植户可以根据土壤的养分状况和作物的需求精准施肥，避免盲目施肥导致的化肥浪费。同时，减少化肥使用量不仅可以减少化肥生产和施用的能源消耗，而且进一步降低了CO_2排放。现有研究表明，测土配方施肥在农田中每年每公顷可增加454.53 kg有机碳量。

三、末端治理减污降碳协同增效

农作物秸秆是种植业产生的主要副产物，在末端能源化处理不但可以减少环境污染，而且还可以提供能源，具有很好的减污降碳协同效应。

（一）秸秆直燃供暖

秸秆直燃供暖是一种环保而高效的能源利用方式。如图10-3所示，其主要过程包括：① 获取与收集。这些秸秆通常是农作物收割后的残余物，可以通过自然凋落或机械收集获取。② 运输与储存。将收集到的秸秆运输至供热设施附近并进行临时储存。③ 预处理。将秸秆切碎成较小的颗粒以提高燃烧效率。④ 设备的准备。准备相应的设备如锅炉和燃烧炉，并配置相应的控制系统和废气处理设备。⑤ 秸秆的燃烧。预处理后的秸秆投入燃烧设施中，通过控制燃烧过程实现高效利用热能并减少排放物。⑥ 供暖或供热。利用燃烧产生的热能进行供暖或供热，通过热水或蒸汽传输至需要的地方。燃烧后的残渣需要进行适当的处理和处置，以减少对环境的负面影响。

（二）秸秆制生物质燃料

秸秆作为生物质燃料是一种可持续的能源利用方式。如图10-3所示，该技术包括以下环节：① 收割和收集。首先选择成熟的作物，如小麦、玉米等，在收割季节使用专业的收割机械进行收割，确保秸秆完整且易于后续处理。② 切碎、压实。收割后的秸秆需要进行处理以便于转化成生物质燃料。处理方式通常包括切碎、压实，然后打成团。这有助于减少秸

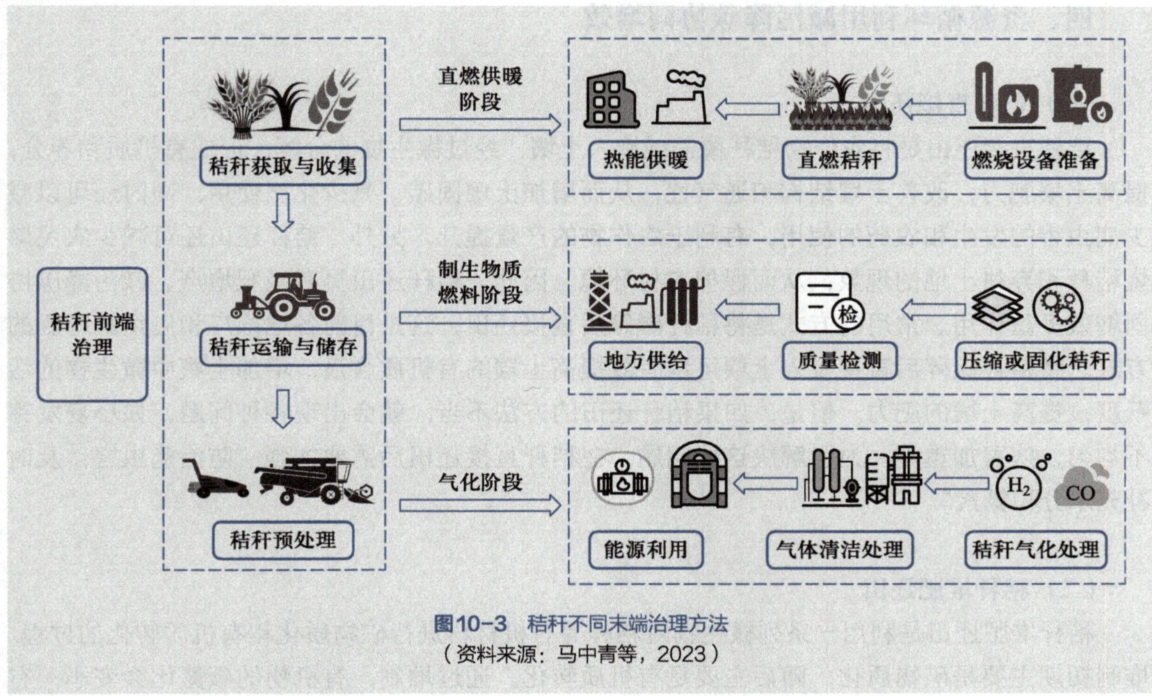

图10-3　秸秆不同末端治理方法
（资料来源：马中青等，2023）

秆的体积，提高后续处理的效率。③ 干燥。秸秆经过处理后，可能还含有一定的水分。为了提高燃料的质量和燃烧效率，需要对秸秆进行干燥处理。这可以通过自然风干或机械干燥等方式实现。④ 压缩或固化。干燥后的秸秆可以被压缩成颗粒状或固体燃料。这些燃料形式更易于存储、运输和使用，并且能够提供更稳定的燃烧效果。⑤ 质量检测。在投入使用之前，对制成的生物质燃料进行质量检测是必要的，包括检查燃料的水分含量、密度、灰分含量等参数，确保其符合标准并具有良好的燃烧性能。⑥ 地方供给。通常生物质燃料可以用于发电、供暖、工业生产等多个领域。种植者可以根据需要将其用于自家能源消耗或出售给其他单位。

（三）秸秆气化

秸秆气化是一种将秸秆等农作物残余物转化为可用能源的过程。如图10-3所示，除了需要完成与上述直燃和生物质燃料化的收集、预处理等较为类似的操作方式以外，还需要将预处理后的秸秆送入气化炉中，在高温和控制的气氛条件下进行气化反应，将秸秆转化为合成气（主要成分是CO和H_2）。然后对产生的合成气进行冷却、净化和调节，以去除杂质和调整气体成分，使其适合后续利用。合成气中可能含有杂质，因此需要进行清洁和处理，包括除尘、脱硫和脱硝等，以确保合成气符合使用质量要求。清洁处理后的合成气可以通过内燃机、燃气锅炉等设备将合成气转化为电能或热能，替代化石能源，用于发电、供热、工业生产等领域。

四、资源循环利用减污降碳协同增效

（一）秸秆直接还田

秸秆直接还田是将农作物秸秆覆盖或施入土壤，经过微生物的分解，形成有机质和养分，提高土壤肥力，改善土壤结构和通气性，从而增加土壤固碳，减少化肥使用，同时还可以减少病虫害的发生和农药的使用，有利于农作物的产量提升。另外，秸秆还田还可减少农民燃烧秸秆和弃耕土地的现象，从而保护农村环境。因此，秸秆还田具有减肥增产、减污降碳协同增效多重作用。常用的方式是将秸秆碾碎后直接还田，这是目前各地推广和应用最广泛的方式。将秸秆碾碎后直接投入土壤可以有效提高土壤的有机质含量，增加土壤中微生物的活跃度，提高土壤的肥力。但是，如果秸秆还田的方法不当，就会出现各种问题，如小麦发芽不均匀，病害加重等。为了解决这些问题，在秸秆直接还田后需要加强“防治病虫害，及时补充水分和氮素”。

（二）秸秆堆肥还田

秸秆堆肥还田是利用一系列微生物对秸秆等有机材料进行矿物质化和有机质转化的过程。堆制初期主要是矿物质化，随后主要是有机质转化。通过堆制，有机物的碳氮比会变小，有机物中的养分得以释放，同时也能减少堆肥材料中的病菌、虫卵和杂草种子的传播。因此，堆肥的腐熟过程不仅是有机质分解和再合成的过程，也是无害化处理的过程。这些过程的速度和方向受堆肥材料组成、微生物及环境条件的影响。高温堆肥通常经历发热、降温和保肥等阶段。堆肥原料一般组成为：秸秆、动植物粪便和土壤，混合比例分别为30%、20%和50%，混合时添加2%~5%的钙镁磷肥混合堆肥，可减少磷素固定，提高钙镁磷肥的施肥效果。

（三）秸秆炭化还田

与直接还田和好氧堆肥等方式相比，秸秆热解炭化既充分保留了其中的有机质和各种养分，又实现废物的多元、清洁和安全利用。现有研究表明，将秸秆热解成生物质炭，制成的生物质炭还田固碳，CO_2当量减排量约能达到40 g/MJ。热解炭化的主要产物生物质炭是一种富含稳定有机质和矿质养分的多组分固体炭质，具有稳定、疏松多孔且环境友好的特点。利用不同性质的种植业废物热解炭化，可充分挖掘其养分、炭质和结构的优势，创造清洁高效、安全卫生和功能丰富的炭基产品。秸秆热解炭化后还田，可以将作物光合作用固定的碳返还并长期保存于土壤，补充土壤有机碳和养分的同时能有效改善土壤结构，平衡土壤酸碱度，提升土壤缓冲性和保肥蓄水能力，为土壤固碳增汇和种植业绿色发展提供新路径。

（四）热解炭气肥联产

热解炭气肥联产是一种高效能源利用技术，通过将生物质等有机物料在高温下进行热解，产生炭、气体和液体产品的过程（图10–4）。首先，生物质被加热至高温，使其分解成炭和

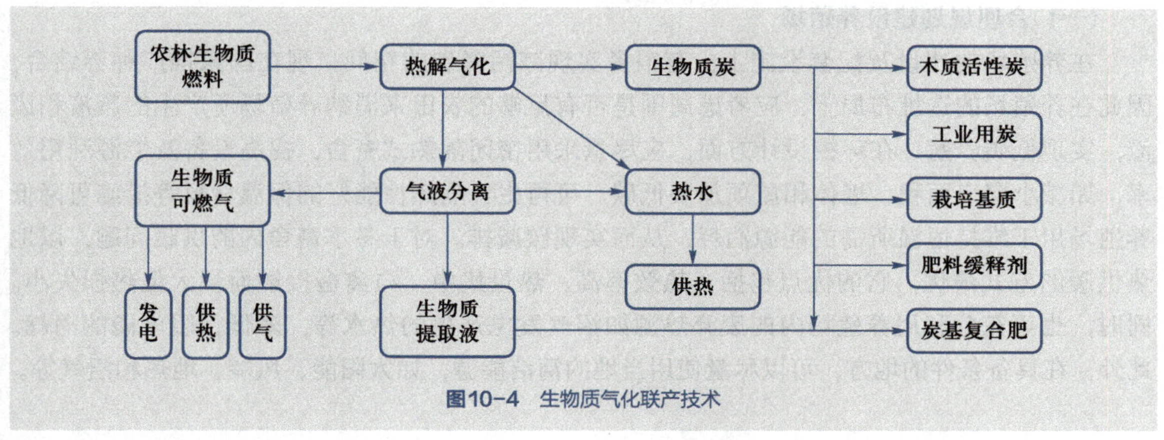

图10-4　生物质气化联产技术

气体。炭可以用作固体燃料或者用于制备活性炭等产品。气体主要是CO和H_2，可用作燃料或化工原料。同时，通过控制反应条件，还可以产生液体产物，如液体燃料或化学品。这种联产技术有效利用了生物质资源，因而在能源和化工领域具有广泛的应用前景。产生的炭、气作为能源，同时生成有机残渣，可用作肥料。该过程中，生物质在缺氧或低氧环境下被加热分解，产生可用于发电、供热或其他工业过程的炭气，同时在热解过程中产生的有机残渣含有丰富的营养物质，可作为有机肥料施用于农田或园艺。这种联产模式既实现了能源资源的高效利用，又促进了农业的可持续发展。

第三节
养殖业减污降碳协同增效

养殖业为人类提供了品种多样的肉、蛋、奶等高营养价值的生活资料，为提高人类生活质量发挥了重要的作用。养殖业的减污降碳协同增效对其可持续发展具有重要的现实意义。

一、源头减污降碳协同增效

在源头减污降碳方面的措施包括：合理规划养殖场，消纳养殖场所产生的废液和废渣，实现低碳养殖；通过合理饲料配比、青贮技术和育种选择，降低动物蛋白摄入和氮排放；采用清洁能源生产、减少化石燃料使用，可以有效降低养殖业源头对水体和土壤的污染，并减少温室气体排放。

（一）合理规划建设养殖场

在养殖场的建设及配套设施上，有很多实现减污降碳的空间。现在国家推广种养结合，因此在养殖场的选址布局上，应考虑周围是否有足够的农田来消纳养殖场所产生的废液和废渣，实现低碳养殖。在环控设计方面，应尽量采用密闭隔热式畜舍，提高设备及能源利用效率，如减小窗户面积；墙体和屋顶加装低碳、可再生、隔热性能好的保温材料等措施可降低养殖场用于维持恒温所需的能源消耗，从而实现碳减排。对于冬季畜舍内的供暖问题，以地热供暖的方式最优，它的优点包括：热效率高、热量集中、与禽畜接触面积大但热损失小。同时，也可充分利用养殖场内的废弃热源如沼气发电产生的热水等，降低保暖电能的消耗。此外，在具备条件的地方，可以尽量使用当地的清洁能源，如太阳能、风能、地热和沼气等。

（二）使用低蛋白日粮

当前，低蛋白日粮在动物养殖中具有一定的应用价值，尤其是在减少污染和降低碳排放方面。其中碳污减排路径包括：① 饲料成分调整。通过调整饲料中的蛋白质来源和含量，采用高效利用的蛋白质原料，如植物蛋白质、氨基酸等，可以减少粗蛋白含量并提高蛋白质利用率，从而减少了NH_3和N_2O等含氮化合物的排放。② 智能饲料配比支持技术。利用智能化技术，根据动物的生长阶段和个体特征，精确配制低蛋白但能满足其生长需求的饲料，减少蛋白质的浪费。这可以降低养殖业温室气体的排放，特别是通过减少氮物质的排放而减少N_2O的产生。③ 精准营养管理。通过监测动物的蛋白质代谢情况，精准控制饲料中蛋白质的供给量，避免过度供给导致氮过多排放。这可以减少环境中氮的过量释放从而减少对土壤、水体和大气的污染，以及减少反刍动物CH_4的排放。④ 环境效益评估。建立低蛋白日粮推广后的环境效益评估机制，评估动物排泄物中氮的减少情况，以及推广低蛋白日粮对土壤、水体和大气的减排效果。这种评估有助于全面了解低蛋白日粮在减少碳污排放方面的实际效果，并为该技术的推广提供数据支持。通过上述途径，低蛋白日粮的应用有助于降低动物养殖业的碳污排放，优化资源利用，减少对环境的影响。值得注意的是，这些措施需要在科学的指导下进行，以确保在动物的健康和生产性能不受影响的前提下，实现减污降碳协同增效的养殖目标。

（三）作物全株青贮技术

全株青贮技术在养殖业减污降碳方面起着重要的作用，主要包括以下路径：① 青贮饲料的生产。全株青贮技术通过将植物整株进行发酵保存，有效降低饲料中的蛋白质含量，减少动物消化过程中的氮排放。这有助于降低养殖业对水体的氮排放，减少水体富营养化和藻类过度生长，降低对水质的污染。此外，减少蛋白质的摄入也可以降低动物粪便中NH_3−N的排放，进一步减少NH_3−N对空气和土壤的污染。② 可降解有机物的增加。在全株青贮饲料的发酵过程中，有机质逐渐分解并产生CH_4等气体。通过全株青贮技术，养殖业减少了动物消化过程中产生的CH_4排放，有助于减缓温室效应。③ 养分回收利用。利用全株青贮饲料生产后的副产物作为有机肥料或能源的原料，促进养分回收利用，减少了对化肥的依赖，降低了氮、磷排放对水体的污染。同样，在生产过程中，通过合理利用青贮渣和发酵液等副产品，能够减少有机废物的排放，减少对环境的负面影响。④ 粪便管理优化。使用全株青贮饲料后，动物粪便中的氮和磷含量相对降低。科学合理地利用这些粪便，如进行堆肥处理或生物气化，有助于减少氮和磷排放，减少其对水体的负面影响。通过有效的粪便管理措施，还能减少 NH_3 产生，减少对大气的污染。

（四）选育高产低排的畜禽品种

在选育高产低排畜禽品种以减少碳污排放方面，主要有以下路径：① 确定育种目标。根据减污降碳的要求，确定育种目标，包括提高产量、提高饲料转化率、减少粪便和尿液排放等。同时考虑适应当地环境的品种特性，以确保畜禽在不同环境条件下的适应性和稳定性。② 选择优质亲本。根据育种目标，从现有畜禽种群中筛选优质的亲本。优质的亲本具有高产能、低排放、良好的健康状况和抗病性等特征。通过遗传评估、性状测定等方法，选择适合的亲本进行配对。③ 科学配对和交配。根据亲本的遗传特性进行科学配对和交配，推动优良基因的遗传。通过基因组学和遗传学等技术手段，深入研究和分析不同基因对产量和排放的影响，以实现高产低排畜禽品种的选育。④ 世代交替和选择。通过连续世代的交替和选择，筛选出表现良好的后代作为下一代育种的亲本。利用选择指标和基因标记等工具，进行精确选择，以快速提升产量和降低排放。然而，在选育高产低排的畜禽品种时，需要考虑其对特定环境条件的适应性。

二、生产过程减污降碳协同增效

推行环保养殖结构、优化畜禽管理方式和大力发展种养循环模式，并循环利用废物及合理处理病死牲畜，以减少碳排放和各类污染物对环境的影响。

（一）提高饲养规模及缩短养殖周期

通过选育适合大规模生产的动物品种，如高产、抗病力强、适应性好的品种，可以提高动物的生产性能。再根据动物的生理需求和生长阶段，设计合理的饲料配方，确保营养均衡，促进生长发育。为饲养动物提供适宜的养殖环境，包括温度、湿度、通风和光照等，以及减少应激因素，以提高动物的生产效率。然后实施定期疫苗接种和疾病监测，采用现代兽医技术控制疾病，防止疫病传播。利用自动喂食、清粪等自动化设备，提高劳动生产率，降低人力成本的同时也可以缩短养殖周期。而通过增加饲料中的能量和蛋白质等关键营养成分，加速动物的生长，在严格遵守法规和动物福利的前提下，合理使用生长促进剂，以缩短养殖周期。采用分阶段养殖、流水养殖等高效生产系统，优化养殖密度和批次管理，缩短动物上市时间。而在缩短养殖周期的同时，动物畜禽粪污的排放将同时得以减少，从而降低恶臭污染物（如NH_3）和温室气体（如N_2O、CH_4）的排放。

（二）种养共生

种养共生是指农业实践中的混养模式，如稻鸭共作、稻虾共作、稻鱼共作等，是一种结合了养殖与种植的综合性农业生产系统。在稻鸭共作、稻虾共作、稻鱼共作等模式中，水稻种植为水生动物（如鸭子、虾、鱼等）提供了生长环境和食物来源，而水生动物的活动又促进了水稻的生长和产量提高。具体来说，这些动物可以去除水稻田中的杂草、害虫，改善土壤结构，增加水中的溶解氧（DO），有利于水稻的健康生长。同时，它们的排泄物也为水稻提供了有机肥料，促进了水稻的生长和产量提高，并增加了土壤碳汇能力。通过生物间的相互作用，可以维持和改善生态系统的平衡，减少化肥、农药等化学物质的使用，降低了共生系统中N_2O的排放及水污染物（TN、NH_3–N等）的排放。再比如“桑树＋鱼塘＋养鸡”模式，这种模式指的是在池塘里养鱼，在池塘四周种桑树，在桑园里养土鸡。这样鱼塘里的淤泥和果园里鸡粪都能肥沃桑树，桑果能卖钱，桑叶能喂鸡和喂蚕，而鸡屎和蚕屎又能用于喂鱼，从而达到种养结合一体化，一举多得的目的。但是，种养共生模式需要精细化的管理，包括水质管理、饲料管理、疾病防治等方面。不同的农作物和水生动物具有不同的生长习性和需求，需要选择适宜的作物品种和动物品种进行搭配。采用这种模式需要控制养殖密度，因为过高的养殖密度会导致资源竞争和环境污染等问题。

（三）优化畜禽管理方式

随着养殖业规模化、标准化水平的不断提升，优化养殖环境和饲养模式对养殖业减污降碳至关重要。一是优化养殖环境。优化养殖环境，加强疫病防控，确保畜禽舒适度和健康，可以减少疾病发生。同时，在畜禽养殖过程中，舒适的养殖环境对温室气体的减排有一定促进作用。有研究表明，CH_4排放量与空气温度呈正相关，保持畜舍的适宜温度在一定程度上可以减少 CH_4排放。二是采用精细的饲养方式。精细的饲养方式不仅可以防止畜禽感染疾病，还可以减少CH_4排放。研究发现，肉牛的饲喂时间和饲喂频率对CH_4的排放有重要影响，肉牛的饲喂次数越频繁，采食时间越长，饲喂效率越高，CH_4排放量越低。三是采用科学的饲料配方。采用科学的饲料配方，可以提高饲料利用率，从源头上实现减污降碳。

（四）病死畜禽无害化与低碳化处理

当前，部分地区在畜禽养殖过程中处理病死畜禽和病害畜禽产品的主要方法（如深埋法、自然分解法、焚烧法）会带来严重的碳污排放问题。不少地区病死畜禽无害化处理的对象以猪为主，尚未完全实现畜禽种类的“全覆盖”。所谓的无害化处理主要指利用高温消毒、厌氧发酵、微生物处理等技术，将病死畜禽转化为无害物质，避免传染病传播和环境污染。而低碳化处理则是通过厌氧消化、生物质能利用等技术，将病死畜禽转化为有机肥料或生物能源，减少温室气体排放和资源浪费。同时也要定期监测处理效果，评估处理过程中的环境影响和碳排放情况，及时调整和改进处理方法。展望未来，伴随社会公众对疫病重视程度的提升，疫病防治措施的不断升级，畜禽病死率将很有可能持续下降，从而减少相应的碳污排放。2022年7月1日起正式施行的《病死畜禽和病害畜禽产品无害化处理管理办法》，将进一步规范病死畜禽和病害畜禽产品处理流程，从而降低不当处置引发的碳污排放。

（五）赋能大数据开发智慧养殖业

在资金充足的情况下，结合数字乡村建设，采取“互联网＋畜禽养殖”的方式，建立智慧型养殖场，全面排查、整顿、清理辖区内的畜禽养殖场，促进养殖业减污降碳协同增效（图10–5）。一方面，在养殖场安装各类传感器、视频监控及投用巡检机器人等前沿设备［图10–5（a）］，获取全周期的监测数据，如采食量、日增重、日龄、体温等，精准制定日粮配方。另一方面，建立智慧高楼养殖场［图10–5（b）］，设计楼层保温功能，减少建筑能耗，同时设置除尘除臭设备，去除养殖废气中的有害物质，控制疾病的发生和传播。通过以上智能化能源管理，有效降低养殖业碳排放。此外，可以在养殖场内安装电子摄像头，对养殖场进行污染物排放监控，摄像头的终端连接综合执法部门，实行全天无间断24 h监控，从而加强对养殖场的粪污处理监管，倒逼养殖户加强环保意识，从源头上控制畜禽养殖污染的产生。最后，利用自动化设备集中收集排泄物后进行干湿分离，进行好氧潮湿发酵，在24～48 h内快速分解，形成富含有机质、腐殖酸、氨基酸等养分的有机肥料，实现养殖业资源化利用。

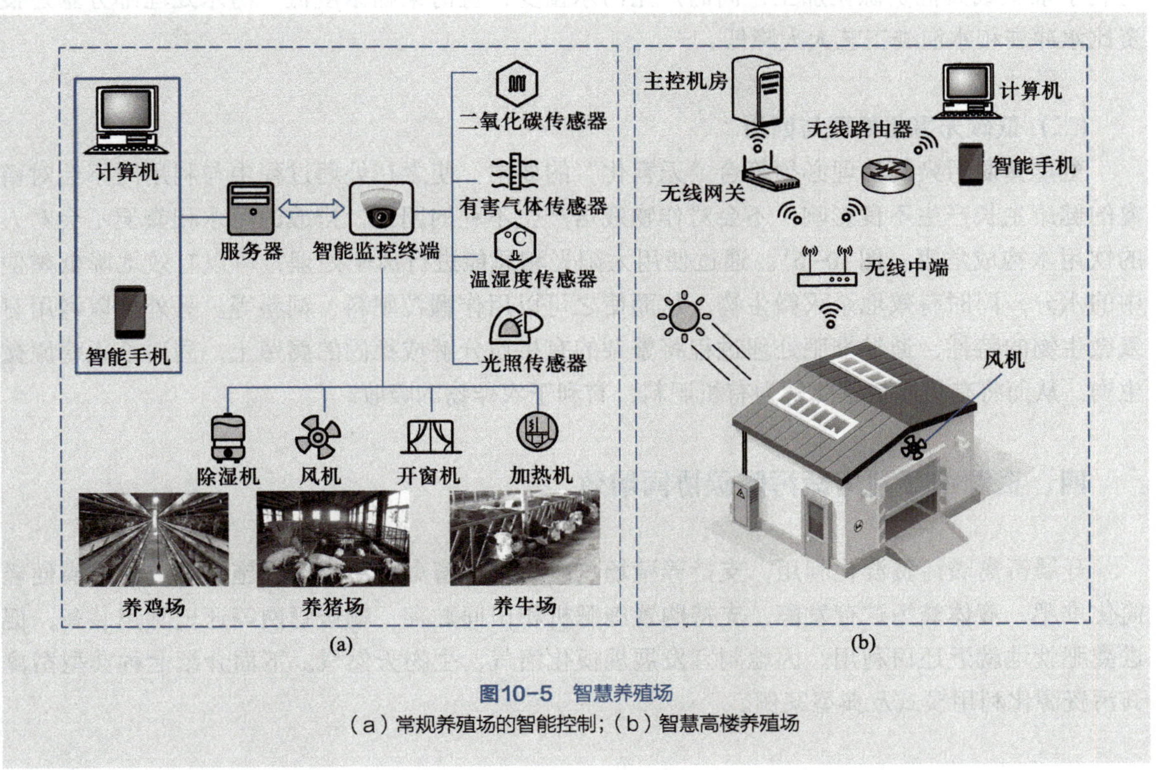

图10–5 智慧养殖场

（a）常规养殖场的智能控制；（b）智慧高楼养殖场

三、末端治理减污降碳协同增效

养殖业末端治理减污降碳的策略主要是对畜禽粪便的减量化、无害化的合理处理，以达到养殖业末端的碳污减排效应。

（一）减量化

畜禽粪便污染治理必须特别强调减量化优先的原则，可通过调整养殖结构和开展清洁生产来实现。如改进养殖场生产工艺、进行科学的饲养管理、采用用水量少的干清粪工艺、减少畜禽粪污的产生量与排放量、多种途径实施干湿分离、雨污分离和饮排分离等科学手段和方法，来达到降低污水量及浓度、降低处理难度及处理成本的目的。如果养殖场的排水存在缺陷，比如雨水和污染物混杂排出，那么应尽快进行改造，使雨水和污染物能够有效分流，从而降低碳污总量。具体的方法包括将禽畜饮水槽改为乳头状水嘴或少冲洗舍笼来减少禽畜粪尿产生量；培育优良品种、科学饲养、改变饲料品质及物理形态（如用生态制剂处理、饲料颗粒化、饲料膨化或热喷技术）、开发环保饲料、提高禽畜饲料利用率，尤其是提高饲料中氮的利用率，降低禽畜粪便中的氮污染，是实现禽畜粪便污染减量化的另一个重要途径。还可以采用干式清粪工艺，粪便一旦产生便分流，干粪经过人工或机械收集、清扫、运走，尿及少量冲洗水则从下水道流出，分别进行处理。该工艺粪便中营养成分损失小，肥料价值高，有利于堆肥或其他资源化加工；同时产生污水量少，且污染物浓度低，污水处理部分基建投资比水冲粪和水泡粪工艺大大降低。

（二）低碳无害化处理与回用

畜禽粪便污染的治理必须符合“无害化”的要求，使之在处理过程中与利用时不会对畜禽的健康生长产生不良影响，不会对作物栽培产生不利的因素，排放的污水和粪便不会对人的饮用水构成危害（图10-6）。通过使用太阳光和风能进行风干处理，可以有效地降低粪便中的水分，同时有效地杀灭微生物，从而使之可以用作颗粒肥料、饲料等。另外可以利用有氧微生物的特性，通过堆肥处理过程将繁杂的有机质分解成稳固的腐殖土，同时杀灭病原微生物，从而将有机质快速降解为有机肥料，有利于农作物的吸收。

四、资源循环利用减污降碳协同增效

开展畜禽粪污资源化利用，支持养殖场（户）建设畜禽粪污处理设施，推进固体粪便轻简化堆肥、液体粪污贮存发酵，支持购置施肥机和田间贮存、输送管网等还田利用装备，促进粪肥就地就近还田利用。因地制宜发展规模化沼气、生物天然气。下面介绍七种典型畜禽粪污资源化利用模式及典型案例。

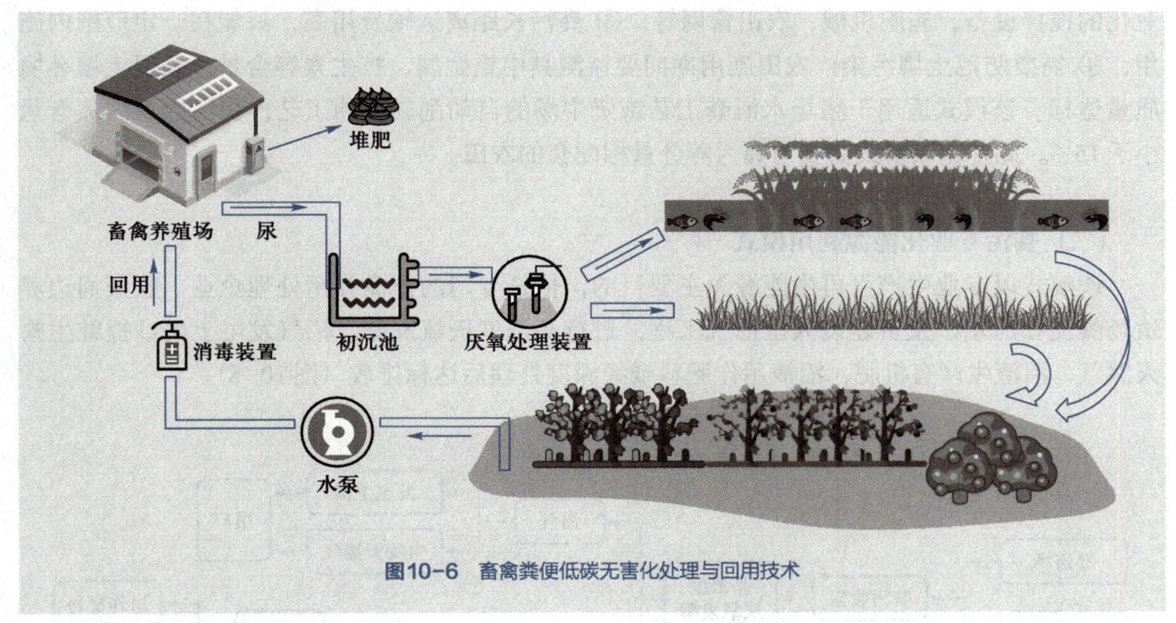

图10-6　畜禽粪便低碳无害化处理与回用技术

（一）粪污全量收集还田利用模式

如图10-7所示，对养殖场产生的粪便、尿和污水集中收集，全部进入氧化塘贮存，氧化塘分为敞开式和覆膜式两类，粪污通过氧化塘贮存进行无害化处理，在施肥季节进行农田利用。这种模式通过将处理后的粪污形成的有机肥代替部分化肥，给作物提供氮、磷等养分，补充土壤中的有机质，在减少化肥消耗带来的碳污排放的同时，也减少或避免了养殖粪污排放造成的碳污排放，具有较好的碳污协同减排效应。另外，通过对沼气收集利用，替代了部分化石能源，也能够产生一定的碳污减排效应。

该模式的优势为：① 粪污收集、处理、贮存设施建设成本低，处理利用费用也较低；② 粪便和污水全量收集，养分利用率高。存在的不足为：① 粪污贮存周期较长，粪污贮存周期一般要达到半年以上，需要足够的土地建设氧化塘贮存设施；② 施肥期较集中，需配套专

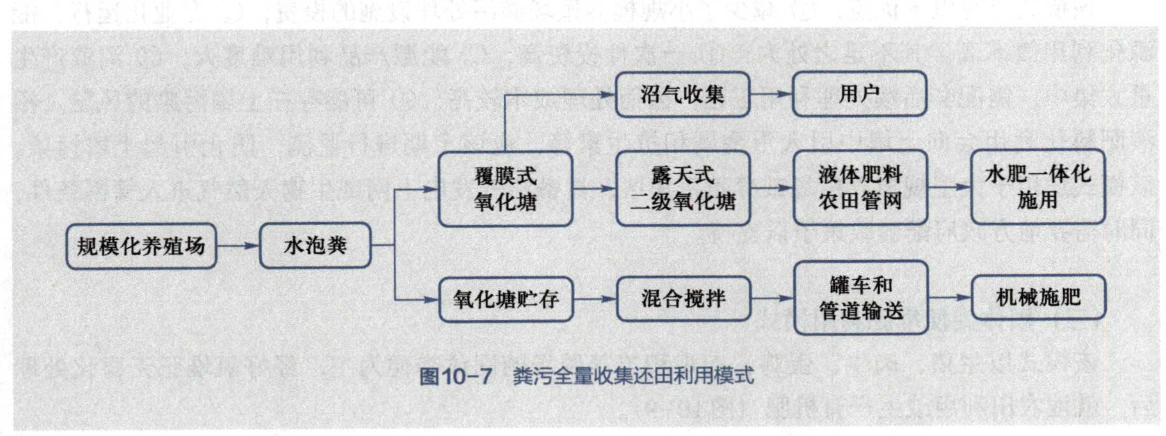

图10-7　粪污全量收集还田利用模式

业化的搅拌设备、施肥机械、农田管网等；③ 粪污长距离运输费用高，只能在一定范围内施用；④ 需要防范土壤污染：农田施用期间要监测其中重金属、抗生素等含量，确保土壤环境质量达标。该模式适用于猪场水泡粪工艺或奶牛场的自动刮粪回冲工艺，粪污的总固体含量小于15%。此外，该模式需要与粪污养分量相配套的农田。

（二）粪污专业化能源利用模式

该模式以专业生产可再生能源为主要目的，依托专门的畜禽粪污处理企业，收集周边养殖场粪便和污水，投资建设大型沼气工程，进行高浓度厌氧发酵，沼气发电上网或提纯生物天然气，沼渣生产有机肥，沼液用作肥料或经深度处理后达标排放（图10–8）。

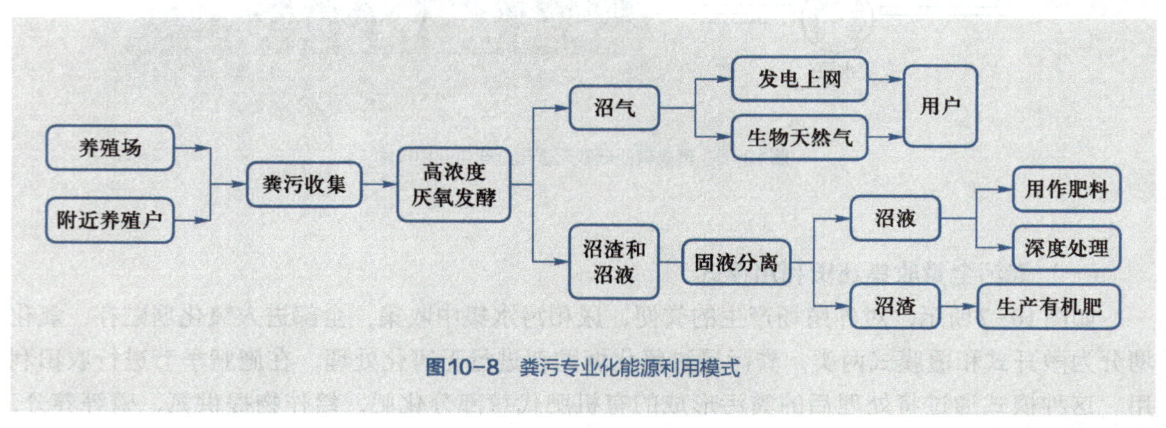

图10–8　粪污专业化能源利用模式

这种模式产生碳污减排协同效应的原理在于两方面：一是通过沼气能源化利用产生的电能、生物天然气替代部分化石能源，减少或避免相应的化石能源消耗带来的碳污排放；二是通过沼液的肥料化利用和沼渣生产有机肥取代部分化肥，将粪污中的养分、有机质转化成植物的养分和土壤中的有机质，减少或避免了向水体排放造成的氮、磷和有机污染，同时由于降低了对化肥的消耗间接减少或避免了相关的碳污排放。

该模式具有以下优点：① 减少了小规模养殖场粪污处理设施的投资；② 专业化运行，能源化利用效率高。其不足之处为：① 一次性投资高；② 能源产品利用难度大；③ 沼液产生量太集中，需配套后续处理利用工艺，因而处理成本较高；④ 可能存在土壤污染的风险。沼液肥料化利用会向土壤中引入重金属和抗生素等，应该定期进行监测，防止引起土壤污染。该模式适用于大型规模养殖场或养殖密集区，具备沼气发电上网或生物天然气进入管网条件，同时需要地方政府配套政策予以支持。

（三）固体粪便堆肥利用模式

该模式以生猪、肉牛、蛋鸡、肉鸡和羊养殖场的固体粪便为主，经好氧堆肥无害化处理后，就地农田利用或生产有机肥（图10–9）。

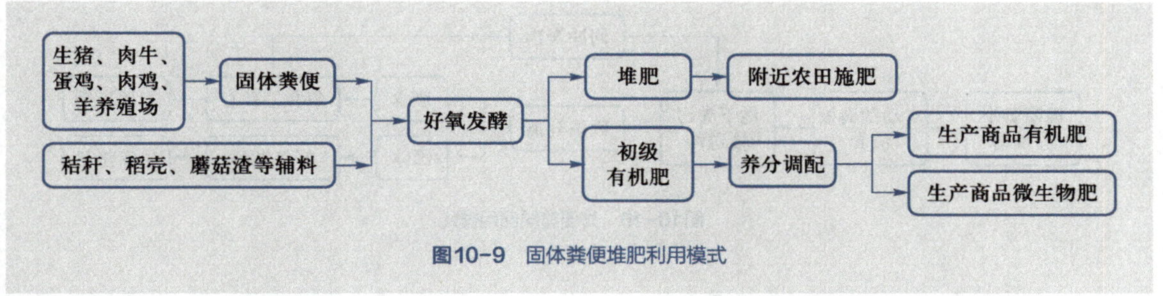

图10-9　固体粪便堆肥利用模式

这种模式碳污协同减排的原理在于：一是通过堆肥的就地农田利用，替代了部分化学肥料（如氮肥、磷肥），间接减少了与化肥生产相关的碳污排放；同时堆肥也能补充土壤的有机质，增强土壤的碳汇。二是生产的商品有机肥和商品微生物肥能够替代部分化肥，减少与化肥生产相关的碳污排放，这些肥料施用于农田除能补充土壤的氮、磷等养分外，还能通过补充土壤的有机质、调节土壤中微生物群落结构等改善土壤的理化性质、增强土壤生物多样性，从而达到提高土壤肥力的目的，提高后期作物生产的效率。

该模式的优点为：① 好氧发酵温度高，粪便无害化处理较彻底，发酵周期短；② 堆肥处理可以提高粪便的附加值。存在的不足为：① 可能存在臭气的污染。好氧堆肥过程易产生大量的臭气，需要加强污染控制。② 可能引起土壤重金属和抗生素等污染。堆肥农田利用会向土壤中引入重金属和抗生素等污染成分，因此需要加强监测，确保土壤质量不下降。该模式适用于只有固体粪便、无污水产生的规模化生猪、肉牛、蛋鸡、肉鸡和羊养殖场等。

（四）粪便垫料回用模式

基于奶牛粪便纤维素含量高、质地松软的特点，将奶牛粪污固液分离后，固体粪便进行好氧发酵无害化处理后回用作为牛床垫料，污水贮存后作为肥料进行农田利用（图10-10）。

该种模式碳污协同减排的原理在于：一是通过污水氧化塘处理后农田利用，为作物生长提供部分氮、磷等养分，替代部分化肥，既减少了向当地水体排放氮、磷等污染成分，也减少了与化肥生产相关的碳污排放。二是将固体好氧发酵后用于牛床垫料，可以减少固体埋填对土地的占用和潜在的环境排放。其主要优点在于通过牛粪替代沙子和土作为垫料，降低了粪污后续处理难度。缺点是粪便作为垫料若无害化处理不彻底，则可能存在一定的生物安全风险。该模式适用于规模奶牛养殖场。

（五）异位发酵床模式

该模式在传统发酵床养殖基础上进行改进，垫料不直接与生猪接触，猪舍免冲洗，粪便和尿液通过漏缝地板进入下层垫料或转移到舍外铺设垫料的发酵槽中，进行粪便尿液的发酵分解和无害化处理，经过一段时间后可直接作为有机肥料进行农田利用（图10-11）。

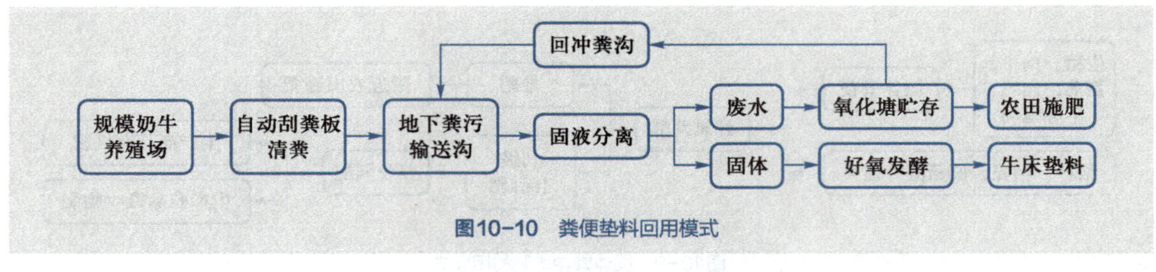

图10-10 粪便垫料回用模式

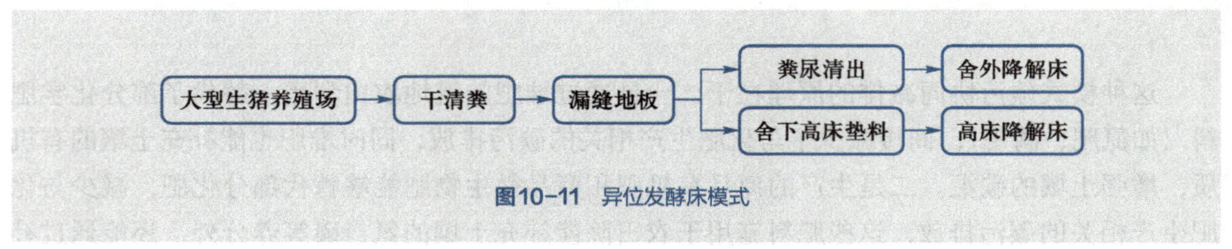

图10-11 异位发酵床模式

这种模式碳污协同减排的原理在于：一是通过生物发酵处理猪养殖场粪污，与传统的污水处理技术相比，降低了能源消耗，因而降低了碳排放。二是将发酵产生的有机肥料进行农田利用，可替代部分化肥，既减少了与化肥生产相关的碳污排放，也减少或避免了向当地水体排放氮、磷和有机污染物。

该模式的优点是饲养过程不产生污水，处理成本低。其存在的不足之处为：① 大面积推广垫料收购难；② 粪便和尿液混合含水量高，发酵分解时间长，寒冷地区使用受限；③ 高架发酵床猪舍建设成本较高；④ 发酵过程可能存在大气污染，需要加强控制。该模式主要适用于南方水网地区，周围农田受限的生猪养殖场，其中舍外发酵床适用于年出栏1 000~2 000头的养殖场，高架发酵床适用于规模较大的养殖场。

（六）污水肥料化利用模式

在污水肥料化利用模式中（图10-12），养殖场产生的污水经厌氧发酵或氧化塘贮存后，

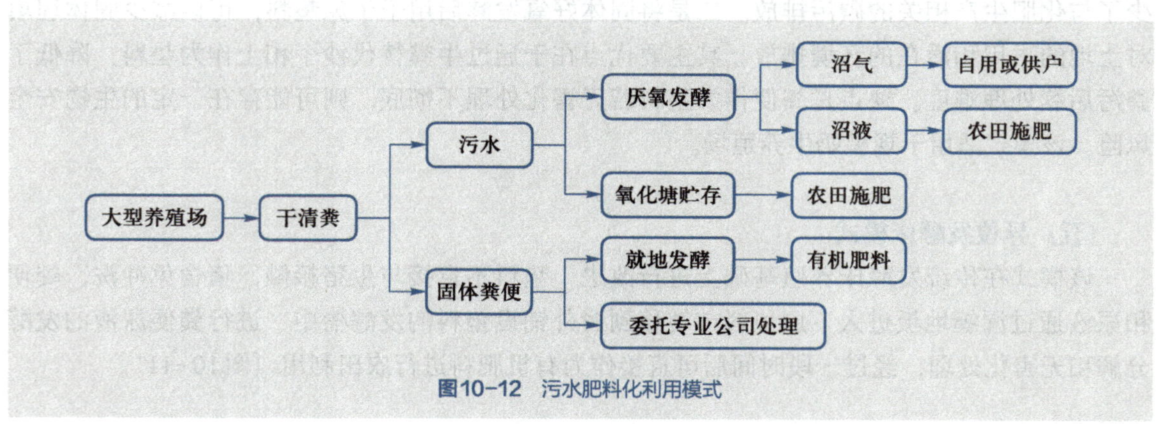

图10-12 污水肥料化利用模式

在农田需肥和灌溉期间，将无害化处理的污水与灌溉用水按照一定的比例混合，进行水肥一体化施用，固体粪便经过就地发酵后用作有机肥料或委托专业公司进行集中处理，如“果－沼－畜”水肥一体化利用、污水厌氧发酵集中收集还田利用。

这种模式碳污协同减排的原理在于：一是通过厌氧发酵产生的沼气能源化利用替代部分化石能源，减少了相关的碳污排放。二是通过将厌氧发酵后的沼液和氧化塘处理后的污水进行农田利用，为作物提供氮、磷养分和向土壤提供有机质，减少了向当地水体环境的污染排放；同时通过资源化利用也替代了部分化肥，减少了化肥的消耗，间接减少了与化肥生产相关的碳污排放。三是通过对固体废物进行发酵处理生产肥料，替代部分化肥，减少了固体废物填埋对当地土地的占用和潜在的环境排放，以及与化肥生产相关的间接碳污排放；同时这种有机肥施用于农田，除提供部分养分外，也可提高土壤有机质含量，增加土壤碳汇。

该模式的主要优点是污水进行厌氧发酵或氧化塘贮存后，为农田提供有机肥和水资源，缓解了当地养殖污水处理压力。不足之处为：① 需要一定容积的贮存设施，周边需要配套一定面积的农田；② 需配套建设粪水输送管网或购置粪水运输车辆。其适用于周围配套一定面积农田的规模生猪养殖场或奶牛养殖场，在南方宜使用厌氧发酵生产沼气等无害化处理，在北方宜直接使用氧化塘贮存，在农田作物灌溉施肥期间进行水肥一体化利用。

（七）污水达标排放模式

污水达标排放模式如图10-13所示。该模式碳污协同减排的原理在于：一是通过厌氧发酵产生的沼气能源化利用替代部分化石能源，减少了相关的碳污排放。二是通过对固体废物进行发酵处理生产肥料，替代部分化肥，减少了固体废物填埋对当地土地的占用和潜在的环境排放，以及与化肥生产相关的间接碳污排放；同时这种有机肥施用于农田，除提供部分养分外，也可提高土壤有机质含量，增加土壤碳汇。

该模式的优点为：① 能够确保污水深度处理后，实现达标排放；② 不需要建设大型污水贮存池，可减少粪污贮存设施的占地面积。不足之处在于，污水处理成本高，大多养殖场难以承受。适用于养殖场周围没有配套农田的规模化生猪养殖场或奶牛养殖场。

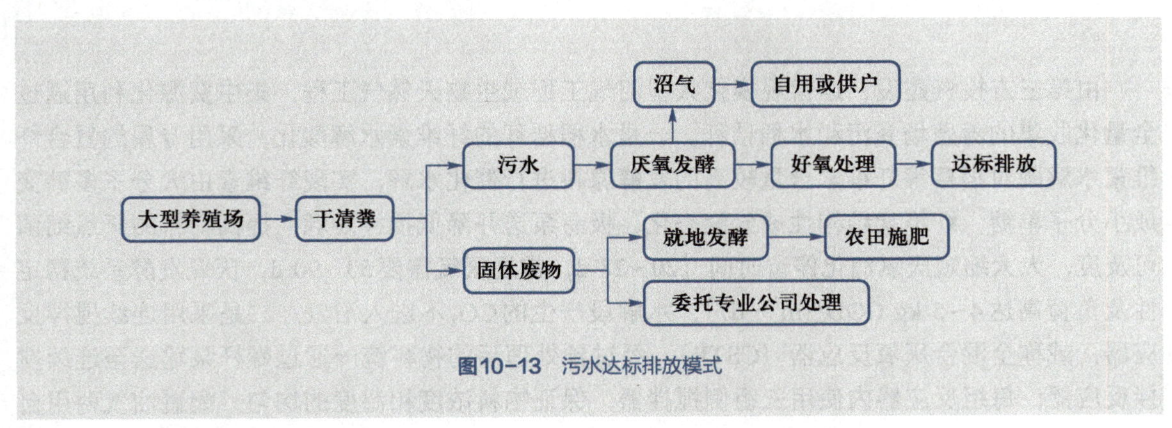

图10-13　污水达标排放模式

（八）典型案例

为了降低生猪养殖粪污处理压力，试点的“3D”区域沼气生态循环农业模式，可以解决农村养殖场和秸秆污染问题（图10-14）。从原料来看，该模式一是采用“三改二分”技术，改水冲清粪、水泡粪或人工干清粪为漏缝地板下刮粪板清粪，改无限用水为控制用水。控制平均每头猪每天产生废水量低于5 kg，粪污浓度达到6%以上。二是养殖场粪污全量收集。养殖场的粪污、废水和病死畜禽在养殖场收集池、库暂存，由专业第三方企业通过专用运输车辆，定时、定点、安全、全量收集运走。三是配合区域农作物秸秆离田利用，通过培育“农保姆”等农业生产全程社会化服务，利用秸秆作发酵原料，调配发酵原料碳氮比，降低沼肥总含水率。

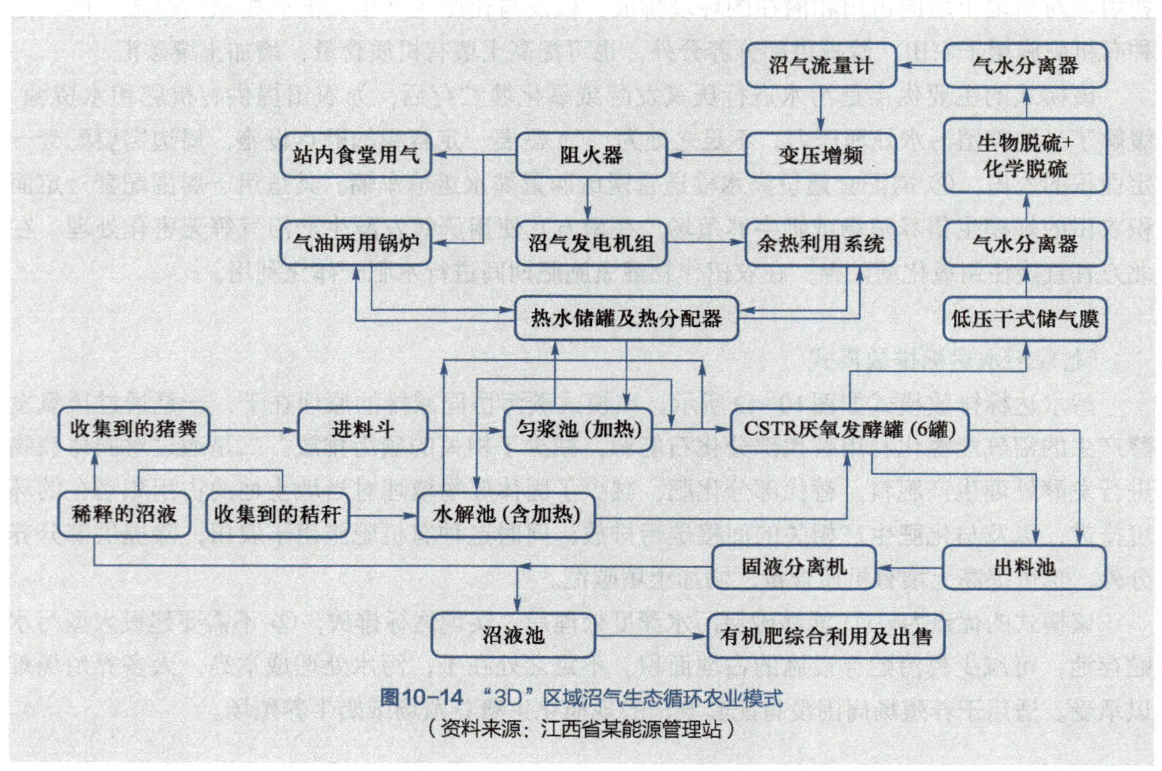

图10-14 “3D”区域沼气生态循环农业模式

（资料来源：江西省某能源管理站）

由第三方投资建设、运营规模化大型沼气工程或生物天然气工程，集中资源化利用通过全量化收集的养殖场粪污和水稻秸秆。一是水稻秸秆的纤维素水解酸化，采用专属的复合纤维素水解酶对稻草等纤维素含量较高的发酵原料进行催化水解，实现纤维素由大分子多糖变成小分子单糖，纤维素结构性成分液态化，极易泵送并降低搅拌能耗，提高物料的厌氧细菌可及度，大大缩短厌氧消化停留时间［20~28 d，常规厌氧需要50~90 d，厌氧发酵系统稳定性及负荷高达4~5 kg COD/（m^3·d）］，水解段产生的CO_2不进入沼气。二是采用连续搅拌反应器，或称全混合厌氧反应器（CSTR），经过预处理后的物料统一通过螺杆泵输送至连续搅拌反应器；每组反应器内使用三组侧搅拌器，保证物料浓度和温度的均匀；配置油气两用自动供热锅炉，以保证厌氧发酵温度相对恒定在35 ℃左右。三是采用低高压力结合储气，为保证后续沼气的连续稳定使用，需要单独设置集中储气装置，对产气和用气进行有效的平衡调节，发酵罐产生的沼气先集中存在二级发酵罐顶部的储气膜内，经脱硫和脱水处理后，增压储存于干式高压储气罐中，然后经调压通过中低压输气管网，输送到居民区，再次调整为常压后，入户供给周边居民作生活用气，其余全部直接发电上网。四是沼液沼渣加工利用，发酵液经固液分离后，沼渣用于制作固态有机肥，部分沼液回流原料预处理，剩余部分排出作液态有机肥，或供给周边种植业及设施农业使用。

第四节
农业生态系统减污降碳协同增效

实现农业的减污降碳协同增效，既需要针对特定生产环节的控制技术，又需要采用一些综合措施，从农业生态系统的角度实施减污降碳，才能经济高效地减少污染物和温室气体的排放。

一、种养结合循环的减污降碳系统

如图10-15所示，种植业与养殖业相互结合，共同构成一种绿色环保、减污降碳的发展模式。在农业种植中，化肥和农药的使用能够促进农民保产增收，但是使用过多，必然会对土壤造成较大破坏，严重影响土壤质量，也会影响农产品的安全。采用种养结合的模式，用动物的粪便作为肥料，能够有效降低农作物对化肥农药的需求量，减少环境污染和温室气体

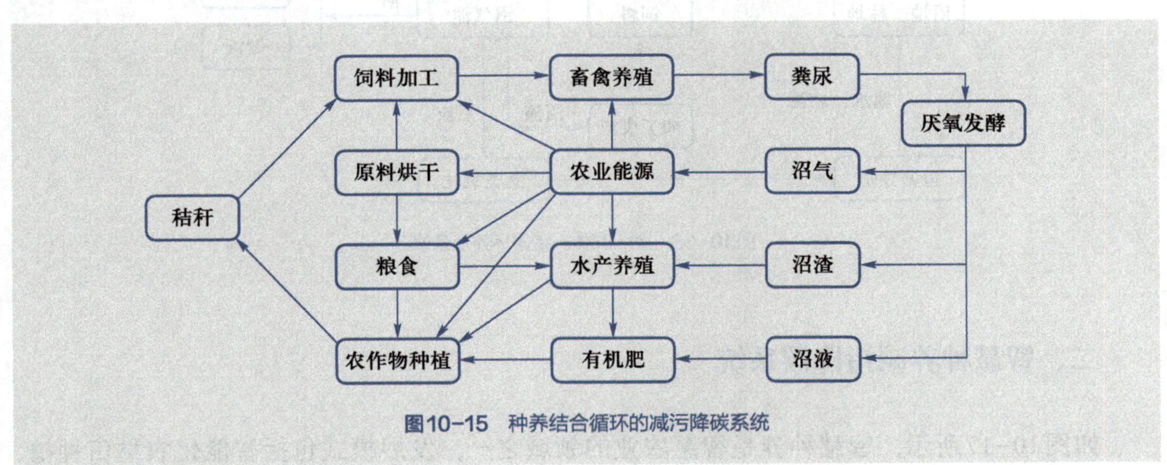

图10-15 种养结合循环的减污降碳系统

排放，而且还能够保障农产品的绿色健康。同时，作物秸秆也可以作为畜禽养殖的补充饲料原料之一，降低养殖成本。

常见的种养结合模式有作物种植与畜禽养殖结合、作物种植与水产养殖结合及其他模式。其中，作物种植与畜禽养殖结合是较常见的种养结合模式，畜禽的粪便是植物天然的肥料，而植物可以成为畜禽的口粮。常见的有农场产生的畜禽粪便进行堆肥，在其中添加有机菌、养料，为种植作物提供养分。种植作物产生的一些植物剩余物也可以通过技术手段加工成饲料供养殖的动物食用，提高资源的利用率。例如，在鱼—农林—猪循环养殖系统中（图10–16），鱼塘可以作为农–田–林系统中的水域资源，种植一些水生植物和养殖一些水生动物，从而增加生态系统的多样性和产出。此外，鱼塘中的鱼类粪便可以通过沼气池发酵产生沼气，用于烹饪或作为能源供应，减少对化石能源的依赖。而鱼塘旁边的田地可种植谷物、蔬菜等农作物，同时在田地旁边种植果树或其他树木，形成农–田–林系统。树木可以提供阴凉和保护作用，减少水土流失，产生的木材可用于加工原料或作为燃料。农作物的残余物和动物粪便可以作为有机肥料施入田地中，促进土壤肥力的提高。在农场内可以进行猪、牛养殖，畜禽粪便和废物可以收集到沼气池中进行混合发酵，产生的沼气用于取暖或照明，同时获得有机肥料作为田地施肥。这样一来，既减少了畜禽养殖对环境的污染，又能有效促进废物资源化。最后，将田间、水域和畜禽养殖中产生的废物和剩余部分送到农产品饲料加工厂进行处理，加工成优质的动物饲料，反哺养殖业，形成一个良性循环的生态系统。这样的系统通过资源的高效利用，可以从源头上实现减污降碳，促进农业的可持续发展。

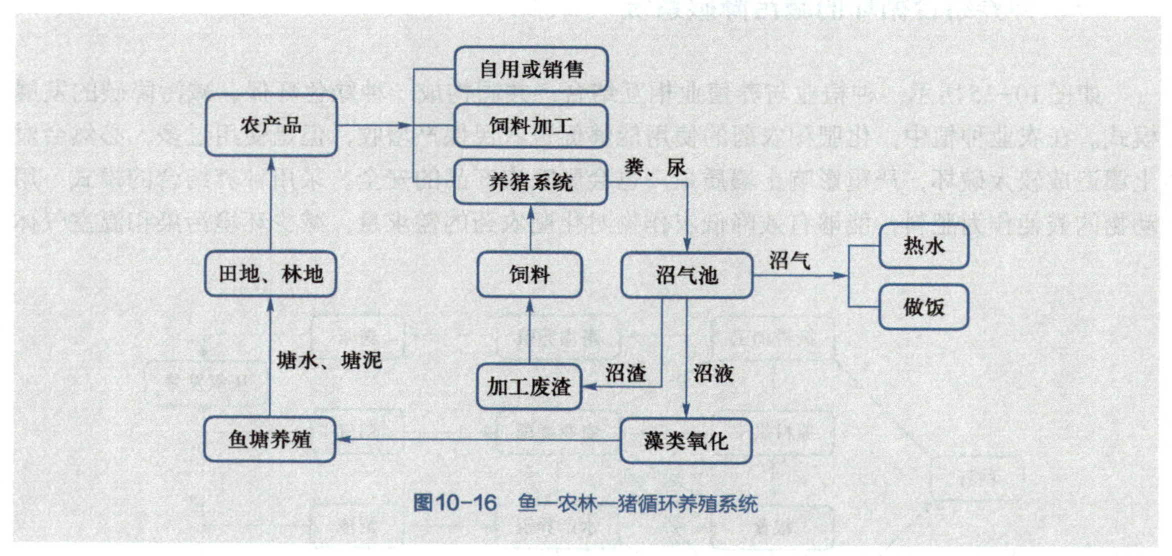

图10–16 鱼—农林—猪循环养殖系统

二、智慧种养减污降碳系统

如图10–17所示，智慧种养是智慧农业的领域之一，发展模式包括智能化农林田种植、禽畜养殖、水产养殖等。智慧农业以遵循自然规律为基础，利用云计算、遥感技术、传感监测、5G 等多种现代信息技术及设备，并集成大数据、互联网+、物联网+，依托农业生产现场的环境温度、土壤湿度、水分、有机肥料、无线通信网络和各种监测传感节点图像，为农业标准化生产精准施策，实现智能可视管理的高效系统化农业生产方式。智慧农业的发展核心是保持农业的绿色循环永续发展，目标是保护农业生态环境，进行绿色友好型生产，提升农产品的产量和质量，促进农民增收。

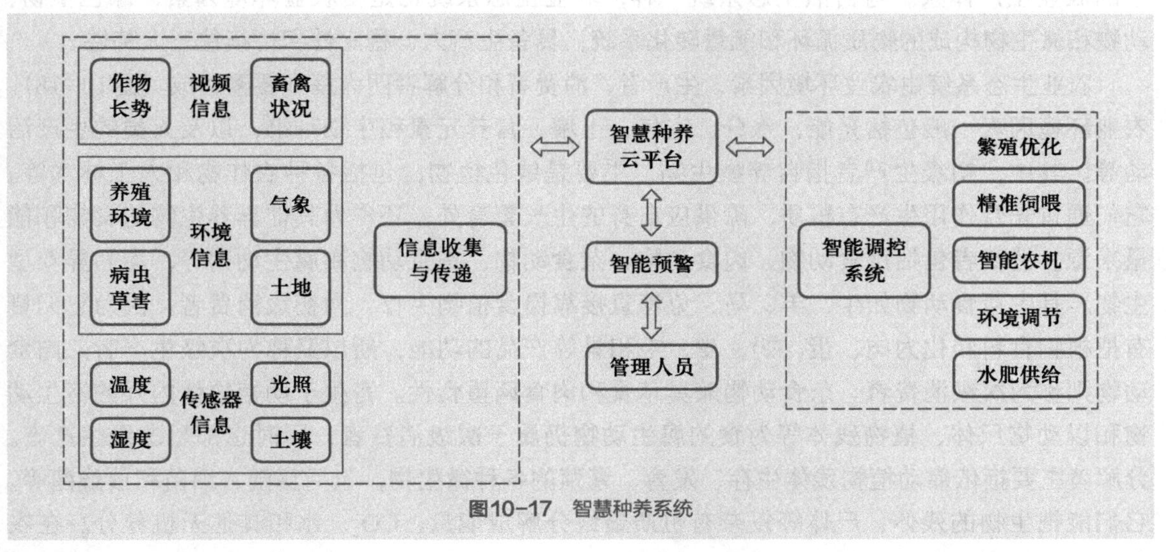

图10-17　智慧种养系统

智慧种养系统减污降碳协同增效的原理在于：它通过收集种植业和养殖业生产过程中的气象和环境数据，并结合相关的作物和动物特定生长阶段的生理需求，实时地对动植物的生长环境进行干预（如温度、湿度、养分需求等），最大限度提高动植物的生产效率，减少传统种植业和养殖业对农业资源投入的浪费。因此它是增进农业减污降碳协同增效的重大举措之一。

在智慧种养探索路径上，可以运用大数据、移动互联网、物联网，建立以“现代人工智能科技结合农业”的智慧农业数据云平台。在生物育种、栽培管理、生产机械化、农产品储运与加工和产业信息化等关键领域实现生产管理档案的电子化、生产过程可视化和生命周期监测化等。突破分子设计育种、杂种优势利用及优良新品种的繁种与分级加工等关键技术，支撑农作物品种更新换代；放置传感器收集土壤湿度、水分和含盐量等数据，通过人工智能模型的特殊算法，强化农田生态修复与安全生产。大力推广种养业智能化农机装备，通过农业机器人模拟人的视觉功能，监测识别农作物或禽畜、水产品的生长情况，对实际情况做出判断，实现精准种养。在农产品储运与加工环节，完善智能化仓储、物联网等基础设施和技术，加快冷链储运与加工科技创新步伐，突破农产品绿色储运关键技术。加强对服务于现代智能农业生产的软件、数据系统及农机核心零部件的创新研发，强化农产品生产加工的全产业链质量安全管控系统、农业信息资源共享平台的开发与普及使用。

三、农业生态系统减污降碳集成

农业生态系统指在一定时间和地区内，人类从事农业生产，利用农业生物与非生物环境之间以及与生物种群之间的关系，在人工调节和控制下，建立起来的各种形式和不同发展水平的农业生产体系。与自然生态系统一样，农业生态系统也是由农业环境因素、绿色植物、动物和微生物构成的物质循环和能量转化系统，具备生产力、稳定性和持续性三大特性。

农业生态系统由农业环境因素、生产者、消费者和分解者四大基本要素构成（图10-18）。农业环境因素一般包括光能、水分、空气、土壤、营养元素和生物种群，以及人类的生产活动等。其中，初级生产者指自养型生物，主要是绿色植物，包括各种农作物和人工林木等。它们通过光合作用生产有机质，除供应自身的生长繁育外，还作为其他异养生物的食物和能量来源。消费者包括草食动物、肉食动物、杂食动物、寄生动物和腐生动物等，均为异养型生物。其中草食动物如牛、羊、马、兔等直接靠摄食植物生存，为初级消费者。因为它们具有把植物食料转化为肉、蛋、奶、皮、毛和骨等产品的功能，所以又称为次级生产者。肉食动物则称为次级消费者。杂食动物兼具草食和肉食两重食性。寄生于动植物体内外的寄生动物和以动物尸体、植物残体等为食的腐生动物仍属于次级消费者，同时也都是次级生产者。分解者主要指依靠动植物残体生存、发育、繁殖的各种微生物，包括真菌、细菌和放线菌等。它们能把生物的残体、尸体等复杂有机质最终分解成能量、CO_2、水和其他无机养分。在农业生产中，食用真菌如蘑菇、香菇、木耳等已被广泛开发利用。绿色植物的光合产物，通过消费者和分解者的转化途径，最后分解为无机物和热能返回农业环境，其中一部分再供绿色植物吸收利用。由此构成一个连续不断的物质循环和能量转化系统。其中，除太阳辐射能是

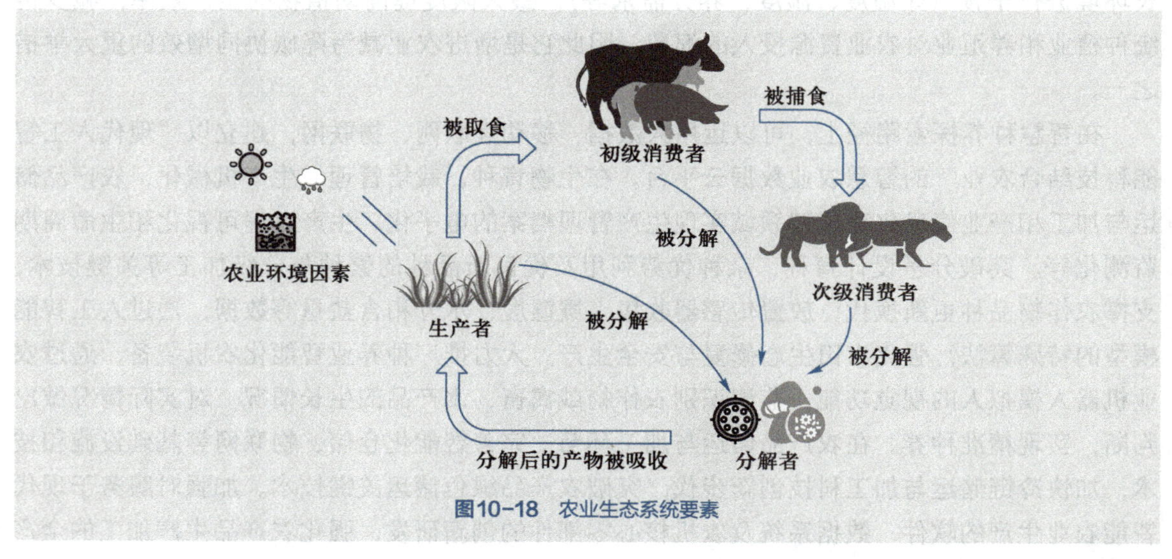

图10-18　农业生态系统要素

一切生态系统能量的基本来源外，在农业生态系统中，常常还由人类以选育良种、栽培管理、施用化肥和农药及进行农业机械作业等形式，投入一定的辅助能源，因而增加了可转化为生产力的能量。农作物的高生产力，在很大程度上是由人类投入的各种形式的辅助能源来维持的。在采集经济时代，每年每公顷作物的干物质产量为0.40~20 kg；不补充化肥、农药、机械等辅助能量的农业每年每公顷作物的干物质产量为50~2 000 kg；而补充投入这些辅助能量的禾谷类农业，每年每公顷作物的干物质产量可达2 000~20 000 kg。据计算，大体上作物产量每增加1倍，约需增加投入农用物资10倍。

在农业生态系统中，农田、草原、林地、水域等子系统都与土壤系统相互关联，共同进行物质循环和能量转换。农业生态系统的稳定性和土地生产力受到人类活动的深刻影响，但同时也为人类提供了食物、纤维、能源等多种资源。目前，已经明确土壤的生产力与土壤有机碳的含量密切相关。土壤有机碳储量的减少常常会对生态系统乃至全球产生深远影响。例如，由于森林是陆地生态系统中碳的重要储存库，破坏森林会显著增加大气中CO_2的浓度，从而加剧温室效应。同时，矿石开采引发的土壤扰动会导致土壤有机碳水平的降低，这不仅会影响降雨的渗透性和土壤的水分储存，还可能导致土壤侵蚀和养分流失的增加。这种变化会使内陆水体和沿海生态系统的营养水平升高，最终可能导致海洋生物的死亡。为了恢复土壤中的有机质水平，需要深入了解对土壤有机碳储存至关重要的生态过程，并应用适当的技术，以恢复生态系统的功能（图10-19）。种植业和养殖业在土壤碳循环和固碳方面发挥重要

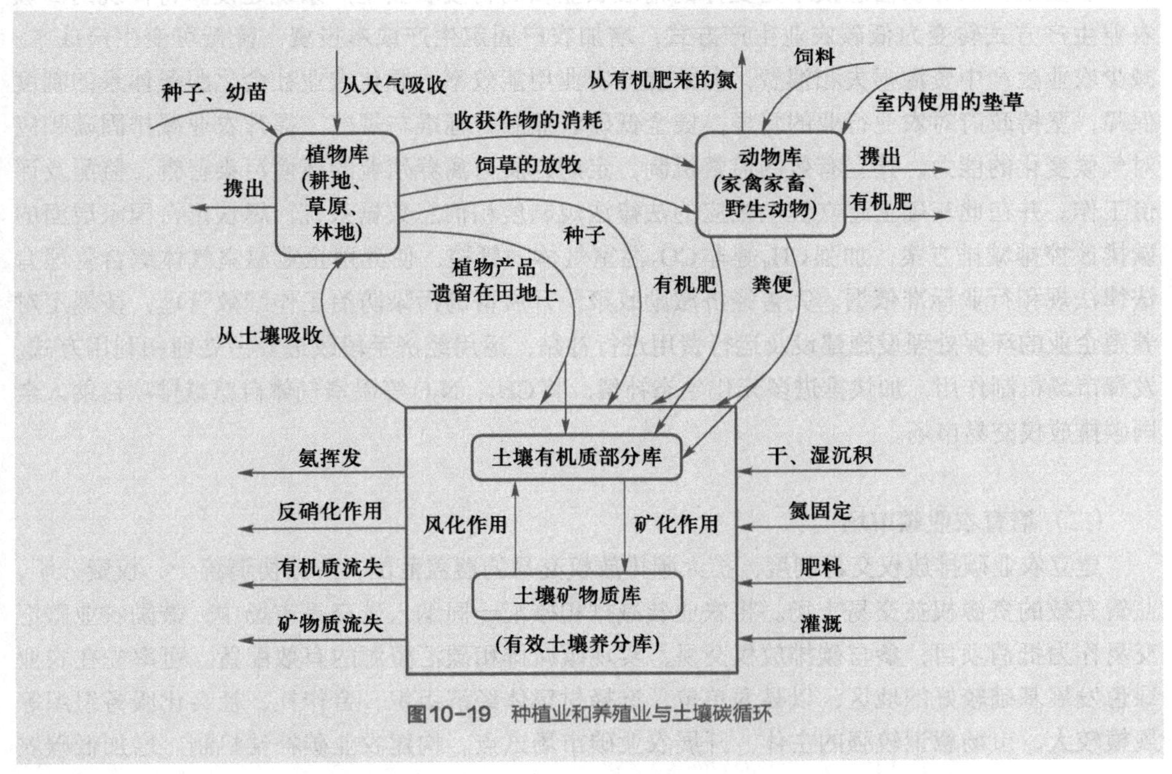

图10-19 种植业和养殖业与土壤碳循环

作用。通过种植作物和饲养动物，种植业和养殖业可以促进土壤有机碳的积累和固定。作物在生长过程中吸收大气中的CO_2，在土壤中释放有机质，并通过根系系统将碳储存在土壤中。而养殖业产生的畜禽粪便可以作为有机肥料施入土壤，促进土壤微生物的活动，从而增加土壤有机碳含量。此外，种植和养殖过程中的耕作管理和畜禽粪便的利用情况也会影响土壤碳循环。科学合理的耕作方式可以减少土壤有机碳的流失，而有效利用畜禽粪便则可以增加土壤中的有机质含量。种养结合、轮作休耕等耕作制度也有助于提高土壤有机质含量，并且减少对化肥的需求，有利于减少环境污染。同时，应该加快农业绿色发展，鼓励发展生态种植和生态养殖，推进区域生态农场建设。在高养殖密度区实行种养结合，合理安排种植业、畜禽养殖业和水产养殖等生产部门，构建林—果—鸡、桑—鸡—鱼、稻—鸭—鱼等生态种养模式。根据区域土壤特性和作物养分需求，以种定养，合理规划粮经饲种植结构，实现作物绿色优质生产与畜禽养殖密度、粪污资源化利用的高效匹配，提升农业生态系统的碳汇能力。

四、农业生态系统减污降碳能力建设

（一）农业减污降碳治理体系

完善适宜的约束和激励制度，制定更加详尽的规则，拓宽约束和激励制度的实际作用范围，促进农业生产减污降碳。构建本地专属信息服务平台，推动农业企业和农民自愿参与低碳农业实践，倡导以信息技术为支撑的精准农业和高科技农业生产系统建设。将传统的高碳农业生产方式转变为低碳农业生产方式，增加农户固定生产成本投资，降低可变生产成本，减少农业生产中资源损失和浪费，有效提升农业用能效率。强化农业社会化服务体系的制度保障，坚持政府对农业行业的督导，健全低碳农业服务标准与规范，提升农业减排固碳和应对气候变化的能力。建立有效的监督机制，定期开展畜禽养殖业的环境污染普查、监测及评价工作。并在此基础上建立健全相应的法律法规制度和信息数据系统，尽快出台国家层面的碳排放控排减排方案，加强CH_4等非CO_2温室气体的管控，使养殖企业温室气体综合管理有法律法规和行业标准依据。完善经济激励政策，开展畜禽污染防治工作绩效管理，按规定对养殖企业的环保处理设施建设及运行费用进行补贴，运用经济手段改进粪污处理和利用方式。发挥市场机制作用，加快推进多元化生态补偿，将CH_4、N_2O等温室气体自愿减排项目纳入全国碳排放权交易市场。

（二）培育农业碳市场

建立农业碳排放权交易制度，扩大碳排放权交易的覆盖范围，形成协调统一、权责分明、监管有效的资源权益交易市场。将农业碳减排和碳汇一同纳入碳交易市场中，鼓励农业碳汇交易作为抵消项目，参与碳排放权交易，实现碳减排和碳汇资源的有效配置。可率先在农业绿色发展基础较好的地区，以县为单位，选择村集体经济组织、合作社、社会化服务组织等规模较大、市场意识较强的主体，开展农业碳市场试点。构建农业碳补偿机制，增加低碳农业技术的研发与推广等投入，对低碳农业生产主体进行税费减免、项目投资和补贴等。建立低碳技术补贴、低碳消费补贴的专用账户，精准补贴农业领域低碳技术创新，引导补贴从生产端向消费端转移。增加农产品低碳标签制度，形成绿色低碳生产与财政资金奖励的闭环。鼓励重点区域设立农业碳减排和碳汇基金，落实市场化补贴政策。

习题与思考题

1. 概述水稻种植有哪些碳污排放？稻田减污降碳的措施有哪些？
2. 当前我国养殖业排放源主要有哪些？哪些途径可以降低养殖业源头的碳污排放？
3. 针对种植业生产过程中的碳污排放，该过程当前面临的主要问题是什么？应该如何解决？
4. 畜禽粪便处理会带来哪些碳污排放？控制畜禽粪便处理碳污排放还面临哪些挑战？
5. 简述养殖业末端减排的具体措施，并举例在实践中如何操作。
6. 简要分析农业生产过程中的碳排放关键环节，并联系实际阐述种植业和养殖业生产过程减排的具体实践途径。
7. 结合典型案例，阐述生产实践中有效减少农业碳排放的新技术和新趋势。
8. 简要说明农业领域的污染治理和资源化利用的主要方法。
9. 请根据农业减污降碳协同增效相关原理，设计一套种植业减污降碳协同管理方案。
10. 请举例说明养殖业减污降碳存在的问题及解决途径。

参考文献

[1] 宁静，李亚洁，王震，等. 中国粮食主产省区农业碳排放特征及影响因素［J］. 水土保持研究，2024，31（1）：450–459.

[2] 施卫明，王远，闵炬. 中国农业面源污染防控研究进展与工程案例［J］. 土壤学报，2023，60（5）：1309–1323.

[3] 王琛，张秀明，段佳堃，等. 中国农畜牧业高分辨率氨排放清单［J］. 中国生态农业学报（中英文），2021，29（12）：1973–1980.

[4] Lv F, Song J, Giltrap D, et al. Crop yield and N_2O emission affected by long-term organic manure substitution fertilizer

under winter wheat-summer maize cropping system [J]. Science of the Total Environment, 2020, 732: 139321.

[5] 潘根兴，张阿凤，邹建文，等. 农业废弃物生物黑炭转化还田作为低碳农业途径的探讨 [J]. 生态与农村环境学报，2010，26（4）：394−400.

[6] Chen X, Ma C, Zhou H, et al. Identifying the main crops and key factors determining the carbon footprint of crop production in China, 2001–2018 [J]. Resources, Conservation and Recycling, 2021,172:105661.

[7] 严燕，季国军，胡乃娟，等. 长江下游稻田不同种植制度的碳足迹分析 [J]. 长江流域资源与环境, 2024, 33（7）：1462−1473.

[8] Zhuang M, Liu Y, Yang Y, et al. The sustainability of staple crops in China can be substantially improved through localized strategies [J]. Renewable and Sustainable Energy Reviews, 2022,154:111893.

[9] 霍丽丽，赵立欣，姚宗路，等. 农业生物质能温室气体减排潜力 [J]. 农业工程学报，2021，37（22）：179−187.

[10] 燕翔，吴生平，王都留，等. 畜禽养殖业废水危害及处理技术研究进展 [J]. 黑龙江畜牧兽医，2021，（15）：36−39.

[11] 武淑霞，刘宏斌，黄宏坤，等. 我国畜禽养殖粪污产生量及其资源化分析 [J]. 中国工程科学，2018，20（5）：103−111.

[12] Guo J, Liu X, Zhang Y, et al. Significant acidification in major Chinese croplands [J]. Science, 2010, 327(5968):1008−1010.

[13] Huang S, Ghazali S, Azadi H, et al. Contribution of agricultural land conversion to global GHG emissions: A meta-analysis [J]. Science of the Total Environment, 2023, 876:162269.

[14] 王金明，秦晓波，万运帆，等. 中国水稻食物系统碳足迹结构组成和地区差异 [J]. 生态环境学报, 2023, 32（8）：1405−1418.

[15] 胡关云，潘江涛，李仕忠，等. 国土空间规划中资源整合利用助力碳中和——从农林业综合发展的视角分析 [J]. 环境科学导刊，2024，43（1）：27−33.

[16] 王凯，樊守彬，亓浩雲. 北京市农业机械排放因子与排放清单 [J]. 环境科学，2020，41（6）：2602–2608.
[17] 孔德雷，姜培坤. “双碳”背景下种植业减排增汇的途径与政策建议 [J]. 浙江农林大学学报，2023，40（6）：1357–1365.
[18] 马中青，薛俊杰，袁世震，等. 生物质气化联产燃气和炭的研究进展 [J]. 林产化学与工业，2023，43（3）：145–159.

11

第十一章 生态建设与减污降碳协同增效

生态建设主要是对受人为活动干扰和破坏的生态环境进行生态恢复重建，是根据生态学原理进行的人工设计，充分利用现代科学技术和生态系统的自然规律，是自然和人工的结合，以达到高效和谐，实现环境、经济、社会效益的统一。生态建设主要包括自然保护区保护、生态修复和绿化三部分内容。

生态建设以改善生态环境、提高人民生活质量、实现可持续发展为目标，在治理环境污染、改善环境质量、减缓气候变化的影响方面发挥了重要的作用。此外，生态建设形成的林草、土壤、湿地等生态系统还具有增加碳汇的功能。因此，加强生态建设与减污降碳效应对实现我国的碳中和目标具有十分重要的意义。

本章分析了生态建设的固碳机制及减污降碳协同效应，重点介绍了自然保护区、生态修复和绿化的减污降碳技术和效应。

第一节 生态建设

一、生态建设的内容

生态建设主要包括三部分内容：自然保护区保护、生态修复和绿化。

（一）自然保护区保护

根据《中华人民共和国自然保护区条例》，自然保护区定义为对有代表性的自然生态系统、珍稀濒危野生动植物物种的天然集中分布区、有特殊意义的自然遗迹等保护对象所在的陆地、陆地水体或者海域，依法划出一定面积予以特殊保护和管理的区域。

我国自然保护区分为国家级自然保护区和地方级自然保护区。地方级自然保护区包括省、市、县三级自然保护区。按照保护的主要对象来划分，自然保护区可以分为生态系统类型保护区、生物物种保护区和自然遗迹保护区三类；按照保护区的性质来划分，自然保护区可以分为科研保护区、国家公园（即风景名胜区）、管理区和资源管理保护区四类。

国家级自然保护区是指在国内外有典型意义、在科学上有重大国际影响或者有特殊科学研究价值的自然保护区。国家级自然保护区是推进生态文明、构建国家生态安全屏障、建设美丽中国的重要载体。强化自然保护区建设和管理，是贯彻落实创新、协调、绿色、开放、共享新发展理念的具体行动，是保护生物多样性、筑牢生态安全屏障、确保各类自然生态系统安全稳定、改善生态环境质量的有效举措。

（二）生态修复

生态修复是在生态学原理指导下，以生物修复为基础，结合各种物理修复、化学修复及工程技术措施，通过优化组合，使之达到最佳效果和最低耗费的一种综合的修复污染环境的方法。生态修复需要生态学、物理学、化学、植物学、微生物学、分子生物学、栽培学和环境工程等多学科的参与。对受损生态系统的修复与维护涉及生态稳定性、生态可塑性及稳态转化等多种生态学理论。

生态修复和生态恢复既有区别，又有联系。生态恢复强调生态回到原有状态，不包括修整之义。生态修复更强调人类对受损生态系统的改善甚至重建，使生态环境与人类社会和谐共生。二者对人类干预度的要求不一样。在生态恢复中人类的干预度是有限的，而在生态修复中人类要采取各种必要的措施进行干预。由于生态系统的原始状态很难确定，特别是对于极度退化的生态系统，要完全恢复到生态系统的原始状态，在很多情况下技术上不可行、经济上不合算，故而通常只能采取生态修复的方法改善生态环境。因此，生态修复在生态环境保护和生态治理领域具有重要作用。

根据生态修复对象，生态修复可分为森林、河湖、湿地修复等。根据恢复规模，生态修复可以分为大规模生态修复（如黄土高原地区）、中尺度生态修复（如河流、森林或湿地）和小规模生态修复（如矿山、填埋场）。具体的生态退化修复问题主要集中在土壤侵蚀、荒漠化、草原退化、水资源短缺、污染场地、生物多样性减少及气候变化引起的生态修复。

（三）绿化

绿化指的是栽植防护林、路旁树木、农作物及居民区和公园内的各种植物等。绿化包括国土绿化、城市绿化、四旁绿化和道路绿化等。绿化可改善环境卫生，并在维持生态平衡方面起多种作用。

在国土范围内，一般将普遍的植树造林称为“绿化”，将具有更高审美质量的风景名胜区等优美环境称为“园林”。园林与绿化在改善生态环境方面的作用是一致的，在审美价值和功能的多样性方面是不同的。园林可以包含绿化，但绿化不能代表园林。

二、生态建设的固碳机制

碳汇，是指通过植树造林、植被恢复等措施，吸收大气中的CO_2，从而减少温室气体在大气中浓度的过程、活动或机制。森林、草地、湿地、农田、荒漠、城市等陆地生态系统和海洋生态系统都是重要的碳汇。

（一）森林固碳

森林在进行光合作用的过程中，将CO_2和水分转化成有机物并释放出O_2，这个作用称为森林的固碳效应（图11–1）。

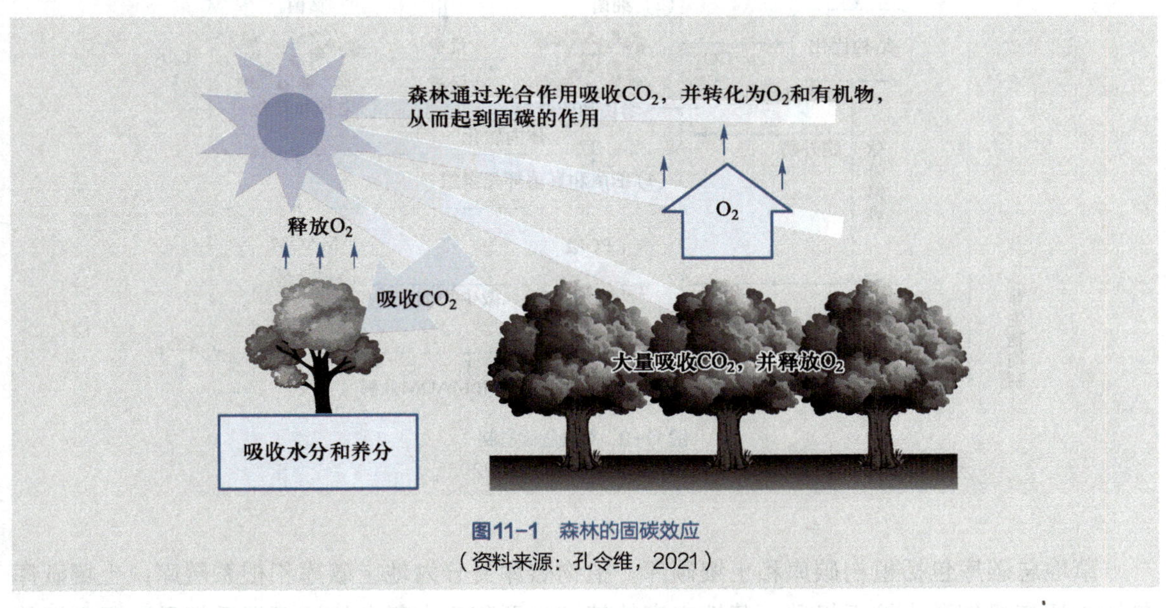

图11–1　森林的固碳效应
（资料来源：孔令维，2021）

森林是陆地生态系统中最大的碳库，在降低大气中温室气体浓度、减缓全球气候变暖方面具有重要作用。① 森林植物通过光合作用固定大气中的CO_2，并可长期保存；② 森林是陆地上分布面积最广泛的植被系统，约占全球陆地面积的31%，全球陆地碳库中约有77%的碳储存于森林生态系统中；③ 森林生态系统具有结构和功能的稳定性和生存的持续性，在生物地球化学循环中起重要的调节作用；④ 森林不仅维持着巨大的植被碳库，也维持着占全球土壤碳库73%的巨大土壤碳库。因此，森林生态系统对调节全球碳平衡、控制大气中CO_2等温室气体浓度的升高、减缓全球气候变暖具有不可替代的作用。扩大森林覆盖面积是经济可行、成本较低的应对气候变化的举措。

（二）草地固碳

草地固碳主要指草地生态系统通过植物光合作用、微生物化能自养及土壤碳沉积等方式固定CO_2，将其固定在植被和土壤中，从而增加草地生态系统的碳吸收贮存能力，降低大气中CO_2浓度（图11–2）。

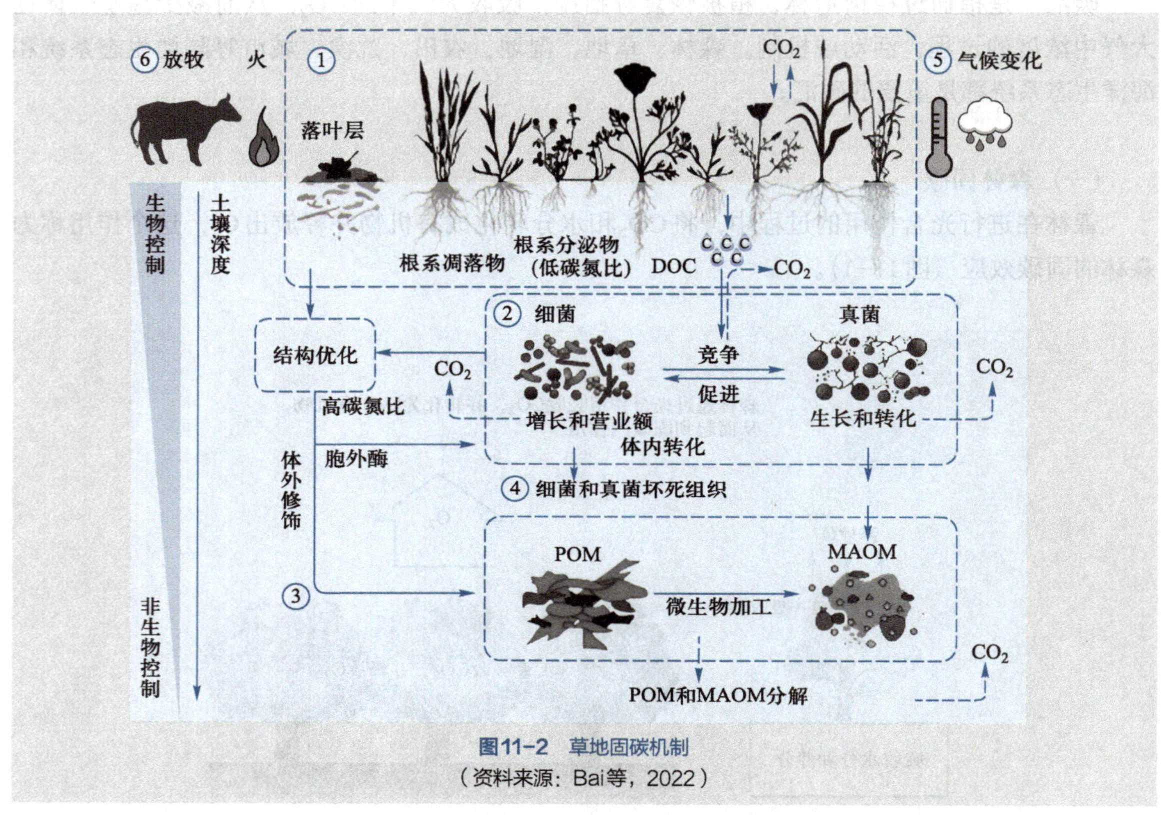

图11–2　草地固碳机制

（资料来源：Bai等，2022）

草地总碳库包括植物碳库和土壤碳库。植物碳库又分为地上碳库和根系碳库，土壤碳库包括土壤有机碳和土壤无机碳。草地丰富的植被类型和庞大复杂的地下根系都是实现碳汇的重要武器。草地植物一般离地面较近，植株间的遮挡较小，植物得到的光照面积较大，且植物体中绿色部分比重较高，这使得草地植物进行光合作用的效率和生长速度都高于森林树木。此外，庞大复杂的地下根系是草地植物的重要组成部分，其生物量往往大于地上生物量。

草地植物吸收空气中的CO_2，将其固定在土壤和植被中，制造并积累生长所需的有机质。草地植物死亡后，部分凋落物经腐殖化作用，形成土壤有机碳固定在土壤中。部分有机碳经过土壤动物和土壤微生物的矿化作用，被植物再次利用，从而构成了生态系统内部碳的生物循环。

（三）湿地固碳

湿地被誉为“地球之肾”，有机碳主要储存在湿地土壤和湿地植被中。湿地生态系统通过植物的光合作用，能有效吸纳大气中的CO_2，并转化成有机质，从而在植物体中积累大量有机碳与无机碳。湿地土壤环境因持续的高湿度条件而呈现厌氧状态，土壤中微生物以厌氧菌类为主，活动相对较弱。植物死亡后的残体经腐殖化作用和泥炭化作用形成腐殖质和泥炭，由于得不到充分的分解，经长年累积而逐渐形成了富含有机质的湿地土壤（图11–3）。

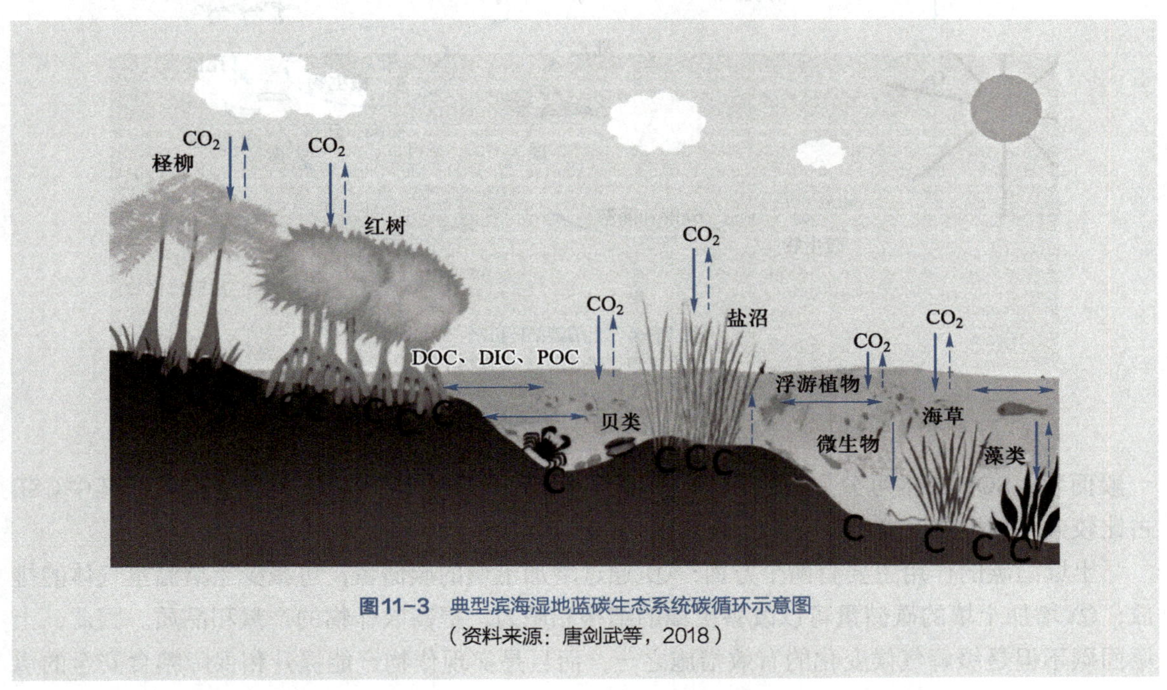

图11–3　典型滨海湿地蓝碳生态系统碳循环示意图

（资料来源：唐剑武等，2018）

湿地碳储量主要包括植被碳库和土壤碳库，土壤碳库普遍高于植被碳库。湿地植被碳库由光合作用、呼吸作用及凋落物分解的碳循环耦合平衡决定；土壤碳库由凋落物分解、根际沉积的碳输入和分解过程中的碳输出之间的平衡决定；而区域分布特征取决于湿地类型及其分布，典型的湿地生态系统类型主要有沼泽泥炭地、滨海湿地、湖泊和河流。湿地单位面积碳储量的顺序为：沼泽湿地＞人工湿地＞湖泊湿地＞河流湿地。湿地植被有机碳储量的顺序为：河流湿地＞沼泽湿地＞人工湿地＞湖泊湿地。

（四）土壤固碳

土壤是大气中碳运转入流和可持续循环的一种重要介质（图11–4）。土壤固碳是指土壤环境中植物、动物和微生物经过复杂的响应把CO_2转化为有机形式固定在土壤中。土壤固碳能力的强弱及其固定的有机物的类型依赖于土壤类物质的组成和变化。土壤固碳过程主要反映了土壤碳库的变化，包含土壤有机质（SOM）、有机碳（SOC）和无机碳（DOC）三类子库。

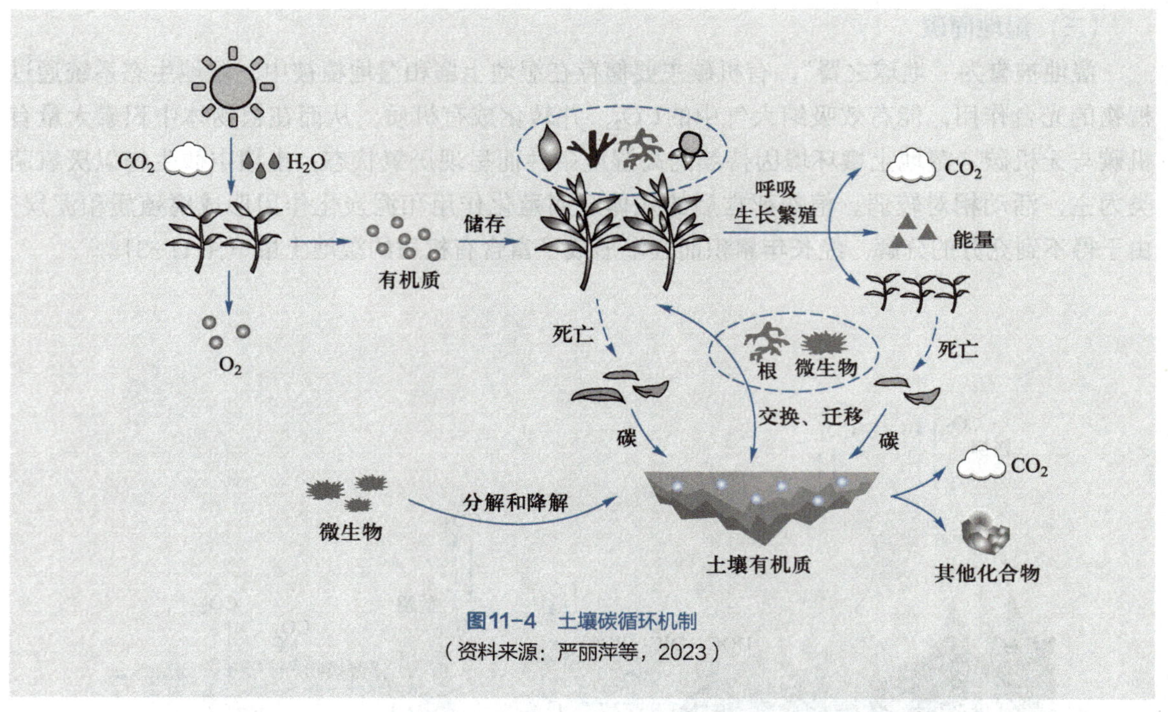

图11-4 土壤碳循环机制
（资料来源：严丽萍等，2023）

一般而言，SOC转化可分为有机碳释放（CRL）和有机碳固定（CSE）两个过程，其中CSE占比较大，直接或间接影响全球气候变化。

土壤固碳的作用主要有两个方面：① 通过增加土壤的碳储量，可减少土壤温室气体的排放；② 增加土壤的碳储量可以改善土壤的结构和肥力，提高农作物的产量和品质。因此，土壤固碳不但是缓解气候变化的有效措施之一，而且是实现作物产能提升和保障粮食安全的重要措施。

（五）海洋固碳

海洋的固碳方式主要包括海洋物理固碳、深海封储固碳、海洋生物固碳等。海洋物理固碳指通过海洋“物理泵”的作用，使海水中的CO_2-碳酸盐体系向深海扩散和传递，最终形成碳酸钙，沉积于海底，形成钙质软泥，从而起固碳作用（图11-5）。海水温度的变化会影响海水中CO_2的溶解度，CO_2的溶解度随温度的升高而降低。因此，冬春季海水低温期是吸收CO_2的“碳汇期”。碳在海流的作用下不断被带入深海，在深海长期储存，达到固碳的效果。

深海封储固碳是另一种固碳的有效方法。在深海，CO_2会与水形成一种水化物，外面形成一层固态的外壳，这层外壳限制了CO_2与海水的接触；当海水深度大于3 000 m时，液态CO_2表面能形成稳定的水化物外壳，这种方式储藏的气体将足以应对最严重的地震或其他地球剧变，能够保证几千年“安全无逃逸”。有专家预计，隔离在深海海底的液态CO_2可以稳定隔离2 000年以上，因此将CO_2注入深海是未来最理想的储藏方法。

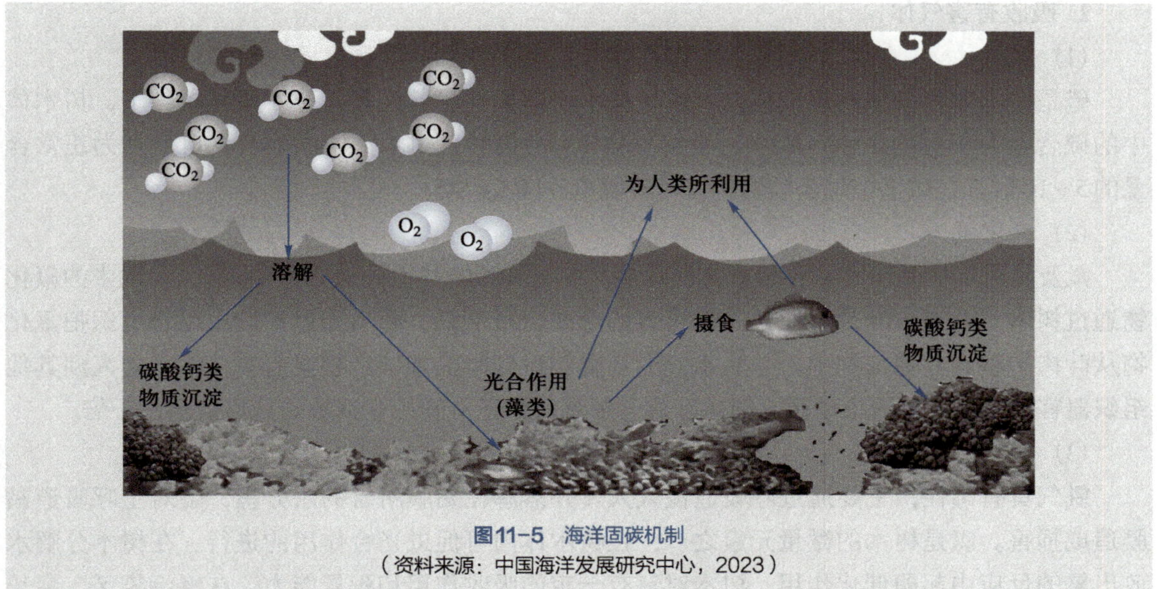

图11-5 海洋固碳机制

（资料来源：中国海洋发展研究中心，2023）

海洋生物固碳指由海洋生物进行有机碳生产、消费、传递、沉降、分解、沉积等系列过程，从而实现“碳转移”。海洋中的藻类、珊瑚礁、贝类等都有很强的固碳能力。例如，地球上的光合作用90%是由海洋藻类完成的。海藻能够有效地利用太阳能，通过光合作用固定CO_2，将无机碳溶解并转化为有机碳，且在其初级生产过程中，需从海水中吸收溶解的营养盐（如硝酸盐、磷酸盐），从而使表层水的碱度升高，进一步降低水体中CO_2的分压。以上两个过程促使海洋与空气界面两侧的CO_2分压差增加，促进大气CO_2向海水中扩散，从而使海水吸收更多的CO_2。

三、生态建设的减污降碳协同效应

（一）森林植被对大气污染物的净化作用

森林植被在生长发育过程中，通过吸收、吸附阻滞等形式净化大气中的污染物，产生诸多有利于人类生存的效应。

1. 吸收CO_2、释放O_2

森林植被分布广，体积大，通过光合作用可吸收大气中的CO_2同时释放O_2，从而调节大气中的CO_2浓度。通常，大城市空气中的CO_2浓度可达0.05%~0.07%，局部地区甚至可达到0.20%。CO_2虽是无毒气体，但在空气中的浓度达到0.05%时，人的呼吸会感到不适，当含量达到0.20%以上时，对人体就有害了。森林不仅是CO_2的消耗者，而且是O_2的天然加工厂。森林有很大的叶面积，吸收CO_2的能力很强。叶片要形成1 kg的葡萄糖就必须吸收250万L空气所含的CO_2，例如，1 hm^2的落叶松每年释放16 t O_2，常绿针阔林每年释放20~35 t O_2。

2. 吸收有害气体

（1）SO_2

硫是树木体氨基酸的组成成分，也是树木所需要的营养元素之一。正常条件下，树木体中的硫含量为干重的0.1%~0.3%。当空气被SO_2污染时，树木体内的硫含量可增加为正常含量的5~10倍。在城市中每公顷森林每年吸收30~60 kg SO_2。

（2）氟化氢

氟及其化合物是一种毒性较大的污染物，它比SO_2的毒性要大10~100倍。大气中的氟化物通过树木气孔进入叶片组织，并以可溶的形式保留下来，随后通过扩散由维管组织把氟化物从叶肉转移到其他细胞中，并随水分的蒸腾转运到叶尖或叶缘积累起来，很少转入到其他组织器官中去。在氟污染地区，树木叶片含氟量可为正常叶片含氟量的几百倍至几千倍。

（3）氯气

氯气具有毒性，主要通过呼吸道侵入人体并溶解在黏膜所含的水分里，会对上呼吸道黏膜造成损害。氯是树木的微量元素之一，在树木体内可促进光合作用的进行。在树木分解水放出氧的反应中起酶催化作用。树木对氯有一定的吸收作用和积累能力。在氯污染区，生长的树木叶片含氯量比清洁区高10倍至几百倍。

（4）氨气

氨气是一种有害气体，低浓度的氨气不但不伤害植物，而且可被植物吸收作为氮素营养，有利于植物生长。

3. 吸收放射性物质

树木不但可以阻隔放射性物质和辐射的传播，而且可以起过滤和吸收作用。在有辐射污染的厂矿或带有放射性物质的科研基地周围，设置一定结构的绿化防护林带，选择一些抗辐射性强的树种，在一定程度上可防御和减少放射污染对人体的危害。

4. 吸滞烟尘

森林和树木的枝叶茂密，因此可以阻挡气流和降低风速，随着风速的降低，烟尘在大气中失去移动的动力而降落。森林植物叶子表面不平、绒毛多、分泌黏性物质，能吸附大量尘埃。吸附烟尘的树叶被雨水淋洗后又重新起吸尘的作用。

5. 杀菌功能

树木具有杀菌作用。一些树木的叶、花、果、皮等产生一种挥发性物质，称为“杀菌素”，这种“杀菌素”能杀死伤寒杆菌、副伤寒病原菌、志贺菌属、链球菌、葡萄球菌等。由于森林的杀菌能力，在有森林的地方与无林木的地方，其空气中的含菌量差别非常大。森林内与闹市区的空气含菌量相差几万倍。

（二）植被对水体污染物的净化作用

传统的水污染控制，主要通过污水处理厂对污水进行集中处理，这种方式会促使大量细菌繁殖，不利于生态平衡。为促进生态循环，可以基于生态系统能循环利用资源的优势，通过建设生态工程，进一步提高生态系统的自我修复功能，强化自然生态对水体的处理能力。

1. **生态浮岛**

生态浮岛，又称人工浮床、生态浮床等。它是人工浮岛的一种，针对富营养化的水质，利用生态工学原理，降解水中的COD、氮和磷。它以水生植物为主体，运用无土栽培技术原理，通常以高分子材料等为载体和基质，采取植物在水面移栽的方式达到治理污水的效果。该技术能有效清除污水当中的杂质，降低水污染控制的成本，并且具有美化环境的效果，能给人们带来良好视觉体验（图11–6）。

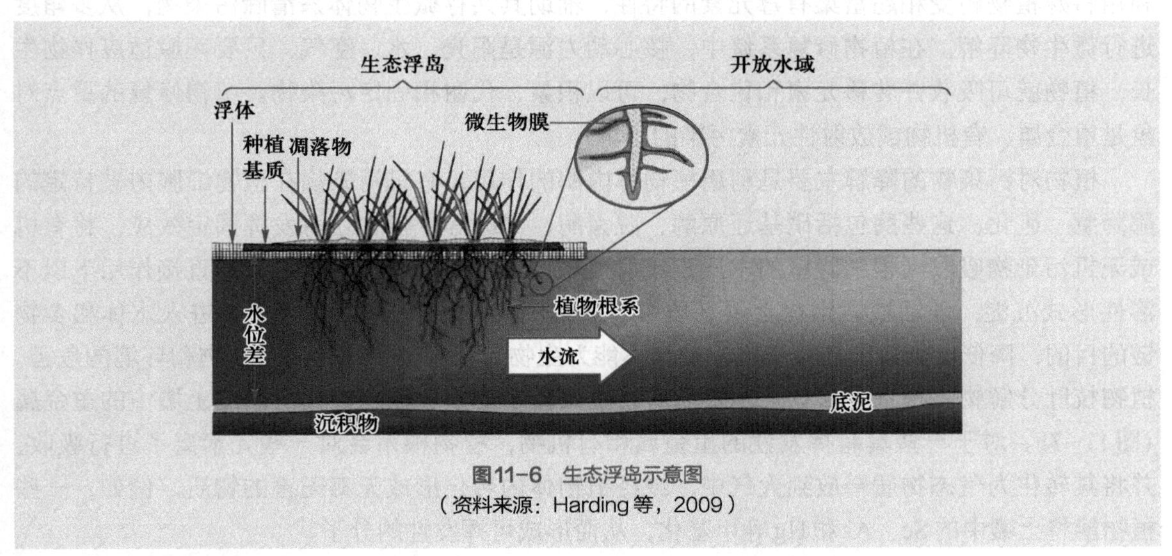

图11–6　生态浮岛示意图
（资料来源：Harding等，2009）

2. **土地处理系统**

土地处理系统又称土地灌溉系统和草地灌溉系统，是在人工控制的条件下，将污水投配在土地上，通过土壤–植物系统，进行一系列物理、化学、物理化学和生物化学的净化过程，使污水得到净化的一种污水处理工艺。污水的土地处理，既经济有效地净化了污水，又充分利用了污水中的营养物质和水，强化农作物、牧草和林木的生产，促进水产和畜产的发展，是一种典型的环境生态工程。

土地处理系统属于常年性污水处理工程，常用于中小城市污水二级污水处理之后代替高级处理。由污水的沉淀预处理、贮水塘湖、灌溉系统、地下排水等系统组成。处理方式一般为污水灌溉（通过喷洒或自流将污水排放到土地上以促进植物的生长）、渗滤（将污水排放到粗砂、土壤和砂壤土土地上进行渗滤处理并补充地下水）和地表漫流。

3. **绿化植物**

绿化植物对水体有一定的修复能力。当大量的氮、磷进入水体后，就会引起水体的富营养化，而种植于水系旁的植物，可以通过强大的根系吸收污水中的氮、磷等营养物质，供自体生长，并将水中的一些无机氮吸收合成蛋白质变为有机氮，再进行转移，从而将这些营养物质移出水体，以此来达到净化水质的目的。此外，水体中的一些无机氮，也是一些植物所需的营养物质，植物将污水中的无机氮吸收，然后转化成自体的一些有机成分。

（三）植被对土壤污染的净化作用

土壤植物修复是根据植物可耐受或超积累某些特定化合物的特性，利用绿色植物及其共生微生物对土壤中的有机或无机污染物进行提取、转移、吸收、分解、转化或固定，从而达到移除、削减或稳定土壤污染物，或降低污染物毒性等目的。土壤植物修复的核心是植物，利用特殊植物耐受和超富集有毒元素的特性，辅助其共存微生物体系清除污染物，从多角度进行微生物降解。在植物修复系统中，核心动力源是阳光、水、空气，只要环境适应作物生长，植物就可吸收并转移元素和化合物，可以积累、代谢和固定污染物。植物修复的重点对象是重金属、有机物或放射性元素污染的土壤。

植物对污染物的降解主要是利用植物体内酶的作用，有机污染物在植物细胞内被特定的酶降解、矿化，这些酶包括硝基还原酶、脱卤酶、漆酶等。植物还可发挥固定效应，将有机或无机污染物吸收到根细胞壁的木质素或腐殖质中，重金属在根系分泌物的直接作用下以不溶性形式沉淀，随后被固定在土壤基质中，达到钝化/稳定、隔断、阻止其进入水体和食物链的目的，降低污染物的迁移特性，使其不能为生物所利用，以减少其对生物和环境的危害。植物枝叶分解物、根系分泌物及腐殖质对重金属离子的螯合作用等都可固定土壤中的重金属（图11-7）。对于一些具有挥发性的重金属和有机物，植物根系会对一些元素离子进行吸收，并将其转化为气态物质释放到大气中，或经植物体内转化形成无毒无害的物质。例如，一些植物能将土壤中的Se、As和Hg等甲基化，从而形成可挥发性的分子。

植物提取主要是依据根系对污染物的吸收，使污染物在地上部分进行转运和累积。最后以收割和利用的方式使土壤中的污染物被去除。对于该种方法，筛选适宜特定污染物的耐受

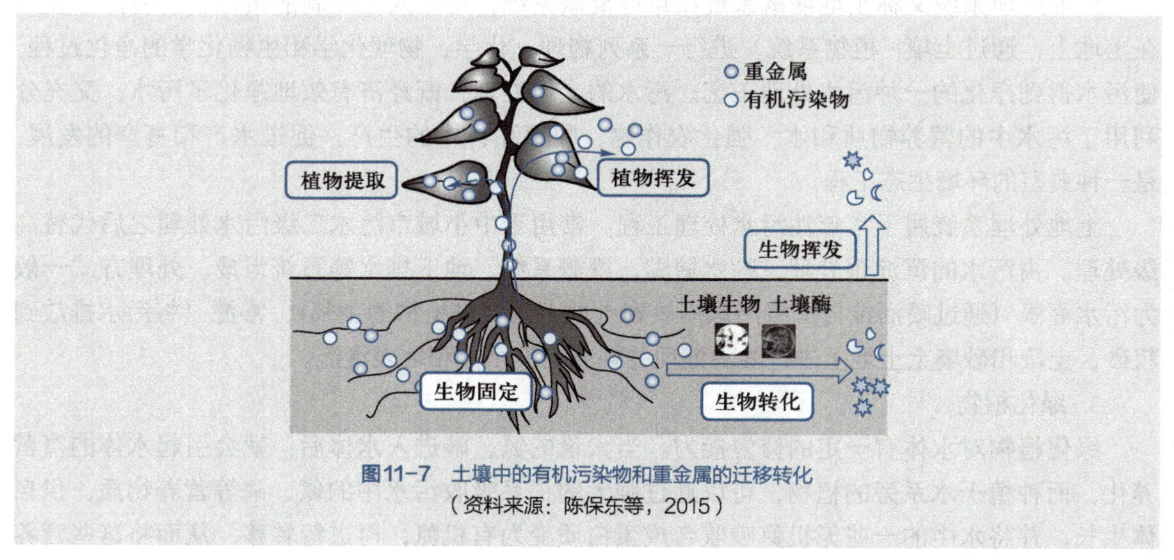

图11-7 土壤中的有机污染物和重金属的迁移转化
（资料来源：陈保东等，2015）

植物、富集植物非常关键。随着植物根系逐步发育，生长根系会进一步促进根际微生物的繁殖发育，这些微生物以土壤中的污染物和根系分泌物作为碳源，对土壤中有机污染物进行降解。根系微生物群落也因根系分泌物和污染物的不同而在空间分布上具有显著差异。

（四）生态建设的减污降碳协同效应

生态建设中的自然保护区、生态修复和植树造林与绿化，涉及森林植被和土壤系统储碳降碳的作用和净化环境污染物的功能，能够达到减污降碳的协同效应。

加快推进生态保护和修复重大生态建设工程。统筹考虑生态系统的完整性、地理单元的连续性和经济社会发展的可持续性，优化国土空间布局，实现生态系统固碳效能的最大化。例如，森林作为陆地生态系统的主体，是系统中最大的碳库，采取有效的措施，保护好现有的森林，减少毁林（包括减少火灾、病虫害等导致的植被死亡和森林退化）就是减少CO_2排放。在陆地生态系统，通过推进天然林资源保护、退耕还林还草、风沙源治理、防护林体系等重点生态工程建设，提升森林、草原、湿地的碳贮存和碳吸收能力。在海洋生态系统，依托海岸带生态保护和修复重大工程，重点保护和修复红树林、海草床等生态系统，增加海洋生态系统的碳贮存和碳吸收能力。

推进大规模国土绿化行动。充分利用坡地、荒地、废弃矿山等国土空间开展绿化，努力增加森林、草原等植被资源总量。坚持数量与质量并重，在增加总量的同时，更加注重质量，实行集约经营、可持续经营，努力提高森林等生态系统的综合效益和整体功能。坚持因地制宜，在适宜人工林培育的地方，积极植树造林，恢复和重建生态系统；在适宜自然恢复的地方，充分借助大自然的力量，恢复林草植被；在需要人工促进自然恢复的地方，采取封山育林、围封禁牧等措施，人工促进自然恢复。生态修复和国土绿化可以将应对气候变化、环境污染物净化减排有机结合起来，提高草原、湿地、绿地碳汇能力，提升生态建设的减污降碳协同效应。

第二节
自然保护区与减污降碳协同增效

一、自然保护区的分类

根据国家标准《自然保护区类型与级别划分原则》（GB/T 14529—93），我国自然保护区分为3大类别，9个类型。第一类是自然生态系统类，包括森林生态系统类型、草原与草甸生态系统类型、荒漠生态系统类型、内陆湿地和水域系统类型、海洋和海岸生态系统类型自然保护区；第二类是野生生物类，包括野生动物类型和野生植物类型自然保护区；第三类是自然遗迹类，包括地质遗迹类型和古生物遗迹类型自然保护区。

（一）自然生态系统类

自然生态系统类自然保护区是指具有一定代表性、典型性和完整性的生物群落和非生物环境共同组成的生态系统作为主要保护对象的一类自然保护区。它保护的是典型地带的生态系统，包括森林生态系统、草原与草甸生态系统、荒漠生态系统、内陆湿地与水域生态系统及海洋和海岸生态系统。例如，广东鼎湖山自然保护区保护对象为亚热带常绿阔叶林；甘肃连古城自然保护区保护对象为沙生植物群落；吉林查干湖自然保护区保护对象为湖泊生态系统。此外，还包括以保护温带山地生态系统及自然景观为主的长白山自然保护区，以保护亚热带生态系统为主的武夷山自然保护区和保护热带自然生态系统的云南西双版纳自然保护区等。

（二）野生生物类

野生生物类自然保护区是指以野生生物物种，尤其是珍稀濒危物种种群及其自然生境为主要保护对象的一类自然保护区。例如，黑龙江扎龙自然保护区保护以丹顶鹤为主的珍贵水禽；福建文昌鱼自然保护区保护对象是文昌鱼；广西上岳自然保护区保护对象是金花茶；四川卧龙和王朗等自然保护区以保护大熊猫为主；四川铁布自然保护区以保护梅花鹿为主等。

（三）自然遗迹类

自然遗迹类自然保护区是指以特殊意义的地质遗迹和古生物遗迹等作为主要保护对象的一类自然保护区。例如，山东的山旺自然保护区保护对象是生物化石产地；湖南张家界森林公园保护对象是砂岩峰林风景区；黑龙江五大连池自然保护区保护对象是火山地质地貌。

二、自然保护区生态系统的碳储量

自然保护区生态系统碳储量的核算对测算各类自然保护地的碳汇潜力，推动生态系统保护，促进社会可持续发展具有重要意义。

（一）碳储量核算步骤

自然生态系统碳汇核算的步骤包括：

① 确定核算边界；

② 收集数据；

③ 核算碳汇或碳源；

④ 不确定性分析。

（二）核算边界

核算边界主要包括核算对象的地理边界、时间区间、碳汇和碳源过程、温室气体种类等。

1. **地理边界**

确定核算的地理范围和土地面积。宜按生态系统（或土地利用）及其变化的类型，对地理范围内的土地进行细分：

① 生态系统分类，执行《生态系统评估 生态系统格局与质量评价方法》（GB/T 42340—2023）的规定；

② 土地利用分类，执行《土地利用现状分类》（GB/T 21010—2017）的规定；

③ 根据核算初期和末期时的生态系统（或土地利用）类型，将生态系统（或土地利用）类型细分为从初期至末期“保持不变的类型”和“转化而来的类型”。

土地利用一级分类共计12个，分别是耕地、园地、林地、草地、商服用地、工矿仓储用地、住宅用地、公共管理与公共服务用地、特殊用地、交通运输用地、水域及水利设施用地、其他土地。商服用地、工矿仓储用地、住宅用地、公共管理与公共服务用地、特殊用地、交通运输用地为建设用地，其固碳潜力可忽略不计；对于耕地、园地、林地、草地、水域及水利设施用地，根据实际情况，可分为耕地生态系统、森林生态系统（包括园地）、草地生态系统、湿地生态系统和近海生态系统。森林生态系统分为乔木林、竹林、灌木林和园地4个生态系统，湿地生态系统分为内陆湿地生态系统和滨海湿地生态系统。自然保护地内生态系统的划分见表11-1。

表11-1 自然保护地内生态系统的划分

生态系统	土地利用类型
农田生态系统	水田、水浇地、旱地、果园、茶园、其他园地
森林生态系统	乔木林地、竹林地、灌木林地、其他林地
草地生态系统	其他草地
城镇生态系统	商服用地、工矿仓储用地、住宅用地、公共管理与公共服务用地、特殊用地、交通运输用地、其他土地等所有二级地类和水域及水利设施用地（仅包括水工建筑用地）
内陆湿地生态系统 （河流生态系统 湖泊坑塘生态系统 内陆滩涂生态系统）	河流水面、沟渠 湖泊水面、水库水面、坑塘水面 内陆滩涂、沼泽地
滨海湿地生态系统	沿海滩涂
近海生态系统	海洋生态系统

2. 时间区间

选择核算的时间范围，以20年为宜，确定核算初期和末期的年份。

3. 碳汇和碳源过程

确定核算边界内的碳汇或碳源过程，主要包括：

① 生态系统（或土地利用）类型及变化；

② 各类碳库的碳储量及其变化，主要包括地上生物质、地下生物质、枯落物、死木、土壤和收获的木质林产品；

③ 可能的碳汇过程，主要包括植物光合作用、采伐收获剩余物的输入、生物炭或有机肥施用、木质林产品调入，以及随径流等其他方式输入到边界内的碳；

④ 可能的碳源过程，主要包括植物呼吸排放、死亡有机质分解排放、动物啃食和人类收获生物质、火烧排放、土壤碳排放、木质林产品调出，以及随径流等其他方式输出到边界外的碳。

4. 温室气体种类

自然保护区生态系统碳汇主要核算CO_2。

（三）数据收集

收集活动数据、排放因子数据及其他与碳汇或碳源过程相关的数据。对所有收集的数据应给出明确的数据来源。

1. 活动数据收集

活动数据包括初级活动数据和次级活动数据。在数据准备过程中宜收集初级活动数据。当初级活动数据收集无法实现时，可选择收集次级活动数据。

2. 排放因子选取

在获取排放因子时，应考虑如下因素：① 来源明确，经主管部门认可或具有行业公信力；② 适用性；③ 时效性。

（四）计算公式

选择采用库差别法、损益法或质量平衡法等进行陆地生态系统碳汇核算。在一定的时间序列上，宜采取统一的方法和措施，保证核算结果的可比性。

1. 库差别法

通过调查、统计等方式，获得核算边界内的生态系统（或土地利用）及其变化类型、面积、植被、土壤等活动数据，结合排放因子计算边界内的碳储量变化，并转换为二氧化碳当量：

$$Sink_{\mathrm{LAND},t}=\frac{44}{12}\times\sum_{i}\sum_{p}\left(\frac{CS_{\mathrm{LUC}i,p,t_2}-CS_{\mathrm{LUC}i,p,t_1}}{T}\right) \tag{11-1}$$

$$CS_{\mathrm{LUC}i,p,t}=A_{\mathrm{LUC}i,p,t}\times EF_{\mathrm{LUC}i,p,t}$$

式中：$Sink_{LAND,t}$——第t年核算边界内陆地生态系统的碳汇量，结果为负值则表示碳排放量，单位为吨（二氧化碳当量）/年 $[t(CO_2-eq)/a]$；

CS_{LUCi,p,t_1}——核算初期（第t_1年）边界内生态系统（或土地利用）及其变化类型 i 中碳库 p 的碳储量，单位为吨碳（tC）；

CS_{LUCi,p,t_2}——核算末期（第t_2年）边界内生态系统（或土地利用）及其变化类型i中碳库p的碳储量，单位为吨碳（tC）；

$A_{LUCi,p,t}$——第t年核算边界内生态系统（或土地利用）及其变化类型i中碳库p的活动数据，其功能单位与活动数据类型有关，例如，面积单位为公顷（hm^2）、体积单位为立方米（m^3）、质量单位为吨（t）；

$EF_{LUCi,p,t}$——第t年核算边界内生态系统（或土地利用）及其变化类型i中碳库p的排放因子，单位为吨碳/活动数据单位；

i——生态系统（或土地利用）及其变化类型，量纲为1；

p——碳库类型，量纲为1；

T——核算的时间区间；

$T=t_2-t_1$，单位为年（a）；

t——核算年，$t_1 \leqslant t \leqslant t_2$，单位为年（a）；

44/12——将碳转换为CO_2当量的常数。

2. 损益法

基于生态系统碳收支过程，利用活动数据和排放因子分别计算边界内的碳输入量与碳输出量，并计算二者的差值。

$$Sink_{LAND,t}=\sum_m C_{GAIN,m,t}-\sum_n C_{LOSS,n,t} \tag{11-2}$$

$$C_{GAIN,m,t}=A_{GAIN,m,t}\times EF_{GAIN,m,t}$$

$$C_{LOSS,n,t}=A_{LOSS,n,t}\times EF_{LOSS,n,t}$$

式中：$Sink_{LAND,t}$——第t年核算边界内陆地生态系统的碳汇量，结果为负值则表示碳排放量，单位为吨（二氧化碳当量）/年 $[t(CO_2-eq)/a]$；

$C_{GAIN,m,t}$——第t年核算边界内通过途径m输入的碳增加量，单位为吨（二氧化碳当量）/年 $[t(CO_2-eq)/a]$；

$C_{LOSS,n,t}$——第t年核算边界内通过途径n输出的碳损失量，单位为吨（二氧化碳当量）/年 $[t(CO_2-eq)/a]$；

$A_{GAIN,m,t}$——第t年核算边界内碳输入途径m的活动数据，其功能单位与活动数据类型有关，例如，面积单位为公顷（hm^2）、体积单位为立方米（m^3）、质量单位为吨（t）；

$A_{LOSS,n,t}$——第t年核算边界内碳输出途径n的活动数据，其功能单位与活动数据类型有关，例如，面积单位为公顷（hm^2）、体积单位为立方米（m^3）、质量单位为吨（t）；

$EF_{GAIN,m,t}$——第 t 年核算边界内碳输入途径 m 的排放因子，单位为吨（二氧化碳当量）/活动数据单位；

$EF_{LOSS,n,t}$——第 t 年核算边界内碳输出途径 n 的排放因子，单位为吨（二氧化碳当量）/活动数据单位；

m——核算边界内碳的输入途径；

n——核算边界内碳的输出途径；

t——核算年，单位为年（a）。

3. 质量平衡法

基于质量平衡原理，利用活动数据和排放因子分别计算边界内的人为碳排放量、大气碳增加量、海洋碳汇和其他过程的碳清除量，间接得到核算边界内的陆地生态系统碳汇量或碳清除量：

$$Sink_{LAND,t} = Emission_{FOS,t} - Sink_{ATM,t} - Sink_{OCEAN,t} - Sink_{CCUS,t} \tag{11-3}$$

式中：$Sink_{LAND,t}$——第 t 年核算边界内陆地生态系统的碳汇量，结果为负值则表示碳排放量，单位为吨（二氧化碳当量）/年 [$t(CO_2-eq)/a$]；

$Emission_{FOS,t}$——第 t 年核算边界内的人为二氧化碳排放量，主要是化石燃料的燃烧等活动，单位为吨（二氧化碳当量）/年 [$t(CO_2-eq)/a$]；

$Sink_{ATM,t}$——第 t 年核算边界内的大气二氧化碳增加量，单位为吨（二氧化碳当量）/年 [$t(CO_2-eq)/a$]；

$Sink_{OCEAN,t}$——第 t 年核算边界内的海洋碳汇量，单位为吨（二氧化碳当量）/年 [$t(CO_2-eq)/a$]；

$Sink_{CCUS,t}$——第 t 年核算边界内其他过程的碳清除量，主要是碳捕集、碳利用与碳封存等活动，单位为吨（二氧化碳当量）/年 [$t(CO_2-eq)/a$]；

t——核算年，单位为年（a）。

（五）不确定性分析

执行《造林项目碳汇计量监测指南》（LY/T 2253—2014）的规定。不确定性分析宜考虑但不限于如下因素：① 核算对象和边界内预先确定的问题；② 数据来源及数据质量；③ 核算方法；④ 专家判断和经验。

（六）数据质量要求

陆地生态系统碳汇核算的数据应进行文件和数据记录并存档，加强数据质量管理，包括但不限于：① 建立核算规章制度，包括负责机构和人员、工作流程和内容、工作周期和时间节点等；② 建立健全数据记录管理体系，包括数据来源、数据获取时间及相关责任人等信息的记录管理。

（七）核算报告内容

陆地生态系统碳汇核算报告应包括的基本内容有：① 核算对象的基本信息；② 核算边界；③ 核算方法；④ 数据情况；⑤ 核算结果与不确定性；⑥ 为了降低不确定性而采取的必要措施。

三、自然保护区减污降碳措施

（一）森林生态系统

通过大规模退耕还林、植树造林和封山育林活动，持续增加森林面积和蓄积量，促进CO_2的吸收和储存。退耕还林地指对水土流失严重和产量低而不稳的坡耕地和沙化耕地，有计划、有步骤地停止耕种，按照适地适树的原则，因地制宜地植树造林，恢复森林植被。植树造林是新造或更新森林的生产活动，它是培育森林的一个基本环节，基本措施有：适地适树，细致整地，良种壮苗，适当密植，抚育保护等。封山育林是培育森林资源的一种重要营林方式，具有用工少、成本低、见效快、效益高等特点，对加快绿化速度，扩大森林面积，提高森林质量，促进社会经济发展发挥重要作用。通过封山育林形成的林分植被种类增多，生物多样性增加，涵养水源、保持水土的能力增强，森林病虫害减轻，林分质量提高。

自然保护区国土空间中宜林土地的有限性决定了增加森林面积的受限性，因此通过森林经营抚育、优化林地结构、提高森林质量，也是增加森林碳汇的途径。具体可以通过实施森林质量精准提升工程，科学编制森林经营方案，规范开展森林经营活动等方式实现。① 选择高固碳效率的造林树种，可以增强森林的固碳能力。通常，乔木林地和竹林地的固碳能力强于灌木林地和疏林地。例如，竹林是世界公认的生长最快的植物之一，具有爆发式可再生生长特性，蕴含巨大的固碳潜能。改善林分结构，将纯林改造为合理的混交林结构，可以调节林内小气候和生境条件，改善土壤结构和理化性质，提高林分总生物量，从而提升森林群落单位面积碳储存量。② 科学管理措施，如施肥、采伐剩余物管理、造林密度调整、轮伐期与采伐方式调整等，能提高森林生态系统碳的储量和固碳效果。③ 气候变暖及大气CO_2浓度增加等外在因素也会提高森林生产力，从而增加森林的固碳能力。

严格保护自然生态空间，加强国土空间用途管控，开展自然保护地整合优化，确保林地保有量不减少，有效保护森林生态系统的原真性、完整性、生物多样性和碳汇功能。严格保护和合理利用森林资源，加强各类灾害防治，加强森林采伐管理，禁止违法毁林，减少因不合理土地利用和土地破坏等活动导致的碳排放。

（二）草地生态系统

草地生态系统是全世界仅次于森林的陆地碳汇，草地碳汇功能的维持和提升有赖于有效合理的管护，退耕还草、围栏封育、补播和人工草地建植等措施是提高草地生态系统碳储量的主要途径。

退耕还林还草是为防治水土流失，对坡耕地实施停止耕种，改为种草，恢复植被，控制水土流失的治理模式。

围栏封育是通过一定的人为干预，消除牲畜的采食、践踏及粪便等外界干扰，给退化草原植被得以休养生息的机会，为植物生长、发育和繁殖提供了有利条件，使草原生态系统在自身更新能力下进行恢复，促进生态系统演替，增加系统稳定性。通过在未破坏或破坏不严重的原有植被上增加优良牧草种类，增加草地的覆盖面积并提高土壤质量。而对于极度退化的草地，人工草地建植可以有效解决超载过牧、鼠害成灾等问题，有利于草地植被恢复重建和固碳能力提升。

（三）农田生态系统

农田生态系统既是碳源也是重要的碳汇，人类农业经济活动如化肥投入、农机农具的应用、农田灌溉等能够产生碳排放，而农作物同属植物，能与其他绿色植物一样吸收大气中的CO_2。要增强农田生态系统的碳汇功能，一方面要提高农作物生产力，增加碳的吸收量，另一方面要降低农田土壤碳排放量。因此目前可行的农田生态系统碳增汇措施多集中在改变耕作方式、秸秆还田等方面，用来减少土壤碳排放量。

开展耕作制度变革及耕地质量提升行动，保护性耕作如少耕、免耕措施既可以降低土壤有机碳的侵蚀，又可以延长土壤中稻杆等有机质的循环周期，降低农业温室气体的排放。保护性耕作措施对表层土壤具有固碳效应，对深层土壤有机碳含量影响较小，而轮耕模式深耕－条旋耕－旋耕处理能够显著提高0～40 cm土层土壤有机碳储量。

推广有机农业。有机农业采用自然肥料和无化学农药的种植方法，可以增加土壤有机质含量，从而提高碳储存能力。化肥与有机肥配施可以增加作物产量从而增加土壤有机碳输入达到固碳效果，同时降低土壤总呼吸的碳排放。利用农作物秸秆制作生物质炭已成为减少CH_4、N_2O等温室气体排放，提升土壤肥力和结构质量的新兴技术手段。

加强土壤保护，促进土壤中有机质储存。合理利用和管理土壤资源，使土壤的生产投入与输出相平衡，使土壤生产力与承受力相适应，使土壤肥力、土壤生产力及环境景观都得到改善。采用土地保护措施，如避免过度耕作、合理施肥和植树造林等，合理使用高效低毒低残留农药，减少对土壤的污染，施用化学改良剂，采取生物改良措施，修复受污染的土壤，提升土壤有机质含量，提高土壤固碳能力。

（四）湿地生态系统

湿地是自然界最富有生物多样性和生态功能最高的生态系统，其巨大的碳储存能力使其在减缓全球气候变化中占有重要地位，保护湿地可以促进湿地植物吸收和储存大量的碳。湿地碳存储量及固碳能力因气温、湿地类型、植物群落结构和淹水状况等环境因子的不同而存在差异（图11－8）。

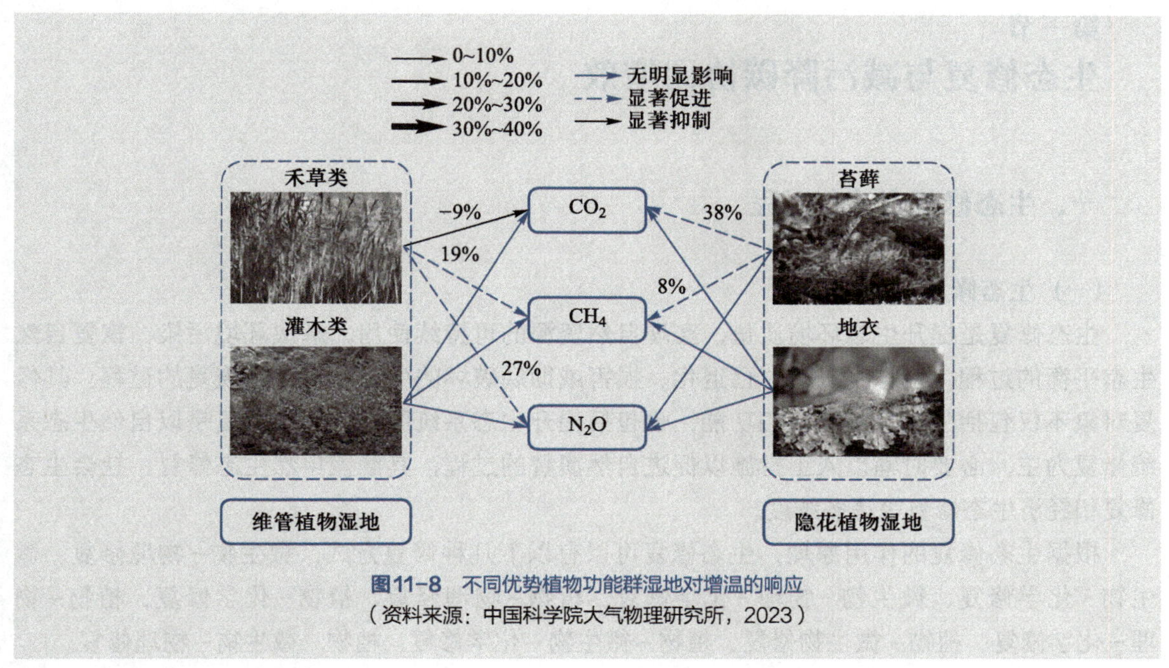

图11-8 不同优势植物功能群湿地对增温的响应
（资料来源：中国科学院大气物理研究所，2023）

湿地生态系统固碳措施可分为非操纵性措施和可操纵性措施。非操纵性措施主要指增加湿地空间范围，包括严守湿地保护红线、退岸还湿、退耕还湿等，通过恢复扩大湿地面积、修复湿地水文循环，改善湿地水体对碳元素的吸收与转化。可操纵性措施主要指改变影响湿地固碳的组成要素，如管理湿地水位，通过人工干预达到最佳水位，促进植物光合固碳、减弱土壤呼吸作用和控制湿地CH_4排放等，进而达到固碳增汇效果。植物生物量是湿地碳积累的重要来源，选用芦苇、菖蒲、睡莲等具有高固碳能力的湿地植被是提升碳汇的有效措施，调控外源营养盐输入也可在一定程度上提升植被固碳能力，尤其是氮元素和磷元素。

（五）清洁能源

清洁能源是不排放污染物、能够直接用于生产生活的能源，包括核能和可再生能源。可再生能源是原材料可以再生的能源，如水力发电、风力发电、太阳能、生物质能（沼气）、地热能（包括地源和水源）、海潮能等。可再生能源不存在能源耗竭的可能，其利用过程不排放CO_2，对环境更为友好。目前，可再生能源存在能量密度低、时空分布不均衡、不稳定、成本较高等缺点，成为其规模化应用的瓶颈。

在自然保护区减少对化石燃料的依赖，大力推广太阳能、风能和生物质能等可再生能源。例如，利用太阳能、风能储能等措施，解决照明系统、交通指示系统的能源问题；在风景名胜区推广使用新能源汽车解决当地的游客交通问题，可以减少碳排放，从而减缓气候变化，间接增加碳储存量。

第三节
生态修复与减污降碳协同增效

一、生态修复方式与工程

（一）生态修复方式

生态修复是提升生态环境质量，实现自然资源的可持续使用，解决环境污染、恢复自然生态平衡的过程，生态修复是对已退化、损害或彻底破坏的生态系统进行恢复的过程，其修复对象不仅包括生态系统结构和功能，也包括提升生态系统服务。生态修复是以自然生态系统修复为主，必要时辅以人工措施以促进自然演替的过程，其涵盖自然生态修复、社会生态修复和经济生态修复等诸多维度。

根据生态修复的作用原理，生态修复可以有以下几种修复方式：微生物－物理修复、微生物－化学修复、微生物－物理－化学修复、植物－物理修复、植物－化学修复、植物－物理－化学修复、植物－微生物修复、植物－微生物－化学修复、植物－微生物－物理修复。

生物修复是生态修复的基础，是生物特别是微生物催化降解有机污染物，从而修复被污染环境或消除环境中的污染物的一个受控或自发进行的过程。生物修复的成功与否主要取决于微生物活性、污染物特性和环境状况三个方面。

物理与化学修复是生态修复的构成要素，指充分利用光、温、水、气、热、土等环境要素，根据污染物的理化性质，通过机械分离、蒸发、电解、磁化、冰冻、加热、凝固、氧化－还原、吸附－解吸、沉淀－溶解等物理和化学反应，使环境中污染物被清除或转化为无害物质。通常为了节省环境治理的成本，物理修复或化学修复往往作为生物修复的前处理阶段。

植物修复是生态修复的基本形式，在污染环境治理中，从形式上来看，似乎主要是植物在起作用，但实际上在植物修复过程中往往是植物、根系分泌物、根际圈微生物、根际圈土壤物理和化学因素（这些因素可以部分人为调控）等在共同起作用。总的来看，植物修复几乎包括了生态修复的所有机制，是生态修复的基本形式。

以生物修复为基础，强调生态学原理在退化生态系统中的应用，针对某一生态环境修复过程中所使用的相匹配的一种或几种生态修复技术而形成的模式，即为生态修复模式。按所使用技术类型又可分为物理－生物修复、化学－生物修复、微生物－植物修复等修复模式。目前主要有河流水系生态修复模式、湿地生态修复模式、海岸固岸修复模式、滑坡泥石流生态修复模式等。

（二）生态修复工程

生态修复工程主要包括土地综合整治、海洋生态修复、矿山生态修复、山水林田湖草一体化保护修复、生物多样性保护、城镇人居环境提升等。生态修复工程能够提高国土空间绿化美化水平，提升生态系统碳汇能力。

1. 土地综合整治

土地利用变化是影响碳排放的重要因素。一般原则是在严控村庄建设用地规模的前提下，通过村庄用地的节约集约，实现村庄布局的合理与节能，全面降低村庄范围内的碳排放。基于建设用地的腾挪与转化促进低效工业用地和城镇低效用地的腾挪并促进产业项目的落地，提高城镇范围内的固碳水平。以浙江省为例，经过多年的土地综合整治，通过农田整治增加耕地数量与质量，增加生态碳汇，稳定农田生态系统固碳能力。

2. 海洋生态修复

海洋具有捕获和储存大量的碳并将其永久埋藏在海洋沉积物中的能力，海洋生物也具有较好的固碳能力。海洋生态修复主要针对沿海地区，开展“蓝色海湾”、红树林保护、海洋生物资源养护等工程建设，系统性地对海草床、红树林、盐沼等海岸带生态系统进行保护与修复，不断增强海洋生态系统稳定性，以稳固海洋生物的固碳能力。

3. 矿山生态修复

矿产资源开发对区域内的碳源生态也会产生一定影响，废弃矿山的存在会改变区域土地利用结构，也会对区域内生态环境造成损害。需要通过对矿山自然环境、生态环境、社会经济环境等进行调查，制定矿山企业在建设、开发、闭坑各阶段的矿山生态保护修复方案，实现矿山“边开采、边修复”，落实矿山企业对矿山生态保护和修复义务，综合提升矿区土壤和植被的弹回功能，构建碳区生态廊道，以实现减碳固碳。

4. 山水林田湖草沙一体化保护修复

生态系统的增汇作用与建设领域的减排均是实现“双碳”目标的重要途径。山水林田湖草沙一体化保护修复一般以流域、山体等完善的生态系统为基础开展修复工程，包含山地、流域、森林、农田、湖泊、草原、海洋、土壤等各类要素。通过系统修复，不断提高项目区范围内森林、海洋、流域等的固碳能力。

5. 生物多样性保护

生物多样性保护是提升生态系统固碳功能的重要手段之一。基于生物多样性提升生态系统的稳定性和韧性，与减少碳排放建立有机的联系。国土空间生态修复规划中应合理安排生物多样性保护工程的实施，提高生物尤其是植物的可持续经营能力，从而提高固碳能力。

6. 城镇人居环境提升

城镇人居环境提升具体包括扩大城镇绿地规模，构建城市公园，增强城镇空间生态功能和提升都市景观品质等方面。在城镇建设中进一步强化生态理念，促进创新技术应用推广。例如，在杭州市城区内五常湿地的修复中，最大限度保留湿地原有生态系统，水域内保留木桩、木渠，减少环境影响与碳排放量。

二、生态修复碳汇核算

（一）生态修复区的生态类型划分方法

自然保护地生态系统根据《土地利用现状分类》（GB/T 21010—2017）的划分方法，土地利用一级分类共计12个。典型的生态修复工程修复土地统计见表11-2。

表11-2 典型的生态修复工程修复土地统计

一级类		二级类		开采破坏面积/hm^2	生态修复工程/hm^2
编码	名称	编码	名称		
1	耕地	13	旱地	0	67.41
3	林地	31	有林地	0	55.56
		32	灌木林地	0	0
4	草地	43	其他草地	54.68	11.54
6	工况仓储用地	62	采矿用地	11.83	0
10	交通运输用地	104	农村道路	9.27	9.27
12	其他土地	127	裸地	73.28	5.30
合计				149.06	149.08

（二）生态修复区碳汇估算

1. 陆地生态系统

根据国家相关技术标准，采用本章第二节的方法对森林、农田、草地、湿地、荒漠等陆地生态系统的碳汇计量、监测和报告。

2. 海洋生态系统

按照国家标准《海洋碳汇核算方法》（HY/T 0349—2022）规定的方法执行。

3. 滨海湿地生态系统

按照国家有关《蓝碳生态系统保护修复项目增汇成效评估技术规程（试行）》规定的方法执行。

4. 土壤有机质碳汇储量

土壤有机质的碳储量根据式（11-2）、式（11-3）进行计算。

$$SOC = 0.58 \times C \times D \times E \times 1 - G \tag{11-4}$$

$$C_{土壤} = SOC \times S_{土壤面积} \tag{11-5}$$

式中：SOC——土壤有机碳密度，kg/m；

$C_{土壤}$——土壤层碳汇储量，t(CO_2-eq)；

C——土壤有机质含量，%，取值0.08；

D——土壤容重，kg/m，取值1.4；

E——土壤厚度，m，取值1.5；

G——直径≥2 mm的石砾所占体积百分比，%，取4；

S——土壤面积，m^2。

5. **城镇生态系统**

（1）城市绿地碳汇计量和监测

城市绿地碳汇计量和监测可借鉴的相关技术标准主要有IPCC关于《土地利用、土地利用变化和林业部门优良做法指南》（GPGLULUCF）、中华人民共和国行业标准《森林生态系统碳储量计量指南》（LY/T 2988— 2018），以及《林业碳汇计量与监测技术规程》（DB44/T 1917—2016）、《林业碳汇计量监测体系建设技术规范》（DB23/T 2475—2019）、《城市森林碳汇调查及数据采集技术规范》（DB31/T 1232—2020）和《城市绿化碳汇计量与监测技术规程》（DB33/T 2416—2021）等地方标准。现有的技术标准可对土地利用变化导致的碳汇变化量、自然林地及城市绿地碳汇进行计量监测。

（2）城市绿地碳汇样地调查方法

① 样地及样方设置：依据《城市绿地分类标准》（CJJ/T 85—2017）将城市绿地分为公园绿地、广场用地、防护绿地、附属绿地和区域绿地，基于5种绿地类型的特点，采用分层随机抽样方法布设样地。考虑城市绿地斑块面积并兼顾城市绿地的特殊性及监测工作可操作性，城市绿地样地面积设置为400 m^2，样地形状可根据绿地形状布设为长方形、正方形或圆形。同时按照典型性抽样方法，结合样地植被种植模式，在各样地内设置4个1 m×1 m的枯落物收集样方、3个2 m×2 m的竹林调查样方。

② 调查与数据采集：根据不同管理模式下的城市绿地碳汇组成，分别对植物碳库、土壤碳库及与碳排放相关的数据进行采集。植物碳库分为乔木、灌木、竹子、草本、枯落物、枯死木，即普测样地内所有乔木数量（胸径大于5 cm的活立木）、灌木数量（包括胸径<5 cm、株高<50 cm的幼树）、枯死木数量、树高及胸径等指标；记录样方内竹子的数量、胸径、竹高等指标；测定样地内的草本盖度、平均高度等指标；收集各样方内的所有枯落物，并记录其鲜重、干重等指标。土壤碳库调查主要通过采集土壤样品测定获得，即在样地内按照“S”形布点，用土壤钻采集土壤样品，装入便携式保温箱，带回实验室烘干处理后进行土壤有机碳含量的测定。碳排放计量数据主要通过施工、养护管理台账、走访调查获得。

（3）城市绿地碳储量和碳排放计量

① 新建绿地的计量方法：新建绿地是在城市建成区、规划建设区，为发挥绿地多重生态效益所新建的绿化项目。碳排放计量过程中，还应包括项目边界内建设期机械整地、吊车、植物材料运输、种植等活动消耗的化石能源产生的CO_2排放；绿地建成后养护管理阶段的灌溉、施肥、病虫害防治和植物补植等活动消耗的化石能源产生的CO_2排放（表11-3）。

表11-3　城市新建绿地项目碳汇监测

监测类型	项目阶段	项目工序	计量内容	计量公式	计量说明
碳储量	—	—	新建绿地项目内所有植物的地上、地下生物量，土壤碳库	$C_{储}=0.8\Delta C_{地上}+\Delta C_{地下}+\Delta C_{土壤}-C_{排}$	与人工管理模式下城市绿地碳储量的计量方法相同
碳排放	绿地建设阶段	改良土壤	机械整地、土方、材料运输等产生的油耗	$C_{排}=(T\times Q_{柴油}\times C_{柴油})$	$C_{排}$（kg）=碳排量；$Q_{柴油}$（L）=每次柴油消耗量；$Q_{汽油}$（L）=每次汽油消耗量；$C_{柴油}$（$kgCO_2/L$）=柴油碳排放因子；$C_{汽油}$（$kgCO_2/L$）=汽油碳排放因子；T=每种管理措施的次数；根据油耗类型（汽油/柴油）、总油耗量（L）、车辆运输里程（km）、不同燃料类型的碳排放因子（EFs）计量各项目工序产生的碳排放
		挖种植穴	挖机等油耗		
		苗木运输	苗木运输等车辆油耗		
		苗木栽植	吊机等油耗		
	建成养护阶段	修剪	树木、绿篱、草坪修剪等产生的机械油耗	$C_{排}=(T\times Q_{汽油}\times C_{汽油}+T\times Q_{柴油}\times C_{柴油})$	
		灌溉	灌溉等产生的机械油耗	$C_{排}=(T\times Q_{柴油}\times C_{柴油})$	
		补植	挖种植穴、苗木种植等过程产生的机械油耗	$C_{排}=(T\times Q_{汽油}\times C_{汽油}+T\times Q_{柴油}\times C_{柴油})$	
		绿色废物处理	绿色废物处理产生的机械油耗	$C_{排}=E(T\times Q_{柴油}\times C_{柴油})$	
		施肥、病虫害防治	肥料、农药运输、撒播等产生的机械油耗	$C_{排}=E(T\times Q_{汽油}\times C_{汽油}+T\times Q_{柴油}\times C_{柴油})$	

② 城市绿地碳汇项目减排量计量方法：城市绿地碳汇项目是在城市建成区、规划建设区内，以增加碳汇为主要目标所实施的绿化项目。在进行城市绿地碳汇项目计量前，需通过地理空间数据确定项目边界并对基准线情景进行识别，即确认在没有实施城市绿化碳汇项目的情况下，识别项目边界内最有可能发生的绿化覆盖状况。若项目实施地为城市建设用地，则基准线碳汇量定为0；若实施地为非建设用地，则非碳汇城市绿地营造的基线碳储量及其变化值可根据绿化植物配置、林龄、郁闭度等影响碳储量的关键因子，计算各碳库的碳储量变化量之和，从而得到基准线碳汇量。项目碳汇量等于项目活动边界内的绿地碳汇量。泄漏排放量是由项目活动本身引起的、发生在项目边界之外的CO_2排放量，主要包括苗木培育、农药、化肥、建设材料等在生产运输过程中产生的碳排放，以及购买的电、热在生产使用过程中导致的碳排放，若材料来自项目内部，则泄漏排放量为0。项目减排量等于项目碳汇量减去基准线碳汇量及泄漏排放量。

三、生态修复的减污降碳协同效应

（一）森林生态系统修复与固碳增汇

森林是陆地生态系统的重要屏障，也是陆地碳汇的主体，主导全球和区域尺度的陆地碳循环。结合森林抚育、森林公园建设等工程，推进珍贵用材树种补植造林和定向育林。对新造林地加强中幼林的抚育和管护，确保造林成效。不断优化林分结构，增加森林树种多样性，采取间伐、补植、套种等措施人工促进森林群落正向演替，形成树种多样、针阔混交、异龄复层的复合型林分，增强森林生态功能。进一步强化森林资源信息化管理，坚持“预防为主、科学治理、依法监管、强化责任”的方针，加强森林防火基础设施建设、森林管护人员素质培训，提升森林火灾、乱砍滥伐、林业虫害管水平，确保森林生态系统安全，严防“碳汇”向“碳源”转变。

（二）草地生态系统修复与生物多样性

草地覆盖地球表面积约40%，是至关重要的全球生物多样性库，同时也为人类提供了广泛的物质利益和包括生态系统服务在内的非物质利益，如水供应和调节碳储存、气候减缓和文化服务等。随着人类活动扩张、土地利用变化、饮食结构偏好变化等因素影响，全球近一半的草地经历了不同程度的退化。草原退化导致直接或间接的生物多样性退化和生态系统服务能力退化（如节水或碳固存），加剧了侵蚀和淋溶造成的养分流失，增加了地表水和地下水污染（图11-9）。可以通过采取将牲畜排除在退化的公共牧场之外等措施，使得植物物种的丰

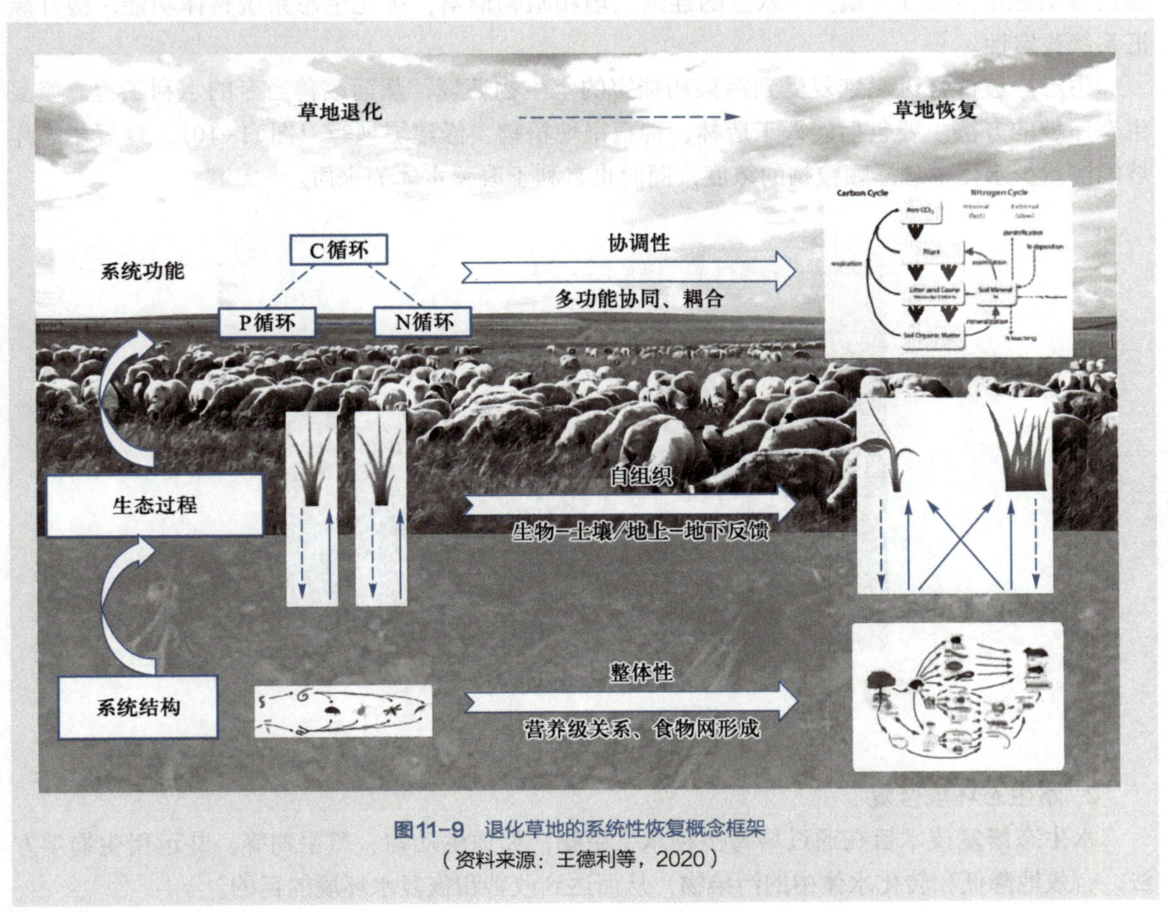

图11-9　退化草地的系统性恢复概念框架

（资料来源：王德利等，2020）

富度、饲料和木材生产及土壤健康得到恢复。另外，还可以在实施土地整治、土壤改良、草原围栏等工程措施的同时，采取人工种草、飞播种草、毒害草治理等生物手段开展超低生态系统修复。

（三）河湖生态系统修复与碳汇系统稳定性

河湖生态系统退化是许多国家和地区共同面临的问题，为使受损的河湖生态系统恢复至健康状态，已实施了各种人工水利工程设施。这些措施虽提升了河流的一些功能，但也导致地貌特征和水文连通状况发生了改变。

1. 岸线生态修复

针对郊野段和中心城区段的不同岸线和不同生态受损程度分别提出不同的修复策略。堤坝式硬质岸线在满足防洪的条件下改造为生态型堤岸，加快沿岸排污口整治，通过丰富沿岸植被、建设路肩生态廊道、设置生态浮床等微观措施提升岸线生态性，中心城区岸线还可增加栈道、补充城市家具提升岸线亲水性。被破坏的自然岸线加快修复生态景观，以现状河道水系和近水林地为基底，通过河岸带缓坡改造、生态浅滩设置、防护林林相改造、人工湿地建设等措施形成陆生－湿生－水生的连续生境和植物群落，强化生态系统整体功能，提升碳汇系统稳定性。

生态岸坡修复可以恢复受到污染和损害的水生物环境，从而改善当今的水利工程。修复生态岸坡的方法主要包括：人工造林、种植湿地植物、修建堤坝等（图11–10）。修复生态岸坡能够减少水体中悬浮颗粒物的浓度，同时也有利于改善水体的水质。

图11–10　生态河堤护岸

2. 水生态环境修复

水生态修复技术旨在通过培育多种水生生物，如原生动物、微生物等，并运用生物学方法，有效地降低和转化水体中的污染物，从而达到改善和恢复水环境的目的。

水生态修复技术的主要类型包括：① 生物处理技术，是一种基于微生物作用原理的技术，它能够有效去除水中的有机物和其他有害物质。其中最常用的是生物滤池法、人工湿地法，两种方法都可以用于去除水中的有机物。② 植物过滤技术，是指将植物作为过滤介质，将其置于水流中，使之吸附水中的杂质。③ 光合作用技术，是一种利用太阳能驱动藻类细胞合成有机物的过程。光合作用技术的优点是可以实现完全的循环利用，不会产生任何废物，同时也可以减少能源的浪费。④ 生物膜技术，是一种利用微生物在其表面形成的薄膜来分离和去除水中污染物的技术。

（四）海洋生态系统修复与减污增汇

海洋面临着水温升高、海平面上升、酸化、脱氧、环流模式改变、风暴严重程度增加及淡水流入量变化、栖息地破坏、过度捕捞和污染等一系列问题，导致海洋关键生态功能群如珊瑚等遭到破坏，生态系统服务、环境和社会经济受到广泛影响。由于海洋生态系统在调节全球气候变化方面的重要作用，健康的海洋生态系统对减缓全球气候变化、保护生物多样性、实现可持续发展目标具有重大意义（图11-11）。目前，全球范围内通过制定相关的法律及政策来规范资源开采，如海上油井或海底采矿和一些包括季节、海洋保护区及其他空间封闭、

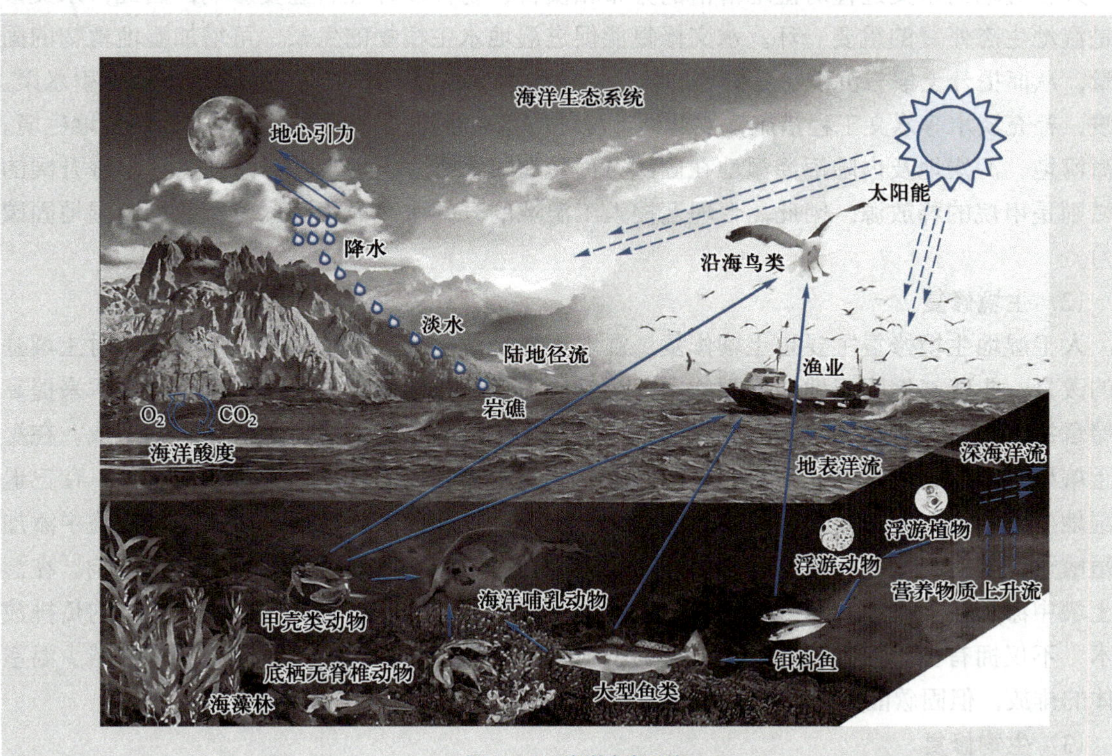

图11-11 海洋生态系统

（资料来源：中国海洋发展研究中心，2022）

捕捞限制的渔业法规。近年来，我国高度重视海洋生态保护修复工作，积极开展“蓝色海湾”整治、海洋生态堤防建设、海草生态修复工程、围填海管控等海洋保护修复工作，有效改善了海洋生态环境。

（五）湿地生态系统修复与增汇

湿地是自然界生物多样性最丰富的生态系统之一。湿地是位于陆地和水域交汇处的生态系统，它为人类提供了重要的功能和服务，如储水和防洪、气候调节、污染退化、旅游和水运。与其他的生态系统相同，湿地生态系统在人类发展的过程中也遭受了不同程度的破坏，湿地正面临面积萎缩、功能减弱和多样性降低等问题。

1. 人工湿地生态修复

湿地生态修复主要包括自然恢复、人工促进生态修复和生态重建。湿地的土地利用方式、生物多样性、环境污染等都会对湿地的碳汇功能产生影响。提升湿地固碳能力的两个方法为：① 减缓湿地的退化，维持湿地的固碳能力；② 通过对湿地进行修复，提升生态系统固碳能力。湿地增汇的技术主要包括水文修复、生境修复、生物修复及水环境修复等。

（1）水文修复

人工湿地的水文过程对湿地群落的分布和演替、物种多样性有重要影响，因此，水文修复是湿地生态修复的重要一环。水文修复能促进湿地水生植物的生长，可增加湿地植物的固碳量，从而提升土壤与沉积物有机碳的含量。湿地水文修复技术主要包括筑坝、修建引水渠、疏浚、补充淡水等水文工程措施，以此调节湿地的水位及增加水文的连通性，改善湿地生境。滨海湿地、泥炭地及内陆沼泽湿地在固碳方面具有巨大潜力，而湖泊、水库、江河等开阔的水域则是甲烷的释放源。因此，合理调控人工湿地的开阔水域面积及水位，能提高湿地固碳能力。

（2）生境修复

人工湿地生境修复主要是土壤修复，湿地土壤是湿地生态系统最重要的碳库，对土壤基质的改良，也能够增强湿地的固碳能力，通过操纵土壤微生物和植被，利用生物技术来提高碳储量被认为是一种潜在的措施，主要包括改变微生物和植物的遗传组成和群落组成。在湿地土壤里添加生物改良剂，如蚯蚓、菌类等，能使土壤的物理化学性质等有所改善，在已退化湿地土壤中加入生物炭、菌剂等能够活化微生物，以此促进提升固碳能力。向土壤中添加腐殖酸可以使有机碳的停留时间延长几百年，研究表明腐殖酸对湿地固碳有显著影响。在湿地土壤中添加生物炭，也是提升固碳能力重要措施之一。生物炭固碳作为一种CO_2的负排放技术，不仅拥有极强的固碳能力，还有利于植物的生长，在湿地生态系统中可有效减少温室气体的排放，但固碳能力的可持续性还有待进一步研究。

（3）生物修复

生物修复技术是人工湿地生态修复技术中最具潜力的增汇技术。植被修复是生物修复的核心内容，修复湿地植物群落能有效提高植物碳储量，并且还能将光合作用的产物由根系向土壤里输出，以及植物残体在土壤中的积累，以此增加土壤碳库。在植被修复的初期，通常植被固碳比土壤固碳能力更加显著，后期植被成熟后，土壤碳库对人工湿地固碳的作用会随之增加。为有效修复湿地和提高固碳能力，应该制订合理的植被修复计划，营造合适的生境、选择合适的物种及合理的种植方式，比如芦苇作为一种大型水生植物，能适应湿地不同的水分和盐分，在湿地中具有高固碳能力，通常被用于恢复滨海和内陆沼泽湿地。

(4) 水环境修复

水环境修复技术是指去除或阻截污染物，以此改善人工湿地的水质，有利于湿地植被修复，同时，人工湿地水质的提升可削弱水体在呼吸过程中对温室气体的释放。对于外源污染物，构建生态缓冲带是常用的污染物阻截方式。通过在缓冲带中土壤的过滤阻截和植物吸收净化等可有效控制人工湿地周边的面源污染。对于内源污染物，一般通过底泥疏浚及植物净化来控制，还可以通过人工浮岛的植物吸收净化人工湿地的内源污染。修复湿地的沉水植物也能削减湿地内源污染物，但一般需要控制住外源污染物、湿地水质改善之后才能实施。

建设人工湿地时，植物配置应以植物的生命周期、生态位互补及植物根际微生物丰富度等为基础将植物混种，丰富的群落结构可提高人工湿地的固碳能力。研究表明混交林能促进碳的积累和保存。应结合场地的需要选择种植引进高固碳型树种，有针对性地调整不同群落的群落因子，如植被的空间层次、物种丰富度、郁闭度等，综合提升群落的固碳效益。老龄树的固碳能力低于幼龄树，灌木的固碳能力比乔木更高。因此，在植物配置时，要科学地搭配幼龄树和老龄树，增加常绿灌木和落叶乔木的占比，同时考虑速生树和慢生树的配置等。目前以高固碳能力为导向的植物设计研究仍具有地区限制，设计方需具备因地制宜的能力。

2. 滨海湿地生态修复

滨海湿地具有独特的水文、土壤和生物特征，滨海湿地生态修复主要针对水文、土壤、生物资源，利用湿地生态系统自我调节能力并结合水文、地形等人工调控手段来进行（图11–12）。

(1) 湿地水文修复

水文过程对湿地的形成、发展、演变直至其消亡都具有直接且显著的影响，其中水文连通对湿地土层的物理和化学性质有很大的影响，是湿地生态过程的主要非生物驱动因素。针对具体的水文环境问题，滨海湿地水文修复可采用微地形改造、堤坝拆除、潮沟修复等措施，例如，通过水文调节、微地貌改造，辽河口滨海湿地成功恢复水文连通性，湿地水域面积增加；黄河三角洲湿地通过修建引水沟渠，适时调整湿地水沙补给量，形成明水面—季节性积水—高地多级水分梯度带，满足不同植被水源需求，湿地生物多样性显著增加，生态功能趋于正常。

(2) 湿地土壤修复

土壤对滨海湿地的形成具有至关重要的作用，它既是滨海湿地的重要组成成分，也是滨海湿地植物及微生物等得以生息繁衍的重要基础。土壤修复是指通过采取相应的物理、化学或生物技术，优化土壤性状。具体方法有淡水引入方式改善土壤pH，降低盐碱度；通过翻耕土壤和微地形改造，改善土壤的保水能力和透气环境；利用土壤改良剂增强土壤肥力等。

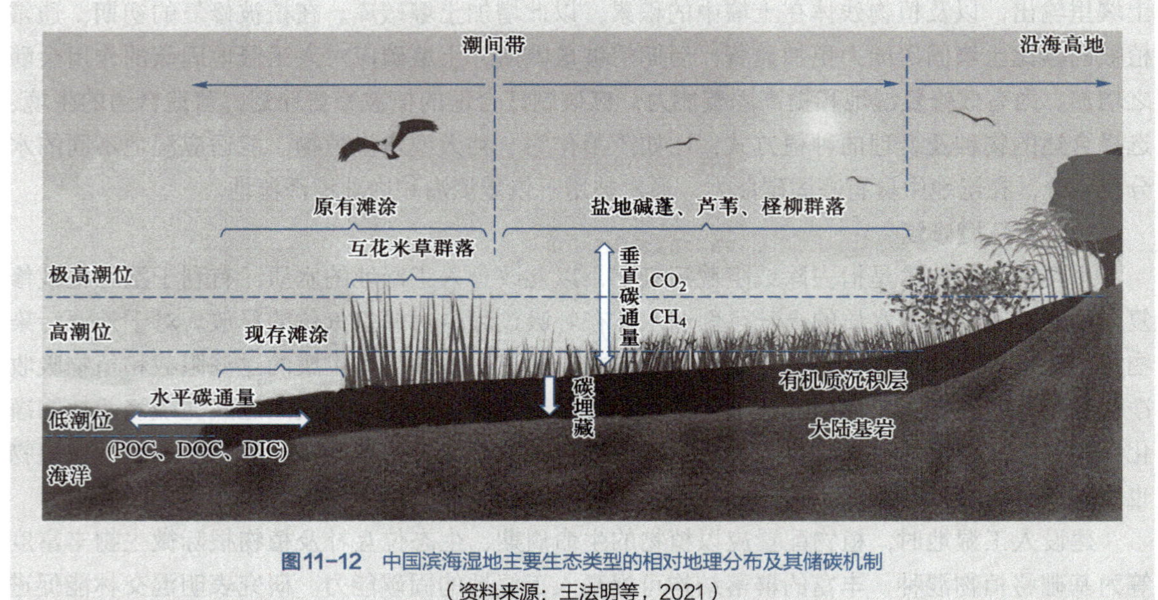

图11-12　中国滨海湿地主要生态类型的相对地理分布及其储碳机制

（资料来源：王法明等，2021）

（3）湿地植被修复

湿地生物是滨海湿地生态系统的重要组成部分，其中湿地植被恢复与重建是最基本的生物保护目标，常见的保护与修复措施有播种、植物物种选育和移栽等。例如，在辽河三角洲、黄河三角洲等区域退化的滨海盐沼湿地，利用上述技术对芦苇、碱蓬等植被进行种子繁育和扩繁，能够有效提高滨海湿地植物的成活率，起到保护滩涂、改良盐碱地、治理环境污染等良好的生态修复效果。

（六）农田生态系统修复与碳减排

农田生态系统不仅是重要的生态碳汇，还是温室气体的重要来源。减少农业温室气体排放，增强农田土壤的固碳能力是实现碳中和的重要途径之一。

1. 多措并举提高农作物产量

以落实基本农田保护为抓手，严格土地用途管制，坚决遏制耕地“非农化”，严格管控“非粮化”。提高土地集约利用效率，整体推进农用地整理与修复，以常熟目前的蔬菜地、部分零散地及低标准的老旧项目区为重点推进高标准农田建设，实现耕地“数量保护”和“质量提升”。此外，培育选用优质高产的农作物新品种，提升农作物碳储量水平。多措并举促进农作物种植面积扩大、产量增加，从而提升农田生态系统的碳吸收量。

2. 推行绿色技术、发展低碳农业、推进水稻种植

采用干湿交替、间歇性灌溉、湿润灌溉等节水灌溉条件，促进气体交换，减少CH_4产生和排放。通过高效、生态的耕作制度来减少农田碳排放，在稻麦两熟区域实行季节性轮作休耕，以生态休耕或轮作养地，同时采取保护性耕作措施，逐步探索建立可持续性、可复制的耕地轮作休耕模式和政策体系。深入推进化肥农药用量“零增长”行动，引导粮食种植大户使用新型环保可降解的农用薄膜，推广高效低毒的病虫害防治技术及农药残留降解技术来减少农用投入品带来的碳排放，促进低碳农业可持续发展。

3. 以农村为重点区域开展植树造林

以政府为主导，鼓励社会多元参与，有序推进造林工程。利用农村作为绿化造林的主战场，对镇、村造林绿化项目符合林业营造林标准的进行验收奖补。结合乡村振兴战略，通过加强四旁绿化、拆违见绿，发展森林村镇旅游、特色林果业、林下综合经济等途径充分挖掘农村造林增绿潜力。有效促进农村造林绿化向规范化、制度化发展，提高农村造林绿化建设成效，进一步提升农业空间固碳增汇能力。

4. 农田土壤修复优化农田生态系统结构

农药化肥过量使用导致耕地质量下降，残留农膜难以降解，影响土壤通透性，也造成土壤多样性减少，破坏农田生态系统的有机平衡。例如，可通过种植蕹菜对重金属中度污染的农田进行植物修复，将土壤污染物富集到植物体内，有效降解土壤有机污染物。还可以在选种阶段选取高产量低重金属积累的品种来降低土壤重金属污染带来的负面影响，例如，通过田间试验遴选出适合的甘蔗品种，以此降低土壤重金属污染影响，完成农田生态系统的修复，促进一些地区重金属中低污染农田的生态、安全利用。

无论是提升固碳能力、减少重金属污染，还是选种合理利用被污染土地，都是单从土壤层面考虑。还应全方位考虑进行生态修复与土地整治工作，因地制宜贯彻好农业资源的可持续利用，优化农田生态系统结构。图11–13列举了镉中低污染农田土壤植物联合修复技术。

（七）城市生态系统修复与绿色布局优化

城市生态系统是由自然系统、经济系统和社会系统组成的复合系统，运作良好的城市生态系统及其服务和生物多样性是人类社会可持续发展的重要支柱。城市不合理开发利用而导致的环境污染、生物多样性锐减、生态系统功能受损等生态环境问题，已成为制约社会经济发展的重要因素。

城市生态修复应当因地制宜，借助现代化技术，采取经济可行的方案，并且与城市开放空间、公共活动网络的建立相融合，营造宜产、宜居、绿色发展的城市生态空间，使人们在城市中生活得更方便、更舒心、更健康。

1. 优化城市绿化植物配置

以适地适树为基本原则，优先选择碳汇能力强的常绿灌木和落叶乔木用于城市绿化，如雪松、悬铃木、栾树、银杏等。合理控制乔木、灌木、草和藤本等植物的种植比例，通过营造植被复合群落增加单位绿化面积的三维绿量。此外，降低城市绿化植物维护需求，尽可能选择乡土树种及抗性强的树种，以减少植被采购、运输、管养过程中的大量碳排放。

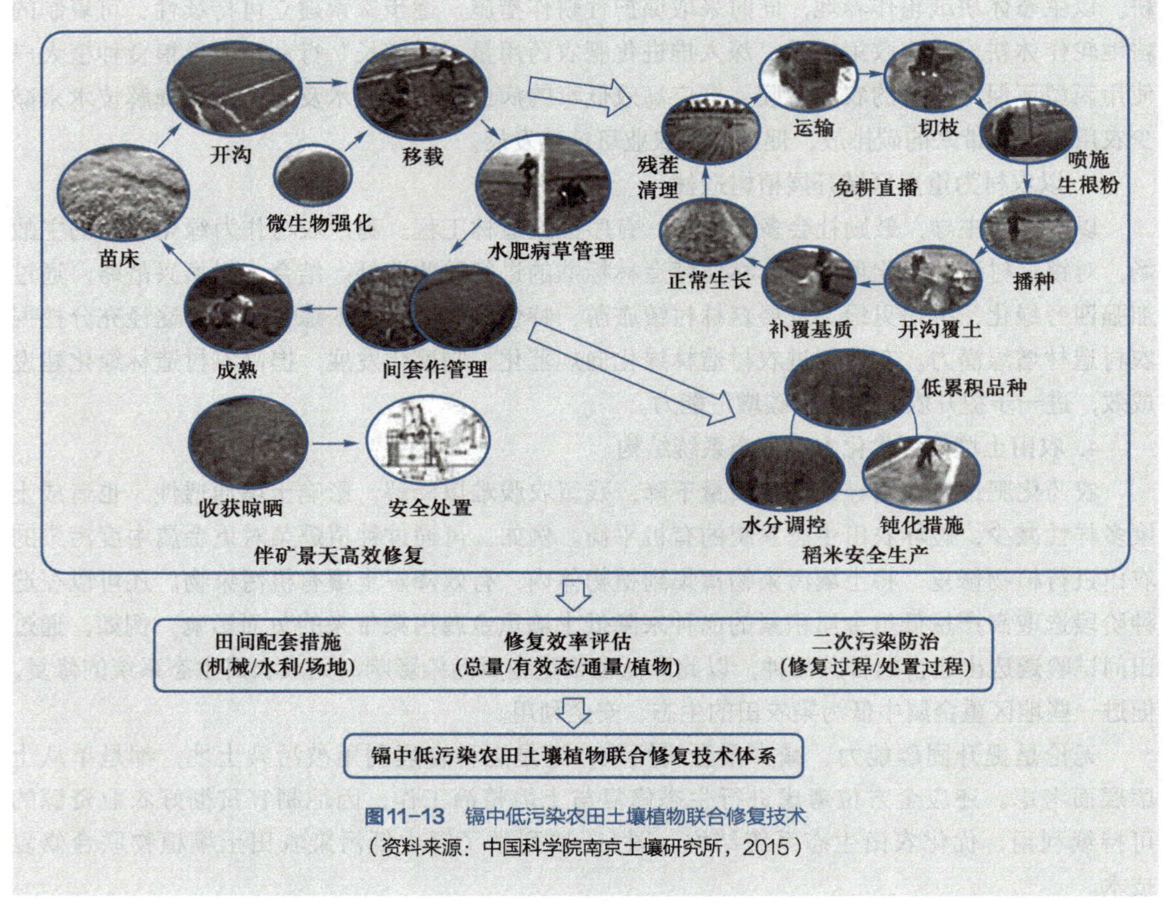

图11-13　镉中低污染农田土壤植物联合修复技术

（资料来源：中国科学院南京土壤研究所，2015）

2. 拓展城市多维绿色空间

均衡城市绿地布局，通过拆迁建绿、破硬覆绿、见缝插绿等方式建设便民型街头绿地，提高城市公园绿地服务半径覆盖率，合理利用高架桥下空间等各类被动、消极空间，拓展城市绿色空间，并结合人居环境改善需求丰富使用功能（图11-14）。因地制宜地选择合适的植物种类和绿化方式，以公共空间和公共建筑为主实施立体绿化。通过加强城区垂直绿化、屋顶绿化的建设，拓展绿地建设维度和空间，补充城市存量用地内的绿色空间。

3. 城市湿地的生态修复技术

针对城市湿地的生态修复方法和技术的研究主要集中于城市湿地的格局优化、水资源配置、水文过程调节、水质净化、生态系统调控等方面。此外，人工湿地在城市湿地生态修复中的作用越来越大，已成为城市湿地的一个重要组分。人工湿地是一种集合了植物、基质、微生物共同作用的生态污水处理系统，根据水面位置可分为表流型和潜流型湿地，具有成本低廉、管理简便的特点。目前关于人工湿地的研究多集中于处理农业点面源污染、生活污水处理、雨水处理等方面，研究内容主要有植物的选择、基质的选择、处理工艺流程等。

图11-14 成都二环高架绿化

4. 城镇废弃地生态修复

城镇化过程中，受资源衰竭、产业调整、土地用途变化、生产生活废物堆积等多种因素的影响，产生了大量的城市废弃地，常见的城市废弃地类型有废弃矿山、垃圾填埋场，以及废弃工厂等，这些废弃地对生态环境均具有明显的影响，主要以土壤和地下水污染为主，常见的污染物类型有重金属、农药化肥类、酸碱盐类、有机物、放射性污染、病原菌类污染等。

（1）污染治理技术

一般来说，废弃地污染治理主要有物理、化学、生物途径，如分离、固定、转移、转化、生物降解等方法。根据污染物处理空间位置的差异可分为原位修复和异位修复。原位修复是指不移动受污染的土壤或地下水，直接在场地发生污染的位置对其进行原地修复或处理；异位修复是指对污染的土壤或地下水先进行挖掘或抽取，然后搬运或转移到其他场所或位置进行处理。

（2）废弃地生态系统修复和重建技术

废弃地的生态系统修复主要有人工修复和自然修复两种思路，包括植被修复、动物修复、微生物修复、表层土壤重构、营养物覆盖方法等。植被修复是生态系统修复和重建的关键，主要集中在固氮植物、吸附重金属植物、水土保持植物、耐受性植物等的筛选、配置方法等。此外，生态系统的修复离不开土壤、水肥等立地条件的改善。一方面是通过边坡固定、工程绿化措施创造立地条件，如挂网喷播、生态植被毯等；另一方面是通过有机物改良、表层土壤重构、微生物银行等方式改良土壤，为生态系统健康发展提供基础。

（3）城市废弃地的生态修复与景观再造

一般来说，城市废弃地的再利用方式主要有景观旅游用地、居住或商业用地、新型都市工业用地、农业用地等类型。但是越来越多的城市废弃地通过生态修复和景观再造转化成城市公共景观空间，除此之外，景观再造模式不仅关注生态修复和景观风貌的再生，还重视历史文化和场地精神，使场地的历史、记忆、土地感知得以再生并传承，是一种重要的自然–

经济－社会复合生态修复途径。

（八）矿区生态系统修复与碳减排

矿山生态系统修复主要围绕废弃矿区和尾矿开展工作。在修复过程中需要注意资源的二次利用。

在废弃煤矿中会存在煤层瓦斯（煤层气），该气体的主要成分为CH_4、CO_2等。当空气中瓦斯含量为7%～12%时，遇火会引起爆炸造成事故。可以利用该气体作为燃料进行发电，一方面可以降低矿山瓦斯中的甲烷含量，另一方面利用其发电可供矿区生产及周边居民生活使用，可替代从电网购买的以煤电为主的同等电量，从而减少温室气体的排放。

尾矿是在金属或者非金属矿山开采过程中会产生的矿石经过选矿厂筛选、提纯后产生的一些废渣。目前我国尾矿的产生数量较大，随意排放将会造成资源流失，对土壤及地下水产生不同程度的污染，甚至会大面积淹没矿区周边农用地或淤塞河道，对环境造成污染。尾矿固体废物资源化利用减排增汇的方式主要有两种：① 尾矿废石经过加工后形成石子等建筑材料，可用于建筑施工，或者对地下水煤矿采空区进行填充，使矿区被压占的土地得到恢复且有利于后期的土地利用及指标流转；② 尾矿碳矿化，即CO_2与尾矿废石中的矿物质发生矿化反应生成相对稳定的碳酸盐矿物；③ 尾矿中通常会含有多种金属，充分回收利用可产生可观的收益。

在矿山生态修复过程中，还可以因地制宜开发光伏、太阳能和风能等新能源，鼓励购买“绿电”、发“绿电”，开发“光伏＋矿山生态修复”、矿区生态治理综合利用等方式，提高土地利用率，优化土地利用结构和布局，加强土壤的固碳能力，同时有利于土壤治理和建立良好的土地生态环境，促进地区光伏产业规模化和基地化发展。

生态固碳是对矿山进行覆绿，即通过矿山上的特定植物、树木的光合作用，吸收CO_2，从而进一步提升植被和土壤碳库体系的固碳能力（图11-15）。矿山生态修复除了要考虑

图11-15　矿山生态修复

生态系统恢复以外，还需要兼顾自然生态系统和社会经济系统两大方面，生态修复过程也是一个促进碳减排的过程。在矿山生态修复过程中需充分权衡生态修复、碳减排之间的关系，在两者之间找到一个最佳的平衡点。通过地灾治理，土壤改良，植被重构，固体废物、能源资源化利用，固碳增汇技术，产业导入等方式进行减排增汇，同时加大技术支撑。

（九）地质环境治理与修复

不良地质现象通常叫作地质灾害，是指自然地质作用和人类活动造成的恶化地质环境，降低了环境质量，直接或间接危害人类安全，并对社会和经济建设造成损失的地质事件，是在自然因素或者人为因素的作用下形成的对人类生命财产、环境造成损失和破坏的地质现象，如崩塌、滑坡、泥石流等。

针对公路高边坡生态修复工程中存在的防护困难、施工效率低、养护难度大等工程难题，破坏面大、固土难度大、土壤水分流失快等环境难题和施工能耗高、施工难度大、高效养护装备缺失等技术难题，开展基于环境最优、施工便捷、智慧高效的公路高边坡生态修复工程低碳建养技术体系，以公路高边坡生态修复工程低碳建养为主线，通过公路路基边坡无损高效检测及生态护坡设计技术、公路边坡低碳施工、公路边坡低碳养护系列装备，实现边坡稳定化、绿色化和固碳效能。对边坡（落石掉块现象）可采用“挖填改造＋边坡清理”的方式对裸露岩壁进行治理。图11–16展示了南京江宁方山景区滑坡地质灾害治理后实景照片。

图11–16　南京江宁方山景区滑坡地质灾害治理后实景照片

（资料来源：江苏省自然资源厅，2022）

第四节
绿化与减污降碳

一、绿化与绿化活动

（一）绿化

绿化指的是栽植防护林、路旁树木、农作物，以及居民区和公园内的各种植物等。绿化包括国土绿化、城市绿化、四旁绿化和道路绿化等。绿化可改善环境卫生并在维持生态平衡方面起多种作用。

在国土范围内，一般将普遍的植树造林称为“绿化”，将具有更高审美水平的风景名胜区等优美环境称为“园林”；在城市范围内，一般将郊区的荒山植树和农田林网建设称为“绿化”，将市区的绿色空间称为“园林”；在市区范围内，将普通的植物种植和美学质量一般的绿色空间建设称为“绿化”，将经过精心规划、设计和施工管理的公园、花园称为“园林”。

（二）国土绿化

国土绿化指通过植树造林、种植花草、恢复植被及其抚育管理等活动，以及相关的规划、建设、保护和管理等工作，保护、培育和合理利用森林资源，加快国土绿化进程，保障森林生态安全，建设生态文明，实现人与自然和谐共生。

植树造林是实现国土绿化的一个主要手段。植树造林是新造或更新森林的生产活动，它是培育森林的一个基本环节。种植面积较大而且将来能形成森林和森林环境的，称为造林。种植面积很小，将来不能形成森林和森林环境的，则称为植树。造林的基本措施是：适地适树，细致整地，良种壮苗，适当密植，抚育保护，工具改革及灌水、施肥。植树造林是为了保护人们赖以生存的环境，不仅可以绿化和美化家园，还可以起到扩大山林资源，防止水土流失和风沙，保护农田，增加土壤蓄水能力，大大改善生态环境，减少洪涝灾害损失，调节气候，促进经济发展等作用，是一项利于当代、造福子孙的宏伟工程。

（三）城市绿化

1. 城市绿地

城市绿地是以自然植被和人工植被为主要存在形态的城市用地，主要包括城市建设用地范围内用于绿化的土地，以及城市建设用地之外，对城市生态、景观和居民休息起作用，绿化环境好的区域。

① 公共绿地：市区县级各级公园、植物园、动物园、陵园、小游园、街道广场绿地等。

② 居住区绿地：居住区内除居住区公园以外的其他绿地。

③ 单位附属绿地：机关、团体、部队、企业、事业单位所属绿地。

④ 防护绿地：用于城市环境、卫生安全、防灾目的的绿带绿地。

⑤ 生产绿地：为城市提供苗木、花草、种子的苗圃、花圃等。

⑥ 风景林地：具有一定景观价值，对城市整个风景环境起一定作用的林地。

2. **城市绿化**

城市绿化是在城市或者城镇中，通过种植树木、草本植物及花卉等，来改善环境、提高生活品质、增强城市美感的过程，通常包含几个方面：① 公园和公共绿地。这些区域是城市中最主要的绿化空间，通常包括休闲公园、运动场所、步行道及其他开放的公共空地。② 街道绿化。街道两侧和中央分隔带的绿化可以提供阴凉，改善城市微气候，同时也有助于减少噪声和尘土。③ 居民区绿化。这主要包括住宅小区的庭院、花坛、屋顶花园及其他私人空地的绿化。④ 机关、学校、企业等单位的绿化。包括办公楼、教学楼周边的绿地，以及工厂、仓库等区域的绿化。⑤ 水体绿化。河流、湖泊、水库等水体周围的绿化，以及人造水景如喷泉、池塘的绿化。⑥ 垂直绿化。包括墙体绿化、立柱绿化，以及其他利用攀缘植物进行的绿化。⑦ 环保绿化。例如，在垃圾填埋场、污水处理厂等环保设施周围进行的绿化。

（四）四旁绿化

四旁绿化也称四旁植树或零星植树，指利用房前屋后（宅旁）、水旁、村旁、路旁因地制宜进行植树绿化，有计划地种植各种树木，具有绿化城乡、净化空气、保护环境卫生及护路、护堤等作用，既可防风固沙，又可美化环境，改善生活条件，同时生产木材和经济果品。乡村四旁绿化起着建筑与自然、人与自然的过渡和协调作用。乡村四旁绿化关系到我国农村的可持续发展，农民的切身利益和身心健康，是建设社会主义新农村的重要组成部分。

（五）道路绿化

道路绿化指在道路两侧或中间种植树木、花草，目的是改善交通环境。主要功能包括：① 诱导视线，即预示道路线形的变化，引导驾驶员安全操作车辆；② 遮光或防眩，防止对向来车车头灯的照射；③ 缓冲，缓和与减轻驶出车行道外车辆的强力冲击和乘车人员的损伤，有弹性且宽厚的低树群缓冲效果更好；④ 协调和美化，增加道路环境的自然景致；⑤ 作为指路标记，高树或树丛在道路转折处可起到指路标记和警示的作用；⑥ 适应明暗，隧道入口的高大树木可使侧向光线形成明暗的参差阴影，使亮度逐渐变化，缩短驾驶员视力适应的时间；⑦ 保护环境，减少水土流失，减轻汽车噪声与尾气的传播，起到防风、防砂、防尘的作用。

（六）园林绿化与立体绿化

1. **园林绿化**

园林绿化是在一定的地域运用工程技术和艺术手段，通过改造地形（或进一步筑山、叠石、理水）种植树木花草、营造建筑和布置园路等途径创作而成的美的自然环境和游憩境域。园林绿化是保护生态环境、改善城市生活环境的重要措施。主要包括整理山水、改造地形、辟筑道路、铺装场地、营造建筑、构筑工程设施、绿化栽植等多项工程内容。

园林绿化工程是建设风景园林绿地的工程。园林绿化为人们提供一个良好的休息、文化娱乐、亲近大自然、满足人们回归自然愿望的场所，是保护生态环境、改善城市生活环境的重要措施。因此协调好人与自然的和谐融洽应放在首位，通过对景观植物的科学设计，满足人们对绿化的生理和心理需求，不断推陈出新、精益求精，营造一个美好的居住环境。

2. 立体绿化

立体绿化指充分利用不同的立地条件，选择攀缘植物及其他植物栽植并依附或者铺贴于各种构筑物及其他空间结构上的绿化方式，包括立交桥、建筑墙面、坡面、河道堤岸、屋顶、门庭、花架、棚架、阳台、廊、柱、栅栏、枯树及各种假山与建筑设施上的绿化。

城市立体绿化是城市绿化的重要形式之一，是改善城市生态环境、丰富城市绿化景观的重要而有效的方式。发展立体绿化，能丰富城区园林绿化的空间结构层次和城市立体景观艺术效果，有助于进一步增加城市绿量，减少热岛效应，吸尘、减少噪声和有害气体，营造和改善城区生态环境。

二、绿化碳汇计算

（一）绿化植物面积与生物量调查

常用的是样地调查法，根据不同绿化类型建立典型代表性样地，通过调查样地内植被的种类、胸径（地径）、树高，基于生物量异速生长方程、生物量扩展因子、根茎比等计算乔木和灌木生物量；或通过样本收获法、单位面积生物量换算参数计算灌木和草本的生物量。

1. 绿化样方设置

依据《城市绿地分类标准》（CJJ/T 85—2017）将城市绿地分为公园绿地、广场用地、防护绿地、附属绿地和区域绿地，基于5种绿地类型的特点，采用分层随机抽样方法布设样地。考虑城市绿地斑块面积及监测工作可操作性，设置合适的样地面积，样地形状可根据绿地形状布设为长方形、正方形或圆形。同时按照典型性抽样方法，结合样地植被种植模式，在各样地内设置若干个调查样方。

2. 调查与数据采集

植物碳库分为乔木、灌木、竹子、草本、枯落物、枯死木，即普测样地内所有乔木（胸径>5 cm的活立木）、灌木（包括胸径<5.0 cm、株高<50 cm的幼树）的种类、数量、树高及胸径等指标；记录样方内竹子的种类、数量、胸径、竹高等指标；测定样地内的草本类型、盖度、平均高度等指标。

3. **绿化植物面积与生物量**

在此基础上，获取整个绿化区域的植物种类、数量和生物量。

（二）植物碳汇计算

1. **植物总碳汇量**

城市绿地植物总碳汇量为绿地乔木、灌木和草本植物的碳汇量之和，公式如下：

$$C_{总} = C_{乔} + C_{灌} + C_{草} \tag{11-6}$$

式中：$C_{总}$——城市绿地植物总碳汇量，t(C)/a；

$C_{乔}$——乔木层总碳汇量，t(C)/a；

$C_{灌}$——灌木层总碳汇量，t(C)/a；

$C_{草}$——草本层总碳汇量，t(C)/a。

其中，乔木层含落叶乔木、常绿乔木；灌木层含落叶灌木、常绿灌木、木本藤本、竹类；草本层含草坪草、宿根花卉、观赏草、水生植物、草本藤本。

2. **乔木层总碳汇量**

乔木层总碳汇量为绿地内所有种类乔木单株碳汇量与株数的乘积之和，公式如下：

$$C_{乔} = \sum_{i=1}^{n}(C_i \times m_i) \tag{11-7}$$

式中：C_i——第i种乔木单株碳汇量，t(C)/a；

m_i——绿地内第i种乔木的数量。

3. **灌木层总碳汇量**

灌木层总碳汇量为绿地内所有种类灌木单株碳汇量与株数的乘积之和，公式如下：

$$C_{灌} = \sum_{i=1}^{n}(C_i \times m_i) \tag{11-8}$$

式中：C_i——第i种灌木单株碳汇量，t(C)/a；

m_i——绿地内第i种灌木的数量。

4. **草本层总碳汇量**

草本层总碳汇量为绿地内所有种类草本植物单位面积碳汇量与面积的乘积之和，公式如下：

$$C_{草} = \sum_{i=1}^{n}(C_i \times m_i) \tag{11-9}$$

式中：C_i——第i种草本植物单位面积碳汇量，t(C)/m^2·a；

m_i——绿地内第i种草本面积，m^2。

5. **植物的碳汇能力**

不同植物的碳汇能力不同，见国家和各地的相关技术规范和标准。表11-4至表11-6列出的是北京市园林绿化科学研究院多年研究得到的数据。

表11-4　乔木碳汇能力参照表

编号	树种	数量/株	胸径/m	绿量/m^2	碳汇量/($t \cdot a^{-1}$)
1	白蜡	1	10	41.30	4.12×10^{-3}
2	白皮松	1	10	120.79	2.03×10^{-2}
3	臭椿	1	10	44.27	4.98×10^{-3}
4	垂柳	1	10	55.49	6.52×10^{-3}
5	刺槐	1	10	153.68	2.46×10^{-2}
6	国槐	1	10	73.73	9.50×10^{-3}
7	华山松	1	10	120.79	2.03×10^{-2}
8	桧柏	1	10	51.42	1.23×10^{-2}
9	栾树	1	10	73.13	9.39×10^{-3}
10	馒头柳	1	10	75.68	8.63×10^{-3}
11	毛白杨	1	10	35.92	2.96×10^{-3}
12	泡桐	1	10	120.80	1.76×10^{-2}
13	悬铃木	1	10	186.32	1.12×10^{-2}
14	雪松	1	10	51.42	1.01×10^{-2}
15	银杏	1	10	34.36	1.66×10^{-3}
16	油松	1	10	87.50	1.72×10^{-2}
17	元宝枫	1	10	42.52	6.21×10^{-3}
18	玉斗	1	10	33.22	1.51×10^{-3}
19	侧柏	1	10	35.69	8.51×10^{-3}

表11-5　灌木碳汇能力参照表

编号	树种	数量/株	高度/m	冠幅/m	绿量/m^2	碳汇量/($t \cdot a^{-1}$)
1	碧桃	1	3.0	3.0	53.18	7.05×10^{-3}
2	棣棠	1	1.5	2.5	14.37	0.86×10^{-4}
3	丁香	1	3.0	3.0	14.90	1.66×10^{-3}
4	丰花月季	1	1.0	0.8	2.25	3.35×10^{-4}
5	金银木	1	3.5	4.0	23.52	2.52×10^{-3}
6	锦带花	1	1.0	1.2	4.06	2.56×10^{-4}
7	连翘	1	2.0	2.8	3.23	3.21×10^{-4}
8	木槿	1	3.0	2.5	14.50	1.82×10^{-3}
9	沙地柏	1	1.0	1.5	0.75	1.53×10^{-4}

续表

编号	树种	数量/株	高度/m	冠幅/m	绿量/m^2	碳汇量/($t\cdot a^{-1}$)
10	太平花	1	1.0	1.5	1.28	1.01×10^{-4}
11	天目琼花	1	3.0	5.0	3.73	2.69×10^{-4}
12	卫矛	1	2.5	2.5	16.19	1.53×10^{-3}
13	西府海棠	1	5.0	3.5	42.00	6.63×10^{-3}
14	小檗	1	0.5	0.5	0.28	2.74×10^{-5}
15	榆叶梅	1	3.0	4.0	33.65	2.91×10^{-3}
16	珍珠梅	1	2.5	3.0	15.80	1.26×10^{-3}
17	紫荆	1	3.0	3.0	4.18	5.44×10^{-4}
18	紫薇	1	3.0	2.5	16.74	2.45×10^{-3}
19	红瑞木	1	1.5	2.0	8.40	8.65×10^{-4}
20	小叶黄杨球	1	0.8	0.8	10.24	8.04×10^{-4}

表11-6 草本碳汇能力参照表

编号	树种	数量/株	绿量/m^2	碳汇量/($t\cdot a^{-1}$)
1	结缕草	1	10.24	1.19×10^{-3}
2	早熟禾	1	8.74	1.20×10^{-3}
3	野牛草	1	6.45	7.25×10^{-4}
4	其他草种	1	6.96	7.33×10^{-4}
5	涝峪薹草	1	4.36	4.97×10^{-4}
6	麦冬	1	5.00	6.71×10^{-4}
7	萱草	1	0.86	6.09×10^{-5}
8	宿根花卉	1	6.96	7.57×10^{-3}

三、绿化减污降碳措施

(一) 因地制宜，高效布局，集约发展

1. 因地制宜

① 应该保留场地原生地貌与植被，减少土石方工程量。

② 可以利用场地地形地貌、生态环境、水文调节、植被景观等因素，改善自然生态环境，提升场地生态功能。

2. 高效布局

① 总体布局应合理高效、系统完善、组织清晰、开放可达。

② 应该营造适宜的采光、通风、隔声、温度等条件的室内外活动空间。

③ 地下空间设计应该符合城市地下空间规划的规定，坚持保护性开发，地上地下空间应该做到优势互补、有序发展、同时留有余地。

3. 集约发展

① 可以利用周边市政、公共服务、商业服务等设施，实现绿地在空间和时间维度上的功能性、多样性。

② 应提高土地使用效率，合理规划绿地、园路、铺装场地、建筑用地等。

③ 应采用节能、节水、节材的集成技术和产品。

（二）植物选择和配置设计

1. 植物选择

① 宜选择绿量大、绿色期长、抗性强、管理粗放的乡土植物品种。

② 宜选用运输和养护成本低的植物品种。

③ 功能城市绿地中植物选择的标准参照《园林植物筛选通用技术要求》（CJ/T 512—2017）执行。苗木的质量要求参照《园林绿化木本苗》（CJ/T 24—2018）及《天津市行道树苗木质量要求》（DB12/T 777—2018）执行。

2. 配置设计

① 种植空间宜连续，空间格局成片、成环、成网。

② 应构建近自然植物景观的配置模式，做到层次丰富，物种多样。植物配置的垂直结构以乔灌草多层次结构为宜，疏透度宜为0.5~0.7。水平结构根据场地实际情况进行设计，郁闭度宜为0.5~0.7。植物配置应为植物预留生长发育空间。

③ 常绿树种与落叶树种比例宜为3∶7，因条件受限无法满足的，也应在1∶5~1∶2之间。

④ 绿化设计中乔灌木的比例应>7∶3，木本与地被植物的比例（投影面积比）宜为4∶1。

⑤ 长寿乔木种类占全部乔木种类的比例应>40%，长寿树种应用数量占全部树种应用数量的比例应>60%。

⑥ 乡土植物使用比例应>90%，本地木本植物指数应>0.9，计算方法参照《城市绿地规划标准》（GB/T 51346—2019）执行。

⑦ 充分利用立体及屋顶空间增加绿化。

⑧ 养护需求相近的植物宜相邻种植。

（三）节能降耗

1. 交通节能

① 园路及慢行系统设计应按照《城市绿地设计规范》（GB 50420—2007）及《园林绿化工程项目规范》（GB 55014—2021）中的相关条款执行。

② 园桥的选址应与园路及慢行系统顺畅衔接，具体选址宜根据两岸节点适宜通行距离确定。

③ 停车场应为清洁能源机动车、公共合乘车辆等设置优先停车位，并宜根据需要配置清洁能源补充设施，宜采用智慧停车系统。

④ 内部公共交通应采用清洁能源车辆。宜采用智慧内部公共交通系统，可采用无定站、无定线的弹性内部公共交通系统，根据游人实时分布特征等情况调整站、线系统。

2. **建筑节能**

① 利用种植布局调节建筑采光、通风、噪声、温度等环境条件，保障夏季遮阴、冬季日照，引导或阻隔场地空气流动，在噪声源、光污染源周围形成植物屏障。

② 新建及改扩建建筑应结合项目自然条件和功能要求，对建筑群组的布局及建筑本体的体形、平面布局、空间尺度、围护结构、空调电梯系统等进行节能设计，具体操作应参照《绿色建筑评价标准》（GB/T 50378—2019）中相关条款执行。

3. **照明**

① 照明应根据室内外环境的基本照明要求设计，避免光污染。

② 绿地照明应采用高效光源、高效灯具和低损耗镇流器等附件，宜采用LED灯具。

③ 建筑照明应按《建筑照明设计标准》（GB/T 50034—2024）的规定进行设计。

④ 宜采用智慧照明系统，可利用自动感光、人流量监测、定时、声控或终端远程控制等技术实现智能照明调节。

4. **可再生能源利用**

① 应提高可再生能源的使用率，因地制宜选择能源组合。

② 利用太阳能风能等可再生能源的项目，宜根据需要配备辅助能源系统。

③ 使用常规能源时，应对能源系统进行优化，避免因同时使用多种能源而造成资源的浪费。

（四）节水

1. **海绵节水**

① 应利用城市绿地空间调节雨水径流，按照规划要求接纳周边区域雨水径流。

② 场地的竖向设计应满足《海绵城市雨水控制与利用工程设计规范》（DB29—296—2021）的相关要求。

③ 应利用场地空间合理设置海绵基础设施，海绵系统和技术措施应按照《海绵城市建设评价标准》（GB/T 51345—2018）和《海绵城市雨水控制与利用工程设计规范》（DB29—296—2021）的相关要求进行设计。

④ 树木根系伸展范围及周边宜选用透气、透水铺装。

2. **水体节水**

① 应保留现有自然水体，实现水系连通，提升水体自然净化能力。

② 宜采用自然形式驳岸以增强水体生态功能。

③ 可根据场地热岛效应峰值分布，适度增设人工水体以改善小气候环境。

④ 景观水体应做水资源保持措施处理，同时水体面积比例应有助于水量保持。

⑤ 景观水体的补水应优先采用天然河湖、雨水、再生水等水源，同时应采用循环系统及水生态保持措施。

⑥ 水体宜通过智慧系统进行运行管理。

3. 用水节水

① 灌溉用水宜使用再生水或雨水。灌溉水质量应参照《园林绿化灌溉用水质量要求》(DB12/T 857—2019) 相关条款执行。绿化灌溉应采取微灌、渗灌、低压管灌等高效节水灌溉方式。

② 应采取科学灌溉制度，根据土壤含水量适时灌溉，宜采用智能化灌溉管理。

③ 直饮水应符合《饮用净水水质标准》(CJ 94—2005) 要求，直饮水控制系统宜采用智慧管理系统。

④ 建筑用水系统应使用节水器具和设备，应按照用途或管理单元分别设置用水计量装置。

(五) 节约资源与循环利用

1. 节材

① 在保证正常栽植成活率的情况下，不宜大面积使用客土。地下空间顶面或屋面种植乔木区覆土应大于1.5 m，不超过1.7 m。

② 应避免不必要的大面积铺装。

③ 建（构）筑物的建造宜采用装配式构件，提高构件和材料的使用效率。

2. 低碳材料选取

① 宜就地取材，选用坚实耐久、易于管理、可循环利用的材料，降低管理养护过程中的碳排放。

② 宜使用碎石、砂石、木材等与自然相近的材料作为建构、铺装、装饰的主材，宜选用预拌混凝土、预拌砂浆等预制材料进行施工，建（构）筑物应选用技术含量高、可集约化生产的材料或产品，降低材料制作过程中的碳排放。

③ 不宜采用镜面玻璃或抛光金属板等易增加环境碳排放的材料。

3. 循环再生

① 循环再生相关设施应符合《环境卫生技术规范》(GB 51260—2017) 要求。

② 垃圾收集设施的设置间距和数量应根据公共区域大小和平均人流量配备。相关设施应便于垃圾的分类投放，宜通过分类收集、分类运输和分类处理实现垃圾的减量化、无害化和资源化，可结合健全管理城市，适当减少固定收集设施。

③ 垃圾集中收集及中转设施的设置应按照《公园设计规范》(GB 51192—2016) 要求执行，作业通道应减少对绿地游憩空间的影响。

④ 绿色垃圾处置站的设置应按照《公园设计规范》(GB 51192—2016) 要求执行，处理形成的有机肥料应循环使用。

⑤ 动物园宜设置动物粪便循环利用场地和处理设施，作业空间不得对游人造成安全隐患。

⑥ 宜采用智慧垃圾管理设施及系统。

习题与思考题

1. 谈一谈你对生态建设的理解。
2. 什么是碳汇？请结合自身生活环境，列举1~2个重要的碳汇。
3. 简要介绍植被对大气污染物的净化作用及其原理。
4. 生态建设的固碳机制有哪些?
5. 请举例说明自然保护区的减污降碳措施有哪些。
6. 什么是生态修复？生态修复的对象是什么?
7. 简述生态修复的减污降碳措施。
8. 河湖生态系统修复包括哪些方面？各自的修复技术有哪些?
9. 简要概括农田生态系统修复措施。
10. 请总结绿化减污降碳措施。

参考文献

[1] 孙艳秋，王秋莹，王震. 浅析森林对大气污染的净化功能［J]. 林业科技情报，2010，42（3）：15−16.

[2] Bai Y F, Cotrufo M F. Grassland soil carbon sequestration: Current understanding, challenges, and solutions [J]. Science, 2022, 377(6606): 603−608.

[3] 张一然，赵依杨，倪义平，等. 中国草地碳汇功能提升的挑战和行动对策［J]. 草地学报，2024，32（4）：987−994.

[4] 唐剑武，叶属峰，陈雪初，等，海岸带蓝碳的科学概念、研究方法以及在生态恢复中的应用［J]. 中国科学：地球科学，2018，48（6）：661−670.

[5] Bao T, Jia G S, Xu X Y. Weakening greenhouse gas sink of pristine wetlands under warming [J]. Nature Climate Change, 2023, 13: 462−469.

[6] 国家市场监督管理总局，国家标准化管理委员会.生态系统评估 生态系统格局与质量评价方法：GB/T 42340—2023［S].

[7] 国家质量监督检验检疫总局，国家标准化管理委员会. 土地利用现状分类：GB/T 21010—2017 [S].
[8] 陆地生态系统碳汇核算指南（征求意见稿）[EB/OL].
[9] 张颖，李晓格，温亚利. 碳达峰碳中和背景下中国森林碳汇潜力分析研究 [J]. 北京林业大学学报，2022，44 (1)：38–47.
[10] 王德利，王岭，辛晓平，等. 退化草地的系统性恢复：概念、机制与途径 [J]. 中国农业科学，2020，53（13)：2532–2540.
[11] 严丽萍，刘睿，杨利伟. 可持续发展背景下不同土地利用类型的土壤固碳能力 [J]. 长江大学学报（自然科学版)，2023，20（4)：133–142.

第五篇

区域减污降碳

12

第十二章 工业园区减污降碳协同增效

工业园区是国家或地方政府根据经济发展阶段和需求，通过行政手段集聚各种生产要素，并在特定空间内进行科学整合的现代化产业分工协作区。截至2024年10月，我国共有2 543个国家级和省级园区及近万个其他园区，集聚了全国过半的工业企业，贡献了大半工业产值，成为工业发展的重要载体和经济引擎。

工业园区的生产集中、能源需求量大、污染物排放强度高、温室气体排放量大。基础设施共享是工业园区发展的一个重要特征，这使得园区具备减污降碳协同推进的基础。因此，工业园区成为推动工业领域减污降碳的重要平台。

本章介绍了工业园区分类及碳污排放特征，并重点介绍了工业园区减污降碳协同增效的内涵与模式、途径与措施、方案评估与优化。

第一节 工业园区分类及碳污排放特征

一、工业园区分类和管理模式

（一）工业园区分类

工业园区的类型多种多样，不同类型园区的企业结构和功能不同，碳污排放状况也各异。

工业园区可分为国家级、省（市）级和其他工业园区，按照园区功能可以分为：经济技术开发区、高新技术产业开发区、特色工业园区、出口加工区、保税区、边境经济合作区等。

1. 经济技术开发区

经济技术开发区是我国在经济特区建设经验的基础上，在一些省、自治区、直辖市的中心城市，以及沿海开放城市和其他开放城市，划出一块较小的区域，通过采取特殊政策、营造优良环境，吸引国外资金和技术，发展外向型经济，具有“企业结构以外商投资为主、产业结构以现代工业为主、产品结构以出口为主，致力于发展高新技术”的特点。

2. 高新技术产业开发区

高新技术产业开发区依托所在城市的大学和科研机构，充分吸收和借鉴国外科技资源、资金和管理手段，通过高新技术产业的优惠政策和各项改革措施，实现软硬环境的局部优化，把科技成果转化为现实生产力。

3. 特色工业园区

特色工业园区指各地政府根据城镇发展规划和区域特色经济，划出一块区域，用于发展具有一定规模的行业、企业、产品、原材料市场、专业营销队伍等产业链积聚地，如化工园区、电子信息园区、家具加工园区等。

4. 出口加工区

出口加工区指经国家批准设立的，在港口、机场附近或其他交通便利的地方划定或开辟一定区域，通过水、电、通信等基础设施建设，结合优惠政策吸引外国投资，发展制造、加工、装配出口商品的出口加工业。

5. 保税区

保税区指以海关保税政策为基础，经国务院批准设立、海关实施特殊监管，以发展国际贸易、加工及仓储、商品展示等服务行业为主的特殊经济区域。保税区实行全封闭隔离管理，区内关税全免，产品100%出口。

6. 边境经济合作区

边境经济合作区是中国沿边开放城市发展边境贸易和加工出口的经济区。

（二）工业园区的管理模式

我国工业园区的管理模式可以分为以下三种类型。

1. 政府主导型

政府主导型管理机制是我国大多数工业园区选用的模式。地方政府一般成立以相关领导组成的领导小组负责工业园区发展重大决策和重大问题的协调，工业园区管理委员会作为园区所在地政府的派出机构在园区内行使经济管理权限和部分行政管理权限，包括项目审批、规划定点等。在机构设置上，设工委（或党委）与管委会两套班子合署办公。工业园区对企业实行间接的法治化、政策化管理，主要职能是建立健全社会化服务体系，为企业提供各种服务。

2. 开发公司主导型

开发公司主导型管理机制是完全用经济组织方式管理工业园区的一种模式。管理机构的主体是营利性的公司——园区开发公司，担负着管理与开发的双重职能，包括园区的规划建设、基础设施建设、招商引资、土地征用、园区管理等方面。

3. 政园合一型

政园合一型管理模式实行一套班子、两块牌子。采用这种管理模式的工业园区不同于一般的园区，也不同于一般的行政区，而是综合两者的功能，既承担工业园区的开发建设任务，也承担地方政府的行政管理职能，园区管委会主任同时也是地方政府领导。

二、工业园区的特点

工业园区是把相近业务的企业集中到给定的土地区块，各个企业共同使用基础设施。工业园区通过一个专门的管理机构，为园区的企业提供各项服务，规划建设和完善园区的各项功能，具有以下特点：

（一）组织经济，产业集聚

工业园区是经济活动密集、招商引资密集、出口创汇和经济效益密集的区域。通过聚集相关产业的企业，形成规模效应和集聚效应，促进企业之间的合作和交流，形成了一种集约化、规模化、现代化的生产方式，有助于降低企业成本，提高生产效率，也有利于新技术的传播和应用，提高整体竞争力。从园区内企业的性质来看，效益密集型和技术密集型工业企业所占比例较大，逐步形成了一条完整、高效、优质的产业链，有助于提升地区经济发展水平。

（二）功能优化，协调发展

工业园区是经济、产业、社区、环境和服务等多个因素的协调发展之所，通过科学优化功能布局，建设不同门类、不同规模的项目工程，可以提高工业化的集约强度，突出产业特色，使之成为适应市场竞争和产业升级的现代化产业分工协作生产区。同时，许多工业园区开发后，由科学研究区、生活居住区和商业服务区组成，具有生产与生活双重功能，可以实现生产、生活、科技创新、人才吸引等多种功能的统筹规划和发展。

（三）布局合理，基础设施完善

工业园区形成相对独立的地域单元组织，拥有完善的基础设施，包括交通、通信、供水、供电、厂房和仓库、环保等公共设施，以及生活配套设施，可以节约城市工业用地、减少工业管网和交通运输线的需求，可以为入驻企业提供良好投资环境和支持。

（四）加强创新，提升效益

工业园区是科技创新的重要平台，打造公共研发平台，促进企业技术创新和成果转化，加强地区创新能力和知识产权的保护，推动整个区域的工业化社会的转变，调整和优化经济结构，增强行业竞争力和地区经济影响力。

（五）管理与服务升级

工业园区通常设立管理机构，负责园区的规划、建设、管理和服务工作，为企业提供全方位的支持和服务。园区关注企业的成长，提供销售、采购、研发、品牌、信息、融资等生产性服务，同时注重产业生态和跨界要素的链接，形成各主体深度链接、相生互动的平台生态网络，推进了企业间的业务协同，降低了企业的生产成本，提升企业的利润空间。

三、工业园区碳污排放特征

（一）碳排放特征

工业园区内有大量的能源消费活动和经济生产过程，碳排放量较大，初步估算，我国工业园区碳排放占全国碳排放总量的31%，工业园区碳排放具有以下特征。

1. 碳排放高，源多汇少

工业园区资源能源消耗量大，碳排放量高。工业园区由于工业生产企业多种多样，规模各异，温室气体的排放种类也各异，具有区域和行业特征，个性共性兼具。同时，由于工业园区属于经济密集型布局，土地资源有限，几乎没有消纳碳汇的空间。

2. 碳排放以工业生产企业为主

一般而言，工业园区碳排放主要来自工业生产，随着产城融合的不断发展，排放范围扩展至居民生活和服务业，但考虑到其排放水平较低，园区碳排放仍然以工业生产企业为主。

3. 碳排放以燃料排放CO_2为主

工业园区碳排放源主要包括能源活动排放（电力、热力净输入的间接排放及工业、建筑、交通运输所需的化石燃料燃烧产生的直接排放）、工业生产过程排放和废物处理排放。大多数园区的温室气体排放以CO_2为主。煤炭燃烧产生的碳排放是工业园区碳排放高的主要原因。

（二）环境污染物排放特征

1. 废气

工业园区产业类型的多样化、原辅材料、生产工艺及产品的不同，其污染物的排放方式、污染物类型和排放浓度均存在很大差异。既有经高排气筒排放的有组织排放，也有以面源排放为主的无组织排放；既有有机污染物，也有无机污染物。通常工业园区除了排放常见的大气污染物SO_2、NO_x、PMs、VOCs外，还有H_2S和NH_3等异味气体的排放。

2. 废水

工业园区废水主要来自园区内各企业生产及生活所排放的污水。工业园区水污染的主要特点如下：① 不同行业呈现出不同的水污染特征。化工园区排出的废水中含盐量较高，毒性较强，冶金园区排出废水中重金属含量较高，而食品加工企业园区排出废水中COD浓度较高。② 水污染呈现复合污染的特征。工业园区内包含各种类型的企业，废水排放量较大，废水中包含各种污染物，复合型污染较为突出。

3. 固体废物

工业园区的固体废物产生量较大，一般每生产1 t产品产生1~3 t固体废物。固体废物不但种类多，而且有相当部分属于具有急性毒性、反应性、腐蚀性等特点的危险废物，处置不当将对生态环境和人体健康构成较大威胁。

第二节 工业园区减污降碳协同增效的内涵与模式

一、工业园区减污降碳协同增效的内涵

工业园区减污降碳协同增效的内涵（图12-1），由产业发展、能源结构、循环经济、污染治理和运营管理五方面组成，体现了源头—过程—末端全过程减污降碳协同增效的理念。

（一）产业发展

产业发展在工业园区和区域经济及社会发展中具有重要的作用。产业发展依赖于产业结构，通过推动高效、低碳产业的发展，促进产业结构转型升级，建立生态产业链，补全、做强产业链，促进园区资源和能源的高效利用，降低污染物排放，实现工业园区的低碳可持续发展。

（二）能源结构

利用分布式可再生能源，以及储电、储热、储氢等各种储能技术，建立供暖、制冷和供电的综合协同能源网络，提升多元分布式能源体系的运行效率，对原料和燃料区别管理，逐步推进化石资源利用低碳化，降低碳排放强度，实现污染物和碳排放的双重控制。产业结构调整与能源结构转型相辅相成，共同提高园区的源头控制能力。

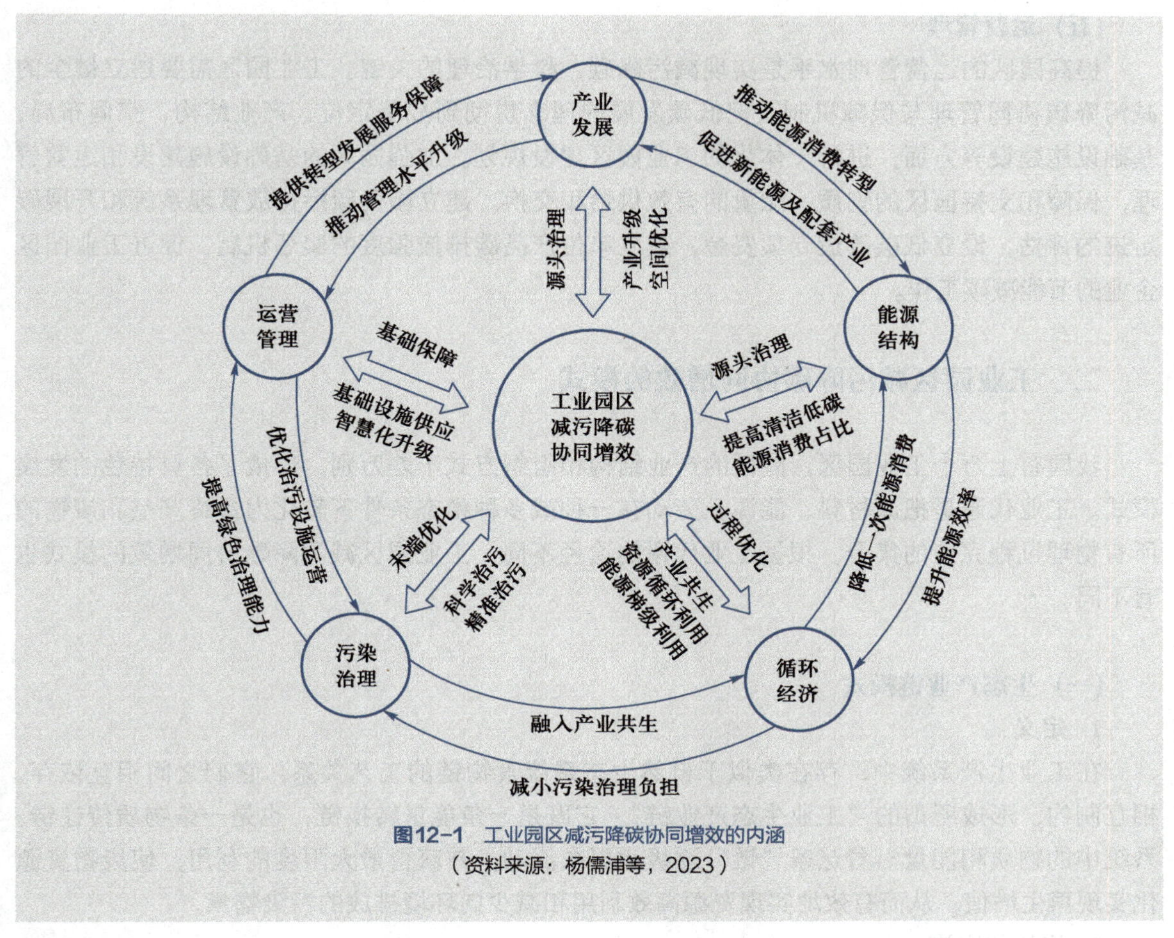

图12-1　工业园区减污降碳协同增效的内涵

（资料来源：杨儒浦等，2023）

（三）循环经济

循环经济是实现工业园区过程优化的核心。通过绿色低碳、清洁生产技术改造，实现工艺和设备的革新及废物的循环再利用，提高资源及能源使用效率，降低工业园区运营及企业工艺过程的碳排放量。建立工业园区物质流－信息流－能量流，将循环经济理念贯穿于生产和运营的每一个环节，促进整个园区的可持续发展，持续提升园区循环经济发展水平，既能提高能源效率，实现节能降碳，又能降低污染物排放，减小污染治理负担。

（四）污染治理

污染治理是工业园区污染物达标排放的基本保证。大力发展高效低碳和资源化的末端废气、废水和废渣治理措施，通过产业生态链，将生产过程的副产品及废物回收利用，形成工业园区循环经济产业链，实现末端治理减污降碳。有条件开展碳捕集、利用与封存技术的应用，实现减碳和增值的效果。对工业园区内公绿地、河湖等资源开发碳汇项目，增加生态系统碳汇，开发工业园区内的自愿减排项目，采用碳交易等手段，抵消CO_2排放。

（五）运营管理

提高园区的运营管理水平是实现减污降碳、科学治理的关键。工业园区需要建立健全的减污降碳协同管理与保障机制，把低碳发展的理念贯彻到战略定位、产业结构、空间布局、基础设施建设等方面，进行一体化的工业园区建设规划。加强园区的基础设施建设和运营管理，保障和支持园区的物质、能量的有效供给和交换。建立园区碳污排放管理系统和开展碳足迹的评估，设立低碳改造专项资金，建立单位产品碳排放强度的奖惩机制，促进工业园区企业的节能减碳工作。

二、工业园区减污降碳协同增效的模式

我国有上万个工业园区，园区的产业结构和组织方式千差万别，形成了各具特色的发展模式。工业代谢是把原材料、能源及劳动在一种或多种稳态条件下转化为最终产品和废物的所有物理过程完整的集合。根据工业代谢的途径不同，工业园区减污降碳协同增效的模式也有不同。

（一）生态产业链模式

1. 定义

在工业生产系统中，存在类似于自然生态系统食物链的工艺关系，它们之间相互依存、相互制约，形成所谓的“工业生态产业链”。它既是一条能量转换链，也是一条物质传递链，系统中的物质和能量沿着这条“链”逐级逐层次流动，并获得最大限度的利用，使废物资源化实现再生增值，从而有效地实现资源高效利用和减少向环境排放的污染物量。

2. 构建与实施

生态产业链的构建就是要在企业内部、企业之间建立产业链乃至在更大范围内建立生态工业网络，产业链上下游协同、耦合发展，实现园区内产业的集约集聚、循环高效、能源梯级利用最大化。首先，在进行生态产业链设计时，以技术创新为基础，通过探讨各产业之间“链”的链接结构、运行模式、管理控制等，分析产业链上物质和能量流动规律，建立产业的“序”与“流”，形成“产业链层面”的生态经济系统；其次，以该系统为牵动，在相关产业内部调整“流”与“序”，形成“产业层面”的生态经济系统；最后，生态产业链应该是这两个层面上系统的交集，通过链的设计、开发与实施，将技术创新、管理创新和制度创新有机地融为一体，开创一种新型的产业系统。

3. 案例说明

图12–2是硫酸锰产业链示意图。硫酸锰是重要的基础无机化工产品，其上游为锰矿和硫黄、硫铁矿等，中游包括各级别的硫酸锰及硫酸锰的下一代产品，如三元前驱体、电池级硫酸锰、二氧化锰、四氧化三锰等，下游产品包括锰系助剂、电池等。从硫酸锰产业基础出发，实施延链强链工程，实现园区内上游企业生产的原材料、半成品直接供应给下游企业，提高

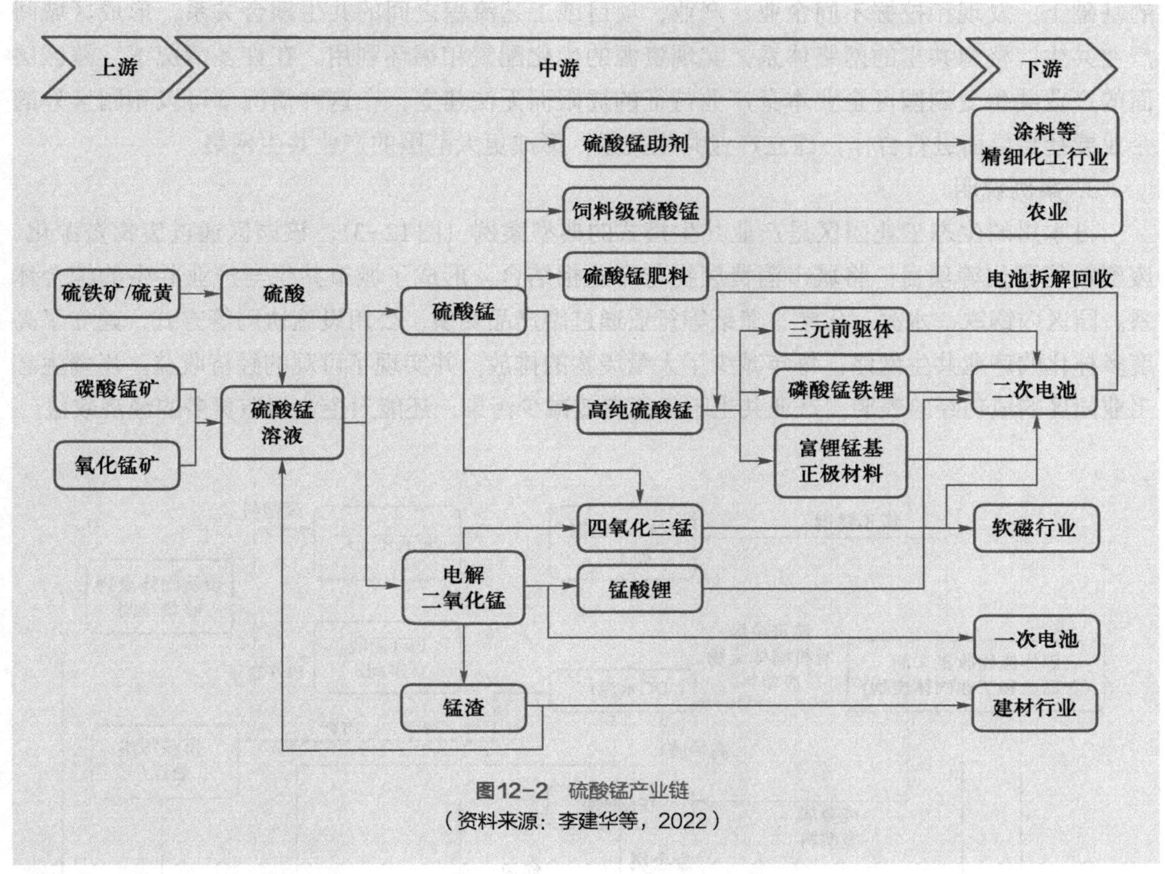

图12-2　硫酸锰产业链

（资料来源：李建华等，2022）

园区产业集聚效应；兼顾尾气回收利用、锰渣资源化利用，布局资源循环利用企业，实现副产品高效化、废物产品化，促进园区绿色低碳发展。

（二）产业共生模式

1. 定义

产业共生模式指的是在工业园区中，不同产业的企业通过资源共享、废物交换、能量梯级利用等方式建立起互利共生、联动互补的产业共生关系，共同形成内涵丰富、结构相对稳定的产品代谢网络，从而以共生模式产生资源减量、再用和循环的循环经济效果，提高资源的利用效率，不但可以提升共生企业的经济效益，而且可以大幅减少废物的排放和能源消耗，实现减污降碳的效果。

2. 构建与实施

构建产业共生模式的关键在于产品、副产品和废物的耦合，通过园区内外的资源和废物流动，实现资源的高效循环利用。建立行业间、企业间物质流、信息流、能量流、价值流的流向关系，在充分考虑各产业产生的产品、副产品和废物的物理形态、化学成分及利用价值的基础上，发现和挖掘不同企业、产业、项目或工艺流程之间的共生耦合关系，形成区域间产业共生、资源共享的网络体系，实现资源的优化配置和循环利用。在许多情况下，园区层面的产业共生受到园区企业本身产业特征的局限而无法建立，在这种情况下可以和园区外的企业或社会层面进行合作，建立产业共生关系，形成更大范围的产业共生网络。

3. 案例说明

日本川崎生态工业园区是产业共生模式的典型案例（图12-3）。该园区通过废物资源化、废塑料能源化等项目，将城市消费废物与产业相结合，形成了城市共生与产业共生的综合体系。园区内钢铁、水泥、化学、造纸等行业通过副产品交换、公用设施协同等方式，建立了高度多样化的产业共生网络，每年减少了大量废物的排放，并实现了可观的经济收益。川崎生态工业园区的成功经验表明，产业共生不仅能有效减少污染，还能为企业创造更多的经济效益。

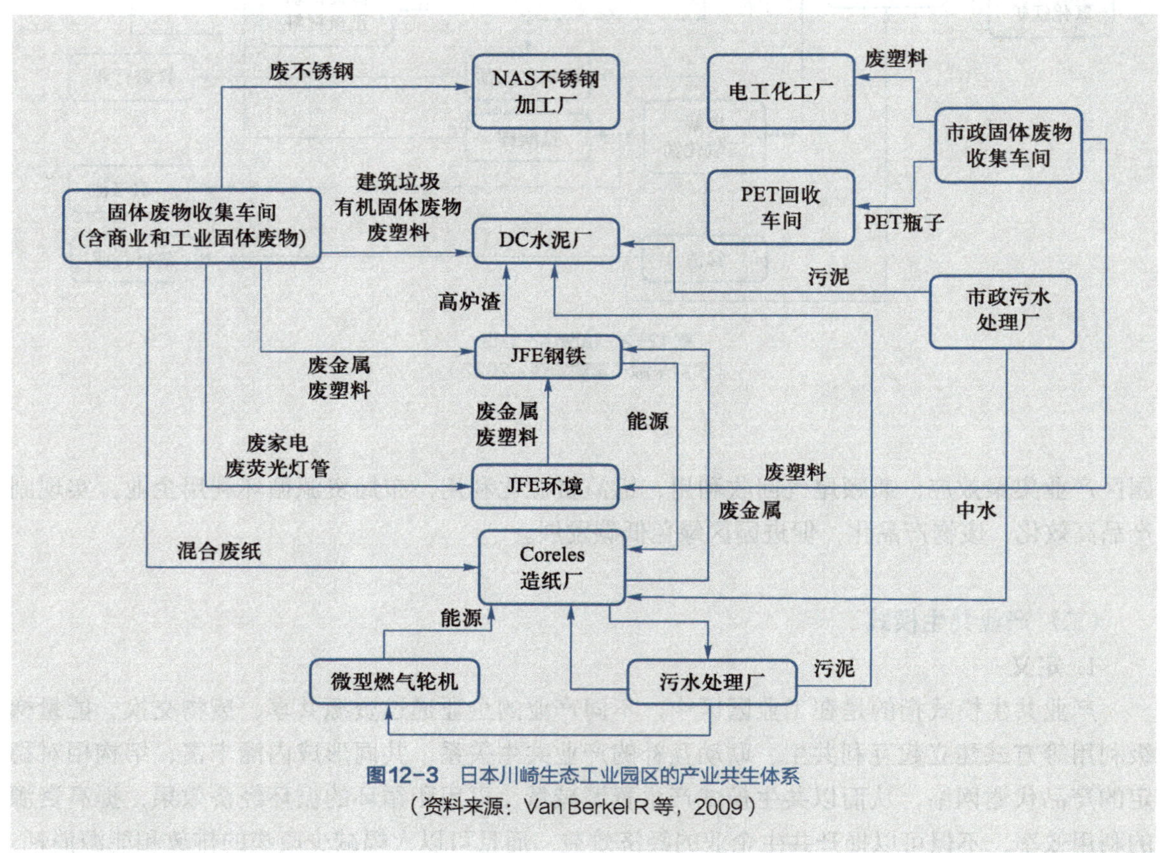

图12-3　日本川崎生态工业园区的产业共生体系

（资料来源：Van Berkel R等，2009）

（三）清洁能源模式

1. 定义

清洁能源模式指通过清洁能源替代，如使用风能、太阳能和氢能等环境友好能源，实现多能互补、提高能效，减少化石能源使用，降低园区企业的污染物和温室气体排放。这种模式不仅推动了工业园区的绿色转型，还为园区内企业的可持续发展提供了动力，减少了对环境的污染。

2. **构建与实施**

在进行园区能源规划时，优先考虑使用清洁能源，优化能源供应系统，减少煤炭使用。充分利用园区的优势，发展太阳能、生物质能、氢能、风能、地热能等可再生能源，提升清洁能源的占比，降低整体碳排放。通过煤改气、煤改电等能源转换措施，降低碳污排放。建立工业园区智能综合能源管理系统，实现多能互补、提高能效，进一步降低碳排放。

3. **案例说明**

在中国西北和沿海地区，光伏电场和风电场的广泛应用为工业园区提供了大量清洁能源。某个制造装备产业园区通过引入风力发电和太阳能发电设备，逐步形成了园区内的微网系统（图12–4），分为能源输入系统、能源转换系统、能源存储系统三个部分。

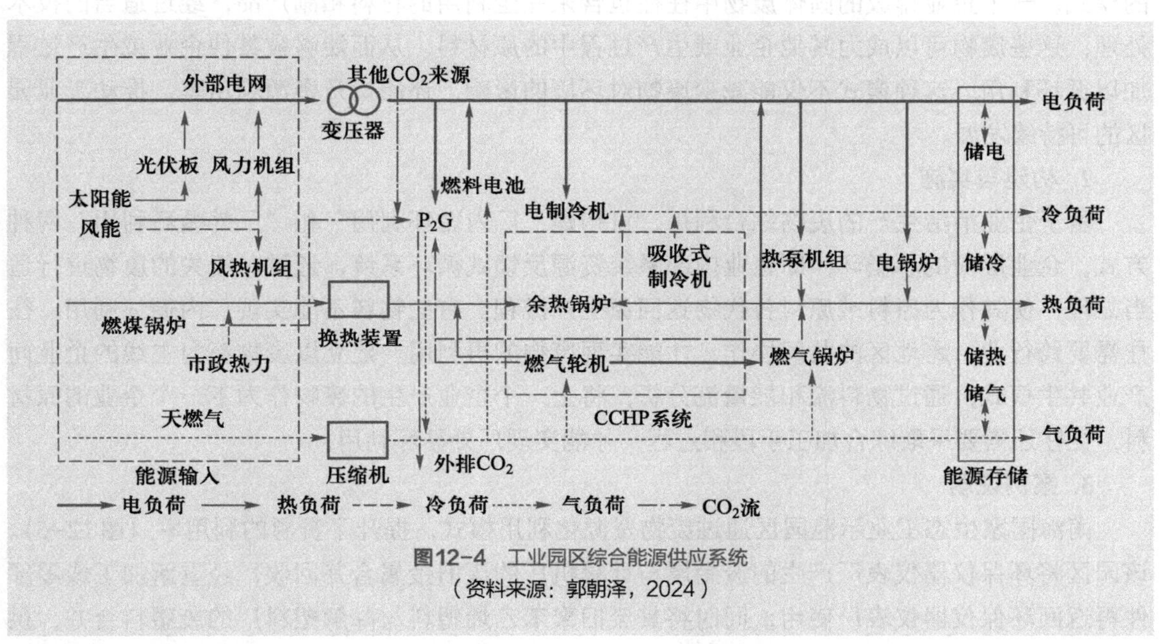

图12–4　工业园区综合能源供应系统
（资料来源：郭朝泽，2024）

除传统燃煤锅炉、市政热力和天然气外，园区还把太阳能作为清洁能源，风电作为绿色电力接入综合能源供应系统之中，但由于风力发电和光伏发电受环境因素的制约，从外部电网购电依然是不可或缺的能源输入环节之一，同时，风热机组则通过风力机直接驱动热泵，避免中间发电的过程，将风能直接转化为热能，提高能源利用率。能源转换系统包含燃料电池、电锅炉、燃气锅炉、燃气轮机、余热锅炉、热泵机组、制冷机等。其中，燃料电池直接将输入的化学能转化为电能，能量转换效率较高，热泵机组和电锅炉作为典型的热电耦合设备，通过将电能转化为热能以满足用户侧热力需求；冷热电联产机组（combined cooling heating and power，CCHP）由燃气轮机和余热锅炉组成，天然气通过燃气轮机做功发电，燃气锅炉则通过消耗天然气，将天然气作为一次能源产生热能，用作CCHP系统的热源补充；制冷机包含电制冷机和吸收式制冷机两种，是园区能源供应系统中冷负荷的主要来源；电转气技术（power to gas，P2G）对来自燃煤锅炉、燃气轮机及其他地方的CO_2气体进行捕集、转化、贮存，在特殊环境下，CO_2与电解水产生的H_2结合，最终产出清洁的CH_4气体，降低煤炭使用率和改善清洁电力的使用情况。能源存储可对园区内的负荷进行适时调整，以满足园区能源供需平衡。在能源消耗低谷期可将多余的电、气、冷、热负荷进行存储，在能源消耗高峰可将存储的能量向微网释放。

（四）废物资源化利用模式

1. 定义

废物资源化利用模式是一种通过将工业生产过程中产生的固体废物转化为可再利用资源的模式。一个企业排放的固体废物中往往包含未完全利用的材料和副产品，经过适当的技术处理，这些废物可以成为其他企业或生产过程中的原材料，从而能够被其他企业或生产过程加以循环利用。这种模式不仅能减少废物对环境的影响，还能提升资源利用率，推动工业园区的可持续发展。

2. 构建与实施

基于企业清洁生产的废物综合利用，可构建“厂内循环利用”和“厂外循环利用”两种方式，企业层面的小循环，即企业内部系统资源反馈式循环系统，通过对流失的废物进行适当处理，使其作为原料或原料替代物返回原生产流程。有些物料不能实现厂内循环利用，往往需要跨行业、跨地区的共同协作，才能实现废物的再利用。建立以废物流为主线的企业间产业共生模式，通过物料流和能量流分析，将上一个企业产生的废物作为下一个企业的原材料，往往还需要采取综合加工手段和过程，才能实现厂外循环利用。

3. 案例说明

南海国家生态工业示范园区通过废物资源化利用模式，提升了资源的利用率（图12–5）。该园区将环保仪器仪表厂产生的废金属与计算机厂的废旧金属合并回收，经重新加工成零部件再返回环保仪器仪表厂使用；同时将其废旧聚苯乙烯塑料与降解塑料厂的废塑料合并，供应绿色胶合剂、活性炭和化学添加剂的生产，其中绿色胶合剂可供给板材加工厂使用，化学添加剂返回到降解塑料厂使用，而活性炭则供给废水处理厂使用；绿色板材厂的木屑等废物能生产活性炭，并应用到废水处理厂；生产活性炭产生的废硫酸经处理，可与铝型材厂产生的铝渣生产硫酸铝型净水剂，并供给园区的废水处理厂使用；园区废水经处理可再用于环保仪器的清洗；线路板厂生产的线材产品可供计算机厂和环保仪器仪表厂使用，其废水经分类处理回收可再用于其他用水单元；在余热利用方面，将园内企业的不可回收的废塑料、废木材进行焚烧回收热量，集中供热，满足活性炭、板材和塑料等厂家生产的用能需要。通过这些措施，工业园区不仅减少了废物排放，还显著降低了能源消耗和碳排放，为工业的绿色发展提供了重要支持。

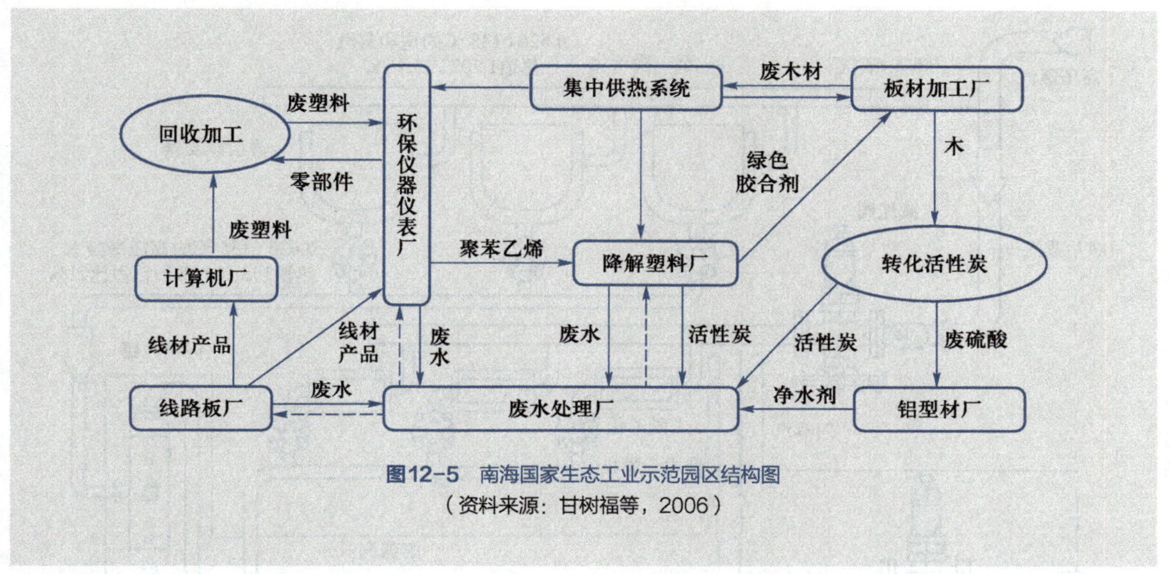

图12-5 南海国家生态工业示范园区结构图

（资料来源：甘树福等，2006）

（五）能源梯级利用模式

1. 定义

能源梯级利用是能源合理利用的一种方式。不管是一次能源还是余能资源，均按其品位逐级加以利用，提高能源利用效率。该模式的核心在于将不同品位的能源逐级利用，使其能量品位逐步降低，直到完全消耗。这一模式不仅能显著提升整个系统的能源利用效率，还能有效减少碳排放，是节能减排的重要途径。

2. 构建与实施

在构建能源梯级利用模式时，需要考虑按质用能和逐级多次利用两个方面：按质用能就是尽可能不使高质能源去做低质能源可完成的工作；逐级多次利用就是高质能源的能量在每一个设备或过程中都是在一个最经济合理的范围内使用，从而使总的能源利用率达到最高水平。因此，需要对园区企业能源供应和使用进行全面系统的调查，通过建立多品类能源的综合利用系统，在供能、供热系统中实现能量的多次利用。

3. 案例说明

苏州工业园区采用的两段式干化工艺是能源梯级利用模式的典型案例。该工艺包括Ⅰ段薄层蒸发器和Ⅱ段带式干燥机的联合使用。湿污泥通过高压蒸汽在薄层蒸发器中进行初步干化，随后利用循环热风和蒸汽在带式干燥机中进一步干燥（图12-6）。通过这种梯级利用热能的方式，苏州工业园区不仅提高了污泥干化效率，还成功将污泥作为燃料进行焚烧，实现了能量的高效回收和污泥的彻底减量。这个案例充分展示了能源梯级利用模式在节能减排方面的显著效果。

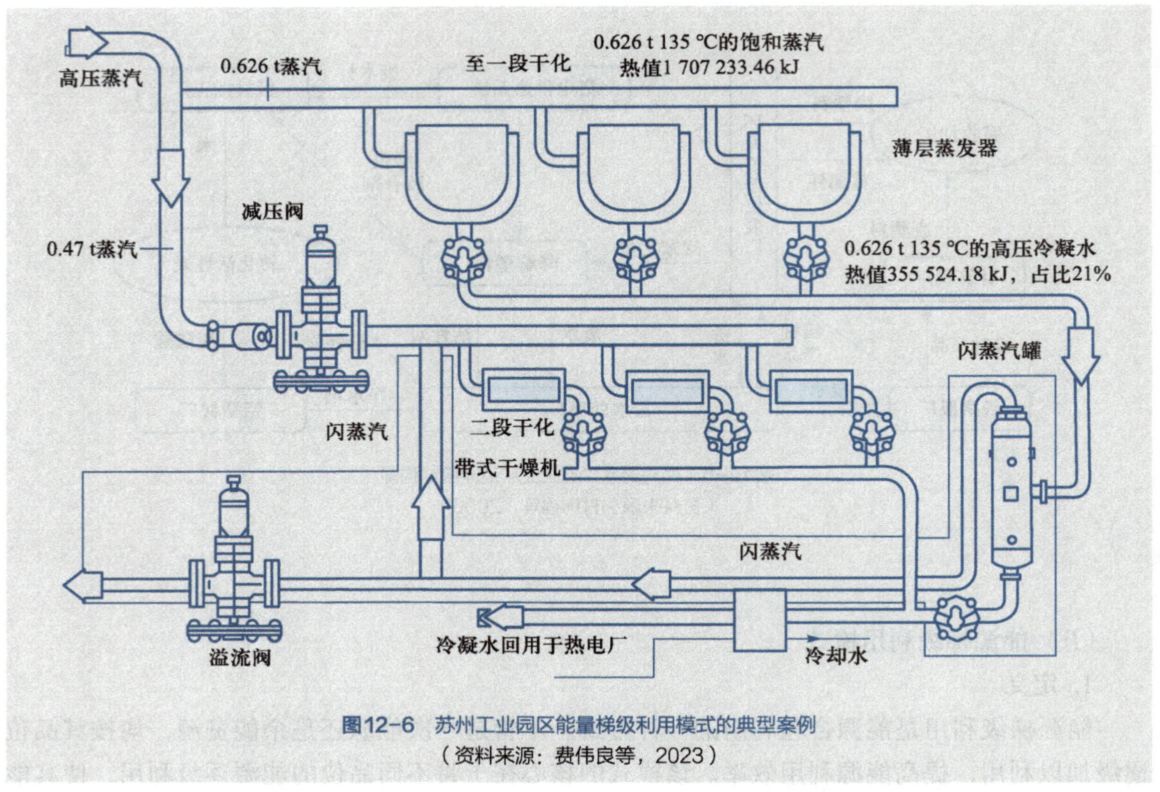

图12-6　苏州工业园区能量梯级利用模式的典型案例

（资料来源：费伟良等，2023）

（六）基础设施共享模式

1. 定义

基础设施共享模式是通过将园区内的各种基础设施资源进行整合与共享，实现其最大限度的利用。这种模式旨在通过优化能源消费、工业过程和废物处理等途径，提升园区的整体资源使用效率，减少能源消耗和废物排放，从而助力减污降碳目标的实现。通过整合区域资源，园区内各类基础设施能够相互协调，形成一个有机整体，避免重复投资，使基础设施达到最佳运行状态。

2. 构建与实施

在构建基础设施共享模式时，工业园区应完善现有的基础设施，推动“九通一平”等公共基础设施的共建共享，补齐环境基础设施的短板，并深化绿色化与数字化改造。同时，园区需要建设新型基础设施，如公共管廊、工业气体集中供应、中水回用、危险废物集中处置中心、智慧园区管理平台等，构建安全韧性强的新型基础设施体系。此外，在园区的能源基础设施和环境基础设施之间，应建立基于产业共生的能–水耦合共生系统，通过余热利用、污水深度处理和污泥能源化等方式，协同实现节能节水和减污的目标。

3. 案例说明

某工业园区通过基础设施共享模式，大幅提高了能源和资源的使用效率。该园区通过建设公共管廊和中水回用系统，集中供应工业气体，减少了各企业独立建设基础设施的重复投资（图12-7）。同时，园区内的热电联产设施将余热用于园区内的建筑供暖，并通过污泥能源化系统，将污水处理过程中产生的污泥转化为能源使用。这些措施不仅提升了园区的资源利用效率，还有效减少了废物排放，实现了节能减排的协同效应。通过基础设施共享，该园区成功提升了综合竞争力和可持续发展能力，为其他工业园区的绿色发展提供了参考模式。

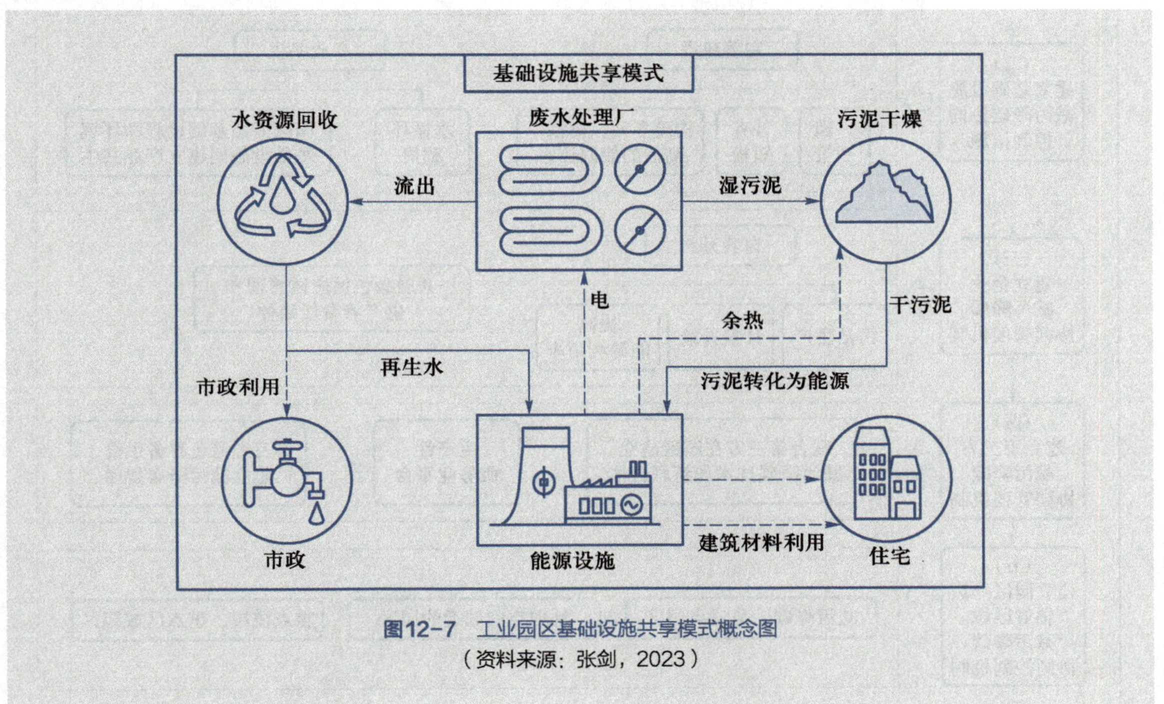

图12-7　工业园区基础设施共享模式概念图

（资料来源：张剑，2023）

三、工业园区减污降碳协同管理机制

工业园区减污降碳是一个复杂的系统工作，“双碳”目标不仅需要工业园区在节能增效、循环发展、能源结构转型等方面开展工作，而且对与之相适应的碳污协同减排管理机制也提出了更高的要求，需要园区在减污降碳协同管理机制、碳污排放管理体系、工业园区数字化智能管理、绿色生命周期管理等方面形成相对完善的管理机制，发挥法律及行政作用、市场调节作用、公众监督作用，促进工业园区减污降碳协同增效。

工业园区在保持经济可持续增长的同时，通过建立园区管理部门、基础设施控制、企业、第三方、园区周边辐射区域等多方面减污降碳协同管理机制，并持续评估与改进，实现工业园区减污降碳，如图12-8所示。

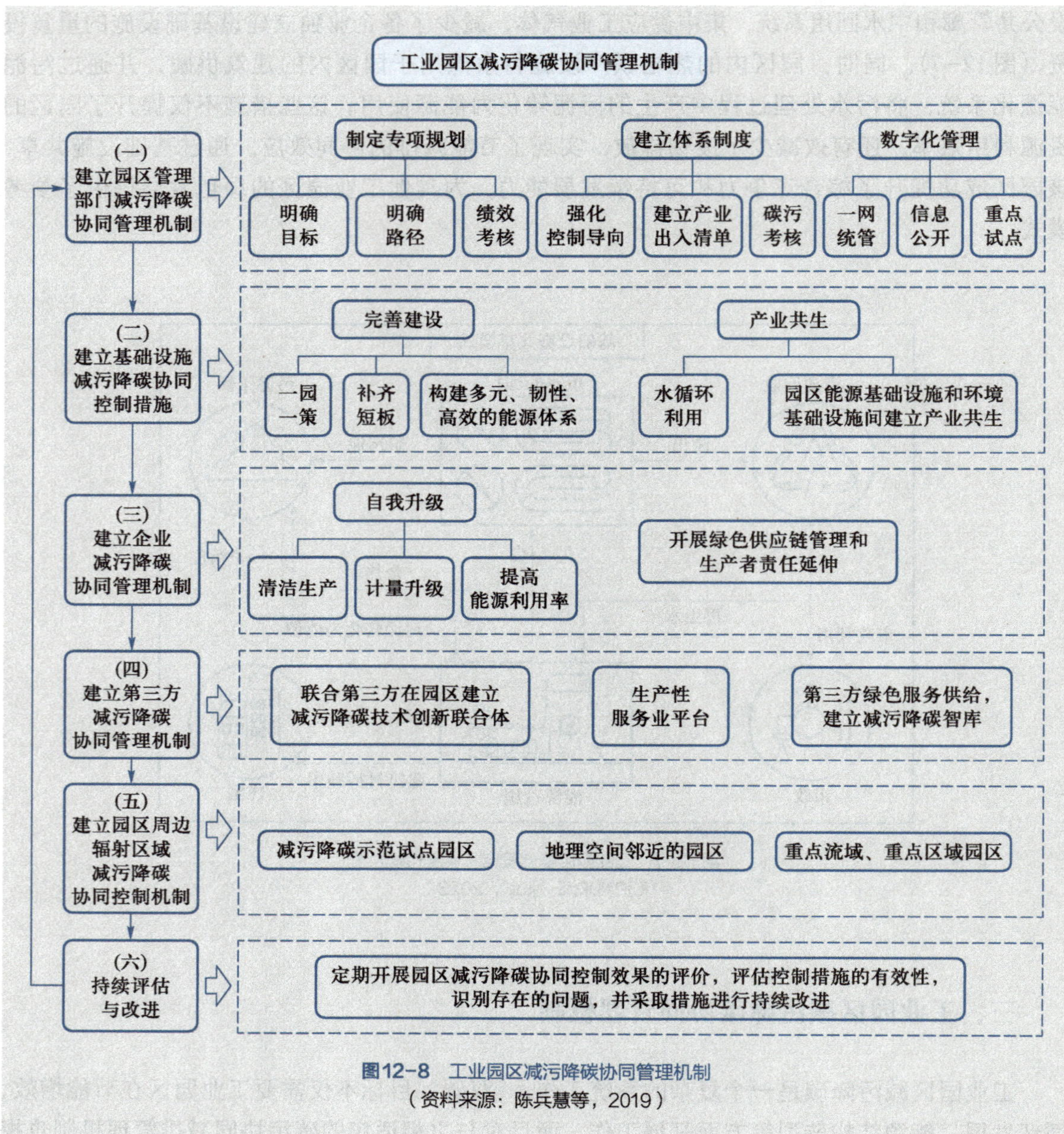

图12-8 工业园区减污降碳协同管理机制

（资料来源：陈兵慧等，2019）

（一）建立园区管理部门减污降碳协同管理机制

工业园区管理部门做好减污降碳协同控制顶层设计，制定减污降碳专项规划或设规划专章，结合规划环境影响评价、产业规划、准入标准等要求，明确园区减污降碳目标和总体路径。将园区减污降碳成效纳入管理部门绩效考核，减污降碳协同控制融入现有制度体系，在园区发展规划及日常管理中强化减污降碳协同控制导向（包括但不限于：碳排放纳入规划环境影响评价及建设项目环境影响评价），建立包含减污降碳要求的产业准入和退出清单制度、碳污统一监测考核规划制度等。结合减污降碳协同控制要求，持续推动产业结构和空间布局优化调整，大力发展绿色产业和数字经济及其核心产业。

（二）建立基础设施减污降碳协同控制措施

持续完善基础设施建设，建设减污降碳新型基础设施，如公共管廊、工业气体集中供应、中水回用、危险废物集中处置中心、“绿岛”、一体化综合处理处置基地等设施，因地制宜建立综合能源系统，完善园区电力资源配置，实现冷、热、电、气协同，源网荷储集群联控；开发利用非常规水源，实现雨污分流、开展雨水集蓄利用，再生水循环利用。推动园区污水处理厂、垃圾焚烧厂等环境基础设施降碳，促进园区能源基础设施和环境基础设施间产业共生。

（三）建立企业减污降碳协同管理机制

推进园区企业清洁生产，找准污染物和碳排放的重点环节、重点工艺、重点产品，开发应用清洁生产技术，开展生态设计、清洁原料替代、工艺流程再造、设备装备升级、精益管理、厂内循环利用等。建设完善能源、水资源、物料、污染物、碳排放等三级计量及监测设施，提升太阳能、风能等可再生能源利用率，开展能量梯级利用，回收利用化学反应热、工业余热余压余能等。实施固体废物精细化管理，推动水泥、建材、钢铁等行业与园区间的固体废物资源化共生链接，替代燃料、原料。

（四）建立第三方减污降碳协同管理机制

联合第三方在园区建立减污降碳技术创新联合体，开展节能减排及降碳改造相关的技术装备开发与应用。建立生产性服务业平台，提供减污降碳技术咨询、标准制修订、测试评估、教育培训、贯标认证、绿色金融等服务。拓展第三方绿色服务供给，建立减污降碳智库，帮助园区、企业编制绿色低碳发展方案，开展碳足迹测算和减污降碳协同控制技术验证等。

（五）建立园区周边辐射区域减污降碳协同控制机制

加强对园区周边辐射区域的物质流-能量流和碳足迹的分析，开展地理空间邻近的园区减污降碳协同控制，建立面向环境质量改善的目标协同、多污染物控制协同、政策协同、管理协同、产业协同等区域合作新机制。

（六）持续评估与改进

定期开展园区减污降碳协同控制效果的评价，评估控制措施的有效性，识别存在的问题，并采取措施进行持续改进，确保园区减污降碳目标的实现。

第三节
工业园区减污降碳协同增效的途径与措施

工业园区减污降碳要从源头入手，规划先行，加强新能源和可再生能源的利用，围绕产业共生、资源循环利用、工业生态园建设，优化空间布局，强化园区内企业内部低碳化、循环化清洁生产改造，引导园区内企业间共建循环经济产业链，促进园区技术创新和产业管理能力提升，推进园区整体减污降碳协同增效。

一、优化产业和空间规划，制定奖励政策措施，实现源头减碳

1. 科学动态盘摸“碳污排放”底数，评估减污降碳潜力

① 系统分析：结合园区内企业的环境影响评价、节能评估报告、排污许可证、清洁生产审核、在线监测数据和重点企业碳排放报告等基础资料，对园区主导产业的生产工艺、产废特征、综合能耗情况和温室气体排放特征进行全面分析。

② 明确物质代谢系统框架：根据研究对象的经济、环境属性，概化和定义物质流循环系统的结构框架。在拓扑结构的确定上，分解为4个子系统：资源系统、环境系统、社会经济系统及与之进行物质交换的区外社会经济系统，之后对每个子系统进行细分，形成5级结构，如图12–9所示。

③ 数据统计：统计污染排放总量及特征，核算碳排放量，建立园区污染物及温室气体排放数据库，为制定减污降碳策略提供科学依据。

2. 建立产业准入和退出清单制度

① 建立制度：建立以区域环境质量改善和碳达峰、碳中和目标为导向的产业准入和退出清单制度，对拟入园项目的单位产值污染排放和碳排放提出具体要求，推动企业采用绿色低碳新技术和新工艺。

② 核查及整改：对现有企业进行减污降碳核查及整改，确保产业结构优化调整。

3. 制订减污降碳发展规划

① 技术评估：结合产业特色及发展状况，研究园区主导产业的污染物减排技术路线，分析园区整体降碳途径，选择相关技术，探索最优的减污降碳技术途径。

② 路径比选：对比不同技术的减排效果和经济可行性，选择最适合园区特点的减污降碳技术方案。

③ 编制规划：以园区所在地区的总体环境质量及“双碳”目标为基础，编制园区减污降碳规划或实施方案，优化能源结构，构建低碳产业体系，提升园区配套设施的绿色低碳水平。

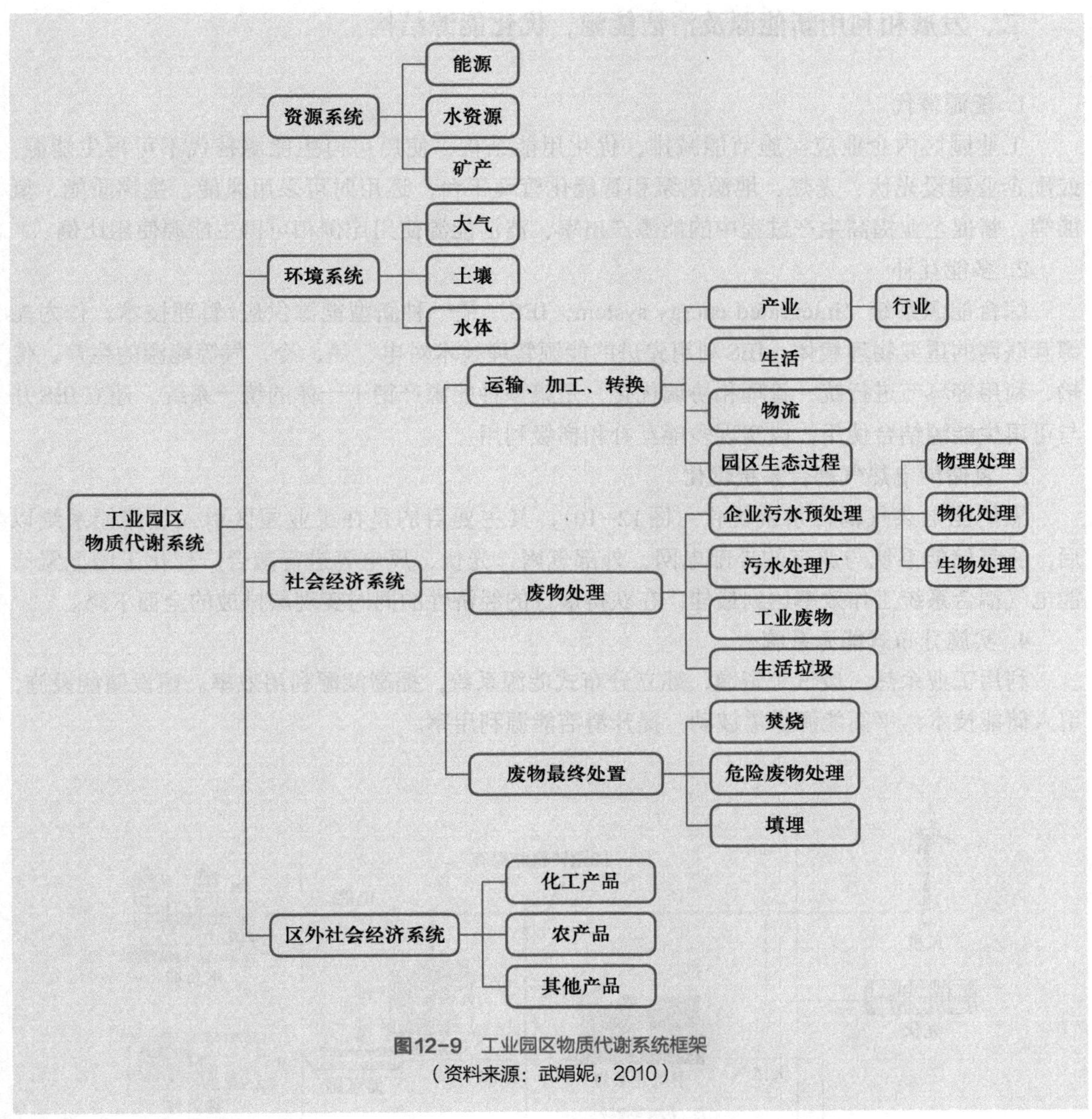

图12-9　工业园区物质代谢系统框架
（资料来源：武娟妮，2010）

④ 目标明确：明确园区减污降碳的具体目标和途径，为园区未来的低碳发展提供方向。

4. 制定政策落实和奖励机制

针对园区管理部门、行业企业、第三方服务商和园区与周边区域协同等不同层面，应从技术发展现状、未来发展趋势研判、市场需求分析与技术效果的影响因素等不同角度甄别适用技术，并统筹设定相应的政策管理与经济激励措施。

二、发展和利用新能源及清洁能源，优化能源结构

1. 能源替代

工业园区内企业应实施节能减排、优化用能结构、使用可再生能源替代不可再生能源，鼓励企业建设光伏、光热、地源热泵和智能化管理平台，适用时可采用风能、生物质能、氢能等，督促企业提高生产过程中的能源产出率、清洁能源使用比例和可再生能源使用比例。

2. 多能互补

综合能源系统（integrated energy system，IES）是一种新型能源供应/管理技术。作为能源互联网的重要物理载体，IES利用先进的能源管理技术对电、热、冷、气等能源的生产、传输、利用等环节进行统一管理和协调优化，是集多种能源产销于一体的统一系统。建立IES并与可再生能源结合使用，以实现多能互补和梯级利用。

3. 氢储能电热气耦合系统优化

氢储能电热气耦合系统优化（图12–10），其主要目的是在工业园区引入氢储能系统以后，将氢储能系统与原有的外部电网、外部气网、光伏、风电等进行融合，使化工园区氢储能电气耦合系统工作效率达到最佳，在获得最好的经济性的同时实现碳排放的全面下降。

4. 实施分布式能源系统

利用工业余热、废气等资源，建立分布式能源系统，提高能源利用效率。建设储能设施，引入储能技术，平衡能源供需波动，提升清洁能源利用率。

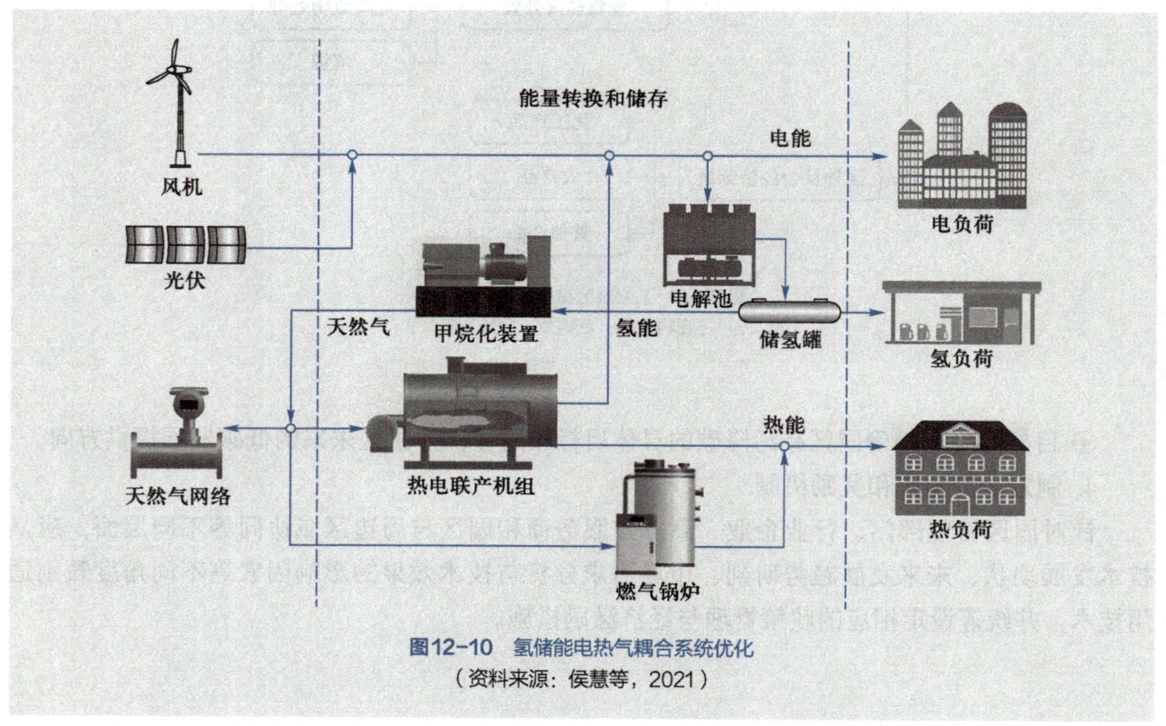

图12–10　氢储能电热气耦合系统优化

（资料来源：侯慧等，2021）

三、重构低碳产业链，提高资源利用效率

1. 强圈补链，构建园区绿色低碳循环经济产业链

引导园区内企业间共建绿色低碳循环经济产业链。通过开展企业间多级串联循环使用、副产品交换、废料循环利用、蒸汽－热水多级利用等，提升整个工业园区的减污降碳潜力。

① 构建产品生态链：挖掘工业园区内部的产业共生潜力，通过产业生态链，将生产过程的副产品及废物回收利用，形成工业园区循环经济产业链。对工业园区内公绿地、河湖等资源开发碳汇项目，增加生态系统碳汇。开发工业园区内的自愿减排项目，采用碳交易等手段，抵消CO_2排放。

② 构建工业过程废物循环代谢补链：工业园区通过分析上下游形势和短板，提出完善循环经济产业链环节的方法和措施，注重与物料的全生命周期相协调，寻找物料循环利用的最大价值。把传统的“资源—产品—废物”的线性经济模式，改造为“资源—产品—再生资源”的闭环经济模式，实现园区工业和生活废物的自身全循环和利用。还可以和其他产业领域形成良好的互补配套，以最短的产业流程、最低的能源消耗、最小的碳排放，为制造业企业提供原材料，打造区域资源聚集地。

2. 工业园区与外部城市构建低碳产业集群产业链

综合考虑园区所在城市的绿色低碳发展规划，构建园区内企业与其他工业企业共生耦合和资源/能源的梯级利用，并结合当地特色产业园、大宗固体废物综合利用基地、城市集中供暖等项目，实现工业园区与周边城市的绿色低碳产城融合发展。通过强化园区内企业内部低碳化、循环化清洁生产改造，引导园区内企业间共建循环经济产业链，结合地方特色，促进工业园区间构建环保低碳产业集群产业链的构建，促进技术创新、循环经济及园区产业管理能力提升，鼓励各类工业园区根据自身主导产业和污染物、碳排放水平，优化园区空间布局，积极探索推进减污降碳协同增效（图12-11）。

四、利用产业共生模式开展减污降碳

1. 废物资源化

废物资源化是以废物流为主线的物质代谢模式，主要通过能源消费、工业过程、废物处理三种途径促进减污降碳。在这种共生模式下，为消除上一个工序或生产过程中产生的废物对生态环境的影响，提高资源利用率，将上一个工序或生产过程中产生的废物（如固体废物和废水）作为原材料输入下一个工序或生产过程，再生成产品和废物，废物作为原材料再次进入下一个工序或生产过程，直到最后被安全处理，从而形成以废物流为主线的企业间产业共生模式。

2. 能源梯级利用

能源梯级利用即能量的按质利用和能量的逐级多次利用，主要通过能源消费途径促进减

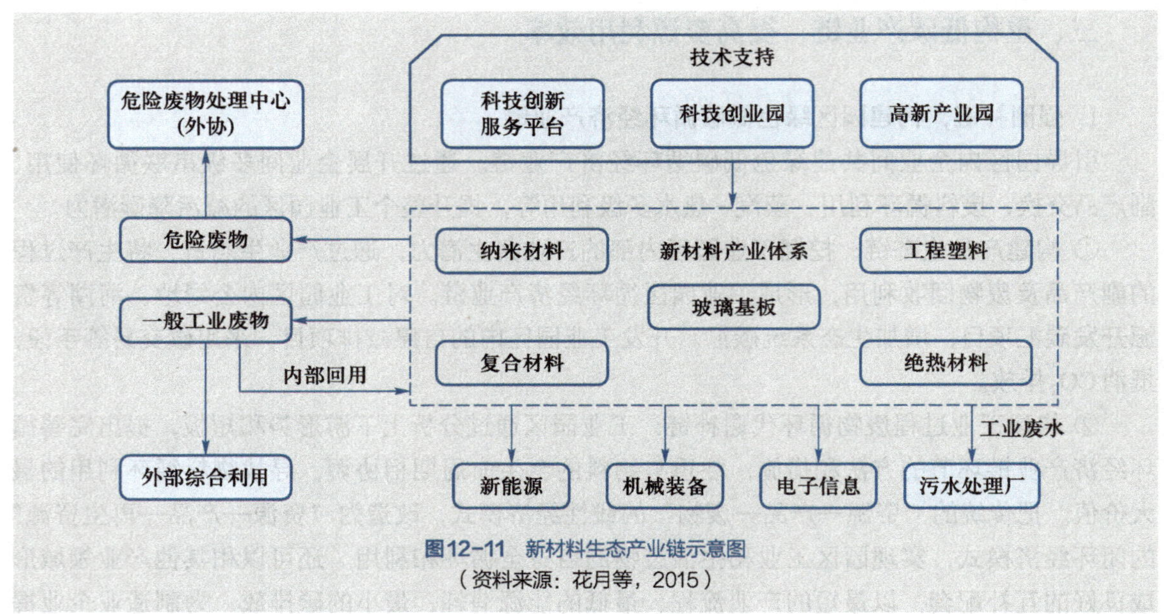

图12-11　新材料生态产业链示意图
（资料来源：花月等，2015）

污降碳。能量梯级利用模式主要包括两方面：能量的匹配，即按质用能，在需要低品位能量的场合尽量不供给高品质的能量；能量的逐级多次利用，即同一能量在不同品位多次利用，或者是一个生产单元多余的能量作为另一个生产单元的热源而加以利用。

3. 基础设施共享

基础设施共享即将基础设施资源组合在一起，使其实现最大限度的使用。通过能源消费、工业过程、废物处理三种途径促进减污降碳。从整合区域资源的角度出发，使各类基础设施互相协调形成一个有机整体，提高设施的使用效率，减少能源、资源的消耗和废物排放，从而避免重复投资，使基础设施达到最佳的运行状态（图12-12）。

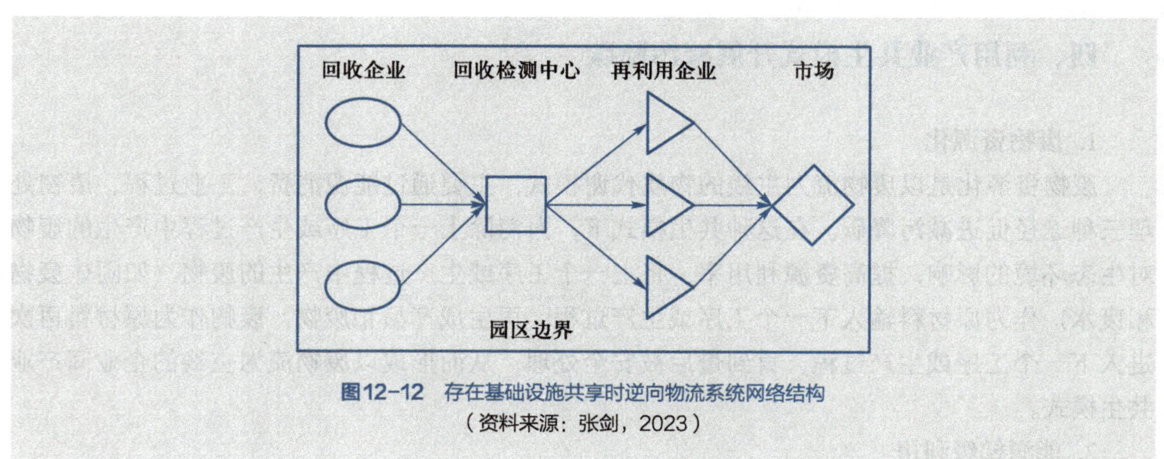

图12-12　存在基础设施共享时逆向物流系统网络结构
（资料来源：张剑，2023）

五、企业低碳化生产

1. **清洁生产审计**

推动企业实施清洁生产，开展工业园区企业清洁生产审计和分级工作，以审核的环境绩效和经济绩效为导向，强化审核工作质量，弄清企业减污降碳的重点难点，提出减污降碳的具体策略措施，减少污染物和碳排放。

2. **绿色产品设计**

绿色产品生产包括绿色建材可降解材料等，开展绿色设计、选择绿色材料、应用绿色工艺、推行绿色包装，引导供应商采用环保材料和清洁生产技术，降低产品全生命周期的环境影响。

3. **节能降耗**

通过对工艺流程的改进、升级或能源利用方式的优化，如能源梯级利用规划、低品位余热余压的回收利用等形式，提升能源产出率。通过采用低碳原料、开发低碳产品、使用生物质等低碳燃料替代，直接降低生产过程的碳排放。重塑低碳化工业生产流程，解决重点碳源，持续实施节能减排和节能增效，并优化产业结构，实施高耗能行业低碳绿色转型。

4. **全过程减污降碳**

通过污染成因及原料部分生命周期评价，对企业碳污来源进行全面解析，建立基于物质转化的原子经济性等概念进行源头污染控制，结合系统工程和最优化方法设计资源的高效利用、废物的循环利用等过程，并通过低碳低成本的无害化末端处理降低污染物和碳排放，实现企业的全过程减污降碳协同增效。

六、强化末端污染治理与循环利用

1. **推进CCUS技术应用**

在高CO_2排放企业中推广碳捕集、利用与封存（CCUS）技术，形成完整的碳捕集、利用的产业链条，通过技术进步和规模化应用，解决制约CCUS规模化发展的关键因素——经济成本，实现减碳和增值的效果。

2. **废水梯级利用和回用**

建立废水回收和再利用系统，针对处理后的废水再次循环使用，可进一步考虑臭氧氧化法、活性炭吸附及反渗透法等深度处理技术，减少新鲜水资源的消耗，实现资源利用的最大化和废物排放的最小化。

3. **固体废物循环利用**

将工业固体废物通过再加工用于建材等领域，实现废物资源化。

七、绿色运输体系与绿色建筑

1. 绿色公共交通

加快推进园区绿色公共交通发展，建设充电站、充电桩和换电站等新能源车辆配套体系，推动中重型电动和燃料电池货车的示范应用和商业化运营。发展园区绿色配送体系，减少运输过程中产生的碳排放。

2. 智能物流

建设高标准的智能化、规模化绿色物流体系，促进园区物流“公转铁”“公转水”，提高铁路和水路在综合运输中的比例。加强低能耗交通基础设施建设，提升物流效率。

3. 绿色建筑

开展园区绿色建筑运行标识、绿色工业建筑和老旧厂房绿色化改造，提升建筑能效。在新建园区内，推广绿色建筑设计理念，实现节能环保、可持续发展。

八、工业园区数字化智能管理

随着互联网技术的快速发展，5G技术、移动互联网、大数据、云计算、区块链、AI技术等数字技术的投入使用，各产业链的生产、运行、管理、传输方式正在发生日新月异的变革。构建数字化智能园区，需要数字化赋能。通过数字化转型，提高园区的生产效率和管理效率。以大数据技术为支持，展开系统分析，构建更加精确的资源配置方式，更加有效的指挥、调度、决策体系，对工业园区的运作效率和质量管控进行系统性提升，从而提升运营效益，如图12–13所示。

1. 物联网技术应用

在工业园区内部部署传感器和智能设备，实时监测数据，如能源消耗、排放情况等。数

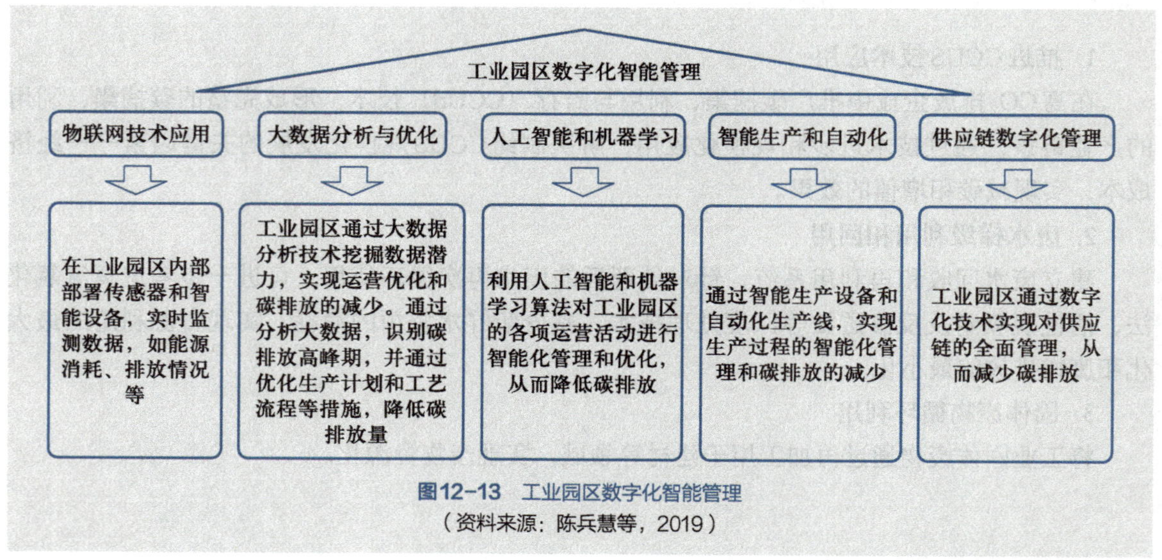

图12–13 工业园区数字化智能管理

（资料来源：陈兵慧等，2019）

据的收集和分析可帮助工业园区管理者深入了解能源使用情况和碳排放来源，为制定低碳减排策略提供数据支持。例如，通过监测生产设备的能源消耗情况，工业园区可以发现能源浪费的环节，采取措施降低能源消耗，从而减少碳排放。

2. **大数据分析与优化**

工业园区通过大数据分析技术挖掘数据潜力，实现运营优化和碳排放的减少。通过分析大数据，识别碳排放高峰期，并通过优化生产计划和工艺流程等措施，降低碳排放量。例如，通过分析生产线上的数据，工业园区可以确定某个生产环节存在能源浪费和碳排放量较高的问题，并针对性地进行优化和改进。

3. **人工智能和机器学习**

利用人工智能和机器学习算法对工业园区的各项运营活动进行智能化管理和优化，从而降低碳排放。通过机器学习算法对生产设备的运行数据进行分析，预测设备故障和能源消耗趋势，及时采取措施进行维护和调整，从而降低能源消耗和碳排放。

4. **智能生产和自动化**

通过智能生产设备和自动化生产线，实现生产过程的智能化管理和碳排放的减少。智能生产设备可以根据生产需求自动调整生产参数，降低能源消耗和碳排放；自动化生产线可以减少人为操作，降低人力成本和错误率，提高生产效率和产品质量。

5. **供应链数字化管理**

工业园区通过数字化技术实现对供应链的全面管理，从而减少碳排放。通过数字化供应链管理系统，可以实现供应链的可视化和信息共享，降低因供应链不畅导致的运输和仓储环节的碳排放。通过数字化供应链管理系统，工业园区可以实时掌握原材料的供应情况，合理安排生产计划，减少因原材料短缺而导致的能源浪费和碳排放。

通过以上措施，工业园区可以实现低碳数字化智能管理，降低碳排放，提高资源利用效率，为环境保护和可持续发展做出积极贡献。随着技术的不断发展和创新，工业园区低碳数字化智能管理将在未来发挥更加重要的作用，推动工业园区向低碳、智能、可持续发展的方向迈进。

第四节 工业园区减污降碳协同增效方案评估与优化

一、减污降碳协同增效措施评估与优化方法

工业园区具有园区数量众多、地域分布广、空间结构多样、产业类型多样、能量流动复

杂等特点，需要在兼顾共性与个性的基础上，探索园区减污降碳协同增效的发展路径。在此基础上，通过量化分析受限空间中工业活动－资源－能源－环境系统间的交互作用机理，构建环境影响因素与经济输出的关联模型，开展技术－经济－环境综合效益评估，提出减污降碳的关键技术和途径优化，形成资源－能源－环境协同增效调控途径，为园区高质量发展提供支持。

图12－14所示为工业园区减污降碳协同增效措施评估与优化的路径。为了建立一个清晰、透明、具有可比性的园区污染物与碳排放核算体，必须明确园区的目标对象和范围。基于此，需要以工业园区为研究对象，通过对园区边界的界定，揭示其减污降碳协同机制的作用机理，并通过物质流、能量流和碳流等多个角度对园区的环境足迹进行表征，明确其污染物和碳排放状况，并利用该指标对园区整体和园区内部的企业减污降碳的协同作用程度和增效发展趋势进行研究；基于上述研究，需要识别多主体减污降碳协同关键行动与技术需求，在实践中采用技术经济分析、技术成熟度评估和生命周期评价等手段，对其技术经济和环境综合效益进行定量评估，并对其进行持续优化。

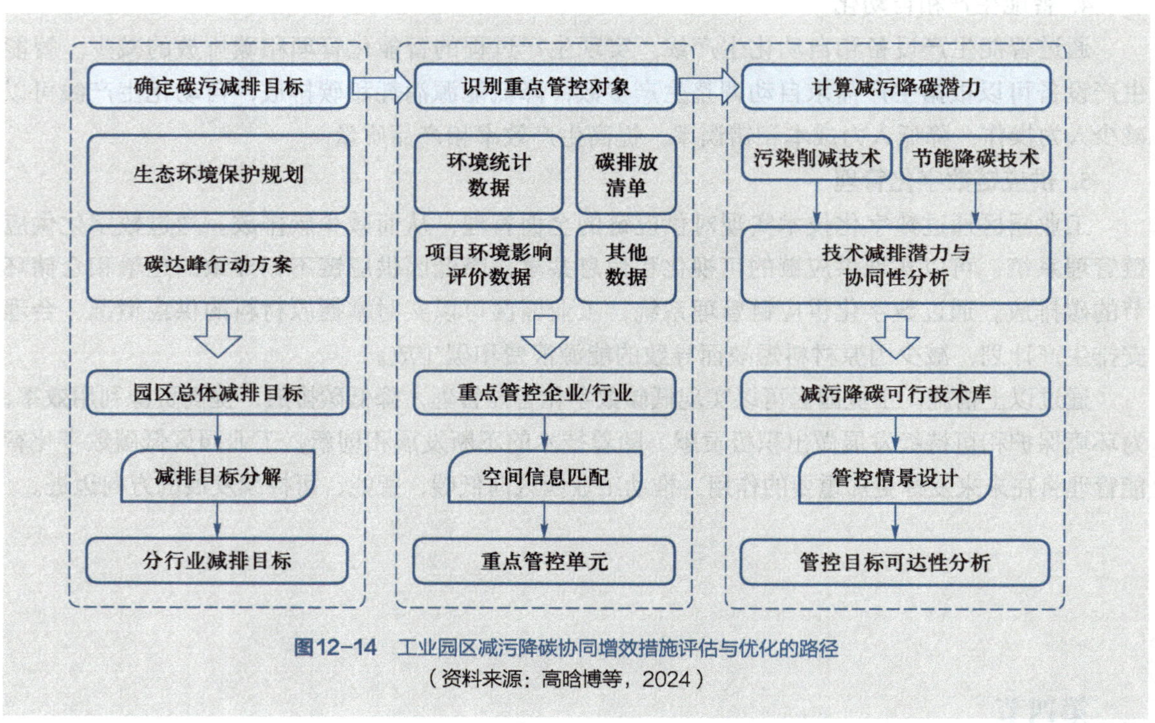

图12－14　工业园区减污降碳协同增效措施评估与优化的路径

（资料来源：高晗博等，2024）

二、工业园区边界界定

园区在发展演变中逐渐形成了4种不同的边界范围区域：

（1）物理边界

物理边界通常指园区的空间四至范围，如国家公布的名录对省级及以上园区作出界定。

（2）管理边界

管理边界指园区管委会实际的行政权力范围，在实践中很多园区的管理部门作为政府派出机构与其所在区域的政府管理边界较难区分，对促进园区减排行动造成一定挑战。

（3）经济统计边界

园区为推进自身经济发展而逐渐衍生出不同区域发展形式，包含核心区、拓展区、委托代管区、辐射带动区与飞地等，也有企业注册地在园区内但其主要生产活动与经济产出却在园区物理边界之外，对园区经济统计分析和相应的污染物与碳排放核算造成困难。

（4）流动分析边界

物质流动分析（可细化为物质流动、能量流动、碳流动、价值流动等不同表现形式）作为支撑园区绿色低碳转型与高质量发展的重要抓手，在不同产业链上下游企业之间、企业与基础设施之间具有跨越不同边界的直接与潜在等多种流动形式，因此需要在研究与决策中重点识别，避免产生缺失遗漏与重复计算等问题。

在世界资源研究所和世界可持续发展工商理事会针对企业/组织编制的温室气体核算体系中，为避免同一碳排放在不同主体间的重复计算，将碳排放划分为范围一、二、三。将此分类体系应用到工业园区（图12-15），范围一指园区边界内的所有直接排放；范围二指园区外购的电力和热力在生产过程中产生的间接排放；范围三指除范围二之外其他所有间接排放。三个核算范围的划分是相对的，因核算对象而异。

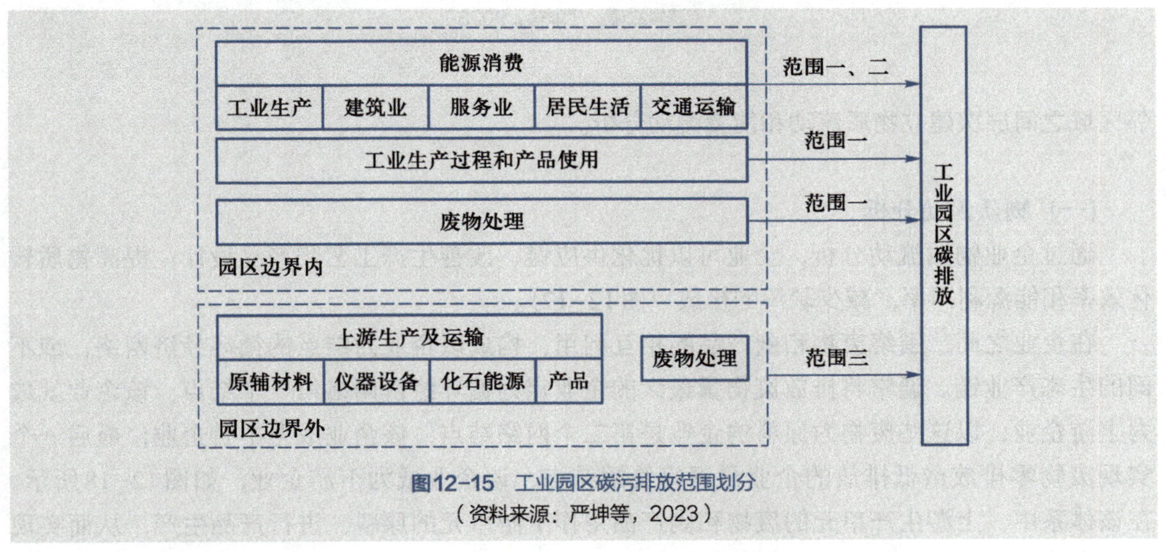

图12-15　工业园区碳污排放范围划分

（资料来源：严坤等，2023）

三、工业园区物质能量流动分析

绘制园区动态的物质能量与价值流动变化图后，进一步构建企业—行业—基础设施—园区—区域多流多层次的动态碳污流动图（图12-16）。在企业层次、企业之间层次和园区与毗

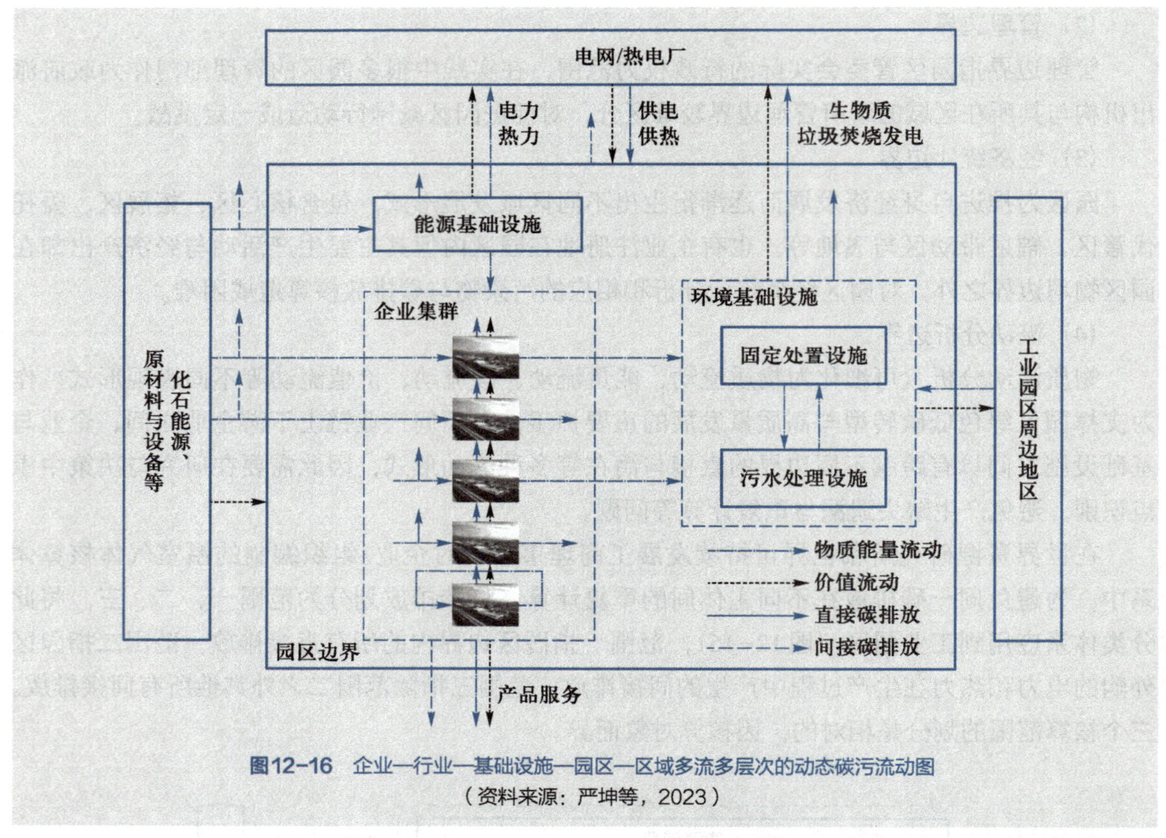

图12-16 企业—行业—基础设施—园区—区域多流多层次的动态碳污流动图
（资料来源：严坤等，2023）

邻区域之间层次建立物质流动和能量流动分析。

（一）物质流动分析

通过企业物质流动分析，企业可以优化供应链、改善生产工艺和产品设计，提高物质转化效率和能源利用率，减少碳污的排放（图12–17）。

在企业之间，围绕废物和副产品的相互利用，构成以企业为结点的循环经济网络，或不同的生态产业链。通常将排放废物量最大的企业定为循环经济网络第一个结点，该企业就成为上游企业；以这些废物为原料的企业是第二个网络结点，该企业成为中游企业；最后一个实现废物零排放或低排放的企业是网络终端结点，该企业成为下游企业，如图12–18所示。在该体系中，上游生产单元的废物和副产品用作下游单元的原料，进行产品生产，从而实现系统内的资源利用最大化和废物排放最小化。

在园区与毗邻区域之间，充分利用物质需求信息，形成辐射区域，使园区在更大的区域循环网络中起关键结点作用。这里存在两个网络，一个是园区网络，另一个是毗邻区域网络，如图12–19所示。两个网络之间存在物质流动联系，但这种联系可能不是工业共生关系。在园区网络中，如果终端结点企业的排放物已经无害化或减量化，达到了环保标准，那么可直

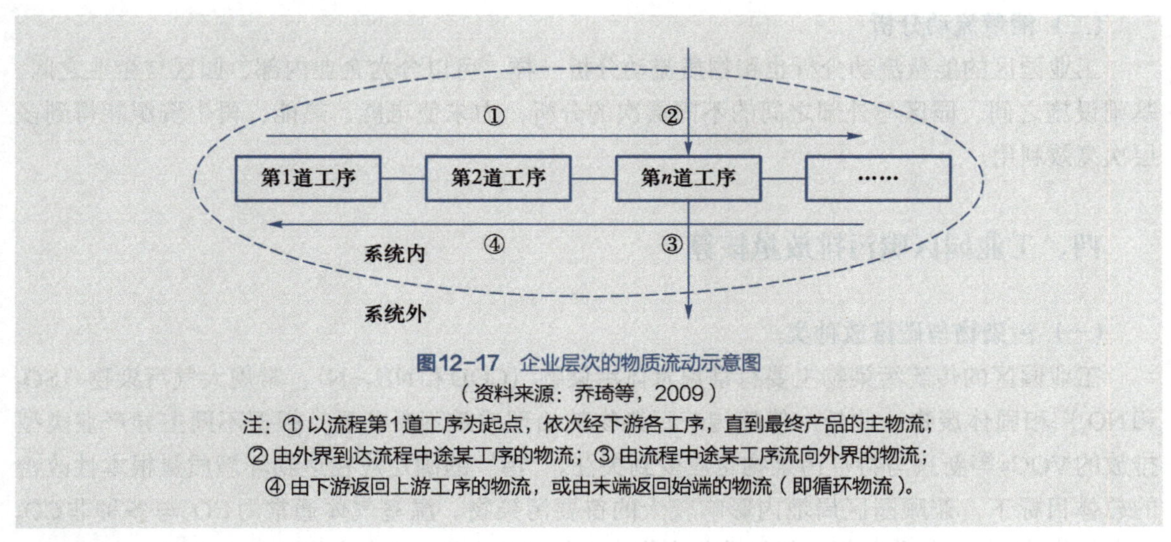

图12-17　企业层次的物质流动示意图

（资料来源：乔琦等，2009）

注：① 以流程第1道工序为起点，依次经下游各工序，直到最终产品的主物流；
② 由外界到达流程中途某工序的物流；③ 由流程中途某工序流向外界的物流；
④ 由下游返回上游工序的物流，或由末端返回始端的物流（即循环物流）。

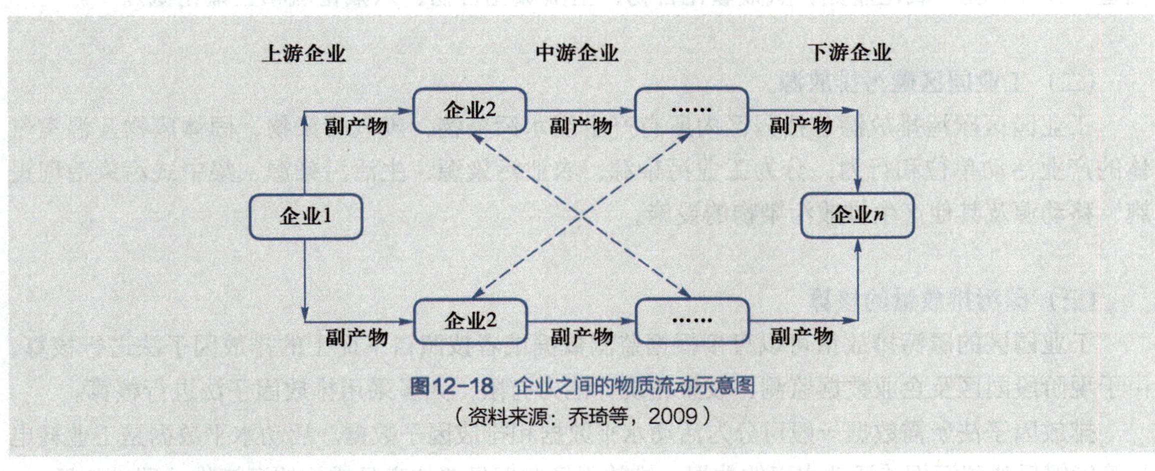

图12-18　企业之间的物质流动示意图

（资料来源：乔琦等，2009）

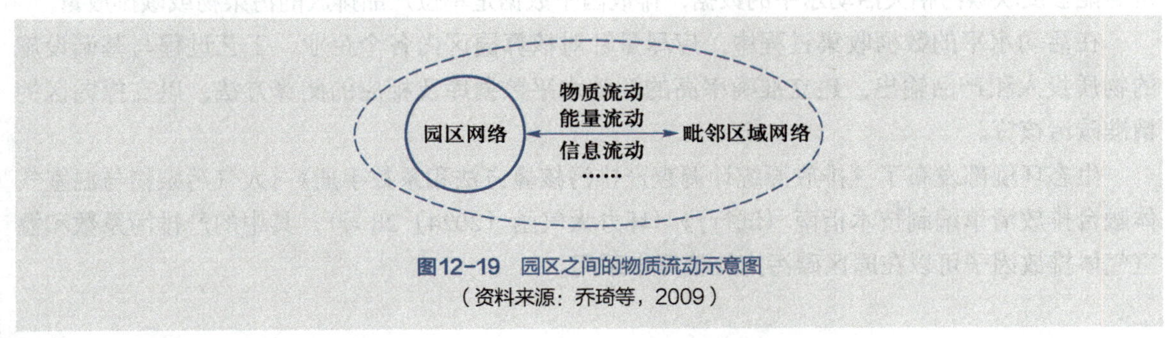

图12-19　园区之间的物质流动示意图

（资料来源：乔琦等，2009）

接进入环境，这时园区内企业与园区外企业没有工业共生关系；如果排放物又作为园区外企业的原料，那么意味着园区内企业与园区外企业存在工业共生关系。在生态工业园区规划中应注重构建园区内企业与园区外企业之间的工业共生关系，拓展区域的物质循环空间。

（二）能量流动分析

工业园区的能量流动分析也和物质流动分析一样，可以分为企业内部、园区与企业之间、基础设施之间、园区与外部之间的不同层次的分析，力求使电能、热能、再生资源能得到多层次高效利用。

四、工业园区碳污排放量核算

（一）污染物与碳排放种类

工业园区的传统污染物主要有常规水体污染物（COD和NH_3-N）、常规大气污染物（SO_2和NO_x）和固体废物。此外，伴随传统污染物的治理成效不断凸显，根据不同主导产业类型排放的VOCs等新兴与特征污染物也应受到关注。“污”的确定应在达到环境质量根本性改善的总体目标下，兼顾园区局地内影响较大的首要污染物。温室气体通常为CO_2与多种非CO_2温室气体（甲烷、氧化亚氮、氢氟碳化合物、全氟碳化合物、六氟化硫和三氟化氮）。

（二）工业园区碳污排放源

工业园区碳污排放源包括园区内所有产生废水污染物、废气污染物、固体废物及温室气体的产业活动单位和行为，分为工业污染源、农业污染源、生活污染源、集中式污染治理设施、移动源及其他产生排放污染物的设施。

（三）碳污排放量的核算

工业园区的碳污排放量可以直接根据监测数据或者按照自下而上的排放因子法进行核算。由于现阶段园区及企业数据监测、收集和统计能力有限，大多采用排放因子法进行核算。

排放因子法所需数据一般可分为活动水平数据和排放因子数据。活动水平数据是工业耗电量等能够反映碳污相关活动水平的数据，排放因子数据是单位产品排放的污染物或碳排放量。

在活动水平的数据收集过程中，应尽量针对核算园区内各个企业、工艺过程与基础设施的物质投入和产品输出，建立准确率高的活动水平数据库及相应的测算方法，以支撑园区的精准碳污核算。

生态环境部发布了《排放源统计调查产排污核算方法和系数手册》《大气污染物与温室气体融合排放清单编制技术指南（试行）》（环办大气函〔2024〕28号），其中的产排污系数和温室气体排放因子可以在园区碳污排放核算中采用。

五、减污降碳协同增效措施库

（一）构建减污降碳措施

工业园区包含不同的行业，而行业内部的碳污排放涉及多个工艺环节，表现为多种形式，生产、消耗、排放等技术改进措施都可能会对全工艺流程的碳污排放状况产生影响。在行业生产、消耗与排放信息汇总的基础上，按工艺环节对不同改进措施进行归类，构建不同行业的减污降碳可行技术措施库。

（二）减污降碳措施的碳污减排核算

根据各工艺环节的碳污排放特征，借助政府发布的最佳可行技术清单、行业研报、文献资料和实地监测数据，汇总各项技术措施的减排潜力数据。在摸清工业园区碳污排放现状的基础上，考虑污染物与碳排放之间的协同减排与互动耦合关系，具体可细化为园区减污降碳动作过程与结果影响的协同、技术效应“取长补短”互补型与“取长补长”增强型的协同、行业/园区内局部有效与产业链/周边区域整体有效的协同等多组协同关系，应针对不同情况量化园区内各主体减排行动的协同效果。

（三）减污降碳措施的减污降碳协同性评价及入库

采用坐标分析法、交叉弹性分析法、经济成本—减排效果评价法等对各项可行技术的减排效果、减污降碳协同性和成本收益进行评价，根据行业的实际情况选择最佳的技术措施组合。有条件的园区可对每一家企业进行分析评价，判断企业的减污降碳潜力，构建企业尺度的减污降碳可行技术措施库，按照一定的筛选原则对各项可行技术措施进行排序，判断实施技术改进后的减污降碳效果，将减排效果显著、协同性较好、推广潜力较高的技术措施纳入优先考虑范畴（图12–20）。

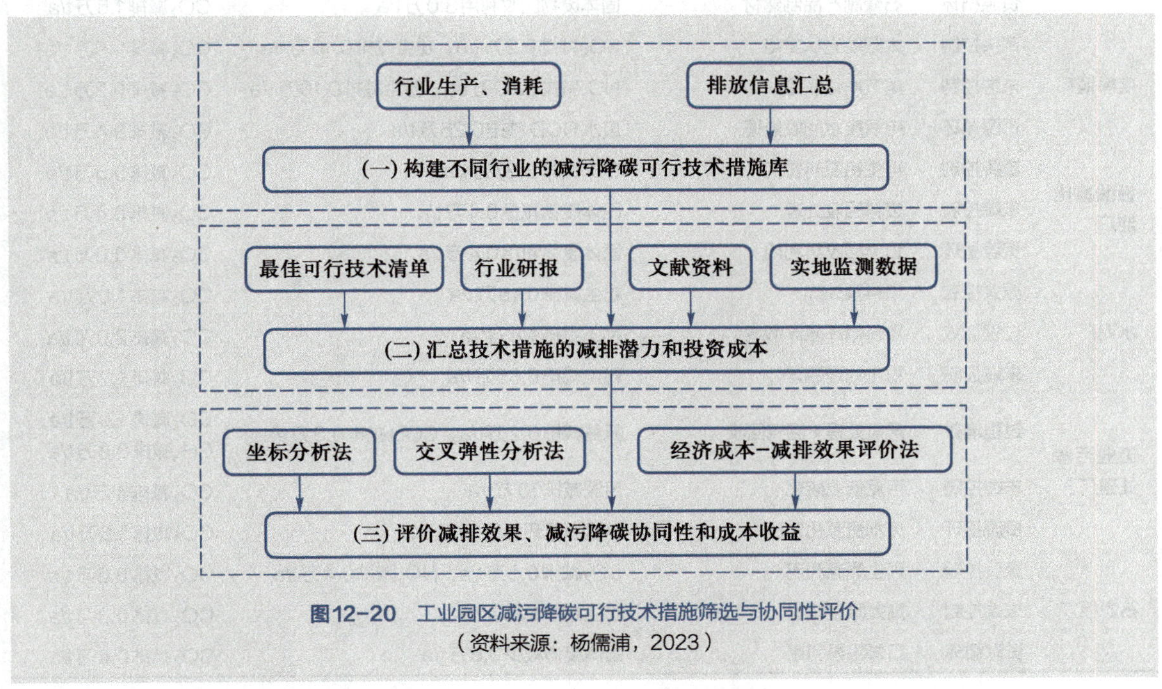

图12–20　工业园区减污降碳可行技术措施筛选与协同性评价
（资料来源：杨儒浦，2023）

本书以云南某冶金工业园区为例，分析并建立其典型的工业园区减污降碳协同增效措施库（表12-1）。

表12-1　云南某冶金工业园区减污降碳协同增效措施库

工厂	减污降碳领域	减污降碳措施（技术名称）	污染物减排潜力	温室气体减排潜力（以CO_2为基准）
铜冶炼厂	源头控制	优化铜精矿烘干工艺	SO_2减排0.12万t/a，粉尘减排0.10万t/a	CO_2减排0.5万t/a
	过程增效	富氧底吹炼和闪速熔炼技术	SO_2减排0.45万t/a	CO_2减排1.2万t/a
	末端控制	余热回收用于生产用电	粉尘减排0.05万t/a，减少废渣0.1万t/a	CO_2减排1.3万t/a
	资源循环	废渣再利用为建材	固体废物减少1.0万t/a	CO_2减排0.7万t/a
铅冶炼厂	源头控制	精矿优化混合配比	粉尘减排0.2万t/a	CO_2减排0.4万t/a
	过程增效	SKS炼铅法、流态化焙烧技术	SO_2减排0.2万t/a，粉尘减排0.4万t/a	CO_2减排1.0万t/a
	末端控制	炉渣回收用于建材	固体废物减少2.3万t/a	CO_2减排1.2万t/a
	资源循环	铅渣再利用	固体废物回收利用0.3万t/a	CO_2减排0.3万t/a
锌冶炼厂	源头控制	焙烧工序优化控制	SO_2减排0.5万t/a，粉尘减排0.2万t/a	CO_2减排0.6万t/a
	过程增效	浸出渣中和后资源化	重金属废水减排0.1万t/a	CO_2减排0.2万t/a
	末端控制	废渣回收填料	固体废物减少0.3万t/a	CO_2减排0.3万t/a
	资源循环	废液再利用	废液减少1.2万t/a	CO_2减排0.5万t/a
	过程增效	多效蒸发	废水回收1.5万t/a	CO_2减排1.1万t/a
	末端控制	尾气处理装置	NO_x减排0.5万t/a	CO_2减排0.5万t/a
	资源循环	石膏副产品制建材	固体废物回收利用3.0万t/a	CO_2减排1.5万t/a
电解铜厂	源头控制	太阳能光伏发电	SO_2减排0.2万t/a、粉尘减排0.10万t/a	CO_2减排0.9万t/a
	末端控制	尾气净化装置	NO_x减排0.50万t/a，粉尘减排0.10万t/a	CO_2减排0.2万t/a
	资源循环	电解废水回收处理	废水COD减排0.25万t/a	CO_2减排0.4万t/a
铅酸蓄电池厂	源头控制	再生铅原料替代	SO_2减排0.27万t/a	CO_2减排0.5万t/a
	末端控制	废料回收处理	固体废物减少0.4万t/a	CO_2减排0.4万t/a
	资源循环	铅渣回收再利用	固体废物利用0.4万t/a	CO_2减排0.6万t/a
水泥厂	源头控制	原料预处理	粉尘减排0.15万t/a	CO_2减排1.0万t/a
	过程增效	熟料循环悬浮煅烧	NO_x减排1.8万t/a	CO_2减排2.0万t/a
	末端控制	粉尘处理装置	粉尘减排0.85万t/a	CO_2减排1.2万t/a
工业污水处理厂	过程增效	厌氧处理+沼气回收	氨氮减排0.2万t/a，COD减排0.3万t/a	CO_2减排1.0万t/a， CH_4减排0.8万t/a
	末端控制	污泥低温碳化	污泥减排10万t/a	CO_2减排4万t/a
	资源循环	废水资源化处理	水资源循环利用15万t/a	CO_2减排1.6万t/a
石膏板厂	源头控制	再生能源利用	SO_2减排0.5万t/a，NO_x减排0.4万t/a	CO_2减排0.6万t/a
	末端控制	高效除尘设备	粉尘减排1.2万t/a	CO_2减排0.3万t/a
	资源循环	石膏粉再利用	固体废物减少0.5万t/a	CO_2减排0.4万t/a

六、工业园区减污降碳协同增效方案评价与优化

工业园区减污降碳协同增效方案由企业和园区不同层面采取的措施的组合形成，它是在不同阶段为达到不同目标而对不同企业和园区管理提出的，需要对这些不同措施组合形成的方案的协同增效效果进行评价，并通过经济性评估进行方案优化。工业园区减污降碳协同增效评价方法和指标体系参考第三章第四节。通过技术经济评价，结合园区的减污降碳目标要求，可以确定最终的工业园区减污降碳实施方案。

表 12–2 列出了河南某工业园区减污降碳协同增效方案评价示例。该表展示了不同措施组合在工业园区减污降碳方面的具体效果评价。通过对比各方案的实施措施、经济效益和减污降碳效果，可以看出，综合实施源头控制、过程增效、末端控制与资源循环的多重措施，能够显著提升园区减排的协同效率。尤其是方案Ⅲ，在实现资源循环利用和能源高效利用方面，展现出较高的经济和环保收益。这表明，实施清洁能源、绿色技术、节能减排等多措并举的方案，能够为园区提供可持续的环保治理模式，同时为园区产业升级与低碳发展提供支撑。

表 12–2　河南某工业园区减污降碳协同增效方案评价示例

方案编号	措施组合	经济效益	减污降碳效果
Ⅰ	① 源头控制（5项）：煤改气装置，铅浆湿法除尘，焙烧优化控制等 ② 过程增效（6项）：富氧底吹炼和闪速熔炼技术，高效电解系统，粉尘处理装置等 ③ 末端控制（4项）：多效蒸发装置，尾气净化装置等 ④ 资源循环（5项）：废渣回收为填料，余热发电等	投资成本135 000万元，新增产值358 000万元，新增利税35 800万元	CO_2减排约18万t/a，SO_2减排约14 500 t/a，NO_x减排约43 600 t/a，CH_4减排约3 800 t/a
Ⅱ	① 源头控制（9项）：煤改气装置，铅浆湿法除尘，焙烧优化控制、太阳能光伏发电设备，废水分流，节能热交换器等 ② 过程增效（5项）：高效过滤设备，石膏烘干设备，粉尘处理装置等 ③ 末端控制（6项）：沼气回收，尾气净化装置等 ④ 资源循环（4项）：污泥焚烧发电，废渣回收等	投资成本222 800万元，新增产值454 500万元，新增利税35 700万元	CO_2减排约20万t/a，SO_2减排约14 200 t/a，NO_x减排约42 500 t/a，CH_4减排约2 700 t/a
Ⅲ	① 源头控制（4项）：煤改气装置，石膏粉回收再利用，优先混合精矿配比等 ② 过程增效（4项）：焙烧优化控制，熟料循环悬浮煅烧，富氧底吹炼和闪速熔炼技术等 ③ 末端控制（5项）：多效蒸发装置，粉尘处理装置等 ④ 资源循环（6项）：余热回收用于生产用电，石膏粉回收等	投资成本143 500万元，新增产值413 000万元，新增利税41 300万元	CO_2减排约20万t/a，SO_2减排约14 600 t/a，NO_x减排约47 000 t/a，CH_4减排约3 850 t/a
综合评价	综合经济效益与减污降碳效果，方案Ⅲ在减污降碳潜力和经济效益方面表现最佳，建议作为园区优选的控制方案		

七、减污降碳协同增效方案的后评估

减污降碳协同增效方案确定并实施后，需要根据实际的污染物和温室气体观测及统计结果对其成效进行后评估，以明确不同阶段各种具体措施对环境中污染物浓度的削减效果，进而不断完善碳污控制策略和减排措施。

习题与思考题

1. 详细描述工业园区的分类，并讨论每种分类在减少污染和碳排放方面的作用。
2. 探讨工业园区碳污排放特征，并分析这些特征如何影响碳排放减少策略的制定。
3. 列举并详细说明三种工业园区可采用的减污降碳策略，包括策略的实施难度和预期效果。
4. 详细解释工业园区碳污排放核算体系的构建过程，包括核算方法的选择和核算过程中的挑战。
5. 假设一个工业园区由10家工厂组成，每家工厂的年碳排放量根据其能源消耗量和相应的碳排放因子计算得出。工厂A的年能源消耗量为5 000 t标准煤，碳排放因子为2.5 kg (CO_2)/kg（标准煤）。请计算工厂A一年的碳排放总量。
6. 一个工业园区实施了能效提升项目，预计能减少10%的年碳排放量。如果该工业园区在项目实施前的年碳排放量为200万t CO_2，求项目实施一年后该园区的预期碳排放量。
7. 通过一个或多个典型案例，分析工业园区实施减污降碳策略的成功要素，包括政策支持、技术革新和企业参与度。
8. 详细讨论工业园区减污降碳协同模式的分类，以及每种模式在实际操作中的应用案例和效果评估。
9. 解析工业园区如何通过绿色和智能化生产技术实现碳污排放的减少，包括具体的技术措施和管理策略。
10. 阐述工业园区内碳资源综合利用的重要性及其对实现碳达峰和碳中和目标的贡献，包括实际应用的示例。
11. 列举三个以上工业园区可以实施的污染预防项目，详细描述项目的目标、实施步骤和预期效果。
12. 基于工业园区减污降碳中存在的挑战，提出具体的未来研究方向或策略，以促进工业园区可持续发展。

参考文献

[1] 田金平，刘巍，臧娜，等．中国生态工业园区发展现状与展望［J］.生态学报，2016，36（22）：7323–7334.

[2] 田金平，桑晶，陈亚林，等．工业园区综合能效提升现状、挑战与展望［J］．中国能源，2022，44（8）：20–26.

[3] 杨儒浦，王敏，胡敬韬，等．工业园区减污降碳协同增效评价方法及实证研究［J］．环境科学研究，2023，36（2）：422–430.

[4] 李建华，陈敏，黄二梅，等．化工园区硫酸锰产业链式发展研究［J］．中国锰业，2022，40（6）：66–69.

[5] Van Berkel R, Fujita T, Hashimoto S, et al. Quantitative assessment of urban and industrial symbiosis in Kawasaki, Japan [J]. Environmental Science & Technology, 2009, 43(5): 1271–1281.

[6] 郭朝泽，胡林静，王佳琛，等．基于LCA碳总排放量的大型工业园区综合能源供应系统多目标优化［J］．科学技术与工程，2024，24（7）：2715–2723.

[7] 甘树福．工业园区生态产业链设计研究［D］．广州：广东工业大学，2006.

[8] 费伟良，崔皓，陈露，等．污水处理厂污泥处置减污降碳路径研究——以苏州工业园区污泥处置及资源化利用为例［J］．环境保护科学，2023，49（3）：31–35.

[9] 张剑．基于产业共生的工业园区碳减排潜力研究［D］．北京：中国环境科学研究院，2023.

[10] 陈兵慧，孙福清，等.老工业园区能源精细化管理创新与实践［J］．国企管理，2019，24：102–111.

[11] 武娟妮．工业园区碳、氮、磷代谢分析——以宜兴经济开发区为例［D］．北京：清华大学，2010.

[12] 侯慧，刘鹏，黄亮，等.老工业园区能源精细化管理创新与实践［J］．电工技术学报，2021，1：12–15.

[13] 花月，鲍春晖，辛玉婷，等．综合型生态工业园生态产业链构建探析——以张家港经济技术开发区为例［J］．环境保护与循环经济，2015，35：46–50.

[14] 张尧．能源企业精细化成本管理路径探索［J］．中国市

场，2024，18：73–76.

[15] 高晗博，冯则实，吕一铮，等．工业园区碳污协同的脱钩发展技术路径研究［J］．中国环境管理，2023，15（3）：5–16.

[16] 严坤，高晗博，等．关于建立工业园区统一规范碳核算方法体系的思考［J］．环境科学研究，2023，36（12）：637–649.

[17] 高洋，王帅，程蕾，等．工业园区物质流管理：内涵、方法与建议［J］．环境科学研究，2023，37（3）：2417–2424.

[18] 乔琦，万年青，欧阳朝斌，等．工业代谢分析在生态工业园区规划中的应用［A］．中国环境科学学会学术年会论文集，2009，1070–1073.

[19] 胡啸，徐慧娟，何云，等．基于能量流分析的静脉产业园建设［J］．中国人口·资源与环境，2015，25（S1）：27–30.

[20] 宗亚楠．基于情景分析的河北省大气污染控制措施效果评估［D］．北京：清华大学，2019.

[21] 陈彬，杨维思．产业园区碳排放核算方法研究［J］.中国人口·资源与环境，2017，27（3）：1–10.

[22] 李丽君．工业经济转型期间碳排放时空特征及影响因素分析［J］．现代工业经济和信息化，2023，13（6）：17–19.

[23] 付盈．基于多源数据的工业碳排放特征评估［D］．中国矿业大学（北京），2022.

[24] 卓德保，吴玉海，潘植强．中国工业碳排放的特征及影响因素［J］．经济纵横，2015（4）：47–53.

[25] 张雁飞，王晓菲，于斐，等.工业园区碳排放核算方法及实证研究［J］．生态经济，2013，29（9）：155–157.

[26] 李硕，张建国，白泉，等．AI赋能园区降碳潜力分析研究［J］．中国能源，2022，44（6）：11–18.

[27] 生态环境部，国家发展和改革委员会，工业和信息化部．关于印发《减污降碳协同增效实施方案》的通知［EB/OL］．［2023–02–25］.

[28] 索超，华业英，黄文渊，等.工业园区“碳达峰、碳中和”路径分析［J］.节能环保，2022，7：30–32.

[29] Guo Y, Tian J P, Zang N, et al. The role of industrial parks in mitigating greenhouse gas emissions from China [J]. Environmental Science & Technology. 2018b, 52: 7754–7762.

[30] Guo Y, Tian J P, Chen L, et al. Managing energy infrastructure to decarbonize industrial parks in China [J]. Nature Communications, 2020, 11(1): 981.

[31] Hu W Q, Tian J P, Zang N, et al. Study of the development and performance of centralized wastewater treatment plants in Chinese industrial parks [J]. Journal of Cleaner Production, 2019, 214: 939–951.

13

第十三章 区域减污降碳协同环境空气质量调控

积极应对气候变化是我国实现可持续发展的内在要求，是加强生态文明建设、实现美丽中国目标的重要抓手。中国高度重视应对气候变化工作，于2021年更新了国家自主贡献目标。同时，随着我国污染防治攻坚战的不断深入，整体空气质量有了显著提升，但是截至2023年，全国仍有136个地级以上城市环境空气质量超标，其中105个城市$PM_{2.5}$超标，79个城市O_3超标，58个城市PM_{10}超标。因此，我国将面临环境空气质量深度改善、碳达峰和碳中和的多重压力。

温室气体和大部分大气污染物排放具有同根、同源、同排放介质的特征，两者的协同控制具有技术和管理上的潜力和优势。由于产业结构、城市群集聚效应、大气区域传输等关键驱动因素的区域特征，碳排放和大气污染具有较强的空间集聚性。因此，开展区域大气污染物与碳协同减排研究，科学制定有利于协同治理的技术措施、最优路径、配套政策等，实现“减污低碳化、降碳低污化、协同增效益、扩绿增容量”，已成为我国现阶段推动生态环境高质量发展的新要求。

本章主要介绍“双碳”目标下的区域环境空气质量调控系统、减污降碳与区域环境空气质量调控数据库、区域环境空气质量模拟与调控策略、减污降碳协同情景设计与评价。

第一节 “双碳”目标下的区域环境空气质量调控系统

近年来，我国实施了一系列大气污染防治政策措施，空气质量明显改善，然而当前我国

$PM_{2.5}$污染形势依然严峻，同时臭氧污染逐渐凸显，区域空气质量全面改善仍面临较大压力。同时，我国社会经济正处于高质量转型阶段，能源、资源需求量将在较长时间内居高不下，实现碳达峰、碳中和目标时间紧、任务重。因此，在“双碳”目标下的区域环境空气质量改善任务艰巨。

一、区域大气污染成因

随着城市化、工业化、区域经济一体化进程的加快，我国大气污染正从单一的空气污染类型（如煤烟型污染、机动车污染、石油化工污染）向复合型大气污染转变，城市群中各城市之间大气污染物相互输送、相互影响，区域环境空气质量一体化趋势越来越明显。特别是2013年以来我国京津冀、长三角、珠三角、关中—宝鸡地区、成都平原甚至东北地区等频繁发生大范围、持续多日的严重大气污染。一些主要城市大气$PM_{2.5}$超标严重，污染影响范围广、程度重、持续时间长，严重影响空气质量、大气能见度、人体健康。

大气复合污染是大气中多种来源的多种污染物，在一定的大气条件下（如温度、湿度、风速、阳光等），发生多种界面间的相互作用、彼此耦合构成的复杂大气污染体系，其主要表现为大气氧化性物种（如$PM_{2.5}$和O_3）浓度增高，大气能见度显著下降和大气环境恶化趋势向整个区域蔓延（图13-1）。这里的“复合”具有三层含义：一是指煤烟型污染与日益恶化的机动车排气污染及其他污染叠加；二是指在大气中污染物各类反应机制的耦合；三是指局地污染与区域污染的相互作用。区域内各种污染源排放大量的大气污染物是导致区域环境空气

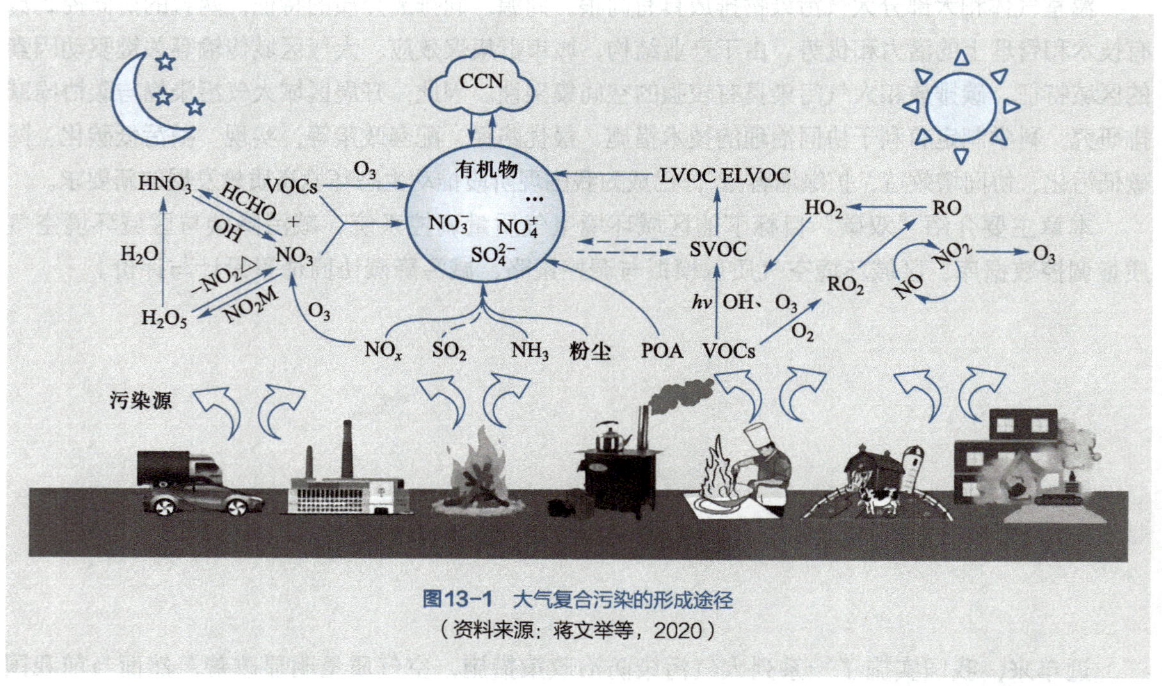

图13-1 大气复合污染的形成途径

（资料来源：蒋文举等，2020）

质量恶化的内因，气象条件、二次物理化学反应则是外因。因此，控制区域大气污染，首要的任务是削减各种污染源排放进入大气的污染物量。

二、大气污染物与温室气体排放的协同关系

常规大气污染物包括PMs、NO_x、SO_2、CO、O_3等，温室气体（如CO_2、CH_4、N_2O、BC等）与大气污染物是同根、同源、同步的。从排放来源来看，二者主要来自化石燃料的燃烧；从对环境的影响效果来看，化石燃料燃烧所排放的某些污染物（如BC、N_2O）不仅会造成空气污染，而且也具有明显的气候效应；从二者相互影响的角度看，部分温室气体与污染物通过化学反应相联系，如CH_4是对流层O_3的前体物，同时温室气体排放造成的全球气候变化，通过影响污染物在大气中的物理、化学和生物过程，对空气污染可能起加重和放大的作用。大气污染物与温室气体存在明显的"同根同源性""互相影响性"，是"双碳"目标下减污降碳研究和实践关注的重点领域，弄清温室气体和大气污染物的协同排放特征，是实现区域大气污染和温室气体排放高效协同管控的重要途径。

温室气体和大气污染物排放的协同关系在不同地区有所不同。在经济发达、人口稠密、能源消费量大的地区，温室气体与大气污染物排放往往呈现出高度的协同关系，因此通过对不同地区温室气体和大气污染物排放的相关性分析，可以明确减污降碳实施的重点地区。不同行业的碳排放和污染物排放也有较大的差异，通过二者的相关性分析，可以明确重点地区重点减污降碳的重点行业。通过在重点地区重点行业推动协同控制，不但可以推动改善区域环境空气质量和实现"双碳"目标，同时也将对保护人群健康，提升全体国民福祉产生更高的效益，取得事半功倍的效果。

三、减污降碳的相互影响和协同效应

减污降碳的相互影响和协同效应一方面指在控制温室气体排放中，减少其他污染物的排放，另一方面指在污染物排放控制和生态建设中，减少CO_2和其他温室气体的排放，因此在空气质量达标、"双碳"目标实现等多重压力下，了解减污降碳的相互影响和协同效应、厘清实现路径具有重要现实意义。

（一）减污降碳的相互影响

降碳对减污产生协同作用主要体现在温室气体和污染物存在直接和间接关系，分别来自直接燃烧化石燃料及通过改变温度影响物化过程而影响大气污染物。直接联系包括：部分温室气体与污染物通过化学反应相联系，如CH_4是O_3的前体物，CH_4的减排会降低O_3的生成速度；温室气体与污染物具有同根同源性，可以通过减少温室气体以达到减少污染物的效果；部分短寿命温室气体会同时加剧温室效应与大气污染，包括BC和对流层O_3。间接联系较为复

杂，以O_3和$PM_{2.5}$为例：在物理过程方面，降水对$PM_{2.5}$具有清除作用；在生物过程方面，气候变暖会增加生物排放的挥发性有机物（VOCs），可能会加重$PM_{2.5}$和O_3污染；在化学过程方面，在光照辐射及高温的共同作用下，VOCs及汽车尾气形成的NO_x会催化产生O_3。

大气污染物可以通过化学反应生成气溶胶（如硫酸盐气溶胶）或直接以气溶胶的形式存在（如BC），进而对气候变化产生重要影响。因此，气候变化与空气污染问题通过大气气溶胶紧密耦合在一起。

（二）减污降碳的协同效应

从减污降碳的相互影响来看，减污降碳措施的协同效应可能存在正负协同效应，弄清不同减污降碳措施的协同效应十分重要。

1. 减污降碳的正协同效应

正协同效应指降碳和减污措施相互产生促进作用，主要包括以下两个方面：

（1）能源转型调整

化石燃料燃烧是污染物与温室气体的主要源头，污染物与温室气体的同根同源性决定了环境污染水平与碳排放在空间分布上具有高度一致性。在经济发达、人口稠密、能源消费量大的地区往往环境质量较差、碳排放量大，具有极大的协同效应潜力。通过提高能源效率、清洁能源替代、冶金化工等高耗能行业产品再生和工农业废物的能源化利用等方式，可以达到减污与降碳的双重目标，实现正协同效应。

（2）需求侧治理

终端需求通过决定能源、交通等部门的体量和结构，对污染物和温室气体排放产生重要影响，也影响减污降碳的难度。需求侧治理从人的行为出发，在保证人们高品质生活水平的前提下，实现减污降碳目标，主要措施包括重新设计服务系统并降低不必要的能源消耗、转移至高效的技术体系和服务系统、购买现行的高能效产品。将需求侧治理与供给侧治理结合起来，可以使交通、工业、建筑等面向终端用户的部门更好地发挥减污降碳的协同效应。

2. 减污降碳的负协同效应

负协同效应指降碳和减污措施相互产生抑制作用，主要包括以下三个方面：

（1）末端治理与碳捕集、利用与封存技术

末端治理技术虽然可以达到脱硫、脱硝和除尘的目的，但往往会耗费额外的能源和资源，形成较高的碳足迹并产生其他污染物。例如，燃气碳补集、利用与封存技术（carbon capture, utilization and storage，CCUS）技术在降低CO_2排放的同时，会实现$PM_{2.5}$、SO_2减排，但可能增加NO_x、NH_3排放。

（2）能源替代

推进可再生能源可以取得减污降碳正协同效应，但是并非所有的能源替代都可以产生类似的效果，不同的能源替代产生的协同效益大不相同。例如，柴油车的CO_2排放量比汽油车显著降低，但$PM_{2.5}$和NO_x排放因子却显著高于汽油车。生物燃料源于植物和废物，植物在生长过程中会吸收CO_2，使用生物燃料代替化石燃料会降低CO_2排放，但可能会造成NO_x排放增加，而新一代生物燃料有望实现CO_2和污染物的协同减排。

（3）气溶胶的热辐射作用

随着全球范围内大气污染控制的加强，未来人为气溶胶的排放量将显著减少，大气中气溶胶的热辐射作用减弱，温室效应可能会由于失去气溶胶的制衡而加重，如果碳减排方案对此考虑并不充分，那么会导致最终无法控制全球温升保持在目标范围以内。

四、区域环境空气质量调控系统

（一）技术路线

区域环境空气质量调控是一项涉及社会、经济、环境、技术与管理等多个方面的系统工程。如图13-2所示，在“双碳”目标下，首先要基于区域社会经济活动现状及减污降碳发展情景确定大气污染源碳污排放清单；其次，针对不同类型的污染源，结合区域环境空气质量改善目标的确定与量化技术、基于环境容量和碳减排目标的大气污染物和碳排放控制总量核算及分配技术、区域大气复合污染控制情景设计技术及环境影响综合评估和控制方案费用效益分析技术等，设计可能的减污降碳调控方案，并给出各方案的污染物减排量和碳排放量及

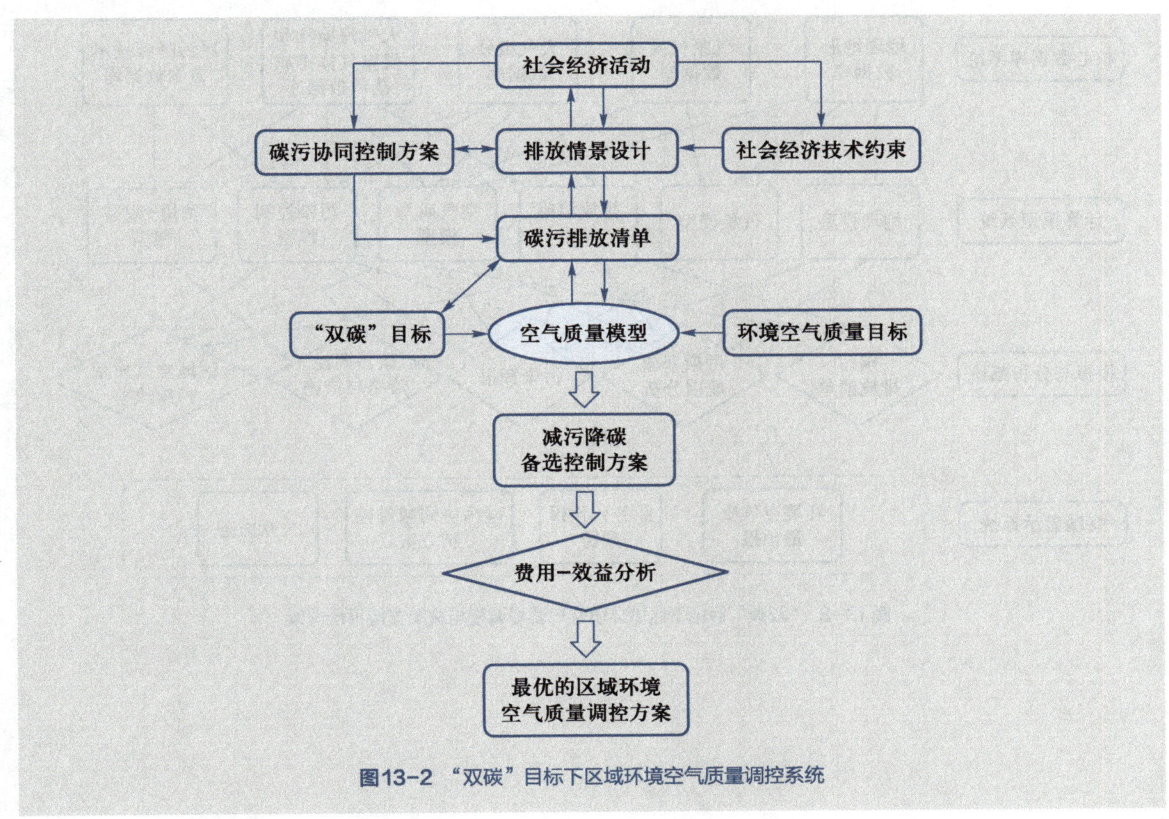

图13-2 “双碳”目标下区域环境空气质量调控系统

其费用、效益；在此基础上，利用空气质量模型建立污染源与受体之间的响应关系；最后，在区域环境空气质量和“双碳”目标、控制措施经济技术可行性等约束条件下，建立以区域大气污染控制费用最小为目标函数的优化模型，模拟得到“双碳”目标下最优的区域环境空气质量调控方案。

（二）调控平台

图13-3为“双碳”目标下区域环境空气质量调控与决策支持平台框架。该平台主要包括核心数据库系统、计算模型系统、模拟与分析系统及终端显示系统四个部分。核心数据库系统包括地理地形数据库、气象气候数据库、大气组分数据库、大气污染物和温室气体排放清单数据库及减污降碳技术方案数据库等信息。以区域环境空气质量调控核心数据库作为数据模块，输入由多种模型组成的计算模型系统对大气污染过程进行模拟研究，分析污染来源与成因、实现区域大气污染预报预警并提出环境空气质量调控的策略与措施；通过对调控策略与措施的执行成效进行后评估，实现区域减污降碳控制措施的持续改进。区域环境空气质量调控与决策支持平台用于区域环境空气质量调控、业务化预报预警和区域重污染应急及联防联控等，并具有向公众开放展示和提供服务的功能。

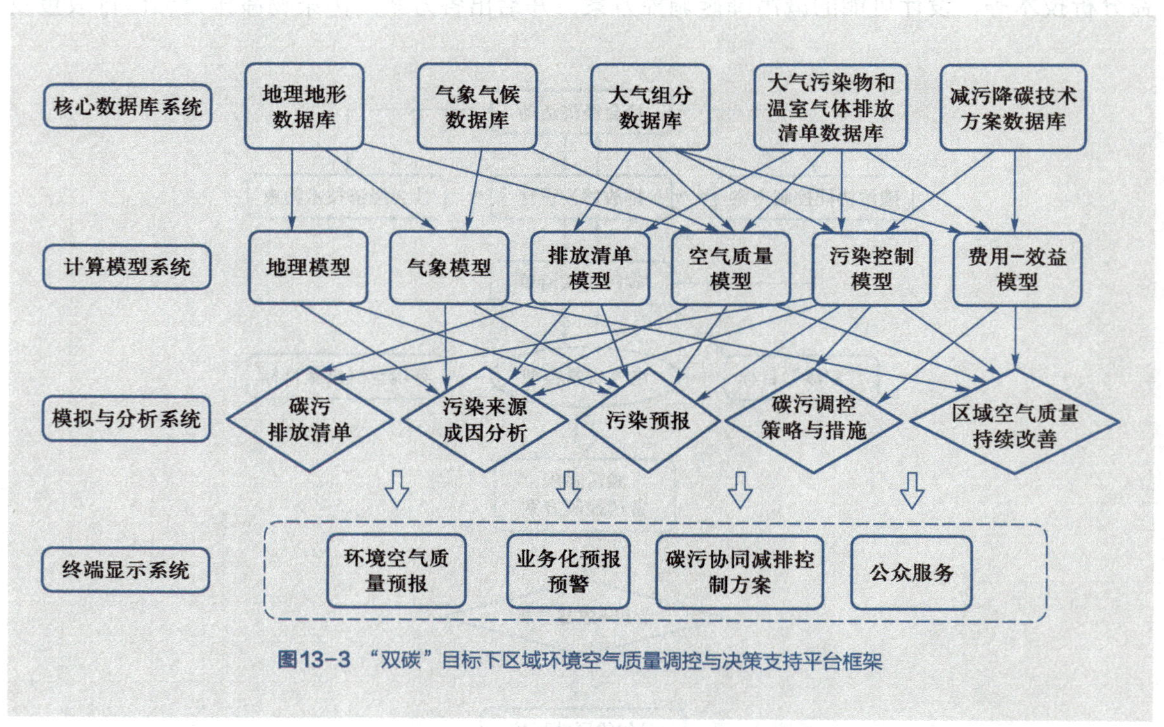

图13-3 “双碳”目标下区域环境空气质量调控与决策支持平台框架

第二节
减污降碳与区域环境空气质量调控核心数据库

实现“双碳”目标和环境空气质量达标的双重任务，模拟不同减污降碳措施对环境空气质量的改善作用十分重要。开展模拟的基础是建立减污降碳与区域环境空气质量调控核心数据库。区域环境空气质量调控核心数据库包括地理地形数据库、气象气候数据库、大气组分数据库、大气污染物和温室气体排放清单数据库和减污降碳技术方案数据库。

一、地理地形数据库

地理地形数据库主要包括地理信息数据进行定位的地理坐标格网，表达自然地理信息的地貌、水系、植被；表达社会地理信息的居民地、交通、管线、境界、特殊地物、地名等要素。它是编制大气污染物和碳排放清单，以及研究污染物在大气中输送扩散过程的基础数据，通常由地形数据库、数字高程模型（DEM）数据库、地名数据库三部分构成。统计调查及卫星遥感是获取地理地形数据的常用手段。统计调查数据涵盖产业结构分布、能源结构、人口密度、交通等重要社会经济信息，是开展环境空气质量模拟分析和评价网格划分的重要依据。卫星遥感可以提供大范围或动态的地理地形信息，包括土地利用类型、植被覆盖、高程地形等。

二、气象气候数据库

气象气候数据库主要包括地面气象数据、高空探测数据和同化产品数据。分布广泛的气象台站可以提供地面的小时均值、日均值、月均值等常规的气象观测数据，主要包括气温、气压、降水、相对湿度、风场、日照辐射等信息。部分站点还可以提供高空观测数据包括风向、风速、温度、相对湿度垂直廓线等数据。“再分析”同化指通过预测模型和数据同化系统再分析气象观测数据，它能突破原始观测资料的局限，将原本分散的资料转化为均匀、精确、可信的格点化数据，充分再现大气运动的现象、状态和结构，输出区域至全球尺度的网格化三维气象数值产品，可以为区域气象场模拟提供初始条件和边界条件。

三、大气组分数据库

大气组分数据库主要包括大气污染物和温室气体组分的监测数据，如各种大气污染物的质量浓度、温室气体浓度、大气颗粒物（可吸入颗粒物、$PM_{2.5}$）的化学组成及其前体物、臭氧前体物和光化学二次污染物等数据。我国的环境空气质量数据主要由近地面空气质量监测网提供6项基本污染物（SO_2、NO_2、CO、O_3、PM_{10}、$PM_{2.5}$）的质量浓度，围绕$PM_{2.5}$和O_3协同控制及重污染应急防控的管理需求，生态环境部已建立区域性的大气颗粒物组分及光化学监测网（简称“组分网”），实现了环境空气监测从单纯的质量浓度监测向化学成分监测的推进。组分网监测大气颗粒物的主要化学组分、光化学主要成分，具体监测指标包括$PM_{2.5}$质量浓度及其无机元素和水溶性离子、56种臭氧前体物等。温室气体的监测由中国气象局建立的温室气体监测网来进行，包括CO_2、CH_4、N_2O、HFCs、PFCs、SF_6和NF_3等7类温室气体。

四、大气污染物和温室气体排放清单数据库

大气污染物与温室气体排放清单数据库是在一定时间跨度和空间区域内，按照一致的排放源分类分级体系、统一的排放量计算方法、共同的活动水平数据信息，逐源确定大气污染物和温室气体排放明细，在同一框架下汇总形成的排放数据集合。排放清单包含污染源分类（部门、行业、工艺、技术）、时间序列（历史、现状、预测）、空间分辨率（国家、省、县等行政区；网格）、时间分辨率（年、月、小时）、物种（温室气体、反应性气体、一次颗粒物、有毒有害物质）和化学成分谱（VOCs、颗粒物）等不同要素。排放清单的准确性直接关系到大气环境质量模拟结果的准确与否，从而也影响最终提出的减污降碳关键技术的合理与否。因此，建立精确的区域碳污排放清单，实现动态更新，对弄清区域内的大气污染和碳排放状况，以及在“双碳”目标下模拟不同减污降碳措施对环境空气质量的影响，制定科学的最优化决策具有重要的意义。

（一）大气污染物和温室气体排放种类

大气污染物核算物质包括SO_2、NO_x、CO、VOCs、NH_3、TSP、PM_{10}、$PM_{2.5}$、BC和OC。温室气体核算物质包括CO_2、CH_4、N_2O和HFCs。

（二）大气污染物和温室气体排放源

根据生态环境部办公厅发布的《大气污染物与温室气体融合排放清单编制技术指南（试行）》，区域中碳污排放人为源可以细化为电力热力源、工业源、移动源和油品储运销、生活源、农业源和废物处理源六大类。根据大气污染物和温室气体产生机理和排放特征的差异，按照行业、燃料/原料/产品、工艺技术及末端控制技术将每类排放源分为四级，以第四级作为编制融合清单的基本计算单元。对于排放量受工艺技术影响不大的燃料/原料/产品，第三级可不再细分，在第二级直接建立第四级分类。

1. 电力热力源

电力热力源指从事电力、热力生产活动的大气污染物和温室气体排放源。第一级包括火力发电、热电联产和生物质能发电及热力生产和供应；第二级包括各种固体、液体和气体等不同类型燃料；第三级包括煤粉炉、循环流化床炉等燃烧设备；第四级包括除尘、脱硫和脱

硝等污染控制措施、CCUS等温室气体控制措施和无控制措施的情况。

2. 工业源

工业源指从事采矿、制造等工业生产活动的大气污染物和温室气体排放源。工业源第一级包括《国民经济行业分类》（GB/T 4754—2017）及其修改单中的国民经济行业小类；第二级包括上述行业主要产品、原料等；第三级包括主要生产工艺、规模、能源类型、温室气体产生机理等；第四级包括除尘、脱硫、脱硝、VOCs收集和治理技术等污染控制措施、CCUS等温室气体控制措施和无控制措施的情况。

3. 移动源和油品储运销

移动源和油品储运销指以燃料为动力的可移动的大气污染物和温室气体排放源，包括机动车、非道路移动机械、船舶、铁路内燃机车和民航飞机等。移动源第一级包括机动车、非道路移动机械、船舶、铁路内燃机车、民航飞机等；第二级包括车辆类型、机械类型和船舶类型等；第三级包括燃料种类、功率段和发动机种类；第四级包括排放标准和油耗标准。油品储运销第一级包括储油库、加油站和运输过程；第二级包括原油、汽油和柴油；第三级包括静置、收（卸）油、发（加）油等过程；第四级包括一阶段、二阶段、油气处理装置等情况。

4. 生活源

生活源指与生活能源消费相关的大气污染物和温室气体排放源。生活源第一级包括生活能源消费；第二级包括固体、液体和气体等不同类型燃料；第三级包括锅炉和炉灶等类型燃烧设备；第四级包括除尘、脱硫、脱硝等污染控制措施和无控制措施的情况。

5. 农业源

农业源指从事种植、养殖等农业生产活动的大气污染物和温室气体排放源，主要包括农业能源消费（不包括农用机械和农用运输车辆等能源消费）、畜禽养殖和农业用地等来源。农业源第一级包括农业能源消费、畜禽养殖和农业用地等；第二级包括固体、液体和气体等不同类型燃料，畜禽种类、氮肥种类、固氮植物种类、用于堆肥的秸秆量、秸秆露天焚烧量、耕地面积和农村人口等；第三级包括锅炉等燃烧设备，畜禽养殖包括散养、集约化养殖和放牧等模式，氮肥施用包括各种肥料施用方式，其他农业源在第二级层面直接建立第四级源分类；第四级包括除尘、脱硫、脱硝等污染控制措施和无控制措施的情况，畜禽养殖第四级包括各种粪便处理方式，其他农业源第四级均按无控制措施的情况处理。

6. 废物处理源

指从事废水、固体废物集中处理处置活动的大气污染物和温室气体排放源，不包括垃圾焚烧发电企业。废物处理源第一级包括废水处理和固体废物处理；第二级包括各种废水和固体废物类型；第三级包括各种废水和固体废物处理处置方式；第四级包括各种污染控制措施、温室气体控制措施和无控制措施的情况。

（三）大气污染物和温室气体排放表征方法

由于污染源众多，不同污染源排放的方式和特征各有差异，排放量估算时受数据来源等限制，使得估算方法不尽相同。同时，排放源清单受研究尺度需求和精度的影响，估算方式也有所差异，既有从单个排放源或排放企业排放量表征着手的“自下而上”的方式，也有从某一类排放源或行业统计数据着手的“自上而下”的方式。

排放源清单的定量表征方法主要有：物料衡算法、排放因子法、实际测量法、模型评估法。在实际清单编制工作中，排放因子法的应用最为广泛。

排放因子法是将人类活动程度的信息，以及活动水平数据（AD）与量化单位活动的排放量系数（即排放因子）结合起来，采用如下基本方程式进行估算：

$$E = AD \times EF \tag{13-1}$$

式中：E——排放量；

AD——活动水平数据；

EF——与活动水平数据对应的某种排放物的排放因子。

活动水平是在一定时间跨度和空间区域内，与污染物或温室气体排放相关的生产或消费活动的量化数值，主要包括燃料消费量、原料使用量、产品生产量、机动车行驶里程等。活动水平数据为定量表征污染物和温室气体排放现状最核心的数据。活动水平数据一般通过环境统计数据、污染源普查数据和统计数据等渠道获取。由于污染物排放源涉及各行各业，排放源活动水平数据获取途径因排源不同而存在差异，同时也因估算方法的差异而存在较大不同。在实际清单编制工作中，通常综合选用多种途径以获得各种大气污染源相应的活动水平数据。主要的活动水平数据来源如下：① 国家统计机构公布的相关统计信息（如政府统计机构的门户网站、出版的统计资料）；② 环保部门排污申报登记、环境统计和污染源普查的数据；③ 部门、行业协会公布的信息与资料；④ 环境类著作、期刊和报告等科技文献；⑤ 环境影响评价报告、区域规划报告；⑥ 行业工艺设计手册；⑦ 其他国家、地区公开公布的国家/地区排放源清单报告等。

排放因子是表征单位生产或消费活动量产生的污染物或温室气体排放系数，是建立排放量定量表征的基石。选取排放因子的主要原则为：优先选用国内实测数据或本地化排放因子，若无国内数据则参考国外在同等技术水平或类似污染情况下的排放因子。由于不同污染源排放特征及影响因素的差异，排放因子选取需要考虑的因素各有不同，在采用排放因子法的清单估算过程中，需要全面、系统的排放因子来支持清单的开发。

（四）区域碳污排放清单

清单编制需要获取的数据主要包括活动水平数据、产生系数数据、末端治理设施信息、自动监测数据等。编制清单时应当明确每一个排放源计算的空间尺度，宜按点源逐设施获取数据。依据细化的排放源分类分级体系，识别本地排放源类，逐源确定大气污染物和温室气体排放量计算方法，明确活动水平、排放系数等获取途径，严格执行全过程质控要求，建立本地融合清单。表 13-1 以工业源为例分行业列举了污染源排放清单。

表13-1 工业源分行业的污染源排放清单

单位：t/a

行业	SO_2	NO_x	CO	PM_{10}	$PM_{2.5}$	BC	OC	VOCs	NH_3
电厂	43 259.5	57 704.9	52 659.9	48 359	20 033.3	37.1	798.4	1 214.5	367.2
纺织业	356	123.6	407.4	115.2	55.1	10.6	2.5	290	0.9
非金属矿物制品业	38 446.7	100 722	466 625	249 451	106 192	3 243.8	2 896.8	103 166	14.7
黑色金属冶炼和压延加工业	32 441.7	28 955.5	748 480	77 122.6	49 856.8	1 928.6	2 774	38 695.6	61.9
化工业	24 192.7	5 189.8	41 563.8	13 139.7	8 923.3	297.9	61.9	16 882.5	8 555.7
金属制品业	3 781.2	152.8	131.3	11 893.6	10 874	1.7	1.2	106.6	2.9
酒、饮料和精制茶制造业	2 268.5	925.1	3 415.1	873	444.1	81.8	17.3	19 942.1	5.1
木材加工业	127.5	18	59.3	12.2	6.7	1.4	0.4	12 917.9	0.3
农副食品加工业	13 448.3	3 440.8	13 238.5	2 878.6	1 400.7	213.9	43.1	81 316.6	167.9
汽车制造业	3 164.4	628.9	1 803	281.6	153.4	25.9	6.9	2 034.6	4.1
石油加工、炼焦和核燃料加工业	237	1 588.5	910.4	191.8	134.4	12.4	35.7	3 546.2	38.2
橡胶、塑料制品业	186.3	91.1	266.3	42.9	19.2	3.7	1	6 770.8	0.8
医药制造业	1 145	284.7	906.9	302.4	133.5	24.7	5.3	39 381.6	1.4
有色金属冶炼和压延加工业	19 577.4	8 357.9	39 527	64 021.3	50 729.1	457.4	93.2	7 571.9	42.4
造纸和纸制品业	20 695.5	6 425	28 995.2	5 756.3	2 547.2	468.7	93.4	9 033.4	32.5
其他行业	4 051.1	1 522.5	75 686.2	9 674.9	5 325.8	268.6	225	3 656.8	4.4
合计	207 378.8	216 131.1	1 474 675	484 116.1	256 828.6	7 078.2	7 056.1	346 527.1	9 300.4

五、减污降碳技术方案数据库

当前我国大气污染物和温室气体协同控制正在由空气质量目标为主要驱动力向“双碳”和空气质量目标协同转变，因此，需要建立双达目标协同控制情景，评估不同排放源的大气污染物和温室气体的减排潜力，并建立减污降碳协同增效措施库作为协同控制重要基础。

基于对区域大气碳污排放清单，以及区域“双碳”目标对减污降碳的要求，建立不同碳污排放源的减污降碳技术方案，通过对不同的技术方案进行技术经济分析，形成针对不同污染源的减污降碳技术方案数据库。表13-2列举了不同减污降碳政策措施及其减排潜力。

表13-2　不同减污降碳政策措施及其减排潜力

第一级	第二/三级	政策措施	污染物减排潜力	温室气体减排潜力（以CO_2为基准）
固定燃烧源	电厂	深度治理和超低排放改造	SO_2 45.5%；NO_x 19.7%	45%
工艺过程源	水泥等建材制造	深度治理和超低排放改造	NO_x 23.2%；PM_{10} 0.1%；$PM_{2.5}$ 0.8%	33%
	石油炼制	储罐废气引入燃烧装置处理	VOCs 11.1%	25%
溶剂使用源	工业溶剂使用	VOCs有机溶剂源头替代	VOCs 20.3%	10%
	生活溶剂使用	VOCs有机溶剂源头替代	VOCs 10.7%	5%
移动源	道路移动源	淘汰国三及以下老旧车辆	SO_2 8.5%；NO_x 9.7%；VOCs 12.7%；PM_{10} 11.9%；$PM_{2.5}$ 10.9%	9%
	非道路移动源	非道路移动源环境监管提升	NO_x 7.9%；VOCs 1.3%；PM_{10} 13.3%；$PM_{2.5}$ 13.1%	3%
农业源	氮肥施用	化肥农药减量增效	NH_3 28.1%	2%
扬尘源	道路扬尘	降低道路积尘负荷	PM_{10} 4.7%；$PM_{2.5}$ 3.8%	—
	施工扬尘	降低道路积尘负荷和减少裸土	PM_{10} 35.4%；$PM_{2.5}$ 22.2%	—
储存运输源	加油站	安装三次油气回收和夜间加油	VOCs 11.3%	—

第三节 区域环境空气质量模拟与调控策略

一、空气质量模型

空气质量模型是在人类对大气物理和化学过程科学认识的基础上，运用气象学原理及数学方法，从水平和垂直方向在大尺度范围内对空气质量进行仿真模拟，再现污染物在大气中输送、反应、清除等过程的数学工具，是分析大气污染时空演变规律、内在机理、成因来源，建立“污染减排”与“质量改善”间定量关系及推进我国环境规划和管理向定量化、精细化过渡的重要技术方法。

空气质量数值模式已经有数十年的发展历史，在世界范围内产生了数十个不同的模式，当前国际上典型的空气质量模型主要包括ISC3、AERMOD、ADMS、CALPUFF等法规化中小尺度模型，NAQPMS、CAMX、WRF-CHEM、CMAQ等综合型区域尺度模型和GEOS-

CHEM等全球尺度空气质量模型。

国内外应用较为广泛的区域多尺度综合空气质量模型（CMAQ，图13-4）。它基于“一个大气”的观念，突破了传统模式针对单一物种和单相物种的模拟，将整个污染大气作为一个整体来描述而不再区分污染问题，如将对流层的O_3、PMs、毒化物、酸沉降及能见度等问题综合处理，因而可以用于多尺度（局地、城市、地区和大陆）、多污染（O_3、PMs、NO_x、酸沉降及能见度降低等）的空气质量预报、评估和决策研究等。

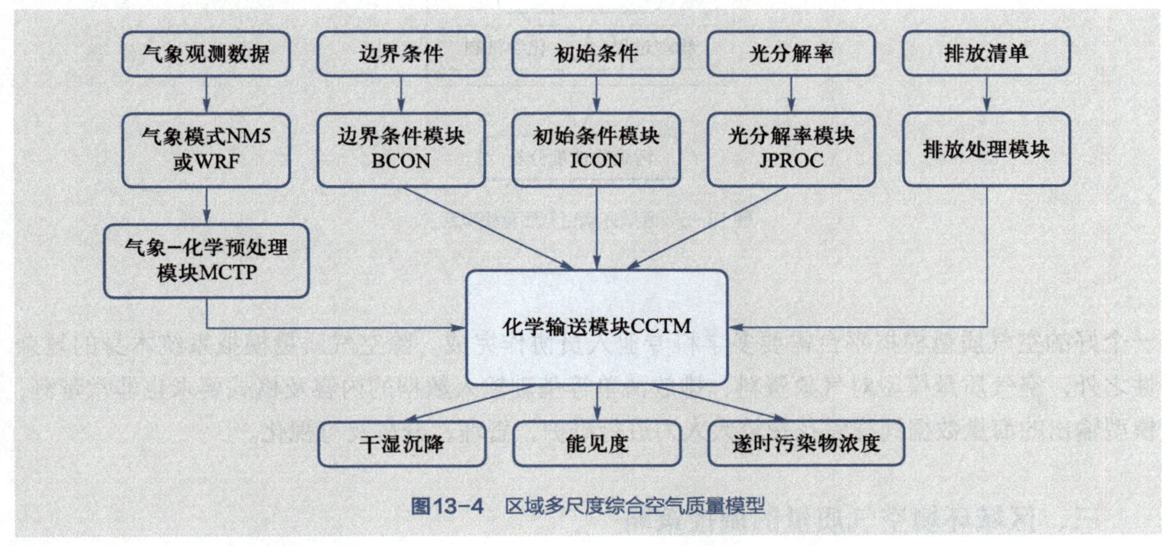

图13-4 区域多尺度综合空气质量模型

二、区域环境空气质量模拟

区域环境空气质量模拟就是建立从污染源排放到大气环境中的污染物浓度分布的过程。空气污染模拟包括数据准备、污染建模与数值计算、可视化表达及模型评估与结果分析等。根据模拟的污染物浓度分布结果，解析大气污染成因，明确影响区域环境空气质量的主要因素，厘清气象的影响及一次排放、二次转化的贡献，研究空气中各污染物的来源和产生机理以及传输和扩散过程，揭示大气污染物的跨地区传输性，为有效治理大气污染提供科学依据。

区域环境空气质量模拟系统如图13-5所示。将由地理地形数据、碳污排放数据、大气组分数据和气象场数据等构成的基础数据，输入空气质量模型中。空气质量模型系统一般都有三个基本模块：气象过程模拟模块（NM5、WRF等中尺度气象模型）、污染源排放清单模块（SMOKE等排放清单模型）、空气质量模块（CMAQ等模型），因此开展一次空气质量模拟工作必须依次完成气象场模拟、排放清单编制及空气质量模拟三个步骤。通过计算机计算，可以得到空气中各种污染物的浓度，预测未来的空气状况或者评估污染物减排措施带来的空气质量的改善，确定需要加以重点控制区域和排放源。

空气质量模型模拟技术跨越了环境、物理、化学、数学及计算机等多个学科，因此建设

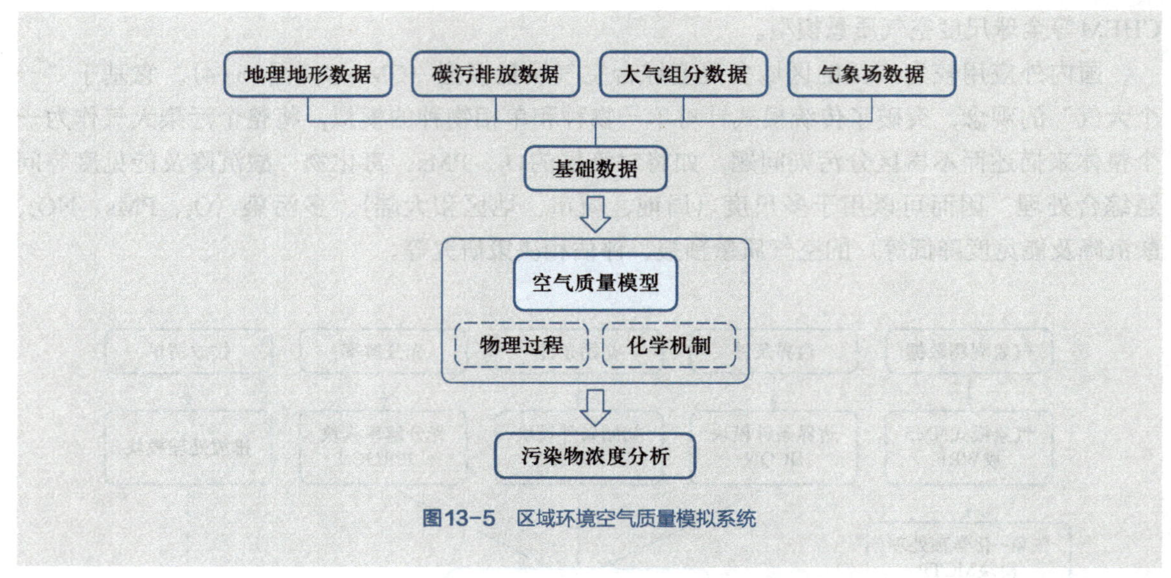

图13-5　区域环境空气质量模拟系统

一个好的空气质量模拟平台需要多学科专业人员协作完成。除空气质量模拟系统本身的复杂性之外，空气质量模型对气象资料、排放清单等基础输入数据的内容及格式要求也非常苛刻，模型输出的海量数据同样需花费较大人力进行维护、管理、分析及可视化。

三、区域环境空气质量的调控策略

“双碳”目标下区域环境空气质量的调控策略见图13–6。构建情景—评估—反馈—调整的闭环优化调控途径，采用大气环境容量的模型迭代算法进行优化选择碳污综合减排方案。优化调控主要包括未来情景碳污排放清单编制、情景空气质量模拟评估和情景碳污减排措施动态调控3个核心内容。未来情景碳污排放清单编制基于区域本地化大气污染物排放清单现状，通过未来情景的减污降碳措施核算对应情景下碳污减排量，进而生成未来情景碳污排放清单。情景空气质量模拟评估利用空气质量模型对不同情景下的空气污染物浓度进行模拟，提取评估不同情景下不同区域、不同阶段空气质量改善效果，并对区域环境空气质量改善目标进行可达性评估。情景碳污减排措施动态调控以BS情景作为减排下限，RS情景作为减排上限，但是在生成减排情景时首先需要核实碳排放量必须满足“双碳”目标要求。

在优化措施时，需要考虑3个层次的优先策略：

① 优先关注重点区域、重点行业的碳污减排。环境污染物及温室气体排放来源广泛，能源消费、工业生产、居民生活、交通运输等均是重要来源。但是各部门能源结构、能源消费方式、生产工艺、污染控制技术路径等均存在明显差别，导致主要污染物种类、污染物排放强度和排放量、碳排放强度和排放量也差异显著。因此，在推进协同治理的过程中，应重点

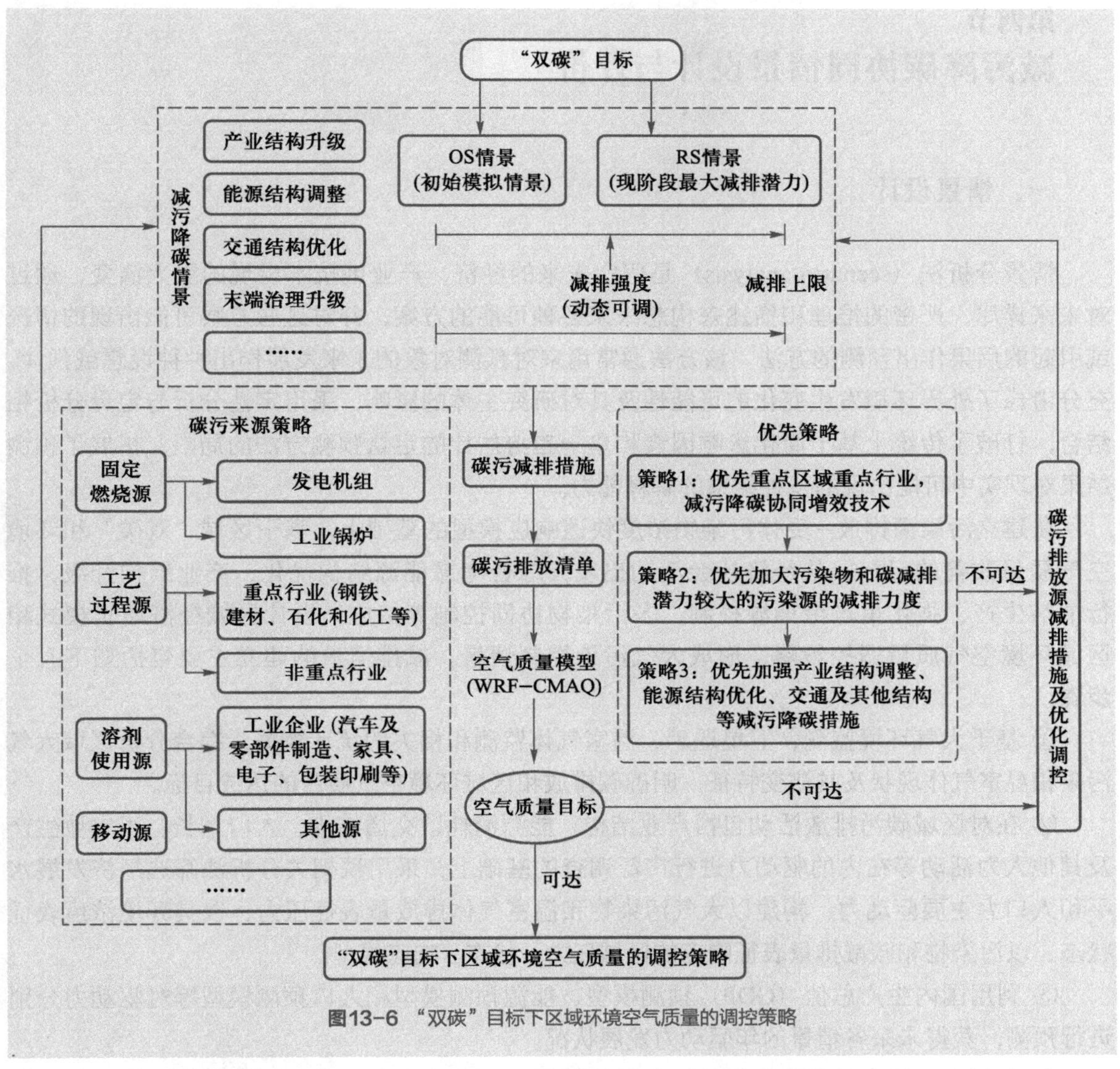

图13−6 “双碳”目标下区域环境空气质量的调控策略

关注污染物排放和碳排放“双高”的重点区域和部门、行业，采取结构调整等治理措施，实现减污降碳协同增效。

② 优先加大污染物和碳减排潜力较大的污染源的减排力度。考虑到不同部门/行业碳排放进入大气后呈均一性，碳排放环境影响一致，因此从协同增效的角度来看，应更关注环境质量改善需求，将降碳环境边际效益较大的污染源作为协同控制重点。

③ 优先加强产业结构调整、能源结构优化、交通及其他结构等减污降碳措施，推进循环经济、绿色生产生活方式等根本性、源头性、结构性措施作为主要抓手，实现减污与降碳源头减排相协同。

第四节

减污降碳协同情景设计与评价

一、情景设计

情景分析法（scenario analysis）是假定未来的经济、产业或技术出现的重大演变，通过对未来详尽、严密的推理和描述来构想未来各种可能的方案，并对这些方案可能出现的情况或引起的后果作出预测的方法。该方法通常用来对预测对象的未来发展作出种种设想或预计，充分考虑了外界环境发生变化的可能性及其对研究主体的影响，采用定性分析与定量分析相结合，打破了传统上基于简化影响因素和单一趋势估计的定量预测方法的局限，扩展了预测结果对现实中可能出现的多种结果的解释能力。

在建立污染源排放－受体污染物浓度快速响应模型的基础上，基于区域“双碳”和环境空气质量改善的目标，从经济社会活动出发，综合考虑能源结构优化、产业结构升级、推行清洁生产、强化重点污染源控制、多污染物协同控制等措施，设计区域经济增长模式和区域环境空气质量调控策略，形成大气污染控制情景。减排情景的建立主要包括如下五个步骤：

① 基于大气环境监测、卫星遥感、温室气体监测和相关的统计数据，综合分析区域大气污染和温室气体现状及其演变特征，明确碳排放和区域环境空气质量的达成目标。

② 在对区域碳污排放活动包括产业结构、能源消耗、交通结构、人口增长、工农业生产及其他人为活动等在内的驱动力进行广泛调查的基础上，采用秩相关分析法筛选经济发展水平和人口为主要驱动力，构建以大气污染物和温室气体排放量表征压力、以其环境浓度表征状态、以污染物和碳减排量表征响应的区域压力－状态－响应模型。

③ 利用国内生产总值（GDP）预测模型、能源预测模型和人口预测模型等对驱动力分别进行预测，获得未来各情景的年驱动力发展状况。

④ 在深入分析大气污染物和温室气体排放量、环境空气质量和主要污染物及温室气体控制措施的基础上，建立驱动力与污染物和碳排放之间的对应关系，利用相应的模型进行预测，确定不同情景年污染物和碳的预测排放量。

⑤ 在建立大气污染物和碳排放基准情景的基础上，对控制措施进行分类预测，构建基线情景。从能源结构优化、产业结构升级、推行清洁生产、强化重点污染源控制、多污染物协同控制等角度，建立在碳排放目标下区域环境空气质量持续改善的多种综合方案情景，为区域大气污染和碳排放控制构建决策支撑框架。

某市针对2025年和2030年两个目标年的大气污染物和碳排放设计的减排情景见表13–3。

表13-3　某市大气污染物和碳排放的减排情景

情景编号	情景措施	减排比例（相较常规情景）
BAU-2025	不采取任何管控措施，包括不执行碳达峰情景措施	—
CR01-2025	2025年，基于碳达峰情景，不追加实施大气污染物减排措施，NO_x、VOCs和$PM_{2.5}$减排比例为：固定燃烧源减少21%、7%和18%；工艺过程源减少37%、14%和44%；溶剂使用源减少0；移动源减少13%、16%和12%	NO_x，14%；VOCs，9%；$PM_{2.5}$，13%
CR02-2025	2025年，基于碳达峰情景，同时追加实施主要大气污染物减排措施库中的部分措施，NO_x、VOCs和$PM_{2.5}$减排比例为：固定燃烧源减少28%、7%和21%；工艺过程源减少46%、27%和45%；溶剂使用源减少11%；移动源减少20%、32%和20%；其他源减少0、4%和9%	NO_x，22%；VOCs，21%；$PM_{2.5}$，19%
CR03-2025	2025年，基于碳达峰情景，同时追加实施主要大气污染物减排措施库中的部分措施，在CR02基础上加严，NO_x、VOCs和$PM_{2.5}$减排比例为：固定燃烧源减少34%、7%和20%；工艺过程源减少54%、40%和49%；溶剂使用源减少22%；移动源减少28%、47%和27%；其他源减少0、7%和18%	NO_x，28%；VOCs，34%；$PM_{2.5}$，25%
CR04-2025	2025年，基于碳达峰情景，同时追加实施大气污染物减排措施库的全部措施，NO_x、VOCs和$PM_{2.5}$减排比例为：固定燃烧源减少41%、7%和21%；工艺过程源减少60%、54%和52%；溶剂使用源减少34%；移动源减少35%、63%和33%；其他源减少0、12%和25%	NO_x，36%；VOCs，49%；$PM_{2.5}$，31%
BAU-2030	不采取任何管控措施，包括不执行碳达峰情景措施	—
CR05-2030	2030年，基于碳达峰情景，不追加实施大气污染物减排措施，NO_x、VOCs和$PM_{2.5}$减排比例为：固定燃烧源减少21%、8%和20%；工艺过程源减少39%、12%和43%；溶剂使用源减少0；移动源减少17%、16%和13%；其他源减少0、0和0	NO_x，19%；VOCs，9%；$PM_{2.5}$，13%
CR06-2030	2030年，基于碳达峰情景，同时追加实施主要大气污染物减排措施库中的部分措施，NO_x、VOCs和$PM_{2.5}$减排比例为：固定燃烧源减少28%、8%和21%；工艺过程源减少47%、27%和46%；溶剂使用源减少12%；移动源减少20%、31%和20%；其他源减少0、5%和9%	NO_x，26%；VOCs，21%；$PM_{2.5}$，20%
CR07-2030	2030年，基于碳达峰情景，同时追加实施主要大气污染物减排措施库中的部分措施，在CR06基础上加严，NO_x、VOCs和$PM_{2.5}$减排比例为：固定燃烧源减少33%、8%和20%；工艺过程源减少55%、40%和49%；溶剂使用源减少22%；移动源减少31%、48%和27%；其他源减少0、7%和19%	NO_x，31%；VOCs，35%；$PM_{2.5}$，27%
CR08-2030	2030年，基于碳达峰情景，同时追加实施大气污染物减排措施库的全部措施，NO_x、VOCs和$PM_{2.5}$减排比例为：固定燃烧源减少41%、8%和20%；工艺过程源减少61%、53%和54%；溶剂使用源减少34%；移动源减少39%、63%和33%；其他源减少0、12%和26%	NO_x，39%；VOCs，49%；$PM_{2.5}$，32%

注：1. BAU表示常规情景。
　　2. CR表示协同控制情景。

二、减污降碳方案的评价及清单参数化

提出的减污降碳方案需要进行协同效应的评价，评价方法见第三章。表13-4列出了一些减污降碳措施的评价结果。从表中可以看出，总的来说，几乎全部碳减排措施均能够不同程度地减少大气污染物排放，其中电厂、建材高耗能行业及移动源的协同控制效果尤其突出。但

是，锅炉、窑炉超低排放改造、VOCs排放控制等当前主要大气污染物排放控制措施仅能带来空气质量改善，难以协同减少温室气体排放，甚至会增加碳排放（如蓄热式氧化炉等需要补充天然气作为燃料的燃烧类VOCs末端控制措施）。从协同控制措施的政策领域来看，化石能源使用过程中造成的大气污染物和温室气体排放源具有同源性，因此对能源结构和交通结构（以调整交通能源结构为主）进行调整具有较好的协同作用。此外，压减高耗能行业产能等产业结构政策亦能有效推动协同控制，而末端治理则以减少大气污染物排放为主，基本不具有协同效果。

表13-4　一些减污降碳措施的评价结果

排放源	措施	政策领域	协同性
电厂	燃煤电厂发电机组降耗改造	降碳	较好
	燃煤电厂改用天然气	降碳	较好
	燃煤电厂生物质掺烧技术	降碳	较差
工业锅炉	天然气锅炉电能替代	减污降碳	非常好
	提升脱硝等末端控制技术	减污	无
工艺过程	提升钢铁、水泥、平板玻璃、石化能效水平	降碳	非常好
	推动电子制造、医药等生产工艺环节技术进步	降碳	非常好
	限制建材、冶金和化工等高耗能行业发展	降碳	非常好
	深度治理和超低排放改造	减污	无
	石油炼化企业深度治理	减污	无
	提升收集和末端控制效率	减污	无
溶剂使用	有机溶剂源头替代，提升收集和末端控制效率	减污	较差
移动源	淘汰老旧车辆和部分国四货运车辆	减污降碳	非常好
	执行新阶段燃料消耗量标准	降碳	非常好
	铁路货运到发量提升	降碳	非常好
	公共领域汽车新能源化	减污	非常好
	低碳交通示范区等区域设置	减污降碳	非常好
	车用燃料清洁化	减污	无
	车辆限号	减污降碳	非常好
民用能源	生活和建筑能源使用清洁能源替代	降碳	非常好
其他	减少垃圾填埋量，提升森林蓄积量	降碳	较差
	扬尘等其他大气污染源减排措施	减污	无

在此基础上，定量分析表13-4中基于“双碳”目标的政策措施对大气污染物和温室气体的协同控制潜力，见图13-7。其中，温室气体和大气污染物减排措施分别基于不同的“双碳”目标情景和大气污染源减排措施库。据此可以分析在不同情景下的污染物和碳排放清单，并与空气质量模拟模式的要求相适应。

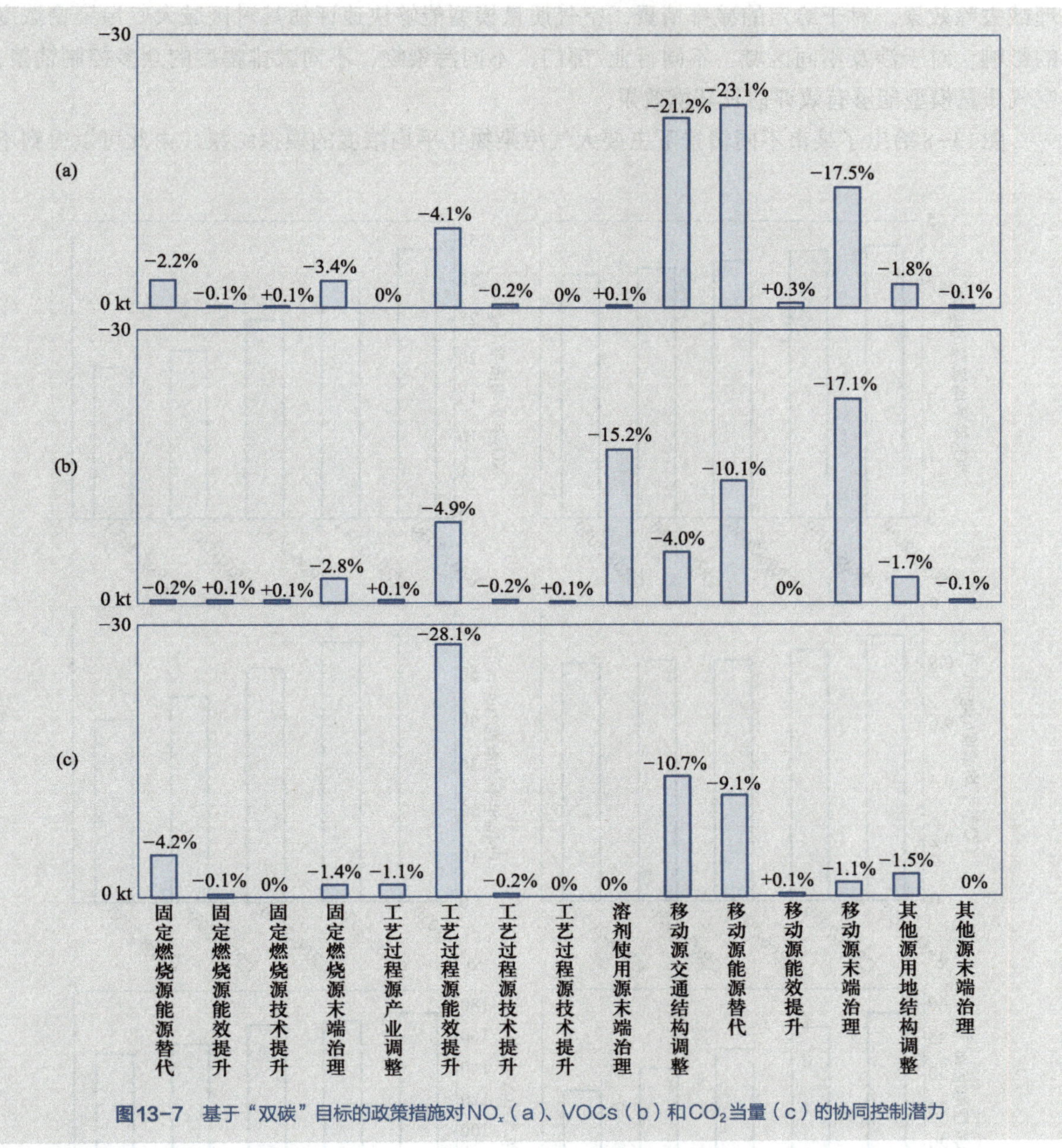

图13-7 基于“双碳”目标的政策措施对NO_x（a）、VOCs（b）和CO_2当量（c）的协同控制潜力

三、情景模拟

构建区域“双碳”目标下的大气污染控制措施库后，接下来需要建立污染源排放-受体污染物浓度响应关系，这种关系往往是非线性的，并且非常复杂，通常采用空气质量模型来模拟建立这种响应关系。空气质量模型模拟结果能够准确刻画污染物浓度响应的非线性特征，可以同时处理一次污染因子和二次污染因子，并综合考虑污染控制技术措施对多污染物的治

理或去除效果。对于给定的减排情景，空气质量模型能够快速评估其对区域大气污染物浓度的影响；对于涉及不同区域、不同行业/部门、不同污染物、不同减排幅度的众多控制情景，空气质量模型能够有效评估其环境效果。

图13-8给出了某市不同情景下主要大气污染物年平均浓度的模拟结果。由此可以得到不

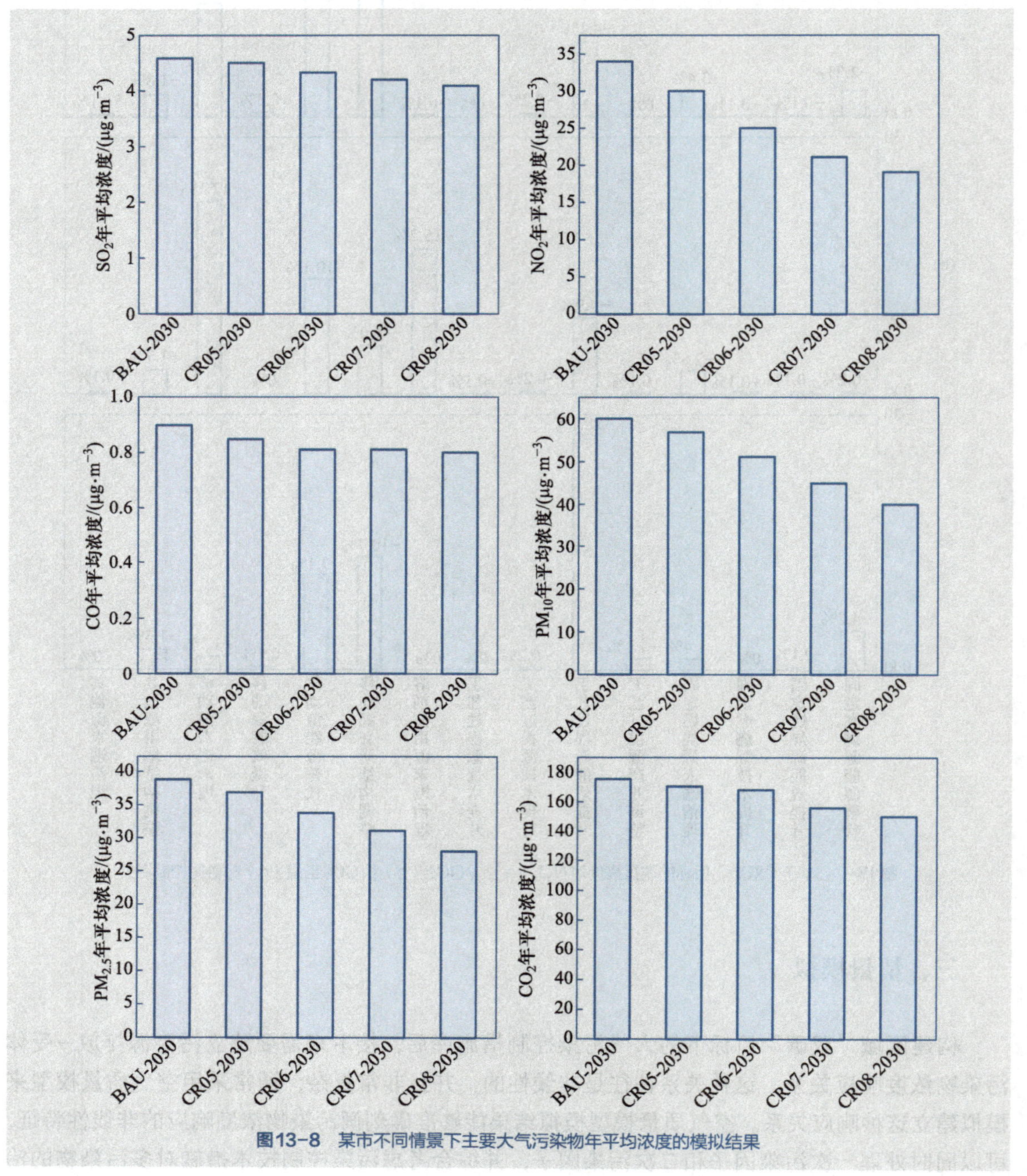

图13-8　某市不同情景下主要大气污染物年平均浓度的模拟结果

同控制情景下不同污染物的区域浓度和分布，为下一步的多方案择优提供了基础信息。

四、控制方案的评价与优化

在“双碳”目标下环境空气质量模拟结果的基础上，选择能够满足“双碳”目标的控制方案，计算各控制方案的污染物减排成本，评估其对区域环境空气质量的影响；通过比较分析各控制方案实施后的经济、环境等多个方面的综合效果并进行优化，形成满足不同环境空气质量改善目标和应对不同大气污染状况的控制对策预案，如应对不同大气污染预警级别的防控对策及措施。图13-9列举了某市“双碳”目标下的碳污协同控制措施。

锅炉窑炉技术改造	促进钢铁、水泥、平板玻璃、石化达到能效标杆水平 促进天然气、生物质燃料等非电燃烧设备电能替代 提升锅炉窑炉的脱硝设施效率
溶剂使用源头替代	提高工业低VOCs含量有机溶剂、涂料等使用率 提高工业企业VOCs综合治理效率 提高建筑、汽修等民用低VOCs涂料、溶剂使用率
电力供应清洁化	电厂燃煤机组降耗改造，应用生物质掺烧等技术，燃煤电厂煤改气 环保垃圾发电厂超低排放改造
工艺过程提高能效	推动电子制造、医药等能源消耗量大、碳排放量高的产业生产工艺环节技术进步 限制建材、冶金和化工等高耗能行业产值在工业总产值中的比重 工业企业尤其是石化炼化企业深度治理和超低排放改造，提升废气收集和末端控制效率
移动源排放管控	提高新能源汽车年度渗透率，完成老旧车淘汰，设置低碳交通示范区等区域 公共领域汽车基本实现新能源化，非道路工程机械新能源化 中心城区商品交易市场腾退，物流运输基地迁移，货运通道优化设置
其他源协同措施	控制农田施肥量，优化采用机械化深施等先进施肥技术 针对扬尘源进行综合治理，减少道路积尘负荷和裸土 在存储运输源方面实现高效VOCs排放控制，减少加油、卸油操作时产生的废物 提升固体垃圾焚烧率，提升森林蓄积量

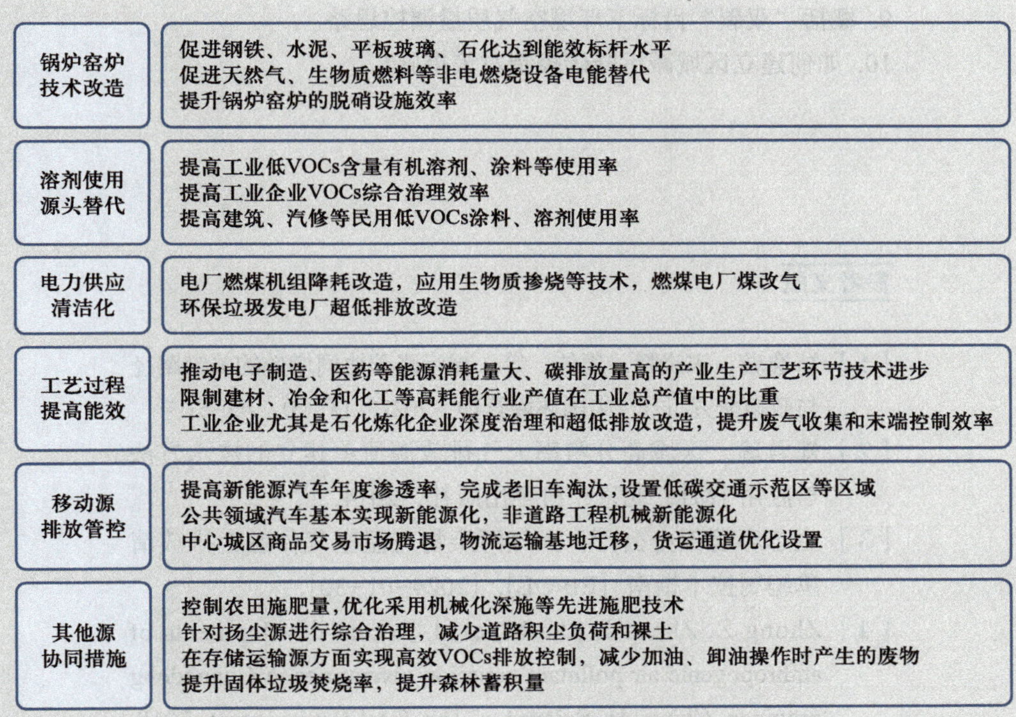

图13-9　某市“双碳”目标下的碳污协同控制措施

五、控制方案的后评估

碳污控制方案确定并实施后，需要根据实际的大气污染物和温室气体观测和统计结果对其成效进行后评估，以明确不同阶段各种具体措施对环境空气中污染物浓度的削减效果，进而不断完善碳污控制策略和减排措施，形成污染防治行动的持续改进路线。

习题与思考题

1. 概括我国区域大气复合污染的特点。
2. 简述区域大气污染的形成原因。
3. 影响区域环境空气质量的因素有哪些?
4. 温室气体和大气污染物的相互关系有哪些?
5. 简述减污降碳的协同效应。
6. 区域大气污染源的类型有哪些?
7. 污染源活动水平与排放因子分别是什么?
8. 简要介绍减污降碳对区域环境空气质量的作用。
9. 概括“双碳”目标下环境空气质量调控思路。
10. 如何建立区域减污降碳控制对策措施?

参考文献

[1] 郑逸璇，宋晓晖，周佳，等. 减污降碳协同增效的关键路径与政策研究 [J]. 中国环境管理，2021，13 (5): 45–51.

[2] 郑君瑜. 区域高分辨率大气排放源清单建立的技术方法与应用 [M]. 北京：科学出版社，2014.

[3] 生态环境部办公厅. 大气污染物与温室气体融合排放清单编制技术指南 [EB/OL]. [2024–01–30].

[4] Zhong Z, Zheng J, Zhu M, et al. Recent developments of anthropogenic air pollutant emission inventories in Guangdong province, China [J]. Science of The Total Environment, 2018, 627: 1080–1092.

[5] 钟流举，郑君瑜，雷国强，等. 大气污染物排放源清单不确定性定量分析方法及案例研究 [J]. 环境科学研究，2007，(4): 15–20.

[6] 黄浩瑜，高艳珊，王强. 我国人为源大气污染物排放清单研究进展 [J]. 能源环境保护，2023，37 (3): 204–216.

[7] 蒋文举. 大气污染控制技术 [M]. 2版. 北京：高等教育出版社，2019.

[8] 生态环境部，国家发展和改革委员会，工业和信息化部，等．“十四五”时期“无废城市”建设工作方案 [EB/OL]．[2021-12-15]．
[9] 戴静怡，曹媛，陈操操．城市减污降碳协同增效内涵、潜力与路径 [J]．中国环境管理，2023，15 (2)：30-37．
[10] 郭沛，王光远．数字经济的减污降碳协同作用及机制：基于地级市数据的实证检验 [J]．资源科学，2023，45 (11)：2117-2129．

郑重声明

高等教育出版社依法对本书享有专有出版权。任何未经许可的复制、销售行为均违反《中华人民共和国著作权法》，其行为人将承担相应的民事责任和行政责任；构成犯罪的，将被依法追究刑事责任。为了维护市场秩序，保护读者的合法权益，避免读者误用盗版书造成不良后果，我社将配合行政执法部门和司法机关对违法犯罪的单位和个人进行严厉打击。社会各界人士如发现上述侵权行为，希望及时举报，我社将奖励举报有功人员。

反盗版举报电话 （010）58581999 58582371

反盗版举报邮箱 dd@hep.com.cn

通信地址 北京市西城区德外大街4号
高等教育出版社知识产权与法律事务部

邮政编码 100120

读者意见反馈

为收集对教材的意见建议，进一步完善教材编写并做好服务工作，读者可将对本教材的意见建议通过如下渠道反馈至我社。

咨询电话 400-810-0598

反馈邮箱 hepsci@pub.hep.cn

通信地址 北京市朝阳区惠新东街4号富盛大厦1座
高等教育出版社理科事业部

邮政编码 100029

防伪查询说明

用户购书后刮开封底防伪涂层，使用手机微信等软件扫描二维码，会跳转至防伪查询网页，获得所购图书详细信息。

防伪客服电话 （010）58582300

数字课程账号使用说明

一、注册/登录

访问 https://abooks.hep.com.cn，点击“注册/登录”，在注册页面可以通过邮箱注册或者短信验证码两种方式进行注册。已注册的用户直接输入用户名加密码或者手机号加验证码的方式登录。

二、课程绑定

登录之后，点击页面右上角的个人头像展开子菜单，进入“个人中心”，点击“绑定防伪码”按钮，输入图书封底防伪码（20位密码，刮开涂层可见），完成课程绑定。

三、访问课程

在“个人中心”→“我的图书”中选择本书，开始学习。